HISTOIRE
DE
MALTE
Par M. l'Abbé DE VERTOT.

HISTOIRE
DES
CHEVALIERS HOSPITALIERS
DE
SAINT JEAN DE JERUSALEM,
APPELLEZ DEPUIS
LES CHEVALIERS DE RHODES,
ET AUJOURD'HUI
LES CHEVALIERS DE MALTE,
PROPOSE'E PAR SOUSCRIPTION.

❖❖❖❖❖❖❖❖❖❖❖❖❖❖❖❖❖❖❖❖❖❖❖❖❖❖❖❖

J'ENTREPRENS, dit l'Auteur, d'écrire l'Histoire d'un Ordre Hospitalier, devenu Militaire, & depuis Souverain; que la charité fit naître; que le zele de défendre les Lieux saints arma ensuite contre les Infideles, & qui dans le tumulte des armes, & au milieu d'une guerre continuelle, sçut allier les vertus paisibles de la Religion avec la plus haute valeur dans les combats.

Cette union jusqu'alors inconnue de deux professions si opposées, la pieté & le courage de ces Religieux militaires, leur zele pour la défense des Chrétiens, tant de combats & de batailles, où ils se sont trouvez depuis près de 700 ans, & les differens succès de ces guerres, tout cela m'a paru un objet digne de l'attention des hommes, & peut-être que le Public ne verra pas sans admiration l'Histoire de ces Soldats de Jesus-Christ, qui, comme d'autres Machabées, ont tant de fois opposé aux armes des Infideles une foi constante & un courage invincible.

Mais avant que d'entrer dans l'institution de cet Ordre, j'ai cru que je ne pouvois me dispenser de representer au commencement de cet Ouvrage, l'état où se trouvoit alors l'Asie; de quelle contrée sortoient les premiers Infideles que les Chevaliers de Saint Jean entreprirent de combattre, la religion, la puissance & les forces de ces Barbares, & sur-tout leur haine déclarée contre les Chrétiens: toutes circonstances, qui, quoiqu'elles précedent l'origine de cet Ordre, m'ont paru liées en quelque maniere avec son Histoire, en faire une partie préliminaire, & dont la connoissance servira d'éclaircissement pour les évenemens que l'on rapportera dans la suite.

Cette partie de l'Asie, qui s'étend depuis le Pont-Euxin, ou la Mer Noire, jusqu'à l'Eufrate, au commencement du septiéme siecle étoit encore soumise aux Romains, dont le vaste Empire avoit englouti les plus puissans Etats de notre Continent. Mais après la mort du grand Theodose, cet Empire si redoutable commença à déchoir de sa puissance, soit par les incursions des Barbares, soit peut-être aussi par le partage & le démembrement, qu'en firent les Empereurs Arcadius & Honorius ses enfans; Princes foibles, de peu d'esprit qui ne faisoient que prêter leurs noms aux affaires de leur regne, & l'un & l'autre gouvernez par des Ministres imperieux, qui s'étoient rendus les tyrans de leurs Maîtres.

La plûpart des Empereurs d'Orient successeurs d'Arcadius, ou dans la crainte d'être détrônez par des usurpateurs, ou usurpateurs eux-mêmes, cherchoient moins la gloire que donnent les armes, & à réprimer les courses des Barbares, qu'à se maintenir seulement sur le Trône. Toujours en garde contre leurs propres sujets, ils n'osoient sortir de la capitale de l'Empire, & du fond de leur Palais, de peur que quelque rebelle ne s'en emparât; & ils bornoient toute leur felicité à jouir, dans une oisiveté superbe, des charmes de la souveraine Puissance. Il ne falloit plus chercher sous la pourpre ces fameux Cesars, les maîtres du monde : ces derniers n'en avoient que le nom, & la majesté de l'Empire ne paroissoit plus que dans de vains ornemens, dont ils couvroient leur foiblesse & leur lâcheté.

La Religion n'avoit pas moins souffert que l'Etat, d'un si mauvais gouvernement. L'Orient étoit alors infecté de differentes heresies, que l'esprit vif & trop subtil des Grecs avoit fait naître. Des Evêques & des Moines, pour avoir voulu expliquer d'une maniere trop humaine les differens mysteres de l'Incarnation, s'étoient égarés; & pour comble de malheur, ils avoient sçû engager dans leur parti plusieurs Empereurs, qui, au lieu de s'opposer aux incursions des Barbares, ne croyoient point avoir d'autres ennemis, que ceux qui l'étoient de leurs erreurs.

Cependant au milieu de tant de desordres, l'Empire se soutenoit encore par le poids de sa propre grandeur, & au commencement du septiéme siecle l'Empereur Heraclius avoit remporté quelques avantages sur les Scithes, & sur les Perses. Mais pendant que ce Prince étoit aux mains avec ces Barbares, & qu'il vengeoit l'Empire de leurs ravages, l'Arabie vit sortir de ses deserts un de ces hommes remuans & ambitieux, qui ne semblent nez que pour changer la face de l'Univers, & dont les Sectateurs, après avoir enlevé aux Grecs les plus belles Provinces de l'Orient, porterent enfin les derniers coups à cet Empire, & l'ensevelirent sous ses propres ruines.

On voit assez que je veux parler de Mahomet, le plus habile & le plus dangereux imposteur qui eût encore parû dans l'Asie, &c.

ON peut voir par ce commencement de la nouvelle Histoire, quel est le plan & la nature de l'Ouvrage que nous imprimons, & que nous nous disposons à donner au Public incessamment. Pour le rendre plus interessant,

1. On fait graver les Portraits de tous les Grands-Maîtres, au nombre de 68, & ceux des principales Dignitez de l'Ordre. S. E. Monsieur le Baillif de Mesmes, Ambassadeur du Grand-Maître auprès de S. M. T. C. nous a fourni la plûpart des originaux : mais autant qu'on a pû, l'on a ramassé ceux qui se trouvent dans les familles qui ont eû des Grands-Maîtres. On sçait qu'en genre de Portraits, les connoisseurs ne veulent rien de mediocre : c'est ce qui nous a portez à choisir d'habiles Graveurs, dont le travail est soumis à la révision de M. Boulogne, premier Peintre du Roy, & Directeur de son Academie au Louvre.

2°. Comme l'Histoire de Malte est une suite presque continuelle de sieges & de batailles, on fait faire les Cartes necessaires pour donner une connoissance exacte de tous les pays où les Chevaliers ont porté leurs armes.

3°. On fait graver un plan de la Ville de Rhodes, un autre de l'ancienne ville de Malte, & un troisiéme de la cité nouvelle de la Valette. Ces plans serviront beaucoup à l'intelligence de ce qui s'est passé dans les fameux sieges que les Chevaliers ont soutenus dans ces deux Places.

4°. On inserera à la fin de l'Histoire, un Catalogue des noms de tous les Chevaliers François, qui se trouvent dans les Registres des trois Langues de ce Royaume, & on blazonnera leurs armes ; en forte que l'on verra dans cet Ouvrage un Nobiliaire autentique des premieres Maisons de France. On travaille à faire venir les Noms & les Armes des Chevaliers Allemands, Italiens, Espagnols, Portugais, Anglois, &c. Ce que l'on en pourra recouvrer, on l'imprimera à la suite des François. Ce Catalogue sera précedé d'une Dissertation sur le Gouvernement de l'Ordre, où l'on voit la nature des preuves requises pour y être reçu, avec les fonctions, les droits & les Priviléges de toutes les Dignitez, jusqu'à celle de Grand-Maître.

L'Ouvrage que nous annonçons, contiendra 4 Volumes in Quarto, qui s'impriment sur du quarré fin d'Auvergne. Pour le caractere, il est semblable à celui du commencement de l'Histoire même, imprimé à la tête de ce Projet. A la fin de chaque Volume, il y aura des preuves, d'un caractere plus petit que celui de l'Histoire.

CONDITIONS PROPOSÉES AUX SOUSCRIPTEURS.

Les Souscriptions pour les quatre Volumes de l'Histoire de Malte, en petit papier, seront de 40 livres, dont on payera la moitié en souscrivant, & l'autre moitié en retirant l'Exemplaire pour lequel on aura souscrit.

Les Souscriptions pour le grand papier, seront de 60 livres, dont on donnera la moitié à present, & l'autre moitié en retirant l'Ouvrage.

Ceux qui n'auront point souscrit payeront le petit papier 60 livres, & le grand 90 livres.

Comme les Portraits sont presque finis, on délivrera cette Histoire au commencement de May 1726.

Les Souscriptions seront ouvertes, pour la France depuis le premier Août 1725, jusqu'au premier Decembre de la même année; & pour les Pays Etrangers jusqu'au premier Janvier 1726.

A PARIS,

Chez { ROLLIN, Quai des Augustins, au Lion d'Or, QUILLAU pere & fils; Et DESAINT, rue Galande, proche la rue du Fouare.

HISTOIRE
DES
CHEVALIERS HOSPITALIERS
DE
S. JEAN DE JERUSALEM,
APPELLEZ DEPUIS
LES CHEVALIERS DE RHODES,
ET AUJOURD'HUI
LES CHEVALIERS DE MALTE.

Par M. l'Abbé DE VERTOT, *de l'Academie des Belles Lettres.*

TOME PREMIER.

A PARIS,

Chez { ROLLIN, à la descente du Pont S. Michel, Quai des Augustins, au Lion d'Or.
QUILLAU Pere & Fils, Imp. Jur. Lib. de l'Université, rue Galande, à l'Annonciation.
DESAINT, rue S. Jean de Beauvais, vis-à-vis le College.

M. DCC. XXVI.
AVEC APPROBATION ET PRIVILEGE DU ROY.

A SON ALTESSE EMINENTISSIME
DOM ANTOINE MANOEL
DE VILHENA,
GRAND MAÎTRE DE L'ORDRE
de Saint Jean de Jerusalem.

ONSEIGNEUR,

J'ai l'honneur d'offrir à VOTRE ALTESSE EMINENTISSIME, *un Ouvrage qui lui appartient; puisqu'il contient l'Histoire de votre Ordre. On y trouve,* MONSEIGNEUR, *tout ce que vos Prédécesseurs ont fait en différens siecles*

pour la défense des Autels, & des Etats du Christianisme. Ces grands hommes ont rempli l'Univers de la réputation de leurs armes, & de l'éclat de leur valeur : & ils ne se sont pas moins distinguez par leur attachement à l'observation de la discipline religieuse.

Elevé à la même dignité, vous mettez toute votre gloire, MONSEIGNEUR, *à imiter leurs vertus. Comme eux vous assurez aux Chrétiens la liberté de la navigation, en même tems que vous travaillez à faire fleurir de plus en plus dans votre Ordre, la justice, l'union, la paix, & la pieté. C'est ce qui vous mérite aujourd'hui les vœux unanimes de tous vos Freres pour la durée d'un si sage Gouvernement. Agréez ceux que je fais en particulier pour votre conservation, & le profond respect avec lequel je suis,*

MONSEIGNEUR,

DE VOTRE ALTESSE EMINENTISSIME,

Le très-humble & très-obéissant serviteur,
l'Abbé DE VERTOT.

PREFACE.

JE ne sçai si ce dernier Ouvrage que je mets au jour, sera bien reçû du Public; & quoique pour m'encourager dans une si longue carriere, on m'ait quelquefois flatté d'un heureux succès, je connois trop bien ma propre foiblesse, & les difficultez d'une pareille entreprise, pour ne me pas défier de ces préjugez trop favorables. Car outre qu'il a fallu remonter plus de six cens ans dans les siécles passez, j'ai été encore obligé de chercher dans une antiquité si reculée des commencemens qui ne se montrent guères, & par conséquent peu capables de satisfaire la curiosité des Lecteurs. Quelque peine que j'aye prise, & quoique j'aye employé plusieurs années à la composition de cette Histoire, j'avoue que ce n'a été qu'après l'avoir finie, que je me suis apperçû combien j'étois éloigné de la perfection que demande un pareil Ouvrage.

Il est vrai que si sans se rebuter de ces commencemens ou obscurs, ou peu intéressans, on passe à des siécles voisins de ces premiers tems, on se trouvera dédommagé par de grands exemples de pieté, joints à des actions qui

ã

PREFACE.

partoient de la plus rare valeur; & que la singularité de la matiere pourra suppléer à ce qui manque de ma part à la forme que j'y devois donner. Il s'agit dans cette Histoire d'un Corps célébre de Religieux, renfermez d'abord dans un Hôpital, & qui malgré les soins pénibles & humilians des pauvres & des malades, se trouvant encore assez de zele & de forces pour prendre les armes contre des Infideles, ennemis déclarez du nom Chrétien, sçurent allier les vertus differentes de deux professions si opposées.

L'habillement de ces Religieux militaires étoit simple & modeste : ils réservoient la magnificence pour l'ornement des Autels : les pelerins & les pauvres profitoient de la frugalité de leur table. Ils ne sortoient d'auprès des malades que pour vaquer à la priere, ou pour marcher contre les ennemis de la Croix : cette Croix étoit tout ensemble leur habit & leur étendart. Nulle ambition dans un Corps guerrier, où l'on ne parvenoit aux dignitez, que par le chemin de la vertu : la charité, la premiere de leurs obligations, & des vertus du Christianisme, ne les abandonnoit pas même contre les Infideles : & quelque avantage qu'ils remportassent dans les combats, contens de desarmer ces Barbares, ils ne cherchoient dans le sein même de la victoire, qu'à les convertir,

PREFACE.

ou du moins à les mettre hors d'état de nuire aux Chrétiens.

Tel a été l'âge d'or de l'Ordre de S. Jean de Jerusalem. Je ne prétens pas que dans la suite des tems ses Chevaliers ne se soient point relâchez quelquefois de la pratique austere de tant de vertus si differentes : on ne sçait que trop que l'homme de guerre a souvent fait disparoître le Religieux. Ce changement dans les mœurs forme de tems en tems dans ma narration des nuances qui n'échaperont pas à la pénétration du Lecteur. Mais malgré cet effet de la foiblesse humaine, si l'amour de mon Ouvrage ne me séduit point, je ne crois pas que de tous les Ordres militaires, répandus en differentes contrées de la Chrétienté, il s'en trouve aucun où le désinteressement, la pureté des mœurs, & l'intrépidité dans les plus grands périls, où, dis-je, ces vertus ayent été si long-tems en honneur ; & où le luxe & l'amour des richesses & des plaisirs, se soient introduits plus tard.

Je ne rapporte point dans cette Histoire certains faits merveilleux qu'on trouve dans les Annales de l'Ordre, tel que la conversion d'une Princesse Sarrasine appellée Ismenie, d'une rare beauté, comme toutes les Heroïnes des anciennes Chroniques, & que l'Auteur transporte en une nuit de l'Egypte en Picardie,

PREFACE.

avec trois Chevaliers tous trois freres, qui avoient eu beaucoup de part à sa conversion: pieuse fable qu'il faut renvoyer avec tant d'autres qu'on trouve dans les anciens Legendaires, mais dont les circonstances sont plus propres à réjouir des libertins, qu'à édifier les gens de bien.

Cette Histoire contient treize Livres de narration, dont le dernier finit à la mort du Grand Maître Jean de la Vallette, arrivée en 1568. Le quatorziéme est par forme d'Annales, & renferme sommairement ce qui s'est passé de plus considerable depuis 1568 jusqu'aujourd'hui. Le quinziéme Livre est un Traité du Gouvernement de l'Ordre: & cet Ouvrage finit par un Catalogue des Chevaliers des trois Langues de France.

L'on avoit eu dessein de donner une liste générale de tous les Chevaliers, dont les noms se trouvent dans les Registres de Malte: mais les difficultez qui se sont rencontrées dans l'exécution de ce Projet, ont engagé les Libraires à se borner aux François, & à quelques Etrangers, qui leur ont envoyé des mémoires.

Les Listes inserées dans cette Histoire ont couté beaucoup de peines & de recherches; & on doit cette justice à quelques Commandeurs zelés pour la gloire de leur Ordre, &

PREFACE.

à plusieurs habiles Généalogistes, qu'ils n'ont refusé ni leurs soins, ni leurs mémoires pour la perfection de cette partie de l'Histoire de Malte.

C'est à M. le Marquis d'Aubaye, que le Public est redevable de la Langue de Provence presque entiere. Celles d'Auvergne & de France ont été prises sur les Registres de Malte, mais avec differens vuides que M. le Bailli de Mesmes a fait remplir sur les Archives des Grands-Prieurez. Dans ces Archives on ne trouve point les Armes des Chevaliers ; elles manquent même dans les premieres années des Registres de Malte, aussi bien que la datte des receptions. Les noms propres, & sur-tout les noms de Terre ont été très-souvent défigurés par les Copistes. Toutes considerations, qui ont obligé à differens examens, nécessaires pour l'exactitude de l'Ouvrage ; mais qui ont empêché les Libraires de satisfaire à l'engagement pris avec le Public pour le tems de sa publication.

Malgré tous ces soins, on n'ose se flatter d'une entiere réussite : on ne doute pas même qu'il n'y ait des omissions, & des erreurs considerables qui pourront intéresser plusieurs Familles. On les prie d'en faire une exacte perquisition, & de tenir leurs mémoires tout prêts : on pourra dans la suite donner un sup-

PREFACE.

plément composé sur ces mémoires, en prenant néanmoins toutes les mesures qui seront jugées nécessaires pour n'en point admettre de faux.

L'on a tout lieu de croire que les Curieux seront contens des Portraits inserez dans les quatre Volumes de cette Histoire. Ils ont été faits par d'habiles Graveurs, & dont le travail a été soumis à la révision de M. de Boullongne premier Peintre du Roy, & Directeur de son Academie de Peinture. Les Tableaux sur lesquels on a travaillé ont été fournis par M. l'Ambassadeur de Malte, & par quelques particuliers, chez qui il s'est trouvé des originaux. On sera sans doute surpris que l'on ait pû avoir les Portraits des premiers Grands-Maîtres : mais on verra en lisant cette Histoire, comment par les soins & la liberalité du bâtard de Bourbon Grand Prieur de France, ils ont passé jusqu'à nous.

Tome 3. L. X. p. 165.

Les Cartes Geographiques dressées pour l'intelligence de cette Histoire, sont l'ouvrage de feu M. Delisle, dont le nom seul fait l'éloge.

Les Plans de l'Isle, & des Fortifications de Malte sont de M. le Chevalier Tigné, Ingenieur du Roi, qui les leva lui-même à Malte, où il fut appellé dans un tems où elle étoit menacée de siege.

APPROBATION.

J'Ay lû par ordre de M. le Garde des Sceaux, *l'Histoire des Chevaliers de l'Ordre de S. Jean de Jerusalem* : & j'ay crû que cet Ouvrage étoit digne du sujet & de l'Auteur. Fait à Paris ce 21 Septembre 1723.

FONTENELLE.

PRIVILEGE GENERAL.

LOUIS PAR LA GRACE DE DIEU ROI DE FRANCE ET DE NAVARRE ; A nos amez & féaux Conseillers les Gens tenans nos Cours de Parlemens, Maîtres des Requêtes ordinaires de notre Hôtel, Grand Conseil, Prévôt de Paris, Baillifs, Sénéchaux, leurs Lieutenans Civils, & autres nos Justiciers qu'il appartiendra : SALUT. Notre bien amé JACQUES QUILLAU, *Imprimeur & Libraire Juré de l'Université de Paris*, Nous ayant fait remontrer qu'il lui auroit été mis entre les mains un Manuscrit qui a pour titre, *l'Histoire de l'Ordre Hospitalier & Militaire des Chevaliers de S. Jean de Jerusalem, connus depuis sous le nom des Chevaliers de Rhodes, & à present appellez Chevaliers de Malte*, par Mr l'Abbé DE VERTOT ; Mais craignant que quelques Imprimeurs ou Libraires ne s'avisassent de contrefaire ledit Ouvrage, ce qui lui feroit un tort considérable, attendu qu'il ne le peut faire sans s'engager à de très-grands frais ; il nous auroit en conséquence très-humblement fait supplier de vouloir bien, pour l'en dédommager, lui accorder nos Lettres de Privilege sur ce nécessaires : A CES CAUSES, voulant traiter favorablement ledit Quillau, reconnoître son zele, & en même tems exciter par son exemple les autres Imprimeurs & Libraires à entreprendre des Editions de Livres aussi utiles au Public ; Nous lui avons permis & permettons par ces Presentes d'imprimer ou faire imprimer ledit Ouvrage ci-dessus expliqué en tels volumes, forme, marge, caractere, conjointement ou séparement, & autant de fois que bon lui semblera, & de le vendre, faire vendre & débiter par tout notre Royaume pendant le tems de quinze années consécutives, à compter du jour de la date desdites Presentes : Faisons défenses à toutes sortes de personnes de quelque qualité & condition qu'elles soient d'en introduire d'impression étrangere dans aucun lieu de notre obéissance, comme aussi à tous Imprimeurs, Libraires, & autres, d'imprimer, faire imprimer, vendre, faire vendre, débiter, ni contrefaire ledit Ouvrage ci-dessus specifié, en tout ni en partie, ni d'en faire aucuns extraits sous quelque prétexte que ce soit d'augmentation, correction, changement de titre, ou autrement, sans la permission expresse & par écrit dudit Exposant, ou de ceux qui auront droit de lui, à peine de confiscation des exemplaires contrefaits, de trois mille livres d'amende contre chacun des contrevenans, dont un tiers à Nous, un tiers à l'Hôtel-Dieu de Paris, l'autre tiers audit Exposant, & de tous dépens, dommages & interêts ; à la charge que ces Presentes seront enregistrées tout au long sur le Registre de la Communauté des Imprimeurs & Libraires de Paris, & ce dans trois mois de la date d'icelles ; que l'impression de cet Ouvrage sera faite dans notre Royaume, & non ailleurs, en bon papier & en beaux caracteres, conformément aux Reglemens de la Librairie ; & qu'avant que de l'exposer en vente, le Manuscrit ou Imprimé qui aura servi de copie à l'impression dudit Ouvrage sera remis dans le même état où l'approbation y aura été donnée, ès mains de Notre très-cher & féal Chevalier Garde des Sceaux de France le Sieur FLEURIAU D'ARMENONVILLE; & qu'il en sera ensuite remis deux exemplaires dans Notre Biblioteque publique, un dans celle de Notre Château du Louvre, & un dans celle de Notredit très-cher & féal Chevalier Garde des Sceaux de France le Sieur FLEURIAU D'ARMENONVILLE; le tout à peine de nullité des Presentes, du contenu desquelles Vous mandons & enjoignons de faire jouir l'Exposant ou ses ayans cause pleinement & paisiblement, sans souffrir qu'il leur soit fait aucun trouble ou empêchement. VOULONS que la copie desdites Presentes qui sera imprimée tout au long au commencement ou à la fin dudit Ouvrage, soit tenue pour duement signifiée, & qu'aux copies collationnées par l'un de nos amez & féaux Conseillers & Secretaires foi soit ajouté comme à l'Original. COMMANDONS au premier notre Huissier ou Sergent de faire pour l'execution d'icelles tous actes requis & nécessaires, sans demander autre permission, & nonobstant clameur de Haro, Charte Normande, & Lettres à ce contraires : Car tel est notre plaisir. DONNE' à Paris le septiéme jour du mois d'Octobre, l'an de grace mil sept cens vingt-trois, & de notre Regne, le neuviéme. PAR LE ROI en son Conseil. Et plus bas, signé CARPOT, avec paraphe.

Regiſtré ſur le Regiſtre V. de la Communauté des Libraires & Imprimeurs de Paris, page 378. N°. 670, conformément aux Reglemens, & notamment à l'Arrêt du Conſeil du 13 Août 1703. A Paris le vingt-ſix Octobre mil ſept cens vingt-trois. BALLARD, *Syndic.*

J'Ai associé dans le présent Privilege Mrs Rollin Pere, Quillau fils, & Desaint, Libraires à Paris, pour chacun un quart, suivant l'accord fait entre nous. A Paris ce 23 Juillet 1726. QUILLAU.

Regiſtré ſur le Regiſtre VI. de la Communauté des Libraires & Imprimeurs de Paris, page 401, conformément aux Reglemens, & notamment à l'Arrêt du Conſeil du 13 Août 1703. A Paris le onze Octobre mil ſept cens vingt-ſix. D. MARIETTE, *Syndic.*

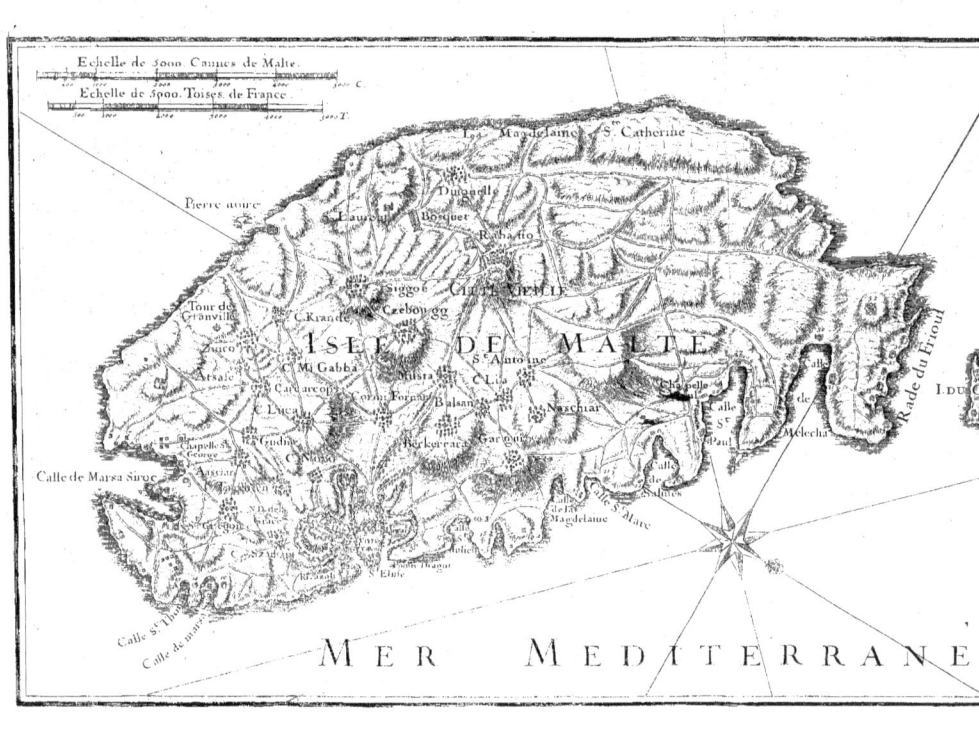

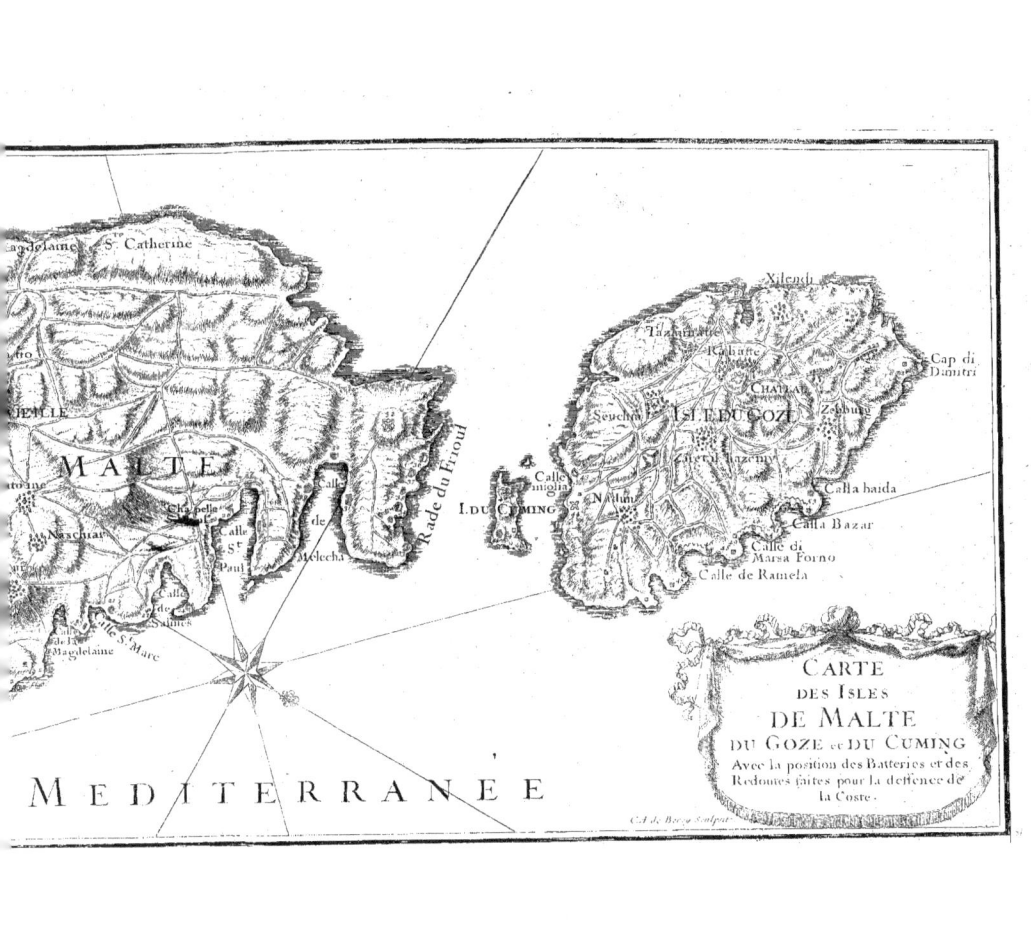

HISTOIRE
DES
CHEVALIERS HOSPITALIERS
DE
SAINT JEAN DE JERUSALEM;
APPELLEZ DEPUIS
LES CHEVALIERS DE RHODES,
ET AUJOURD'HUI
LES CHEVALIERS DE MALTE.

LIVRE PREMIER.

J'ENTREPRENS d'écrire l'Histoire d'un Ordre Hospitalier, devenu Militaire, & depuis Souverain ; que la charité fit naître ; que le zele de défendre les Lieux saints arma ensuite contre les Infideles, & qui dans le tumulte des armes, & au milieu d'une guerre continuelle, sçeut allier les vertus paisibles de la Religion avec la plus haute valeur dans les combats.

Cette union jusqu'alors inconnue de deux professions si opposées, la pieté & le courage de ces Religieux militaires, leur zele pour la défense des Chrétiens, tant de combats & de batailles, où ils se sont trouvez depuis près de sept cens ans, & les differens succès de ces guerres, tout cela m'a paru un objet digne de l'attention des hommes, & peut-être que le Public ne verra pas sans admiration l'Histoire de ces Soldats de Jesus-Christ, qui, comme d'autres Machabées, ont toujours opposé aux armes des Infidelles une foi constante & un courage invincible.

Mais avant que d'entrer dans l'institution de cet Ordre, j'ai cru que je ne pouvois me dispenser de representer au commencement de cet Ouvrage, l'état où se trouvoit alors l'Asie; de quelle contrée sortoient les premiers Infidelles que les Chevaliers de Saint Jean entreprirent de combattre; la Religion, la puissance & les forces de ces Barbares, & sur-tout leur haine déclarée contre les Chrétiens: toutes circonstances qui, quoiqu'elles précedent l'origine de cet Ordre, m'ont paru liées en quelque maniere avec son Histoire, en faire une partie préliminaire, & dont la connoissance servira d'éclaircissement pour les évenemens, que l'on rapportera dans la suite.

Cette partie de l'Asie, qui s'étend depuis le Pont Euxin, ou la Mer Noire, jusqu'à l'Eufrate, au commencement du septiéme siecle étoit encore soumise aux Romains, dont le vaste Empire avoit englouti les plus puissans Etats de notre Continent. Mais après la mort du grand Theodose, cet Empire si redoutable commença à déchoir de sa puissance, soit par les incursions des Barbares, soit peut-être aussi par le partage & le démembrement, qu'en firent les Empereurs Arcadius & Honorius ses enfans, Princes foibles, de peu d'esprit, qui ne faisoient que prêter leurs noms aux affaires de leur regne, & l'un & l'autre gouvernez par des Ministres imperieux, qui s'étoient rendus les tyrans de leurs Maîtres.

395.

La plûpart des Empereurs d'Orient successeurs d'Arcadius, ou dans la crainte d'être détrônez par des usurpateurs, ou usurpateurs eux-mêmes, cherchoient moins la gloire que donnent les armes, & à réprimer les courses des Barbares, qu'à se maintenir seulement sur le Trône. Toujours en garde contre leurs propres sujets, ils n'osoient sortir de la Capitale de l'Empire, & du fond de leur Palais, de peur que quelque rebelle ne s'en emparât; & ils bornoient toute leur felicité à jouir dans une oisiveté superbe des charmes de la souveraine Puissance. Il ne falloit plus chercher sous la pourpre ces fameux Cesars, les maîtres du monde: ces derniers n'en avoient que le nom, & la majesté de l'Empire ne paroissoit plus que dans de vains ornemens, dont ils couvroient leur foiblesse & leur lâcheté.

La Religion n'avoit pas moins souffert que l'Etat, d'un si mauvais gouvernement. L'Orient étoit alors infecté de differentes heresies, que l'esprit vif & trop subtil des Grecs avoit fait naître.

A ij

HISTOIRE DE L'ORDRE

Des Evêques & des Moines, pour avoir voulu expliquer d'une maniere trop humaine les differens myſteres de l'Incarnation, s'étoient égarez; & pour comble de malheur, ils avoient ſçû engager dans leur parti pluſieurs Empereurs, qui au lieu de s'oppoſer aux incurſions des Barbares, ne crôyoient point avoir d'autres ennemis, que ceux qui l'étoient de leurs erreurs.

Cependant au milieu de tant de deſordres, l'Empire ſe ſoutenoit encore par le poids de ſa propre grandeur, & au commencement du ſeptiéme ſiecle l'Empereur Heraclius avoit remporté quelques avantages ſur les Scites, & ſur les Perſes. Mais pendant que ce Prince étoit aux mains avec ces Barbares, & qu'il vangeoit l'Empire de leurs ravages, l'Arabie vit ſortir de ſes deſerts un de ces hommes remuans & ambitieux, qui ne ſemblent nez que pour changer la face de l'Univers, & dont les Sectateurs, après avoir enlevé aux Grecs les plus belles Provinces de l'Orient, porterent enfin les derniers coups à cet Empire, & l'enſevelirent ſous ſes propres ruines.

On voit aſſez que je veux parler de Mahomet, le plus habile & le plus dangereux impoſteur qui eût encore parû dans l'Aſie. Il étoit né vers la fin du ſixiéme ſiecle à la Mecque, ville de l'Arabie Petrée, de parens idolàtres de la Tribu des Corashittes ou Coriſiens, la plus noble de cette Nation, & qui ſe vantoit, comme la plûpart des Arabes, d'être iſſue d'Abraham par Cedar, fils d'Iſmaël. Le pere de Mahomet par ſa mort l'avoit laiſſé de bonne heure orphelin & même ſans bien. Un de ſes

568. ou 571.

Abdollah.

oncles se chargea de son éducation, & pendant plu-   Abu-taleb.
sieurs années l'employa dans le commerce. Il passa
ensuite au service d'une riche veuve appellée Cadigha, qui le prit d'abord pour son facteur, & depuis pour son mari. Un mariage si avantageux, &
où il n'eût osé porter ses esperances; les grands
biens de sa femme, & qu'il augmenta encore par son
habileté, lui firent naître des pensées de grandeur
& d'indépendance. Son ambition crût avec sa fortune, & à peine sorti d'une condition servile, des
richesses sans domination ne furent plus capables
de remplir ses desirs, & il osa aspirer à la souveraineté de son pays.

Parmi les differens moyens qui se presenterent
à son esprit, aucun ne lui parut plus convenable
que l'établissement d'une nouvelle Religion, machine dont bien des imposteurs avant lui s'étoient
déja servis. Il y avoit dans l'Arabie des Idolâtres,
des Juifs, & des Chrétiens, Catholiques, & Schismatiques. Les habitans de la Mecque étoient tous
Idolâtres, & si ignorans, qu'à l'exception d'un seul,   Waraxa.
qui avoit voyagé, il n'y en avoit aucun, qui sçût
lire ni écrire. Cette ignorance & cette diversité
de culte parurent favorables à Mahomet; & quoiqu'il ne fût pas plus sçavant que ses concitoyens,
qu'il ne sçût ni lire ni écrire, & même qu'il passât
pour un homme peu reglé dans ses mœurs, il ne
laissa pas de former le hardi dessein de s'ériger en
Prophete dans son propre pays, & à la vûe des témoins de son incontinence.

Mais comme ce passage d'une vie voluptueuse
à une communication si intime avec le Ciel, n'eût

pas été crû facilement, sous prétexte d'un changement entier dans ses mœurs, il rompit avec les compagnons & les ministres de ses plaisirs; & pour se donner un plus grand air de réforme, l'hypocrite pendant deux ans entiers se retiroit souvent dans une grotte du mont Hira, situé à une lieue de la Mecque, où il ne s'occupoit que de l'execution de son projet. Au bout de ce terme, & sous prétexte de se débarasser des pressantes instances, que sa femme lui faisoit pour le retirer d'un genre de vie si triste, il lui fit une fausse confidence de prétendues révélations, qu'il disoit avoir reçues du Ciel par le ministere d'un de ces Esprits du premier ordre, qu'il appelloit l'Ange Gabriel. L'adroit imposteur tourna même des accès d'épilepsie, ausquels il devint sujet, en des extases qui lui étoient causées, disoit-il, par l'apparition de ce Ministre celeste, dont il ne pouvoit soutenir la presence; & pour répandre insensiblement dans le Public le bruit de ces révelations, il en confia sous un grand secret le mystere à sa femme. La qualité de femme de Prophete flatoit trop sa vanité, pour la tenir cachée. Cadigha courut en faire part à ses meilleures amies; ce ne fut plus bientôt un secret; Mahomet l'avoit bien prévû. Il s'en ouvrit depuis à quelques citoyens de la Mecque, qu'il crut aussi aisez à persuader, & qu'il séduisit par son adresse & son habileté.

L. I. c. I. Hotting. Hist. Orient. L. 2. c. 4.

Si nous en croyons Elmacin historien Arabe, Mahomet avoit l'air noble, le regard doux & modeste, l'esprit souple & adroit, l'abord civil & caressant, & la conversation insinuante. D'ailleurs il ne lui manquoit aucune des qualitez necessaires dans un chef de parti: liberal jusqu'à la profusion, vif pour connoître les hommes, juste pour les mettre en usage selon leurs talens, toute la délicatesse pour agir sans se laisser jamais appercevoir; & il fit paroître depuis dans la conduite de ses desseins une fermeté & un courage superieur aux plus grands perils. Bien-tôt soutenu par quelques disciples, il ne fit plus mystere de sa doctrine, & prenant de lui-même sa mission, il s'érigea en Prédicateur; quoique sans aucun fond de science, il se faisoit écouter par la pureté de son langage, & la noblesse & le tour de ses expressions. Il excelloit sur-tout dans une certaine éloquence orientale, qui consistoit dans des paraboles & des allégories, dont il enveloppoit ses discours.

Mais comme il n'ignoroit pas, qu'en matiere de Religion, tout ce qui paroît nouveau est toujours suspect, il publia qu'il prétendoit moins en fonder une nouvelle, que de faire revivre les anciennes loix, que Dieu avoit données aux hommes, épurer ces Loix divines des fables & des superstitions qu'ils y avoient mêlées depuis. Il ajoûtoit que Moïse, & Jesus fils de Marie, leur avoient à la verité annoncé successivement une sainte doctrine, & que ces deux grands Prophetes, disoit-il, avoient autorisée par des miracles éclatans; mais que les Juifs & les Chrétiens l'avoient également alterée & corrompue par des traditions humaines : qu'enfin, Dieu l'avoit envoyé comme son dernier Prophete, & plus grand que Moyse & Jesus, pour purifier la Religion des fables, que les hommes, sous le nom de Mysteres, y avoient introduites, & pour réduire, s'il pouvoit, tout le genre humain dans l'unité de creance & dans la profession de la même foi. L'habile imposteur, après avoir préparé les esprits par de pareils discours, bâtit son systême de differentes pieces, qu'il prit de la religion des Juifs & de celle des Chrétiens; & pour y réussir, il s'étoit fait aider secre- *Abdias Ben- tement dans sa retraite par un * Juif Persan, & par un ** Moine Nestorien, tous deux, apostats, tres sçavans dans leur Religion, & qui lui avoient lû l'un & l'autre plusieurs fois l'ancien & le nouveau Testament. "Il en ajusta ensuite les differens passages à son nouveau plan; & à mesure que par le secours de ces deux Renégats il avoit mis au net quelque article, il le revêtoit d'un stile pompeux & figuré, où il tâchoit d'imiter tantôt le sublime du commencement de la Genese, & tantôt le pathetique des vrais Prophetes. Il publioit ensuite qu'il venoit de recevoir du Ciel cet article; & sous prétexte qu'il n'étoit que le dépositaire & le herault de cette doctrine celeste, il renvoyoit ceux qui lui faisoient des objections à l'Auteur prétendu de ces révelations, & il faisoit valoir son ignorance même pour preuve du peu de part qu'il avoit dans cette nouvelle Religion.

Il emprunta des Juifs le principe de l'existence & de l'unité d'un seul Dieu, mais sans multiplication de Personnes divines : il enseignoit en même temps la creance de la Résurrection, du Jugement universel, des récompenses & des peines de l'autre vie. Les Chrétiens lui fournirent l'exemple d'un Carême qu'il prescrivit, l'usage fréquent de la Priere, qu'il fixa à cinq fois par jour, la charité envers les pauvres, & le pardon des ennemis. Et en faveur

des

*Abdias Ben-Salon.
** Sergius, autrement Bahira.
(a) Voyez le Discours sur l'Auteur de l'Alcoran, qui est à la fin de ce premier Volume, & à la tête des Preuves.

des Payens, il admit certaine espece de prédestination mal entenduë, que les anciens Idolâtres appelloient communément le destin; decret éternel qu'ils croyoient superieur, même à la volonté de leurs Dieux.

Ce mélange de differentes Religions, où chacun croyoit trouver des traces de son ancienne créance, séduisit plusieurs citoyens de la Mecque; & l'adroit imposteur pour établir ses erreurs, sçût mettre en œuvre de grandes veritez, & même l'apparence de grandes vertus. Le Magistrat de la Mecque allarmé du progrès que faisoit cette Secte, en proscrivit l'Auteur & ses Partisans; le faux Prophete prit la fuite, & se retira dans une autre Ville de l'Arabie-Petrée, appellée *Yatrib*, & qu'il nomma depuis *Medina-al-nabi*, Ville du Prophete. Cette fuite si celebre parmi les Mahometans, & qu'ils appellent dans leur langue L'HEGIRE, a fourni depuis à leurs Historiens l'époque de leur Chronologie; & la premiere année de cette époque Musulmane, tombe, selon la plus commune opinion, dans la 22 année * du septiéme siecle.

Le péril que Mahomet avoit couru à la Mecque, lui ayant fait connoître que par la voie seule de la persuasion, il ne viendroit pas à bout de ses desseins ambitieux, il résolut d'avoir recours aux armes. L'imposteur ne manqua pas d'appeler le ciel à son secours; & bien-tôt il publia que l'Ange Gabriel lui avoit apporté de la part de Dieu une épée, avec ordre de l'employer pour soumettre ceux qui refuseroient d'embrasser sa nouvelle Religion.

Il ne faut point chercher ailleurs la cause des pro-

* An de Jesus Christ 622.
De l'Hégire 1.
NOTA que l'année des Musulmans n'est que de 12 mois lunaires, qui font seulement 354 jours: ainsi 33 de nos années font à peu près 34 des leurs.

grès étonnans que cette Secte impie fit en si peu de tems dans l'Arabie, & ensuite dans la plus grande partie de l'Asie Mineure; & apparemment que si Mahomet l'eût pû prévoir, il se seroit épargné la peine de forger tant de révelations, & de rajuster ensemble tant de pieces détachées des autres Religions. Cet Apôtre armé, commença ce nouveau genre de mission par faire des courses sur ses voisins. L'appas du butin, qui a tant de charmes pour les Arabes, en attira un grand nombre sous ses enseignes : aucune Caravanne n'osoit plus passer proche des endroits où il se trouvoit, sans s'exposer à être pillée ; & en faisant le métier de voleur, il apprit insensiblement celui de conquérant. De ses soldats, & même des ennemis vaincus, il en faisoit de nouveau disciples : il les nomma *Musulmans*, c'est-à-dire fideles, ou gens qui sont entrez dans la voie du salut. Bien-tôt, aussi grand capitaine qu'éloquent prédicateur, il s'empara de la Mecque ; & la plûpart des places fortes, & des châteaux de l'Arabie tomberent sous l'effort de ses armes. Il étoit secondé dans ces guerres par Abubekre son beau-pere, par Aly son cousin & son gendre, & par Omar & Otman, tous quatre ses Apôtres & ses principaux Capitaines, tous fanatiques de bonne foi, & qui se firent volontiers les sujets d'un imposteur, dont ils n'avoient été d'abord que les disciples. Mahomet par sa valeur & par son habileté sçut réunir en sa personne le Sacerdoce avec l'Empire ; & en 23 ans de son prétendu apostolat, d'autres disent seulement la dixiéme année, presque toute l'Arabie se trouva soumise à sa domination, & embrassa en même-tems sa nouvelle doctrine.

Alc. c. 4. Cantacuzeni Orat. 1. Sect. 12.

633 ou 632.

Le faux Prophete en mourant, avoit defigné pour fon fucceffeur Aly qui avoit époufé fa fille, appellée Fatime; mais le gendre du Prophete éprouva que les dernieres volontez des Princes les plus abfolus, font ordinairement enfevelies dans leur tombeau. Abubekre, comme beaucoup plus âgé qu'Aly, lui fut préferé par le crédit d'Omar & d'Otman, qui par le choix d'un vieillard, s'ouvrirent le chemin pour parvenir à leur tour à la même dignité. Et l'élection d'Abubekre fit naître depuis les fchifmes & les guerres civiles, qui s'éleverent entre les Mahometans. Les fucceffeurs de Mahomet prirent le titre de CALIFES, c'eſt-à-dire Vicaires du Prophete, ou d'ALMOUMENINS, Princes ou Commandeurs des Croyans. Ces premiers fucceffeurs, pleins de ce feu & de ce zele qu'infpire toujours une nouvelle Religion, étendirent en differentes contrées la doctrine de leur Maître, & leur propre domination: l'une ne marchoit point fans l'autre. Ils acheverent d'abord la conquête de l'Arabie, dont ils chafferent les Perfes & les Grecs. Ils enleverent enfuite à ces derniers, Damas, Antioche & toute la Sirie, pénetrerent dans la Paleftine, emporterent Jerufalem, pafferent en Egypte, qu'ils foumirent à leur Empire, détruifirent entierement la Monarchie des Perfes, s'emparerent de la Medie, du Koraffan ou Bactriane, du Diarbeick, ou de la Mefopotamie. Ils entrerent enfuite dans l'Afrique, où ils ne firent pas des progrès moins furprenans, & dont ils fubjuguerent toute la côte occidentale à l'égard de l'Egypte.

Je ne parle point des Ifles de Chypre, de Rhodes, de Candie, de Sicile, de Malte, & du Goze, qu'ils ravagerent, ou dont ils se rendirent maîtres, non plus que des Espagnes, où les Arabes, dès le commencement du huitiéme siecle, sur les ruines de la Monarchie des Gots, fonderent un nouvel Empire. De grandes Provinces de la France situées au de-là de la Loire, furent exposées à la fureur de leurs armes; & sans la valeur incomparable de Charles Martel, ce Royaume n'auroit pas eu un sort plus favorable que l'Espagne. Enfin ils menaçoient le monde entier de leurs fers; & les malheureux restes de l'Empire Grec, dès ce tems-là, n'auroient pas pû tenir contre une puissance si redoutable, s'il ne se fût élevé des guerres civiles entre les Chefs de cette Nation. Mais les Gouverneurs des Provinces, trop puissans pour des particuliers, s'en firent les Souverains. On vit en differentes contrées de l'Asie & de l'Afrique, & en differens tems jusqu'à cinq Califes, qui tous se prétendoient issus de Mahomet, & les véritables interpretes de sa Loi. La plupart même de ces Califes ensevelis depuis dans le luxe & la molesse, remirent le gouvernement civil & militaire de leurs Etats à des Emirs ou des Soudans, espece de Maires du Palais, qui ne furent pas long-tems sans s'en rendre les maîtres absolus, & dont la plûpart ne laisserent aux Califes que l'inspection sur les affaires de la Religion, le droit d'être nommez les premiers dans les prieres publiques, & d'autres honneurs de pure ceremonie, sans puissance & sans domination.

De toutes les conquêtes que ces Infideles avoient faites, il n'y en eut point de plus sensible pour les Chrétiens, que celle de la Terre Sainte, & de la ville de Jerusalem. Depuis que la Religion Chrétienne, sous l'Empire du Grand Constantin, étoit devenue la Religion dominante, c'étoit le pelerinage le plus celebre de toute la Chrétienté. Les Chrétiens Grecs & Latins, dans la pieuse confiance de trouver aux pieds du tombeau de Jesus-Christ la rémission des plus grands pechez, accouroient toujours à Jerusalem avec le même empressement, & d'autant plus, que l'accès en avoit été jusques alors sûr & facile par les terres de l'Empire. La révolution qui venoit d'arriver, changea cette disposition; & ces Infideles, quoiqu'ils réverassent Jesus-Christ comme un grand Prophete, pour grossir leurs revenus, imposerent une espece de tribut sur tous les Pelerins étrangers, que la dévotion conduisoit au Saint Sépulchre. Mais cette avanie ne fut pas capable de réfroidir la dévotion des Chrétiens de ce tems-là : pendant près de trois cens ans, ce fut toujours la même affluence de Nations Chrétiennes, & même des peuples de l'Occident les plus éloignez. Vers le milieu de l'onziéme siecle, les Califes ou les Soudans d'Egypte, alors maîtres de la Palestine, souffrirent que les Chrétiens Grecs qui étoient leurs sujets, pussent s'établir dans Jerusalem. Et afin qu'ils ne fussent pas confondus avec les Musulmans, le Gouverneur de cette Capitale de la Judée leur avoit assigné pour demeure le quartier le plus voisin du Saint Sépulchre.

L'éclat des conquêtes & de la puissance de l'Empereur Charlemagne, ayant passé de l'Europe dans l'Asie, le Calife Aaron Rasched, un des plus puissans Prince de l'Orient, permit depuis aux François, à sa considération, d'avoir dans la Sainte Cité une maison particuliere pour y recevoir les Pelerins de cette Nation. Eginard rapporte que le Patriarche de Jerusalem, envoya à ce grand Prince, de la part du Calife, les clefs du Saint Sépulchre, & de l'Eglise du Calvaire avec un étendart, que le celebre Abbé Fleuri, moderne Historien de l'Eglise, croit avoir été le signe de la puissance & de l'autorité qu'Aaron avoit remise au Prince Chrétien. Un autre * Ecrivain moderne, si sçavant dans nos antiquitez, dans le Livre 37 des Annales de son Ordre, nous parle d'un certain Moine François, appellé Bernard, qui vivoit en 870, & qui dans sa Relation d'un voyage fait à la Sainte Cité, rapporte qu'il y avoit trouvé un Hôpital pour les Latins, & que dans la même maison on conservoit une Bibliotheque, recueillie par les soins & la liberalité de l'Empereur Charlemagne.

*Dom Mabillon.

Mais depuis la mort du Calife Aaron, & de ses premiers successeurs, comme ceux de Charlemagne n'égalerent ni sa puissance, ni sa haute réputation, les François perdirent la consideration qu'on avoit pour eux dans la Palestine. On ne souffrit plus qu'ils eussent d'Hospice dans Jerusalem ; & quand ils avoient comme les autres peuples de l'Europe, à prix d'argent, l'entrée dans la Sainte Cité, & que pendant le jour ils avoient fait leurs Stations dans tous les endroits anciennement honorez par la présence & les mysteres de notre divin Sauveur ; ce n'étoit pas sans beaucoup de peine & même de péril, que le soir & pendant la nuit, ils pouvoient trouver quelque retraite dans la ville. Les Musulmans avoient naturellement trop d'averſion des Chrétiens, pour les recevoir dans leurs maiſons : & des diſputes ſurvenues au ſujet de quelques Dogmes mal entendus, & de differens points de diſcipline, ayant laiſſé peu d'union entre l'Egliſe Grecque & l'Egliſe Latine ; nos Chrétiens de l'Europe n'étoient gueres moins odieux aux Grecs qu'aux Arabes & aux Sarraſins de l'Orient.

Au milieu de l'onziéme ſiécle, des Marchands Italiens, qui avoient éprouvé la dureté des uns & des autres, entreprirent de procurer aux Pelerins de l'Europe, dans la ville même de Jeruſalem un azile où ils n'euſſent rien à craindre, ni du faux zele des Mahometans, ni de l'éloignement & de l'averſion des Grecs Schiſmatiques. Ces pieux négocians étoient d'Amalphy, ville dans le Royaume de Naples, mais qui reconnoiſſoient encore la domination des Empereurs Grecs de Conſtantinople. Les affaires qui concernoient le négoce de ces Marchands, les conduiſoient preſque tous les ans en Egypte ; & à la faveur des riches marchandiſes, & même des ouvrages curieux qu'ils y portoient de l'Europe, ils s'introduiſirent à la Cour du Calife Monſtafer-Billah : & en répandant dans ſa Cour & parmi ſes Miniſtres des preſens conſiderables, ils en obtinrent pour les Chrétiens Latins la permiſſion d'établir un Hoſpice dans Jeruſalem, & proche le Saint Sépulchre.

I. Pauv.

Le Gouverneur par ordre de ce Prince, leur aſſigna une portion de terrain. On y bâtit auſſi tôt ſous le titre de la Sainte Vierge, une Chapelle qu'on appella *Sainte Marie de la Latine*, pour la diſtinguer des Egliſes où l'on faiſoit l'Office divin ſelon le Rit des

1048.

Grecs: des Religieux de l'Ordre de S. Benoît y celebroient l'Office. On conſtruiſit proche de leur Couvent deux Hoſpices pour recevoir les Pelerins de l'un & de l'autre ſexe, ſains & malades: ce qui étoit le principal objet de cet établiſſement, & chaque Hoſpice eut dans la ſuite ſa Chapelle, l'une conſacrée ſous l'invocation de Saint Jean l'Aumônier, & l'autre dédiée en l'honneur de Sainte Magdelaine.

Des perſonnes ſéculieres venues de l'Europe, & remplies de zéle & de charité, renoncerent au retour dans leur Patrie, & ſe dévouerent dans cette ſainte Maiſon au ſervice des Pauvres & des Pelerins. Les Religieux dont nous venons de parler, faiſoient ſubſiſter ces adminiſtrateurs; & les Marchands d'Amalphi, des aumônes qu'ils recueilloient en Italie, & qu'ils apportoient, ou qu'ils envoyoient tous les ans à la Terre Sainte, fourniſſoient aux beſoins des pelerins & des malades. On remettoit ce ſacré dépôt de la charité des fideles entre les mains de perſonnes, qui s'étoient conſacrées, comme nous le venons de dire, au ſervice des Chrétiens d'Occident. Cette ſainte Maiſon gouvernée par des Religieux de S. Benoît, & qu'on doit regarder comme le berceau de l'Ordre de S. Jean, ſervit depuis d'azile & de retraite aux Pelerins. Le Chrétien Latin y étoit reçû & nourri ſans diſtinction de nation ou de condition. On y revêtoit ceux qui avoient été dépouillez par les brigands; les malades y étoient traitez avec ſoin, & chaque eſpece de miſere trouvoit dans la charité de ces Hoſpitaliers, une nouvelle eſpece de miſericorde.

Cependant un établiſſement ſi pieux & ſi utile, penſa être ruiné dès les premiers tems de ſon origine,

&

& il y avoit à peine dix-sept ans qu'il subsistoit, lorsque des Turcomans conquirent la Palestine, surprirent la ville de Jerusalem, & taillerent en pieces la garnison du Calife d'Egypte.

Will. Tyr. hist. L. 1.
1050.

Ces barbares sortoient du fond de la Tartarie. On prétend qu'ils étoient originaires de cette partie de la Sarmatie Asiatique, qui est entre le mont Caucase, le fleuve Tanaïs, les Palus Méotides & la mer Caspienne. Ils passerent depuis le Wolga, parcoururent toute la côte Septentrionale de la mer Caspienne, & s'établirent dans cette partie de la Tartarie, qui est entre differentes branches du mont Imaüs & le long du fleuve Jaxartes, pays qu'on appelle encore aujourd'hui de leur nom le *Turquestan*. Les Historiens ne conviennent pas si ce furent les Empereurs Grecs, ou les Rois de Perse, qui les introduisirent les premiers dans cette partie de l'Asie, & qui les appellerent à leur secours. Ce qui paroît de plus certain, c'est que des Capitaines de cette Nation se mirent depuis à la solde des Arabes ou des Sarasins, qui pour les retenir à leur service, & après s'être rendus maîtres de la Perse, leur assignerent des terres dans ces grandes Provinces, où ils s'établirent depuis avec leurs familles. Il paroît qu'ils n'avoient gueres pour toute Religion qu'une idée confuse d'un premier être, Créateur du Ciel & de la Terre, auteur, disoient-ils, de la vie & de la mort, & qui envoyoit aux hommes, selon son bon plaisir, la santé ou la maladie. On ne leur connoissoit aucun culte, si ce n'est que dans leurs maladies, ils avoient recours à des enchanteurs, espece de prêtres, qui par des pre-

18 HISTOIRE DE L'ORDRE

ſtiges groſſiers, & après en avoir exigé des préſens, leur faiſoient croire qu'ils appaiſoient en leur faveur la divinité irritée. Cette colonie, par complaiſance pour ſes nouveaux maîtres, embraſſa depuis le Mahometiſme, & par la ſuite des tems, s'étant extrêmement multipliée, elle s'affranchit de la domination des Arabes, mais ſans en quitter la religion, dans laquelle la plûpart avoient été élevés. D'autres tribus & d'autres peuples de la même nation, après avoir paſſé le Jaxartes, & traverſé le Mauralnahar, ſe joignirent à ces premiers, arriverent ſur les bords de l'Oxus, & penetrerent juſques dans le Coroſan.

1065.

Tous ces Turcomans s'étant réunis mirent ſur pied de grands corps d'armées, & choiſirent pour les commander trois chefs qu'ils prirent tous trois dans la même famille, iſſus d'un certain Salguez, dont la mémoire étoit parmi eux en ſinguliere véneration. Le premier de ces Géneraux s'appelloit Togrulbeg : quoiqu'il fût ſorti du milieu d'une nation feroce, il n'avoit rien de barbare que l'audace & l'ignorance, ou le mépris des périls. Il étoit prodigue dans ſes récompenſes à l'égard de ſes ſoldats, cruel dans ſes châtimens pour ceux qui avoient manqué de courage, & par là reveré d'une nation chez qui l'art de ſe faire craindre tenoit lieu de toutes les vertus. Ce fut ce prince qui ſous le titre de Chef des Emirs, ou de Soudan, ſe rendit maître en 1055 de Bagdat & du grand Empire des Califes Arabes. Jafer-beï ou Jafer-beg ſon couſin, chef de la ſeconde branche, s'étoit emparé de ſon côté du Quirman, & de ces vaſtes contrées qui ſont vers la mer de Perse, & les Indes. Cultumise autre cousin de Trogul-beg, & de Jafer, les avoit precedez; & dès l'an mil cinquante, il s'étoit fait reconnoître pour souverain de la plus grande partie de l'Asie Mineure, ou de l'Anatolie, & il avoit établi le siege de sa domination à Iconium. Togrulbeg étant mort sans enfans vers l'an 1063, Alubarslan son neveu & son successeur, ne soutint pas avec moins de valeur que son oncle la dignité de Sultan. Ce Prince après avoir remporté une victoire signalée sur les Grecs, fit prisonnier dans cette occasion l'Empereur Diogenes. On prétend que le fils d'Alubarslan, appellé Gelaleddin fut le plus puissant de ces princes *Selgeucides*, & que son Empire s'étendoit depuis les provinces les plus éloignées du Turquestan, jusqu'à Jerusalem, & même jusqu'aux confins de l'Arabie Heureuse : nouvelle révolution dans l'Asie, & qui ne fut pas moins rapide, ni moins surprenante que celle que les Arabes, quatre cens ans auparavant y avoient causée. Ce furent les lieutenans de Gelaleddin, surnommé *Malescha*, qui, après avoir conquis la Syrie, chasserent les Sarazins de la Palestine, & qui en l'an 1065, s'emparerent de la ville de Jerusalem.

On ne peut exprimer toutes les cruautez qu'ils y commirent : la garnison du Calife d'Egypte fut taillée en pieces comme nous le venons de dire. Les habitans & les Chrétiens n'eurent gueres un meilleur sort : plusieurs furent égorgez; on pilla l'Hospice de saint Jean, & ces barbares naturellement feroces & cruels auroient détruit le saint Sepulchre, si l'avarice n'eût retenu leur impieté.

C ij

La crainte de perdre les revenus qu'on levoit sur les pelerins d'occident, conserva le tombeau du Sauveur.* Mais ces Infideles, pour satisfaire en même tems leur avidité & leur haine contre tout ce qui portoit le nom de Chrétien, augmenterent ces Tributs; en sorte que les pelerins, après avoir consommé tout leur argent dans le cours d'un si long voyage, se voyoient souvent dépouillez par les voleurs, accablez de faim & de toutes sortes de miseres, faute de pouvoir satisfaire à des tributs excessifs, & périssoient aux portes de la sainte Cité, sans pouvoir obtenir de ces barbares la consolation de voir au moins, avant que d'expirer, le saint Sépulchre, l'unique objet de leurs vœux & d'un si long pelerinage.

Ceux qui échapoient à ces cruelles avanies, ne manquoient pas à leur retour en Europe d'en faire de tristes peintures. Ils représentoient avec les couleurs les plus touchantes l'indignité de souffrir les Lieux Saints sous la domination des Infideles. Mais la puissance de ces barbares étoit si redoutable, l'Empire grec si affoibli, & d'ailleurs les Princes de l'Europe si éloignez, & même si peu unis entr'eux, qu'on regardoit comme impossible l'entreprise d'affranchir Jerusalem de la tyranie de ces barbares.

1093.

Cependant un homme seul, appellé *Pierre l'Hermite*, du diocese d'Amiens, après avoir éprouvé lui-même une partie des avanies dont nous venons

---

* Soli etiam dominici Sepulchri templo, ejusque cultoribus christianis parcebant propter tributa quæ ex oblatione fidelium assiduè eis fideliterque solvebantur: unà cum Ecclesia sanctæ Mariæ ad Latinos quæ etiam tributaria erat. *Alb. Aquens.* l. 6. p. 281.

de parler, forma le hardi deſſein de remettre la Terre Sainte entre les mains des Princes Chrétiens. Il s'adreſſa d'abord au Patriarche Grec, appellé *Simeon*, Prélat d'une grande pieté. Et comme cet Hermite fondoit une partie de ſes vûes ſur les Chrétiens de l'Orient, & ſur la puiſſance de l'Empire Grec, le Patriarche lui répondit qu'il s'appercevoit bien qu'il parloit des forces de l'Empire en étranger, & ſans les connoître. Il ajouta qu'il ne reſtoit plus de ce grand titre qu'un vain nom, & une dignité ſans puiſſance; que les Turcomans profitant de la foibleſſe des Empereurs, des diviſions & des guerres civiles, qui s'élevoient à tous momens dans l'Empire, venoient de s'emparer de la plûpart des provinces ſituées ſur la côte du Pont-Euxin, & auxquelles, pour monument de leurs victoires, ils avoient donné le nom de *Turcomanie*; que les autres Provinces de l'Empire étoient ravagées tour-à-tour, tantôt par les courſes des barbares, & ſouvent même, faute de paye, par les troupes chrétiennes, quoique prépoſées pour leur défenſe; que les Grands, dans l'eſperance de parvenir à l'Empire, ne ſongeoient la plûpart qu'à exciter des ſéditions dans la ville imperiale, ou à débaucher, & à faire ſoulever les armées; que des Imperatrices, qui n'avoient jamais compté la chaſteté au nombre des vertus, avoient fait ſouvent de cette Souveraine dignité la récompenſe de leurs adulteres; que même des eunuques du Palais, ces monſtres ni hommes ni femmes, par leur crédit & par leurs intrigues, avoient eu beaucoup de part dans ces révolutions, & que depuis trente ans, on avoit vû succeſſivement ſur le trhône du grand Conſtantin juſqu'à dix Empereurs, dont la plûpart n'en étoient ſortis que par une mort tragique, ou du moins par la perte des yeux ; & que ſi on avoit laiſſé à quelques-uns la vie, ou l'uſage de la vûe, c'eſt qu'ils étoient ſi. mépriſez, qu'après les avoir releguez dans un monaſtere, on ne les comptoit plus au nombre des vivans ; que l'Empereur Michel Ducas, ſurnommé *Parapinace*, avoit été d'éthrôné par Nicephore Botoniate ; & que l'uſurpateur, pour s'aſſurer de la Couronne, avoit rendu eunuque le prince Conſtantin Ducas, fils aîné de Michel, & mari d'Helene, fille du Normand Guiſcard ; que l'Empereur Alexis Comnene, qui regnoit alors, n'étoit parvenu à cette grande place, que par de pareilles perfidies, & en ſe révoltant contre Botoniate, qu'il avoit déthrôné à ſon tour ; que ce nouveau Souverain n'étoit pas à la verité ſans habileté, mais qu'il étoit plus craint de ſes ſujets que de ſes voiſins ; & après tout, que bien loin qu'on ſe pût flatter que ce prince fût aſſez puiſſant pour rétablir les Chrétiens dans Jeruſalem, il avoit aſſez de peine à arrêter le progrès des armes des Turcomans, qui venoient de s'emparer de Nicée, & dont les Selgeucides de la troiſiéme dynaſtie, avoient fait la capitale de cette monarchie particuliere ; que d'un autre côté Alexis avoit en tête Robert Guiſcard, Comte ou Duc de la Calabre, & Boëmond ſon fils, Princes Normands, ennemis irréconciliables des Grecs ; qu'ils avoient pris les armes, & ravageoient les Terres de l'Empire pour ſe venger d'Alexis, qui retenoit dans une dure prison la princesse Helene, fille de Guiscard, & femme de Constantin Ducas; que ces deux Princes Normands irritez de cette perfidie, & pour délivrer la Princesse, avoient porté leurs armes dans la Thrace, taillé en pieces les armées d'Alexis, & qui l'auroient à son tour déthrôné, si d'autres interêts, ausquels ils avoient été obligez de ceder, ne les avoient rappellez pour un tems en Italie; mais que l'Empereur craignoit toujours que le coup de foudre, qui pouvoit le renverser du Thrône, ne partît de cette Maison.

Le Patriarche conclut de ce discours que pour délivrer la Terre Sainte de la domination des Infideles, il ne falloit rien attendre des Grecs, & qu'il n'y avoit qu'une ligue des Princes Latins, qui pût venir à bout d'une si difficile entreprise. Cette proposition étonna l'Hermite; mais sans ralentir son zele, & quoiqu'il en prévît toutes les difficultez, il se flatta qu'avec le secours & la protection du Pape, on les pourroit surmonter. Par son conseil, le Patriarche en écrivit au chef de l'Eglise dans les termes les plus touchans. L'Hermite se chargea de ses lettres, s'embarqua au port de Joppé ou de Jafa, arriva en Italie, présenta au souverain Pontife les lettres du Patriarche, & lui exposa les larmes aux yeux le malheureux état où les Chrétiens de Jerusalem étoient réduits. Il ajouta que les Arabes ou Sarasins avoient bâti une Mosquée sur les ruines anciennes du fameux temple de Salomon; que l'Eglise si respectable du saint Sépulchre, sous la domination des Turcomans, étoit à la veille d'une pareille profanation; que les femmes & les vierges chrétiennes étoient souvent exposées à la brutalité de ces barbares, & que si de jeunes garçons tomboient en leur pouvoir, ils avoient à craindre des infamies plus insuportables que la mort même; enfin que la Terre sainte, arrosée du précieux sang du Sauveur des hommes, étoit entierement réduite sous leur tyrannie. Cependant qu'il n'étoit pas impossible de l'affranchir de cette honteuse servitude, s'il daignoit engager dans une entreprise si digne de son zele & de sa pieté, la plûpart des Princes de l'Europe.

Le Pape auquel l'Hermite s'adressa, étoit Urbain II. François de naissance, & né à Châtillon-sur-Marne. Quoique l'air & l'habit d'un simple Hermite ne prévinssent pas en sa faveur, sa Sainteté ne laissa pas de l'écouter avec bonté; & elle fut d'autant moins surprise de la grandeur de son projet, que le Pape Gregoire VII. ce Pontife qui se croyoit le Souverain des Rois, & dont les vastes desseins n'avoient point de bornes, avoit aussi formé celui d'obliger par son autorité, tous les Princes Chrétiens à prendre les armes contre les Mahometans. Urbain, qui, après la mort de Victor III. venoit de lui succeder, n'avoit pas moins de zéle : mais plus concerté dans ses vûes, il ne jugea pas à propos de se déclarer, avant que d'avoir reconnu la disposition, & les forces des Princes de l'Europe. Une conduite aussi prudente étoit fondée sur le mécontentement que les Empereurs, & la plûpart des Monarques de la Chrétienté, avoient fait paroître des prétentions odieuses de Grégoire, qui sous prétexte d'une

autorité

autorité fpirituelle, qu'on ne lui pouvoit difputèr, avoit tenté de rendre tous les Souverains fes Tributaires & fes Vaffaux. Apparemment qu'Urbain comprit bien que dans une fi fâcheufe difpofition, où tout ce qui venoit de la Cour de Rome, pouvoit être fufpect d'une ambition fecrette, il ne devoit employer ouvertement fon nom & fon autorité pour faire prendre les armes aux Princes Chrétiens, fans en faire échouer le deffein. Ainfi il prit d'abord le parti d'en faire feulement recommander la néceffité & le mérite par des Prédicateurs. Dans cette vûe, ayant fait appeller l'Hermite, après avoir donné de grandes louanges à fon zéle, il l'exhorta de parcourir la plûpart des Provinces de la Chrétienté, d'exhorter les Souverains & leurs fujets à s'armer pour délivrer la Terre Sainte de la domination des Infideles ; & le Souverain Pontife, en le congediant, lui fit entendre que fi fa Miffion avoit un heureux fuccès, on pourroit compter fur les tréfors fpirituels de l'Eglife, & même que de puiffans fecours de troupes & d'argent ne manqueroient pas à ceux qui s'engageroient dans une fi fainte entreprife.

L'Hermite, après avoir reçu la benediction du Souverain Pontife, parcourut en moins d'un an prefque toute l'Europe. Dans les lieux où il paffa, il mettoit tout en mouvement : les peintures touchantes qu'il faifoit de la profanation des Lieux Saints ; fes exhortations vives & pathétiques ; une longue barbe & négligée ; des pieds nus, une vie aufter, une abftinence extrême, l'argent même qu'il ne recevoit que pour le répandre fur le champ dans le fein des pauvres ; tout cela le faifoit regarder comme un saint & comme un prophete, & les grands comme le peuple brûloient d'impatience de passer à la Terre Sainte, pour venger Jesus-Christ des outrages des Infideles.

1095. Le Pape averti d'un succès si surprenant, résolut de se déclarer : il convoqua dans la même année deux Conciles, l'un à Plaisance en Italie, l'autre à Clermont en Auvergne. Il se trouva au Concile de Plaisance jusques à quatre mille Ecclesiastiques, & plus de trente mille séculiers de differentes conditions ; mais ce qui parut de plus extraordinaire, fut d'y voir (depuis le schisme) des Ambassadeurs Grecs. L'Empereur Alexis Comnene les y avoit envoyez pour implorer le secours des Latins contre les Turcomans, qui après s'être emparez de la ville de Nicée, menaçoient Calcedoine, & même Constantinople d'un siege. Le Pape prit occasion de cette ambassade pour déplorer les malheurs de l'Orient, & sur-tout de la Palestine, qui étoit tombée sous la domination de ces barbares. Au récit que firent ces Ambassadeurs de leurs cruautez, toute l'Assemblée fremissoit d'indignation & de colere : il s'éleva mille voix confuses, qui crioient qu'il falloit aller défendre leurs freres en Jesus-Christ. Le Pape les exhorta de se souvenir d'une si genereuse résolution, quand le tems seroit venu de la pouvoir executer.

1095.
4. Novemb. Le même zele éclata dans le Concile de Clermont : il s'y trouva un grand nombre de Prélats, de Princes, de Seigneurs, la plûpart François, ou vassaux de la Couronne de France. Après un

discours infiniment touchant, que fit le Pape pour porter les Chrétiens à aller délivrer la Terre Sainte de la domination des Mahometans, toute l'Assemblée s'écria comme de concert: Dieu le veut, Dieu le veut; & ces trois mots servirent depuis dans l'armée de devise & de cri de guerre; & pour distinguer ceux qui s'engageoient dans cette sainte entreprise, il fut ordonné qu'ils porteroient une Croix rouge sur l'épaule droite.

Le Concile ne fut pas plûtôt terminé, que les Evêques qui y avoient assisté, après être retournez dans leurs dioceses, commencerent à y prêcher la Croisade, & ils le firent avec un si grand succès, que tout le monde vouloit prendre le chemin de l'Asie. Il sembloit qu'il n'y eût plus d'autre route pour aller au Ciel : c'étoit à qui partiroit le premier: Princes, Seigneurs, Gentilshommes, Bourgeois & Paysans, chacun quittoit avec joie ce qu'il avoit de plus cher, femme, enfans, pere & mere : tant il est vrai que les hommes ne semblent faits que pour s'imiter les uns les autres.

A la verité tous ces Croisez n'étoient pas animez par le même motif : plusieurs ne passoient en Orient que par des vûes d'interêt, & dans l'esperance de s'y établir. Il y en avoit qui ne s'enroloient dans cette sainte milice, que pour ne pas être soupçonnez de lâcheté; d'autres s'y engageoient par legereté, par compagnie, & pour ne pas quitter leurs parens & leurs amis. Des femmes même, pour n'être pas séparées de leurs amans; enfin le Moine & le reclus ennuyez de leurs cellules, le paysan las du travail, tous éblouis par la foible lueur d'un faux zele, abandonnoient leur état & leur premiere vocation. Tout cela à la verité formoit un nombre prodigieux de Croisez; mais parmi cette foule de personnes de differentes conditions, il y avoit beaucoup d'hommes & peu de soldats : & une pareille entreprise auroit échoué dès son commencement, & avant que les Croisez fussent sortis de l'Europe, s'ils n'avoient été soutenus par de grands corps de troupes reglées, & commandées par des Princes & des Seigneurs pleins de valeur & d'experience, & animez par un pure zele de délivrer la Terre Sainte de la domination des Infideles.

<small>Baldric.</small> On comptoit parmi ces Seigneurs, Raimond de Saint Gilles, Comte de Toulouse, le premier qui prit la Croix, & qui s'étoit déja signalé en Espagne, & à la tête des armées d'Alphonse sixiéme contre les Arabes & les Sarrasins d'Afrique; Hugues surnommé le Grand, frere de Philippe I. Roi de France, & Comte de Vermandois du chef de sa femme; Robert, Duc de Normandie, frere de Guillaume le Roux, Roi d'Angleterre; Robert, Comte de Flandres; Etienne, Comte de Chartres & de Blois; Godefroi de Bologne, Duc de la basse Lorraine ou du Brabant, avec ses freres Eustache & Baudouin; Baudouin du Bourg, leur cousin & fils du Comte de Rétel, & un grand nombre d'autres Seigneurs & Gentilshommes, la plûpart sujets ou vassaux de la Couronne de France, & qui vendirent dans cette occasion leurs châteaux & leurs terres pour fournir aux frais de cette armement.

On ne vit point dans cette premiere expédition aucun des Rois de l'Europe. Henri IV. petit fils de Conrard II. dit le *Salique*, étoit alors Empereur d'Allemagne. Soit qu'on considere sa dignité, soit qu'on fasse attention à sa rare valeur, à sa grande expérience dans le commandement des Armées, & à ses forces, il n'y avoit point dans toute la Chrétienté de Prince plus digne d'être mis à la tête de la Croisade. Mais aparemment qu'il fut retenu dans ses Etats par des differends qui avoient éclaté entre les Papes & les Empereurs, & qui pendant plus de cinquante ans déchirerent l'Eglise & l'Empire. La forme de donner l'investiture des grandes dignités ecclesiastiques en étoit le prétexte, & la souveraineté de Rome & de l'Italie le veritable sujet. Les Papes dans ce haut degré de puissance temporelle, où la liberalité des Rois de France les avoit élevez, ne pouvoient plus entendre parler des droits que les Rois des Romains & les Empereurs d'Occident avoient auparavant exercés dans Rome, & sur le reste de l'Italie. De là naquirent des schismes, des guerres & des révoltes, qui ne permirent pas à l'Empereur de quitter l'Allemagne & le centre de ses Etats. La molesse, & un attachement criminel que Philippe Premier Roi de France avoit pour Bertrade femme de Foulques le Rechin, Comte d'Anjou le retint dans son Royaume. Je ne parle point de Guillaume le Roux, Roi d'Angleterre, fils de Guillaume le Bâtard, Duc de Normandie, qui avoit ubjugué les Anglois, nation fiere, inquiette, jalouse de sa liberté, impatiente de toute domination, surtout de l'étrangere, & dont il n'eût pas été prudent au commencement d'un nouveau Regne de s'éloigner. Quant aux Rois de Castille, d'Arragon & de Navarre, ils étoient assez occupez à défendre leurs Etats contre les Arabes & les Sarasins d'Espagne, pour ne pas songer à d'autres entreprises.

Les Espagnes même depuis l'invasion des Sarazins, étoient devenues comme le theatre d'une croisade perpétuelle : & ce qu'il y avoit de plus braves Seigneurs dans les differentes contrées de l'Europe s'y rendoient ordinairement pour faire leurs premieres armes contre ces Infideles. Ainsi dans cet armement pour la Terre Sainte, on ne vit gueres que des Princes particuliers, & des Seigneurs François, dont les peres & tout au plus les ayeuls profitant de la décadence de la Maison de Charlemagne, & à la faveur des inféodations, de Gouverneurs particuliers de Villes ou de Provinces, s'étoient insensiblement érigez en Souverains de leurs gouvernemens : origine de tant de Principautez, qui à la fin de la seconde Race, & au commencement de la troisiéme avoient démembré cette puissante Monarchie.

1096.

Cependant les Princes croisez commençoient à marcher de toutes parts. Les Venitiens, les Genois, & les Pisans, Républiques puissantes sur mer, en transporterent une partie dans la Grece. Le rendez-vous géneral étoit dans les plaines voisines de Constantinople. Le fameux Boëmond qui avoit déja fait la guerre avec de si glorieux succès contre les Sarrasins, & même contre l'Empereur Alexis, étoit alors au siege d'un château en Campanie avec le Comte Roger son oncle. Il n'eut pas plutôt appris les premieres nouvelles de la Croisade, le nombre & la qualité des principaux Seigneurs croisez, qu'emporté par son zele, & comme saisi d'une pieuse fureur, il met en pieces sa cotte d'armes, & des morceaux il en fit des Croix dont il prit la premiere, & distribua les autres à ses principaux Capitaines. On comptoit parmi ces Seigneurs le brave Tancrede son neveu, les Comtes Ranulphe & Richard ses cousins, Hermand de Cani, Onfroy fils de Raoul, Robert de Sourdeval, & un grand nombre d'autres Gentilshommes tous Normans de naissance ou d'origine, & dont les peres, ou eux-mêmes aux dépens des Sarrasins & des Grecs s'étoient faits des établissemens considerables dans la Pouille, la Calabre & la Sicile. Comme ces illustres avanturiers ou leurs descendans auront beaucoup de part dans la suite de cette Histoire, nous ne pouvons nous dispenser de rapporter en peu de mots à quelle occasion, du fond de la Normandie ils s'étoient transportez & établis dans la basse Italie.

Dès l'an mille, ou mille trois, quarante Gentilshommes Normans, tous guerriers, & qui s'étoient signalez dans les armées des Ducs de Normandie, revenant du pelerinage de la Terre Sainte, aborderent en Italie sans armes, & avec le Bourdon & l'Aumôniere, équipage ordinaire des

1003.

Pelerins, & que nos Rois mêmes dans les Croisades suivantes alloient prendre à S. Denis. Les Pelerins Normans dont nous parlons ayant appris que la ville de Salerne étoit assiegée par les Sarazins, un zele de religion les fit jetter dans cette Place. Guimard en étoit Prince, & s'y étoit enfermé : il leur donna des armes & des chevaux. Ces étrangers firent plusieurs sorties sur les Infideles, la plûpart imprévûes, & si vigoureuses, qu'ils les forcerent à lever le siege. Le Prince de Salerne admirant le courage de ces Normans, & leur capacité dans l'art de la guerre, pour les retenir à son service, leur offrit de riches présens, & leur proposa des établissemens considerables. Mais ces Gentilshommes, que l'amour si naturel pour la patrie rappelloit chez eux, refuserent tout ce qu'on leur offrit, & ils lui répondirent que dans cette prise d'armes, ils n'avoient eu pour objet que la gloire de Dieu, & la défense de la Religion. Ils partirent, & on prétend que Guimard les fit suivre par des députez, qui pour exciter le zele & le courage de la Noblesse de Normandie, & pour l'engager à venir s'établir en Italie, porterent dans cette Province des étofes prétieuses, des harnois magnifiques pour les chevaux, & jusques à des Grenades, des Oranges, des Citrons, & des Amandes, qu'ils présenterent à plusieurs Gentilshommes, comme une preuve de la douceur de leur climat, & de la bonté du terroir, où on leur offroit des terres & des châteaux.

Guill. Gomet. liv. 7.

Un grand nombre de Normans attirez par les

les promeſſes de ces envoyez, ſortirent de leur pays avec leurs femmes & leurs enfans, & pendant tout ce ſiecle, il en paſſoit continuellement de cette Nation en Italie. Les plus conſiderables furent les enfans de Tancrede de Hauteville, Gentilhomme des environs de Coutance en Baſſe Normandie. Il avoit douze garçons, tous portant les armes. L'aîné, & qui fut comme le chef de ces avanturiers, s'appelloit Guillaume, ſurnommé *Bras de fer*, à cauſe de ſa force & de ſa valeur: Drogon ou Dreux étoit le ſecond; Humfroy le troiſiéme; Herman, Robert & Roger, les trois derniers. L'hiſtoire ne nous a point conſervé le nom des ſix autres fils de Tancrede, & on ne ſçait pas même s'ils paſſerent en Italie.

Il y avoit dans cette contrée trois ſortes de dominations, celle de quelques Princes particuliers, anciens reſtes des Lombards, & indépendans les uns des autres: un autre canton obéiſſoit aux Empereurs Grecs, mais dont les Saraſins avoient uſurpé la meilleure partie. Les fils de Hauteville formerent bientôt une troiſiéme puiſſance, & qui abſorba toutes les autres: c'étoient les Italiens & les Grecs, comme nous le venons de dire, qui les avoient appellez à leur ſecours contre les Saraſins.

Les Normands d'Italie réunis ſous les enſeignes des fils de Hauteville, paſſerent à la ſolde des Grecs, prirent des Villes, gagnerent des batailles, & par des actions heroïques, vinrent à bout de chaſſer ces Infideles de la plûpart des Places qu'ils occupoient. Ils en furent mal récompenſez: les Grecs qui les avoient appellez à

Tome I. E

HISTOIRE DE L'ORDRE

leur fecours, inquiets, & jaloux de la puiffance qu'ils acqueroient infenfiblement dans le pays, mirent en ufage les dernieres perfidies pour faire périr les chefs de cette Nation. Les fils de Hauteville fe trouverent dans la neceffité de fe défendre contre de fi lâches ennemis : ils le firent avec leur valeur ordinaire, & avec tant de bonheur, qu'après beaucoup de travaux, de dangers & de combats, ils enleverent aux Grecs la Calabre, la Pouille & la Sicile : & peut-être qu'ils ne furent pas fâchez qu'on leur eût fourni le prétexte d'une vengeance utile, & l'occafion de s'emparer de ces riches contrées. Ils partagerent depuis entre-eux ces grandes Provinces. Robert Guifcard eut le Comté de Calabre, & devint depuis le plus puiffant de tous fes freres : on lui avoit donné le nom de *Guifcard*, à caufe de fon adreffe & des rufes qu'il pratiquoit à la guerre, & nous allons voir le Prince Boëmond fon fils aîné déja fi redoutable aux Grecs par fa valeur, ne fe diftinguer pas moins contre les Infideles par fon adreffe & fon habileté, & fe couvrir en Orient d'une nouvelle gloire.

PREUVE II.

Ce Prince avant que de partir, & dans la vûe de fe faire un puiffant établiffement dans l'Afie, ceda fes droits d'aîneffe à fon cadet appellé Roger, du nom de leur oncle ; & pour toute reffource, il ne fe réferva que la ville de Tarente, & l'efperance de faire de nouvelles conquêtes dans l'Orient. Il paffa enfuite la mer à la tête de dix mille hommes de cavallerie, & d'un grand corps d'infanterie, & après être débarqué, il prit le chemin de Conſtantinople pour y joindre les Croiſez. Le Pape écrivit en même tems à l'Empereur de Conſtantinople, que plus de trois cens mille hommes marchoient à ſon ſecours, & pour délivrer les Lieux Saints de la domination des Infideles. Il lui nommoit les principaux Chefs des Croiſez, & il l'exhortoit à donner promptement les ordres néceſſaires pour la ſubſiſtance de ces troupes. Elles arrivoient à la file & ſucceſſivement de differents endroits ; & dans une revûe qui s'en fit dans les plaines de Conſtantinople, il s'y trouva cent mille hommes de cavallerie, & juſqu'à ſix cens mille hommes de gens de pied, parmi leſquels on comptoit des Prêtres, des Moines & un nombre infini de femmes habillées en hommes, & dont la plûpart, à la honte du Chriſtianiſme, ſe proſtituoient aux ſoldats.

L'Empereur Grec, au lieu d'un ſecours médiocre qu'il avoit demandé, fut bien ſurpris de voir ſes Etats inondez de ces troupes innombrables, & en état de lui donner la loi dans la Capitale même de ſon propre Empire. Alexis craignoit ſur-tout Boëmond, dont il avoit éprouvé la valeur & la conduite ; pour ſe débarraſſer de ces alliez, plus redoutables que des ennemis déclarez, il réſolut de gagner les Chefs à force de careſſes & de préſens, & de n'oublier rien en même tems pour couper les vivres à leurs ſoldats, & pour faire périr ceux qui ſe débanderoient pour en recouvrer. Par une conduite auſſi artificieuſe, & ſans ſe déclarer ouvertement, il

E ij

fit plus de mal aux Latins, qu'ils n'en essuyerent de toutes les forces des Turcomans réunies ensemble.

Par son ordre on portoit tous les jours des présens & des rafraîchissemens aux Princes Croisez. Pour éloigner même toute sorte de soupçons, il voulut s'engager dans la Croisade : il en prit solemnellement la marque ; & par un traité avec les Princes de l'Europe, il s'obligea de joindre sa flotte à celle des Latins, de leur fournir des vivres jusqu'à Jerusalem, & il devoit se rendre lui-même dans la grande armée, à la tête de ses troupes pour agir de concert contre les Infideles, soit Turcomans, soit Arabes ou Sarasins.

Les Croisez de leur côté éblouis par de si magnifiques promesses, consentirent à lui remettre Nicée, dont les Turcomans venoient de s'emparer, & les autres Places de l'Empire, dont ils chasseroient les Barbares : ou du moins, si les Latins les vouloient retenir, on convint qu'ils lui en feroient hommage. En exécution de ce traité, il y eut plusieurs Seigneurs d'Occident, qui dans l'esperance de s'emparer de quelques Principautez dans l'Orient, lui firent d'avance le serment de fidelité.

L'Empereur, malgré ces précautions, toujours inquiet de voir une armée formidable aux portes de sa Capitale, & en état de lui donner la loi jusques dans son Palais, pressoit les Chefs de passer promptement en Bithinie sous prétexte de surprendre & de prévenir les Infideles : il leur fournit même un grand nombre de vaisseaux de transport. Les Princes séduits par cette apparence de zele pour la cause commune, passerent le Bosphore; & après quelques jours de marche, formerent le siege de Nicée. Soliman Turcoman, Selgeudice, parent de Trogrul-bec, & Sultan d'Iconie, avoit jetté dans Nicée une puissante garnison. L'attaque fut vive & la défense très-opiniâtre; les Turcomans disputerent le terrein pied à pied, & ils ne cederent qu'à une puissance formidable, & contre laquelle il ne sembloit pas qu'aucune Place pût tenir. Le Gouverneur, après trente quatre jours de siege, rendit Nicée aux Chrétiens Latins, qui en exécution du traité fait avec l'Empereur Grec, la remirent de bonne foi aux Officiers de ce Prince avec la femme & les enfans de Soliman, qui par la capitulation étoient demeurez prisonniers de guerre.

1097.
14 Mai.

Bibl. Orient.
p. 822.

Alexis ne fut pas si touché de la prise de Nicée, qu'il fut allarmé de la valeur & du courage que les Croisez venoient d'y faire paroître. Il ne douta point qu'ils ne subjuguassent bien-tôt la meilleure partie de l'Asie: voisins pour voisins il préfera ceux qu'il croyoit les plus foibles, & il ne songea plus qu'à s'allier secretement avec les Infideles pour traverser les conquêtes des Chrétiens Latins, qui lui paroissoient alors les plus redoutables.

Le 20 Juin.

Dans cette vûe il renvoya à Soliman sa femme & ses enfans, comme un gage de l'amitié qu'il vouloit contracter avec lui. Ils firent entr'eux une alliance étroite, & en exécution de ce traité secret, le perfide Grec, bien loin de se rendre dans l'armée Chrétienne, de la fournir de vivres, & de joindre sa flote à celle des Latins, comme il s'y étoit engagé par le traité de Constantinople, il donna des ordres secrets aux Généraux de son armée, de cotoyer celle des Latins ; & ses troupes de concert avec celles de Soliman, tailloient en pieces les soldats qui s'écartoient, soit pour chercher des vivres, soit pour aller au fourage.

Le Sultan ne se fioit pas tellement au traité qu'il venoit de faire avec l'Empereur, qu'il ne songeât en même tems à se procurer des secours plus assurez. Il eut recours aux Sultans d'Antioche, d'Alep, de Bagdat & de Perse, tous Princes de sa Nation, de la même Maison, & interessez comme voisins à empêcher sa ruine. Ces Princes mirent aussi-tôt de puissantes armées sur pied : & si la France entiere, pour ainsi dire, étoit passée en Orient avec les Croisez, il sembloit d'un autre côté que la meilleure partie de l'Asie eût pris les armes dans cette occasion.

Un si grand armement allarma le Calife d'Egypte, dont l'Empire s'étendoit en Syrie, & jusqu'à Laodicée. Ce Prince Arabe d'origine, & chef de la secte d'Ali, dans la crainte que les Turcomans qui reconnoissoient pour le spirituel le Calife de Bagdat, sous prétexte de s'opposer aux Chrétiens Latins, ne tournassent contre lui leurs armes, envoya des Ambassadeurs aux Croisez pour leur proposer une ligue contre tous les Turcomans. Et comme il n'ignoroit pas que la conquête de Jerusalem étoit le principal objet de l'armée Chrétienne, on convint par un traité qu'il se déclareroit contre leurs ennemis communs; que chacun les attaqueroit de son côté; que la Capitale de la Judée demeureroit aux Chrétiens Latins avec toutes ses dépendances; qu'à son égard il rentreroit en possession des autres Places que les Turcomans lui avoient enlevées; & que si on étendoit les conquêtes jusques sur les terres des ennemis, on les partageroit également.

_{Raimond d'Agil.}

Les Princes Chrétiens ayant signé ce traité, le renvoyerent au Calife avec ses Ambassadeurs, qu'ils firent accompagner par d'autres de leur part, pour assister en leur nom à la ratification de ce traité.

Mais l'habile Calife, qui vouloit régler sa conduite par les évenemens, retint les Ambassadeurs à sa Cour sous differens prétextes, pour voir, avant que de se déclarer plus ouvertement, de quel côté la victoire se tourneroit.

Par le traité que les Croisez avoient fait avec l'Empereur Alexis, ils s'étoient engagez, comme nous l'avons dit, de lui remettre toutes les Places de l'Empire qu'ils prendroient sur les Infideles, ou de les tenir de lui comme ses Vassaux; & l'Empereur de son côté devoit envoyer ses troupes à la grande armée, & fournir aux Latins des vivres jusqu'à la conquête de Jerusalem.

Mais comme le Prince Grec viola ouvertement sa parole, les Croisez prétendirent être quittes de leurs engagemens. Ces Princes, après la prise de Nicée, continuerent leur route & leurs conquêtes, & ils séparerent leurs troupes pour les faire subsister plus aisément. Ceux qui commandoient ces differens Corps, s'emparerent de la plûpart des Places de la Natolie. Toute la Cilicie plia sous l'effort de leurs armes; Baudouin frere de Godefroy se rendit maître du Comté d'Edesse, dont les peuples, quoique soumis aux Turcomans, étoient la plûpart Chrétiens; & pour se fortifier contre les Infideles, il fit alliance avec un Prince d'Armenie dont il épousa la niéce.

21 Octobre.

La grande armée des Latins avançant dans la Syrie, vint jusqu'à Antioche, & en forma le siege. Il y avoit dans cette Place une armée entiere pour garnison; & differents corps de Turcs s'étant avancez au secours de cette Place, tenoient les Chrétiens eux-mêmes assiegez. Le siege d'Antioche, au bout de sept mois, n'étoit gueres plus avancé que le premier jour, & on auroit été contraint de le lever, sans l'adresse de Boëmond, qui gagna un des principaux habitans. A la faveur de cette intelligence, il trouva une des portes ouverte. Ce Prince, à la tête des troupes qu'il commandoit, entra dans Antioche, & arbora le premier ses étendarts au haut des tours de cette Place. Les Croisez, en recon-

Preuve III.

noissance, lui en cederent la souveraineté, & il conserva depuis par sa valeur une Principauté qu'il avoit acquise par son habileté; Prince jeune, bien fait, adroit, insinuant, aussi grand politique que grand Capitaine, & de qui la Princesse Anne, dans l'histoire de l'Empereur Alexis son pere, dit tant de bien & tant de mal; l'un & l'autre peut-être pour avoir trouvé ce jeune Prince trop à son gré.

1098.
28 de Juin.

La prise d'Antioche, & une victoire signalée que Boëmond remporta sur Querbouca, Général de
Bercaruc

Berearuc, Sultan de Perse, & fils de Gellaleden, laissoit les chemins libres pour la conquête de Jerusalem. Mais le Calife d'Egypte les prévint, & ce Prince infidele profitant du désordre où se trouvoient les Selgeucides, se mit en campagne, & reprit la Capitale de la Judée, dont ces Turcomans s'étoient emparez depuis environ trente-huit ans.

Le Calife d'Egypte voyant les Chrétiens & les Turcomans également affoiblis par tant de sieges & de combats, trouva que ses interests avoient changé avec la fortune. Il renvoya aux Croisez leurs Ambassadeurs sans vouloir ratifier le traité conclu avec ses Ministres, & il chargea les Ambassadeurs Chrétiens de dire à leurs maîtres, qu'ayant été assez heureux pour reprendre avec ses armes seules une Place dont ses prédécesseurs étoient en possession depuis plus de quatre cens ans, il sauroit bien la conserver sans aucun secours étranger ; cependant que les portes en seroient toujours ouvertes aux Pelerins Chrétiens, pourvû qu'ils ne s'y présentassent qu'en petit nombre, & sans armes.

Les Croisez irritez de son manque de parole, & sans s'inquiéter beaucoup de sa puissance, lui firent dire qu'avec les mêmes clefs dont ils avoient ouvert les portes de Nicée, d'Antioche, de Tarse & d'Edesse, ils sçauroient bien ouvrir celles de Jerusalem. Ces Princes, après avoir laissé reposer leurs troupes pendant l'hyver & une partie du printemps, marcherent droit à cette Capitale de la Judée, & y arriverent le septiéme de Juin

Tome I. F

de l'année 1099. De ce nombre infini de Croisez qui étoient partis de l'Europe, & qu'on fait monter à près de sept cens mille hommes, la plûpart avoient péri, soit dans les combats, soit par les maladies & par les désertions, sans compter les garnisons qu'il avoit fallu laisser soit dans la Cilicie, soit dans le Comté d'Edesse, & dans la Principauté d'Antioche; en sorte qu'à peine restoit-il aux Princes croisez vingt mille hommes d'infanterie, & quinze cens chevaux en état de combattre.

Le Calife, ou pour mieux dire, Aladin, Soudan & General de ce Calife, avoit fait entrer jusqu'à 40000 hommes de troupes reglées dans la Place, outre vingt mille habitans, Mahométans de religion, auxquels il avoit fait prendre les armes. Le Gouverneur de la Ville fit enfermer en même tems en differentes prisons les Chrétiens qui lui étoient suspects, & entr'autres l'Administrateur de l'Hôpital de Saint Jean de Jerusalem.

Histoire de Provence par Bouche. t. I. p. 32.
Preuve IV.

C'étoit un François appellé GERARD, né, à ce que rapportent quelques Historiens, dans l'Isle de Martigues en Provence, que le désir de visiter les Saints Lieux avoit conduit à Jerusalem, & qui après avoir été témoin de la charité qui s'éxerçoit dans l'Hôpital de Saint Jean, touché d'un si grand exemple, s'étoit dévoué depuis long-tems au service des Pelerins, en même tems qu'une Dame Romaine d'une illustre naissance, nommée Agnés, gouvernoit la maison destinée à recevoir les personnes de son sexe.

Tous les Pelerins étoient admis dans l'Hôpital de Saint Jean sans distinction du Grec & du Latin; les Infideles même y recevoient l'aumône, & tous les habitans de quelque religion qu'ils fussent, ne regardoient l'Administrateur de l'Hôpital que comme le pere commun de tous les pauvres de la Ville.

Ce fut cette estime generale, & la crainte qu'il ne s'en servît en faveur des assiegeans, qui porta le Gouverneur à le faire arrêter. Ce Commandant, pour rendre le siege plus difficile, fit combler les puits & les citernes jusqu'à cinq ou six milles aux environs de la Place : il fit razer en même tems les fauxbourgs, & brûler tous les bois des maisons dont on eût pû se servir pour construire des machines de guerre. Toutes ces précautions, les fortifications de la Place, une nombreuse garnison, n'empêcherent point les Chrétiens d'en former le siege.

Cette Ville une des plus belles de l'Orient, & à jamais celebre par les mysteres de notre rédemption qui s'y étoient accomplis, avoit souffert differentes révolutions. Personne n'ignore toutes les horreurs de ce siege où commandoit Tite, fils de Vespasien, qui, sans le sçavoir, accomplit les propheties. Le Temple fut détruit jusqu'aux fondemens malgré le Vainqueur même. L'Empereur Adrien, après l'avoir encore ruinée une seconde fois, la rebâtit depuis; mais il lui donna moins d'étendue, & en changea même le nom en celui d'Elia, parcequ'il s'appelloit *Ælius*. Jerusalem reprit son nom & sa premiere gloire sous Constantin premier Empereur Chrétien. Cosroés petit fils d'un autre Cosroés Roy des Perses, sous l'Empire de Phocas, désola de nouveau la Sainte Cité; trente mille habitans passerent par le fil de l'épée, & l'Eglise si celebre du Saint Sépulchre fut détruite. Heraclius successeur de Phocas reprit Jerusalem, & en fit rebâtir les Eglises. Le Calife Omar, comme nous l'avons dit, s'empara de cette Place vers le milieu du septiéme siecle, & il y avoit près de quatre cens ans que les Sarazins Mahométans en étoient les maîtres, quand les Turcomans les en chasserent. Le Sultan d'Egypte l'avoit reprise pendant le siege d'Antioche. Celui que les Croisez mirent devant Jerusalem ne dura que cinq semaines ; Godefroi de Bouillon se jetta le premier dans la Ville par le moyen d'une Tour de bois qu'il fit approcher des murailles. Le Comte de Toulouze qui commandoit à une autre attaque eut le même avantage; toute l'armée entra en foule dans la Ville; on passa au fil de l'épée non-seulement ceux qu'on trouva en défense, mais encore ceux qui avoient mis les armes bas. Plus de dix mille habitans ausquels même on avoit promis quartier, furent depuis massacrez de sang froid ; on tuoit impitoyablement les enfans à la mamelle, & dans les bras de leurs meres; tout nageoit dans le sang, & les vainqueurs fatiguez du carnage en avoient horreur eux-mêmes.

Cette fureur militaire cessa enfin, & fit place à des sentimens plus chrétiens; les Chefs, après avoir pris les précautions necessaires pour la sûreté de

1099.
15 de Juillet.

Christiani cum paganis, quinto bello conserto, tanta in eos cæde debacchati sunt, ut in sanguine occisorum equitarint usque ad genua equorum. Sig. Gemblac. p. 611.

leur conqueste, quitterent les armes, & suivis de leurs soldats, & les pieds nuds allerent se prosterner devant le Saint Sépulchre. On n'entendoit dans ce lieu saint que sanglots & soupirs; c'étoit un spectacle très touchant de voir avec quelle dévotion les Croisez visitoient & baisoient les vestiges des souffrances du Sauveur; & ce qui n'est pas moins surprenant, c'est que ces larmes & ces sentimens de piété partoient de ces mêmes soldats, qui un moment auparavant venoient de s'abandonner à des cruautez affreuses: tant il est vrai que les hommes se conduisent souvent par des principes tout opposez.

Le lendemain les Evêques & les Prêtres offrirent dans les Eglises le saint Sacrifice pour rendre graces à Dieu d'un si heureux évenement. On en donna aussi-tôt avis au Pape Paschal II. qui étoit alors sur la Chaire de Saint Pierre, & on ordonna de celebrer tous les ans à perpetuité le jour de cette réduction par une Fête solemnelle.

PREUVE V.

De ces devoirs de religion, on passa ensuite aux soins du Gouvernement. Les Princes & les Seigneurs s'assemblerent pour décider auquel d'entr'eux on remettroit la Souveraineté de cette Conquête. Chacun selon son inclination ou ses interests proposa differents Sujets pour remplir cette grande place. Les uns nommerent Raimond, Comte de Toulouze; d'autres Robert, Duc de Normandie; mais enfin presque tous les suffrages se réunirent en faveur de Godefroy de Bouillon, Prince encore plus illustre par sa piété que par sa rare valeur. Les Croisez le conduisirent solemnellement à l'Eglise du Saint Sépulchre pour y être couronné. Mais dans la cérémonie de cette inauguration, le religiuex Prince refusa une couronne d'or qu'on lui présentoit, & il protesta hautement qu'on ne verroit point sur sa tête une riche couronne dans une Ville où le Sauveur des hommes avoit été couronné avec des épines. Il refusa même absolument l'auguste titre de Roi, & il ne prit que la simple qualité d'Avoué, ou de Défenseur du Saint Sépulchre.

Cependant le Général du Calife d'Egypte, qui ignoroit la prise de Jerusalem, marchoit à la tête de son armée pour en faire lever le siege. Godefroi le prévint, s'avança audevant de lui, le rencontra à la sortie des deserts qui séparent la Palestine de l'Egyte, le batit & mit son armée en fuite. En reconnoissance & pour memoire de cette nouvelle victoire, il fonda dans l'Eglise du S. Sépulchre un Chapitre de Chanoines Latins: il en fonda encore un autre quelque tems après dans l'Eglise du Temple, qui servoit auparavant de Mosquée aux Infideles ; & ces Chanoines dans l'une & l'autre Eglise suivoient la Regle de saint Augustin, ainsi que le rapporte dans son Histoire le Cardinal Jacques de

Chap. 50. Vitri, Evêque d'Acre, Auteur qu'on doit regarder à l'égard des affaires de l'Orient comme Historien original.

Le Prince visita ensuite la Maison Hospitaliere de saint Jean, la premiere que les Chrétiens Latins eussent eue dans la Ville de Jerusalem. Il y fut reçu par le pieux Gerard & par les autres Administrateurs ses confreres, & il y trouva un grand nombre de Croisez qui avoient été blessez pendant le siege, & qu'on y avoit portez après la prise de cette Place: tous se louoient également de la grande charité de nos Hospitaliers, qui n'épargnoient aucuns soins pour leur soulagement.

Le Cardinal de Vitri rapporte que le pain de ces Hospitaliers n'étoit presque fait que de son & de farine la plus grossiere, pendant qu'ils réservoient la partie la plus pure pour la nourriture des blessez & des malades; circonstance à la verité petite, si cependant quelque chose le peut être de tout ce qui part d'un grand fond de charité.

Plusieurs jeunes Gentilshommes qui venoient d'en faire une heureuse experience, renoncerent au retour dans leur patrie, & se consacrerent dans la Maison de Saint Jean au service des pauvres & des pelerins. On compte parmi ces illustres Croisez qui prirent l'Habit des Hospitaliers, Raimond Dupuy, de la Province de Dauphiné; Dudon de Comps, de la même Province; Gastus ou Castus, de la Ville de Berdeiz; Conon de Montaigu, de la Province d'Auvergne, & beaucoup d'autres.

Quoique Godefroi perdît dans ces Gentilshommes des guerriers dont il avoit tiré de grands services, il ne laissa pas d'en voir le changement avec joye, & peut-être même avec une pieuse envie. Mais si l'interest, & la conservation de Jerusalem le retint à la tête de l'armée, il voulut au moins contribuer à l'entretien de la Maison de Saint Jean, & il y attacha la Seigneurie de Montboire avec toutes ses dépendances,

48 HISTOIRE DE L'ORDRE

qui faisoit autrefois partie de son Domaine dans le Brabant.

La plûpart des Princes & des Seigneurs Croisez suivirent son exemple. L'Hôpital en peu de tems se trouva enrichi d'un grand nombre de Terres & de Seigneuries, tant en Europe que dans la Palestine. C'étoit entre les mains du pieux Gerard, un dépôt sacré & un fond certain pour le soulagement de tous les malheureux. Le saint homme n'en étoit encore que simple Administrateur séculier; mais depuis la prise de Jerusalem, le désir d'une plus grande perfection le porta à proposer à ses Confreres & aux Sœurs Hospitalieres de prendre un habit régulier, & à consacrer leur vie dans l'Hôpital au service des pauvres & des pelerins.

GERARD, Recteur de l'Hôpital de Saint Jean de Jerusalem.

Les Hospitaliers & les Hospitalieres par son conseil & à son exemple, renoncerent au siecle, prirent l'habit régulier, qui consiste dans une simple robe noir, sur laquelle étoit attachée du côté du cœur une Croix de toile blanche à huit pointes; & le Patriarche de Jerusalem, après les en avoir revêtus, reçut entre ses mains les trois vœux solemnels de la Religion, qu'ils prononcerent aux pieds du Saint Sepulchre.

PREUVE VI. Le Pape Paschal II. quelques années après, approuva ce nouvel Institut, exempta la Maison de Jerusalem & celles qui en dépendoient, de payer la dixme de leurs Terres, autorisa toutes les fondations qui leur avoient été faites, ou qu'on feroit dans la suite en faveur de l'Hôpital, & ordonna specialement qu'après la mort de Gerard les Hospitaliers seuls auroient droit d'élire un nouveau

veau Superieur, sans qu'aucune Puissance seculiere ou ecclesiastique pût s'ingerer dans leur gouvernement. GERARD.

Cependant les Croisez, après avoir tiré la sainte Cité hors de servitude, se disposerent pour la plûpart à repasser en Europe. De ce nombre prodigieux de Croisez qui étoient partis de l'Europe & entrez dans l'Asie, il ne resta avec Godefroi qu'environ deux mille hommes d'infanterie, & trois cens cavaliers qui s'étoient attachez à sa fortune, avec le brave Tancrede qui ne le voulut jamais abandonner. Baudouin frere de Godefroi se retira à Edesse dans la Mesopotamie dont il s'étoit rendu maître ; Eustache autre frere de Godefroi repassa en France, & Boëmond devenu Prince d'Antioche, y fixa son séjour.

Chacun de ces Princes étoit accompagné des Seigneurs, des Gentilshommes, des Officiers & des Soldats qui étoient venus à la Terre Sainte sous leurs Enseignes. Tous ces Princes, pour retenir auprès d'eux cette genereuse noblesse, lui procurerent dans leurs Etats des établissemens considerables, comme le témoignage & la récompense de sa valeur ; & on peut dire que ces differentes Principautez se trouverent toutes habitées par une nation de conquerans.

Les autres Croisez que l'amour de la patrie avoit rappellez en Europe, étant de retour dans leur pays, y publierent leurs conquêtes, & les merveilles qu'il avoit plû à Dieu d'operer par leurs armes. On ne peut exprimer la joye des peuples, & quel effet firent sur les esprits de si grandes nouvelles. De toutes les nations de la Chré-

GERARD. tienté, & indifferemment de toutes professions, il se formoit tous les jours comme de nouvelles brigades de Pelerins, qui quittoient tout pour avoir la consolation de voir la sainte Cité délivrée de la tyrannie des Infidelles. Ils étoient reçus dans la Maison de Saint Jean, & ils y trouvoient une subsistance certaine & même agréable.

Ce flux & reflux de Pelerins, & qui tous reportoient dans leur pays des témoignages de la charité des Hospitaliers, leur attirerent de nouveaux bienfaits de la plûpart des Princes d'Occident; en sorte qu'il n'y avoit presque point de Province dans la Chrétienté, où la Maison de Saint Jean n'eût de grands biens, & même des établissemens considerables.

Bien-tôt par les soins du pieux Gerard, on vit élever un Temple magnifique sous l'invocation de Saint Jean-Baptiste, & dans un endroit qui, selon une ancienne tradition, avoit servi de retraite à Zacharie, pere de ce grand Saint. On construisit proche de cette Eglise differens corps de logis & de vastes bâtimens, les uns pour l'habitation des Hospitaliers, d'autres pour recevoir les Pelerins, ou pour retirer les pauvres & les malades. Les Hospitaliers traitoient les uns & les autres avec une égale charité; ils lavoient avec joye les pieds des Pelerins, pansoient les playes des blessez, servoient les malades, pendant que de saints Prêtres attachez à cette Maison leur administroient les Sacremens de l'Eglise.

Le zele des Hospitaliers n'étoit pas renfermé dans la Ville & dans le territoire de Jerusalem:

le Chef & le Superieur de cette Société naiſſante GERARD étendoit ſes ſoins juſques dans l'Occident: de ces biens qu'il tenoit de la liberalité des Princes Chrétiens, il fonda des Hôpitaux dans les principales Provinces maritimes de l'Europe; & ces Maiſons qui étoient comme des filles de celle de Jeruſalem, & qu'on doit regarder comme les premieres Commanderies de cet Ordre, ſervoient à recueillir les Pelerins qui ſe dévouoient pour le voyage de la Terre Sainte. On y ménageoit leur embarquement; ils trouvoient des vaiſſeaux, des guides & des eſcortes, en même tems qu'on prenoit d'autres ſoins pour ceux qui tomboient malades, & qui ne ſe trouvoient pas en état de continuer un ſi long voyage.

Telles étoient les Maiſons de Saint Gilles en Provence, de Seville dans l'Andalouſie, de Tarente dans la Pouille, de Meſſine en Sicile, & un grand nombre d'autres, que le Pape Paſchal II. prit depuis comme celle de Jeruſalem ſous la protection particuliere du ſaint Siege, & que ſes ſucceſſeurs honorerent de differens privileges.

Pendant que ce nouvel Ordre ne ſe rendoit pas moins recommandable dans l'Europe que dans l'Aſie, Godefroi de Bouillon, pour donner quelque forme à un gouvernement encore tumultueux & purement militaire, convoqua une eſpece d'Aſſemblée des Etats de ce Royaume, où il établit de nouvelles Loix, dont le recueil appellé communément les ASSISES de Jeruſalem, fut ſigné par ce Prince, & ſcellé du ſceau de ſes armes: & parceque ce recueil avoit été dépoſé dans l'Eglise du Saint Sepulcre, on l'appelloit communément LES LETTRES du Saint Sepulchre. Le Prince, après des soins si dignes d'un Souverain, reprit les armes, & se rendit maître de Tiberiade, & des autres Villes situées sur le Lac de Generaseth, & de la plus grande partie de la Galilée, dont il donna le Gouvernement à Tancrede.

Godefroi auroit conquis toute la Palestine, si une maladie contagieuse n'avoit arrêté le progrès de ses armes. Il mourut avec les mêmes sentimens de pieté, qui l'avoient conduit dans la Terre Sainte ; & par sa mort, les Sarrazins furent défaits d'un ennemi redoutable, & les Chrétiens perdirent un genereux défenseur & un grand capitaine. Il laissoit deux freres, Eustache & Baudouin ; mais comme l'aîné étoit repassé en Europe, on appella le cadet qui étoit Comte d'Edesse, pour lui succeder ; & ce Prince avant que de se rendre à Jerusalem, remit cette grande Seigneurie au Comte du Bourg son cousin.

Baudouin prit le titre auguste de ROY, que Godefroi de Bouillon par un esprit de pieté n'avoit pas voulu accepter. Baudoin n'avoit peut-être pas moins de valeur que son frere ; mais son courage n'étoit pas soutenu par une aussi grande capacité dans la conduite d'une armée, plus Soldat que Capitaine, d'ailleurs peu scrupuleux sur le commerce des femmes, & le nouveau successeur de David en eut les principal défaut.

Ce Prince qu'on compte pour le premier des Rois de Jerusalem, fit la guerre pendant tout

son regne, & il la fit avec differens succès, souvent GERARD
vainqueur, quelques fois vaincu, mais jamais rebuté de combattre. Après une défaite, il revenoit le lendemain chercher les Infideles, & ne laissoit en repos ni ses soldats ni ses ennemis; il assiegea & prit Ptolemaïde ou Acre, ville & port fameux.

La ville de Tripoli de Syrie pendant son regne 1101. après un siege de quatre ans, ouvrit ses portes à Jourdain neveu de Raimond, Comte de Toulouze, qui la remit depuis à Bertrand, fils naturel du Comte. Le Roi de son côté emporta Sidon, Beritte; & toutes les Places le long de la côté, tomberent sous l'effort de ses armes, à l'exception de la seule ville de Tyr qu'il faisoit dessein d'assieger, lorsqu'après un regne de dix-huit ans, une dissen- 1118. terie causée par les fatigues de la guerre le mit au tombeau.

Baudouin du Bourg, ou Baudouin II. son cousin, Comte d'Edesse fut son successeur à la Couronne de Jerusalem, comme il l'avoit été à ce Comté, dont il se démit à son tour en faveur de Josselin de Courtenay son parent. Baudouin, à l'exemple des deux Princes ses predecesseurs, ne songea à conserver la Couronne qu'ils lui avoient acquise, que par de nouvelles conquêtes. Mais pendant que ce Prince par sa valeur tenoit les Infideles éloignez de cette Capitale de la Judée, les Hospitaliers perdirent le bienheureux Gerard, 1118. le pere des pauvres & des pelerins. Cet homme vertueux, après être parvenu jusqu'à une extrême vieillesse, expira dans les bras de ses freres

G iij

presque sans maladie, & tomba, pour ainsi-dire, comme un fruit meur pour l'éternité.

Les Hospitaliers après sa mort s'assemblerent pour lui donner un successeur conformément à la Bulle du Pape Paschal II. Les suffrages ne furent point partagez ; tous les vœux se réunirent en faveur de Frere RAIMOND DUPUY, Gentilhomme de la Province de Dauphiné, Maison illustre, & qui depuis tant de siecles, subsiste encore aujourd'hui sous le nom de DUPUY MONBRUN.

Le bienheureux Gerard en engageant les Hospitaliers au service des pauvres & des pelerins, s'étoit contenté pour toute regle de leur inspirer des sentimens de charité & d'humilité. Son successeur crut y devoir ajouter des Statuts particuliers ; & de l'avis de tout le Chapitre, il les dressa d'une maniere qu'ils ne paroissent établis que pour procurer dans cette sainte Maison une plus sure & plus étroite observance des vœux solemnels de la Religion.

Le nouveau Maître des Hospitaliers fit dessein d'ajouter à ces Statuts & aux devoirs de l'hospitalité, l'obligation de prendre les armes pour la défense des saints Lieux, & il résolut de tirer de sa Maison un Corps militaire & comme une Croisade perpetuelle, soumise aux ordres des Rois de Jerusalem, & qui fît une profession particuliere de combattre les Infideles.

Pour l'intelligence d'un fait si important à l'Ordre dont nous écrivons l'histoire, il faut sçavoir que ce qu'on appelloit en ce tems-là le Royaume de Jerusalem, ne consistoit que dans cette Ca-

---

1118.
RAIMOND DUPUY.

PREUVE VI.

pitale, & dans quelques autres Villes, mais la plûpart séparées par des Places encore occupées par les Infideles ; en sorte que les Latins ne pouvoient passer de l'une à l'autre sans péril ou sans de grosses escortes. Le territoire même des Villes chrétiennes étoit encore habité par des paysans Mahometans, regardant les Chrétiens comme les ennemis de leur religion, les assassinoient & les voloient, quand ils les pouvoient surprendre avec avantage & sans être découverts. Les Latins n'étoient gueres plus en sûreté dans les Bourgs & dans les Places qui n'étoient pas fermées ; des brigands y entroient de nuit, & égorgeoient les habitans ; & ce qui étoit de plus fâcheux, c'est que ce petit Etat se voyoit encore assiegé de tous côtez, soit par les Turcomans, soit par les Sarazins d'Egypte, deux puissances redoutables, qui, sans agir de concert, n'avoient cependant pour objet que de chasser les Chrétiens de la Syrie & de la Palestine. Ainsi les Latins étoient obligez de soutenir une guerre presque continuelle ; & quand l'hyver ne permettoit pas aux armées de tenir la campagne, differens partis des Infideles ne laissoient pas de pénétrer dans le pays ; ils portoient le fer & le feu de tous côtez, massacroient les hommes, & enlevoient les femmes & les enfans dont ils faisoient des esclaves.

Le Maître de l'Hôpital touché de ces malheurs, & se voyant à la tête d'un grand corps d'Hospitaliers, forma le plus noble dessein, & en même tems le plus extraordinaire, qui pût entrer dans

HISTOIRE DE L'ORDRE

RAIMOND DUPUY.

l'esprit d'un Religieux attaché par sa profession au service des pauvres & des malades.

Dieu qui avoit inspiré à Raimond un si noble projet, lui avoit donné toutes les qualitez convenables pour le faire réussir, une naissance distinguée, des sentimens élevez, des vûes étendues & un zele ardent, qui lui faisoit souhaiter de pouvoir sacrifier sa vie pour sauver celle d'un Chrétien.

Il se représentoit à tous momens ce grand nombre d'habitans de la Palestine surpris & égorgez par les Infideles, d'autres qui gémissoient dans les fers, les femmes & les filles exposées à la brutalité des brigands, & les débauches de ces barbares encore plus insuportables que leurs cruautez; enfin les Chrétiens, soit pour éviter les tourmens, soit pour sauver leur vie ou leur honneur, exposez à la tentation de renoncer à Jesus-Christ. De si tristes réfléxions, & le desir de conserver au Sauveur du monde des ames rachetées de son sang, agitoient continuellement le Maître de l'Hôpital : c'étoit le sujet le plus ordinaire de ses méditations, il consultoit tous les jours aux pieds des Autels celui même qui étoit l'auteur de ce pieux dessein; enfin pressé par une vocation particuliere, il convoqua le Chapitre, & proposa à ses Confreres de reprendre en qualité de soldats de Jesus-Christ, les armes que la plûpart avoient quittées, pour le servir dans la personne des pauvres & dans l'Hôpital de S. Jean.

Raimond ne devoit sa place qu'à l'éclat de ses vertus : ses Religieux regarderent cette proposition

tion comme une nouvelle preuve de fon zele; & quoiqu'elle parût peu compatible avec leur premier engagement, & les fonctions de l'hospitalité, le defir fi louable de défendre les Saints Lieux les fit paffer par deffus les difficultez qui fe pourroient trouver dans l'éxercice de deux Profeffions fi differentes. Les Hofpitaliers, la plûpart compagnons ou foldats de Godefroi de Bouillon, reprirent genereufement les armes avec la permiffion du Patriarche ; mais on convint de ne les employer jamais que contre les Infideles ; & il fut refolu que, fans abandonner leurs premiers engagemens & le foin des pauvres & des malades, une partie de ces Religieux monteroient à cheval quand il s'agiroit de s'oppofer aux incurfions des Infideles. L'Ordre même fe trouva dès lors affez riche & affez puiffant pour pouvoir dans les occafions preffantes prendre des troupes à fa folde : & ce fut depuis par ce fecours que les Hofpitaliers foutinrent avec tant de courage le Trône chancelant des Rois de Jerufalem.

On prétend que Raimond ayant amené fes Confreres dans fes vûes, fit dès lors trois claffes de tout le Corps des Hofpitaliers. On mit dans la premiere, ceux qui par leur naiffance, & le rang qu'ils avoient tenu autrefois dans les armées, étoient deftinez à porter les armes ; on fit une feconde claffe des Prêtres & des Chapelains, qui outre les fonctions ordinaires attachées à leur caractere, foit dans l'Eglife ou auprès des malades, feroient encore obligez chacun à leur tour de fervir d'Aumôniers à la guerre : & à l'égard de ceux qui n'étoient ni de maison noble, ni ecclesiastiques, on les appelloit FRERES SERVANS. Ils eurent cette qualité des emplois où ils étoient occupez par les Chevaliers, soit auprès des malades, soit dans les armées, & ils furent distinguez dans la suite par une cotte d'armes de differente couleur de celle des Chevaliers. Cependant tous ces Religieux ne formoient que le même corps, & participoient également à la plûpart des droits & des privileges de la Religion, de la maniere que nous l'expliquerons dans un Traité particulier qu'on trouvera à la fin de cet Ouvrage.

Comme ce nouvel Ordre en peu de tems s'étoit extrêmement multiplié, & que la plûpart de la jeune Noblesse accouroit des differentes contrées de l'Europe pour s'enrôler sous ses Enseignes, par une nouvelle division, & suivant le pays & la Nation de chaque Chevalier, on les sépara en sept Langues, sçavoir, Provence, Auvergne, France, Italie, Arragon, Allemagne & Angleterre. Cette division subsiste encore aujourd'hui de la même maniere, à l'exception que dans les premiers siecles de l'Ordre, les Prieurez, les Bailliages & les Commanderies étoient communs indifferemment à tous les Chevaliers; au lieu que ces dignitez ont été depuis affectées à chaque Langue, & à chaque Nation particuliere : on ne compte plus la Langue d'Angleterre, depuis que l'heresie a infecté ce Royaume. On a ajouté à la Langue d'Arragon celle de Castille & de Portugal.

L'Habit régulier consistoit dans une robbe de

couleur noire avec un manteau à pointe de la mê‑ me couleur, auquel étoit cousu un capuce poin‑ tu. Cette sorte de vêtement se nommoit MANTEAU A BEC, & avoit sur le côté gauche une Croix de toile blanche à huit pointes; habillement qui, dans ces premiers tems, aussi bien que le nom d'Hospitaliers, étoit commun à tous les Religieux de l'Ordre.

Mais depuis que ces Hospitaliers eurent pris les armes; comme les personnes d'une haute naissan‑ ce par une fausse délicatesse avoient de la repu‑ gnance à entrer dans un Ordre où ils étoient con‑ fondus avec les Freres servans; Alexandre IV. pour lever cet obstacle, jugea à propos d'établir une juste distinction entre ces Freres servans, & les Chevaliers. Il ordonna qu'à l'avenir il n'y au‑ roit que ceux-ci qui pourroient porter dans la maison le manteau de couleur noire, & en cam‑ pagne & à la guerre une Sopraveste, ou cotte d'armes rouge avec la Croix blanche semblable à l'étendart de la Religion, & à ses Armes, qui sont de Gueules à la Croix pleine d'argent; & par un Statut particulier, il fut ordonné de pri‑ ver de l'Habit & de la Croix de la Religion les Chevaliers qui dans une bataille abandonneroient leur rang & prendroient la fuite.

Il paroît que la forme du Gouvernement dans cet Ordre étoit dès lors, comme elle l'est aujour‑ d'hui, purement aristocratique: l'autorité suprê‑ me étoit renfermée dans le Conseil, dont le Maî‑ tre des Hospitaliers étoit le Chef, & en cette qualité & en cas de partage il y avoit deux voix.

RAIMOND DUPUY.

PREUVE VIII.

1259.

H ij

RAIMOND DUPUY.

Ce Conseil avoit la direction des grands biens que l'Ordre possedoit tant en Asie qu'en Europe.

Pour les régir il y envoyoit d'anciens Hospitaliers sous le titre de PRECEPTEURS, & cette commission ne duroit qu'autant que le Maître & le Conseil le jugeoient à propos; en sorte que ces Précepteurs n'étoient considerez en ce temslà que comme des économes, & de simples administrateurs d'une portion des biens de l'Ordre, & dont ils étoient comptables à la Chambre du Trésor.

C'étoit de ces fonds, qu'une sage économie augmentoit tous les jours, qu'on fournissoit les secours necessaires pour l'entretien de la Maison de Jerusalem, & sur tout pour les frais de la guerre & la paye des soldats séculiers, que l'Ordre prit depuis à sa solde.

Presque tous ces revenus passoient de l'Occident dans la Palestine; les Freres Précepteurs n'en réservoient que la moindre partie pour leur subsistance. Ces véritables Religieux observoient dans ces Obediences la même austerité que dans le Couvent; ils y vivoient même plusieurs ensemble, & en forme de Communauté. La charité envers les pauvres & les pelerins éclatoit dans ces maisons particulieres, comme dans le Chef-d'Ordre, & dans l'Hôpital de Saint Jean. La pureté des mœurs n'y étoit pas en moindre recommandation que l'esprit de désapropriation; & depuis que l'Ordre eut pris en Orient les armes contre les Sarazins, & contre les Turcomans, les Hospitaliers qui se trouvoient en Occident & dans les maisons de l'Ordre, pour fuivre leur vocation & pour rem- RAIMOND plir leurs obligations, fe rendoient tour à tour & DUPUY. felon les Ordres qu'ils recevoient du Maître, foit dans l'armée de la Paleftine, foit dans celles qui étoient deftinées contre les Maures d'Efpagne, & depuis contre les Albigeois de France. Mais on n'en voyoit aucun qui prît parti dans les guerres qui s'élevoient entre les Princes Chrétiens. Un Chevalier Hofpitalier n'étoit foldat que de Jefus-Chrift, & quand les interêts de la Religion ne lui faifoient pas prendre les armes, on ne le voyoit occupé que du foin des pauvres & des malades : c'étoit-là l'efprit de cet Ordre, & la pratique uniforme de tous les Hofpitaliers.

Raimond Dupuy ayant fait approuver fon deffein par le Patriarche de Jerufalem, fon Supérieur naturel, & reçû fa bénediction ; à la tête de fes Confreres, tous armez, il alla offrir fes fervices à Baudouin du Bourg, fecond Roi de Jerufalem. Ce Prince en fut agreablement furpris, & il regarda ce corps de Nobleffe comme un fecours que le Ciel lui envoyoit.

Il eft bien furprenant qu'aucun des Hiftoriens du tems n'ait fait mention de l'année dans laquelle ces Hofpitaliers prirent les armes, & que ces Ecrivains ayent gardé le même filence au fujet de leurs exploits, ou du moins qu'ils n'en ayent parlé qu'en paffant, & très-fuperficiellement. Cependant nous apprenons d'une Bulle du Pape In- PREUVE nocent II. en datte de l'an 1130, qu'on ne par- IX. loit dans toute l'Europe que des fervices importans que les Hofpitaliers rendoient aux Rois de

RAIMOND DUPUY.

Jerusalem contre les Infideles : ce qui suppose qu'il y avoit déja du tems qu'ils étoient armez, & on ne peut néanmoins faire remonter l'époque que nous cherchons plus haut que l'an 1118, qui fut celui de l'établissement de Raimond Dupuy dans la dignité de Chef de cette nouvelle milice.

Le Roi de Jerusalem avoit bien besoin de ce secours : il étoit obligé de défendre contre des ennemis redoutables son propre Etat, & les Comtez d'Edesse & de Tripoli, qui en relevoient, sans compter la principauté d'Antioche, que des interêts communs unissoient avec la Couronne de Jerusalem ; quoique les Princes d'Antioche prétendissent en être indépendans.

Le Comté d'Edesse comprenoit presque toute la Mésopotamie, & s'étendoit entre l'Euphrate & le Tigre. Baudouin premier en avoit fait la conquête, & après son élevation sur le Trône de Jerusalem, il l'avoit remis à Baudouin du Bourg son cousin, qui à son tour, en prenant la Couronne de Jerusalem, investit de son Comté Josselin de Courtenay son parent. Le Comté de Tripoli comprenoit plusieurs Places situées le long de la mer de Phénicie, depuis Maraclée jusqu'au fleuve Adonis *, où commençoit ce qu'on appelloit alors le Royaume de Jerusalem, qui étendit bientôt ses frontieres jusqu'au desert, qui sépare la Palestine de l'Egypte. Bertrand, fils de Raimond Comte de Toulouze, étoit Comte de Tripoli, & Boëmond II. Prince d'Antioche, avoit succedé au fameux Boëmond son pere, qui étoit mort dans la Pouille à son retour de France, où il y avoit

* Thamiras.

épousé la Princesse Constance, fille de Philippe premier, Roi de France.

Boëmond second, sorti de ce mariage, avoit été mis d'abord sous la tutelle du brave Tancrede son parent ; mais ce Prince étant mort peu de tems après, on défera la Régence à Roger fils de Richard, de la même Maison, Prince plein de valeur, mais ambitieux, & qui n'ayant l'autorité souveraine qu'en dépôt, laissoit soupçonner par sa conduite qu'il aspiroit au titre même de la Principauté.

Tandis que Roger Tuteur du jeune Bémond, gouvernoit cette grande Principauté, Gasi un des Princes Turcomans, Dol de Kuvin de la même Nation, & Roi de Damas, & Debeïs chef d'une puissante Tribu parmi les Arabes Mahometans, joignirent leurs forces pour chasser de la Syrie tous les Chrétiens Latins. Ces Infideles entrerent dans les Etats de la Principauté à la tête d'une armée redoutable, emporterent plusieurs petites Places, mettoient tout à feu & à sang dans la campagne. Le Régent surpris, envoya aussi-tôt en donner avis au Roi de Jerusalem, à Josselin de Courtenai, Seigneur d'Edesse, & à Ponce Comte de Tripoli, & successeur du Comte Bertrand. Tous ces Princes lui firent sçavoir qu'ils alloient marcher incessamment à son secours. Roger en les attendant se jetta dans la ville d'Antioche avec ce qu'il avoit de troupes, & fit prendre en même tems les armes aux habitans. Les Infideles qui ne vouloient pas s'engager dans un siege, qu'ils prévoyoient devoir être long & meurtrier, tâcherent de tirer le Regent hors de sa Place par les ravages qu'ils faisoient dans la campagne. Et en effet Roger qui de son Palais voyoit avec douleur les Villages embrasez, ne put résister à son ressentiment, & emporté par son courage, il sortit de la Ville, & contre l'avis de ses principaux Capitaines, marcha aux ennemis. Il n'avoit qu'environ sept cens chevaux, & trois mille hommes de pied ; cependant avec un si petit nombre de troupes, & sans daigner faire attention aux forces de ses ennemis, il osa les attaquer. Les Turcomans pour entretenir sa confiance, plierent d'abord, se battirent en retraite, l'attirerent insensiblement dans une ambuscade. Il se vit bien-tôt enveloppé ; une foule de Barbares tomberent sur lui de tous côtez. Quelque effort que fit le Prince Chrétien pour s'ouvrir un passage au travers des escadrons des Infideles, ses troupes accablées par le nombre, furent taillées en pieces, & la précipitation du Regent lui coûta la vie, & à la plus grande partie de sa petite armée.

Les Infideles victorieux, se flatant de triompher aussi facilement des troupes que le Roi conduisoit, se mirent en marche pour le surprendre. Ils n'eurent pas de peine à rencontrer un ennemi qui les cherchoit ; l'une & l'autre armée se trouva en presence, même plûtôt que leurs Chefs ne l'avoient crû ; il falut en venir aux mains. Ce fut la premiere occasion où les Chevaliers de Saint Jean signalerent leur zele contre les Infideles. Le combat fut long & sanglant ; on se battit de part & d'autre avec cette animosité qui se rencontre entre

tre des nations ennemies, & de differente religion. RAIMOND
Baudouin, Prince plein de courage, à la tête de sa DUPUY.
Noblesse, & suivi par Raimond & les Hospitaliers
se jette au milieu des plus épais bataillons des ennemis; il pousse, presse & enfonce tout ce qui
lui est opposé. Les soldats animez par son exemple suivent le chemin qu'il leur avoit ouvert; ils
entrent l'épée à la main dans ces bataillons ébranlez, & malgré toute leur résistance les forcent
de chercher leur salut dans la fuite. Quelques
menaces que fissent les Emirs pour les rallier, tout
se débanda, & le soldat effrayé fit bien voir que
dans une déroute il ne craint que l'ennemi & la
mort.

Le Roy de Jerusalem victorieux, entra ensuite
dans Antioche; il y regla tout ce qui pouvoit regarder la défense de la Place, & le gouvernement
civil: & après y avoir laissé une forte garnison, il
reprit le chemin de Jerusalem, où il fut reçu de
ses sujets avec cet applaudissement qui suit toujours
une fortune favorable.

Ce Prince ne songeoit qu'à jouir d'un peu de
repos, comme du plus doux fruit de sa victoire,
lorsqu'il apprit que Josselin de Courtenay, Comte
d'Edesse avoit été surpris dans une embuscade par
Balac, un des plus puissans Emirs des Turcomans,
& qu'il étoit demeuré prisonnier de ce Prince in- 1122.
fidéle. Baudouin dans la crainte que l'Emir ne se
prévalût de la disgrace de Courtenay, pour assieger Edesse, partit sur le champ avec ce qu'il avoit
de troupes, marcha à grandes journées, passa le
Jourdain, & s'avança dans le pays. Mais ayant vou-

Tome I.   I.

RAIMOND DUPUY.

lu aller lui-même reconnoître le camp des Infideles, soit qu'il eût été trahi, ou qu'il se fût trop découvert, il se vit tout d'un coup enveloppé par un parti superieur à son escorte ; & après l'avoir vûe taillée en pieces, il fut contraint avec Galeran son cousin de se rendre aux ennemis, & il éprouva le même sort que le Prince d'Edesse.

On ne peut exprimer la consternation des troupes de Baudouin en aprenant sa captivité. Un grand nombre de soldats, comme si la guerre eût été finie, ou dans le desespoir de pouvoir résister aux Infideles, se débanderent. Les Hospitaliers joints à ce qui restoit de troupes, ne pouvant tenir la campagne pour arrêter les progrez des ennemis, se jetterent dans Edesse & dans les autres Places de ce Comté, qu'ils conserverent à Courtenay.

1123.

Le Calife d'Egypte, pour profiter de la disgrace du Roy de Jerusalem, fit entrer un de ses Generaux dans la Judée du côté d'Ascalon : ce General marcha à Jaffa, & il en forma le siege, en mêmetems qu'une flotte de cette nation bloquoit le port de la Place.

Dans une si fâcheuse conjoncture, il ne paroissoit pas que les Latins pussent en même-tems résister aux Turcomans & aux Sarrazins, qui les attaquoient de differens côtez. Les Sarrazins avoient formé le siege de Jaffa par terre & par mer. Eustache Garnier, Seigneur de Sydon ou Scyde, & de Cesarée, Connétable de la Palestine, quoique dans un âge très avancé, rassembla environ sept mille hommes qui faisoient les principales forces de ce petit Etat, & avec ce qu'il

trouva de Chevaliers dans la Maison de Jerusa- RAIMOND
lem, il marcha droit aux ennemis. Il fit une si DUPUY
grande diligence qu'il les surprit, força leurs lignes, & tailla en pieces ceux qui dans cette déroute ne purent regagner leurs vaisseaux, leur flotte ayant pris aussi tôt le large & la route d'Alexandrie. Le General Chrétien, sur des avis qu'il reçut que la garnison d'Ascalon ravageoit la campagne, & sans donner de repos à ses soldats, les mena sur le champ de ce côté-là. Il trouva une partie des soldats de la garnison dispersez, & attachez au pillage. Le Connétable à la tête de ses troupes tomba sur ces pillards qui n'étoient point sur leurs gardes, tua tous ceux qui voulurent se rallier, fit un grand nombre de prisonniers; & il n'échapa que ceux qui furent assez heureux pour rentrer dans Ascalon.

Ces deux victoires furent suivies depuis d'une troisiéme, & d'une nouvelle disgrace pour les Sarazins. Nous avons dit que leurs vaisseaux, après la défaite de leur armée de terre, avoit mis à la voile. Ces vaisseaux en se retirant tomberent le long de la côte d'Ascalon dans une flotte des Venitiens, commandée par le noble Henry Michieli, Duc ou Doge de Venise, qui après un combat opiniâtré, en coula à fond une partie, & il se rendit maître des autres.

Guillaume des Barres, Seigneur de Tiberiade, venoit de succeder dans le commandement de l'armée de terre au Comte Garnier, mort pendant cette expedition. Le nouveau General envoya féliciter le Duc de Venise sur l'heureux suc-

I ij

RAIMOND DUPUY.

cès de fes armes, & lui propofa une entrevûe. La flotte Venitienne entra dans le port de Jaffa, d'autres difent dans celui d'Acre ou de Ptolemaïde. Le Duc y fut reçu avec tous les honneurs & toutes les marques de reconnoiffance, qui étoient dûs à une victoire fi importante ; on combla fes principaux Officiers de prefens ; la flotte reçut en abondance des rafraîchiffemens & des vivres, & le Doge, pour fatisfaire à fa dévotion, fe rendit dans Jerufalem, où il paffa les fêtes de Noel. Le Patriarche de cette Ville, Defbarres, & les principaux Seigneurs du Pays, fe prévalant de cette pieufe difpofition, propoferent à Michieli de vouloir avec fa flotte bloquer le port de Tyr pendant que l'armée de terre affiegeroit cette Place. L'entreprife étoit grande, & de difficile execution : cependant Defbarres lui fit gouter l'importance & l'utilité de fon projet.

Mais comme le Venitien ne fe contentoit pas d'une gloire fterile, & qu'il faifoit monter fort haut les frais de cette entreprife, il déclara que fi le fuccès des armes leur étoit favorable, il prétendoit partager cette conquête avec le Roy de Jerufalem, & en avoir la moitié en toute fouveraineté. Il n'en demeura pas là, & comme il n'ignoroit pas qu'on ne fe pouvoit paffer de fa flotte, il demanda pour les Venitiens une Eglife, une rue, un four banal, des bains, & l'exercice particulier de la Juftice dans Jerufalem, & dans toutes les Villes de la dépendance de ce Royaume : c'étoit en partager en quelque maniere la Souveraineté. Mais comme après tout, il étoit de la derniere conséquence pour les Chrétiens de la Palestine de chasser de Tyr les Infideles, & que pour un siege si important on ne se pouvoit passer d'une flotte; après plusieurs conferences, on convint que les Venitiens auroient un tiers de la Ville; on leur passa même la plûpart des autres conditions, toutes dures & toutes extraordinaires qu'elles étoient, & on signa un traité qui eût été honteux, s'il n'eût été en quelque maniere nécessaire. Parmi les noms des Prélats & des principaux Seigneurs du Royaume qu'on trouve au bas de ce traité, on n'y voit point celui de Raimond Dupuy, soit qu'il fût resté à la défense du Comté d'Edesse, soit qu'il eût eu de la répugnance à souscrire à un traité qui donnoit atteinte à la Souveraineté du Roy. Quoi qu'il en soit, ce traité ne fut pas plûtôt signé que tout se mit ensuite en mouvement; la flotte d'un côté & l'armée de terre de l'autre, se rendirent devant Tyr, & serrerent la Place de près. On ouvrit la tranchée; le siege fut long & meurtrier, & les Hospitaliers acquirent beaucoup de gloire dans les differentes attaques; enfin les Assiegez pressez en même tems par terre & du côté du port, & se voyant sans esperance de secours, demanderent à capituler. On convint des conditions; le traité fut executé de bonne foi de part & d'autre, aussibien que celui qui avoit été fait avec les Venitiens; & de concert avec leur Duc, on établit depuis dans cette Ville un Archevêque, appellé Guillaume, Anglois de Nation, & Prieur du Saint Sépulchre, qui fut sacré par Guarimond, Patriarche de Jerusalem.

RAIMOND DUPUY.

PREUVE X.

1124. 30 de Juillet.

Pendant le siege de Tyr, Joſſelin de Courtenaï, s'étant ſauvé des priſons de Balac, rentra dans ſes Etats, raſſembla ce qu'il put de troupes, mit ſur pied un petit corps d'armée, vint chercher ſon ennemi, lui donna bataille, & le tua de ſa main. Cette victoire & la mort de l'Emir procura la liberté au Roy de Jeruſalem. La veuve de Balac, ſoit touchée du mérite de ſon priſonnier, ſoit dans la crainte qu'il ne lui échapât & qu'elle ne perdît ſa rançon, fit une treve avec lui, mit à prix ſa liberté. Baudouin convint de lui payer cent mille pieces d'argent, de celles qu'on appelloit des *Michelins*: il en paya comptant une partie, & pour le ſurplus il donna en ôtage à cette veuve une des Princeſſes ſes filles, âgée de cinq ans.

Le retour de ce Prince dans ſes Etats y ramena la joye & enſuite l'abondance. Baudouin perſuadé que le veritable threſor d'un Souverain conſiſte dans les richeſſes de ſes Sujets, fit publier un Sauf-conduit general pour tous ceux de quelque religion & de quelque parti qu'ils fuſſent, qui apporteroient des grains & des marchandiſes dans ſes Ports avec un affranchiſſement de tous tributs. Cette liberté y attira des Marchands de toutes nations, rétablit le commerce & rendit ce Prince en même tems plus puiſſant & plus redoutable à ſes voiſins.

Borſequin & Doldekuvin, ces deux Princes Turcomans toujours animez contre les Chrétiens, recommencerent leurs incurſions dans la Principauté d'Antioche. Cet Etat quoique ſouverain, pendant la minorité du jeune Boëmond, étoit ſous la protection du Roy de Jerusalem. Baudouin aux premieres nouvelles qu'il eut de l'entreprise des Infideles, se mit en campagne : il marcha avec tant de secret & de diligence qu'il surprit les ennemis, força leur camp, & fit un si grand nombre de prisonniers, que leur rançon suffit pour retirer la Princesse sa fille, qu'il avoit donnée en ôtage à la veuve de Balac. De la Syrie il repassa dans la Palestine, où il réprima les courses de la garnison d'Ascalon, qui étendoit ses contributions jusqu'aux portes de Jaffa.

RAIMOND DUPUY.

Ce Prince ouvrit la campagne suivante par une nouvelle victoire, qu'il remporta sur Doldekuvin. Elle fut suivie de la prise de Rapha, Place forte dans le Comté de Tripoli. Les Hospitaliers suivirent le Roy dans toutes ces expéditions; mais personne n'y acquit plus de gloire que Foulques, Comte d'Anjou, un des plus grands Capitaines de son siecle. Le pelerinage de Jerusalem si ordinaire en ce tems-là, l'avoit amené à la Terre Sainte : il étoit fils de Foulques dit le *Rechin*, ou de mauvaise humeur, & de Bertrade de Monfort, depuis femme ou concubine de Philippe premier, Roy de France.

Foulques dont nous parlons, avoit épousé Eremburge, fille unique d'Helie, Comte du Maine, dont il avoit eu deux fils & deux filles. Le Comte & la Comtesse vivoient dans une grande union; la mort les sépara : la Comtesse mourut, & le Comte pénétré de douleur de sa perte étoit passé à la Terre Sainte, où pendant un an il entretint à ses dépens cent Chevaliers. Ce Prince à leur tête se si-

RAIMOND DUPUY.

gnala en differentes occasions contre les Infideles. Le tems ayant produit son effet ordinaire sur sa douleur, & le terme qu'il s'étoit prescrit pour son pelerinage, étant expiré, l'impatience le prit de retourner dans ses Etats. Le Roy Baudouin, qui avoit été témoin de sa valeur, ne le vit dans cette disposition qu'avec chagrin, & pour le retenir & l'attacher plus étroitement à la défense de la Terre Sainte, il lui offrit en mariage la Princesse Melisende sa fille aînée, avec promesse de le désigner & de le faire reconnoître pour son successeur: & pour ne lui laisser aucune inquiétude au sujet de la Princesse Alix sa seconde fille, il la maria au jeune Boëmond, Prince d'Antioche. Foulques accepta avec joye la proposition du Roy; mais les soins qu'il devoit à ses enfans, l'obligerent avant que de se marier de faire un voyage en France. Il partit quelque tems après, & laissa le Roy & toute sa Cour dans le regret de son absence & l'impatience de son retour. Heureusement l'éloignement de ce Prince fut en quelque maniere compensé par un nouveau secours & inesperé, qu'un zele pareil à celui des Hospitaliers produisit en faveur des pelerins & des Chrétiens de la Palestine.

1126.

1118. PREUVE XI.

Hugues de Payens, Geoffroi de Saint Aldemar, & sept autres Gentilshommes, tous François, dont l'histoire n'a point conservé les noms, touchez des perils auxquels les Pelerins dans leur voyage de Jerusalem & au retour étoient exposez, formerent entr'eux une petite societé, pour leur servir d'escorte, & ils alloient les prendre & les reconduire ensuite

ensuite jusqu'au de-là des défilez des montagnes & des passages les plus dangereux. Ce n'étoit d'abord qu'une simple Association de quelques particuliers, & qui sans s'assujettir à aucune régle, & sans avoir pris l'habit de Religieux, alloient audevant des pelerins, quand ils en étoient requis. Brompton, Historien presque contemporain, rapporte que de son tems on prétendoit que ces Gentilshommes étoient des éleves des Hospitaliers, qui ne subsisterent pendant plusieurs années que par leur secours. Ils s'étoient retirez dans une maison proche le Temple, ce qui leur fit donner depuis le nom de TEMPLIERS, ou de Chevaliers du Temple. Le Roi de Jerusalem ayant fait choix de Hugues de Payens pour l'envoyer à Rome solliciter du secours, & s'il se pouvoit, une nouvelle Croisade; ce pieux Gentilhomme, après s'être acquitté dignement de sa commission auprès du Pape Honoré II. qui étoit alors sur la Chaire de Saint Pierre, lui presenta ses Compagnons, l'entretint de leur zéle pour la sûreté des Pelerins, & lui demanda la permission d'en faire, à l'exemple des Hospitaliers, un Ordre Religieux & Militaire.

Le Souverain Pontife les renvoya aux Peres du Concile qui étoit alors assemblé à Troyes en Champagne. Hugues & ses Compagnons s'y rendirent, & celui qui portoit la parole, exposa dans cette sainte Assemblée leur vocation, & le projet qu'ils avoient formé de prendre l'Habit Religieux, & de fonder un Ordre Militaire, qui se dévouât à la défense de la Terre Sainte, & des Pelerins qui en entreprenoient le voyage. Les Peres approuverent une

Chron. Joan. Bromp. Hist. Ang. scrip. p. 1008. Lond. 1652.
Voyez uill. de Tyr 1118. l. 12. c. 11. p. 891.
Jac. Vitr. c. 64.

si sainte entreprise, & remirent à S. Bernard qui se trouva à ce Concile, le soin de prescrire une regle & une forme d'Habit régulier à cet Ordre naissant. Nous avons encore cette regle, ou du moins un extrait, dans lequel, entre autres articles, S. Bernard leur prescrit pour Prieres & pour Offices de réciter chaque jour certain nombre de *Pater*: ce qui pouvoit faire présumer que ces Guerriers en ce tems-là ne sçavoient pas lire. Un autre Statut porte que chaque semaine ils ne mangeroient de la viande que trois jours, mais que dans les jours d'abstinence on pourroit leur servir jusqu'à trois plats. Le S. Abbé par raport au Service Militaire, déclara que chaque Templier pourroit avoir un Ecuyer ou Frere Servant d'armes, & trois chevaux de monture. Mais il interdit dans leurs équipages toute dorure, & les ornemens superflus : il ordonna que leur Habit seroit de couleur blanche, & pour marque de leur profession, le Pape Eugene III. y ajouta depuis une croix rouge à l'endroit du cœur.

Hugues & ses Compagnons ayant obtenu du Concile l'approbation de leur Institut & de cette regle, retournerent à Rome pour faire confirmer l'un & l'autre par le Pape ; & l'ayant obtenu du Saint Pere, ils se disposerent à retourner en Orient. Mais avant leur départ, une foule de Gentilshommes des meilleures Maisons de France, d'Allemagne & d'Italie se presenterent pour entrer dans leur Ordre. Hugues, qui en étoit le Chef, leur donna l'Habit Religieux, qu'il avoit pris lui-même, & avec cette florissante Jeunesse, il arriva dans la Palestine. Cette nouvelle Milice s'accrut consi-

---

Marginalia:

Raimond Dupuy.

Solum autem Armigerum singulis Militibus eâdem causâ concedimus.

1128.

dérablement en peu de tems ; des Princes de Maison souveraine, des Seigneurs des plus illustres Familles de la Chrétienté voulurent combattre sous l'habit & l'enseigne des Templiers. Par une mauvaise délicatesse, & qui n'abandonne gueres les Grands jusques dans leur dévotion, on préferoit souvent cette profession uniquement militaire aux services pénibles & humilians que les Hospitaliers, quoique Soldats, rendoient aux pauvres & aux malades. Ces Princes & ces Seigneurs, en entrant dans l'Ordre des Templiers, y apporterent des richesses immenses ; au bruit même de leurs exploits, on leur fit de magnifiques donations, & Brompton dont nous venons de parler, ajoute que cette Societé naissante, & cette fille de la Maison de Saint Jean devint en peu de tems si riche & si puissante, que la fille, dit-il, faisoit ombre à sa mere, & sembloit la vouloir obscurcir. * Quoi qu'il en soit de ce qu'avance cet ancien Historien, il faut convenir que l'un & l'autre Ordre furent les plus fermes apuis de Jerusalem ; que Baudouin & les Rois ses successeurs, comme nous le verrons dans la suite, n'entreprirent rien de considerable sans le secours de leurs armes ; que les Chefs même de cet Ordre eurent souvent beaucoup de part dans le Gouvernement, en sorte que c'est en quelque maniere écrire l'histoire de ces deux Ordres, que de raporter les differens événemens de cette Monarchie.

RAIMOND
DUPUY.

---

* Hi namque, secundùm quosdam, ex infimis Hospitaliorum congregati, & ex reliquiis eorum, ex cibis & armis sustentati, ad tantam rerum opulentiam devenerunt, ut filia ditata matrem suffocare & supergredi videretur. *Chronicon Joan. Brompton hist. Anglic. script. pag. 1008. Edit. Lond. 1652.*

Raimond Dupuy.

Le Roi, au défaut d'une Croisade qu'il avoit demandée, voyoit avec plaisir arriver tous les jours de l'Europe comme des recrues de Noblesse, qui venoient prendre parti dans l'une ou l'autre Compagnie; mais rien ne lui causa plus de joie que le retour du Comte d'Anjou, qui après avoir donné ordre à l'établissement de ses enfans, & reglé leurs partages, revint en Orient à la tête d'un grand nombre de Gentilshommes ses Vassaux, épousa la Princesse Melisende fille aînée du Roi, & fut reconnu conjointement avec elle pour héritier présomptif de la Couronne.

Pendant que la Cour n'étoit occupée que de fêtes & de plaisirs, le Roi apprit avec beaucoup de surprise & de douleur que le jeune Boëmond son autre gendre avoit été tué dans un combat contre les Infideles, & qu'il étoit à craindre que la capitale de la Principauté, destituée de son Souverain, ne fût assiegée par ces Barbares. Boëmond n'avoit laissé de son mariage avec Alix, qu'une Princesse, apellée Constance, encore à la mamelle.

Le Roi son ayeul partit en diligence pour prendre la regence de ses Etats; mais en arrivant à Antioche, il fut bien surpris d'en trouver les portes fermées, & sur tout d'aprendre que c'étoit par ordre de la Princesse douairiere sa fille. Cette Princesse fiere & ambitieuse; d'ailleurs chagrine & jalouse que le Roi son pere eût disposé en faveur de sa sœur seule de la Couronne de Jerusalem, sans lui en faire part; vouloit établir son autorité dans la Ville d'Antioche, en qualité de mere & de tutrice de la jeune Conſtance, & peut-être s'emparer de cet Etat, pour ſe remarier dans la ſuite plus avantageuſement pour elle, & au préjudice de ſa fille. Mais les Habitans les plus ſenſez connoiſſant le beſoin qu'ils avoient du ſecours du Roi contre les entrepriſes continuelles des Turcomans, à l'inſçû de la Princeſſe Douairiere, introduiſirent de nuit le Roi ſon pere dans la Place. Baudouin y fit reconnoître ſon autorité, mit dans la Place un Gouverneur, de la fidelité duquel il étoit bien aſſuré; obligea la Princeſſe douairiere, quoique ſa fille, de ſortir de la Place & de ſe retirer à Laodicée, qui lui avoit été aſſignée pour ſon douaire; & après avoir établi un bon ordre dans toute la Principauté, il s'en retourna dans ſes Etats.

Il ne fut pas plûtôt arrivé à Jeruſalem, qu'il fut ſurpris d'une maladie violente, cauſée apparemment par le chagrin que lui avoient donné les deſſeins ambitieux de ſa fille; & comme il ne put ignorer que ſa fin étoit proche, il reconnut de nouveau le Comte d'Anjou, & la Princeſſe Meliſende ſa fille aînée, pour ſes ſucceſſeurs à la Couronne de Jeruſalem. Il leur recommanda les interêts de la jeune Conſtance, & la conſervation de ſa Principauté, qui du côté de la Syrie ſervoit de boulevard au Royaume de Jeruſalem. Ce Prince expira peu de tems après, & la douleur ſincere & les larmes de ſes Sujets firent connoître combien il en étoit aimé, & la grandeur de la perte qu'ils venoient de faire.

Le Comte & la Comteſſe d'Anjou furent couronnez ſolemnellement, & ils reçûrent enſuite des Let-

1131.
Williel. Tyrienſis, L. 13.

RAIMOND DUPUY.

tres du Pape Innocent II. qui après les avoir felicitez ſur leur avenement à la Couronne, les exhortoit dans les termes les plus touchans à veiller à la défenſe de la Terre Sainte, & à la conſervation d'un Etat qui intereſſoit toute la Chrétienté. Ce Saint Pontife, qui n'ignoroit pas que les Hoſpitaliers étoit le plus ferme appui du Trône de Jeruſalem, avoit publié peu de tems auparavant une Bulle en forme de Conſtitution, adreſſée aux Archevêques, Evêques, & à tous les Prelats de l'Egliſe univerſelle, dans laquelle, entre autres articles, après avoir exalté la charité que les Hoſpitaliers exerçoient à leurs dépens en faveur des Pelerins & des malades, il paſſe aux ſervices importans qu'ils rendoient à la Chrétienté les armes à la main : » Ce » ſont les Hoſpitaliers, *dit ce Pape*, qui ne font point » de difficulté d'expoſer tous les jours leurs vies pour » défendre celles de leurs freres, qui ſont les plus » fermes ſoutiens de l'Egliſe Chrétienne en Orient, » & qui combattent tous les jours avec tant de cou- » rage contre les Infideles. Mais comme leurs facul- » tez ne ſuffiſent pas pour ſoutenir une guerre preſ- » que continuelle, nous vous exhortons de les ſe- » courir de votre ſuperflu, & de les recommander » à la charité des peuples qui ſont commis à votre » vigilance Paſtorale. Du ſurplus, nous vous décla- » rons que nous avons pris la Maiſon hoſpitaliere » de Saint Jean, & tout l'Ordre ſous la protection » de ſaint Pierre & la nôtre.

Mais cette protection & les Privileges particuliers que ce Pape & ſes prédeceſſeurs avoient accordez aux Hoſpitaliers, exciterent depuis la jalousie & les plaintes de la plûpart des Evêques de la Palestine, qui ne pouvoient souffrir que le saint Siege eût exempté ces Religieux de leur Jurisdiction, & que les Papes eussent déclaré qu'ils étoient les seuls Evêques immediats de tout l'Ordre. Nous aurons lieu dans la suite de parler de ces differends qui firent tant d'éclat à la Cour de Rome & dans toute l'Eglise.

<small>Raimond Dupuy.</small>

A peine le Roi Baudouin avoit les yeux fermez, qu'il se forma dans Antioche, contre les droits de la Princesse mineure, deux differentes conspirations, & qui penserent allumer une guerre civile entre les Princes Latins de l'Orient. La Douairiere d'Antioche, semblable à la plûpart des Souverains qui ne croyent point apparemment avoir de parens, & aussi mauvaise mere qu'elle avoit été fille ingrate, ne vit pas plûtôt le Roi son pere dans le tombeau, qu'elle ne songea plus, au préjudice de sa propre fille qu'à se rendre maîtresse de la Principauté. Ponce, Comte de Tripoli, & le jeune Courtenai, qui venoit de succeder au Comte Josselin son pere, entrerent secretement dans ses interêts; & plusieurs habitans d'Antioche s'engagerent d'introduire dans la Ville les troupes de ces deux Princes.

<small>Will. Tyr. 14. ch. 4.</small>

A l'insçû de ce premier parti, il s'étoit formé une autre cabale, & qui n'étoit pas moins dangereuse. Roger, Duc, & depuis Roi de Sicile, cousin de la petite Princesse, & de la même Maison, soit qu'il prétendît que la Principauté d'Antioche étoit un Fief masculin, ou qu'à l'exemple des Princes ambitieux, il crût justes & permis tous les moyens qui conduisoient au Trône, entreprit de dépouiller la Princesse mineure. Il avoit ses partisans dans la Ville ; & ces differens desseins se conduisoient avec beaucoup d'artifice & de secret. Mais il y eut des habitans qui n'entroient ni dans l'un ni dans l'autre parti, qui découvrirent cette double conjuration : ils en donnerent aussi-tôt avis au Gouverneur, que le Roi Baudouin y avoit mis avant sa mort. Ce Commandant, quoique soutenu de la garnison, ne se trouvoit pas assez fort contre le nombre prodigieux d'habitans d'une aussi grande Ville ; ainsi il dépêche couriers sur couriers au Roi de Jerusalem, pour le conjurer de se rendre incessamment à Antioche, s'il vouloit en conserver la Principauté à l'heritiere.

Foulques ayant reçû de si fâcheuses nouvelles, partit sur le champ avec ce qu'il put trouver de Chevaliers en état de le suivre, & il étoit accompagné d'Anselin de Brie, & de Frere Joubert Hospitalier, qui partageoient sa faveur, & qu'il avoit admis dans sa confiance la plus intime. Pour se rendre par terre Antioche, il faloit que le Roi de Jerusalem passât sur les terres du Comte de Tripoli son Vassal ; mais ce Comte & celui d'Edesse à la tête de leurs troupes, s'opposerent à son passage. Le Roi voyant une felonie aussi déclarée, jugea bien qu'il y avoit un grand parti formé contre sa niéce, & que le salut de cette jeune Princesse consistoit à prévenir les Princes, & à entrer le premier dans Antioche. Mais comme il n'avoit pas avec lui assez de troupes pour s'ouvrir le passage l'épée à la main, il feignit de ceder à la force ; il retourna tout court sur ses pas : & pour

éblouir

éblouir les espions, il fit même reprendre à son escorte la route de Jerusalem, comme s'il eût été au milieu de ce corps de cavalerie. Mais il s'en détacha ensuite, & la nuit, accompagné seulement de ses deux favoris, il gagna le bord de la mer, se jetta dans une barque, & arriva à l'embouchure du fleuve Oronte, & au port de Saint Simeon, qui n'est qu'à cinq lieues d'Antioche, d'où il se rendit secretement aux portes de cette Ville, & il y fut introduit par le Gouverneur, & par ses partisans.

Ce Prince plein de hauteur & de courage, y eut bien-tôt fait reconnoître son autorité; sa presence & sa fermeté effrayerent les conjurez; il fit arrêter les plus mutins, & pour prévenir de pareilles entreprises, il résolut, de concert avec le Patriarche & les plus considerables Seigneurs de la Principauté, de marier incessamment la jeune Princesse, quoiqu'elle ne fût pas encore nubile, & de lui choisir pour mari un Prince qui lui servît de tuteur & de pere, & qui fût capable de défendre ses Etats.

La dot de la Princesse d'Antioche étoit trop brillante pour craindre qu'elle manquât de mari; mais la situation de ses Etats environnez de tous côtez par les Infideles, demandoit un Prince habile & plein de valeur, qui sçût retenir les mutins dans leur devoir, & en même tems s'opposer aux incursions continuelles des Infideles.

Le Roi de Jerusalem jetta les yeux sur Raimond frere de Guillaume dernier Comte de Poitiers, d'Auvergne, & Duc d'Aquitaine, Prince rempli de courage, & qui en avoit donné des preuves éclatantes dans toutes les guerres où il s'étoit trouvé.

RAIMOND DUPUY.

Il y avoit eu entr'eux, pendant que Foulques étoit en Europe, differens sujets d'animosité; mais le Roi sacrifia genereusement son ressentiment aux interêts de sa niéce, & la valeur & le merite du Comte lui fit aisément oublier d'anciens démêlez.

Le Patriarche & les Seigneurs les plus considerables de la Principauté ayant approuvé les vûes du Roi, ce Prince fit choix pour cette négociation de l'Hospitalier Joubert. Il en étoit très-capable par la sagesse de sa conduite, qui depuis l'éleva à la premiere dignité de son Ordre. Cet Hospitalier s'embarqua aussi-tôt, passa en France & de-là à Londres, & à la Cour d'Henri premier Roi d'Angleterre, où il apprit que le Comte de Poitiers qui étoit son parent, s'étoit retiré. L'Ambassadeur vit le Comte, & tant par des motifs de Religion, que par l'importance de l'établissement qu'il lui proposoit, il le détermina à passer en Syrie. Le Prince & l'Ambassadeur sortirent de cette Isle, arriverent en France, & se rendirent ensuite en Provence pour s'y embarquer. Le succès de cette grande affaire dépendoit du secret, & de prévenir un puissant armement que Roger Duc de Calabre & depuis Roi de Sicile, pour soutenir ses partisans, vouloit envoyer en Syrie. Malheureusement pour le Comte & pour l'Ambassadeur, il ne se trouva point dans les ports de Provence de vaisseaux qui fissent voile en Orient, & ils apprirent avec chagrin qu'ils ne pourroient s'embarquer que sur la flote même de Roger. Quelque précaution que l'Ambassadeur eut prise pour cacher sa commission & ses desseins, ce Duc averti que le Comte & l'Ambassadeur cher-

choient à passer en Orient, avoit donné ordre, s'ils RAIMOND
se trouvoient dans ses ports, de les arrêter. Ses DUPUY.
espions répandus de tous côtez examinoient avec
soin tous ceux qui se présentoient en qualité de
passagers : cependant l'Hospitalier trompa leur vigilance, & s'étant déguisé lui-même, & ayant fait
déguiser le Comte, ils se separerent, passerent en
Calabre, & furent reçûs en qualité de Marchands
dans deux differens navires qui alloient mettre à
la voile; & ce furent les vaisseaux même de Roger,
qui conduisirent le Comte & l'Ambassadeur dans
le port le plus voisin de la Ville d'Antioche. Le Patriarche en presence du Roi maria peu de jours après
ce Comte avec la jeune Princesse, & dans une assemblée génerale des Etats, le Comte fut reconnu
solemnellement pour Prince d'Antioche, & les
Grands de l'Etat lui prêterent le serment ordinaire de fidelité.

Mais pendant que Foulques ne paroissoit occupé que du soin d'affermir l'autorité du Comte, les
frontieres de son Royaume furent ravagées par
differentes courses des Arabes & des Sarasins d'Ascalon. Cette Ville, à l'égard des Sarrasins d'Egypte, 1132.
étoit comme la clef de la Palestine: les Califes n'y
avoient oublié aucune des fortifications dont l'u-
sage étoit connu en ce tems-là, & outre une garnison nombreuse qu'ils y entretenoient, & qu'on
changeoit tous les trois mois; ces Princes, pour interesser les habitans à la défense de cette Place, leur
donnoient à tous une solde particuliere, qu'on
payoit même à tous les enfans mâles, si-tôt qu'ils
étoient nez, en sorte que tout étoit soldat dans

L ij

RAIMOND DUPUY.

Ascalon; & on n'y connoissoit gueres d'autre profession. C'étoit même à l'égard des Sarrasins d'Egypte, l'Ecole où les jeunes gens venoient apprendre le métier de la guerre ; on les voyoit tous les jours en parti, & se mettre en embuscade pour surprendre les habitans de la campagne, & même les Pelerins d'Occident, qui du port de Jaffa, où ils avoient débarqué, prenoient le chemin de Jerusalem.

La Reine Mélisende à qui le Roi en son absence avoit laissé la Régence de l'Etat, tint à ce sujet plusieurs conseils, & après differens moyens qu'on proposa pour réprimer les courses des Infideles, on n'en trouva point de plus convenable que de relever les murs de l'ancienne ville de Bersabée. Cette Place qui étoit anciennement de la Tribu de Simeon, n'est éloignée que de deux lieues des montagnes de Seïr, qui séparent la Terre de Promission de l'Arabie Petrée, & elle se trouve à six lieues d'Ascalon. On résolut, après l'avoir fortifiée, d'y entretenir en tout tems un corps de Troupes capables de s'opposer aux courses des Arabes, & aux Partis qui sortoient souvent d'Ascalon. La Reine fit travailler à cet ouvrage avec beaucoup de diligence ; & quand il fut hors d'insulte, cette Princesse en confia la défense aux Hospitaliers, qui y mirent une forte garnison tirée de leur Ordre : & ces Soldats Religieux, pleins de ce premier esprit de leur Institut, en firent une Place d'Armes, & en même tems un azile pour tous les Chrétiens de ce Canton.

De communi consilio traditur fratribus domûs Hospitalis quæ est Hierosolymis, qui usque in præsens debitâ custodierunt diligentiâ. Willel. Tyr. l. 14. c. 22.

Ces Chevaliers & les Templiers separez par Brigades, ne partoient point des frontieres ; &

faisoient face de tous côtez contre les entreprises des Infideles. Ce petit Royaume étoit pour ainsi dire bloqué & assiegé soit par differens Princes Turcomans, soit par les Arabes du Désert, ou par les Sarasins d'Egypte. Le zéle de ces Chevaliers, leur valeur, & le bruit de leurs exploits les rendoit aussi chers à tous les Chrétiens, qu'ils étoient redoutables aux Barbares, dans un siecle surtout où il sembloit que le salut des hommes fût attaché à la conservation de la Terre Sainte. Tout ce qui s'y passoit attiroit l'attention des Papes, des Princes & des peuples même les plus éloignez. C'étoit l'affaire des particuliers comme celle des Souverains; on ne connoissoit rien de plus méritoire pour obtenir le pardon de ses péchez, que de contribuer à la défense des Saints lieux : il ne se faisoit gueres de Testamens, où il n'y eût un article en faveur des Ordres Militaires ; plusieurs Princes vouloient même être ensevelis dans l'Habit de l'un ou de l'autre, & dans le siecle dont nous parlons, cette sorte de dévotion fut poussée si loin, qu'on vit des Souverains s'enrôler dans cette sainte Milice, quitter le gouvernement de leurs Etats, & d'autres par une disposition dont il n'y avoit point d'exemple, en destiner après leur mort la souveraineté même aux Hospitaliers & aux Templiers.

C'est ainsi que Raimond Berenger, Comte de Barcelonne & de Provence, quoique déja avancé en âge, entra dans l'Ordre des Templiers, & ses infirmitez ne lui ayant pas permis de se rendre dans le Chef d'ordre, & dans la Maison de Jeru-

RAIMOND DUPUY.

salem, il y envoya des sommes considérables pour soutenir la guerre contre les Infideles, & on vit ce Souverain en quitter les marques & l'autorité, & s'ensevelir à Barcelone dans la Maison du Temple, où il mourut dans l'exercice continuel de sa nouvelle proféssion.

Alphonse premier Roi de Navarre, d'Arragon, & qui prenoit le titre d'Empereur des Espagnes; porta encore plus loin son zéle & sa dévotion. Ce Prince un des plus grands Capitaines de son siecle, & qui dans les Guerres qu'il avoit soutenues contre les Maures, étoit sorti victorieux dans vingt-neuf Batailles, se voyant vieux & sans enfans, déclara par un Testament solemnel fait en 1131, les Hospitaliers de S. Jean, les Templiers & les Chanoines ou Chevaliers du Saint Sépulchre ses heritiers & ses successeurs aux Couronnes de Navarre & d'Arragon; & il en disposa en faveur de ces fameux Guerriers pour les engager à soutenir ses desseins contre les Sarasins & les Maures d'Espagne; il renouvella ce Testament peu de jours avant sa mort, & la plûpart des Grands de ses deux Royaumes, par complaisance pour leur Souverain, y souscrivirent.

Alphonse, qui n'avoit jamais connu de péril, ayant depuis attaqué les Infideles proche de Fraga avec des forces beaucoup inferieures à celles des ennemis, succomba sous le grand nombre; son Armée fut taillée en pieces; il périt lui-même dans le combat, & on ne put après la bataille trouver son corps, soit que les Maures l'eussent enterré, ou qu'il fût tellement défiguré par ses blessures, qu'on n'eût pû le reconnoître. Le peuple qui l'idolâtroit, & toujours avide de certain merveilleux, soutint long-tems qu'il n'avoit pas péri dans cette bataille; mais que ce Prince accablé de honte & de douleur d'avoir été la cause de la perte de tant de Chrétiens qui y avoient été tuez, étoit allé déguisé en pelerinage à Jerusalem, & qu'on le verroit revenir & reprendre les rênes du gouvernement, quand par cette pénitence il auroit expié la faute qu'un excès de courage lui avoit fait commettre.

RAIMOND DUPUY.

Mais les Grands des deux Royaumes ne se laisserent pas éblouir par cette illusion, & pour prévenir les prétentions des Ordres Militaires, ils ne songerent qu'à se donner promptement un nouveau Souverain. Il se tint pour cela differentes assemblées entre les Navarrois & les Arragonnois, sans que les Seigneurs & les Députez des deux Nations pussent convenir du Prince qui devoit remplir le Trône du Grand Alphonse: chacun vouloit faire tomber les suffrages sur un Prince de sa Nation. Cette concurrence & la jalousie si naturelle entre des Peuples voisins, rompit l'union qui subsistoit depuis près de soixante ans entre ces deux Royaumes; on se sépara, les Navarrois élurent pour leur Souverain Dom Ramire Prince du sang de leurs anciens Rois; & les Arragonnois de leur côté défererent leur Couronne à un autre Prince, aussi appellé Ramire frere du Grand Alphonse, quoique ce Prince fût Prêtre, & que depuis plus de quarante ans il eût fait profession de la vie Monastique dans

RAIMOND DUPUY.

l'Abbaye de Saint Pons de Thomiers en Languedoc, qu'il eût été depuis Abbé de Sahagun, & même élû fucceffivement Evêque de Burgos, de Pampelune & de Barbaſtro.

Ce Prince ayant obtenu d'Anaclet, d'autres diſent d'Innocent II. diſpenſe de ſes vœux, épouſa Agnès ſœur de Guillaume Comte de Poitiers, & de Raimond, Comte d'Antioche. Il en eut une fille appellée Pétronille, & la Reine mere de cette jeune Princeſſe étant morte peu après, ce Roi Moine, Prêtre & marié, * qui ne ſe ſentoit aucunes de ces grandes qualitez ſi néceſſaires ſur le Trône, & peut-être par un juſte remords de conſcience, réſolut de retourner dans ſon Couvent. Il convint avec Raimond Berenger Comte de Barcelonne, & fils du Templier dont nous venons de parler, qu'il épouſeroit ſa fille quand elle ſeroit dans un âge plus avancé, & en conſequence de ce Traité il lui remit dès ce tems-là le gouvernement de l'Etat, dont Raimond Berenger ſe chargea ſous le titre de Prince d'Arragon.

La nouvelle du choix de ces deux Nations, fait au préjudice du teſtament d'Alphonſe, étant paſſée dans la Paleſtine, le Patriarche ** de Jeruſalem Superieur des Chanoines du Saint Sépulchre; & les Maîtres des deux Ordres Militaires tinrent differens conſeils avec les principaux de chaque

* Romani Pontificis veniâ (ſic credimus) ut Rex, conjux & Sacerdos idem effet impetratum : Agnes Guillelmi Pictavorum & Aquitanicæ Principis connubio juncta. *Mariana l. 10.ch.* 15 *p. 512.*

** Patriarchalis ſiquidem Eccleſia quæ eſt Domini ſepulchri ſub Monte Calvariæ Canonicos habet Regulares ſecundùm habitum & regulam Sancti Auguſtini viventes ; habent autem Priorem ad quem cum prædictis Canonicis pertinet eligere Patriarcham, qui eſt eis loco Abbatis. *Jacob. Vitri. Hiſt. Hieroſol. ch. 58. pag. 1098.*

Maiſon

Maison, au sujet de cette grande affaire, & on résolut d'envoyer des députez en Espagne, pour demander l'execution du Testament du Roi défunt, ou du moins pour traiter de sa succession d'une maniere convenable aux interêts des légataires.

Raimond Dupuy fut chargé de cette négociation ; il l'accepta volontiers, & il partit accompagné de quelques anciens Hospitaliers dont le Conseil de l'Ordre avoit fait choix. Guillaume Patriarche de Jerusalem & les Templiers nommerent de leur côté des Députez : ils arriverent tous heureusement en Espagne, mais ils trouvérent des difficultez insurmontables dans la poursuite d'une affaire si délicate.

Les Navarrois & les Arragonois au préjudice du Testament du Roi Alphonse, s'étoient déja choisis de nouveaux Souverains. Ces Princes étoient en possession du Trône, quand les Députez de la Terre Sainte arriverent en Espagne, & il n'y avoit pas beaucoup d'aparence qu'ils en descendissent volontairement pour faire place à des Etrangers. On ne laissa pas d'entrer d'abord dans quelques négociations : mais comme de pareilles prétentions destituées de forces sont ordinairement peu considerées, on se contenta de proposer aux Députez quelque espece de dédommagement, s'il y en peut avoir pour des Couronnes ; & même on embarassoit tous les jours les Députez dans un labirinte de vaines propositions, dont ils ne voyoient point la fin. La négociation tomba insensiblement ; le Navarrois enfin levant le masque, prétendit que le feu Roi n'avoit pû difpofer de fa Couronne au préjudice de fes légitimes héritiers, ou du droit naturel qu'ont des Peuples au défaut d'héritiers, de fe choifir eux-mêmes un Souverain; & par cette déclaration il ôta toute efperance de traiter avec lui. Raimond Comte de Barcelonne & Prince d'Arragon en ufa plus génereufement, & il réfolut de faire quelque juftice aux légataires du Roi Alphonfe.

On convint que fi le Comte & la jeune Reine Petronille qu'il devoit époufer mouroient fans enfans, la Couronne d'Arragon retourneroit aux Ordres Militaires & aux Chanoines du Saint Sépulchre; que cependant les uns & les autres auroient certain nombre de Vaffaux dans les Places qu'on reprendroit dans la fuite fur les Maures, & que ces Vaffaux feroient obligez de prendre les armes & de fuivre les Religieux Militaires d'Efpagne, quand ils marcheroient en campagne contre ces Infideles.

Outre ces conditions, on céda aux légataires de cette Souveraineté des Terres & des Châteaux confiderables par leurs dépendances, capables d'entretenir un grand nombre de Chevaliers. On ajouta à ces Terres & à ces Seigneuries le dixiéme des tributs qui fe levoient dans tout le Royaume, & le cinquiéme des contributions qu'on tiroit des Terres des Maures, & il fut arrêté que les Rois d'Arragon ne pourroient jamais faire la paix avec les Infideles, fans la participation du Patriarche de Jerufalem, & des deux Ordres Militaires. Ce traité fut figné & ratifié dans le

Marginalia:
Raimond Dupuy.

1134.
Lurita t.
1. l. 2. c. 4.
fol. 40.
Mariana l.
10. c. 18.

mois de Septembre de l'année 1141, & le Pape Adrien IV. & Foulques Roi de Jerusalem y donnerent depuis leur approbation. RAIMOND DUPUY.

Raimond Dupuy ayant terminé une affaire si importante, s'embarqua avec les autres Députez, reprit la route de la Palestine, & arriva heureusement à Jerusalem. Il y fut reçû avec cette joye sincere & ce tendre respect qu'inspiroit sa rare vertu. Brompton & Roger de Howeden, Historiens Anglois, & qui vivoient dans le même siecle, le nomment dès ce tems-là Grand Maître, & c'est en cette qualité que nous parlerons dans la suite de cet illustre Chef des Hospitaliers, & de ses successeurs, dont la plûpart sacrifierent leur vie pour la défense de la Terre Sainte. 1141.

Cet ancien Royaume de David, ou pour mieux dire l'héritage de Jesus-Christ, perdit en ce tems-là son Roi en la personne de Foulques d'Anjou. Ce Prince étant à la chasse dans la plaine d'Acre, se tua en tombant de cheval, & trouva dans un exercice de paix la mort qu'il avoit affrontée tant de fois à la Guerre. Il laissoit deux enfans fort jeunes, Baudouin l'aîné âgé de treize ans, & Amaury qui n'en avoit que sept.

La mort du Roi fit naître des cabales auxquelles la plûpart des Minoritez sont exposées, & ouvrit depuis la porte aux invasions des Turcomans & des Sarasins. La Reine Melisende mere des jeunes Princes prétendoit non-seulement à la Régence qu'on ne lui disputoit point, mais elle vouloit être reconnue pour Reine de son chef, & pour 1142.

M ij

RAIMOND DUPUY. seule souveraine de l'Etat en qualité de fille de Baudouin Dubourg. Les Grands au contraire qui se voyoient environnez d'ennemis redoutables, vouloient avoir à leur tête un Capitaine & un Roi. Ces contestations soutenues par differens partis, penserent dégenerer en une guerre civile; on convint à la fin de remettre la décision de ce grand differend à la Majorité de Baudouin. Mais peu de tems après les Seigneurs le firent couronner à l'insçû de la Reine sa mere, à laquelle cependant pour le bien de la paix il fut obligé depuis de céder la moitié du Royaume.

Dans l'intervale entre la mort de Foulques & le couronnement de Baudouin III. son fils, les Chrétiens Latins perdirent le Comté d'Edesse, appellé en ce tems-là ROUHA ou ROHAIS. Nous avons dit que Baudouin Dubourg étant parvenu à la Couronne avoit remis cette Principauté à Josselin de Courtenai son parent, suivant ce qui avoit été pratiqué par Godefroy de Bouillon & son frere, lesquels pour attacher des Princes & des Seigneurs croisez à la défense de la Terre Sainte, leur en avoient donné les principales Seigneuries à titre d'infeodation. De là étoient venus les Comtes d'Edesse, de Tripoli, de Joppé ou de Jaffa, & depuis d'Ascalon & de Galilée, les Seigneurs d'Yblim, de Montroyal, de Thoron, de Sydon, de Tyr, d'Acre & de Cezarée, tous Seigneurs de la premiere Noblesse de ce nouvel Etat.

Josselin de Courtenay dont nous venons de parler, s'étoit maintenu dans sa Principauté par mille actions de valeur contre toutes les entreprises des Infideles; mais ce Seigneur étant mort, le fils qu'il laissa héritier de ses Etats n'herita pas de ses vertus. Le jeune Courtenai élevé dans les délices & le luxe des Orientaux, passoit sa vie dans la débauche; & pour avoir moins de témoins de ses déreglemens, il avoit quitté Edesse, & s'étoit retiré avec les Ministres de ses plaisirs à Turbessel, ville située à 24 milles de l'Eufrate en de-ça de ce fleuve par raport à la Palestine.

RAIMOND DUPUY.

Omadeddin Zenghi Turcoman Selgeucide, Sultan de Mosul & d'Alep, & le plus puissant Prince de l'Orient, instruit de la molesse dans laquelle le jeune Courtenai passoit sa vie, entra dans son pays & assiegea Edesse. Courtenai qui n'étoit environné que par des favoris lâches & effeminez, n'eut pas le courage de s'enfermer dans sa Capitale, & de s'y défendre ou de s'y ensevelir; il en vit même le siege sans faire le moindre mouvement pour y jetter du secours, & Zenghi lui auroit enlevé le reste de ses Etats avec la même facilité, si ce Prince naturellement dur & cruel, dans le tems qu'il se préparoit à continuer ses conquêtes, n'eût été assassiné dans sa tente par ses propres domestiques. Il laissa deux enfans, Coteledin & Noradin. L'aîné regna à Mosul, & la principauté d'Alep fut le partage de Noradin le cadet, Prince sage, habile, plein d'équité, soldat & capitaine, grand General, ennemi des Chrétiens par principe de religion, & qui se trouva souvent aux mains avec les Hospitaliers & les Templiers.

1143.

Depuis la perte d'Edesse, les affaires des Chrétiens Latins commencerent à décliner en Orient.

Godefroy de Bouillon, les deux Baudouins, Foulques d'Anjou, le fameux Boëmond, le brave Tancrede, le vieux Courtenai & le Comte de Toulouse n'étoient plus; & leurs descendans amollis par les délices de l'Asie, occupoient à la verité leurs places, mais sans les remplir: il n'y avoit que le jeune Roi Baudouin, & les deux Ordres militaires, qui s'opposassent avec courage aux entreprises des Infideles. Mais comme leurs forces ne répondoient point à leur valeur, on résolut d'avoir recours aux Princes de l'Europe, & de solliciter une nouvelle Croisade, qui chassât entierement les Infideles de la Terre Sainte. Dans cette vûe on dépêcha en Europe l'Evêque de Zabulon; il débarqua à Marseille: la premiere Croisade étoit sortie de France, & il venoit en solliciter une seconde.

Louis VII. étoit alors sur le trône, jeune Prince bien fait, plein de courage, mais incertain dans sa conduite, plus scrupuleux que devot, & qui ignoroit le grand art de regner. Le député de Baudouin ne pouvoit venir à la Cour dans une conjoncture plus favorable. Le Roi étant en guerre contre Thibaud Comte de Champagne & de Blois, son Vassal, la résistance qu'il trouva au siege de Vitri en Parthois l'irrita contre les habitans, & après avoir emporté la Place l'épée à la main, il y fit mettre tout à feu & à sang, & on prétend même que treize cens personnes de tout sexe, hommes, femmes & enfans, qui s'étoient refugiez dans la principale Eglise, périrent dans cette incendie. De justes remords ayant succedé à une execution si terrible, ce Prince * résolut d'expier sa faute par le voyage de Jerusalem, la ressource & l'azile en ce tems-là des plus grands pécheurs. Il communiqua son dessein au Pape Eugene III. qui étoit alors sur la chaire de saint Pierre, & afin qu'il pût faire ce pelerinage d'une maniere plus utile pour les Chrétiens de la Terre sainte, il le pria de vouloir bien à l'exemple d'Urbain II. faire prêcher une nouvelle Croisade.

RAIMOND DUPUY.

Preuves de l'histoire des Comtes de Poitou, pag. 483.

Ce Pontife qui de Moine de l'Ordre de Clairvaux, & de disciple de saint Bernard étoit parvenu sur la chaire de saint Pierre, donna de grandes louanges au pieux dessein de Louis, & pour répondre à ses intentions, il envoya des Brefs dans toute la Chrétienté pour exhorter les Princes & leurs sujets à prendre les armes; il chargea même saint Bernard qui étoit l'oracle de son siécle de prêcher la Croisade en France & en Allemagne; & pour engager les fideles à prendre la Croix, il ouvrit les tresors de l'Eglise, & accorda une Indulgence pleniere à tous les Croisez.

Gaufrid. vita sancti Bernardi.

Le saint Abbé de Clairvaux sur les ordres du Pape quitte sa retraite, passe successivement à la Cour du Roi de France & de l'Empereur Conrard, monte en chaire, prêche, tonne & plein de feu & d'indignation, represente quelle honte c'étoit pour les Chrétiens de souffrir que l'héritage de Jesus-Christ, & que la terre arrosée de son précieux sang fût à

---

* Ludovicus Rex Vitriacum Castrum Comitis Theobaldi capit, ubi igne admoto, Ecclesia incensâ, & in eâ mille trecentæ animæ diversi sexûs & ætatis sunt igne consumptæ. super quo Rex Ludovicus misericordiâ motus plorasse dicitur, & hac de causa peregrinationem Hierosolymitanam aggressus à quibusdam æstimatur.

Rob. de monte appendix ad Sigeb. ad annum 1143.

RAIMOND DUPUY.

la veille de retomber sous la tyrannie des Infideles. Il n'oublie rien pour toucher ses auditeurs, & pour les engager à prendre les armes, & on prétend qu'emporté par son zele, il prédit hautement une victoire certaine & la défaite entiere des Infideles. Les charmes de son éloquence, ses expressions tendres & pathetiques, la réputation de sa sainteté, les heureux succès qu'on prétend, comme nous l'avons dit, qu'il annonçoit hautement, des miracles même éclatans que les auteurs de sa vie lui attribuent à ce sujet, & qu'on peut regarder comme les lettres de créance les plus sûres pour un Prophete; tout cela fit prendre les armes à l'Empereur, au Roi de France & à la plûpart des Princes & des Seigneurs leurs Vassaux.

Un enfant boiteux ayant été presenté à saint Bernard en presence de l'Empereur, le saint Abbé fit le signe de la Croix, releva l'enfant, & lui ordonna devant toute l'Assemblée de marcher, & se tournant vers Conrard: » Ceci a été fait pour vous, lui dit-
» il, afin que vous connoissiez que Dieu est vrai-
» ment avec vous, & que vôtre entreprise lui est
» agréable.

Plusieurs Seigneurs François & Allemands persuadez que l'Abbé de Clairvaux étoit dépositaire de la puissance du Ciel, & que comme un autre Moyse il feroit des miracles pour introduire le peuple de Dieu dans la terre de promission, firent de grandes instances dans un Concile tenu à Chartres, pour l'obliger à prendre le commandement général* de l'armée; mais l'homme de

* De cætero, verbum illud, quod jam, ni fallor, audistis quomodo videlicet in Conventu Carnotensi, quonam judicio satis miror, me quasi ducem & principem militiæ elegerant. *Divi Bernardi Ep. 256. ad Eug. Pap.*

Dieu

Dieu, qui n'étoit pas moins prudent que zelé, se contenta d'en être le herault & la trompette. Après avoir accompli sa mission, il se retira dans son Abbaye, & laissa aux Princes guerriers l'honneur & les périls de l'execution.

L'Empereur & le Roi de France mirent chacun de leur côté un nombre prodigieux de troupes sur pied : on comptoit dans chaque armée jusqu'à soixante & dix mille hommes d'armes sans la Cavalerie legere & l'infanterie ; il sembloit que tous les François & les Allemands de concert eussent résolu d'abandonner leur pays ; & s'il s'en trouvoit quelques-uns capables de porter les armes, que differentes raisons retinssent dans leur patrie, les nouveaux Croisez par une espece d'insulte, & comme pour leur reprocher leur lâcheté, leur envoyoient une quenouille & un fuseau. Les femmes même renouvellant l'histoire ou la fable des Amazones, parurent dans une revûe, armées & à cheval, & formoient differens escadrons.

Eleonore Reine de France, & femme de Louis VII. étoit à la tête de ces heroïnes ; Princesse d'une rare beauté, qui par son mariage avoit apporté les Provinces de Guyenne & de Poitou au Roi, & qui auroit fait les délices de ce Prince, si dans la recherche des plaisirs elle se fût moins laissée emporter à l'ardeur de son temperamment, ou qu'elle n'eût pas été soupçonnée de les partager avec d'autres qu'avec le Roi son mari.

Cependant il sembloit que l'Allemagne & la France eussent entrepris de subjuguer l'Asie entiere ; du moins ces nombreuses armées qui avoient à leur tête deux grands Princes, & commandées par des Officiers pleins de valeur, n'étoient que trop capables d'en faire la conquête. Mais la perfidie des Grecs toujours jaloux & inquiets de ces grands armemens, l'ignorance des chemins, l'infidelité des guides, le manque de vivres, & des troupes nombreuses & redoutables qui s'opposerent à leur passage, ruinerent l'une & l'autre armée chrétienne, avant même qu'elles arrivassent dans la Palestine. On tenta inutilement le siege de Damas, que des Chrétiens même firent échouer.

Conrard partit le premier, & arriva à Constantinople sur la fin de Mars de l'année 1147. Ce Prince étoit beau-frere d'Emanuel Comnene, qui gouvernoit alors l'Empire d'Orient. Ces deux Princes avoient épousé les deux filles de Beranger le vieux, Comte de Luxembourg. Cette alliance avoit fait présumer au Prince Allemand qu'il en seroit bien reçû; le perfide Grec le traita pour sa personne comme son allié, & à l'égard de ses troupes, en ennemi mortel. Par son ordre, dans tous les lieux où passerent les Allemands, on empoisonna les puits & les fontaines; on vendoit très-cher à ces étrangers de la farine où l'on avoit mêlé de la chaux & du plâtre. L'Empereur qui voyoit déperir son armée passa le détroit. Son beau-frere lui avoit donné des guides, qui après l'avoir égaré par de longs détours dans les montagnes & les rochers de la Cappadoce, livrerent son armée demi-morte de faim & languissante, entre les mains des Infideles, qui la taillerent en pieces.

Le Roi de France ne fut guères plus heureux, RAIMOND DUPUY.
& quoiqu'au passage du fleuve Méandre il eût remporté une victoire considerable sur les Infideles, en arrivant à Antioche il tomba dans une disgrace à laquelle il fut peut-être plus sensible qu'à la perte même d'une bataille.

Raimond de Poitiers, oncle paternel de la Reine de France, étoit alors, du chef de sa femme, Souverain de cette grande Principauté. Ce Prince né François & sujet du Roi, reçut Louis & la Reine sa niece avec toutes les marques de respect & tout l'accueil qui étoient dûs à son Souverain. Ce ne furent pendant les premiers jours que fêtes, que bals & tournois. Raimond qui prétendoit tirer des avantages solides de l'arrivée des François dans ses Etats, ajoûta à toutes ces démonstrations de la joye la plus sincere, de magnifiques presens qu'il fit au Roi & aux principaux Chefs de son armée. Il avoit en vûe d'engager Louis, avant qu'il passât dans la Palestine, à tourner ses armes contre des Princes Mahometans ses voisins, avec lesquels il étoit actuellement en guerre. La Reine sa niece à sa priere en parla au Roi, & employa les instances les plus pressantes. L'interêt du Prince son oncle, n'étoit pas le seul motif qui la faisoit agir. On prétend que cette Princesse peu scrupuleuse sur ses devoirs, & devenue éprise d'un jeune Turc baptisé, appellé Saladin, ne pouvoit se résoudre à s'en séparer. Elle eût bien souhaité, pendant que le Roi auroit marché contre les ennemis de son oncle, qu'il l'eût laissée dans Antioche. Le Roi qui commençoit à soupçonner quelque chose d'un si indigne commerce, pour en éviter les suites, ne trouva point d'autre remede que de la tirer la nuit d'Antioche, & de lui faire prendre la route de Jerusalem. Il n'y fut pas plutôt arrivé que l'Empereur d'Allemagne le vint joindre avec les tristes débris de son armée. Ces deux Princes formerent le siege de Damas; ils en croyoient le succès si infaillible, que de concert ils promirent la souveraineté de cette Place & du Pays qui en dépendoit, à Thierri Comte de Flandres. Mais leur intention étant devenue publique, quelques Seigneurs Latins dont les peres, depuis la premiere Croisade, s'étoient établis dans la Syrie, jaloux qu'on leur préferât le Comte de Flandres, qu'ils traitoient à leur égard d'étranger & de nouveau venu, par une énorme trahison & une intelligence criminelle avec les Infideles, firent échouer l'entreprise, & Louis & Conrard détestant leur méchanceté, revinrent en Europe avec les malheureux restes de ces grandes armées, & l'un & l'autre avec plus de chagrin que de gloire.

Si on en croit la plûpart des Historiens, il ne périt pas moins de deux cens mille hommes dans cette malheureuse expedition. Il y eut même plusieurs des plus grandes Maisons, soit de France & d'Allemagne, qui furent éteintes. Ceux qui se trouvoient interessez dans une perte si generale, oserent l'attribuer à saint Bernard; le pere lui redemandoit son fils, la femme son mari, & les plus emportez le traitoient de faux Prophete. Le saint Abbé pour se défendre, fut obligé de faire une apologie qu'il adressa au Pape Eugene III. » On nous » accuse, dit-il, d'avoir fait de magnifiques pro-

« messes sans effet, comme si nous nous étions   RAIMOND
» conduits dans cette affaire avec temerité : nous   DUPUY.
» n'avons fait qu'executer vos ordres, ou plûtôt
» ceux que Dieu nous donnoit par vous.

Il apporte ensuite l'exemple de Moyse qui ayant tiré d'Egypte les Israëlites, ne les fit point entrer dans la terre fertile qui leur avoit été promise, quoiqu'il n'agît que suivant l'ordre de Dieu, confirmé par des miracles, & il soutient que les Croisez n'ont pas été moins incrédules ni moins rebelles que les Israëlites ; c'est une des raisons sur laquelle Othon Evêque de Frisingues, & frere uterin de l'Empereur Conrard appuye le plus. Ce Prélat pour disculper saint Bernard son ami, prétend que les vices qui regnoient dans les armées chrétiennes, avoient arrêté l'effet de ses prédictions. Mais ne pouvoit-on point dire à l'Evêque Allemand, que ce raisonnement étoit peut-être plus spécieux que solide, puisque si le saint Abbé avoit été doué du don de Prophetie en cette occasion, il auroit dû connoître à la faveur de cette lumiere surnaturelle que les Croisez offenseroient Dieu, & qu'au lieu des victoires que son ministre leur faisoit esperer, il les puniroit par tous les malheurs dont ils furent accablez ? Aussi cet Historien qui semble avoir senti la foiblesse de son propre raisonnement, revient à avouer ingenuement que l'esprit de Prophetie *, n'anime pas les Prophetes en toutes les occasions.

De rebus gestis Frederic. Imperatoris. c. 60. p. 231.

Quoi qu'il en soit des causes de ce malheureux

* Quamquam & spiritus Prophetarum non semper subsit Prophetis. *De rebus gestis Frederici Imperatoris. L. 1. c. 60. p. 231.*

RAIMOND DUPUY.

évenement qu'il ne nous eſt pas permis d'aprofondir, nous nous contenterons de dire que ces grandes armées qui ſe flattoient de tant de conquêtes, ne pûrent prendre une ſeule des Places des Infideles, & que les Chrétiens Latins de la Syrie & de la Paleſtine, furent enſuite réduits à un état qui ſembloit les menacer d'une ruine totale & prochaine.

On n'avoit pas moins à craindre des Egyptiens & du côté du Midi. Le Roi pour leur oppoſer une barriere, fit relever les murailles de l'ancienne Gaza, une des cinq Satrapies des Philiſtins, ſituée à ſept lieues d'Aſcalon. Ce Prince en donna le gouvernement en proprieté à l'Ordre des Templiers *, & ces Religieux guerriers, gens, dit Guillaume de Tyr, pleins de courage à l'exemple des Hoſpitaliers, en firent une Place d'armes, d'où ils reprimerent de leur côté les courſes de la garniſon d'Aſcalon, forcerent enfin les Sarraſins à ſe renfermer dans leurs murailles.

1148.

Cependant Noradin profitant de la conſternation où la retraite des Croiſez avoit jetté les peuples, entra à la tête de ſon armée dans la Principauté d'Antioche, ravagea la campagne, emporta pluſieurs petites Places, & le Comte Raimond conſultant plûtôt ſon courage que ſes forces, ayant voulu s'oppoſer à ce torrent, perdit la bataille; la plûpart de ſes troupes furent taillées en pieces, & il perit lui même dans ce combat.

D'un autre côté le Sultan de Cogni ou d'Iconium,

---

* Milites templi Gazam antiquam Paleſtinæ civitatem reædificant & turribus eam muniunt, Aſcalonitas graviter infeſtant.
Rhod. de menſe appendix ad chron. fig. p. 631.

entra depuis dans le Comté d'Edeſſe, ravagea le pays, prit le jeune Courtenai, qui mourut peu après dans les fers de ce barbare. Tout fuyoit devant lui; les habitans des Villes & de la campagne, preſque tous les Chrétiens ſe voyant ſans ſecours, & pour ſe ſouſtraire à la domination des Infideles, abandonnoient leur patrie & leurs maiſons; chacun tâchoit de gagner des Places chrétiennes. Baudouin Roi de Jeruſalem, pour faciliter au moins leur retraite, s'avança à la tête de ſa Nobleſſe & des deux Ordres militaires pour leur ſervir d'eſcortes; il mit tout ce peuple, hommes, femmes, enfans, beſtiaux, bagage au milieu de ce qu'il avoit pû raſſembler de troupes; il étoit à l'avantgarde, le Comte de Tripoli avec Onfroy de Thoron Connétable du Royaume commandoit l'arriere-garde, & dans cet ordre ils prirent le chemin de la Principauté d'Antioche. Noradin qui ne pouvoit ſouffrir que cette proye lui échapât, accourut à la tête de toute ſa cavalerie, cotoyoit l'armée chrétienne, ſur laquelle, pour l'arrêter, il faiſoit pleuvoir à tous momens une grêle de flêches. Il tenta pluſieurs fois d'enfoncer les troupes chrétiennes; on ne faiſoit point de lieue qu'il ne fallût livrer un combat; les Infideles pour retarder la marche d'une armée déja embaraſſée de bagage, revenoient à tous momens à la charge. Mais de quelque côté qu'ils tournaſſent, ils trouvoient toujours ou le jeune Roi, où le Comte de Tripoli à la tête des Hoſpitaliers ou des Templiers, qui leur preſentoient un front redoutable, & pouſſoient tout ce qui oſoit approcher du corps de l'armée,

Raimond Dupuy.

1150.

RAIMOND DUPUY.

en sorte que Noradin n'yant pû l'entamer, & faute de vivres, abandonna à la fin cette pourfuite, & l'armée chrétienne arriva heureufement fur les terres de la Principauté d'Antioche.

Mais pendant que le Roi étoit occupé à tirer ce peuple de la fervitude, il fut à la veille de perdre fa Capitale, & par une autre entreprife des Infideles, deux de leurs Princes appellez les Jaroquins, Turcomans de nation, & dont le pere ou l'ayeul, avant que les Sarrafins euffent repris la ville de Jerufalem, regnoit dans la Paleftine, preffez par les reproches de leur mere, & ayant appris l'éloignement du Roi, mirent fur pied une armée confiderable, partirent de leur pays, pafferent par Damas, entrerent fur les terres des Chrétiens, & pénétrerent jufqu'aux portes de la fainte Cité. Les habitans confternez les virent fur le foir fe camper fur le mont Olivet. Ces barbares fe flatoient d'emporter le lendemain par efcalade une Place où ils fçavoient bien que le Roi n'avoit point laiffé de garnifon; mais par un excès de confiance fi dangereux à la guerre, ils perdirent un de ces momens heureux, d'où dépendent les plus grands fuccès. Les habitans revenus de leur confternation, & encouragez par ce qu'il y avoit d'Hofpitaliers & de Templiers dans la Ville, prirent les armes; & comme ils n'étoient point en un affez grand nombre pour défendre les murailles, au lieu d'attendre l'ennemi dans la Place, à la faveur des tenebres & au milieu de la nuit, ils fe jettent dans le Camp des ennemis qu'ils trouvent enfevelis dans le fommeil, mettent le feu aux tentes, en coupent

les

les cordages, & portent de tout côté la terreur & la mort.

RAIMOND DUPUY.

Les Infideles surpris & épouvantez d'une attaque imprévûe, chercherent leur salut dans la fuite ; tout se débanda sans tenir de route certaine. Ces barbares fuyans du côté de Jerico, tomberent dans un corps de Cavalerie commandé par le Roy même, qui ayant appris qu'ils étoient entrez dans ses Etats, s'avançoit au secours de Jerusalem. Plus de cinq mille furent taillez en pieces ; d'autres furent assommez par les paysans chrétiens. La garnison de Naplouse qui les attendoit au retour, acheva de les disperser, & les poursuivit jusqu'au bord du Jourdain, où ces Infideles, pour éviter l'épée des Chrétiens, & en voulant le passer à la nage, se précipiterent & furent noyez.

Le Roy par représailles résolut à son tour d'aller ravager le territoire d'Ascalon : il se mit à la tête de son armée, & suivi des Grands Maîtres des deux Ordres militaires, & des principaux Seigneurs du Royaume, il entra dans le pays, porta le fer & le feu de tout côté, & ruina sur-tout quantité de maisons de plaisance & de jardins, qui appartenoient aux principaux habitans d'Ascalon. Il s'avança ensuite jusqu'aux portes de cette importante Place, & après l'avoir reconnue lui-même, il résolut d'en former le siege. Mais comme il n'avoit pas assez de troupes pour une si grande entreprise, il convoqua toute la Noblesse de son Royaume. Des pelerins qui ne faisoient que d'arriver lui offrirent genereusement leurs services, & des vieillards du pays, accablez d'années, reste glorieux

1152.

Tome I.   O

de la premiere Croisade, accoururent dans le camp. On assigna à chacun son quartier, pendant que Gerard Seigneur de Sidon, pour empêcher qu'on ne fît entrer du secours dans la Place, tenoit la mer avec quinze galeres.

La Ville d'Ascalon, une des cinq Satrapies des anciens Philistins, étoit située au pied d'une colline & au bord de la mer méditeranée, à sept lieues de Gaza, Ville chrétienne, frontiere du Royaume de Jerusalem du côté de l'Egypte, & qu'on trouve en sortant du désert qui sépare ces deux Royaumes, alors occupée par les Templiers.

La figure d'Ascalon étoit celle d'un demi cercle, formé par la Ville & les maisons; & le rivage de la mer en étoit comme le diametre. Cette Place étoit environnée de hautes murailles soutenues de distance en distance de fortes tours, remplies de machines de guerre pour lancer des pierres & des dards; les fossez étoient à fonds de cuve & pleins d'eau; des ouvrages avancez empêchoient qu'on n'approchât du corps de la Place, & on y avoit ajouté les fortifications que l'art de ce tems-là avoit pû inventer. Le Roy tout jeune qu'il étoit conduisoit lui-même un siege si important; depuis le grand Godefroi de Bouillon on n'avoit point vû à la Terre Sainte de Prince qui dans un âge si peu avancé joignît à une rare valeur tant de capacité & de talens pour la guerre. Le siege fut long & très opiniâtre; les attaques vives, continuelles; la défense aussi courageuse, & des sorties ou plutôt des batailles frequentes. Les Chrétiens n'emportoient point un pied de terrein qui ne leur coûtât beau-

1153.
Willel. Tyriensis, L. 17.

coup de monde, & souvent ils perdroient le lendemain ce qu'ils avoient gagné la veille aux dépens de la vie de leurs plus braves soldats. Il y avoit déja cinq mois que le siege duroit avec cette alternative de bons & de mauvais succès, lorsqu'une puissante flotte venue d'Egypte, & chargée de vivres & de troupes de débarquement, parut à la hauteur d'Ascalon. Cette flotte étoit composée de soixante & dix galeres sans les vaisseaux de charge, qui portoient une quantité prodigieuse d'armes & de vivres. L'Amiral chrétien qui n'avoit que quinze galeres ne se trouvant pas des forces suffisantes pour disputer le passage aux Egyptiens, se retira en diligence, & les Infideles débarquerent leur secours sans aucune opposition. Il fut reçû avec de grands cris de joye de la part de la garnison & des habitans, qui du haut des tours insultoient à l'armée Chrétienne, & demandoient aux soldats quand ils retourneroient à Jerusalem. Il sembloit effectivement que ce fût le seul parti qu'il y eût à prendre : c'étoit au moins le sentiment des Grands & de la plûpart des Chefs de l'armée. Mais le grand Maître des Hospitaliers, soutenu du Patriarche & de la plûpart des Evêques, se trouva d'un avis contraire. * Il représenta au Roy qu'une pareille démarche ne serviroit qu'à avilir le courage de ses soldats, & à rehausser celui des ennemis, & inspireroit peut-être au Soudan le dessein de former à son tour le siege de Jerusalem. On tint là-dessus plusieurs conseils : enfin le Roy après

RAIMOND DUPUY.

Will. Tyr. l. 17. ch. 28. p. 928.

* In opposita sententia Dominus Patriarcha, Dominus quoque Tyriensis erant cum Clero, consortem habentes Dominum Raymundum Magistrum Hospitalis cum fratribus suis. Will. Tyr. L. 17, c. 28, p. 928.

avoir mûrement examiné les raisons de part & d'autre, se déclara pour le parti le plus honorable, & on resolut de continuer le siege.

Cependant les Egyptiens qu'on avoit débarquez à Ascalon, après s'être remis des fatigues de la mer, firent des sorties frequentes. Ils croyoient triompher aisément des Chrétiens qu'on leur avoit representez abbatus & rebutez de la longueur du siege ; mais il ne furent pas long-tems sans éprouver que la valeur supplée au nombre des combatans : les Chrétiens les repousserent toujours avec avantage. Comme il n'y avoit point de ces sortes de combats qui ne coûtât beaucoup de monde à ces Infideles, les sorties devinrent moins frequentes ; leur ardeur se ralentit ; le courage du soldat Chrétien en augmenta, & les Templiers après avoir comblé le fossé, pousserent leurs travaux le plus près qu'ils pûrent de l'endroit de la muraille qui leur étoit opposé. Ils y firent conduire une tour ou une espece de château de bois fort élevé. Cette tour étoit une machine dont on se servoit en ce tems-là dans les sieges, qu'on remuoit & qu'on faisoit avancer avec des roues ; & quand elle se trouvoit à portée des murailles, on abbatoit un pont de bois avec ses gardes-fous, d'où les assiegeans battoient les assiegez : & quand ils trouvoient moins de résistance, ils se jettoient dans la Place, & tâchoient de s'en rendre les maîtres.

Les Sarrasins, avant que les Templiers eussent poussé cette machine jusqu'au pied de la muraille, y jetterent un soir, & assez près de la tour de bois, quantité de bois sec, de bitume, d'huile & de

matieres combuſtibles, auſquelles ils mirent en- RAIMOND
ſuite le feu dans l'eſperance que cet embraſement DUPUY.
gagneroit juſqu'à la tour. Mais l'incendie fut fatal
à ſes auteurs ; il s'éleva pendant la nuit un vent
d'Eſt, qui, au lieu de mettre le feu à la tour, pouſ-
ſoit des tourbillons de flâmes contre la muraille,
calcina le moilon dont elle étoit conſtruite, & la
fit crouler. Quelques Templiers qui ne doutoient
point que leur machine n'eût été embraſée, par
pure curioſité étant allez le lendemain pour en voir
les débris, furent bien ſurpris de la trouver entiere,
& ils apperçurent en même-tems une ouverture
que le feu avoit faite dans la muraille, & qui en
pouvoit faciliter l'eſcalade. Ils en avertirent auſſi-
tôt leur Grand Maître : ce Seigneur tranſporté de
joye, ſe rendit ſecretement ſur les lieux pour reconnoître lui-même cette brêche, & l'ayant trou-
vée raiſonnable, & ſans avertir le Roy, il y fit
entrer une brigade de ſes Chevaliers. Ils ne parurent pas plûtôt l'épée à la main, & avec cet air
audacieux que donne un heureux ſuccès, que les
habitans crurent la Ville priſe ; la plûpart chercherent d'abord leur ſalut dans la fuite, & les principaux Officiers de la garniſon, pour éviter la premiere fureur du ſoldat Chrétien, ſe jetterent dans
des barques, & s'éloignerent du rivage. Mais l'a-
varice du Grand Maître empêcha les Chrétiens de
profiter de la terreur des Infideles, car ce Chef
des Templiers voulant profiter ſeul du pillage de
la Ville, au lieu de demander au Roy des troupes
pour ſoutenir les Templiers qui s'étoient jettez
dans la Place, ſe tint lui-même avec le reſte de

O iij

RAIMOND DUPUY.

sa troupe sur la brêche pour en défendre le passage aux soldats de l'armée Chrétienne*, en cas que quelques-uns s'apperçussent de l'ouverture qui étoit à la muraille : & pendant ce tems-là, ce qu'il y avoit de Templiers qui s'étoient jettez dans Ascalon, s'étant avancez fierement jusqu'au milieu de la Ville pour en piller seuls les principales maisons, les habitans revenus de leur frayeur n'eurent pas plutôt reconnu le petit nombre de ces pillards, qu'ils se rallierent & firent ferme. Les Templiers se virent chargez par les troupes de la garnison, & du haut des toits des maisons; on faisoit pleuvoir sur eux des feux d'artifice, de l'eau chaude, des pierres, des tuiles, & tout ce qui se presentoit sous la main des assiegez. Les Templiers, après avoir perdu un grand nombre de leurs camarades, furent réduits à chercher leur salut dans une retraite précipitée; chacun en fuyant tâcha de regagner la brêche par où il avoit monté d'abord avec tant de confiance; le Grand Maître fut obligé lui-même d'abandonner le poste qu'il occupoit; les Infideles s'en emparerent, firent ensuite des coupures & des retranchemens devant l'endroit qui avoit donné l'entrée aux Chrétiens, & par de nouvelles barricades ils le mirent hors d'insulte.

On ne peut exprimer l'indignation du Roy, & la colere de tous les soldats de son armée, lors-

---

* Magister militiæ Templi Bernardus Detremelas cum fratribus suis alios ante multò prævenientes aditum occupaverant, neminem nisi de suis intrare permittentes, eos autem hâc intentione dicebantur arcere quatenus primi ingredientes spolia majora & manubias obtinerent uberiores ..... Dum ergò cupiditate rapti ad prædæ participium renuunt habere consortes, in mortis periculo meritò reperti sunt soli. *Will. Tyr.* L. 17, c. 27.

qu'on apprit que l'avarice seule des Templiers avoit fait manquer une conquête si difficile & si glorieuse. Les habitans d'Ascalon au contraire en augmenterent leur confiance & leur courage, & le lendemain, après s'être mêlez avec la garnison Egyptienne, ils firent une nouvelle sortie en bonne ordonnance, & attaquerent fierement les lignes des Chrétiens. Le combat fut sanglant, & le succès long-tems incertain; la victoire passa plus d'une fois dans l'un & l'autre parti; les Infideles comblerent d'abord plusieurs toises de tranchées, ruinerent des redoutes, se jetterent l'épée à la main dans le camp des Chrétiens; abbatirent les tentes, & percerent jusqu'au quartier du Roy.

RAIMOND DUPUY.

Ce Prince à la tête des Seigneurs dont il étoit environné, combattoit avec un courage invincible, & donna le tems à ses troupes de revenir de leur surprise & d'une premiere frayeur. Les Templiers voulant laver dans leur sang la faute qu'ils avoient faite, s'abandonnoient avec fureur au travers des bataillons ennemis : & les Hospitaliers que le zele & l'émulation menoient dans le péril, indifferens sur la conservation de leur vie, ne se soucioient point de la perdre, pourvû qu'ils pussent tuer un Sarrasin. Les Egyptiens ne montroient pas moins de courage; tous vouloient vaincre ou mourir. Cette sortie ou plutôt cette bataille dura depuis le matin jusqu'au soir; enfin les Infideles étonnez du courage invincible des Chrétiens, épouvantez de la force de leurs coups, commencerent à reculer peu à peu. Le Roy s'appercevant qu'ils s'affoiblissoient, en reprit de nouvelles forces;

RAIMOND DUPUY.

il les enfonça l'épée à la main. Ce fut moins dans la suite un combat qu'une boucherie ; le soldat Chrétien acharné contre les Infideles ne donnoit point de quartier ; des ruisseaux de sang couloient dans les lignes, & la plûpart de ces Egyptiens qui étoient venus au secours d'Ascalon, périrent dans cette sortie. Ceux qui pûrent échaper à la fureur du soldat Chrétien, regagnerent la Ville, & y porterent avec la honte de leur défaite le désespoir de sauver la Place. L'habitant en perdant ce secours, perdoit l'esperance de la levée du siege. C'étoit une consternation generale ; les vieillards, les femmes & les enfans ne partoient point de leurs Mosquées, & fatiguoient le Ciel par des prieres inutiles ; ceux qui avoient encore de la force & de la santé s'employoient à faire des retranchemens derriere les murailles de la Ville ; mais une pierre d'une grosseur énorme, partie d'une des machines des assiegeans étant tombée par hazard sur une poutre portée par quarante hommes, dont la plûpart en furent écrasez, la terreur du peuple déja prévenu qu'ils ne pouvoient résister aux Chrétiens, en augmenta au point qu'ils se résolurent de prévenir les suites fâcheuses d'un assaut par une prompte composition.

On convint d'abord d'une suspension d'armes sous prétexte de retirer les morts de part & d'autre ; & à la faveur de cette treve on entra en négociation. Le traité fut bien-tôt conclu entre des gens dont les uns craignoient d'être emportez d'assaut, & les autres qu'un nouveau secours ne les obligeât à lever le siege. Aussi on demeura d'accord

que

que les Sarrafins remettroient inceffamment la Place aux Chrétiens, & que ceux-ci leur fourniroient des chariots avec une efcorte pour emporter leurs effets jufqu'à Laris, Ville du defert: ce qui fut executé de bonne foi, le 12 Août de l'an 1154.

RAIMOND DUPUY.

Le continuateur de Sigebert place cet évenement en 1153.

Depuis la conquête de Jerufalem, on n'en avoit point fait de plus glorieufe ni même de plus utile que celle d'Afcalon. La garnifon chrétienne qu'on y mit, jointe à celle de Gaza étendoient leurs contributions bien avant dans l'Egypte. On apprit avec beaucoup de joye en Europe la prife de cette Place. On n'ignoroit pas toute la part que le Grand Maître des Hofpitaliers y avoit eue; & ce fut apparemment par un motif de reconnoiffance pour fes fervices, que le Pape Anaftafe IV. accorda à l'Ordre de nouveaux privileges, & qu'il confirma les anciens, comme on peut le voir dans la Bulle de ce Pontife, adreffée au même Raimond. Le Pape y declare qu'à l'exemple de fes prédeceffeurs Innocent II. Celeftin II. Lucius II. & Eugene III. il prend l'Hôpital & la Maifon de faint Jean fous la protection de faint Pierre; qu'il permet aux Hofpitaliers de bâtir des Eglifes & des Cimetieres dans toutes les terres & les Seigneuries qui leur appartiennent, & d'y enterrer avec les ceremonies de l'Eglife, leurs freres decedez, nonobftant tout interdit qui auroit pû être fulminé par les Ordinaires, & même de celebrer, & de faire celebrer une fois l'année la Meffe & l'Office divin dans les autres Eglifes interdites, fi elles fe trouvoient dans les lieux par où les Freres Hofpitaliers feroient obli-

PREUVE XIII.

Tome I. P

gez de passer, en execution des ordres de leurs Superieurs.

Le Saint Pere leur adressant la parole, ajoute : ″ Comme vous faites, mes freres, un si digne usa- ″ ge de vos biens, & que vous les employez à la ″ nourriture des pauvres, & à l'entretien des pe- ″ lerins, nous défendons à tous les fideles, de quel- ″ que dignité qu'ils soient revêtus, d'exiger la dix- ″ me de vos terres, ni de publier aucune Senten- ″ ce Ecclesiastique d'interdit, de suspense ou d'ex- ″ communication, dans les Eglises qui vous ap- ″ partiennent : & quand même on auroit jetté un ″ interdit général sur tous les pays, vous pourrez ″ toujours continuer à faire celebrer le service di- ″ vin dans vos Eglises, pourvû que ce soit à portes ″ fermées, & sans sonner les cloches. Nous vous ″ permettons pareillement de recevoir des Prêtres ″ & des Clercs tant dans votre maison principale ″ de Jerusalem, que dans les autres Obediences ″ qui en dépendent. Et si les Evêques & les Ordi- ″ naires s'y opposent, vous pourrez toujours par ″ l'autorité du saint Siege admettre ceux dont vous ″ aurez reçû un bon témoignage ; & même ces ″ Prêtres & ces Clercs seront absolument exempts ″ de leur jurisdiction, & ne seront soumis qu'au ″ saint Siege, & à votre Chapitre. Vous pourrez ″ aussi recevoir des laïques de condition libre pour ″ le service des pauvres. Quant aux Freres qui au- ″ ront été une fois reçûs en votre compagnie, ″ nous leur défendons de retourner au siecle, ni ″ de passer dans un autre Ordre, sous prétexte ″ d'une plus grande régularité. A l'égard de la bé-

» nédiction de vos Eglises, de la consecration de
» vos autels, & de l'ordination de vos Clercs, vous
» aurez recours à l'Evêque Diocesain, s'il est dans
» la communion du saint Siege, & s'il consent de
» conferer les saints Ordres gratuitement, sinon
» il vous sera permis par l'autorité du saint Siege
» de choisir tel Evêque que vous jugerez à pro-
» pos. D'abondant nous confirmons de rechef la
» donation qui vous a été faite de toutes les ter-
» res & Seigneuries que votre Maison possede, ou
» qu'elle pourra acquerir à l'avenir en deçà ou au-
» delà de la mer, tant en Europe que dans l'Asie.
» Enfin, dit Anastase, adressant encore la parole
» au grand Maître. Quand il plaira à Dieu de vous
» appeller à lui, nous ordonnons que vos Freres
» élisent votre successeur avec pleine & entiere li-
» berté, sans qu'ils y puissent être troublez par
» violence ou par surprise & sous quelque prétexte
» que ce puisse être.

Quoique cette Bulle du Pape Anastase ne soit
pour la plûpart qu'une confirmation des privileges
que ses predecesseurs avoient déja accordez à l'Ordre de saint Jean ; cependant Foucher alors Patriarche de Jerusalem, & les autres Evêques Latins
de la Palestine s'éleverent avec beaucoup de hauteur contre des exemptions qui diminuoient en
même tems leur jurisdiction & leurs revenus.

De toutes les peines ecclesiastiques que les Papes
& les Evêques employoient contre les pecheurs,
celle de l'excommunication générale ou de l'interdit, quoique peu connue dans la primitive
Eglise, étoit alors très-frequente. On s'en servoit

sur tout contre les Princes refractaires à l'Eglise; on lançoit ces foudres contre leurs Etats; tout leurs sujets s'y trouvoient enveloppez, & une multitude d'innocens souffroient pour un seul coupable. La forme & la pratique de cette Sentence n'avoit rien que de triste, & même de terrible. On dépouilloit entierement les Autels; on posoit les Croix, les Reliquaires, les images, & les statues des Saints à plate terre, en signe de deuil on les couvroit entierement. L'usage des cloches cessoit, & on les descendoit même des clochers. De tout les Sacremens on n'administroit que le Baptême aux enfans nouveaux nez, & la Confession & la Communion en Viatique aux mourans. La Messe ne se celebroit dans les Eglise qu'à portes fermées; l'usage de la viande pendant l'interdit, défendu comme en Carême, & on poussoit la rigueur jusqu'à défendre de se saluer, & même de se razer, & de faire la tonsure & les cheveux aux Prêtres & aux Clercs.

Mais ce qui étoit de plus déplorable, c'est que des Papes & des Evêques employoient quelquefois ces armes spirituelles contre des Rois & des Princes souverains, & souvent même pour des interêts purement temporels. C'étoit un des plus surs instrumens de leur domination; les peuples effrayez de se voir privez de l'exercice exterieur de la Religion, forçoient leurs Souverains par la crainte d'une révolte générale à plier sous le joug. Ainsi il ne faut pas s'étonner si le Patriache de Jerusalem & les autres Prélats Latins d'Orient souffroient impatiemment que pendant que les

Rois de Jerusalem & les Princes d'Antioche & de Tripoli n'étoient pas exempts de leur Juridiction en matiere d'interdit, les Papes en eussent souftrait les Hospitaliers. Ces Prélats n'étoient pas moins blessez de l'exemption des dixmes, dont au préjudice du Clergé de l'Eglise Grecque, & depuis la conquête de la Terre sainte, ils s'étoient emparez.

Le desir si naturel de conserver de grands biens, & de défendre son autorité, motifs qui remuent le plus vivement les hommes, rompirent l'union qui étoit auparavant entre le Clergé séculier & les Hospitaliers. Les Evêques ne pouvoient souffrir que le Saint Siege eût dispensé ces Chevaliers de leur payer la dixme de tous leurs biens, & ils étendoient même ce droit & leurs prétentions jusque sur le butin qu'ils pouvoient faire dans les combats & sur les terres des Infidelles. D'ailleurs la permission que les Hospitaliers avoient pendant l'interdit de celebrer & de faire celebrer le service divin dans leurs Eglises, quoiqu'à portes fermées, attiroit aux Prêtres & aux Chapelains de l'Ordre bien des offrandes & des aumônes que le Clergé séculier regardoit comme autant de larcins qui lui étoient faits. Outre ces griefs, le Patriarche appellé Foucher se plaignoit en particulier que les Hospitaliers, dont l'Eglise & la maison étoient voisines de l'Eglise du saint Sépulcre, eussent élevé des bâtimens plus magnifiques que son Eglise & son Palais : ce n'étoient que plaintes ameres de part & d'autre; les uns se fondoient sur le droit commun, & les autres prétendoient y déroger en vertu de leurs privileges. Les invectives & les injures succederent à ces plaintes réciproques, & ce qu'on ne peut écrire sans douleur, on en vint à des voyes de fait. On rapporte que du côté des Hospitaliers il y eut des fleches tirées contre les Prêtres du Patriarche. Ces Ecclesiastiques à la vérité n'opposerent pas la force à une pareille violence ; mais par un rafinement de vengeance, ils ramasserent ces fleches, en firent un faisceau, & pour conserver la memoire d'un attentat si odieux, ils attacherent ce faisceau à l'entrée de l'Eglise du Calvaire. Guillaume Archevêque de Tyr rapporte ce fait comme témoin oculaire ; mais cet Ecrivain, quoique peu favorable aux Hospitaliers, ne laisse pas d'avouer que le grand Maître étoit révéré comme un homme de bien & craignant Dieu : ce sont ses termes. Il ajoute qu'il falloit rejetter la cause de ces dissentions sur les Papes qui avoient, dit-il, soustrait ces Religieux militaires de la jurisdiction Episcopale.

Le Patriarche pour faire révoquer ces privileges qui lui étoient si odieux, quoique âgé de près de cent ans, entreprit de faire le voyage d'Occident, & de se rendre auprès du Pape Adrien IV qui étoit alors sur le saint Siege. Ce Patriarche étoit accompagné de Pierre Archevêque de Tyr, prédecesseur de l'Historien, de Baudouin Archevêque de Cesarée, de Frederic Evêque d'Acre, d'Amauri de Sidon, de Constantin de Lide, de Renier de Sebaste, & d'Herbert de Tiberiade. Le grand Maître & le Conseil de l'Ordre envoyerent de leur côté des députez pour répondre aux plaintes de ces Prélats, & si on en croit Guillaume Archevêque de Tyr, ces députez avoient prévenu le Patriarche, & à force de présens s'étoient rendus favorables, le Pape & toute la Cour de Rome. Foucher & les autres Prélats de la Palestine eurent audience du Pape à Ferento petite ville proche de Viterbe. Cette grande affaire fut agitée pendant plusieurs séances devant le souverain Pontife & tout le College des Cardinaux; & pour soutenir le droit des Parties, on fit même entrer de part & d'autre des Avocats & des Jurisconsultes. Les Evêques se plaignoient que les Hospitaliers abusant de leurs privileges, recevoient dans leurs Eglises des excommuniez, & qu'en cas de mort ils leur donnoient la sépulture Ecclesiastique; que pendant l'interdit jetté sur une Ville, ils n'avoient pas laissé, contre ce qui leur étoit défendu par leurs privileges, de faire sonner leurs cloches; que leur Eglise étant voisine de celle du saint Sépulchre, ils les faisoient même exprès sonner continuellement pendant que le Patriarche annonçoit à son peuple la parole de Dieu, afin d'empêcher qu'il ne fût entendu, & qu'ils refusoient de payer la dixme de leurs revenus dans tous les Diocéses de la Palestine, où ils avoient des terres & des établissemens.

L'Archevêque de Tyr, après avoir rapporté toutes les plaintes du Clergé, ne nous dit rien des défenses que fournirent les Hospitaliers : il s'est contenté de nous faire comprendre qu'ils firent traîner cette affaire en longueur; que par leurs presens & par leur credit dans la Cour de Rome

RAIMOND DUPUY.

ils sçûrent empêcher le Pape de prononcer, que le Patriarche & les Evêques de la Palestine voyant bien par eux-mêmes & par les avis secrets qu'ils recevoient de leurs amis, qu'ils n'obtiendroient jamais un jugement, prirent congé du souverain Pontife, & s'en retournerent chargez, dit cet Historien, de confusion. Il ajoute que de tous les Cardinaux, il n'y en eut que deux qui eussent été assez équitables & assez fideles à Jesus-Christ pour se déclarer en faveur du Clergé; que le Pape & tous les autres, corrompus par les présens des Hospitaliers, *suivirent*, dit-il, *les traces de Balaam fils de Bozor*: comparaison bien odieuse, & d'autant plus que de ces deux Cardinaux, selon cet Auteur, si fideles à Jesus-Christ, l'un, qui étoit Octavien, se porta depuis pour Antipape sous le nom de Victor III. & causa un schisme affreux & de grands malheurs dans l'Eglise, & l'autre, qui étoit Jean de Morson, Cardinal du titre de saint Martin, fut un des ministres de son ambition, & le principal fauteur du schisme.

Pour justifier entierement la memoire d'Adrien, nous ne pouvons nous dispenser de rapporter que ce Pontife, un des Papes le plus désinteressé qui eût été assis sur la chaire de saint Pierre, bien-loin d'enrichir sa famille aux dépens des trésors du saint Siege, n'en fit aucune part à ses parens, qu'il poussa même ce désinteressement jusqu'à la dureté : & quoique sa mere qui lui survécût fut réduite dans une extrême pauvreté, il se contenta par son testament de la recommander aux charitez de l'Eglise de Cantorberi. Mais si on en croit Bosio,

il

DE MALTE. LIV. I.

il fuffifoit qu'il fe fût déclaré en faveur des Hofpitaliers pour s'attirer toute l'amertume qui diftile, dit-il, de la plume de cet Hiftorien * partial.

RAIMOND DUPUY.

Après tout, le Patriarche de Jerufalem & fon Hiftorien ne pouvoient ignorer que les prédéceffeurs d'Anaftafe avoient déja accordé aux Hofpitaliers la plûpart des privileges en queftion, & fans qu'on fe fût jamais plaint qu'ils les euffent achetez à prix d'argent. Mais il eft affez vrai-femblable que les Papes engagez dans de fâcheufes guerres, foit contre les Empereurs d'Occident, foit contre les Normands de la Pouille & de la Sicile, & même contre les habitans de Rome, n'avoient pas été fâchez de fouftraire les Hofpitaliers & les Templiers de la jurifdiction des Ordinaires, & par là de s'attacher plus particulierement un Corps militaire auffi confiderable, dont la puiffance & les richeffes augmentoient continuellement dans toutes les parties de la Chrétienté.

Je ne m'engagerai point à rapporter les differentes fondations faites en ces tems-là en faveur des Hofpitaliers de faint Jean : cela me meneroit trop loin. Mais je n'ai pas crû me devoir difpenfer d'obferver qu'une partie de ces grands biens des Hofpitaliers & des Templiers, venoient principalement des Princes, des Seigneurs & des Gentilshommes, qui en prenant l'habit & la Croix de ces deux Ordres, y donnoient la plûpart de leurs

* Nella narratione della qual iftoria il fus detto Archivefcovo di Tyro, aggrava molto la mano addoffo a gli Hofpitalieri fcrivendla in quefto particolare piu tofto come Prelato & Archivefcovo Orientale & confequentemente come intereffato & appafionato che come iftorico. *Bofio.* L. 6. p. 197.

Tome I. Q

grandes Seigneuries. Ce fut ainsi qu'en ce tems-là, Guy, Comte & Souverain de Forcalquier, en prenant la croix & l'habit d'Hospitalier, donna à la Religion de saint Jean son Château de Manosque, qui consistoit dans des Terres & Seigneuries si considerables, qu'on en a fait depuis un Bailliage avec le titre de Bailli pour le Commandeur. Les Grands d'Espagne ne le cederent point aux François dans ces sentimens d'estime pour les deux Ordres militaires, & l'Historien d'Arragon nous apprend que vers l'an 1153, Dom Pedro Dartal, premier Baron de ce Royaume, donna aux Hospitaliers & aux Templiers la Cité de Borgia avec ses dépendances, qu'ils changerent depuis avec Raimond Berenger, Prince d'Arragon, contre Dumbel, le Château d'Alberic & celui de Cabanos.

Ces donations frequentes en ces tems-là surprendront moins, si on fait attention au digne usage qu'en faisoient ces Religieux militaires. De tous ces grands biens les Hospitaliers & les Templiers n'en tiroient pour eux qu'une subsistance frugale; tout le reste étoit consacré ou à la nourriture des pauvres, ou à soutenir la guerre contre les Infideles.

Cependant ces guerriers si fiers & si terribles dans les combats, devenoient d'autres hommes quand ils rentroient dans leur Couvent. A peine avoient-ils quitté les armes, qu'ils reprenoient avec l'habit régulier tous les exercices de leur premiere profession. Les uns s'attachoient au service des malades; d'autres étoient occupez à recevoir les pelerins; ceux-ci nettoyoient leurs armes ou racommodoient eux-mêmes les harnois de leurs chevaux, & tous dans ces differens emplois conservoient un religieux silence, & une espece de recueillement comme auroient pû faire des Solitaires & des Anacoretes : nouveau genre de vie bien rare & inconnu jusqu'alors, où sans être ni entierement attachez au cloître, ni aussi engagez dans le siecle, ils pratiquoient successivement toutes les vertus de deux états si opposez. C'est ce que nous apprenons de saint Bernard, écrivain contemporain, qui dans la description qu'il nous a laissée du genre de vie des Templiers, nous a tracé une espece de Tableau vivant de la conduite des Religieux militaires de ces tems-là, & qu'il seroit à souhaiter que leurs successeurs eussent tous les jours devant les yeux.

» Ils vivent, dit ce saint Abbé, dans une so-
» ciété agréable, mais frugale; sans femmes, sans
» enfans & sans avoir rien en propre, pas même
» leur volonté; ils ne sont jamais oisifs ni répan-
» dus au dehors; & quand ils ne marchent point
» en campagne & contre les Infideles, ils racom-
» modent leurs armes & les harnois de leurs che-
» vaux; ou ils sont occupez dans de pieux exer-
» cices par les ordres de leur Chef. Une parole
» insolente, un ris immoderé, le moindre mur-
» mure ne demeure point sans une severe corre-
» ction. Ils détestent les jeux de hazard, ils ne se
» permettent ni la chasse ni les visites inutiles; ils
» rejettent avec horreur les spectacles, les boufons,
» les discours ou les chansons trop libres; ils se
» baignent rarement, sont pour l'ordinaire négli-

RAIMOND DUPUY.

Raimond Dupuy.

» gez, le visage brûlé des ardeurs du soleil, & le
» regard fier & severe. A l'approche du combat,
» ils s'arment de foi au dedans, & de fer au dehors,
» sans ornemens ni sur leurs habits, ni sur les har-
» nois de leurs chevaux; leurs armes sont leur uni-
» que parure; ils s'en servent avec courage dans
» les plus grands périls, sans craindre ni le nom-
» bre, ni la force des barbares; toute leur confian-
» ce est dans le Dieu des armées, & en comba-
» tant pour sa cause, ils cherchent une victoire
» certaine ou une mort sainte & honorable.

S. Bern. exhortatio ad Milites Templi.

L'éclat de leurs vertus & la gloire qu'ils acqueroient tous les jours par leur valeur, fit naître parmi la Noblesse d'Espagne une généreuse émulation. Nous avons dit au commencement de cet ouvrage, que les Maures, dès le huitiéme siecle, s'étoient emparez sur les Gots de la plus grande partie de ce Royaume. On sçait que ce qui restoit de Chrétiens de cette nation, pour fuir la persecution de ces Infideles, s'étoient d'abord réfugiez dans les montagnes des Asturies : ils en sortirent depuis sous la conduite de Pelage pour défendre leur liberté & leur Religion. Ce Prince étendit peu à peu les limites de son petit Etat. Ses successeurs eurent encore des succés plus favorables; ils reprirent sur les Maures plusieurs Provinces, & ces Princes chrétiens qui faisoient la guerre en differens endroits, pour conserver entre eux une indépendance réciproque, érigerent ces Provinces dont ils se firent Souverains, en autant de Royaumes. Telle est l'origine des Royaumes de Leon, de Castille, de Navarre, d'Arragon, de Portugal, de Valence, &c. Les Maures de leur côté avoient partagé leurs conquêtes, & on trouvoit parmi ces barbares des Rois de Tollede, de Cordoue, de Murcie, de Grenade. Les uns & les autres étoient tous les jours aux mains, & ce fut pendant plusieurs siecles une guerre continuelle. Des Gentilshommes Espagnols, à l'exemple des Templiers & des Hospitaliers, & pour la défense des autels, formerent differentes societez & plusieurs Ordres militaires, mais qui n'étoient composez que de la Noblesse de cette nation : l'Ordre de la Calatrave est consideré comme le plus ancien.

Dom Sanche troisiéme Roi de Castille ayant conquis sur les Maures la Ville de Calatrave, place forte & limitrophe des Royaumes de Castille & de Tolede, en confia le gouvernement & la défense aux Templiers; mais ces Chevaliers ayant appris depuis que les Rois Maures avoient joint leurs troupes pour en faire le siege, & se trouvant en trop petit nombre pour le soutenir, ils remirent cette Place au Roi.

Sanche avoit besoin de toutes ses troupes pour tenir la campagne & pour les opposer aux Maures, qui menaçoient en même tems d'entrer dans la Castille. Ce Prince dans cet embaras déclara que s'il se trouvoit quelqu'un assez puissant & assez courageux pour entreprendre la défense de Calatrave, il la lui donneroit en propriété sous la Souveraineté de sa Couronne. Mais la puissance formidable des Maures ayant intimidé la plûpart des Grands de sa Cour, il ne s'en présenta aucun qui offrît de se jetter dans une Place qui alloit avoir au pied

RAIMOND DUPUY

Q iij

RAIMOND DUPUY.

de ses murailles toutes les forces des Infideles. Le Roi désesperoit de la pouvoir conserver, lorsqu'un Moine de l'Ordre de Cîteaux, & Religieux de l'Abbaye de Fitero dans la Navarre, appellé Frere Diego Velasquez, & qui avant que d'embrasser cette profession avoit porté long-tems les armes, proposa à Dom Raimond son Abbé avec lequel il étoit venu en Castille, d'offrir au Roi de soutenir le siege avec ses Vassaux & à ses dépens.

Le Roi qui fut instruit de la richesse de cet Abbé, & de la réputation que Velasquez avoit autrefois acquise dans les armées, accepta leurs offres dans une conjoncture sur-tout où il n'avoit point de choix à faire. L'Abbé & son Religieux retournerent avec une extrême diligence en Navarre, & en ramenerent près de vingt mille hommes, la plûpart leurs Vassaux, ou François leurs voisins, qui voulurent avoir part à une si genereuse entreprise, & ausquels se joignirent depuis plusieurs Gentilshommes Castillans. On jetta en même tems dans la Ville des provisions de guerre & de bouche, & cette colonie militaire ajouta aux fortifications de la Place un nouveau fort qui la couvroit entierement.

Ce fut de ce Corps de Noblesse Navarroise & Castillane qui s'étoit enfermé dans Calatrave, que se forma depuis & en l'an 1158 l'Ordre militaire qui porte son nom. Par le même motif de faire la guerre aux Maures d'Espagne, & vers l'an 1175, on vit naître un second Ordre militaire sous l'invocation de saint Jacques de l'épée, & en 1212 l'Ordre d'Alcantara fut institué. Ces trois Ordres particuliers & renfermez dans l'Espagne étoient distinguez entr'eux par des croix de differente couleur, mais elles étoient toutes également terminées par des fleurs de lis : ce qui peut faire présumer que les Espagnols avoient emprunté ces fleurs des armoiries de France, pour conserver la memoire des secours que les François avoient amenez en differens tems dans ces guerres contre les Infideles.

Tels étoient les Religieux militaires dans le premier siecle de leur institution, & qu'on peut regarder à leur égard comme l'âge d'or de ces deux Ordres. Hospitaliers, Templiers, Chevaliers Espagnols, tous n'étoient pas moins distinguez par une solide pieté, que par leur valeur ; mais cet heureux tems ne dura gueres plus d'un siecle : l'homme de guerre l'emporta insensiblement sur le Religieux : & la valeur, l'amour de la gloire, souvent le desir d'amasser des richesses affoiblirent insensiblement la dévotion & la pieté. L'ambition & des vûes de s'agrandir par des conquêtes particulieres, commencerent à infecter ces Ordres, quoique fondez dans leur origine sur le vœu de pauvreté. Ce fut par un motif si humain que les Hospitaliers de la Palestine refuserent peu auparavant de se charger de la défense de Panéas, à moins qu'Onfroi de Thoron auquel cette Place appartenoit, ne consentît d'en partager avec eux la proprieté & les revenus. Il fallut que ce Seigneur achetât le secours de leurs armes à cette condition, & ce ne fut qu'après cette cession qu'ils se mirent en état de marcher au secours de la Place.

RAIMOND DUPUY.

Panéas ville de Phénicie, appellée auparavant Céſarée de Philippe, & ſituée au pied du mont Liban, étoit frontiere de la Principauté de Damas, dont Noradin, cet ennemi redoutable des Chrétiens, étoit Souverain. Les Hoſpitaliers ayant fait leur traité avec Onfroy, chargerent un grand nombre de chevaux & de chameaux de vivres, d'armes & de munitions de guerre; tout cela partit de Jeruſalem ſous une eſcorte nombreuſe, & prit le chemin de la Place, la derniere du Royaume de ce côté là. Noradin averti par ſes eſpions du départ du convoi, mit des embuſcades ſur le paſſage, & les Hoſpitaliers approchant de Panéas ſe trouverent enveloppez de tous côtez. Ils ne laiſſerent pas de ſe défendre long-tems avec leur valeur ordinaire; mais il fallut enfin ceder à des forces ſuperieures: ils ſe virent accablez par le grand nombre des Infideles, qui étoient encore favoriſez par l'avantage du poſte qu'ils occupoient: ce qu'il y avoit d'Hoſpitaliers dans cette occaſion, y perirent la plûpart. La diſgrace des Chrétiens ne ſe termina pas à cette défaite. Noradin, dans l'eſperance de trouver les habitans conſternez de cette perte, aſſiegea la Place, & après quelques jours d'une attaque vive & continuelle, il s'en rendit le maître. Il ſe préparoit à attaquer le Château où les habitans s'étoient réfugiez; mais ayant été averti que le Roi de Jeruſalem s'avançoit à grandes journées pour lui en faire lever le ſiege, ce Prince infidele qui redoutoit ſa valeur, après avoir mis le feu à la Ville, ſe retira avec précipitation. Mais il ne fut pas loin; il ſe retrancha dans des endroits eſcarpez,

escarpez, & où il ne pouvoit être forcé: de là il observoit la marche de l'armée chrétienne. Le Roi entra dans Panéas sans obstacle, répara le desordre qu'avoient causé l'ennemi & le feu, & après avoir jetté des troupes & des vivres dans le Château, il reprit le chemin de Jerusalem. Il marchoit avec une confiance témeraire, & il avoit même fait partir devant lui son Infanterie. Noradin sortit de sa retraite, s'avança dans le pays & le prévint, sans qu'il en fût averti, & ayant trouvé un endroit propre à placer une embuscade, il l'attendit au passage, le surprit, chargea ses troupes, qui se débanderent sans rendre presque de combat. Tout ce qu'on put faire fut de sauver le Roi; mais la plûpart des Seigneurs chrétiens & des Officiers furent faits prisonniers. Les Templiers ne furent pas plus heureux dans cette occasion, que les Hospitaliers l'avoient été dans l'action précedente, & Frere Bertrand de Blanchefort leur Grand Maître, homme pieux & craignant Dieu, dit Guillaume de Tyr, fut fait prisonnier avec Frere Odon un de ses Religieux, & Maréchal du Royaume.

 La prise de la ville de Panéas fut le premier fruit de la victoire des Infideles. Ils y entrerent une seconde fois sans beaucoup de difficulté, mais ils échouerent contre le Château, place fortifiée, & dans laquelle la garnison de la Ville & les habitans s'étoient retirez. Comme je ne rapporte ces differens évenemens qu'autant que j'y suis obligé par la part qu'y prit l'Ordre militaire dont j'écris l'histoire, je ne m'arrêterai point à ce qui se passa en Syrie pendant le reste de l'année, & je remarquerai seulement que Noradin toujours attentif à ce

Raimond Dupuy.

qui pouvoit étendre ses conquêtes, s'étant mis de bonne heure en campagne l'année suivante, assiegea un Château appellé Suete, ou Czuete, Ville ancienne, à ce qu'on prétend, du pays de Hus. Les Chrétiens Latins avoient fortifié avec soin cette Place située dans le détroit des montagnes, & qui ouvroit une entrée facile dans la plaine de Damas.

Le Roi de Jerusalem qui connoissoit l'importance de ce Fort, assembla tout aussi-tôt toutes ses troupes, & soutenu d'un corps de Cavalerie que lui avoit amené Thierri Comte de Flandres, son beau-frere, il résolut de tenter de nouveau le sort des armes, plutôt que de laisser perdre une Place de cette conséquence. L'armée chrétienne s'avança ensuite du côté des montagnes, & on n'eut pas de peine à rencontrer les ennemis. Noradin par le conseil de Siracon son Géneral, aima mieux tirer ses troupes de leurs lignes que de se voir attaqué dans son Camp. Il vint au-devant des Chrétiens, & leur presenta la bataille dans la plaine de Putaha.

1148.

On en vint bien tôt aux mains, les soldats des deux partis comme de concert, sans tirer aucune fleche; & contre l'usage de ce tems-là, s'avancerent fierement l'épée à la main. Le Roi à la tête des principaux Seigneurs de son Etat, & suivi des deux Ordres militaires qui faisoient la principale force de son armée, chargea le premier les ennemis, poussa tout ce qui se presenta devant lui, & il eut d'autant moins de peine à rompre ce premier Corps, que les Turcomans mettoient ordinairement à leur avant-garde, & jettoient devant eux ce qu'ils avoient de troupes les plus foibles. Mais après ce premier essai de la force des uns &

des autres, Siracon parut à la tête d'une nouvelle ligne, composée de vieux soldats : il rallia les fuyards & rétablit le combat. Les Chrétiens & les Infideles firent alors des efforts extraordinaires, & chaque nation soutenue de la vûe & de l'exemple de ses Souverains & de ses Géneraux, se batit long-tems avec une égale fureur, & sans que dans l'une & l'autre armée on vit aucun corps plier, ni la moindre apparence de crainte & de frayeur. Un soldat tué étoit aussi-tôt remplacé par un autre, & quelque peril qu'il y eût dans les premiers rangs, chacun se pressoit d'y occuper une place : on n'avoit point encore vû de combat si furieux & si sanglant. Les Chrétiens irritez de trouver une si longue résistance, & animez par les genereux reproches de leurs Officiers, firent un nouvel effort ; & comme s'il leur fût venu du secours, ils s'abandonnerent d'une maniere si déterminée au travers des bataillons ennemis, que ces Infideles ne pouvant plus soutenir cette derniere charge furent contraints de reculer & de ceder beaucoup de terrain, quoique toujours en bon ordre & en conservant leurs rangs. Mais le Roi de Jerusalem & le Comte de Flandres, à la tête d'un gros corps de Cavalerie étant survenus pendant ce mouvement forcé que faisoient les ennemis, les obligerent de tourner leur retraite dans une fuite declarée ; tout se débanda ; & plus de six mille soldats du côté des Infideles demeurerent sur la place, sans compter les blessez & les prisonniers. Tout l'honneur de cette journée fut justement attribué au Roi, jeune Prince plein de la plus haute valeur. Son courage le multiplioit pour ainsi dire en ces sortes d'occafions, & fur-tout dans cette derniere bataille: on le vit prefque en même tems en differens endroits & dans tous les lieux, où le peril étoit le plus grand, & fa prefence néceffaire.

On ignore fi le Grand Maître des Hofpitaliers fe trouva dans ce combat. Apparemment que fon âge de plus de quatre-vingts ans l'en difpenfa. Ce venerable vieillard couvert de bleffures, accablé du poids des années s'étoit retiré dans la maifon Hofpitaliere de faint Jean de Jerufalem. Là dans une retraite profonde, parmi de ferieufes réflexions & dans des exercices continuels de pieté, ce veritable foldat de Jefus-Chrift fe préparoit à ce grand jour fi redoutable même aux plus faints Religieux. Il vit enfin arriver ce moment terrible, & qui décide d'une éternité. Mais s'il en vit les approches avec une crainte falutaire, ce fut auffi avec la confiance filiale d'un veritable Chrétien, qui avoit expofé fa vie en mille occafions pour la défenfe des Lieux faints, où l'Auteur même de la vie avoit bien voulu mourir pour le falut des hommes. Ainfi finît fes jours dans les bras de fes Freres, Raimond Dupuy le premier des Grands Maîtres militaires, bien plus grand par une folide pieté & par fa rare valeur, que par fa dignité, & tel qu'on peut le comparer en même tems & aux plus faints Fondateurs des Ordres réguliers, & aux plus grands Capitaines de fon fiecle. Les Hofpitaliers & même tous les Chrétiens Latins de l'Orient, témoins de fes vertus, par une canonifation anticipée, le révérerent comme un Bienheureux; titre que la pofterité lui a confirmé.

Fin du premier Livre.

LIVRE SECOND.

LES HOSPITALIERS n'eurent pas plutôt rendu les derniers devoirs au Grand Maître, qu'ils s'assemblerent pour l'élection de son successeur. On proposa pour remplir cette grande place, Frere AUGER DE BALBEN. Le desinteressement, la modestie & même l'humilité * qui regnoient dans ce premier siecle de l'Ordre, empêcherent qu'on ne vît paroître aucun concurrent. Balben fut élû par acclamation, & avec les suffrages unanimes de tout le Chapitre. C'étoit un Gentilhomme François de la Province de Dauphiné, ancien compagnon d'armes de Raimond Dupuy, d'un âge fort avancé, réveré dans l'Ordre par sa pieté & par sa prudence, & dont les avis étoient même d'un grand poids dans le Conseil du Roi.

AUGER DE BALBEN.

L'histoire nous en fournit une preuve au sujet du schisme qui s'éleva dans l'Eglise après la mort du Pape Adrien IV. Le Cardinal Roland, Chancelier de l'Eglise Romaine avoit été élevé sur la Chaire de S. Pierre par les suffrages de la plus grande partie des Cardinaux, & il en étoit digne par sa pieté, & par une grande experience dans le gouvernement de l'Eglise, où il avoit toujours eu beaucoup de part. Il prit le nom d'Alexandre III. Cependant au préjudice d'une élection si canonique, le Cardinal Octavien emporté par son ambition, & soutenu par la plûpart des Sénateurs

---

* Ad hoc etiam milites Templi Hierosolymitani, ac Fratres de Hospitali sub religioso habitu continenter viventes, ubique se multiplicando in religiositate se defendebant. *Chron. Guill. de Nangis ad ann.* 1132.

R iij

AUGER
DE BALBEN.

& des Grands de Rome qui étoient ses parens, s'étoit fait nommer Pape sous le titre de Victor III. par les Cardinaux Jean de Morson du titre de saint Martin, & Guy de Crême du titre de saint Calixte. L'Empereur qui dans ses démêlez avec la Cour de Rome, avoit éprouvé la fermeté du Cardinal Roland, favorisoit l'intrusion de l'Antipape, les Rois de France, d'Angleterre, de Naples & de Sicile se déclarerent pour Alexandre. Cette concurrence partagea toute l'Eglise, & produisit le schisme funeste dont nous parlons.

Le Pape qui desiroit d'être reconnu par l'Eglise Latine de l'Orient, y envoya pour Légat, Jean, Prêtre Cardinal du titre de S. Jean & de S. Paul. Des vaisseaux Genois passerent le Legat dans la Phénicie, & il débarqua à Gibile qu'on appelloit autrefois Gebal. Il envoya aussi-tôt au Roi une copie de ses pouvoirs, & demanda à ce Prince, de pouvoir exercer sa légation dans tout le Royaume. Mais comme les avis se trouverent partagez dans le Conseil, le Roi lui fit dire de rester à Gibile, jusqu'à ce qu'il fût mieux instruit de ce qui s'étoit passé dans l'élection des deux prétendans. Cepen-

1160.
1161.

dant on convoqua un Concile à Nazaret, où se trouverent Amauri, Patriarche de Jerusalem, Pierre Archevêque de Tyr, tous les Evêques de la Palestine, & les Grands Maîtres des deux Ordres militaires. Le Roy y voulut assister avec son Conseil & les principaux Seigneurs du Royaume.

Il étoit question dans cette assemblée de décider sous quelle obédience la Palestine se rangeroit. Les avis se trouverent partagez ; les uns se déclarerent en faveur d'Alexandre, d'autres lui prefe- roient l'Antipape; & outre differens faits qu'ils alleguoient pour juſtifier que ſon élection étoit canonique, ils repréſentoient que ce Cardinal, du vivant d'Adrien, avoit toujours défendu avec un grand zele, les interêts de l'Egliſe & du Clergé de la Paleſtine. Mais on a pû voir dans le Livre précedent que ce prétendu zele n'avoit abouti qu'à ſe déclarer avec le Cardinal de Saint Martin dans l'aſſemblée de Ferento contre les Hoſpitaliers.

Tel étoit le principal motif, qui attachoit quelques Evêques au parti du Cardinal Octavien. Le Roi qui craignoit que cette diverſité de ſentimens n'introduiſît le ſchiſme dans ſes Etats, ouvrit un troiſiéme avis. Il propoſa aux Peres du Concile de ne ſe déclarer pour aucun des prétendans juſqu'à ce que l'Egliſe dans un Concile géneral en eût décidé; que cependant en conſideration du merite du Légat, on pourroit lui permettre d'entrer dans Jeruſalem, d'y faire ſes ſtations, & de viſiter les Lieux ſaints; mais en qualité de particulier, & ſans exercer aucun acte de ſa légation.

» Le ſchiſme ne fait que naître (lui fait dire
» Guillaume de Tyr;) on ne connoît point encore
» aſſez diſtinctement de quel côté eſt le bon droit.
» Pourquoi dans une affaire de cette importance
» ſe déterminer ſi promptement? D'ailleurs, ajoû-
» ta ce Prince, quel beſoin a l'Egliſe de la Pale-
» ſtine d'un Légat, Officier de la Cour de Rome?
» Ne ſçait-on pas que ſes ſemblables n'entrent ja-
» mais dans un Royaume, ſans, par leurs exactions,

Auger de Balben.

» ruiner les Eglises & les Monasteres? Et l'Etat
» épuisé par les guerres continuelles qu'il faut sou-
» tenir contre les Infideles, pourra-t'il fournir les
» sommes immenses qu'on éxige, sous prétexte de
» subvenir aux frais nécessaires de la légation.

Un motif si pressant, & qui interessoit particulierement le Clergé, & appuyé par un Prince réveré par ses grandes qualitez, ramena la plûpart
des Evêques à son avis; & il auroit passé tout d'une
voix, si l'Archevêque de Tyr soutenu du Grand

Bosio Liv. 6. Maître des Hospitaliers ne s'y fut genereusement
opposé. L'Archevêque représenta avec beaucoup
de force que l'élection d'Alexandre étoit canonique, faite avec le consentement de la plus saine
partie du Clergé & du peuple de Rome ; que le
trouble qu'un Cardinal ambitieux excitoit dans
l'Eglise, ne dispensoit point les fideles de l'obéissance actuelle que tous les Chrétiens devoient au
légitime Vicaire de Jesus-Christ; que la voye de
suspension dans cette occasion ne mettroit point
leurs consciences en sureté ; & qu'à son égard il
étoit résolu d'adhérer à un Pape qui avoit eu dans
son élection la plus grande partie des suffrages des
Cardinaux, & les vœux de tous les gens de bien.
Enfin ce Prélat parla avec tant de zele & de fermeté, que le Roi se rendit à son avis. Le Légat
fut admis dans le Royaume, mais il n'y eut pas
long-tems exercé les fonctions, & exigé les droits
de sa légation, sans être à charge à ceux-mêmes
qui d'abord avoient témoigné plus d'empressement pour sa réception : ce sont les propres termes
de Guillaume, Archevêque de Tyr.

Le

Le Patriarche de Jerusalem écrivit en son nom & au nom de ses suffragans au Pape Alexandre, pour lui faire part de ce qui s'étoit passé en sa faveur dans le Synode de Nazaret. « Ayant appris, lui dit-il dans sa lettre, que votre élection a été faite par un concours unanime du Clergé & du peuple, nous l'avons louée & approuvée ; & en conséquence, nous avons excommunié Octavien avec les deux Cardinaux Jean & Guy & leurs fauteurs, & nous vous avons élû & reçû unanimement pour Seigneur temporel & pere spirituel. » Je ne doute pas qu'on ne soit étonné de voir que ce Patriarche donnoit au Pape, & en présence même du Roi, ce titre de Seigneur temporel ; mais on en sera moins surpris, si on fait attention que la Cour de Rome avoit autrefois tâché d'établir pour maxime, que toutes les conquêtes que les Chrétiens faisoient sur les Infideles, & que les Isles sur-tout où le Christianisme s'établissoit, appartenoient de droit au saint Siege ; que les Papes en étoient les premiers Souverains, & que les autres Princes n'en jouissoient qu'à titre de Suzeraineté. On sçait quels égards on a aujourd'hui pour ces prétentions ultramontaines.

AUGER DE BALBEN.

Ep. Urb. II. apud Ughel. L. 3. p. 423. Ep. Adrian. IV. tom. 10. Concil. edit. Cossart p. 1144. Jean de Salisberi Metalog. IV. c. ultimo. Matt. Paris ad ann. 1155.

Si nous en croyons Bosio, tous les Hospitaliers par leur attachement pour le S. Siége eurent beaucoup de part à la prompte obéissance que l'Eglise de la Palestine rendit à Alexandre III.

Le Grand Maître de cet Ordre ne fut ni moins habile, ni moins heureux à terminer un fameux different qui s'éleva peu après dans ce Royaume

Tome I.   S

touchant la nature du gouvernement. Le Roi Baudouin III. ayant été empoisonné à l'âge de 33 ans, & après 20 ans de Regne, par un Medecin Juif ou Arabe, les Ministres & les Capitaines de Noradin lui proposerent de profiter de cette conjoncture, & de porter ses armes dans la Palestine. » A Dieu ne plaise, leur répondit ce genereux » Prince, que je me prévale du malheur des Chré- » tiens, dont même après la mort d'un si grand » Roi, il n'y a plus rien à craindre.

1163. Fevrier.

Baudouin étant décedé sans enfans, l'usage établi dans le Royaume depuis la mort de Godefroy de Bouillon appelloit à sa succession le Prince Amaury son frere. Mais quelques Seigneurs qui aspiroient secretement au Trône de Jerusalem, soutinrent que par l'exemple même de Godefroy de Bouillon, la Couronne étoit purement élective. Ils ajoutoient que si ses successeurs en avoient herité, ç'avoit été moins par les droits de leur naissance que par des sentimens d'estime pour leur valeur, & de reconnoissance pour les services importans qu'ils avoient rendus à l'état: en un mot, que la Couronne ne devoit être que le prix & la récompense du mérite & de la valeur.

Plusieurs Gentilshommes, sans avoir de si hautes prétentions que ces Grands, ne laissoient pas d'adherer à leur parti par la crainte qu'on leur avoit inspirée du gouvernement du jeune Amaury,

Willel. Tyr. Liv. 19. c. 11.

Prince à la verité plein de courage, hardi, entreprenant, & même d'un génie superieur, mais fier, hautain, présomptueux; défauts ordinaires dans la jeunesse; & ce qui étoit plus surprenant à cet âge, avare, & soupçonné de ne trouver injuste aucun des moyens qui pouvoient contribuer à grossir son épargne.

Cependant ce Prince n'étoit pas sans partisans: tous ceux parmi la Noblesse & les gens de guerre qui avoient reçû des bienfaits de sa Maison, y étoient inviolablement attachez: le Clergé & le peuple qui reveroient la mémoire des Rois Foulques & Baudouin, se déclarerent hautement pour Amaury. D'ailleurs comme il jouissoit à titre d'appanage des Comtez de Jaffa & d'Ascalon, il se vit bien-tôt à la tête d'un puissant parti: & celui des Grands commençoit à s'affoiblir par la diversité & la concurrence de leurs interêts & de leurs prétentions.

L'un & l'autre parti ne laissoit pas d'armer: & il sembloit qu'un aussi grand differend ne se termineroit que par la force; mais les plus gens de bien, & qui prévoyoient avec douleur les suites funestes d'une guerre civile, s'entremirent pour l'accommodement. Le Grand Maître des Hospitaliers y eut la principale part. Ce sage vieillard encore plus respectable par sa vertu que par son âge, représenta aux Grands les plus jaloux & les plus entêtez de leurs prétentions, que la division qu'ils entretenoient dans le Royaume alloit ouvrir aux Sarrasins ou aux Turcomans les portes de Jerusalem ; que la couronne qu'ils refusoient de mettre sur la tête d'Amaury passeroit infailliblement sur celle de Noradin ou du Calife d'Egypte. »Et si ce malheur arrive, leur dit-il, que »deviendrez-vous? esclaves des Infideles, & le

S ij

140 HISTOIRE DE L'ORDRE

AUGER DE BALBEN.

» mépris des Chrétiens; on vous regardera comme » des perfides & d'autres Judas qui aurez livré une » seconde fois le Sauveur du monde entre les » mains de ses ennemis. « Le Grand Maître par de semblables discours calma cet orage, & ramena insensiblement ces Seigneurs dans le parti du Prince : & après quelques négociations où chaque mécontent eût soin de ses interêts particuliers, ils furent tous en corps assurer Amaury de leur soumission. Ce Prince fut ensuite couronné

1163.

dans l'Eglise du S. Sépulchre le dix-huit de Fevrier de l'année 1163, & tous les Etats du Royaume lui prêterent solemnellement serment de fidelité.

Le Grand Maître accablé d'années, survécut peu à cette auguste cérémonie, qu'on pouvoit regarder comme son ouvrage. A peine avoit-il gouverné deux ans son Ordre, qu'il fut surpris par la mort : mais après avoir contribué si heureusement à la paix de l'Eglise & de l'Etat, il avoit assez vécu pour sa gloire.

ARNAUD DE COMPS.

Les Hospitaliers firent occuper sa place par Frere ARNAUD DE COMPS, Chevalier d'une Maison illustre dans la province de Daufiné, & qui n'étoit pas moins âgé que son prédécesseur. A peine ce nouveau Grand Maître eut-il pris possession de sa dignité, qu'il se vit obligé de s'avancer vers la frontiere à la tête des Hospitaliers. Il étoit question de s'opposer à de nouvelles incursions des Sarrasins. Nous avons dit que depuis que le Roi Baudouin III. se fut rendu maître d'Ascalon, le Calife appellé Elfeis, pour se délivrer des courses continuelles que la garnison de cette Place

& celle de Gaza faisoient sur les frontieres, s'étoit ARNAUD
soumis de payer aux Rois de Jerusalem certaines DE COMPS.
sommes par forme de contribution. Mais le Calife Adhed successeur d'Elfeis, ou pour mieux dire,
Schaours ou Sannar, qui sous le titre de Soudan,
gouvernoit l'Etat avec une autorité absolue, refusa
hautement de continuer à payer cette espece de
tribut : & pour rompre avec éclat un traité honteux à sa nation, il se mit à la tête d'un grand corps
de troupes, & ravagea à son tour les frontieres
de la Judée.

Amauri brûlant d'impatience de se venger de *Will. de Tyr.*
l'infraction d'un traité fait avec cette nation, ras- *Liv. 19. ch. 5.*
semble ses forces, convoque la Noblesse & les
deux Ordres militaires, & s'avance à grandes journées pour repousser l'ennemi. Tout se préparoit de
part & d'autre à une guerre sanglante, lorsqu'il
s'éleva dans l'Egypte des troubles & des guerres
civiles qui obligerent le Soudan à abandonner la
frontiere, & à ramener ses troupes dans le Royaume. Mais le Roi de Jerusalem ne sçut pas profiter
d'une retraite si précipitée.

Pour l'intelligence de ce point d'histoire, il faut
se souvenir de ce que nous avons dit dans le Livre
premier de cet ouvrage; que depuis la mort de
Mahomet, il s'étoit élevé dans cette secte, & dans
la famille même du faux Prophete plusieurs Princes, Chefs de differentes Dynasties, qui sous le
nom de Califes, se prétendoient heritiers des Etats
de Mahomet, & les véritables Interprêtes de sa
Loi : & sous ce prétexte, & pour retenir leurs sujets sous leur obéissance, ils avoient publié diffe-

S iij

rens commentaires, & des explications de l'Alcoran souvent contraires & oppofées. Abulabbas furnommé Saffah, un des petits-fils de Mahomet, ou du moins iffu de la même famille, ayant été proclamé Calife, donna le commencement à la Dynaftie des Abbaffides, qui s'établirent à Bagdat. Il y eut 37 Califes de cette famille, qui fuccederent les uns aux autres fans interruption; & ils étoient reconnus par tous les Mahometans de l'Afie, & fur-tout par les Turcomans Selgeucides pour les fucceffeurs légitimes de Mahomet.

Vers l'an de Jefus-Chrift 908, la Dynaftie des Fathimites, c'eft-à-dire, des Princes qui prétendoient defcendre en ligne directe d'Ali & de Fatima, fille de Mahomet, commença en Afrique; & foixante-quatre ans après, le Calife Moëz le Dinillah entra en Egypte, s'en rendit le maître, fit reconnoître la doctrine d'Ali pour la feule ortodoxe, & défendit qu'on eût à fuivre celle d'Omar & des Califes Abbaffides, qui réfidoient à Bagdat, contre lefquels ce Prince & fes fucceffeurs jufqu'au tems d'Adhed dont nous venons de parler, entretinrent un fchifme continuel.

Cette varieté de fentimens dans l'explication de l'Alcoran, ces difputes, ces fchifmes, & furtout ces généalogies la plûpart fabuleufes, n'étoient inventées par ces Princes que pour impofer au peuple, & pour autorifer leurs ufurpations : mais ceux de ces Princes dont l'Empire étoit bien affermi, s'en moquoient. C'eft ainfi qu'un certain Thabetheba ayant demandé au Calife Moëz de quelle branche de la Maifon d'Ali il

sortoit? ce Prince qui étoit alors à la tête d'une puissante armée, tira son sabre du fourreau, & le faisant briller à ses yeux : » Voilà, dit-il, mon
» pere, ma mere & mes ancêtres : & jettant à
» pleines mains des poignées d'or à ses soldats :
» Voilà, ajouta-t'il, mes enfans & toute ma po-
» stérité.

Mais les descendans de Moëz, amollis par le luxe & les délices, abandonnerent insensiblement le gouvernement de l'Etat, & le commandement des armées à un premier Ministre, qui sous le nom de Soudan, & comme nos anciens Maires du Palais, gouvernoit avec un pouvoir absolu. Ces Ministres qui d'abord n'avoient qu'en dépôt l'autorité souveraine, se rendirent bien-tôt indépendans, ils tenoient les Califes releguez dans le fond d'un Palais au milieu d'une troupe de femmes & d'eunuques, & enchaînez, pour ainsi dire, dans les plaisirs. On leur avoit seulement laissé quelques apparences de la souveraineté : la monnoye étoit encore frappé à leur coin; ils étoient nommez les premiers dans les prieres publiques, il falloit même que le Soudan reçût de la main du Calife l'investiture & les marques de sa dignité. Mais ces prérogatives ne s'étendoient pas plus loin que le cérémonial. Les Califes n'osoient refuser les Lettres de Soudan à celui de leurs sujets qui se trouvoit le plus fort. Et ces Princes étoient si malheureux, que dans la necessité de recevoir un maître, ils n'avoient pas même le choix de leurs tyrans.

Sannar ou Savar, dont nous venons de parler,

étoit alors revêtu en Egypte de la dignité & de l'autorité de Soudan. Ce Miniftre, dans le tems même qu'il fe préparoit à attaquer les Chrétiens, fe vit tout d'un coup dépouillé de fa dignité par une puiffante faction qui s'étoit formée contre lui : un Sarrafin fon ennemi, & chef de cette conjuration, appellé d'Hargan, prit fa place & le commandement de l'armée. Il s'avança auffi-tôt contre le Roi de Jerufalem, on en vint aux mains; les Egyptiens demi-nus, & la plûpart fans autres armes que leurs arcs & leurs fleches, ne réfifterent pas long-tems à la cavalerie d'Amaury, & fur-tout aux Chevaliers de S. Jean & aux Templiers armez de pied en cap. Ces guerriers qui formoient des efcadrons redoutables, eurent bien-tôt enfoncé les bataillons des Infideles : après une premiere décharge, tout fe débanda dans l'armée des Egyptiens : le Roi de Jerufalem demeura maître du champ de bataille, & fit beaucoup de prifonniers : fes foldats s'enrichirent du butin, & le Prince s'avança auffi-tôt à grandes journées, & il remplit ces grandes Provinces de la terreur de fes armes, & de la crainte de fon nom.

D'Hargan qui n'avoit point de troupes à lui oppofer, eut recours à un remede prefque auffi dangereux que le mal qu'il vouloit éviter. Pour arrêter ce torrent, & avoir le tems de faire venir des troupes de la haute Egypte, il rompit les digues du Nil, & inonda le pays. Il fe croyoit en fureté du côté des Chrétiens, lorfqu'il lui furvint un nouvel ennemi qui n'étoit pas moins redoutable que le Roi de Jerufalem.

Sannar

Sannar qu'il avoit dépossedé de sa dignité, s'étoit réfugié auprès de Noradin, Sultan d'Alep: & pour en obtenir les secours nécessaires à son rétablissement, il lui avoit offert, s'il triomphoit de son concurrent, de se rendre son vassal, & de lui donner tous les ans le tiers du revenu de l'Egypte. Noradin, aussi habile politique que grand Capitaine, crut entrevoir à la faveur de ces guerres civiles une occasion, & le moyen de se rendre maître de ce grand Royaume; outre qu'étant attaché à la secte & aux interêts des Califes Abbassides de Bagdet, il se faisoit un merite de religion de pouvoir éteindre le schisme en ruinant la domination des Fathimites, que les Turcomans Selgeucides traitoient d'heretiques. Dans cette vûe, il reçut très-favorablement Sannar; & après que le traité eut été signé, il leva un grand corps de troupes, qui, quoique soumis en apparence aux ordres de l'Egyptien, obéissoit cependant à Schirgovich ou Siracon, Curde de nation, le premier des Capitaines de Noradin, & auquel il avoit confié ses plus secrettes intentions.

D'Hargan ayant appris cette négociation de son compétiteur, & qu'il se disposoit à rentrer en Egypte à la tête de l'armée de Noradin ; & ne se trouvant pas des forces capables de résister en même tems aux Chrétiens de la Palestine, & aux Turcomans de Syrie, demanda la paix à Amauri. Ce Prince ne la lui voulut accorder qu'à condition de payer le Tribut, qui avoit été le sujet de la guerre; & outre cela, il en exigea une grosse somme d'argent pour les frais de cet armement.

Le Soudan souscrivit à tout ; & dans une conjoncture si fâcheuse, il ne crut point acheter trop cher la paix, ou du moins le tems de se débarasser de celui de ses ennemis qui lui paroissoit le plus redoutable : il s'avança ensuite contre son rival. Les Turcomans & les Egyptiens se rencontrerent bien-tôt : d'Hargan fut défait : il périt même dans la bataille, ou depuis, par la trahison d'un de ses Officiers : & Sannar l'ancien Soudan fut rétabli dans sa dignité. Tout fléchit sous sa puissance ; il récompensa ses creatures, fit mourir ses ennemis ; & n'ayant plus besoin du secours de Noradin, il oublia à quelle condition il l'avoit obtenu : ou peut-être que par sa victoire, il s'en crut affranchi. Ce fut le sujet d'une nouvelle guerre. Le Géneral Turcoman reçut des Ordres précis de son maître de le venger de l'ingratitude de l'Egyptien. Il tourna aussi-tôt contre lui ses armes, & s'empara de Belbeïs autrefois Peluse, & d'Alexandrie. Sannar eut recours au Roi de Jerusalem ; & pour l'engager dans son parti, outre une augmentation de tribut auquel son prédecesseur s'étoit soumis, il promit encore à ce Prince des sommes considerables. L'argent reçû, le traité fut signé par le Roi, qui pour avoir la ratification du Calife, lui envoya un de ses capitaines, appellé Hugues de Cesarée. Ce Chevalier ayant été conduit à l'audience du Calife, lui présenta le traité que ce Prince ratifia seulement pour la forme. Hugues demanda qu'à l'exemple du Roi son maître, il lui touchât dans la main. Le Calife, & à qui de tous les droits de la Souveraineté, on n'avoit laissé que le cérémonial, affecta un grand scrupule de toucher à nû la main d'un Chrétien, & il envelopa la sienne. Mais le Chevalier Chrétien indigné d'une précaution dans laquelle il entroit du mépris : » Seigneur, lui dit-il fierement, notre » traité de part & d'autre doit être sincere, & exe- » cuté avec les mêmes cérémonies. Le Roi mon » maître en le ratifiant, a donné sa main nue à » vos Ambassadeurs, & je ne me chargerai de » votre ratification qu'avec les mêmes formalitez. Le Calife fut obligé de découvrir sa main, & de la donner à l'Ambassadeur. Amaury en execution de ce traité, marcha au secours du Soudan, le joignit, battit Siracon, & le poursuivit jusqu'à Belbeïs où il s'étoit jetté après sa defaite, & le contraignit, après quelques jours de siege, à lui remettre cette Place.

Ce Prince, l'année suivante, assiegea, & prit Alexandrie ; le jeune Salahebdin neveu de Siracon s'y étoit enfermé avec la meilleure partie de l'armée de Noradin. C'étoit un jeune avanturier, qui n'eut d'abord de consideration que par le credit & le pouvoir de son oncle, mais qui s'attira bien-tôt l'estime des gens de guerre par son courage & sa liberalité. On prétend qu'il avoit été fort déreglé dans ses mœurs ; mais le desir de s'élever, & l'amour de la gloire l'emporta bientôt sur celui des plaisirs ; & en peu de tems il devint un grand Capitaine. Ce jeune Gouverneur se défendit long-tems, & avec beaucoup de valeur. Il faisoit souvent des sorties : c'étoit tous les jours quelque nouvelle entreprise ; & après trois mois de siege, Amaury n'étoit gueres plus avancé que le premier jour. Mais celui qu'il n'avoit pû surmonter par la force des armes, fut vaincu par la disette, & le défaut de vivres. Et Saladin, faute de secours & de munitions, se vit réduit à la triste nécessité d'ouvrir ses portes à son ennemi. On raporte que ce jeune Mahometan, en sortant d'Alexandrie à la tête de sa garnison, ayant apperçû Onfroy de Thoron, Connétable du Royaume de Jerusalem; & charmé de la valeur qu'il avoit fait paroître pendant tout le siege, s'avança vers ce Seigneur Chrétien, & le pria comme le plus brave Chevalier qu'il connût, de vouloir bien le faire Chevalier de sa main : ce que le Connétable, avec la permission du Roi, lui accorda avec toutes les marques d'estime & de consideration qui étoient dûes à la valeur, & à la genereuse défense qu'il avoit faite pendant le siege.

Sannar maître de l'Egypte, & débarrassé des Syriens, ne songea plus qu'à renvoyer le Roi de Jerusalem dans ses Etats. Et pour ne pas s'attirer ses armes & son ressentiment, comme il avoit fait celui de Siracon, il combla le Monarque Chrétien de magnifiques présens. Ses principaux Officiers en reçurent de differentes sortes : on portoit par son ordre de tous côtez des vivres dans l'armée : & Amaury rentra dans ses Etats couvert de gloire, mais qu'il ternit depuis par une entreprise à laquelle les Hospitaliers malheureusement ne prirent que trop de part.

Ce Prince né avec de grandes vûes; mais plein d'une ambition vive & inquiette, à son retour de l'Egypte, faisoit de continuelles réflexions sur la grandeur de ce Royaume, sur le nombre & la richesse de ses habitans, sur ses flottes & la commodité de ses ports; & il jugea bien que cet Etat étant aussi puissant & aussi voisin de la Palestine, il étoit bien difficile que les Latins pussent conserver les lieux saints, s'il se trouvoit quelque jour ou un Calife ou un Soudan belliqueux, & que tôt ou tard la Palestine deviendroit de nouveau une province de l'Egypte, comme elle l'avoit été avant la conquête de Godefroy de Bouillon. Plein de ces pensées, & prévenu du peu de courage qu'il avoit éprouvé dans cette nation, il crut qu'il ne pouvoit mieux affermir sa domination & celle de ses successeurs, qu'en se rendant maître de ce puissant Royaume : & comme le desir des richesses étoit d'ailleurs sa passion dominante, il envahissoit déja en idée les trésors du Calife & du Soudan; & il se flattoit que quand même il ne feroit pas la conquête entiere de cet Etat, il en emporteroit au moins une partie des richesses, soit par le pillage des villes dont il s'empareroit, soit par les contributions qu'il étendroit dans les provinces les plus éloignées.

Mais, comme pour une aussi grande entreprise, ses forces ne répondoient pas à ses vûes ambitieuses; qu'il avoit besoin de troupes & d'argent pour en lever, & qu'il manquoit même d'une flotte pour bloquer les Ports d'Egypte, il s'adressa à Manuel Comnene Empereur de Constantinople, auquel il fit proposer une ligue, & la conquête & le partage de ce Royaume. Guillaume de Tyr, auteur de l'Histoire que nous avons du Royaume Latin de Jerusalem, fut chargé de cette négociation. Il étoit né dans le pays, mais on dit que ses ancestres étoient originaires de France : il fut Archidiacre de Tyr, & Amaury le fit depuis Précepteur du jeune Baudouin son fils. Il passa de cette fonction à la dignité de Chancelier, & vers l'an 1174 il fut élû Archevêque de Tyr. Il n'étoit encore qu'Archidiacre de cette Eglise, quand il fut envoyé à Constantinople en qualité d'Ambassadeur. L'Empereur Grec parut ne pas s'éloigner des propositions que lui fit l'Ambassadeur ; & après quelques conferences, il y eut un traité signé. Ce fut en execution de ce traité, que Contostephane se mit en mer avec les troupes dont on étoit convenu.

Amaury étant assuré d'une flotte ne songea plus qu'à grossir son armée de terre : il s'ouvrit de son dessein au Grand Maître des Hospitaliers, qui par son caractere & sa complaisance avoit beaucoup de part dans la confiance de ce Prince. Ce Grand Maître s'appelloit GILBERT D'ASSALIT ou DE SAILLY, qui venoit de succeder à Arnaud de Comps. Le Roi lui fit envisager qu'ayant pour voisins des Barbares accoutumez au brigandage, & dont la foi étoit toujours incertaine, il n'y avoit que la force seule & la superiorité que l'on pouvoit acquerir par des conquêtes, qui pût servir de barrierre à leurs courses, & défendre les frontieres de l'Etat contre leurs entreprises : qu'il étoit résolu de porter ses armes dans l'Egypte, & de se rendre maître de quelque Place considerable, qui les empêchât de penetrer dans la Palestine.

ARNAUD DE COMIS.

Wil. Tyr. L. 20. ch. 4.

GILBERT D'ASSALIT.

Le Grand Maître, soit par complaisance, soit emporté par son courage, entra avec ardeur dans tous les desseins du Roi. C'étoit à la verité un homme plein de valeur, hardi, entreprenant; mais d'un genie peu mesuré, & capable de se laisser seduire par des esperances souvent mal-fondées. Il donna au Roi de grandes louanges sur la hardiesse d'un pareil projet, qui répondoit, dit-il, à la grandeur de son courage : & il témoigna à ce Prince combien il se tenoit honoré de la part qu'il vouloit bien qu'il y prît. Mais, quoique ce Grand Maître fût à la tête d'un puissant corps de guerriers, son autorité étoit temperée par celle d'un Conseil, qui ne se déterminoit dans toutes ses entreprises, que par le plan fixe de sa regle & de ses statuts : & quelque impatience qu'eût le Grand Maître de prendre les armes, il commença à craindre que les Hospitaliers ne fissent difficulté de s'engager dans une expedition qui n'avoit pas directement pour objet la défense des saints Lieux, & la conservation des Pelerins & du Peuple chrétien.

 Le Roi & le Grand Maître eurent à ce sujet plusieurs conferences. Le Grand Maître représenta au Roi que pour engager le corps de l'Ordre dans cette entreprise, dont les frais seroient considerables, il falloit interesser le Conseil par l'espoir d'une récompense solide, & qui le dédommageât de ses avances, & ils convinrent que si l'armée chrétienne pouvoit faire la conquête de la ville de Belbeïs, autrefois appellée Pelusium, le Roi en cederoit à l'Ordre la propriété. Le Grand Maî-

GILBERT D'ASSALIT.

1168.

tre fit part de cette propofition au Confeil de l'Ordre: il y repréfenta l'importance de cette Place, & tout l'avantage qne la Religion pourroit tirer d'une pareille conquête, & fur-tout, qu'en cas que les Turcomans qui devenoient de jour en jour plus redoutables, fe rendiffent maîtres de la Paleftine, l'Ordre pourroit transferer fa réfidence dans cette Place, d'où il ne lui feroit pas difficile, dans des conjonctures plus favorables, de rentrer dans la Terre Sainte, & d'en chaffer les Barbares à leur tour.

Les plus anciens Hofpitaliers, gens qui joignoient à une délicateffe d'honneur, l'obfervance fcrupuleufe de leur Regle, lui repréfenterent qu'ils étoient Religieux, & que l'Eglife ne leur avoit pas mis les armes à la main pour faire des conquêtes. Qu'ils ne pouvoient s'en fervir que pour la défenfe de la Terre Sainte ; d'ailleurs, qu'on ne pouvoit pas attaquer une nation, quoiqu'infidelle, qui fe repofoit fur la foi d'un traité de paix qu'on venoit de figner.

Mais d'autres Hofpitaliers, les uns amis du Grand Maître, & quelques-uns gagnez par le Roi même, fe déclarerent pour la guerre : ils foutinrent que quelque traité qu'on eût fait auparavant, foit avec les Turcomans, foit avec les Sarrafins, ces infidelles, quand ils s'étoient pû flatter de furprendre les Chrétiens, les avoient toujours violez ; que ces Barbares n'avoient pas obfervé avec plus de fidelité le dernier traité, & qu'on avoit des avis certains que leurs garnifons ne laiffoient pas de faire des courfes fur la frontiere. Qu'un de leurs partis

partis avoit récemment enlevé des paysans de la campagne, qui se reposoient sur la foi du dernier traité. Soit que cette plainte fût vraye, ou que ce ne fût qu'un prétexte, la pluralité des suffrages l'emporta dans le Conseil pour la guerre. On résolut que si le Roi entreprenoit la conquête de l'Egypte, le Grand Maître, à la tête de tout ce qu'il pouvoit mettre de troupes sur pied, le suivroit dans cette expedition. Pour fournir aux frais de cet armement, on lui donna un plein pouvoir pour emprunter de l'argent dans les banques de Florence & de Genes.

Gilbert d'Assalit.

Nicetas, dans la vie de l'Empereur Manuel Comnene, rapporte que ce Prince, pour y contribuer de sa part, fit faire des remises considerables au Grand Maître par Theodore Maurozume. Et ce fut apparemment pour tirer aussi de l'argent du Roi de France, qu'il lui écrivit la Lettre qu'on trouvera parmi les Preuves.

Assalit, de tout cet argent leva un grand corps de troupes qu'il prit à la solde de l'Ordre, & comme il n'avoit l'imagination remplie que d'esperances flatteuses de conquêtes, par des liberalitez indiscretes, il attira sous ses étendars un grand nombre de volontaires, qui, à son exemple, partageoient déja en idée toutes les richesses de l'Egypte. Le Roi lui sçut bon gré du zele qu'il faisoit paroître pour le succès de son entreprise. Ce Prince se flattoit de ne pas tirer un moindre secours des Templiers, mais ils refuserent de prendre part à cette expedition, soit pour ne pas paroître en campagne avec des forces inferieures à celles des

Preuve II.

Tome I.   V

Hospitaliers, soit comme ils le publierent, qu'ils crussent injuste une guerre qui n'avoit pas été précedée par une déclaration faite aux ennemis par un Herault : maxime constante & peu suivie par les Princes, plus sensibles à leurs interêts qu'à la religion du serment. *

Amaury se mit en marche, accompagné du Grand Maître & à la tête de son armée : il y avoit long-tems qu'il n'en étoit sorti de la Palestine une si nombreuse. Ce Prince, en moins de dix jours, traversa le desert qui sépare la Palestine de l'Egypte, & vint camper devant Belbeïs dont il somma les habitans de lui ouvrir les portes ; cette Ville étoit située sur la rive du Nil à droite du côté de la Palestine. Mahazan fils du Soudan Sannar, & un de ses neveux qui commandoient alors dans cette Place, lui firent dire qu'ils étoient bien surpris de voir au pied de leurs murailles, & comme ennemi, un Prince dont le Calife & le Soudan venoient de tirer des secours si utiles, & avec lequel, surtout l'Egypte, venoit de faire un traité de paix solemnel. Amaury voulut rejetter sa prise d'armes sur quelques courses des Sarrasins, mais qui furent desavouées. Mahazan soutint même qu'on ne justifieroit point que depuis le dernier traité, aucun soldat de son pere eût entré sur les terres des Chrétiens ; mais comme la force tient lieu de raison à

---

* Fratres autem Militiæ Templi eidem se subducentes facto, aut quia eis contra conscientiam suam videbatur, aut quia Magister æmulæ domus, hujus rei auctor & princeps videbatur, vires penitus ministrare, aut regem sequi negaverunt : durum enim videbatur eis, amico regno & de nostra fide præsumenti, contra tenorem pactorum, & contra juris religionem, immeritis, & fidem servantibus bellum indicere. *Will. Tyr.* l. 20. c. 5.

la plûpart des Souverains, Amaury se crut trop puissant pour écouter celles des Infidelles; & sur leur refus, on vit bien qu'il n'y auroit que les armes qui décideroient du sort des assiegez.

La Ville étoit moins défendue par toutes les fortifications que l'art avoit inventées en ce tems-là, que par le nombre de ses habitans qui avoient tous pris les armes pour la défense de leur patrie, & sur-tout contre les ennemis de leur Religion. Amaury qui craignoit la longueur & l'incertitude d'un siege, résolut de hazarder d'abord une escalade; il fut deux jours à préparer les échelles, & les machines nécessaires pour son entreprise. On vit le troisiéme, & dès la pointe du jour, la Ville entourée de toute l'armée en bataille; les habitans de leur côté bordoient les murailles armez de flêches, de darts, de pierres, de piques & de feux d'artifices. On n'eut pas plûtôt approché les échelles, qu'un corps des troupes d'Amaury commandées par des Officiers pleins de valeur, coururent à l'assaut; on ne vit jamais tant d'ardeur, les uns à la faveur des échelles tâchoient de gagner le haut de la muraille, d'autres la sapoient par le pied, il y en avoit qui dans les endroits où elle étoit moins haute, montoient sur les épaules de leurs compagnons, & se faisoient de leurs corps comme une espece de degré pour s'élever jusques sur les remparts; les assiegez les repoussoient à coups de piques, ou en roulant de grosses pierres du haut des murailles, ou en lançant leurs zagaies, ou enfin en jettant des feux d'artifice, & il perit dans le commencement de cette attaque un grand nom-

GILBERT D'ASSALIT.

bre d'Officiers & de foldats chrétiens avant qu'on pût voir de quel côté la victoire tourneroit.

Amaury fit foutenir ce premier corps par de nouvelles troupes, qui, fans s'étonner, montent au travers des feux, des darts & des pierres, s'élevent jufqu'au haut des murailles, fe prennent aux creneaux, & malgré toute la réfiftance des affiegez, fe jettent fur les remparts, pouffent tout ce qui fe prefente devant eux, & pénetrent l'épée à la main jufques dans la ville. Ils en ouvrent enfuite les portes; les Chrétiens y entrent en foule; le foldat dans les premiers tranfports de fa fureur, tue d'abord fans diftinction d'âge, de fexe ou de condition, tout ce qui fe préfente devant lui; il y eut quelques-uns de ces furieux qui n'épargnerent pas même ni les vieillards, ni les femmes, ni les enfans à la mammelle: il fembloit que des Chrétiens craigniffent de ne pouvoir être auffi inhumains que des Sarrafins & des Arabes. Mais l'Officier comme le foldat s'appercevant que leur cruauté nuifoit à leur avarice, ils donnerent quartier aux principaux habitans, dans la vûe d'en tirer de l'argent pour leur rançon; & ceux qui ne la purent payer, demeurerent efclaves & prifonniers de guerre.

1168.

Le Roi de Jerufalem étant maître de la Place, en execution de fon traité, en remit la poffeffion au Grand Maître; & toute l'armée, après quelques jours de repos, prit le chemin du grand Caire, ville confiderable, voifine de l'ancienne Babylone, & qui depuis la ruine de cette Place étoit la capitale d'Egypte. On ne peut exprimer la furprife & la confternation du Soudan quand il apprit la perte de Belbeïs, la prison de son fils & de son neveu, & qu'il alloit avoir lui-même toutes les forces des Chrétiens sur les bras. Comme il ne pouvoit pas beaucoup compter sur les troupes peu aguerries des Egyptiens; malgré son manque de parole envers Noradin, il se vit réduit à avoir recours à ce Prince, & le péril pressant l'empêcha de sentir la honte d'implorer le secours d'un allié qu'il avoit trompé. Il rappelle en même tems auprès de lui differens corps de troupes qui étoient dans les provinces les plus éloignées; & afin de donner le tems aux uns & aux autres d'avancer à son secours, il envoya des députez au Roi de Jerusalem pour tâcher par quelque négociation de retarder le progrès de ses armes.

Les députez étant arrivez à son camp se plaignirent de l'infraction du traité de paix; mais comme l'injustice n'étoit que trop visible, ils passerent legerement sur un grief qui n'auroit servi qu'à irriter Amaury qu'ils vouloient appaiser; & pour obtenir qu'il retirât ses troupes de l'Egypte, ils lui firent des propositions si éblouissantes, que ce Prince chez qui paix & guerre tout étoit venal, n'eut pas la force d'y résister. On lui offrit deux millions d'or, tant pour obtenir la paix que pour la rançon du fils & du neveu du Soudan, somme immense pour ce tems-là, & qu'on auroit eu bien de la peine à trouver dans toute l'Egypte. Amaury plus touché de ces offres d'un argent comptant, que des esperances douteuses de la conquête de ce Royaume, accepta ces conditions. Le traité fut signé, & en consequence, & pour la

1169.

GILBERT D'ASSALIT. liberté qu'il rendit au fils & au neveu du Sultan, on lui paya en déduction des deux millions cent mille pieces d'or ; & pour fournir le surplus, les députez demanderent quelque tems, que pendant qu'on ramasseroit cet argent dans les Provinces, il y eut une suspension d'armes entre les deux Nations, & que les Chrétiens pour ne pas jetter l'allarme dans le pays, restassent dans l'endroit où ils les avoient rencontrez, ou du moins qu'ils n'avançassent que lentement. Le Roi de Jerusalem toujours obsedé par sa lâche passion & sans considerer que les momens en tems de guerre sont plus précieux que ni l'or, ni l'argent, souscrivit à tout; & le Soudan pour l'amuser, lui envoyoit continuellement des rafraîchissemens. Il dépêchoit en même tems au Prince courriers sur courriers, pour excuser, sous differens prétextes, le retardement de l'argent qu'il devoit payer. En vain les principaux Officiers d'Amaury tâcherent de lui rendre suspect ce retardement; ce Prince aveuglé par l'esperance de recevoir une si grande somme, évitoit avec soin de donner aux Sarrasins le moindre prétexte de rompre le traité; mais il ne fut pas long-tems sans s'appercevoir qu'il étoit trompé: il apprit avec autant de surprise que de chagrin, que differens corps de troupes s'avançoient du fond des Provinces, & qu'une armée redoutable des Turcomans Syriens marchoit au secours des Egyptiens, & cherchoit à les joindre.

Noradin qui ne vouloit pas être deux fois la dupe de l'Egyptien, avoit jetté ses principales forces de ce côté-là, & mis son Général en état

de faire tenir sa parole à Sannar. Malgré les dif- GILBERT
ferens mouvemens que fit Amaury, Siracon qui D'ASSALIT.
commandoit l'armée de Noradin, & qui connoif-
soit le pays, évita la rencontre d'Amaury qui s'étoit
avancé pour le combatre séparément; & ce General infidele joignit les troupes du Soudan. Pour
comble de disgrace, une flotte que l'Empereur de
Constantinople avoit envoyée au secours des Chrétiens, périt en partie, ou fut dispersée par la tempête. Amaury privé de ce secours, & trouvant son
armée diminuée considerablement par les maladies, par les désertions, & par les autres accidens
ordinaires à la guerre, ne se vit plus en état de résister aux forces réunies de tous ces Infideles. Ainsi
on ne songea qu'à regagner la Palestine; & comme
il n'y avoit pas d'apparence de laisser la garnison
de Belbeïs dans un pays ennemi sans esperance de
secours, & contre une puissance si formidable, le
Grand Maître se vit réduit à rappeller les Hospitaliers ausquels il avoit remis cette Place.

Amaury les reprit en passant; & quoique vivement poursuivi par des détachemens de l'armée de Siracon, il regagna la Palestine. Après
une longue marche, il arriva enfin à Jerusalem
avec la confusion d'avoir rompu inutilement un
traité solemnel, & fait une entreprise injuste &
mal concertée.

Le Grand Maître étoit encore plus chagrin de
ce mauvais succès. Les Courtisans, selon leur coutume, pour disculper le jeune Prince, rejettoient
sur lui seul cette malheureuse entreprise. Ses confreres ne paroissoient pas moins aigris; & ils se

plaignoient hautement que pour satisfaire sa vanité, & pour mener à sa suite un grand nombre de volontaires, il avoit endetté l'Ordre de plus de deux cent mille ducats, somme immense pour ces tems-là. Enfin ne pouvant plus soutenir le mépris des uns, & le reproche des autres, il résolut de s'éloigner de la Palestine. Il renonça en plein Chapitre à sa dignité, & on mit en sa place un ancien Religieux appellé Frere Castus ou Gastus, dont on ignore la patrie. Sans l'éloignement du tems, on auroit pû croire que c'étoit le même Gastus qui pendant la premiere Croisade, entra avec le Comte de Flandre à la tête de cinq cens hommes dans la ville de Rama : mais apparemment que ce Grand Maître n'étoit que quelqu'un des parens de ce Croisé.

Gilbert d'Assalit, après son abdication, quitta Jerusalem & la Palestine, résolut d'aller dans quelque coin de l'Europe ensevelir sa honte & sa douleur. Il s'embarqua à Jaffa, & arriva sur les côtes de Provence : il traversa la France pour se rendre en Normandie, où étoit alors Henry II. Duc de cette grande Province, & Roi d'Angleterre : il salua ce Prince à Rouen ; & malgré sa disgrace, il en fut bien reçû au rapport de Roger de Hoveden, Historien contemporain. De-là il prit un vaisseau à Dieppe pour passer en Angleterre ; ce qui a fait présumer qu'il en étoit originaire : ce vaisseau au rapport de l'Historien, étoit vieux & incapable d'aller en mer. Assalit dans l'impatience de se rendre en Angleterre, se contenta d'y faire faire de legeres réparations

tions, & s'embarqua : mais à peine étoit-il sorti du port, que ce bâtiment coula bas. Le Grand Maître périt dans cette occasion avec tous les passagers, à l'exception de huit personnes qui s'étoient emparées de bonne heure de l'esquif.

GASTUS.

Sannar, quoique victorieux, ne se débarassa pas si aisément de Siracon Général de Noradin, que des Chrétiens & de ses ennemis déclarez : un allié aussi puissant lui donnoit beaucoup d'inquiétude. Ces deux Généraux s'observoient mutuellement, & chacun avoit ses desseins particuliers. L'Egyptien, après avoir congratulé Siracon sur sa victoire, lui envoya des présens magnifiques ; & en lui représentant qu'on manquoit de vivres, il le pressoit de prendre le chemin de son pays. Mais Siracon sous differens prétextes, differoit son départ de jour en jour. Enfin ayant attiré Sannar dans son camp, il le fit poignarder ; il entra ensuite dans le Caire à la tête de ses troupes, se rendit maître du Royaume, & s'en fit reconnoître pour le Soudan par le Calife même, qui n'étoit qu'un phantôme de Souverain, & dont le sort dépendoit toujours du plus puissant de ses sujets.

Le Général de Noradin ne jouit pas long-tems de son crime; il mourut de maladie au bout de deux mois, & laissa le commandement des troupes de Noradin à son neveu Salahebdin ou Saladin dont nous avons déja parlé, & que le Calife d'Egypte, parcequ'il ne put s'en dispenser, nomma premier Emir ou Soudan de tout ce Royaume.

Saladin dépêcha aussi-tôt à Damas un Officier

Tome I.   X

GASTUS. de ſes amis pour donner avis à Noradin ſon maître de la mort de Siracon ſon oncle, & pour recevoir ſes ordres. Il y eut des Miniſtres de Noradin, qui ſe défiant de l'humeur ambitieuſe du jeune Général, conſeilloient au Prince de ne pas laiſſer affermir l'autorité de Saladin, qui n'étoit point né ſon ſujet, & de lui envoyer promptement un ſucceſſeur. Mais Noradin, dans la crainte que ſa deſtitution ne lui fît naître des penſées de révolte, & dans la vûe de paſſer lui-même en Egypte quand tout y ſeroit tranquille, confirma Saladin dans ſon emploi, & il ſe contenta de lui ordonner de faire ſupprimer dans les prieres publiques le nom d'Adhad en qualité de Calife, & de ſubſtituer en ſa place celui de Moſtadhi XXXIII. Calife de la race des Abbaſſides, qui ſiégeoient à Bagdet. Il lui commanda en même tems de dépoſſeder les Prêtres & les Cadis ou Magiſtrats qui faiſoient profeſſion de la ſecte d'Aly, dont Adhad, comme Calife, étoit le Chef & le ſouverain Pontife. Ce Calife ſurvécut peu à un ſi grand changement : on prétend même que ſa mort ne fut pas naturelle, & que Noradin zelé & dévot, ſelon les principes de ſa Religion, pour éteindre le ſchiſme dans le ſang de ce malheureux Prince, envoya des ordres ſecrets à Saladin de s'en défaire. Mais ſoit que les ordres en fuſſent venus de Damas, ſoit que la vie d'Adhad cauſât toujours quelque inquiétude à l'ambitieux Saladin, il eſt certain qu'il le fit étrangler dans le bain.

Ce fut le dernier des Califes Fatimites, qui

finirent en Egypte l'an de Jefus-Chrift 1171, & de l'Hegire 567; & toute l'autorité dans le gouvernement, foit pour le fpirituel, foit pour le civil, fut dévolue à Saladin, qui, pour fe rendre plus refpectable, prit l'inveftiture du Calife Abbaffide qui réfidoit à Bagdet.

Salahedden-Jofef-ben Ajou-ben Schadi étoit un avanturier Curde de nation, & qui s'attacha avec fon oncle Siracon au fervice de Noureddin-Zenghi, Prince d'Alep & de Damas, dont nous venons de parler fous le nom de Noradin. Le Calife Adhad ne fut pas plutôt expiré, que Saladin s'empara de fes tréfors, dont on peut dire qu'il acheta l'Empire, en les répandant dans fon armée. Il donnoit tout; jamais Commandant n'acquit par de fi grandes liberalitez, l'affection de fes foldats: fevere dans le châtiment, magnifique dans fes récompenfes, doux, humain, plein d'équité à l'égard de fes fujets, & en même tems, par les principes de fa Religion, cruel ennemi des Hofpitaliers & des Templiers; d'ailleurs foldat & Genéral, grand Capitaine, & qui de fes conquêtes fe forma un vafte Empire, dont l'hiftoire a été écrite par l'illuftre Abbé Renaudot, le plus fçavant homme de fon fiecle dans les langues orientales.

Le jeune Saladin auffi habile politique que grand Capitaine, tant que Noradin vécut, conferva une entiere déference pour fes ordres; il tint même encore quelque tems après fa mort la même conduite à l'égard d'Almalech-al-Salchifmaël fils de Noradin, dont il fit publier le nom dans les Mofquées & dans les prieres publiques après celui du

GASTUS. Calife, comme on en usoit à l'égard des Souverains. Il épousa même depuis sa mere ; mais après avoir établi solidement son autorité, il leva le masque, fit la guerre au fils de son maître auquel il enleva Alep. Damas, la meilleure partie de la Syrie, l'Arabie, la Perse & la Mésopotamie tomberent depuis sous l'effort de ses armes. *

Il n'y avoit que la Judée ou la Palestine qui séparât ces vastes Provinces, dont ce nouvel Empire étoit composé, & qui en empêchoit la communication : la conquête de ce petit Etat fut l'objet de ses armes. C'étoit tous les jours de la part des Infideles des incursions & de nouvelles entreprises. Les Chrétiens ne sçavoient où porter du secours. Saladin à la tête d'une armée de quarante mille hommes, attaqua le Château Daron, situé dans l'Idumée, & qui n'étoit qu'à quatre milles de Gaza. Mais y ayant trouvé une résistance trop courageuse, il tourna ses armes contre Gaza même, qui du côté de l'Egypte & de la mer étoit la clef du Royaume de la Palestine. Il s'imaginoit trouver cette Place qu'on avoit confiée aux Templiers, sans garnison, dans la pensée où il étoit que ces Chevaliers en étoient sortis pour fortifier l'armée. Mais aux premieres approches, & dans la premiere sortie, il reconnut bien que tous les Templiers n'étoient pas à l'armée : il leva aussi-tôt le siege ; & pour se venger de ce

---

* Salahabdinus occupator Ægypti uxorem Noradini sibi matrimonio copulans cum ipsa Regni regimen fugatis hæredibus occupavit ; deindè terra Roasiæ & Gesiræ occupata, circumjacentia Regna usque ad intima citerioris Indiæ, nunc dolis, nunc armis expugnans, de sceptris pluribus Monarchiam efficit, Babyloniæ & Damasci sibi vendicans principatum : hæc fortunæ ludentis potentia. *Chron. 9. de Nangis ad ann.* 1174.

mauvais succès, ses troupes mirent tout à feu & à sang dans la campagne, pendant que d'un autre côté, ses Lieutenans ravageoient en même tems la Principauté d'Antioche & la Phénicie.

GASTUS.

Les Hospitaliers & les Templiers étoient continuellement à cheval ; & quoique ces genereux guerriers s'opposassent avec un courage invincible aux effort des ennemis, le Roy commença à reconnoître la faute qu'il avoit faite d'avoir donné occasion au Soudan d'appeller à son secours un ennemi également puissant & ambitieux, & il vit bien que pour lui résister, il ne falloit pas moins qu'une nouvelle Croisade, & une armée des Princes d'Occident. Il chargea de cette négociation Guillaume Evêque d'Acre, qu'il nomma chef de cette ambassade. Mais comme ce secours étoit éloigné, & même incertain, il résolut de recourir à l'Empereur de Constantinople, & il se rendit lui-même dans cette Capitale pour tâcher d'obtenir de Manuel, dont il avoit épousé la niéce, des troupes, ou du moins l'argent nécessaire pour faire de nouvelles levées.

Ce Prince, avant que de s'embarquer, laissa le gouvernement de ses Etats aux deux Grands Maîtres. Celui des Hospitaliers s'appelloit Frere JOUBERT, qui, par la conduite habile qu'il avoit tenue dans les affaires de la Principauté d'Antioche, étoit bien digne de remplir cette premiere place. Il avoit succedé à Gastus. Le choix & la confiance du Roy, si honorables pour les deux Ordres militaires, fut un nouveau motif pour redoubler leur attention & leur zele. Il falloit, pour ainsi-dire,

JOUBERT.
1169.

X iij

que les deux Grands Maîtres fissent face de tous côtez ; & pour surcroît d'embarras, à un ennemi aussi redoutable que Saladin, il s'en joignit un autre de la Maison d'Armenie, sorti du sein même des Templiers, & qui en se mettant sous la protection des Infideles, en prit toute la haine contre les Chrétiens latins.

La petite Armenie, Province voisine de la Syrie, avoit ses Princes particuliers, Chrétiens de Religion, mais la plûpart Schismatiques, aussi-bien que leurs sujets, & même tant à l'égard de l'Eglise grecque, que de la latine. Ils ne mettent point d'eau dans le vin pour le saint Sacrifice, comme font les Grecs & les Latins, quoiqu'ils y employent du pain levé comme les Grecs. Ils ne font qu'une fête de Noël, & de l'Epiphanie ; on prétend aussi qu'ils se servent de beurre au lieu de baume dans la confection du saint Crême. Ils ne reconnoissent qu'une nature en J. C. & ajoutoient au Trisagion ces paroles, CRUCIFIE' POUR NOUS ; addition introduite par Pierre Foulon usurpateur du Siege patriarchal d'Antioche dans le cinquiéme siecle, rejettée par l'Eglise Catholique. Ces Schismatiques ont un Patriarche qu'ils appellent par excellence LE CATHOLIQUE, & qui réside à Cis, capitale de la petite Armenie. Les Princes de ce petit Etat dépendoient originairement des Empereurs de Constantinople ; mais dans les frequentes révolutions qui agiterent cet Empire, ils n'en reconnoissoient l'autorité que quand on les y pouvoit forcer ; & à la faveur de quelques Châteaux situez sur des montagnes inaccessibles,

ils se maintenoient également contre les incur- JOUBERT.
sions des Turcomans, & contre les entreprises des
Grecs.

Thoros ou Theodore regnoit alors dans cette
contrée. Ce Prince, quoique Schismatique, pour
se soutenir contre les Grecs, avoit fait une alliance
particuliere avec les Latins d'Orient. Il souffroit
que les Hospitaliers & les Templiers eussent des
Eglises dans ses Etats ; & même son frere appellé
Melier ou Milon, avoit renoncé au Schisme, &
s'étoit fait Templier. Le Prince Theodore, pour
attacher plus étroitement les Latins à ses interêts,
avoit marié une de ses sœurs à un Seigneur Latin,
& il étoit sorti de ce mariage un jeune Prince appellé Thomas, qu'il avoit depuis reconnu pour
son heritier & pour son successeur.

Ce Prince étant mort, Thomas son neveu vou- 1171.
lut prendre possession de ses Etats. Mais comme
il n'adheroit pas au schisme, les Armeniens témoignerent beaucoup d'éloignement pour sa domi-
nation, & le Templier Melier se prévalant de cette *Will. Tyr. l.*
aversion des Peuples, abandonna son Ordre, prit *20. c. 28.*
les armes de concert avec Saladin, en obtint même
un secours considerable de troupes, chassa son
neveu de l'Armenie, & s'en rendit le maître. Il
entra ensuite dans la Principauté d'Antioche, &
jusques sur les frontieres du Royaume de Jerusalem.
Ses troupes par son ordre portoient le fer & le feu *Idem ibid.*
de tous côtez, & laissoient dans tous les lieux où
elles passoient de tristes marques de leur fureur.
On ne peut exprimer toutes les cruautez que ce
Religieux apostat exerça contre les Chrétiens

latins, sur tout contre les Hospitaliers & les Templiers ses freres. Il faisoit poignarder de sang froid ceux qui tomboient entre ses mains, ou il les livroit aux Infideles, comme des gages & des preuves de sa foi : & on faisoit expirer ces soldats de Jesus-Christ dans les tourmens les plus affreux.

Le Grand Maître Joubert eût bien voulu aller en personne réprimer les courses de ce renegat, & tirer vengeance de tant de cruautez. Mais comme il étoit encore chargé de la Régence de l'Etat, & qu'il ne pouvoit quitter les frontieres de l'Egypte, sans les abandonner aux incursions des troupes de Saladin, il ordonna à un Chevalier de son Ordre, grand Précepteur ou grand Commandeur, qui veilloit sur les frontieres du côté de la Syrie, de faire prendre les armes aux Hospitaliers & aux Soldats, dont il avoit le commandement, chercher l'apostat Melier, & de lui livrer combat.

Boëmond III. du nom regnoit alors dans la principauté d'Antioche. Il étoit fils de Raimond frere de Guillaume, dernier Comte de Poitiers, d'Auvergne, & Duc d'Aquitaine; & ce Raimond, comme nous l'avons dit, par le moyen de l'Hospitalier Joubert, avoit épousé la Princesse Constance, heritiere de la Principauté d'Antioche, & fille unique de Boëmond II. & de ce mariage étoit sorti Boëmond III. Ce jeune Prince & les Templiers se joignirent aux Hospitaliers contre l'apostat Melier : & Amaury Roy de Jerusalem à son retour de Constantinople, où il avoit reçu plus d'honneurs & de promesses que de secours effectifs, se disposoit à marcher à la tête de ses troupes pour

aller

aller prendre le commandement de l'armée. Mais il apprit que Melier ne se sentant pas en état de tenir la campagne, avoit gagné les défilez des montagnes, & s'étoit retranché dans des endroits où il n'étoit pas aisé de le forcer.

JOUBERT.

Les Turcomans de leur côté, pour faire diversion en faveur de l'Armenien, avoient formé le siege d'Arac ou de Krach, Place à l'entrée de l'Arabie Petrée. Aux premieres nouvelles qu'on eut à Jerusalem, Thoron Connétable du Royaume, suivi de tout ce qu'il y avoit d'Hospitaliers & de Templiers dans Jerusalem, accourut pour y jetter du secours. A l'approche de l'armée chrétienne, les Infideles leverent le siege & se retirerent dans leur pays.

1172.

Wilielt. Tyr. ibid.

Comme les fautes sont personnelles, & que dans le College même des Apôtres, il s'est trouvé un traître & un perfide; l'apostasie de Melier n'auroit fait aucun tort à la réputation des Templiers; mais une action cruelle que commit peu après, un Religieux de cet Ordre, à l'égard d'un Envoyé du Prince des Assassins, & qui fut dissimulée par le Grand Maître, commença à affoiblir & à diminuer l'estime & l'affection que l'on avoit alors pour tout l'Ordre en general.

Depuis plusieurs siecles, il s'étoit établi dans les montagnes de Phénicie, entre Tortose ou Antarade, comme on l'appelloit en ce tems-là, & la ville de Tripoli, une espece de bandits, en apparence Mahometans, mais qui n'avoient gueres pris de cette secte que la haine du nom chrétien: barbares sans loi, sans foi & qui n'avoient pour

Tome I. Y

religion qu'un dévouement aveugle pour toutes les volontez de leur Chef : les crimes les plus affreux devenoient par ses ordres des vertus heroïques. Ils choisissoient ce Commandant à la pluralité des suffrages. Il ne prenoit point d'autre qualité que celle de VIEUX ou de SENIEUR, *Senior*, terme dont dans ces tems-là on fit celui de Seigneur, qui dans la basse latinité signifie la même chose, & il se disoit Seigneur de la montagne par raport au pays montueux que ces bandits occupoient.

Mais, sous un titre & une qualité si modeste, ce chef d'Assassins jouissoit d'une autorité plus absolue que celle des plus grands Rois, & cette puissance étoit d'autant plus solide qu'elle étoit fondée sur un principe de religion, & qu'on élevoit ce peuple feroce & ignorant dans la croyance que s'ils mouroient dans l'execution des ordres de leur Chef, ils alloient prendre les premieres places dans un paradis délicieux. Le Seigneur de la montagne se servoit de ces malheureux pour se défaire de ses ennemis particuliers. Ils alloient poignarder les Princes même & les Souverains jusques dans leur palais & au milieu de leurs gardes. C'étoit comme une école & une academie d'Assassins, & la crainte des tourmens les plus affreux n'empêchoit point ces barbares d'executer de si cruelles commissions.

Pour ne pas se rendre suspects, ils ne portoient point ordinairement d'autres armes qu'un poignard, appellé en langage Persan *Hassisin* : on leur en donna le nom, dont nous avons fait le mot d'*Assassin*. Ce petit Etat ne consistoit qu'en quel-

marginalia:
JOUBERT.

Will. Tyr. L. 14. c. 19. L. 20. c. 21. Matth. Paris en l'an 1150. Will. Neub. l. 4. c. 24. idem l. 5. c. 16.
Jacques de Vitri l. 1. c. 13. & 14. id. l. 3. p. 1126.
Voyez les observations de Ducange sur l'hist. de S. Louis, p. 87. edit. 1668.

ques châteaux bâtis sur la croupe des montagnes, JOUBERT.
ou sur des Rochers inaccessibles; mais il y avoit
dans les gorges de ces montagnes & dans les vallées un grand nombre de villages habitez par plus
de soixante mille personnes, tous cruels, fanatiques, meurtriers par principe de conscience, & si
déterminez, que la plûpart des Princes voisins
beaucoup plus puissans, n'osoient cependant leur
faire la guerre. On rapporte qu'un Soudan de Damas ayant fait dire par un envoyé à un Seigneur
de la montagne, appellé Hacen, qu'il ruineroit
son petit Etat, s'il ne lui payoit tribut, ce chef
des assassins sans lui répondre, commanda en présence de cet envoyé à un de ses sujets de se précipiter du haut d'une tour, & à un autre de s'enfoncer un poignard dans le cœur; ils obéirent à
l'instant. Alors Hacen se tournant vers l'ambassadeur qui n'avoit vû qu'avec frayeur, un si étrange
spectacle: Rapportez à votre maître, lui dit-il, que
jai soixante mille hommes aussi dévouez à mes
ordres que ces deux hommes : & depuis ce tems-
là, le Seigneur de la montagne n'entendit plus
parler des prétentions du Soudan. D'autres Historiens prétendent que ce fut un Comte de
Champagne, qui allant avec un sauf-conduit du
Seigneur de la montagne, de Tyr à Antioche,
& passant par ce petit Etat, fut témoin d'un si
horrible spectacle. Quoi qu'il en soit, la plûpart
des Souverains chrétiens & mahometans, pour
se soustraire à la fureur de ces Assassins, envoyoient
des presens magnifiques à leurs chefs.

Les Templiers qui occupoient des Places voifines de ce petit Etat, étoient les seuls qui eussent osé faire la guerre à ces Assassins, & tâché de purger la terre de ces monstres. Mais, comme ces barbares, qui auroient pû s'en venger sur le Grand Maître de cette Religion, n'ignoroient pas que l'Ordre gouverné en forme de République ne finiroit point quand ils en auroient tué le chef, & qu'il seroit aussi-tôt remplacé par un successeur aussi animé à leur faire la guerre; pour obtenir la paix, ils s'assujettirent à la fin de payer à l'Ordre un tribut de deux mille écus d'or par an.

Le Seigneur qui commandoit alors dans ces montagnes, soit par un motif de religion, soit pour s'affranchir de ce tribut, envoya un ambassadeur au Roi de Jerusalem pour lui témoigner qu'il étoit prêt de se faire baptiser avec tous ses sujets, si les Templiers vouloient les décharger de ce tribut. Amaury reçut avec joye cette proposition, promit l'extinction du tribut dont il s'engagea d'indemniser les Templiers, combla de présens l'envoyé, & à son retour il le fit accompagner, dit Guillaume de Tyr, par un de ses gardes, qui avoit ordre de le conduire jusques sur les frontieres de l'Etat. Ils avoient déja passé Tripoli, & ils étoient prêts d'entrer dans les détroits des montagnes, lorsqu'un Templier, appellé du Mesnil, emporté par l'animosité qui étoit depuis si long-tems entre les Chrétiens & les Assassins, & sans égard ni à la foi publique, ni à la sauvegarde du Roi, passa son épée au travers du corps de l'envoyé, & le tua sur le champ.

On ne peut exprimer la colere & l'indignation

du Roi, quand il apprit qu'on avoit violé si malheureusement le droit des gens, sur-tout à l'égard d'un chef de bandits, qui pour user de représailles, ne manqueroit pas d'assassins. Il envoya demander aussi-tôt le criminel à Odon de saint Amand, alors Grand Maître de cet Ordre ; mais Odon le refusa sous prétexte que son Religieux n'étoit pas justiciable des Officiers Royaux. Ce n'est pas qu'il ne convînt du crime que le Templier avoit commis ; il l'avoit même fait arrêter & mis dans les fers. Mais comme il s'agissoit de la competence des Juges, & qu'il prétendoit que les Templiers ne relevoient que du Pape, il déclara qu'il alloit envoyer à Rome le criminel chargé de chaînes, & qu'en attendant son jugement, il défendoit, sous peine d'excommunication, & conformément aux privileges de l'Ordre, à qui que ce soit d'attenter à sa personne.

Le Roi, sans s'arrêter à ces protestations, fit enlever le criminel, & le fit conduire à Tyr dans ses prisons : & ce Prince, pour satisfaire à sa justice & au ressentiment du Seigneur de la montagne, en auroit fait faire une punition exemplaire, si la mort dont ce Prince fut prévenu dans cette conjoncture, n'avoit sauvé la vie au prisonnier.

Amaury laissa trois enfans de deux mariages, deux filles & un garçon. L'aînée des filles, appellée Sybille, étoit veuve alors de Guillaume longue épée, Marquis de Monferrat. La cadette nommée Ysabelle, sortie du second mariage & de Marie Princesse Grecque, & niece de l'Empereur Manuel, épousa depuis, à l'âge de huit ans, Onfroi de

Thoron, petit-fils du Connétable de Jerusalem. L'aîné de tous ces enfans & le successeur d'Amaury fut Baudouin IV. qui étoit sorti de son premier mariage avec Agnès fille de Josselin de Courtenay second du nom, & Prince d'Edesse.

Baudouin étoit né avec de grandes infirmitez, & pendant tout son regne il ne fit, pour ainsi dire, que toujours mourir. On lui donna pour Regent de ses Etats, Raimond III. Comte de Tripoli, dit le jeune, son plus proche parent, fils de Raimond II. & de Hodierne fille de Baudouin II. Roi de Jerusalem, & veuve du fameux Tancrede, qui se signala à la suite de Godefroi de Bouillon. Raimond III. étoit issu de mâle en mâle de ce premier Comte de Toulouse, qui avoit acquis tant de gloire dans la premiere Croisade.

Pendant la minorité de Baudouin, les forces du Royaume de Jerusalem diminuoient à mesure que la puissance de Saladin augmentoit. Ce Prince, après s'être rendu maître de la plûpart des Etats de Noradin, de concert avec sa veuve qu'il avoit épousée, venoit d'emporter Damas. Le Comte de Tripoli allarmé de la puissance d'un voisin si redoutable, porta toutes les forces du Royaume de ce côté là, & il se prévalut même de l'absence de Saladin, qui étoit retourné en Egypte, & assiegea Harem Château voisin & dépendant d'Alep. Le Prince d'Antioche & le Comte de Nevers, que la dévotion avoit conduits à la Terre sainte, *se rendirent au siege à la tête de differens corps

---

* Assumptis ergo suis & domino Comite Tripolitano, magistroque domus Hospitalis & multis ex fratribus militiæ Templi ad partes contendit Tripolitanas. *Will. Tyr. l. 2. c. 18.*

de troupes, auſquels ſe joignirent, au rapport de Guillaume de Tyr, le Grand Maître des Hoſpitaliers, avec ſes confreres & pluſieurs Templiers. Le ſiege fut long, & ne ſe termina que par un traité ſecret que le Comte de Tripoli fit avec les Turcs, dont il reçut de l'argent pour ſe retirer: & ce commerce infame d'un Prince chrétien avec des Infideles, eut depuis des ſuites funeſtes pour les Chrétiens latins.

JOUBERT.

1174.

Pendant ce ſiege, Saladin à la tête d'une puiſſante armée, étoit entré par l'Egypte dans la Paleſtine. Le Roi Baudouin devenu majeur, & pendant quelques intervalles que lui donnerent ſes infirmitez, monta à cheval pour s'oppoſer à ce conquerant. Il le rencontra proche d'Aſcalon; on en vint aux mains, & quoique les forces des deux Partis fuſſent fort inégales; que Saladin eût au moins vingt-ſix mille chevaux, & qu'à peine on en comptât quatre cens, avec trois mille hommes de pied dans l'armée chrétienne; cependant ces troupes ayant attaqué de nuit le camp ennemi, jetterent l'épouvante parmi les Infideles: la plûpart prirent la fuite, & Saladin même, tout intrépide qu'il étoit, pour ſe ſauver plus promptement, ſe jetta à demi nû ſur un dromadaire & ſe retira ſur les terres de ſa domination.

L'année ſuivante, Baudouin, pour s'oppoſer aux courſes des Arabes, entreprit de fortifier * un château ſur les terres même de Saladin & au-

* Eodem anno Chriſtiani firmaverunt caſtellum fortiſſimum in terra Saladini ad vadum Jacobi ultra fluvium Jordanis, ſed Saladinus illud per vim cepit, in cujus captione ſummus Magiſter Hoſpitalis captus fuit, & in terram Saladini ductus, fame periit. *Rog. de Hov. in Henr. 2. p. 555.*

delà du fleuve du Jourdain, dans un endroit nommé le gué de Jacob. Ce fut le sujet d'une nouvelle bataille, mais qui ne fut pas aussi heureuse que la précedente pour les Chrétiens. Car Saladin les ayant attirez dans une embuscade qu'il avoit cachée dans des cavernes & des rochers, ils se trouverent surpris & enveloppez de tous côtez. L'armée chrétienne ne pouvant, ni avancer, ni reculer, se débanda; il n'y eut que les Hospitaliers & les Templiers qui firent ferme : la plûpart furent taillez en pieces, Joubert Grand Maître des Hospitaliers percé de coups, eut encore assez de forces pour passer le Jourdain à la nage, & gagna le château de Beaufort; mais Odon de Saint Amand, Grand Maître des Templiers, accablé par le nombre des ennemis, resta prisonnier de ces Infideles. Robert Dumont historien contemporain, rapporte que Saladin lui offrit sa liberté, en échange d'un de ses neveux, qui étoit prisonnier de l'Ordre; mais que ce genereux Grand Maître lui répondit courageusement, qu'il ne vouloit point par son exemple, autoriser ceux de ses Religieux qui, dans l'esperance d'être rachetez, seroient assez lâches pour se rendre prisonniers, qu'un Templier devoit vaincre ou mourir, & qu'il ne pouvoit donner au plus pour sa rançon, * que sa ceinture & son couteau. On ne sçait point de quelle maniere il se retira de mains de ces barbares; mais on verra par la suite de cette histoire qu'il revint à Jerusalem.

JOUBERT.

Roger de Hoveden parie post. in Henr. 2. p. 556.

Robert de Monte, appendix ad S.g. Gemb. p. 666. Pistorius l. 1.

---

* Dicens non esse consuetudinis militum Templi ut aliqua redemptio daretur pro eis præter cingulum & cultellum. *Id, ibid.*

On ne peut exprimer la confternation où fe JOUBERT. trouvoient les Chrétiens latins après cette défaite, l'ennemi victorieux mettoit tout à feu & à fang dans le Royaume ; l'armée chrétienne étoit diffipée ; le Roy retombé dans fon infirmité ordinaire, qui étoit dégenerée en lepre ; & des deux Grands Maîtres, l'un étoit prifonnier des ennemis, & l'autre hors d'état d'agir à caufe de fes bleffures.

Dans cette extrêmité, l'Etat ne pouvant foutenir la guerre, il fallut avoir recours à la négociation, le feul parti & la reffource des plus foibles. On demanda une treve à Saladin qui la vendit à prix d'argent, & qu'il n'eût pas même accordée, fi la famine n'eût alors défolé fes Provinces.

Dès l'année précedente, le Pape Alexandre III. 1179. avoit convoqué un Concile général à Rome, qui eft le troifiéme de Latran : il y avoit appellé les Prélats latins d'Orient dans la vûe de prendre avec eux de juftes mefures pour la défenfe de la Terre Sainte. On vit arriver à Rome les Archevêques de Tyr & de Cefarée, Albert Evêque de Bethlehem, Raoul de Sebafte, Joffe d'Acre, & Romain de Tripoly, avec le Prieur du faint Sepulchre, député du Patriarche de Jerufalem, & un Abbé du Mont de Sion. Ces Prélats reprefentoient que, pour conferver ce qui reftoit aux Chrétiens dans la Terre Sainte, tout dépendoit de la prife de la Ville de Damiette, qui ferviroit de barriere à la Paleftine, & de porte, fi on vouloit faire de plus grands progrès dans l'Egypte : ce qui fait voir, en paffant, que le projet du

Tome I. Z

JOUBERT. Roy Amaury III. & du Grand Maître d'Assalit, dont nous avons parlé, ne pouvoit être que très-utile, si, dans le cours de cette guerre, le Roy de Jerusalem n'eût pas été plus sensible à la honteuse passion d'accumuler des trésors, qu'à mettre, par de solides conquêtes, la Terre Sainte à couvert des incursions des Egyptiens.

Comme nous ne parlons du Concile de Latran que par rapport à ce qui regarde les interêts de la Terre Sainte & la conduite des Hospitaliers, nous ne ferons mention que de ce qui s'y passa à ce sujet. Des Evêques de la Palestine renouvellerent dans ce Concile les plaintes que Foucher, Patriarche de Jerusalem, avoit faites autrefois au Pape Adrien IV. contre les privileges des Hospitaliers & des Templiers. * Nous apprenons, dit le saint Concile, „ par les plaintes vehementes „ des Evêques, nos confreres, que les Templiers „ & les Hospitaliers abusent des privileges qu'ils „ ont reçus du Saint Siége ; que leurs Chape- „ lains & leurs Religieux Prêtres, se prévalant de „ l'usurpation que des Laïcs ont fait autrefois de „ quelques Eglises paroissiales, s'en sont fait faire, „ sans la participation des Ordinaires, une ré- „ trocession ; qu'ils y administrent les Sacremens „ à des excommuniez, & qu'ils y enterrent avec „ toutes les ceremonies ordinaires de l'Eglise ; „ qu'ils abusent encore de la permission donnée „ à leurs freres, de faire ouvrir une fois les Eglises

* Fratrum autem & Coepiscoporum nostrorum vehementi conquestione comperimus, quòd fratres Templi & Hospitalis, aliique professionis religiosæ, indulta sibi ab Apostolicâ Sede excedentes privilegia, contra Episcopalem auctoritatem multa præsumunt, &c. cap. 9.

" interdites, & que dans ces mêmes lieux, ils s'af-
" focient des confreres feculiers qu'ils prétendent
" rendre participans de leurs privileges, comme
s'ils étoient Religieux. Le Concile ajoute, que
ces abus venoient moins des fuperieurs, que par
l'indifcretion des particuliers. Pour y remedier,
il défend aux Ordres militaires, & même aux autres Communautez regulieres, de recevoir à l'a-
venir, la ceffion des Eglifes & des dixmes, fans la
participation des Ordinaires, avec injonction d'a-
bandonner celles dont depuis peu ils s'étoient mis
en poffeffion ; qu'à l'égard des Eglifes qui ne font
point de leur fondation, & qui ne font point def-
fervies par des Chapelains de l'Ordre, ils doivent
prefenter à l'Evêque Diocéfain, les Prêtres qu'ils
deftinoient pour les deffervir, & ne fe referver
que la connoiffance du temporel qui leur appartenoit. Que conformément à leurs privileges,
ils ne pourront faire ouvrir des Eglifes interdites,
qu'une feule fois dans l'année, & fans y faire donner la fépulture à qui que ce foit, & qu'aucun des
confreres & des affociez à l'Ordre, ne fera admis
à participer à fes privileges, s'il n'eft actuellement Religieux. Tel fut le reglement que le
faint Concile prefcrivit, fur les plaintes des Evêques, & qui dans le fond, ne diminuoit rien
des droits & des privileges des Ordres militaires.

Par le chapitre 23 du même Concile, on con-
damne la dureté des Ecclefiaftiques qui ne permettoient pas aux Lepreux d'avoir des Eglifes
particulieres, quoiqu'ils ne fuffent pas admis dans

les Eglises publiques. Le Concile ordonne que dans tous les lieux où les Lépreux vivront en communauté, ils puissent avoir une Eglise, un Cimetiere & un Prêtre particulier : c'est la premiere constitution que l'Eglise ait faite en faveur des Lépreux, quoiqu'en disent certains Historiens modernes. *

La jalousie que le Clergé de la Palestine conservoit contre les Ordres militaires, n'avoit point empêché l'année précedente Renaud, Seigneur de Margat, de faire aux Hospitaliers une nouvelle donation, ou, pour mieux dire, de faire avec ces Chevaliers un échange de ce Château situé sur les confins de la Judée, ainsi que nous l'apprenons de l'Auteur des Assises de Jerusalem. Ces Religieux le fortifierent, y mirent garnison, & en firent depuis de ce côté là un des plus puissans boulevars de la Chrétienté en Orient.

Cette acquisition ne fut pas capable de compenser la perte que l'Ordre fit la même année de Frere Joubert son Grand Maître, aussi sage & aussi habile dans le gouvernement, que grand Capitaine. Les Historiens contemporains rapportent que Saladin ne pouvant souffrir que les Hospitaliers eussent fortifié une Place sur la frontiere de ses Etats, la fit assieger par un de ses Genéraux. Ce siege fut long & meurtrier : le Grand Maître

---

* Ecclesiastici quidam quæ sua sunt, non quæ Jesu-Christi quærentes, Leprosis qui cum sanis habitare non possunt, & ad Ecclesiam cum aliis convenire, Ecclesias & cæmeteria non permittunt habere, nec proprio juvare ministerio Sacerdotis, quod quia procul à pietate christiana alienum dignoscitur, de benignitate apostolica constituimus, ut ubicumque tot simul sub communi vita fuerint congregati, quod Ecclesiam sibi cum cæmeterio constituere, & proprio valeant gaudere presbytero, sine contradictione aliqua permittantur habere. 3. Conc. Lat. ch. 23.

des Hospitaliers qui s'étoit enfermé dans cette JOUBERT. Place, soutint plusieurs assauts avec beaucoup de courage. La plûpart de ses Chevaliers animez par son exemple, & qui combattoient sous ses yeux, se firent tuer en défendant les brêches, sans que le Grand Maître voulût entendre parler de capitulation. Enfin les Infideles firent de si puissans efforts, qu'ils emporterent la Place l'épée à la main, taillerent en pieces ce qui restoit de Chevaliers, firent prisonnier le Grand Maître : & leur Commandant, pour se venger de la résistance du Grand Maître, le fit jetter dans un cachot, où on le laissa mourir de faim. C'est ainsi que cet illustre Chevalier couronna une vie employée à la défense des Autels, par une mort précieuse devant Dieu. D'autres Auteurs prétendent qu'il ne tomba point entre les mains des Infideles ; mais que voyant la décadence du Royaume de Jerusalem, il en mourut de chagrin.

Le Chapitre s'étant assemblé après sa mort, fit remplir sa place par Frere ROGER DESMOULINS ROGER DESMOULINS. Chevalier, qui par sa conduite & par sa valeur, justifia le choix de ses confreres. Ses premiers soins, 1179. après son installation, furent d'exhorter le Régent & les principaux Seigneurs du Royaume à continuer avec vigueur la guerre contre Saladin. Mais la jalousie & la concurrence entre les Grands pour le gouvernement de l'Etat pendant l'infirmité du Roy, les intelligences criminelles de quelques Seigneurs avec les Infideles, & la division qui survint de son tems entre les deux Ordres militaires ; tout cela ne contribua pas moins aux conquêtes de

Z iij

Saladin, que sa propre valeur & le courage de ses soldats.

Nous avons rapporté sur le témoignage de Brompton Historien Anglois, & du même siecle, que l'Ordre des Templiers étoit comme une branche de celui des Hospitaliers de S. Jean ; mais que cette branche, dit ce même Auteur, devenue un grand arbre, sembloit faire ombre à la tige dont elle étoit détachée, & l'étoufer. Cette émulation entre ces deux Ordres militaires, le désir d'accumuler de nouveaux revenus à l'envie l'un de l'autre, certaine jalousie presqu'inséparable de la profession des armes, & des disputes sur le rang & la préséance, soit à la guerre ou dans les Conseils d'Etat, tout concouroit à entretenir entr'eux une mesintelligence, qui enfin avoit éclaté jusqu'au point de se faire la guerre, & de se charger toutes les fois qu'ils se rencontroient.

On ne peut disconvenir, que, par une conduite si violente, & si indigne de Religieux, la pieté ne s'affoiblît considerablement dans l'un & l'autre Ordre : & si nous trouvons toujours parmi ces Guerriers la même valeur, il faut avouer qu'elle étoit moins animée par la charité, que par des motifs humains de gloire & d'ambition.

Comme ces Religieux militaires ne reconnoissoient que le Pape pour superieur ; le Roy fit donner avis à Alexandre III. de leurs divisions. Ce Pontife qui prévit combien les suites en pourroient être funestes aux Chrétiens de la Terre Sainte, obligea ces Chevaliers à se reconcilier. Il se fit par son ordre un traité de paix ; les deux

Grands Maîtres le signerent par le conseil, disent-ils dans cet acte, & par la volonté expresse des deux Chapitres; & ils transigerent, tant au sujet de plusieurs Terres dont ils prétendoient la possession, qu'au sujet de differentes sommes qu'ils se demandoient réciproquement. On voit dans cet acte que le Pape avoit ordonné aux uns & aux autres, que s'il survenoit entre eux de nouveaux sujets de contestation, ils seroient obligez de nommer chacun de leur côté trois anciens Chevaliers de la Langue & du Prieuré où le differend se seroit élevé, pour en décider absolument; que si ces Arbitres ne pouvoient convenir entr'eux, ils pourroient s'en remettre à des amis communs qu'ils choisiroient de concert, & qui leur serviroient de sur-arbitres, ou que la connoissance en seroit renvoyée au Saint Siege. Le Pape ajoute dans sa Bulle qu'en attendant le Jugement souverain qui en émanera, il exhorte les Chevaliers des deux Ordres à se prévenir mutuellement par des marques d'honneur & de consideration, & de concourir indifferemment au bien & à l'avantage des deux Maisons, en sorte, dit Alexandre, » que quoique » leur institution soit differente, il paroisse par le » lien de la charité qui les doit unir, que ce ne soit » qu'un seul & un même Ordre militaire & régu- » lier.

Les Hospitaliers & les Templiers se conformerent en apparence aux intentions du Pape; mais pour dire la verité, l'autorité de ce Pontife assoupit plutôt qu'elle ne termina des differends, qui avoient leur source dans l'avarice & dans l'ambi-

ROGER
DESMOULINS.

tion; deux passions qui ont jetté de profondes racines dans le cœur des hommes, & dont les plus saintes societez ne sont pas exemptes.

Une autre passion d'autant plus dangereuse, qu'elle ne s'insinue dans le cœur, qu'à la faveur de la beauté & des graces, pensa exciter une guerre civile dans la Principauté d'Antioche. Boëmond qui en étoit le Prince souverain, avoit épousé en premieres nôces une fille de la Maison d'Iblin : & depuis la mort de cette Princesse, il s'étoit remarié avec une Princesse grecque, appellée Theodore. Boëmond séduit par les charmes d'une concubine, avoit abandonné son épouse légitime. Le Patriarche d'Antioche, après des monitions canoniques qui furent inutiles, l'excommunia, & jetta un interdit général sur tous ses Etats, espece de châtiment qui enveloppe l'innocent avec le coupable, & qui est souvent dangereux par ses suites. En effet Boëmond emporté par sa passion, & irrité d'une procedure qui pouvoit exciter une révolte dans la Principauté, fit saisir par ses Officiers le temporel du Patriarche, le chassa d'Antioche, & l'assiegea depuis dans un Château qui lui appartenoit, & où il s'étoit retiré avec les principaux de son Clergé. Le Patriarche d'Antioche étoit regardé comme le premier Prélat de l'Orient, tant par la fondation de son Eglise rapportée à Saint Pierre, que par l'étendue de ce Diocese, qui comptoit dans sa dépendance 12 Métropolitains, 153 Evêques suffragans, & dans la seule Ville d'Antioche plus de 360 Eglises. Comme le Patriarche n'étoit pas sans un grand nombre de

créatures

créatures attachées à sa dignité, & le Prince sans ennemis secrets, & que les premiers Seigneurs de cet Etat, & même le peuple étoient mécontens du gouvernement, les uns & les autres ne furent pas fâchez de trouver un prétexte si plausible pour éclater.

Toute la principauté fut bien-tôt en armes. Les mécontens, sous prétexte de défendre la cause de l'Eglise, cherchoient à venger leurs injures particulieres : chacun prit parti suivant sa passion ou ses interêts.

Le Roi de Jerusalem, ou plutôt son Conseil, craignant que les Infideles ne se prévalussent de ces divisions, engagerent le Patriarche de Jerusalem, & les deux Grands Maîtres à se transporter en diligence sur les lieux pour tâcher d'y rétablir le calme. Ces députez, en passant par Tripoli, amenerent avec eux le Comte Raimond, ami particulier du Prince Boëmond. Ils s'assemblerent d'abord à Laodicée, d'où ils se rendirent à Antioche. Il y eut beaucoup de conferences & de paroles portées de part & d'autre ; enfin on fit une espece de traité provisionnel, par lequel on convint que de part & d'autre on mettroit les armes bas, qu'on rétabliroit incessamment le Patriarche dans la jouissance de son temporel, que l'interdit feroit levé, mais que le Prince demeureroit excommunié, s'il ne quittoit sa concubine. Cette restriction ne fit qu'allumer sa passion pour cette femme, & sa haine contre les principaux Seigneurs de la principauté. Il bannit depuis sous differens prétextes le Connétable, le Chambellan,

&trois autres Seigneurs qui avoient fait paroître trop d'attachement pour le Patriarche: ils se retirerent auprès de Rupin, Prince de la petite Armenie, qui de concert avec les Grands du pays, s'étoit défait de l'apostat Melier, & qui lui avoit succedé dans cette principauté.

ROGER DESMOULINS.

1182.

Le Grand Maître, quelque tems après son retour d'Antioche, apprit avec beaucoup de douleur, que la plûpart des Hospitaliers de son Ordre, qui étoient établis à Constantinople, avoient été massacrez dans un tumulte qui s'étoit élevé dans cette Ville imperiale contre les Latins. L'Empereur Manuel Comnene, dans la vûe d'éteindre le schisme auquel il n'adheroit pas, avoit attiré à Constantinople un grand nombre de Latins, dont il se servoit même dans le ministere, & dans les affaires d'Etat. Les Hospitaliers possedoient dans Constantinople le fameux hôpital de saint Sanson, situé entre l'Eglise de sainte Sophie, & celle de sainte Irene: & ils étoient encore maîtres de l'hôpital de saint Jean l'aumônier.

Observations sur l'histoire de Geofroy de Villehardouin. n. 104. p. 302.

» Il est vraisemblable, dit M. du Cange, histo-
» rien moderne, mais respectable par sa profonde
» érudition, que cette Eglise de saint Sanson fut
» donnée aux Hospitaliers de saint Jean de Jerusa-
» lem par l'Empereur Manuel Comnene, qui af-
» fectionna tellement les Latins, & particuliere-
» ment les François du Royaume de Jerusalem,
» qu'il en encourut la haine de ses sujets.

Will. Tyr. l. 22. ch. 12.

Cette haine éclata après sa mort; les Grecs aigris par des differends de religion, & qui ne vouloient point se soumettre à l'autorité du S. Siege, mirent le feu aux maisons des Latins, massacrerent ceux qui leur tomberent entre les mains, & n'épargnerent pas même un Cardinal, appellé Jean, que le Pape, à la priere de l'Empereur, avoit envoyé pour travailler à la réunion des deux Eglises. Les Prêtres & les Moines Grecs étoient les plus ardens à exciter ce massacre; & pour encourager les meurtriers, ils leur donnoient même de l'argent. Ces furieux entrerent dans l'Hôpital de saint Jean, dont nous venons de parler; tuerent impitoyablement les malades & les Religieux hospitaliers qui les servoient. A peine en rechapa-t-il un petit nombre, qui s'embarquerent sur un vaisseau, & porterent dans la Palestine, les tristes nouvelles de ce cruel massacre.

Ils trouverent l'Etat partagé & affoibli par des divisions domestiques, qui en avancerent la ruine. La lepre dont le Roi étoit attaqué, ne lui permettant point de se marier, ni même de tenir les rênes du gouvernement, il avoit fait épouser la Princesse Sybille, sa sœur aînée, veuve du Marquis de Montferrat, à Guy de Lusignan, de la Maison de la Marche, fils de Hugues le Brun, que la devotion du tems avoit conduit dans la Palestine : Prince bienfait & de bonne mine, plus galant que guerrier : mais qui, après avoir sçu plaire à la Princesse, n'eut pas de peine, par son credit, de gagner les bonnes graces du Roi.

Baudouin, depuis ce mariage, établit son beaufrere Regent du Royaume, & ne se réserva que le titre de Roi, & la possession de la ville de Jerusalem, avec une pension de dix mille écus d'or.

ROGER DESMOULINS.

La puissance souveraine à laquelle le Roi associa Lusignan, excita la jalousie des Grands, qui, nez dans la Palestine, traitoient ce Prince d'étranger. Raimond, Comte de Tripoli fomentoit cette division. Ce Comte, le plus puissant des vassaux de la Couronne, aspiroit secretement à la succession de Baudouin. Comme le choix que le Roi venoit de faire, ruinoit ses esperances, on prétend que, pour les faire revivre, il prit deslors des mesures secretes avec Saladin. La treve que ce Prince avoit faite avec le Roi de Jerusalem, duroit encore: il étoit question de la rompre, & sans qu'on pût en attribuer la cause aux Mahometans. Saladin, pour en faire naître l'occasion, donna des ordres secrets à un gouverneur de sa frontiere, de lâcher sur les terres des Chrétiens, & parmi les champs qui étoient alors couverts de grains, des troupeaux de moutons, des chevaux, des vaches, & d'autres bestiaux. Renaud de Châtillon, fameux partisan, & qui étoit tous les jours à cheval, fit prendre tous ces animaux, qu'on conduisit à Carach. Renaud de Châtillon, au raport de Guillaume de Tyr, n'étoit qu'un avanturier * & un soldat de fortune, mais bienfait de sa personne, distingué par un grand nombre d'actions de valeur, & qui dans sa jeunesse, malgré l'inégalité des conditions, avoit épousé secretement Constance, Princesse d'Antioche. Il étoit alors Seigneur de Carach, Place forte, située sur

* Domina Constantia, Domini Raimondi Antiocheni Principis vidua, licèt multos inclitos & nobiles viros ejus matrimonium appetentes, more fæmineo repulisset, Rainaldum de Castillione quemdam stipendiarium militem sibi occultè in maritum elegit. *Will. Tyr. l.* 17. *c.* 26.

le haut d'une montagne. Les Latins l'avoient érigée en Archevêché, sous le nom de Mont-royal ; on la nommoit auparavant la Pierre du desert, parcequ'elle étoit à l'entrée de l'Arabie Petrée. Châtillon avec un bon nombre de Templiers, s'y étoit fortifié, & de là, cet avanturier alloit souvent en parti. Les Mahometans n'avoient point d'ennemi plus redoutable ; il leur enlevoit souvent des caravannes entieres de pelerins qui faisoient le voyage de la Meque, & après les avoir mis dans les fers, il insultoit encore à leur devotion. Mahomet n'étoit pas épargné dans ses railleries : il avoit même formé le dessein de ruiner son tombeau, qui étoit révéré à Medine, & pour lequel les Infideles n'avoient pas moins de veneration que les Chrétiens pour le sepulchre de Jesus-Christ : il se feroit même rendu maître de cette ville & de la Meque, si le gouverneur, qui commandoit dans l'Arabie pour Saladin, n'eût découvert son dessein, & ne s'y fût opposé.

Saladin, par droit de représailles, fit mettre aux fers quinze cens Chrétiens, marchands ou pelerins, dont le vaisseau avoit échoué proche Damiette. Il envoya ensuite demander au Roi la restitution de tous les bestiaux que Renaud & les Templiers, au préjudice de la treve, avoient enlevez : & à faute d'y satisfaire, cet ambassadeur avoit ordre de lui déclarer la guerre, & de protester que ce Prince en agiroit à l'égard des Chrétiens arrêtez par son ordre, & de leurs effets, de la même maniere dont on agiroit à l'égard des troupeaux & de leurs conducteurs, qu'on retenoit, disoit-il, si injustement à Carach.

Le Roi eut bien voulu pouvoir donner satisfaction au Sultan qu'il redoutoit; mais ce Prince étoit si peu autorisé, & le gouvernement si foible, qu'il ne put jamais réduire Renaud & les Templiers à restituer le butin qu'ils avoient fait. Saladin, sous prétexte d'user de représailles, recommença à faire des courses sur les terres des Chrétiens; la guerre s'ensuivit comme il l'avoit prévû. Il passe le Jourdain, tue tout ce qui se presente en armes devant lui, enleve les femmes & les enfans, qu'il entraîne dans un indigne esclavage; met le feu aux maisons, ravage la campagne, & s'abandonne à toutes les cruautez qui pouvoient porter la crainte & la frayeur dans l'esprit des peuples.

Ces ravages firent monter à cheval les principaux Seigneurs du Royaume, suivis de leurs vassaux, & accompagnez des deux Ordres militaires. Il se forma de ces corps differens, une armée considerable. Le Roi, dont le mal augmentoit tous les jours, ne se trouva plus en état de marcher à la tête de ses troupes. Il avoit perdu la vûe; la corruption de la lepre lui avoit même ôté l'usage des pieds & des mains; ainsi, il fut réduit à confier le commandement de l'armée à Lusignan son beau-frere, qu'il avoit fait Comte de Jaffa & d'Ascalon, titres affectez à l'heritier présomptif de la Couronne. Le Comte, soit par incapacité dans le métier de la guerre, ou par la jalousie des chefs, fut plus de huit jours en presence d'un ennemi plus foible que lui, sans l'attaquer, & il le laissa même retirer avec son butin & ses prisonniers, &

repasser le Jourdain à sa vûe, sans faire le moindre mouvement, & sans oser sortir de ses retranchemens.

Les Chrétiens latins, tous soldats, & qui vouloient que leur Prince fût Capitaine, porterent leurs plaintes au Roi, de la lâcheté de son beaufrere ; & la plûpart des Seigneurs protesterent hautement qu'ils ne marcheroient jamais en campagne sous ses ordres. Le Roi, pour les satisfaire, retira le pouvoir qu'il lui avoit confié ; & comme souvent les Princes ne mettent point de bornes, ni à leurs faveurs, ni à leur ressentiment, on le priva du Comté de Jaffa, comme incapable de défendre cette importante Place, qui étoit une des clefs du Royaume. Le Roi désigna en même tems pour son successeur, le jeune Baudouin, son neveu, fils de la Princesse Sybille, & du Marquis de Montferrat, son premier mari, quoique ce jeune Prince eût à peine cinq ans. Ce changement remplit l'Etat de divisions. Guy de Lusignan se retira à Ascalon, où il se fortifia d'abord contre le parti qui lui étoit opposé. Mais, comme ce Prince étoit plus capable de faire éclater son mécontentement par de vains discours, que de le soutenir les armes à la main, il revint bien-tôt à la cour ; & en échange d'une Couronne & d'une Souveraineté qu'on lui avoit fait esperer, & qui n'a jamais de prix, il se contenta de la Comté de Jaffa, qu'on lui avoit enlevée, & qu'on lui rendit avec le titre de pensionnaire du Roi.

Baudouin, qui n'étoit plus en état d'agir par lui-même, remit le soin du gouvernement au

ROGER DESMOULINS.

Will. Tyr. l. 23.

1183.

1184.

Comte de Tripoli, moins par confiance, que dans la crainte, s'il en étoit exclus, qu'il n'excitât de nouvelles brouilleries dans l'Etat. Raimond l'auteur secret de toutes les cabales de la Cour, refusa d'abord la Regence qu'il sçavoit bien que personne n'accepteroit à son préjudice. Il fallut que le Roi lui en fît de pressantes instances, & il ne consentit à se charger du gouvernement, qu'à condition que les Hospitaliers & les Templiers s'engageroient de défendre toutes les Places qui pourroient être attaquées. Cependant, pour affermir son autorité, il obtint une nouvelle tréve de Saladin, mais que ce Prince infidele, pour se dédommager des frais de la guerre, n'accorda qu'à prix d'argent.

L'objet des Chrétiens, en demandant cette tréve, étoit de s'en servir pour avoir le tems de se procurer une nouvelle Croisade, & les secours des Princes d'Occident. Il étoit question d'y envoyer une Ambassade solemnelle, & de charger de cette négociation des personnes habiles, & qui sçussent s'attirer de la consideration par leur rang & par leur merite.

1184.

Heraclius, Patriarche de Jerusalem, s'offrit pour cet emploi; homme vain, présomptueux, & qui se vanta de ne revenir qu'à la tête d'une armée, composée des plus puissans Princes de l'Europe. Celui de ces Souverains sur lequel il comptoit le plus, étoit Henry II. Roi d'Angleterre, petit-fils de Foulques, Comte d'Anjou, & Roi de Jerusalem, & par conséquent, cousin germain de Baudouin. Ce qui augmentoit encore la confiance du Patriarche, c'est qu'il avoit appris que le Prince Anglois n'avoit reçû l'absolution du Pape au sujet de l'assassinat de saint Thomas Archevêque de Cantorberi, dont il étoit soupçonné, qu'à condition de mener lui-même un puissant secours à la Terre Sainte. Et quoique ce Prince n'eût pas commandé ce meurtre en termes exprès, cependant, comme il sembloit y avoir donné lieu par des paroles imprudentes, il se soumit à ce genre de pénitence ; & dans un Concile tenu à Avranches en Normandie le 27 Septembre 1172, il avoit promis solemnement qu'à Noël prochain il prendroit la Croix pour trois ans, & partiroit l'été suivant pour Jerusalem, si le Pape ne l'en dispensoit ; que dans cette guerre, & au moins pendant un an, outre ses propres troupes, il entretiendroit à ses dépens deux cens Templiers. Aucune de ces conditions n'avoit encore été accomplie depuis près de 13 ans qu'il s'y étoit engagé.

Le Patriarche qui en étoit bien instruit, faisoit agir tous ses amis pour être envoyé en Europe, d'où il se flattoit de revenir avec un puissant secours, & comblé en son particulier de magnifiques présens. Mais le Conseil avoit de la peine à remettre une négociation si importante à un Prélat naturellement emporté, & qui ne connoissoit de manieres de traiter avec les hommes que celles de hauteur. Cependant comme il eût été dangereux de le refuser, & que d'ailleurs on se flattoit que sa dignité donneroit plus de consideration à l'ambassade, on accepta ses offres : mais on lui donna pour Collegues les deux Grands Maîtres, capables par leur moderation & leur politeſſe d'adoucir ce qu'il y avoit de féroce dans l'humeur du Patriarche; outre que les Chevaliers des deux Ordres, par leur naiſſance & par leur valeur, étoient fort conſiderez dans l'Occident, & auprès des Souverains dont ils étoient nez ſujets.

Ces Ambaſſadeurs partirent du port de Jaffa, & arriverent heureuſement à Brindes. Le Pape Luce III. ſucceſſeur d'Alexandre, & l'Empereur Frederic I. étoient alors à Veronne : ils s'y étoient aſſemblez pour tâcher de donner la paix à l'Italie, qu'ils avoient miſe en feu par leurs prétentions réciproques. Nos Ambaſſadeurs voulant profiter de cette occaſion, ſe rendirent en diligence à Véronne, & expoſerent à l'un & à l'autre la puiſſance formidable de Saladin, le malheureux état & la foibleſſe du Royaume de Jeruſalem, & le beſoin qu'on avoit d'un puiſſant ſecours, ſi on vouloit conſerver la Terre Sainte. L'Empereur promit des troupes qu'il ne donna point, & le Pape ne donna que des Indulgences & des lettres de recommandation, qui ne lui coutoient rien. *

Ce Pontife écrivit à la vérité des lettres très-preſſantes au Roi d'Angleterre, & le menaça des jugemens de Dieu, s'il n'accompliſſoit la penitence qu'on lui avoit impoſée : & par d'autres lettres il ſollicita vivement le Roi de France de ſignaler ſon zele à ſon avenement à la Couronne,

---

* Heraclius Patriarcha ſanctæ Reſurrectionis, & Rogerus magiſter Domûs Hoſpitalis Jeruſalem tendentes, in occidentem, & per Italiam tranſitum facientes & Galliam, nec à Domino Papa, nec ab Imperatore Romano, nec à Rege Francorum aliqua conſolatoria receperunt. *Radulph. de Diceto Angl.* p. 265.

par une entreprise si digne de la piété de ses ancêtres. Nos ambassadeurs chargez de ces lettres, se disposoient à passer dans les deux Royaumes, quand ils furent arrêtez à Véronne par une violente maladie dont le Grand Maître des Templiers fut attaqué, & qui se termina par sa mort. Les deux Ambassadeurs, après lui avoir rendu les derniers devoirs, se mirent en chemin pour la France, & arriverent à Paris dans le mois de Janvier de l'année 1185. Philippes II. regnoit alors en France, jeune Prince âgé d'environ vingt ans. Les Ambassadeurs, après lui avoir remis les lettres du Pape, lui exposerent l'extrême danger où se trouvoit la Terre Sainte de retomber sous la tyrannie des Infideles; & pour obtenir son secours, & pour l'engager même à se mettre à la tête de ses troupes, ils lui présenterent les clefs de la ville de Jerusalem, de la Tour de David, & de l'Eglise du S. Sépulchre, comme une espece d'investiture, ou du moins comme des gages du droit de protection qu'il devoit acquerir par ses armes. Le Roi reçut honorablement le Patriarche & le Grand Maître, & leur donna le baiser de paix, * dit Rigord : il ordonna en même tems à tous les Prélats de son Royaume d'exhorter ses sujets à prendre la Croix. Il la vouloit prendre lui-même ; mais le Conseil de ce jeune Prince qui n'avoit point encore d'enfans, ne jugea pas à propos que dans la conjoncture des guerres continuelles que la France avoit à soutenir contre les Anglois & les Flamans,

ROGER DESMOULINS.

Arnaud de Troyes.

1185.

* In osculo pacis honorificè recepit, diligentissimè præpositis terræ suæ, sive dispensatoribus præcipiens quòd ubicumque per terram irent, de reditibus Regis sufficientes expensas illis ministrarent. *Rigord*, *p.* 171

il quittât ses Etats. Le Roi se contenta d'assurer les Ambassadeurs qu'il entretiendroit à ses dépens * tous ceux qui se croiseroient, & qui prendroient les armes par un motif aussi saint & aussi pieux.

Le Patriarche & le Grand Maître passerent ensuite en Angleterre, d'où le Patriarche, comme nous l'avons dit, esperoit tirer de plus puissans secours. Ces Ambassadeurs étant arrivez, rendirent au Roi la lettre du Pape, & lui représenterent le besoin que les saints Lieux avoient de ses armes, & sur-tout de sa présence. Henri les reçut avec de grandes démonstrations d'honneur. On prétend même qu'il alla au devant d'eux jusqu'à Rhedingue. Mais comme il étoit avancé en âge, & que d'ailleurs il avoit trois fils pleins de feu, d'un génie inquiet, dévorez d'ambition, & qu'il avoit bien de la peine à contenir sous son autorité, un voyage de si long cours que celui de Jerusalem dans cette conjoncture, ne lui parut convenable, ni à sa santé, ni à l'état présent de ses affaires. Cependant, pour amuser les Ambassadeurs, il remit la décision de cette entreprise au Parlement qui s'assembla le premier Dimanche de Carême. On exposa de la part du Roi dans cette auguste assemblée le desir sincere qu'il avoit, pour accomplir sa pénitence, de faire le voyage de la Terre Sainte, & en même tems on ne dissimula pas sa vieillesse, le mauvais état de sa santé, & même le besoin que l'Angleterre avoit de sa présence. Des sujets complaisans devinerent aisément les intentions

ROGER DESMOULINS.

1185.

Will. Neub. Liv. 3. c. 12. p. 425.
Roger de Hov. in Henr. 2.

* De consilio principum strenuos milites cum magna multitudine peditum armatorum de propriis reditibus sumptus sufficientes, pro ut famâ referente dedicimus, ministrans, devotè Jerusalem transmisit. *Id. ibid.*

du Prince, & ne manquerent pas de s'y conformer ; on lui envoya en cérémonie des Députez qui lui représenterent de la part de la Nation que par un engagement précedent à la mort de S. Thomas & à son absolution, & par le serment solemnel qu'il avoit fait le jour qu'il avoit pris la Couronne, il étoit plus obligé de rester dans ses Etats pour les gouverner, que de les abandonner pour aller en personne faire la guerre dans la Palestine. Que le Parlement cependant étoit d'avis d'accorder cinquante mille marcs d'argent pour lever des troupes, qui partiroient incessamment pour l'Asie ; qu'on prêcheroit la Croisade dans tout le Royaume, & que le Roi permettroit aux Prélats & aux Seigneurs qui voudroient prendre la Croix, de sortir du Royaume pour une si sainte expedition. Le Roi fit part de cette résolution aux Ambassadeurs ; ils lui demanderent qu'au moins il envoyât un de ses fils à la tête des Croisez. Mais il leur répondit, qu'alors il ne s'en trouvoit aucun en Angleterre, & qu'il ne pouvoit les engager en leur absence. Le Patriarche naturellement emporté, lui dit fierement qu'ils n'avoient pas besoin de son argent ; mais d'un Chef capable de conduire une armée. Il ajouta mille choses violentes, jusqu'à lui reprocher ses infidelitez envers le Roi de France son Seigneur, & même l'assassinat de saint Thomas de Cantorberi : & voyant que Henri, le plus fier de tous les hommes, rougissoit de dépit & de colere ; Voilà ma tête, lui dit-» il, vous pouvez me traiter, comme vous avez fait » mon frere Thomas : il m'est indifferent de mou-

ROGER DESMOULINS.

» rir ici par vos ordres, ou en Syrie de la main » des Infideles : auſſi-bien êtes-vous plus méchant » que tous les Sarraſins. *

Henry, ſoit par grandeur d'ame, ou qu'il craignît de ſe commettre une ſeconde fois avec les Eccleſiaſtiques, diſſimula ces outrages. Mais on ne peut exprimer la douleur, & même la confuſion du Grand Maître des Hoſpitaliers, de ſe voir aſſocié à un homme auſſi violent que le Patriarche, & qui par ſes emportemens, ruinoit tout le fruit qu'on eût dû juſtement eſperer de leur negociation. Il n'oublia rien pour appaiſer le Roi, qui parut donner ſon reſſentiment aux interêts de la religion. Ce Prince ramena même dans ſon vaiſſeau juſqu'en Normandie les deux Ambaſſadeurs de Jeruſalem, qui celebrerent la fête de Pâques à Rouen.

Spicil. t. 8. p. 489.

On trouve dans la chronique de Trivet, que ce Prince leur donna de ſon épargne, trois mille marcs d'argent. Un grand nombre d'Anglois, & pluſieurs de ſes autres ſujets des Provinces d'en deça de la mer ſe croiſerent, & ſe joignirent aux François que Philippe II. faiſoit paſſer en Orient à ſes dépens. Mais comme il n'y avoit point de Prince, ni de perſonne d'une aſſez grande autorité pour les commander & pour s'en faire obéir, on ne tira pas grand fruit de cet armement, & par le retour des Ambaſſadeurs, la conſternation ſucceda aux fauſſes eſperances que le Patriarche avoit données de ſa négociation.

* Fac de me quod de Thoma feciſti, adeo libenter volo à te occidi in Anglia, ſicut à Sarracenis in Syria, quia tu omni Sarraceno pejor es. *Chron. Joan. Brompt. in Henr.* 2. p. 1145.

On ne fut pas long-tems à Jerusalem sans être instruit de la conduite bizarre & emportée qu'il avoit tenue à la Cour d'Angleterre; tout le peuple se déchaînoit contre lui; on disoit hautement que la vraie Croix, qui avoit été recouvrée autrefois par un Prince, appellé Heraclius, seroit reperdue sous le Pontificat & par la faute d'un Patriarche du même nom : tout le monde détestoit sa violence, & on n'épargnoit pas sur-tout sa conduite, au sujet d'une femme qu'il entretenoit publiquement, plus connue sous le nom de la Patriarchesse, que par le sien propre.

Roger Desmoulins.

Marin Sanut. Liv. 3. part. 6. ch. 24, p. 147.

A ces plaintes contre ce Prélat, succederent de tristes préjugez qu'on faisoit de l'avenir; le Roi mourant, son Successeur mineur, un Regent ambitieux, sans religion, soupçonné d'aspirer à la Couronne, & de s'entendre avec les Infideles, la tréve prête à finir, l'ennemi puissant & redoutable, peu de troupes, encore moins d'argent, differens partis, & des divisions toujours funestes dans une minorité. Dans de si fâcheuses conjonctures, survint la mort du Roi : elle fut suivie, sept mois après, de celle du jeune Baudouin V. son neveu & son successeur. Les ennemis du Comte de Tripoli publioient que ce Prince avoit fait empoisonner le jeune Roi dans la vûe de lui succeder, tant par les droits de sa naissance, que par ses propres forces, & le credit & la puissance de ses partisans.

1186.

D'autres rejettoient un si grand crime sur la mere même du jeune Baudouin, & on prétend qu'elle avoit empoisonné son fils pour regner elle-

Herold. contn. Will. Tyr. l. 1. c. 3.

même, & pour faire regner Guy de Lusignan son second mari. Ce qui fortifioit ces soupçons, c'est que personne ne sçut jamais ni la maladie du jeune Prince, ni le moment de sa mort; que cette Princesse, après s'être assurée du Patriarche, du Grand Maître des Templiers, & du Marquis de Montferrat, fit environner le Palais de troupes; que ce Grand Maître, qui avoit en dépôt la Couronne & tous les ornemens royaux, gagné par des sommes considérables qu'on lui donna, les lui avoit remis sans la participation des Grands de l'Etat, & que le même jour qu'on déclara la mort du jeune Roi, la Reine sa mere, & Guy de Lusignan, s'étoient fait proclamer Roi & Reine de Jerusalem.

Les creatures du Comte de Tripoli, qui méprisoient Lusignan, s'opposerent hautement à cette proclamation: & même Geoffroy de Lusignan, Prince d'une force de corps & d'une valeur extraordinaire, mais qui n'étoit pas prévenu en faveur du courage de Guy, ayant appris son élévation sur le trône de la Palestine, ne put s'empêcher de dire d'une maniere à la verité peu chrétienne: "Ceux qui ont " fait Roi mon frere, m'auroient fait Dieu, s'ils " m'eussent connu. La plûpart des Grands de ce Royaume se plaignoient de ce que le Grand Maître des Templiers, dépositaire & gardien de la Couronne royale, l'avoit remise sans leur participation à la Reine, & sur-tout à Guy de Lusignan, qui n'y avoit aucun droit. Ces Seigneurs, les premiers de l'Etat, représentoient au peuple que dans la situation où se trouvoient les affaires de la Terre Sainte,

DE MALTE. LIV. II.

Sainte, on avoit besoin pour Roi, d'un Prince qui fût Capitaine, & qui eût l'estime & la confiance des gens de guerre; & ils prétendoient même, que la Couronne ne pouvoit tomber que sur les mâles de la Maison royale; ce qui donnoit une exclusion entiere aux deux Princesses, sœurs du jeune Baudouin. De si hautes prétentions partageoient tous les Chrétiens de la Palestine : on leva des troupes de part & d'autre, & on étoit prêt d'en venir aux mains : mais heureusement l'affaire se tourna en negociation.

Le Comte de Tripoli, qui faisoit agir secretement la cabale opposée à la Cour, fit dire par les principaux Seigneurs de son parti, à la Princesse Sybille, qu'ils consentiroient volontiers à lui mettre la Couronne sur la tête; mais, que si elle vouloit un Roi pour mari, ils exigeoient qu'elle répudiât Lusignan, & qu'ensuite elle fist choix, pour partager son trône & son lit, d'un Prince capable de commander les armées, & de défendre l'Etat.

La Princesse qui étoit habile, consentit à ces propositions; mais elle exigea de son côté que les Grands s'engageassent par un serment solemnel à reconnoître pour leur Souverain, celui qu'elle désigneroit pour son mari. Les sermens furent faits d'autant plus facilement, que, quoique le Regent fût actuellement marié, ses partisans se flattoient, à la faveur d'un pareil divorce, que le choix de la Princesse ne pourroit jamais tomber que sur ce Prince. Le Patriarche que la Reine avoit gagné par de grosses sommes d'argent, prononça sur le champ la sentence du divorce entre elle & Lusignan. L'histoire ne dit point de quels prétextes on se servit ; mais après que le divorce eût été déclaré, & la Princesse reconnue pour Reine, on la conduisit dans l'Eglise du saint Sepulchre, où elle reçut solemnellement la Couronne des mains du Patriarche. * Elle la tira aussi tôt de dessus sa tête, & la portant sur celle de Guy de Lusignan, l'embrassa comme son mari, le salua comme Roi, & se tournant vers les Grands étonnez de cette démarche : » Il n'appartenoit point aux hommes, » leur dit-elle fierement, de separer ce que Dieu » a uni. Le Grand Maître des Templiers, qui entroit dans cette intrigue, l'appuya de tout son credit. Les Grands se virent à la fin réduits à souscrire à un choix qu'ils n'avoient pû empêcher; & le peuple toujours avide de Ceremonies, contre son ordinaire, vit cette derniere avec plus d'étonnement que de joye.

Il n'y eut que le Comte de Tripoli, qui regarda le choix de la Reine, comme une injustice qu'elle lui faisoit. On ne peut exprimer dans quelle fureur cette préference le précipita ; il jura la perte de son rival, & même celle des Templiers qui avoient eu beaucoup de part à son élevation: & il ne se soucia pas de perir, pourvû qu'il pût entraîner tous ses ennemis sous ses propres ruines.

Plein de cet esprit de vengeance, & dans la resolution de sacrifier tout à son ressentiment, il se retira brusquement dans ses Etats. Saladin aussi

---

* Præfata Regina accepit coronam regiam in manibus suis, & posuit eam super caput Guidonis de Lusignan mariti sui, dicens : Ego eligo te in Regem & Dominum meum, & terræ Hierosolymitanæ, quia quod Deus conjunxit, homo separare non debet. *Rog. de Hoveden.* p. 634.

habile politique que Grand Capitaine, n'eut pas plûtôt appris son mécontentement, qu'il lui envoya secretement un homme de confiance pour traiter avec lui. Cet envoyé lui presenta avec une franchise apparente, qu'il n'étoit pas de l'interêt de son Maître de souffrir un Royaume chrétien & indépendant, au milieu de tant d'Etats, qui composoient son Empire; mais que s'il vouloit se faire Mahometan, & son Feudataire, il s'engageoit de le placer sur le trône de Jerusalem, & pour l'y maintenir, d'immoler à sa sureté tous les Templiers leurs ennemis communs.

Raimond aveuglé par sa passion, consentit à tout : on prétend même que dès lors il se fit circoncire. Mais pour mieux faire réussir leurs desseins, il convint avec cet Envoyé, qu'il ne feroit éclater son changement de Religion, qu'après qu'il seroit monté sur le trône ; & que pour pouvoir perdre plus sûrement le nouveau Roi, il se reconcilieroit avec lui.

Le perfide Comte dans cette vûe se rendit à Jerusalem; des amis communs qu'il fit agir, & qui n'avoient pour objet que d'éteindre la division, intervinrent de bonne foi dans cet accommodement; la paix se fit; Raimond reconnut Lusignan pour Souverain; & ce Comte si capable par sa valeur de défendre les saints Lieux, n'eut point de honte d'ajouter la trahison à l'apostasie.

Saladin de concert avec lui, entra aussi-tôt dans la Palestine à la tête d'une puissante armée : son dessein étoit de faire le siege d'Acre, la Ville de tout le Royaume la plus forte & la plus riche. On comptoit dans son armée près de cinquante mille chevaux sans l'infanterie ; & la plûpart de ces troupes étoient composées des anciens habitans du pays, ou de leurs enfans, que les Rois de Jerusalem depuis la conquête de Godefroi de Bouillon en avoient chassez. Tous revenoient à la suite de Saladin dans l'esperance d'une prochaine conquête, & de rentrer dans l'heritage de leurs peres.

Le Sultan favorisé secretement par le Comte de Tripoli, ne trouva point d'obstacle à sa marche, & venoit pour former le siege de la ville d'Acre. Le Roi en avoit confié la défense aux deux Grands Maîtres, qui s'avançoient au devant de l'ennemi avec un grand nombre d'Hospitaliers & de Templiers : l'Etat n'avoit point de ressource plus assurée. Les deux Grands Maîtres ayant fait prendre les armes à la garnison & à tous les habitans, sortirent la nuit de la Place. Les Chrétiens tenant d'une main leur épée, & du feu dans l'autre, surprennent les Infideles, entrent dans leur camp, abattent les tentes, coupent la gorge à tous ceux qu'ils trouvent endormis, mettent le feu par tout. La terreur & la consternation se répandent dans l'armée ennemie ; mais le jour qui commença à paroître, & la presence de Saladin les rassura ; chaque corps se rangea sous ses enseignes ; on en vint à un combat reglé, & on chercha à envelopper les Chrétiens.

Quoique les Infideles fussent superieurs en nombre, les Religieux militaires qui n'avoient jamais compté leurs ennemis, font ferme, poussent l'ennemi qui se trouve devant eux, s'attachent au corps même que Saladin avoit rallié : tout combat, tout se mêle; on tue tout ; des ruisseaux de sang coulent de tous côtez; point de quartier ni de prisonniers : une fureur égale animoit les soldats de chaque parti. Si Saladin dans cette action fit voir autant de conduite que de courage, les deux Grands Maîtres de leur côté, & soutenus de leurs braves Chevaliers, firent des prodiges de valeur. Le Grand Maître Desmoulins, à la tête des Hospitaliers, perça plusieurs fois les escadrons ennemis; rien ne tenoit devant lui. Le Comte de Tripoli qu'on prétend qui se trouva masqué dans cette occasion, & qui combattoit en faveur des Infideles, pour se défaire d'un Guerrier si redoutable, tua son cheval, qui en tombant se renversa sur le Grand Maître; & le poids de ses armes l'empêchant de se relever, les Infideles le percerent de mille coups après sa mort, soit pour venger celle de leurs compagnons, ou que ces barbares craignissent encore qu'un si grand Capitaine ne se relevât. * Plusieurs Hospitaliers, en le défendant, se firent tuer généreusement sur le corps de leur chef, & en voulant l'arracher à la fureur de ces barbares. Le combat cessa par l'épuisement des deux partis, & il n'y eut que la retraite de Saladin qui fit présumer que la plus grande perte étoit tombée de son côté.

Les Hospitaliers chercherent sur le champ de bataille le corps de leur Grand Maître pour lui rendre les derniers devoirs. Après bien des soins,

ROGER DESMOULINS.

1187.
Chronique de Nangis.

Contin. Will. Tyr. Liv. 1. ch. 5.

* Eodem die videlicet Calendas Maii, sexaginta Fratres Templi & Summus Magister Domûs Hospitalis cum pluribus domûs suæ Fratribus interfecti sunt. Rog. Hoved. in Henr. 2.

on le trouva enfin sous un tas de Turcomans & de Sarrasins, qui avoient passé par le trenchant de son cimeterre, ou que ses Chevaliers après sa mort avoient immolez à leur ressentiment. Il fut porté dans Acre, & les funerailles de ce grand homme y furent célébrées par les larmes de ses confreres, & par l'affliction génerale de tous les habitans.

On proceda ensuite à l'élection de son successeur; comme l'ennemi étoit au milieu du Royaume, & qu'on étoit à la veille d'une nouvelle bataille, les Hospitaliers comprirent bien qu'ils avoient plus besoin que jamais d'un Capitaine, & d'un habile Guerrier pour les commander. Le choix dans cette conjoncture tomba sur Frere GARNIER natif de Napoli de Syrie, Grand Prieur d'Angleterre, & Turcopolier de l'Ordre, titres inséparables: ce qui fait voir qu'en ce tems-là les dignitez n'étoient point encore attachées, comme elles le sont à présent; aux differentes Langues ou nations dont l'Ordre est composé.

Les Turcopoles d'où a été formé le nom de *Turcopolier* étoient anciennement, au rapport de Guillaume de Tyr, des compagnies de chevaux legers. L'origine de ce terme venoit des Turcomans, qui appelloient en géneral *Turcopoles* les enfans nez d'une mere Grecque & d'un pere Turcoman, & qui étoient destinez à la milice. Ce fut depuis un titre de dignité militaire dans le Royaume de Chypre, d'où il étoit passé dans l'Ordre de S. Jean. Mais les Hospitaliers ne s'en servoient que pour désigner le Colonel géneral de l'infanterie. Frere Garnier avoit résidé quelque tems en Angleterre

FRERE GARNIER DE NAPOLI DE SIRIE HUITIEME GR. MAITRE

en qualité de Bailli & de Turcopolier de l'Ordre. Pendant ces tems-là le Roi Henri II. ayant chassé de la fameuse Abbaye de Bukland des Chanoines Réguliers qui vivoient trop licentieusement, donna ce Monastere à l'Ordre, & Frere Garnier y mit des Hospitalieres de S. Jean. Ce grand Bailli étoit repassé depuis dans la Palestine pour partager les périls & la gloire de ses confreres; & sa valeur & ses vertus lui procurerent la dignité de grand Maître après la mort de Frere Roger Desmoulins.

Garnier de Syrie.

Ses premiers soins furent de rappeller auprès de lui la plûpart des Religieux qui étoient dispersez en differentes Places, & il reçut même dans l'Ordre plusieurs Novices pour remplacer ceux qu'on avoit perdus dans la derniere occasion, & pour se mettre en état de s'opposer avec succès aux armes de Saladin.

Nangis ad ann. 1188.

Ce Prince, de concert avec le Comte de Tripoli, & pour mieux cacher leur intelligence, assiegea Tiberiade, qui appartenoit au Comte, du chef d'Eschine sa Femme, qui y faisoit son séjour ordinaire. La Ville fut d'abord emportée, & la Comtesse qui ignoroit la trahison de son mari, se refugia dans le Château qui étoit plus fortifié. Le traître Raimond, comme s'il eût eu beaucoup d'inquiétude du succès de ce siege, crie au secours; appelle tous ses amis auprès de lui, & represente au Roi de quelle importance étoit cette Place, qui de ce côté-là couvroit toute la frontiere; on résolut aussi-tôt d'y jetter du secours à quelque prix que ce fût: le Roi se disposa à marcher lui-même à la tête de ce qu'il avoit de troupes sur pied; mais le Comte, qui vouloit livrer tout à la fois à Saladin toutes les forces de l'Etat; remontre au Roi, qu'avec une armée aussi inferieure à celle du Soudan, il alloit s'exposer à une déroute certaine; que Saladin avoit au moins quatre-vingt mille chevaux sans son infanterie, & que pour résister à une puissance si formidable, il falloit tirer toutes les garnisons des Places, & même faire marcher tous les habitans capables de porter les armes, afin de grossir l'armée, & avoir moins à craindre du nombre des Infideles.

Guy de Lusignan qui n'étoit ni grand homme de guerre, ni habile politique, s'abandonna aux perfides conseils d'un ennemi réconcilié : on dégarnit toutes les Places de leurs garnisons, & même des habitans; & il n'y resta que des vieillards, des femmes & des enfans. Toute la fortune de l'Etat étoit réunie dans cette multitude confuse de soldats, de bourgeois & de paysans armez bizarrement, dont la plûpart marchoient sans ordre, & qui n'avoient que de la fureur & de l'emportement.

A l'approche des Chrétiens, Saladin sortit de ses lignes; on fut bien tôt en presence; le combat dura trois jours & fut très-sanglant. Guy de Lusignan, par l'avis du Comte de Tripoli, avoit placé son camp entre des rochers, comme dans un endroit où il ne pouvoit être forcé; mais le perfide Comte lui avoit caché que de cet endroit ses soldats ne pourroient aller à l'eau qu'à travers de l'armée des Infideles. Un besoin si pressant se fit bien-tôt sentir; la necessité obligea dès le lendemain

lendemain de marcher aux ennemis, pour s'ouvrir un passage à la riviere.* Les Templiers, qui avoient la pointe, descendirent les premiers dans la plaine, & chargerent les Infideles avec leur valeur ordinaire ; ils pousserent d'abord tout ce qui se presenta devant eux ; jamais ces braves guerriers n'avoient fait paroître tant de courage & tant d'intrépidité. Ils percent & ils enfoncent les premiers escadrons des Infideles, mais le Comte de Tripoli, qui commandoit le corps qui les devoit soutenir, au lieu de suivre le chemin de la victoire que ces genereux soldats de Jesus-Christ lui avoient frayé, les abandonne, s'enfuit de concert avec Saladin qui le laisse échapper, & les Templiers demeurez seuls dans la plaine, furent accablez par la multitude des ennemis, & tous furent tuez ou demeurerent prisonniers : le reste de l'armée se retira dans son camp & dans les rochers où le traitre Comte de Tripoli les avoit engagez. La fuite de ce Prince, dont on estimoit la capacité & la valeur, fit croire aux Chrétiens que l'affaire étoit désesperée ; on passa la nuit dans ces rochers, sans eau & dans le mois de Juillet. Saladin, pour augmenter la chaleur de la saison, fit mettre le feu dans les bois qui étoient sur la montagne, & qui environnoient le camp des Chrétiens : le soldat à demi-mort de soif & de lassitude,

GARNIER DE SYRIE.

* Templarii robustissimo in hostem impetu procurrentes, primarum hostium turmarum densitatem ruperunt, & earum vel stragem vel fugam fecerunt. Verùm tunc demum nostrorum nefanda proditio & nefaria cum hoste collusio claruit ; Comes enim Tripolitanus cæterique optimates cum turmis suis, spretâ dispositione regiâ, præclaram illam Templi militiam, hostes fortiter proterentem, dum non sequerentur, periclitari fecere ; atque ita Templarii confertissimis hostium cuneis, nullo sequente, immersi, illicò vel victima, vel præda fuere. *Will. Neubr. l. 3. p. 430.*

210 HISTOIRE DE L'ORDRE

GARNIER DE SYRIE.

couché contre terre, attendoit l'ennemi avec indifference, & ne croyoit pas que la mort fût le plus grand des malheurs. Saladin averti par des transfuges, qu'il n'y avoit plus ni ordre ni commandement dans le camp, l'attaque, & ne trouve qu'une foible résistance. Ce fut moins un combat qu'une boucherie; le Turcoman & le Sarrasin ne donnent point de quartier; des ruisseaux de sang couloient entre ces rochers; tout périt ou demeura prisonnier; le Roy, le Grand Maître des Templiers, Renaud de Châtillon & un grand nombre de Seigneurs & de Chevaliers de saint Jean & du Temple tomberent dans les fers des Infideles. Les Turcs prirent même la vraie Croix qu'on portoit ordinairement dans les combats. Le Grand Maître des Hospitaliers, après avoir fait des prodiges de valeur, se sauva tout percé de coups, & s'ouvrit un passage l'épée à la main, au travers des escadrons ennemis: il gagna Ascalon, où il mourut le lendemain de ses blessures.

Will. Neub. l. 3. pag. 43. Rog. de Hoveden p. 637. Herold. Contin. bell sacri. l. 1. 7. p. 4.

Saladin, qui, par l'extinction des Ordres militaires, se flatoit de se rendre maître plus facilement de la Terre Sainte, fit dire aux Hospitaliers & aux Templiers prisonniers de guerre, qu'ils ne pouvoient éviter la mort que par le changement de religion, en renonçant à Jesus-Christ; mais ces genereux Guerriers se presenterent avec joye au supplice; tous furent égorgez * par ces barbares, & la constance & la fermeté avec laquelle ils re-

* Milites Templi & Hospitalis quos in campo non voraverat gladius, ab aliis segregatè captivis Saladinus coram se decollari præcepit. *Rog. Hov.* p. 637.

Quotquot Templarii & Hospitalarii inveniuntur protinus decollantur. *Idem Nangis ab ann.* 1187.

cevoient la mort, ranimant la foi des plus simples soldats, on en vit plusieurs quoique seculiers, qui par une innocente supercherie, crioient à haute voix qu'ils étoient Templiers ; & comme s'ils eussent craint de manquer de bourreaux, on les voyoit se presser à l'envie l'un de l'autre pour passer les premiers sous le glaive des Infideles.

Le Sultan fit ensuite amener dans sa tente le Roy, le Grand Maître des Templiers, Renaud de Châtillon & les autres Seigneurs prisonniers, qui n'esperoient pas un sort plus heureux. Saladin, pour rassurer le Roy, le fit asseoir auprès de lui, & voyant ce malheureux Prince à demi-mort de soif & de lassitude, il lui fit presenter une liqueur agréable & rafraîchie dans la neige. Le Roy après en avoir bû, donna la tasse à Renaud ; mais le Sultan s'y opposa, & fit dire au Roy par son Interprete : » C'est pour toi que j'ai fait venir à boire, » & non pour ce méchant homme, qui ne doit » jamais esperer de quartier. Pour entendre le sens de ces paroles, il faut sçavoir que parmi ces Infideles, le droit d'hospitalité étoit inviolable, & que ces barbares ne faisoient jamais mourir leurs prisonniers, quand une fois ils leur avoient presenté de leur main à boire ou à manger.

Ce fut par cette raison que Saladin empêcha Renaud de boire après le Roy ; il lui fit de sanglants reproches des tréves qu'il avoit violées, de ses brigandages, de son inhumanité envers des prisonniers qu'il avoit pris, plutôt, lui dit-il, comme un voleur, que selon les loix de la guerre ; & sur-tout, il lui fit le plus grand de tous les crimes,

Dd ij

selon les principes de sa religion, du dessein qu'il avoit formé de surprendre & de piller la Meque & Medine. » Il faut donc, pour réparation de » tant d'outrages, continue le Sultan en haussant » la voix, ou que tu renonces tout-à-l'heure à Jesus- » Christ, ou que tu meures pour venger notre S. » Prophete. Renaud fier & intrépide jusques sous l'épée ennemie, lui répondit qu'un Chrétien ne sçavoit ce que c'étoit que de racheter sa vie par une telle lâcheté. Alors Saladin transporté de colere tirant son cimeterre, lui abbatit la tête, & fit de ce Seigneur un Martyr, qui, par une mort si chrétienne & si genereuse, expia ce qu'il y avoit eu de moins équitable dans la maniere dont il avoit fait la guerre. Le Sultan à la priere du Roy, laissa la vie au Grand Maître des Templiers qu'il envoya à Damas avec ce Prince & les autres prisonniers, dont il esperoit tirer une grosse rançon.

L'Etat de Jerusalem étoit dans une affreuse désolation; il n'y avoit ni troupes ni Chefs pour les commander; les habitans même manquoient dans les Villes; les deux Ordres militaires avoient perdu la plûpart de leurs Religieux; & des deux Grands Maîtres, celui des Hospitaliers venoit de mourir des blessures qu'il avoit reçues dans la bataille, & & le Grand Maître du Temple étoit prisonnier à Damas.

Dans une si triste situation, ce qui restoit d'Hospitaliers s'assemblerent pour proceder à l'élection d'un nouveau Grand Maître. On pouvoit dire alors de cette grande place, ce que saint Paul disoit de l'Episcopat, par rapport aux peines &

aux perſecutions qui y étoient attachées: Que c'étoit une œuvre méritoire de déſirer cette éminente dignité. En effet il fallut faire une eſpece de violence à Frere ERMENGARD DAPS, pour l'obliger, dans une ſi fâcheuſe conjoncture, à ſe charger du gouvernement. Cet Ordre auparavant ſi puiſſant & ſi redoutable aux Infideles, venoit d'être preſque éteint par le grand nombre de Chevaliers qui avoient péri dans les dernieres batailles; & le peu qui avoient échapé à la fureur de Saladin, ſe voyoient à la veille d'éprouver le même ſort, ſans que le Grand Maître pût enviſager d'autre reſſource pour lui & pour ſes confreres, qu'une mort honorable au défaut de la victoire.

Saladin pour profiter de la conſternation publique ſuivoit rapidement ſa fortune; la plûpart des Places du Royaume lui ouvrirent leurs portes; la Ville de S. Jean d'Acre deſtituée des Religieux militaires, ſes génereux défenſeurs, ne tint que deux jours; & de tant de conquêtes, il ne reſta aux Chrétiens que Jeruſalem, Tyr, Aſcalon, Tripoli & Antioche: encore de ces deux dernieres Places, l'une ne relevoit point de la Couronne de Jeruſalem, & l'autre n'en étoit que feudataire.

Pour faire mieux connoître l'état déplorable de ce Royaume, il ne ſera pas inutile de rapporter ici la Lettre circulaire qu'un Templier, triſte témoin de cette funeſte révolution, écrivit à ſes confreres d'Occident après la bataille de Tiberiade.

» Frere Thierri grand Précepteur, le très pau-
» vre Couvent, & l'Ordre entier, mais preſque
» anéanti : A tous les Précepteurs, & à tous nos

» Freres du Temple : SALUT en celui auquel nous
» adreſſons nos ſoupirs, & que le Soleil & la Lune
» adorent.

» Nous ne pouvons, nos très-chers Freres, vous
» exprimer par ces caracteres, ni même par des
» larmes de ſang tous les malheurs que nos pechez
» ont attirez ſur nos têtes. Les Turcomans, cette
» nation barbare, ayant couvert la ſurface de la
» terre, nous nous avançâmes pour dégager le
» Château de Tiberiade, que ces Infideles aſſié-
» geoient; on en vint bien-tôt aux mains; mais
» les ennemis nous ayant pouſſez vers des rochers
» & des montagnes eſcarpées, nos troupes ont été
» taillées en piéces; trente mille hommes ont péri
» dans cette funeſte journée; le Roy eſt pris; & ce
» qui eſt encore plus déplorable, le bois précieux
» de la vraie Croix eſt tombé en la puiſſance des
» Infideles. Saladin, pour couronner ſa victoire,
» a fait couper la tête à deux cens trente de nos
» Freres, qui avoient été pris dans la bataille,
» ſans compter ſoixante autres que nous avions
» perdus dans le combat précedent. Ce Chef
» des barbares eſt maître aujourd'hui des princi-
» pales Villes du Royaume; il ne reſte à la Chré-
» tienté que Jeruſalem, Aſcalon, Tyr, & Beritte,
» dont même les garniſons, & les principaux
» habitans ſont péris dans la bataille de Tibe-
» riade; en ſorte qu'il eſt impoſſible, ſans le ſe-
» cours du Ciel & le vôtre, de conſerver ces Pla-
» ces, &c.

Mais ce ſecours étoit trop éloigné, & il n'y
avoit pas d'apparence qu'il arrivât à tems pour ar-

rêter le progrès des armes de Saladin. Ce Conquerant, après s'être rendu maître de S. Jean d'Acre, de Jaffa, de Naploufe, de Sébafte, de Nazaret, de Sefuriet, de Cefarée, de Sidon & de Beritte, marcha droit à la Capitale, & affiegea Jerufalem, qui étoit le principal objet de fon entreprife. La Reine s'y étoit enfermée ; mais la Ville n'avoit point d'autres défenfeurs que fes habitans, dont même les principaux, Grecs de religion, étoient ennemis fecrets des Latins. Saladin qui n'ignoroit pas leur difpofition, & qui fe croyoit déja maître de la Place, refufa toute compofition à la Reine. Cette Princeffe après une legere réfiftance, avoit demandé à capituler: Saladin lui fit dire qu'il vouloit entrer dans la Place l'épée à la main, pour venger, difoit-il, le fang de tant de Mufulmans maffacrez par les Chrétiens du tems de Godefroi de Bouillon. La dureté de cette réponfe fit réfoudre les Chrétiens Latins à s'enfevelir fous les ruines de la Place: hommes, femmes & enfans, tout prit les armes; & le defefpoir leur tenant lieu de valeur, ils foutinrent les attaques des Infideles avec un courage fi déterminé, que le Sultan, foit qu'il craignît quelque révolution, ou du moins que la longueur du fiege ne retardât les autres conquêtes qu'il projettoit, confentit à la fin à entrer en négociation, & le traité fut figné de part & d'autre le quatorziéme jour du fiege. Il fut dit par la capitulation que la Reine rendroit la Ville en l'état où elle étoit, & fans rien démolir ; que la Nobleffe & les gens de guerre fortiroient en armes & avec efcorte pour être conduits à Tyr, ou en telle autre Ville qu'ils voudroient ; qu'à l'égard des habitans, les Grecs naturels pourroient y rester; mais que tous les habitans Latins d'origine, seroient obligez d'en sortir; & que pour marque qu'il étoit maître de leurs vies & de leur liberté, il vouloit qu'ils la rachetassent, les hommes en payant dix écus d'or de rançon, les femmes cinq, deux pour chaque enfant; & que tous ceux qui ne pourroient pas se racheter, demeureroient esclaves du vainqueur.

Pendant la nuit qui préceda l'execution de ce funeste traité, on n'entendit dans Jerusalem que des gémissemens, des pleurs & des cris de ces malheureux habitans, qui déploroient leur sort, & de se voir obligez de livrer eux-mêmes aux Infideles la sainte Cité. Hommes, femmes, enfans, jeunes & vieux se prosternoient devant le Saint Sépulchre, qu'ils arrosoient de leurs larmes, qu'ils baisoient, & dont ils ne pouvoient se détacher. Enfin le jour parut, & le triste moment arriva où il fallut ouvrir les portes aux victorieux. Les Infideles s'en emparerent ; Saladin environné de ses principaux Officiers, differa son entrée jusqu'à ce que tous les Chrétiens Latins fussent sortis. Les meres chargées de leurs petits enfans qui n'étoient pas encore en état de marcher, parurent les premieres ; d'autres en conduisoient par la main qui étoient un peu plus forts ; les hommes portoient des vivres, & les petits meubles nécessaires à leurs familles ; la Reine escortée de ce qui lui étoit resté de gens de guerre venoit après ce peuple, accompagnée de deux petites Princesses ses filles, du Patriarche,

Patriarche, de son Clergé, & suivie de ce qu'il y avoit de personnes de consideration de l'un & de l'autre sexe. Saladin voyant la Reine approcher, s'avança au-devant d'elle, lui parla avec beaucoup de respect; & pour la consoler, lui fit esperer moyennant une médiocre rançon de rendre la liberté au Roi son mari. Des Dames chrétiennes qui étoient à la suite de la Reine, & dont les maris depuis le commencement de la guerre étoient tombez dans les fers de Saladin, passant devant ce Prince, & sentant à sa vûe renaître leur affliction, pousserent de grands cris, & en forme de suppliantes, lui tendoient les mains. Ce Prince leur ayant fait demander ce qu'elles souhaitoient de lui, une de ces Dames s'approchant, lui répondit : » Nous avons tout perdu, Seigneur, mais » d'une seule parole vous pouvez adoucir notre » juste douleur ; rendez-nous nos peres, nos fre-» res & nos maris, qui par le sort de la guerre, » sont vos prisonniers, & nous vous abandon-» nons tout le reste. Avec de si chers gages, nous » ne pouvons être tout à fait malheureuses ; ils au-» ront soin de nous, & le Dieu que nous adorons, » & qui nourit jusqu'aux oiseaux du ciel, nourira » nos enfans.

Saladin qui n'avoit rien de barbare que sa naissance, touché des larmes de ces Dames qui s'étoient prosternées à ses pieds, après les avoir fait relever, leur fit rendre tous les prisonniers qu'elles réclamoient. Il ajouta même à cette grace des presens qu'il leur fit ; & ce qui marquoit dans ce Soudan un grand fond d'humanité, c'est qu'après

ERMEN-GARD DAPS

son entrée dans Jerusalem, ayant entendu parler du soin que les Hospitaliers prenoient des malades & des blessez, il consentit que ces Chevaliers, quoiqu'ennemis de sa religion, restassent dans Jerusalem encore un an & jusqu'à l'entiere guérison des malades.

C'est ainsi que Jerusalem, quatre-vingt-huit ans après la conquête qu'en avoient fait les premiers Croisez, retomba sous la puissance des Infidéles. Saladin, avant que d'entrer dans Jerusalem, fit casser & fondre les cloches, & laver l'Eglise Patriarchale avec de l'eau rose. Cette Eglise avoit été construite d'abord sur les anciennes ruines du Temple de Salomon par le Calife Omar, qui en 636, après avoir pris la Ville de Jerusalem, en avoit fait la principale Mosquée. Cette Mosquée appellée par les Infidéles ALAXA, fut changée en Eglise à la conquête de Godefroi de Bouillon, & une fausse tradition avoit fait croire aux pelerins que c'étoit le Temple même de Salomon ruiné par les Romains, & rebâti depuis par les Chrétiens. Quoiqu'il en soit, Saladin étant maître de cette Ville, la Reine avec les Princesses ses filles, se retira à Ascalon ; les habitans de Jerusalem se dispersent en differens endroits de l'Asie & de l'Europe ; les uns se refugierent à Tripoli, d'autres gagnerent Antioche, & un grand nombre désesperant de voir jamais rétablir le Royaume de Jerusalem, passerent jusqu'en Sicile & en Italie. On prétend que ce fut en ce tems-là que les Religieuses Hospitalieres de saint Jean, fuyant le tumulte des armes, se retirerent en Europe avec la permiſſion du Grand Maître, & y firent depuis des établiſſemens conſiderables, comme nous le verrons dans la ſuite

ERMEN-GARD DAPS

Thierry grand Precepteur des Templiers, dans une lettre qu'il écrivit à Henry Roi d'Angleterre, lui rendit compte de cette étrange révolution; & comme ces pieces originales ſont d'une grande autorité pour l'Hiſtoire, nous avons crû que les Lecteurs ne ſeroient pas fâchez de trouver ici une lettre pleine de triſtes circonſtances de ces grands évenemens.

» Sçachez, grand Roi, lui dit ce Templier, » que Saladin s'eſt rendu maître de la ville de » Jeruſalem & de la Tour de David; les Chrétiens » Syriens n'ont la garde du Saint Sepulchre que » juſqu'au quatriéme jour après la fête de ſaint » Michel prochain; il eſt permis aux Freres Hoſ- » pitaliers de reſter encore un an dans leur Mai- » ſon, pour prendre ſoin des malades; les Che- » valiers de cet Ordre, qui ſont dans le château » de Beauvoir, ſe diſtinguent tous les jours par » differentes entrepriſes qu'ils font contre les Sar- » raſins; ils viennent d'enlever deux caravannes » aux Infidéles, & ils ont trouvé dans la premiere » les armes & les munitions de guerre que les Tur- » comans tranſportoient de la forctereſſe de la Fere, » après avoir détruit cette Place. Carac voiſin du » Mont-royal, le Mont-royal, Saphet du Temple, » un autre Carac, & Margat qui appartiennent » aux Hoſpitaliers, Caſtel-blanc, Tripoli & An- » tioche ſe maintiennent encore contre tous les » efforts des Turcs. Saladin a fait abattre la gran-

PREUVE IX.

E e ij

» de Croix qui étoit posée sur le dôme de l'Eglise
» bâtie à la place du Temple de Salomon, & pen-
» dant deux jours on l'a traînée ignominieusement
» dans les rues, foulée aux pieds, & couverte de
» boue. Par une espece de purification, on a lavé
» d'eau rose par dedans & par dehors cette Eglise
» pour servir ensuite de Mosquée, & on y a pro-
» clamé à haute voix la Loi de Mahomet. Les Turcs
» depuis la saint Martin tiennent Tyr assiegé ; un
» grand nombre de machines ne cessent jour &
» nuit d'y jetter de gros quartiers de pierres. Le
» jeune Conrard, fils du Marquis de Montferrat,
» qui s'est enfermé dans cette Place, la défend
» avec beaucoup de courage, soutenu du secours
» des Chevaliers de saint Jean & des Templiers. La
» veille de saint Silvestre, dix-sept galeres chré-
» tiennes, montées par ces braves Religieux, sor-
» tirent du port avec dix autres vaisseaux Sici-
» liens, commandez par le Général Margarit, Ca-
» talan de nation, & attaquerent la flote de Sala-
» din presque sous ses yeux ; les Infidéles furent
» défaits ; le grand Amiral d'Alexandrie & huit
» Emirs furent faits prisonniers ; on leur prit onze
» vaisseaux ; il y en eut un grand nombre qui
» échouerent à la côte ; & de peur qu'ils ne tom-
» bassent entre les mains des Chrétiens, Saladin y
» fit mettre le feu, & les réduisit en cendres. Ce
» Prince parut le lendemain dans son camp monté
» sur le plus beau de ses chevaux, auquel par un
» aveu public de sa défaite & de sa douleur, il
» avoit fait couper la queue & les oreilles.

Pour l'intelligence de ce qui se passa au siege

de Tyr, il faut sçavoir que Saladin, après la conquête de Jerusalem, assiegea Ascalon que la Reine lui rendit pour la liberté du Roi son mari, celle du Grand Maître des Templiers & de quinze autres Seigneurs ; & par ce traité Guy de Lusignan renonça solemnellement au titre de Roi de Jerusalem. Ce Prince avec la Reine sa femme se retira ensuite dans un Château proche la mer, où ils étoient plutôt cachez, qu'en état de se défendre. Saladin, sans s'embarasser d'un ennemi qu'il méprisoit, partit d'Ascalon pour faire le siege de Tyr, ancienne & fameuse ville de Phénicie, si celebre dans l'Histoire sainte par son Roi Hirram, l'ami de Salomon, & renommée par le siege qu'y mit Alexandre le Grand, auquel elle résista sept mois entiers : & ce Prince ne s'en seroit pas même rendu maître, s'il n'eût joint l'Isle dans laquelle elle étoit située, à la terre ferme, par le moyen d'une digue qu'il fit faire pour combler le bras de mer qui en faisoit une Isle. Les habitans, moins courageux que leurs ancêtres, à l'approche de Saladin, & redoutant les malheurs d'une Place emportée d'assaut, se disposoient à aller au devant du victorieux, & lui porter les clefs de leur Ville, lorsque le jeune Conrard, le dernier des enfans du Marquis de Montferrat, que le désir de contribuer à la liberté de son pere prisonnier de Saladin, avoit conduit en la Terre Sainte, les exhorta à se défendre génereusement, & leur offrit ses services ; mais il ajouta qu'il ne vouloit point répandre son sang pour un Prince aussi lâche que Guy de Lusignan, & qu'il prétendoit,

ERMEN-GARD DAPS

s'il étoit assez heureux, comme il l'esperoit, de conserver cette Place, qu'ils s'engageassent par un traité solemnel à le reconnoître pour leur Seigneur. Les Habitans de Tyr abandonnez de leur Souverain, & rendus à eux-mêmes, souscrivirent à cette condition. Conrard appella à son secours un grand nombre de Chevaliers de saint Jean, qui se mirent à la tête des Tyriens; Ils en firent des soldats tous animez de leur esprit & de leur courage; les femmes même, ou tiroient des flêches sur les assiegeans, ou portoient des vivres à leurs maris qui couchoient sur les remparts. Jamais, depuis le siége qu'Alexandre le Grand avoit mis devant cette Place, il ne s'y étoit fait une si belle défense. Saladin rebuté de la longueur d'un siege qui arrêtoit le progrès de ses armes, résolut de se retirer; mais avant que de décamper, il fit conduire devant les murailles le pere du Marquis, qu'il avoit fait prisonnier à la bataille de Tiberiade; & un heraut ayant été introduit dans la Place, déclara au jeune Conrard qu'on alloit à l'instant, couper la tête à son pere, s'il ne faisoit ouvrir les portes de Tyr au Sultan.

Le jeune Prince se voyoit partagé entre deux devoirs qui lui paroissoient également indispensables; il étoit question, ou de sauver la vie à son pere, ou d'abandonner des Chrétiens ausquels il avoit donné sa foi. Pour se tirer d'embarras, il affecta une fermeté qui alloit jusqu'à l'indifference: » Va, répondit-il au heraut, dis à
» ton Maître de ma part, qu'il ne peut faire mou-
» rir un prisonnier de guerre, qui s'est rendu sur sa

" parole, sans se deshonorer, & que pour moi, ERMEN-
" je me tiendrai très-heureux d'avoir eu pour pere GARDDAPS
" un Martyr de Jesus-Christ. Après cela, on recommença du côté de la Ville à tirer tout de nouveau ; mais les soldats avoient des ordres secrets
en tirant leurs fleches, d'éviter l'endroit où le vieux *Chron. Nan-*
Marquis chargé de chaînes, étoit exposé. Le *gis ad ann.*
Sultan, qui n'avoit point de raison particuliere *1188.*
pour faire périr ce Prince, & dont il esperoit une
grosse rançon, le renvoya dans sa prison, & leva
le siege. Il ne fut pas plûtôt éloigné, que le Roi
de Jerusalem sortit de sa retraite, & prétendit recueillir le fruit de la valeur du jeune Montferrat.
Il se presenta devant la Place, où il prétendoit
entrer comme Souverain ; mais il en trouva les
portes fermées, & les habitans lui crierent qu'ils
étoient bien surpris que pendant le siege, il eût
oublié ce qu'il devoit à ses sujets ; qu'il venoit un
peu trop tard ; qu'un autre plus genereux que lui
avoit pris sa place & acquis la Seigneurie de Tyr
par le plus juste de tous les titres, & pour l'avoir
courageusement défendue au péril de sa vie contre
les Infidéles. Il fallut que Guy de Lusignan se
retirât ; mais ces prétentions réciproques firent *Will. Neub.*
naître une espece de guerre civile entre ces deux *l. 3. c. 19. p.*
Princes. Le Grand Maître des Templiers, soit qu'il *432.*
trouvât la cause du Roi la plus juste, ou que pendant leur prison commune, il se fût formé entr'eux des liaisons particulieres, se déclara ouvertement contre le Marquis de Montferrat. Non-
seulement il le traitoit d'usurpateur, mais il empêchoit même qu'il ne fît entrer des secours de

ERMEN-CARD DAPS

vivres & de munitions dans sa Place : & au préjudice des affaires générales de la Chrétienté, & même contre la fidelité qu'exigent des dépots, il détourna un argent considerable que le Roi d'Angleterre, charmé de la réputation du jeune Conrard, lui avoit envoyé pour fortifier sa Place & entretenir la garnison. c'est ce que nous apprenons d'une lettre du jeune Conrard à l'Archevêque de Cantorberi : » Je suis odieux, dit-il, à

PREUVE X.

» Guy de Lusignan, autrefois Roi de Jerusalem,
» & au Grand Maître des Templiers, parceque
» j'ai conservé, & que je conserve encore actuel-
» lement la Ville de Tyr contre tous les efforts des
» Infidéles. On attaque mon honneur; on déchi-
» re ma réputation ; on empêche qu'il n'entre du
» secours dans la Place, & ce qui est de plus criant,
» le Grand Maître des Templiers s'est emparé de
» l'argent que le Roi d'Angleterre m'avoit en-
» voyé : ce qui m'oblige de vous en porter mes
» plaintes les larmes aux yeux. A l'égard des Hos-
» pitaliers, je ne puis que m'en louer, & je prends
» Dieu à témoin & vous même, de ma sincere
» reconnoissance pour des gens qui, depuis qu'ils
» ont pris les armes pour la défense de la Place,
» n'ont cessé de nous rendre des services très-
» utiles : & bien-loin de retenir comme les Tem-
» pliers cette partie des deniers du Roi d'Angle-
» terre qu'ils devoient nous fournir, nous vous
» assurons qu'ils ont employé encore plus de huit
» mille pieces de leur argent à la défense de la
» ville de Tyr, & pour l'empêcher de tomber
» sous la domination des Infidéles, qui malgré leur

puissance

DE MALTE. LIV. II. 225

" puissance formidable, ont été obligez de lever ERMEN-
" honteusement le siege, &c. GARDDAPS

Saladin, après avoir abandonné cette entreprise porta ses armes avec plus de succès dans la principauté d'Antioche. Il se rendit maître de vingt-cinq villes ou châteaux, où il mit de puissantes garnisons qui tenoient la Capitale comme bloquée. Tous les Gouverneurs & les Magistrats, dans la crainte de la mort ou du pillage, alloient bien loin au-devant du vainqueur prendre des chaînes; tout plioit sous une puissance aussi formidable, & il ne restoit plus aux Chrétiens qu'Antioche, Tyr & Tripoli.

Le Comte de Tripoli, le malheureux instrument de la perte de la Terre Sainte, voyant son ennemi détrôné, fugitif & errant dans ses propres Etats, somma Saladin en execution de leur traité, de lui en remettre la Couronne, & de lui livrer les Places dont il lui avoit facilité la conquête par sa fuite à la bataille de Tiberiade. Mais le Sultan méprisant le traître dont la trahison lui avoit été si utile, ne répondit à ses prétentions que par des railleries ameres. Le Comte outré de son manque de parole, & se voyant devenu odieux & execrable aux deux partis, s'abandonna au désespoir; sa raison se troubla, il tomba dans une espece de frénésie, & mourut peu après, toujours agité de colere & de fureur. En le dépouillant pour l'ensevelir, on apperçut qu'il s'étoit fait Mahometan.*

Ex doloris vehementia in amentiam versus, horrenda morte defecit. *Will. Neub. Liv.* 3. *p.* 432.

* Res dissimulari non potuit; nam corpore defuncti nudato, quia nuper Circumcisionis stigma susceperat, apparuit; undè palam fuit quòd se Saladino confœderans sectam sarracenicam ceperat observandam, postquam Tripolis urbis dominium filius principis Antiochiæ de jure obtinuit parentelæ. *Nangis ibid.*

Tome I. Ff

ERMEN-GARD DAPS

La Comtesse sa veuve qu'il avoit laissée sans enfans, & qui se voyoit sans ressource, appella à son secours Raimond Prince d'Antioche, auquel comme au plus proche parent, elle remit Tripoli & ses dépendances.

Les armées nombreuses de Saladin, & la rapidité de ses conquêtes ne laissant plus d'esperance aux Chrétiens Latins, que dans les Princes d'Occident, l'on députa Guillaume Archevêque de Tyr, Auteur de l'histoire de la Terre Sainte, pour aller implorer leur secours. Cet Ambassadeur passa d'abord en Italie, & il apprit à Urbain III. qui étoit alors sur la Chaire de S. Pierre, le malheureux succès de la bataille de Tiberiade, & la perte de Jerusalem.

A ces tristes nouvelles, toute l'Europe fut consternée ; on prétend que le Pape en mourut de douleur. Grégoire VIII. son successeur, mais qni ne tint le S. Siege qu'environ deux mois, ordonna des jeûnes & des prieres publiques. Les peuples d'Italie saisis d'étonnement & d'affliction, s'écrioient qu'ils étoient indignes du nom de Chrétiens, & d'avoir jamais part au Royaume des cieux, s'ils n'alloient délivrer l'héritage du fils de Dieu de la domination des Infidéles. Un Auteur contemporain ajoute que les Cardinaux promirent * de renoncer à toute sorte de délices, de ne plus recevoir aucuns présens de ceux qui avoient des affaires en Cour de Rome, de ne point monter

---

* Firmiter inter se promiserunt quòd de cætero nulla munera recipient ab aliquo qui causam habeat in Curia ; non ascendent in equum quamdiù terra in qua pedes Domini steterunt, fuerit sub pedibus inimici. *Roger de Hoveden*, p. 636.

à cheval, tant que la Terre Sainte seroit foulée par les Infidéles; de se croiser les premiers, d'aller dans cette guerre sainte à pied à la tête des Pelerins, & même en demandant l'aumône par les chemins. Mais il y avoit dans tous ces discours plus d'ostentation que de zele, & de veritable pieté. Les Cardinaux resterent à Rome; il ne se fit même aucun changement dans leurs mœurs, & l'ambassade de l'Archevêque de Tyr n'auroit pas eu plus de succès que celle d'Heraclius Patriarche de Jerusalem dont nous venons de parler, si l'Empereur Frederic I. Philippe II. Roi de France, & Henri II. Roi d'Angleterre ne s'étoient génereusement croisez avec la plûpart des Princes de l'Europe.

Le Pape Clément III. qui avoit succedé à Grégoire VIII. au défaut de secours plus effectifs, nomma l'Archevêque de Tyr Légat du S. Siége, & il lui donna pour collegue le Cardinal Henri, Evêque d'Albano. Ces Prélats engagerent les Rois de France & d'Angleterre à se trouver à une conference qui se tint entre Trie & Gisors, Place qui appartenoit alors au Roi d'Angleterre en qualité de Duc de Normandie. L'Archevêque de Tyr pénetré de douleur, tâcha de leur inspirer le même zele dont il étoit lui-même rempli. Il représenta dans une si auguste assemblée les gémissemens de la sainte Cité tombée sous la domination des Infidéles; la perte de tant de Chrétiens immolez à la fureur des barbares; la prison des uns, l'exil des autres; & ce qui étoit de plus déplorable, de jeunes enfans de l'un & l'autre sexe nez

228　Histoire de l'Ordre

ERMEN-
GARD DAPS

libres & devenus esclaves avant que de connoître tout leur malheur, & qui seroient élevez dans l'erreur après que ces Infidéles auroient prévenu & séduit leur raison. Il entra ensuite dans le détail des artifices & des cruautez dont ces barbares se servoient tour à tour pour pervertir ceux qui étoient plus âgez ; & il fit une peinture si touchante de l'état affreux où les Chrétiens Latins étoient réduits, que fondant lui-même en larmes, il en tira de tous les spectateurs.

Les deux Rois presque toujours en guerre l'un contre l'autre, étoient prêts de reprendre les armes ; mais au récit des malheurs de la Ville sainte, tout se pacifica ; les interêts differens se réunirent dans le seul objet de délivrer la Palestine de la domination des Infidéles. Philippe & Henri s'embrasserent, prirent la Croix, & promirent de joindre leurs forces, & de passer de concert en Orient.

1188.

Il se tint dans leurs Etats differentes assemblées pour trouver les fonds nécessaires à un si grand armement ; & en France & en Angleterre, on convint que tous ceux qui ne seroient pas croisez, donneroient au moins la dixme de tous leurs biens, meubles & immeubles ; ce qui fit appeller cette sorte d'imposition LA DIXME SALADINE, parceque le principal objet de la levée de ces deniers, étoit de fournir aux frais de la guerre qu'on devoit faire à ce Prince. Les Ordres de Cîteaux, des Chartreux, de Fontevraux, & la Congregation des Freres Lépreux furent exempts de cette subvention. Pierre de Blois prétendit à leur exemple, que le Clergé Séculier n'y devoit pas être

assujetti, il en écrivit à Henri de Dreux Evêque d'Orleans, & cousin germain du Roi Philippe : Le
" Prince, lui dit-il dans sa Lettre, * ne doit exi-
" ger des Evêques & du Clergé que des prieres
" continuelles pour le succès de ses armes : ** si le
" Roi veut s'engager dans cette entreprise, qu'il
" n'en prenne pas les frais sur les dépouilles des
" Eglises & des pauvres ; mais sur ses revenus par-
" ticuliers, ou sur le butin qu'il fera sur les enne-
" mis, & dont on devroit enrichir l'Eglise, loin
" de la piller sous prétexte de la défendre. Elle est
" libre, dit-il dans un autre endroit, par la liberté
" que J. C. nous a acquise ; mais si on l'accable
" d'exactions, c'est la réduire en servitude comme
" Agar. On voit ici un jeu de mots dont nous avons déja parlé ; & que sous les termes équivoques d'Eglise & de liberté, il semble que l'Eglise chrétienne délivré par Jesus Christ, ne soit composée que du seul Clergé, ou que le Sauveur des hommes nous ait délivrez d'autre chose que du peché.

L'éloquence de Pierre de Blois mal employée en cette occasion n'empêcha point qu'on ne levât des sommes immenses en France & en Angleterre. On établit des Commissaires pour cette collecte, entre lesquels étoient un Hospitalier & un Templier députez des deux Ordres militaires

* Reverendissime & dilectissime Pater mi, tuæ discretioni committo Religiosorum quietem, pacem simplicium, causam Christi, & Ecclesiæ libertatem. *Epist.* 112.

** Si autem proposuit hujus peregrinationis iter arripere, non de spoliis Ecclesiarum, non de sudoribus pauperum viaticum sibi & suis exhibeat, sed de reditibus propriis, aut de præda hostili bella Christi conficiat. *Idem Epist.* 121.

ERMEN-GARD DAPS

pour solliciter cet armement, dont ils devoient être les compagnons & les principaux guides. *

Richard premier qui venoit de succeder à Henri II. son pere, en prenant sa Couronne prit les mêmes engagemens de ce Prince en faveur de la Terre Sainte. Il mit sur pied une armée composée de trente mille hommes de pied, & de cinq mille chevaux, qu'il embarqua avec des provisions de guerre & de bouche sur un nombre prodigieux de vaisseaux de differentes grandeurs. Cet embarquement se fit à Douvre, d'où il passa en Flandres, & de-là en Normandie; il y tint les Etats du pays. On prétend que ce fut pendant son séjour dans cette province, qu'un saint Prêtre nommé Foulques Curé de Neuilli, celebre par ses prédications, & le Heraut de cette Croisade, après avoir donné de grandes louanges au Prince Anglois sur le zele qu'il faisoit paroître pour le secours de la Terre Sainte, lui dit avec une courageuse liberté: Que pour attirer la benediction du ciel sur ses armes, il devoit se défaire de trois pernicieuses passions qu'il nommoit les trois filles de ce Prince, l'orgueil, l'avarice & la luxure, & que le Roi Anglois le plus fier de tous les hommes lui repartit brusquement, & par une récrimination injurieuse : » Je ne puis mieux placer » ces trois filles qu'en donnant, comme je fais, la » premiere aux Templiers, la seconde aux Moines » de Cîteaux, & la troisiéme aux Evêques de mes » Etats. Ce Prince joignit ensuite Philippe Auguste

1189.

* Colligatur autem pecunia ista in singulis Parochiis præsenti presbytero Parochiæ & Archipresbytero, & uno Templario, & uno Hospitalario, & serviente Regis & Clerico Regis. Rog. de Hoveden. p. 641.

à Vezelay sur les frontieres de la Bourgogne; & après avoir passé le Rhône, ils se séparerent. Le Roi de France prit la route de Génes où sa flotte l'attendoit, & le Roi d'Angleterre tourna du côté de Marseille où il devoit s'embarquer: & le rendez-vous géneral étoit dans le port de Messine en Sicile.

ERMEN-GARD Daps

Avant le départ des deux Rois, & pendant qu'on travailloit dans leurs Etats à differentes levées de troupes & d'argent, les deux Légats passerent en Allemagne, & se rendirent à Mayence où l'Empereur Frederic I. dit Barberousse, tenoit une Diette generale de l'Empire pour le même sujet. C'étoit un Prince plein de la plus haute valeur, & qui quoique dans un âge avancé, se croisa génereusement avec Frederic Duc de Suabe son fils; & soixante & huit Princes où grands Seigneurs Allemands, Ecclesiastiques ou Séculiers, à l'exemple de leur Chef, prirent la Croix; & pour le départ, on fixa le rendez-vous géneral des troupes à Ratisbonne, où les Croisez eurent ordre de se rendre le vingt-troisiéme d'Avril de l'année suivante.

L'Espagne chrétienne n'eut point de part à ce grand armement de l'Europe. Les Rois de Castille, d'Arragon & de Navarre n'étoient que trop occupez contre les Maures & les Sarrasins, qui s'étoient emparez, comme on sçait, des plus belles provinces de cette grande Monarchie. La Reine d'Arragon pénetrée de douleur de la perte de la Terre Sainte, & apprenant la dispersion & les malheurs de ses habitans, résolut de fonder un

Ermen-
gard Daps

Monaſtere de filles Nobles, de l'Ordre de S. Jean, pour conſerver la mémoire de tant d'illuſtres Chevaliers du même Ordre qui venoient de périr dans la Paleſtine.

Cette Princeſſe appellée Sanche étoit fille d'Alphonſe Roi de Caſtille, & femme d'un autre Alphonſe II. du nom, dit le Chaſte, Roi d'Arragon, fils de Dom Raimond Berenger Comte de Barcelonne, & depuis Roi d'Arragon, dont nous avons parlé au ſujet de la tranſaction que ce Prince fit avec le Grand Maître Raimond Dupuy touchant la ſucceſſion à la Couronne d'Arragon.

La Reine Sanche ſa fille étant entrée par ſon mariage, dans une Maiſon affectionnée depuis long-tems à l'Ordre, en prit les ſentimens; elle fit deſſein de fonder un Monaſtere d'Hoſpitalieres à Sixene, Bourgade ſituée entre Sarragoſſe & Lerida, & dépendante de la Châtellenie d'Empoſte, Grand Prieuré de la Langue d'Arragon. La Reine en échange, donna d'autres terres conſiderables proche Tarragonne à Frere Garcias de Liſa alors Châtelain; & après avoir communiqué ſon projet au Chevalier Raimond Berenger, Proviſeur de l'Ordre en Arragon, cette pieuſe Princeſſe fit jetter les fondemens d'un Palais plûtôt que d'un Monaſtere; & comme elle enviſageoit que cette maiſon lui pourroit ſervir un jour de retraite, & dans la ſuite à d'autres Princeſſes de la Maiſon Royale, on n'oublia rien, ſoit pour la magnificence & la commodité des bâtimens, ou pour l'étendue de l'enclos, & ſur-tout pour la grandeur & la ſolidité des revenus. Par la fondation on devoit recevoir

cevoir sans dot dans cette Maison Royale soixante Demoiselles nobles; & celles qui étoient du Royaume d'Arragon ou de la Catalogne, devoient être d'une extraction si illustre & si averée, qu'elles n'eussent pas même besoin de faire leurs preuves.

Nous avons dit que les Historiens ne nous ont point appris précisément en quel endroit de la chrétienté les Religieuses Hospitalieres de la Maison de Jerusalem s'étoient retirées depuis la perte de cette Capitale de la Judée. Il y a lieu de présumer que ce fut pour leur servir d'azile, que cette pieuse Princesse, l'année suivante, fit cette celebre fondation; & on est d'autant plus porté à suivre ce sentiment, que l'établissement du Prieuré de Sixene se fit immediatement après la perte de la sainte Cité. Mais comme après tout ce n'est ici qu'une conjecture fondée seulement sur la convenance des tems, nous remarquerons seulement en passant que depuis cette fondation, il s'en fit un grand nombre d'autres, tant en Catalogne, qu'en Italie, en France & en Portugal, dont nous aurons lieu de parler dans la suite.

Le Monastere de Sixene devint bien-tôt le plus celebre du Royaume. Le Roi à la priere de la Reine, y attacha de grands biens; le Pape Célestin III. assujettit ces Religieuses, à l'exemple des Hospitaliers, à la Regle de S. Augustin, comme on le peut voir dans la Bulle de ce Souverain Pontife en datte de l'an 1193. Leur habillement étoit composé d'une robe d'écarlate ou de drap rouge avec un manteau noir à bec, sur lequel étoit la Croix blanche à huit pointes à l'endroit du cœur:

ERMEN-GARDDAPS

PREUVE XI.

ERMEN-GARD DAPS

leur Breviaire étoit particulier. Elles portoient à l'Eglise des rochets de toile fine; & en mémoire de la Reine leur Fondatrice, pendant l'Office & le Service divin elles tenoient à la main un sceptre d'argent.

La Prieure présentoit aux Benefices vacans, & pouvoit même donner l'habit d'obedience aux Prêtres qui desservoient leur Eglise. Elle visite encore actuellement ses terres avec ses Dames assistantes, & se trouve aux Chapitres provinciaux de l'Ordre en Arragon, y a voix & séance après le Châtelain d'Emposte; & lorsque le Chapitre de l'Ordre se tient à Sarragoce, le Chapitre de la Cathedrale lui envoye sa portion canoniale, comme Prébendiaire de cette Eglise.

La Reine Sanche, après la mort du Roi son mari, se retira dans ce Monastere avec une des Princesses ses filles, & on prétend qu'elles embrasserent l'une & l'autre la profession religieuse. Comme nous aurons encore lieu de parler de cette sainte Maison au sujet des changemens qui arriverent depuis dans son gouvernement, nous nous contenterons d'observer que toutes les vertus chrétiennes s'y pratiquoient dans un dégré éminent; que ces Hospitalieres se relevoient à minuit pour chanter les louanges de Dieu; que la priere & l'oraison y étoient presque continuelles, & que ces saintes Vierges levoient incessamment des mains pures & innocentes vers le ciel pour en attirer le secours sur les armes des Chevaliers de S. Jean leurs freres, & demander à Dieu qu'il lui plût de délivrer la sainte Sion de la domination des Infidéles.

DE MALTE. LIV. II. 235

Ce pieux défir alors fi général de contribuer au rétabliffement du Royaume de Jerufalem, fit prendre les armes à la plûpart des nations de l'Europe; & pendant que les Rois de France & d'Angleterre fe préparoient pour cette glorieufe expédition, les plus zelez, fans attendre ces Princes, accouroient de tous côtez dans la Paleftine.

ERMEN-GARDDAPS

On vient de voir que Guy de Lufignan à la fortie de fa prifon, fe trouvant Roi fans Royaume, s'étoit réfugié d'abord dans un Château du Comté de Tripoly où il raffembla depuis les débris de fa fortune. Godefroi de Lufignan fon frere lui amena d'Occident un nouveau corps de Croifez ; differens avanturiers, Grecs, Latins & Syriens fe joignirent à lui, & il fe vit en peu de tems une petite armée compofée de fept à huit mille hommes d'Infanterie, & de fept cens chevaux. Ce fecours, tout foible qu'il étoit, lui fit efperer quelque changement dans fa fortune ; & pour fe procurer une retraite qui ne dépendît que de lui, il affiegea S. Jean d'Acre, Place forte, & dont le port pouvoit fervir à recevoir les vaiffeaux & le fecours des Princes d'Occident. Les Hofpitaliers & les Templiers fe rendirent au camp ; on y vit arriver trois Croifades particulieres, qui précedoient les grandes armées qu'on attendoit de l'Europe. Le Landgrave de Turinge & le Duc de Gueldre commandoient la premiere, toute compofée d'Allemands: il en vint une autre des peuples du Nord, Danois, Frifons & Flamans : il en arriva un troifiéme de François à la tête de laquelle étoient deux Princes de la Maifon de Dreux, & un nombre confi-

Gg ij

ERMEN-GARD D'APS

derable des plus grands Seigneurs du Royaume. Il s'y trouva en même tems des Venitiens, des Lombards & des Pisans : & Conrard de la Maison de Montferrat & Prince de Tyr, malgré ses differends avec Guy de Lusignan, voulut partager les périls & la gloire de cette entreprise.

Les Chrétiens commencerent le siege & le continuerent d'abord avec tout le courage & l'application possible. Saladin avoit mis dans la Place une puissante garnison commandée par Caracos, ancien Capitaine d'une grande réputation, & sous lequel Saladin, avant que d'être parvenu à la souveraine puissance, avoit fait ses premieres armes. Ce Général des Infidéles faisoit des sorties frequentes ; on étoit tous les jours aux mains ; c'étoient moins des sorties que des combats & des batailles. Saladin de son côté s'avança à leur secours à la tête d'une armée formidable ; les Chrétiens sortirent de leurs lignes pour le combattre ; Guy de Lusignan commandoit le premier corps, composé de ses troupes particulieres, des François & des Chevaliers de Saint Jean. Le Grand Maître des Templiers étoit à la tête de ses confreres, & les Allemands & les Frisiens & d'autres peuples du Nord s'étoient rangez sous ses enseignes. On se battit long-tems avec une animosité réciproque, & un succès assez incertain. Ce qui paroît de plus constant, c'est que les Chrétiens, quoiqu'ils eussent perdu le Grand Maître des Templiers, & plusieurs Religieux de son Ordre, ne laisserent pas de rentrer comme victorieux dans leurs lignes, & que Saladin ne put faire lever le siege, l'unique objet de son entreprise.

Ce Prince ne s'occupa depuis qu'à empêcher les convois d'arriver à l'armée Chrétienne. La famine s'y mit, & elle fut bien-tôt suivie d'une maladie contagieuse. Ces deux fleaux firent périr plus de soldats, que le fer ennemi. Guy de Lusignan se vit enlever successivement quatre jeunes Princes ses enfans, deux Princesses, & la Reine Sybille sa femme, à laquelle il étoit redevable de la Couronne.

La mort de cette Princesse donna lieu depuis à de nouvelles divisions entre le Roi son mari & le Prince de Tyr. La Reine de Jerusalem n'avoit laissé qu'une sœur appellée Ysabelle, qui à l'âge de huit ans avoit épousé Homfroy de Toron III. du nom. Conrard jeune Prince bien fait, plein de courage & d'ambition, sçut plaire à cette Princesse. On ne manqua pas de raisons pour rompre les liens qui l'attachoient au jeune Homfroy: le mariage contracté contre sa volonté, peut-être dans un degré, à ce qu'on prétendoit prohibé, en fournit le prétexte: c'étoit au moins en ces tems-là, l'azile ordinaire des époux mécontens. Le mariage de la Princesse fut cassé, & l'Evêque de Beauvais, sans égard pour l'honnêteté publique, la maria le lendemain avec le Prince de Tyr. En consequence de cette alliance, & des droits de la Princesse, Conrard se porta pour Roi de Jerusalem; Guy de Lusignan de son côté prétendoit que le caractere de la Royauté ne s'effaçoit jamais, & que personne pendant sa vie n'en pouvoit prendre le titre dans la Palestine: & pour

ERMEN-GARD DAPS

Chron. de Nangis ad ann. 1189.

ERMEN-GARD DAPS surcroît de division, Homfroy de Toron premier mari d'Ysabelle, réclamoit contre la Sentence qui avoit cassé son mariage, & ne dissimuloit pas ses prétentions à la Couronne. Ainsi ce Royaume titulaire, & cette Souveraineté sans sujets, avoit dans la même armée & en même tems, trois Rois, & la Reine deux maris vivans ; mais, comme on craignoit qu'ils ne tournassent leurs armes les uns contre les autres, on les obligea de remettre la décision de leurs prétentions au jugement des Rois de France & d'Angleterre, qui étoient partis de leurs Etats, & qu'on avoit appris qui hivernoient en Sicile.

1190. Pendant le séjour que ces deux Princes firent dans cette Isle, Richard ayant entendu parler de l'Abbé Joachim, qui passoit parmi le peuple pour un grand Prophete, le fit venir à Messine, & le consulta sur le succès de la Croisade. L'Abbé, sans hesiter, lui répondit que la sainte Cité ne seroit délivrée que la septiéme année depuis la conquête qu'en avoit fait Saladin. » Pourquoi donc, reprit » le Roi d'Angleterre, sommes-nous venus si-tôt ? » Votre arrivée, repartit l'Abbé, étoit fort nécessaire ; Dieu vous donnera la victoire sur ses ennemis, & élevera votre nom au-dessus de tous les » Princes de la Terre.

La réputation de ce prétendu Prophéte étoit fort équivoque ; les uns le regardoient comme un Saint ; d'autres le traitoient de fourbe. Il y a de l'apparence qu'il agissoit de bonne foi, & qu'il y avoit plus de fanatisme, que d'hypocrisie dans sa conduite ; c'étoit d'ailleurs un homme de bien,

& qui vivoit très-aufterement; mais il s'étoit gâté l'efprit par des meditations, ou pour mieux dire, par des rêveries fur l'Apocalypfe. Il fe vantoit d'avoir la clef & l'intelligence de ce Livre divin, auffi parfaitement que Saint Jean qui l'avoit écrit. Il prenoit toutes fes vifions pour autant de veritez; & fi par hazard il réuffiffoit quelquefois dans fes prédictions, il fe trompoit encore plus fouvent: c'eft ce qui arriva fur ce qu'il avoit avancé au fujet de la délivrance de la Terre Sainte, comme nous le verrons dans la fuite.

Cependant l'Empereur Frederic I. quoiqu'âgé de foixante-dix ans, avoit précedé ces Princes, & s'étoit mis en chemin immédiatement après Pâques de l'année 1189. Ce Prince fi digne de ce grand titre, après avoir donné la loi aux Grecs en paffant fur leurs terres, après avoir défait le Sultan d'Iconium ou de Cogny, qui s'oppofoit à fon paffage, & malgré tous les efforts des Mahometans, ayant pénetré jufques dans la Cilicie, tomba malade & mourut dans cette Province pour s'être baigné dans le Cidnus, comme quelques Hiftoriens le rapportent; d'autres prétendent qu'il s'y noya. Les Ordres militaires, & fur-tout celui des Hofpitaliers perdirent, dans la perfonne de Frederic I. un puiffant protecteur, qui pendant tout fon regne, avoit comblé l'Ordre en géneral & les particuliers de fes graces & de fes bienfaits.

Le Duc de Suabe fon fils conduifit fon armée jufqu'au camp devant Acre; mais elle y arriva fort diminuée & affoiblie par la fatigue du chemin, par les maladies, & par fes propres vic-

ERMEN-GARD DAPS

toires, qui lui couterent beaucoup de troupes & un grand nombre d'Officiers de confideration. Les Allemands en arrivant au camp ne trouverent pas l'armée des affiegeans en meilleur état; les forties continuelles des Infidéles l'avoient fort affoiblie. L'Hiftorien de ce fiége, & qui nous en a laiffé en vers une relation, * rapporte que les Chevaliers de faint Jean s'étant apperçûs que dans une fortie les Turcomans faifoient beaucoup de prifonniers, ces génereux guerriers femblables, dit-il, à une ourfe en fureur à qui on veut enlever fes petits, defcendirent de leurs chevaux, fe jetterent au milieu des bataillons ennemis, en taillerent en pieces une partie, rompirent les fers des prifonniers qu'ils remonterent enfuite à cheval, & pourfuivirent les Infidéles jufqu'aux portes de la Ville. Mais fi les Turcs furent maltraitez en cette occafion, le changement d'air, la difficulté de recouvrer des vivres, les combats continuels qu'il falloit foutenir, & les maladies, ne coutoient pas moins de monde aux Chrétiens, & fur-tout à ceux d'Occident.

Pour comble de difgrace, le foldat Allemand bleffé, & dont on n'entendoit point la langue, dans une fi trifte conjonture, ne pouvoit faire connoître ni fon mal ni fes befoins. Quelques Gen-

---

* Hofpitales milites ab equis defcendunt,
Ut urfa pro filiis cum Turcis contendunt,
Turci noftrum aggerem per vim bis confcendunt,
Hos fagittis fauciant, hos igne fuccendunt,
Et Hofpitalarii equos afcenderunt,
Et Turcos à latere maris invaferunt,
Quos ad urbis moenia per vim reduxerunt,
Et ex his in foveis multos occiderunt.
Monachi Florentini, Iconenfis Epifcopi, de recuperatâ Ptolemaïde.

tilshommes

tilshommes Allemands des Villes de Brême & de
Lubec, qui étoient venus par mer, touchez de
la misere de leurs compatriotes, prirent les voiles
de leur navire, en formerent une grande tente,
où ils retirerent d'abord les blessez de leur connoissance, & les servoient avec beaucoup de charité. Quarante Seigneurs de la même nation se
joignirent à eux, & formerent comme une espece
d'hôpital au milieu du camp : cette noble societé
& si charitable, à l'exemple des Chevaliers de Jerusalem & des Templiers, se tourna insensiblement dans un nouvel Ordre hospitalier & militaire.

Le Pape Celestin III. à la priere de l'Empereur Henry VI. l'approuva depuis solemnellement
par sa Bulle du 23 Fevrier 1192. Il prescrivoit pour
regle à ces nouveaux Chevaliers, celle de saint
Augustin, & pour statuts particuliers, dans tout
ce qui regardoit le service des pauvres & des
malades, les statuts des Hospitaliers de saint
Jean ; à l'égard de la discipline militaire,
c'étoit celle des Templiers. Cet Ordre nouveau, mais renfermé uniquement dans la nation
germanique, fut nommé l'Ordre des Chevaliers
Teutoniques de la Maison de sainte Marie de
Jerusalem.

On lui donna ce nom, parceque dans le tems
que la ville de Jerusalem étoit sous la domination des Chrétiens latins, un Allemand y avoit
fait bâtir à ses dépens un Hôpital & un Oratoire
sous l'invocation de la sainte Vierge, pour les malades de cette nation. L'habit des nouveaux Che-

Tome I. Hh

ERMEN-
GARD DAPS

1116.
*Petri de
Dusburg. sa-
cerdotis Or-
dinis Teuto-
nici Chronic.
Prussiæ. p. 13.*

ERMEN-
GARDDAPS

valiers consistoit en un manteau blanc chargé d'une Croix noire; ils étoient astreints aux trois vœux solemnels, comme les Hospitaliers de saint Jean & les Templiers. Avant que de prendre l'habit, ils devoient faire serment qu'ils étoient Allemands, d'extraction & de naissance noble, & s'engager pour toute leur vie au service des pauvres & des malades, & à la défense des saints Lieux.

C'étoit l'objet commun de ces trois Ordres militaires, qui furent toujours les génereux défenseurs de la Terre Sainte. Le Cardinal de Vitry, Historien contemporain, & même témoin oculaire, parlant de l'institution de ces trois Ordres, & leur appliquant ce qui est dit dans le Livre de l'Ecclésiaste, *Qu'un tissu formé de trois cordons se rompt difficilement*, ajoute aux témoignages qu'il avoit rendus aux deux premiers Ordres, qu'il avoit plû à la divine Providence d'en former un troisiéme, qui n'étoit pas moins nécessaire à la conservation de la Terre Sainte. En effet, on peut dire que ces trois Corps faisoient la principale force de l'armée, soit qu'il fallût aller en parti, ou repousser les sorties de la garnison : mais, comme ils n'étoient pas soutenus par les Croisez divisez entr'eux, & dans une armée où il n'y avoit, ni chefs absolus, ni discipline, le siege avançoit lentement, & il étoit même comme suspendu par les differends qui s'étoient élevez entre Guy de Lusignan & le jeune Conrard; dans lesquels tous les Croisez avoient pris part, chacun selon son interêt ou son inclination.

Il y avoit déja près de deux ans que le siege

de la ville d'Acre languiſſoit & traînoit en longueur, quand enfin Philippe II. Roi de France, que de nouveaux démêlez avec le Roi d'Angleterre avoient retenu juſqu'alors à Meſſine, n'ayant pû obliger le Prince Anglois, ſuivant ſon engagement, à épouſer ſa ſœur, partit bruſquement & parut enfin à la rade de Saint Jean d'Acre avec une nombreuſe flotte. Ce nouveau ſecours, & la preſence du Prince qui le commandoit, ranima, pour ainſi dire, toute l'armée compoſée de nations differentes, que les mœurs, le langage & les interêts avoient diviſées. Le ſiege prit une nouvelle forme; le ſoldat comme l'Officier, par une génereuſe émulation cherchoit à ſe ſignaler aux yeux d'un ſi grand Roi. Ce Prince fit dreſſer ſes machines qui renverſerent un pan de muraille & firent une grande brêche. Toute l'armée demandoit avec de grands cris de monter à l'aſſaut. Philippe, qui attendoit de jour à autre le Roi d'Angleterre, avec lequel il s'étoit croiſé, voulut bien differer une entrepriſe dont le ſuccès & la gloire lui étoient ſurs; pour les partager avec ſon allié. Mais ces égards trop genereux firent retomber l'armée Chrétienne dans l'inaction; les Infidéles s'en prévalurent & firent de nouvelles fortifications dans le dedans de la Place, qui ſe trouva hors d'inſulte à l'arrivée du Roi d'Angleterre.

Ce Prince étoit Richard premier, qui venoit de ſucceder au Roi Henry II. ſon pere. La Reine Eleonore ſa mere lui avoit amené juſqu'à Meſſine, Berengere Infante de Navarre qu'il devoit épouſer. Cette Princeſſe & Jeanne d'Agleterre, ſœur du

ERMEN-
GARD DAPS

ERMEN-
GARD DAPS

Roi, & veuve de Guillaume II. Roi de Sicile, ayant témoigné qu'elles feroient bien aifes de faire le voyage d'Orient, Richard fepara fa flotte en deux efcadres, & fit prendre le devant à celle qui portoit ces deux Princeffes. L'une & l'autre efcadre furent battues d'une violente tempête vers l'Archipel. Le Roi d'Angleterre gagna l'Ifle de Rhodes, & l'efcadre des Princeffes mouilla le jour du Vendredi-Saint à la vûe de Limiffo en Chypre; la tempête brifa même quelques vaiffeaux qui échouerent proche de cette Place. Le Souverain de cette Ifle, ou pour mieux dire le Tyran, étoit par fa mere de la Maifon Imperiale des Comnenes: l'Empereur Emanuel l'avoit fait Gouverneur de l'Ifle de Chypre; mais ce Gouverneur fe révolta, prit même la qualité d'Empereur, & fous le foible regne d'Ifaac l'Ange, il demeura maître abfolu de cette Ifle. Il fe trouva par hazard fur les côtes, lorfque l'efcadre des Princeffes y parut. Ce Prince naturellement perfide & cruel, fit piller les vaiffeaux Anglois qui avoient échoué fur fes côtes, & mettre aux fers les foldats & les matelots qui tomberent entre fes mains. Il fut même affez inhumain pour refufer pendant la tempête, l'entrée de fes ports au vaiffeau qui portoit les deux Princeffes. Mais le calme ayant réuni les deux efcadres Angloifes, Richard, après lui avoir envoyé demander inutilement fatisfaction d'un procedé fi barbare, prit terre malgré lui, s'empara de Limiffo, tailla en pieces les troupes que le Prince Grec lui oppofa, le pourfuivit fans relâche de place en place, le prit enfin, & le fit prifonnier avec la Princesse de Chypre sa fille unique, se rendit maître ensuite de toute l'Isle, & la vengeance de l'outrage fait aux deux Princesses lui valut la conquête d'un Royaume. Richard après une si glorieuse expedition qui lui avoit couté moins de tems qu'un simple voyage de plaisir, & avant que de partir de l'Isle de Chypre, épousa la Princesse de Navarre. Il remit ensuite à la voile avec son prisonnier qu'il traînoit à sa suite chargé de fers comme un trophée de sa victoire; ce malheureux Prince le pria d'en user plus moderément, & le fit souvenir de sa naissance & de sa dignité. Le Roi d'Angleterre qui le méprisoit, ordonna en souriant, qu'on le liât avec des chaînes d'argent, & le Prince Grec, aussi vain qu'il étoit lâche, s'en trouva soulagé, & les crut moins pesantes, parcequ'elles étoient differentes de celles des autres prisonniers. Richard en arrivant au camp des Chrétiens, le remit entre les mains des Chevaliers de Saint Jean, qui le firent garder dans leur forteresse de Margat, & les deux Reines, à la priere du Roi d'Angleterre, retinrent auprès d'elles la Princesse de Chypre, soupçonnée d'avoir donné à son tour des chaînes d'une autre espece à son vainqueur.

Comme l'Isle de Chypre étoit trop éloignée de celle d'Angleterre pour la réunir au corps de cette Monarchie, Richard la vendit aux Templiers pour la somme de trois cens mille livres. Ces Religieux militaires en prirent possession, & pour assurer leur domination, ils y mirent un corps considerable de leurs troupes. Mais la dureté du gouver-

ERMEN-GARD DAPS

246　Histoire de l'Ordre

ERMEN-　nement de ces Templiers, & leurs manieres hau-
GARD DAPS taines alienerent les esprits de leurs nouveaux su-
jets. D'ailleurs les Chypriots qui suivoient le Rit grec, ne purent se résoudre à obéir à des Religieux latins. Ce fut la source ou le pretexte d'une guerre presque continuelle entre les Grands de cet Etat & les Templiers, qui furent obligez à la fin d'abandonner l'Isle & de la remettre au Roi d'Angleterre, comme nous le dirons dans la suite.

Ce Prince étoit arrivé au camp des Chrétiens le 8. de Juin de l'année 1191. Je n'entrerai point dans le détail de tout ce qui se passa dans ce fameux siege. Les deux Rois y firent paroître une haute valeur; Richard se distingua sur-tout par un courage déterminé, qui le portoit toujours dans les endroits où il y avoit le plus de péril, & il n'en sortit jamais que victorieux. Mais il y avoit dans ses manieres, je ne sçai quelle ferocité qui le rendoit moins agreable. Saladin ne lui cédoit point du côté du courage; aussi intrépide & aussi brave soldat que grand capitaine, il faisoit tous les jours de nouvelles entreprises contre les Chrétiens. Les Chevaliers des trois Ordres se trouvoient par tout; les Templiers dans une de ces occasions perdirent leur Grand Maître, & les Hospitaliers de S. Jean plusieurs de leurs Chevaliers; & parmi ces combats continuels, l'Ordre auroit été bien-tôt éteint, si les Croisades qui arrivoient de tems en tems de l'Europe, ne lui eussent fourni de nouvelles recrues. Un grand nombre de jeunes Gentilshommes, charmez de la haute valeur des Hospitaliers, prenoient la Croix en arrivant d'Occident ; on préferoit même la Croix des Hospita- | ERMENliers à celle des Templiers plus fiers & plus hau- | GARD DAPS. tains qu'il ne convenoit à des Religieux : tout le monde vouloit combattre sous les étendarts de S. Jean ; c'étoient autant d'éleves parmi lesquels on choisissoit ensuite pour la profession religieuse, ceux qui faisoient paroître une plus sincere vocation, & qui s'étoient autant distinguez par leur pieté, que par leur valeur. Deux qualitez ausquelles dans la réception des Chevaliers à la profession religieuse, il seroit à souhaiter que dans ces derniers siécles, on ne fît pas moins d'attention qu'à la noblesse de leur origine.

Nous avons dit que les Infidéles profitant du délai que le Roi de France leur avoit donné par égard pour celui d'Angleterre, avoient fortifié de nouveau la Place, & l'avoient mise hors d'état d'être emportée d'assaut. Il fallut recommencer des attaques qui couterent beaucoup de monde : une dissenterie qui se mit parmi ces Occidentaux, causée par des fruits dont ils mangeoient par excès, emporta encore un grand nombre de soldats.

La jalousie entre les François & les Anglois commença à éclater ; & pour surcroît de malheur, on vit renaître les anciennes divisions entre Guy de Lusignan & Conrard de Montferrat. Le Roi de France s'étant déclaré pour ce dernier, Richard Roi d'Angleterre ne manqua pas de prendre le parti de Lusignan ; les Princes & les Seigneurs, à leur exemple se partagerent ; & comme les deux Ordres militaires conservoient toujours une secrete émulation l'un contre l'autre, il suffisoit que

ERMEN-
GARD DAPS

les Hospitaliers se déclarassent en faveur du Roi de Jerusalem, pour engager les Templiers à quitter son parti, & à embrasser celui du Prince de Tyr.

Une mesintelligence si générale laissant moins d'attention pour le succès du siege, les Evêques qui se trouverent au camp n'oublierent rien pour étouffer ces funestes divisions. Il se tint à ce sujet differentes conferences ; enfin on convint que Lusignan conserveroit toute sa vie le titre de Roi de Jerusalem, mais que le Prince de Tyr seroit reconnu du chef de la Princesse sa femme pour héritier nécessaire de la Couronne. Les deux prétendans souscrivirent à ces conditions ; mais Conrard n'en profita point. Ce Prince ayant refusé au Seigneur de la Montagne de lui faire justice d'un vaisseau que les Tyriens lui avoient enlevé, fut depuis poignardé par deux Assassins, qui au milieu des tourmens les plus affreux, & pendant qu'on les écorchoit tout vifs, faisoient gloire d'avoir executé les ordres barbares de leur cruel maître.

Le calme étant rétabli dans l'armée chrétienne, on reprit le soin du siege avec une nouvelle vigueur. Les attaques étoient presque continuelles, & les deux Rois par une noble émulation poussèrent chacun de leur côté les ouvrages si vivement, qu'il y eut bien-tôt une bréche suffisante pour monter à l'assaut. Les Infidéles après une résistance incroyable, voyant les dehors de la Place emportez, leurs tours ruinées, une bréche considerable, & les plus braves Chevaliers de l'armée chrétienne

prêts

prêts à monter à l'assaut, demanderent à capituler. On donna des ôtages de part & d'autre ; la ville se rendit, cinq mille hommes qui y étoient en garnison, demeurerent prisonniers avec le Gouverneur, à condition d'être relâchez en faisant rendre la vraye Croix, & les esclaves chrétiens qui étoient au pouvoir de Saladin, sinon que toute la garnison demeureroit à la discretion des vainqueurs. Les Chrétiens prirent possession d'Acre le treiziéme de Juillet, & en firent depuis leur place d'armes. On y assigna differens quartiers pour tous les corps, & pour toutes les nations qui avoient contribué à cette conquête, & qui étoient capables de la défendre & de la conserver : les Hospitaliers de S. Jean y transfererent leur principale résidence, qui depuis la perte de Jerusalem avoit été établie à Margat. Ce fut dans Acre que leur Grand Maître Ermengard termina l'année suivante une vie illustre, qu'il avoit exposée tant de fois contre les Infideles, & pour la défense des Chrétiens.

Les Hospitaliers assemblez en chapitre, lui donnerent pour successeur Frere GODEFROY DE DUISSON, ancien Religieux. Il ne tint pas à ce nouveau Grand Maître que la prise d'Acre ne fût suivie de la conquête de Jerusalem, l'unique objet des Croisez ; mais la jalousie d'Etat, la diversité d'interests, l'émulation & la haine mirent tant de division parmi ces nations differentes, qu'un si puissant armement ne produisit que la prise d'une seule Place. Les Croisez la plûpart volontaires, après un siege qui avoit duré près de trois ans,

Tome I. I i.

ERMEN-GARD D APE

1191.

1192.

GODEFROI DE DUISSON.

1192.

250 HISTOIRE DE L'ORDRE

GODEFROY DE DUISSON.

se retiroient à la file. Philippe Roi de France fut obligé de quitter la Palestine, & de changer d'air, ne pouvant revenir d'une maladie violente qui n'étoit pas sans soupçon de poison, & qui lui avoit fait tomber les ongles & les cheveux. Mais avant que de partir, il laissa dans l'armée chrétienne cinq cens hommes d'armes, & dix mille hommes d'Infanterie sous les ordres du Duc de Bourgogne. Les principaux Chefs de differentes nations abandonnerent successivement la Terre Sainte, qui demeura en proye aux Infideles. Richard Roi d'Angleterre avant que de partir, emporta Jaffa & Ascalon; il fit ensuite une treve avec ces barbares, qui devoit durer trois ans, trois mois & trois semaines; & si on en croit les Historiens du tems, on avoit ajouté pour plus d'exactitude trois jours & trois heures. On prétend que Richard avant son départ, fit épouser la Princesse de Chypre à Guy de Lusignan, & lui ceda la souveraineté de cette Isle, que les Templiers lui avoient remise, & que des Princes de la Maison de Lusignan ont possedée depuis pendant près de trois cens ans. Henri Comte de Champagne neveu du Roi d'Angleterre, & entierement attaché à ses interests, épousa en même tems Isabelle veuve de Conrard; & ce Prince par ce mariage, se fit un droit sur le Royaume de Jerusalem, dont il esperoit d'ailleurs de chasser les Infideles.

La mort de Saladin arrivée à Damas le treiziéme jour de Mars 1193, augmentoit ces esperances. Ce Prince infidele, & un des plus grands Capitaines de son siecle, après la retraite des Chrétiens, croyoit jouir en repos du fruit de ses victoires, lorsqu'il se vit tout enlever par la mort. Il n'en sentit pas plûtôt les approches qu'il ordonna à l'Officier qui portoit son étendart dans les batailles, de mettre à la place un morceau de drap destiné à l'ensevelir, de le porter dans toute la ville, & de crier à haute voix : Voilà tout ce que le grand Saladin, vainqueur de l'Orient emporte de ses conquêtes & de ses trésors. On prétend qu'avant d'expirer, il distribua des sommes considerables à tous les pauvres de Damas, & sans distinction du Mahometan, du Juif & du Chrétien, soit qu'il fût persuadé que la charité, & même que l'humanité seule devoient s'étendre indifferemment à tous les malheureux, & soit peut-être aussi que, quoique pendant sa vie, il eût fait profession du Mahometisme, il fût en doute dans ces derniers momens, quelle étoit la meilleure & la veritable de ces trois Religions. Il partagea en même tems ses Etats entre onze enfans qu'il avoit, & qui depuis sa mort ne penserent qu'à se ruiner les uns les autres. Mais Safadin, frere de Saladin, le compagnon de ses victoires, profita de ses divisions; il attaqua ses neveux, les uns après les autres, fit mourir tous ceux qui tomberent entre ses mains, & se fit dans la suite un Empire qui ne cedoit que de bien peu à celui de Saladin ; & ces divisions, & d'autres guerres civiles qui s'éleverent depuis entre les enfans de Saladin donnerent le tems aux Chrétiens latins de respirer.

Le Pape Celestin III. pour les secourir, publia une nouvelle Croisade, au préjudice de la treve

GODEFROY DE DUISSON.

qu'avoit conclu le Roi d'Angleterre, & qui subsistoit encore : on prétend même qu'il y avoit un ordre exprès du Pape de ne s'y point arrêter. Un grand nombre de Seigneurs Allemands prirent la croix; & se rendirent à Messine, d'où ils passerent à la Terre Sainte. Valeran frere du Duc de Limbourg, ayant rompu la tréve par quelques hostilitez, Safadin irrité de cette infraction, assiéga Jaffa, l'emporta d'assaut, & fit passer plus de vingt mille Chrétiens par le fil de l'épée. Le tems de la ruine des Chrétiens en Palestine sembloit prochain, si la guerre que les Infideles avoient entr'eux, n'eût obligé depuis Safadin de renouveller la tréve pour six ans. Le Comte de Champagne après ce traité, retourna à Acre, où regardant d'une fenêtre des troupes qu'il faisoit passer en revûe, la croisée sur laquelle il étoit appuyé ayant manqué, il tomba dans les fossez du Château & se tua.

1194.

Le Grand Maître des Hospitaliers considerant qu'un aussi petit Etat que le Royaume de Jerusalem, environné d'ennemis redoutables, ne pourroit jamais se soutenir sans un Roi; proposa quelque tems après la mort de ce Prince, à la Reine sa veuve, d'épouser Amaury de Lusignan, qui par la mort de Guy son frere, venoit de succeder à la Couronne de Chypre. Il lui representa que son Etat se trouvant environné d'ennemis puissants, elle tireroit des secours considerables de cette Isle voisine de la Palestine; & d'ailleurs que Chypre lui pourroit servir d'azile honorable, si par malheur les Infideles achevoient de se rendre maîtres de la Palestine. La Reine goûta sans peine une propofition où elle trouvoit en même tems fon interêt & celui de fon Etat. Le Grand Maître fut chargé de la negociation, & il la conduifit avec tant d'habileté que fans commettre la Reine, il fit fouhaiter fon alliance au Roi de Chypre. Il ne manquoit plus pour terminer cette grande affaire que fa prefence. Sous differens prétextes il fe rendit à Acre, il vit la Reine, en fut bien reçû, & après que pour la forme, on eût fait part de leur deffein aux Grands de l'Etat, le Roi & la Reine furent mariez par le Patriarche, & enfuite on les proclama l'un & l'autre folemnellement Roi & Reine de Jerufalem & de l'Ifle de Chypre.

Onfroy de Thoron le premier mari de cette Princeffe, ne la vit pas fans chagrin, donner fucceffivement fa main & fa Couronne à tant de Princes, qui peut-être y avoient moins de droit que lui. Mais comme à l'égard des Souverains, le droit fans la force eft peu confideré; ce malheureux Seigneur ne trouva perfonne qui s'interefsât dans fa difgrace; il fut même obligé pour fa fureté de diffimuler fes prétentions, & femblable à ces divinitez fans temple, il refta fans culte & fans adorateurs.

Le Grand Maître qui avoit eu tant de part à ce dernier mariage de la Reine, furvêcut peu aux fêtes qui accompagnerent cette ceremonie; il mourut prefque dans le même tems; il nous eft refté peu de chofe de fon gouvernement. L'ignorance dans laquelle on élevoit la Nobleffe en ce tems-là, nous a privé de la connoiffance d'un grand nombre de faits qui auroient enrichi cette Hiftoire; mais dans ces premiers fiecles de l'Or-

GODEFROY DE DUISSON.

1194.

GODEFROY DE DUISSON. dre, les Chevaliers faisoient plus d'usage de leur épée que de leur plume, je ne sçai même si la plûpart sçavoient lire. Enfin ce qui est de vrai, soit défaut de capacité, soit modestie, pendant plus de quatre cens ans, il ne s'est trouvé aucun Chevalier qui ait daigné nous instruire de tant d'évenemens mémorables, dont à peine on trouve quelques traces dans les Histoires nationales, ou dans les recueils des traitez & des actes publics.

Fin du second Livre.

LIVRE TROISIÉME.

JE NE SÇAI si c'est à l'éloignement des tems ou à la négligence des premiers Historiens, que nous devons attribuer l'ignorance où nous sommes de la Maison & de l'origine des premiers Grands Maîtres; & sur-tout du successeur de Duisson. Ce successeur dans les anciennes chroniques, s'appelle Frere ALPHONSE DE PORTUGAL. On le croit communément issu des Princes de cette nation; mais on ne nous a point instruits de quelle branche il sortoit; on convient seulement que c'étoit en ligne indirecte. Des Auteurs modernes prétendent qu'il portoit le nom de Pierre; & qu'il étoit fils d'Alphonse premier Roy de Portugal. Quoi qu'il en soit, tous les Ecrivains qui ont parlé de lui, nous le représentent plein de valeur & de pieté, également exact dans la discipline réguliere & militaire, scrupuleux observateur des statuts, mais naturellement fier & hautain; & on s'apperçut depuis son élevation au Magistere, qu'il mêloit la dureté de son humeur dans les ordres qu'il donnoit au sujet du gouvernement.

Il ne fut pas plutôt reconnu pour Grand Maître, que l'esprit rempli de certaine idée de perfection peu pratiquable parmi des Guerriers, & dans la vûe de réformer des abus qui s'y étoient introduits, il convoqua un Chapitre général dans la ville de Margat, où l'Ordre depuis la perte de Jerusalem avoit transferé sa résidence. Pour ne pas faire écla-

ALPHONSE DE PORTUGAL.

1194.

ter son principal dessein, il n'attaqua d'abord qu'un certain abus qui confondoit souvent la Noblesse séculiere avec les Chevaliers profez. Ces Gentils-hommes, à leur retour en Occident, & dans leurs provinces, affectoient de porter la Croix de S. Jean de Jerusalem. Pour l'intelligence de ce fait particulier, il faut sçavoir que ce qui se trouvoit de Noblesse dans les Croisades ou dans les pelerinages, étant arrivez dans la Palestine, se rangeoient volontiers sous les enseignes de la Religion. Il y en avoit même qui envoyoient leurs enfans encore jeunes jusques dans la Palestine, pour être élevez dans la Maison de S. Jean, & sous la discipline des Chevaliers, comme dans la plus excellente école où ils pussent se former dans l'art militaire.

On souffroit aux uns & aux autres, tant qu'ils demeuroient à la terre Sainte, & qu'ils combattoient sous les étendarts de l'Ordre, d'en porter la Croix ; mais à leur retour en Europe, s'étant faits un droit de cette indulgence, le Grand Maître, pour empêcher qu'on ne les confondît avec les Chevaliers profez, fit statuer par le Chapitre, qu'ils ne seroient considerez que comme troupes auxiliaires, & qu'ils ne pourroient porter la Croix que lorsqu'ils combattroient contre les Infideles sous les étendarts de la Religion.

De cet article particulier de réformation, le Grand Maître passa à d'autres qui concernoient principalement les Chevaliers profez ; & pour les faire recevoir plus aisément, il commença par sa propre maison & par son équipage, qu'il réduisit

à

à un Major-dome, un Chapelain, deux Chevaliers, trois Ecuyers, un Turcopolier & un Page. A chacun de ces differens Officiers de sa maison, il ne laissa qu'un cheval pour les porter. A l'égard de sa personne, il ne réserva que deux chevaux de main & une mule, équipage à la verité très-modeste, mais peu convenable au Chef d'un grand Ordre militaire, & qui étoit tous les jours à la tête des armées.

ALPHONSE DE PORTUGAL.

De ce reglement particulier se faisant un droit de réformer tous les Chevaliers, après leur avoir reproché ce qu'il appelloit leur luxe, & même leur molesse, il proposa differens réglemens: alimens, habits, équipages, tout passa par un severe examen & par une réforme austere : on ne peut pas dire que ce Grand-Maître n'eût pas de très-bonnes intentions ; son dessein étoit de faire revivre la discipline établie par Raymond Dupuy, & qui dès ce tems-là étoit fort relâchée. On rapporte qu'entendant quelques murmures dans l'assemblée, il leur demanda s'ils étoient plus délicats que leurs prédecesseurs, & s'ils n'avoient pas fait aux pieds des autels une profession solemnelle des mêmes vœux de la Religion. On lui representa en vain la difference des tems, & que le genre de vie qu'il proposoit, n'étoit pas compatible avec les fonctions d'une guerre continuelle; & dans une conjoncture où depuis la perte de Jerusalem ils étoient tous les jours à cheval ou dans la tranchée. Pour lors prenant un ton de voix plus élevé : *Je veux*, dit-il fierement, *être obéi, & sans replique.* A ces mots toute l'assemblée éclata en plaintes,

Tome I.   K k

& un ancien Chevalier lui fit sentir que le Chapitre n'étoit pas accoutumé à entendre parler ses supérieurs en Souverains.

L'aigreur se mêla bien-tôt à des contestations si vives, & fut ensuite poussée si loin, que les Chevaliers de concert, & avec trop d'obstination, refuserent d'observer les reglemens qu'il proposoit. Le Grand-Maître de son côté, quoiqu'il ne fût sorti qu'indirectement d'une Maison Royale, pour prouver sa légitimation, affectoit tout l'orgueil du trône. Les uns & les autres ne voulant rien relâcher, on en vint enfin à une révolte déclarée. L'Ordre tomba dans une espece d'anarchie, & le Grand-Maître ne trouvant plus d'obéissance dans ses Religieux, abdiqua sa dignité, & se retira en Portugal. Il y fut encore plus malheureux, & il périt depuis dans les guerres civiles où il s'étoit engagé. C'est ce que nous apprenons de differens Historiens, quoiqu'ils ne conviennent ni de son propre nom, ni de celui du Prince qui lui avoit donné la vie.

L'Ordre, après son abdication, choisit pour son successeur Frere GEOFROY LE RAT, de la Langue de France, vieillard vénérable, doux, affable, peu entreprenant, & qui par là mérita les suffrages de ses confreres. Il se fit presque en même tems une nouvelle révolution dans la principauté de la petite Armenie, & dont par son habileté il arrêta les suites. Nous avons dit que deux freres, Seigneurs des plus considerables de cette nation, l'un appellé Rupin de la Montagne, & le cadet, Livron ou Leon, après la mort du renégat Melier,

s'étoient emparez de ce petit Etat. Boëmond III. Prince d'Antioche, & devenu Comte de Tripoli, poussé d'une ambition démesurée & dans la vûe d'agrandir ses Etats aux dépens de ses voisins, sous prétexte d'une conference, & de prendre avec le Prince d'Armenie des mesures contre les Infideles leurs ennemis communs, avoit attiré ce Prince dans Antioche, & l'y avoit fait arrêter. Livron quelque tems après tourna contre lui son propre artifice, & sous prétexte de traiter de la liberté de son frere, il se trouva le plus fort au rendez-vous, tailla en pieces l'escorte de Boëmond, le fit arrêter & conduire dans une Place forte où il le retint prisonnier, sans vouloir d'abord entendre parler d'aucune negociation de paix.

Chaque nation prit les armes en faveur de son Prince. Les Infideles leurs voisins n'auroient pas manqué de profiter d'une guerre si préjudiciable aux Chrétiens; mais le Patriarche & le Grand-Maître qui en prévirent les suites funestes, intervinrent dans ce differend. Le Prince Livron ne vouloit d'abord écouter aucune proposition, soit que gouvernant l'Etat pendant la prison de son frere, il eût de la peine à se désaisir de l'autorité souveraine, soit aussi peut-être, comme l'évenement le fit voir, pour tirer de plus grands avantages du traité. Quoi qu'il en soit, il ne voulut point consentir à l'échange des deux prisonniers, qu'aux conditions que la Principauté d'Antioche releveroit dans la suite de celle d'Armenie, & que pour gage d'une sincere reconciliation entre les deux Maisons, le fils aîné du Prince d'Antioche avant que son pere sortît de prison, épouseroit Alix fille unique de Rupin, & que les enfans qui sortiroient de ce mariage, seroient reconnus après leur pere pour heritiers présomptifs de la Principauté d'Antioche, & sans pouvoir rien prétendre à celle d'Armenie, qu'après la mort de Livron même. Quelques dures que fussent ces conditions, Boëmond, dans l'impatience de recouvrer sa liberté, souscrivit à tout ; & après la consommation du mariage, les deux Princes prisonniers furent échangez. Celui d'Antioche de retour dans ses Etats, pour avantager le Prince Raimond son second fils, lui donna le Comté de Tripoli ; & depuis la mort de son aîné, & au préjudice des enfans que ce jeune Prince avoit laissez de son mariage avec la Princesse d'Armenie, il voulut encore le faire reconnoître pour son successeur à la Principauté : ce qui causa de grands démêlez dont nous aurons lieu de parler dans la suite.

A la faveur de la tréve qui subsistoit encore avec Safadin, & les autres successeurs de Saladin, les Chrétiens de la Palestine & les deux Ordres militaires qui en faisoient toute la défense, jouissoient d'un peu de relâche : les uns & les autres devoient ce repos passager à une famine affreuse dont en ce tems là l'Egypte fut affligée. On sçait que ce grand Royaume doit toute sa fertilité à des inondations régulieres du Nil, qui en répandant ses eaux sur la surface de la terre, y laisse un limon mêlé de nitre, qui engraisse la campagne & porte l'abondance dans toutes les Provinces où il coule. Cette inondation avoit manqué l'année précédente, comme nous l'apprenons d'une lettre du Grand-Maître des Hospitaliers au Prieur d'Angleterre du même Ordre. On y voit que les malheureux Egyptiens étoient réduits comme des bêtes à brouter l'herbe; que le pere pour vivre n'avoit point de honte de vendre ses enfans, & que l'Egypte entiere étoit comme un grand cimetiere; mais où l'on trouvoit les morts sans sepulture, & qui servoient de pâture aux animaux carnaciers.

La Palestine voisine de l'Egypte, & qui en tiroit la plûpart de ses grains, souffroit de cette disette generale : c'est le sujet de la lettre du Grand Maître au Prieur d'Angleterre. Il ajoute que la guerre d'Italie causée par la révolte des villes de Lombardie contre l'Empereur, étoit un second fleau qui affligeoit l'Ordre; que le Grand Prieuré de Barlette dans le Royaume de Naples & la Sicile, dont la Religion & le Couvent tiroit auparavant des secours considerables sur-tout en grains, à cause des guerres entre les Papes & les Empereurs, ne fournissoit presque plus rien. » Il faut, » ajoutoit le Grand-Maître, acheter tout à un prix » excessif, tant pour faire subsister nos Chevaliers, » que pour les troupes qui sont à la solde de l'Or- » dre : ce qui nous a obligé à contracter des det- » tes considerables que nous ne pouvons acquiter » que par le secours que nous attendons de nos » freres d'Occident. Il finit par l'exhorter à solliciter le Roi d'Angleterre de faire passer des troupes en Orient pendant la misere & l'état fâcheux où étoient réduits les Egyptiens, & dans la conjoncture

GEOFROY LE RAT.

PREUVE I.

favorable de la fin de la tréve, qui étoit prête d'expirer, & où on pouvoit esperer, s'il venoit une armée de l'Europe, de reconquerir une seconde fois la Terre Sainte, & de rentrer glorieusement dans Jerusalem.

Je ne sçai si la dépense que faisoit l'Ordre de saint Jean à entretenir en tout tems un corps de troupes, ou si certain esprit d'interêt qui n'est que trop ordinaire dans les communautez, faisoit tenir ce langage au Grand-Maître, ce qui est de certain, c'est que Jacques de Vitry alors Evêque d'Acre & depuis Cardinal, Historien contemporain, & qui étoit sur les lieux, rapporte * que de son tems les Hospitaliers & les Templiers étoient aussi puissans que des Princes souverains, qu'ils possedoient en Asie & en Europe des Principautez, des Villes, des Bourgs & des Villages, & que dans les Provinces éloignées de la Palestine & de la Maison Chef d'Ordre, ils y tenoient des Religieux sous le titre de Précepteurs, fort attentifs à faire valoir leurs biens, & dont ils faisoient ensuite passer le revenu au trésor de chaque Ordre.

Si on en croit Matthieu Paris, autre Historien contemporain, les Hospitaliers en ce tems-là possedoient dans l'étendue de la Chrétienté jusqu'à dix-neuf mille *Manoirs*, ** terme que les Glossaires

---

* Amplis autem possessionibus tam citrà mare quàm ultra ditati sunt in immensum, villas, Civitates & Oppida exemplo fratrum Hospitalii sancti Joannis possidentes, ex quibus certam pecuniæ summam pro defensione Terræ Sanctæ, summo eorum Magistro, cujus sedes principalis erat in Jerusalem, mittunt annuatim, pati modò summo, & principali Magistro Hospitalis sancti Joannis Procuratores domorum, quos Præceptores nominant certam pecuniæ summam singulis annis transmittunt. *Jac. de Vitriaco Hist. Hier. p.* 1084.

** Hâbent insuper Templarii in christianitate novem millia Manerio-

expliquent differemment, par rapport aux diffe- rents pays où ils font situez; mais communément par le terme de *manoir* ou de *manse*, on entendoit le labour d'une charue à deux bœufs. Et L'Historien Anglois que nous venons de citer, n'attribue aux Templiers que neuf mille de ces Manoirs, origine d'une jalousie secrete entre les deux Ordres, qui éclata depuis, & qui les porta sur un prétexte assez leger à prendre les armes les uns contre les autres, & à se faire la guerre ouvertement.

Il y avoit alors dans la Palestine un Gentilhomme appellé Robert de Margat, qui en qualité de Vassal des Hospitaliers, possedoit tranquillement un château situé proche celui de Margat, & qui en relevoit. Les Templiers sous prétexte de quelques anciennes prétentions, la force à la main surprirent la Place, & s'en rendirent les maîtres. Ce Gentilhomme chassé de sa maison avec toute sa famille, en porta ses plaintes aux Hospitaliers ses Seigneurs, qui depuis la perte de Jerusalem résidoient à Margat, comme nous l'avons déja dit. Ces Chevaliers emportez par leur courage, & séduits par une fausse délicatesse d'honneur, sortent sur le champ à la tête de quelques troupes, presentent l'escalade au Château, y montent l'épée à la main, l'emportent, & en chassent à leur tour les Templiers. Bien-tôt d'un affaire particuliere, il s'en fait une generale entre les deux

rum, Hospitalarii verò novem decem præter emolumenta & varios proventus ex fraternitatibus & prædicationibus provenientes, & per privilegia sua accrescentes.
Matt. Paris ad ann. 1244. *in Henr.* 3. *L.* 2. *p.* 615.

Ordres, & les Hospitaliers ne se rencontroient plus sans se charger. Leurs amis prirent parti dans cette querelle, & la plûpart des Latins se partagerent. La guerre civile s'allumoit insensiblement dans un Etat où il n'y avoit point de Souverain assez autorisé pour réprimer les entreprises des deux partis aussi puissans & aussi animez. Il n'y eut que le Patriarche & les Evêques Latins qui intervinrent pour étouffer des divisions, dont les Infideles n'auroient pas manqué de se prévaloir. A leur consideration, les deux Ordres convinrent d'une suspension d'armes, & remirent au Pape, comme faisoient alors la plûpart des Princes Chrétiens, le jugement de leurs differends.

1198. Le Cardinal Lothaire, de la Maison des Comtes de Segni, à peine âgé de 37 ans, venoit de succeder dans la Chaire de S. Pierre au Pape Celestin III. Prélat, de mœurs irréprochables, sçavant pour le tems où il vivoit, grand Jurisconsulte; mais malheureusement trop prévenu en faveur des fausses Decretales dont il faisoit la regle de sa conduite; toutes pieces fausses attribuées aux Papes des trois premiers siécles, & forgées au milieu du neuviéme par un insigne faussaire appellé Isidore, qui en publiant ces actes supposez, a donné atteinte à l'ancienne discipline de l'Eglise, principalement sur les jugemens ecclésiastiques & sur les droits de l'Episcopat. Et quoique ces fausses Decretales soient aujourd'hui aussi décriées qu'elles meritent de l'être, & que ceux qui sont les plus favorables à la Cour de Rome soient obligez à les abandonner; cependant on s'est contenté de décrediter créditer l'auteur, sans songer à réparer tout le mal qu'il a fait dans des siécles d'ignorance. Innocent étoit très-capable de remedier à ce desordre, s'il eût eu autant de critique & de pénétration que de zele & d'ardeur pour l'administration de la justice.

Ce fut devant ce souverain Pontife que l'affaire des deux Ordres militaires fut portée. Les Hospitaliers à ce sujet députerent à Rome Frere d'Isigni, Prieur de Barlette, & Frere Auger Précepteur d'une autre Maison en Italie. Les Templiers y envoyerent de leur part Frere Pierre de Villeplane, & Frere Thierri. Innocent ayant pris connoissance de leurs prétentions réciproques, ordonna par une Sentence préliminaire, & avant de faire droit, que les Hospitaliers remetroient aux Templiers le Château d'où ils les avoient chassez; & qu'après que les Templiers y auroient résidé tranquillement pendant un mois, il seroit permis à ce Gentilhomme, ancien propriétaire du Château, de les citer devant les Officiers de Justice de Margat pour produire les titres de leurs prétentions; mais que les Hospitaliers, pour éloigner tout soupçon de partialité qui pourroit tomber sur les Officiers & sur leurs propres Juges, en tireroient dans cette occasion de la Principauté d'Antioche ou du Comté de Tripoli, que l'Ordre de Saint Jean feroit choix de personnes intégres; cependant qu'après ce choix il seroit encore permis aux Templiers de récuser ceux de ces Magistrats étrangers qui leur seroient suspects; mais aussi que s'ils refusoient de se soumettre au jugement qui interviendroit ensuite, les Hospitaliers seroient autorisez à remettre leur vassal en possession de son Château.

Nous avons une Lettre de ce Pontife au Grand Maître, & à tout l'Ordre des Hospitaliers, dans laquelle il leur représente avec beaucoup de force combien leur procédé & celui des Templiers étoit peu digne de Religieux, si nous pouvons appeller Religieux, dit Innocent, des gens qui veulent établir leurs droits par les voyes de fait & d'une manière si violente. Il ajoute que, quoiqu'il n'ignorât pas pour le fond de quel côté étoit la justice & le bon droit, il avoit mieux aimé accommoder cette affaire par une amiable composition, & dont les députez des deux Ordres étoient convenus en sa présence, que de prononcer un jugement de rigueur, & qui auroit couvert de honte le parti qui avoit tort. Du surplus, il exhorte les uns & les autres à conserver entr'eux l'union & la paix, & en même tems il leur commande en vertu de sainte obédience, & même sous peine d'excommunication, de terminer les différends qui pourroient survenir entr'eux, suivant les regles que le Pape Alexandre III. leur avoit prescrites. Innocent finit sa Lettre par menacer les réfractaires de tout le poids de son indignation.

Des Juges étrangers suivant son intention prirent connoissance de cette affaire, les prétentions des Templiers furent déclarées injustes; on remit le Gentilhomme vassal des Hospitaliers en possession de son Château; le calme & la paix se rétablirent entre les deux Ordres, du moins en apparence, & le souverain Pontife content de leur soumission, écrivit depuis aux uns & aux autres pour leur recommander les interêts du Roi de Chypre.

Nous avons dit qu'après la mort de Guy de Lusignan, le Prince Amaury son frere avoit herité de sa Couronne, & que ce Prince ayant épousé depuis Ysabelle Reine de Jerusalem, elle l'avoit engagé à fixer sa résidence dans la Palestine & dans un Etat environné de tous côtez par les Infideles. Mais Amaury ayant appris que l'Isle de Chypre n'étoit gueres plus tranquille, que ses habitans qui suivoient le Rit grec ne pouvoient se résoudre à obéir à un Prince latin, & que l'Empereur les faisoit solliciter secretement & par ses émissaires de se réunir au corps de l'Empire grec, ce Roi de Chypre écrivit au Pape pour lui exposer la nécessité où il se trouvoit de retourner incessamment dans son Isle pour y affermir sa domination.

Innocent craignant que par la retraite de ce Prince, les Hospitaliers & les Templiers ne voyant plus personne au-dessus d'eux par sa dignité, ne prétendissent les uns & les autres au gouvernement de l'Etat, pour éviter une concurrence qui ne pouvoit avoir que des suites fâcheuses, il conjura le Roi dans les termes les plus pressans, de ne pas abandonner en proye à des Infideles & à des Barbares, ce qui restoit de l'heritage de Jesus-Christ, mais en même tems, pour prévenir dans l'Isle de Chypre les troubles qui pourroient s'y élever en son absence ; ce Pontife écrivit au

1198.

GEOFROY LE RAT.

Prince d'Antioche, au Comte de Tripoli son fils, & aux Grands-Maîtres des Hospitaliers & des Templiers pour leur recommander de veiller aux interêts du Roi, & même, s'il étoit nécessaire, de faire passer dans son Isle des forces capables d'y maintenir l'autorité royale, » Amaury, dit ce Pon-
» tife dans ses Lettres, ayant bien voulu abandon-
» ner ses propres Etats & la demeure délicieuse de
» l'Isle de Chypre pour se consacrer à la défense
» de la Terre Sainte, il est bien juste que des Prin-
» ces chrétiens ses voisins s'intéressent à la confer-
» vation de sa Couronne.

L'Histoire ne dit point ce que firent ces Princes; il ne paroît point non plus que les Templiers odieux aux Chypriots, & dont ils avoient été contraints d'abandonner la Souveraineté, ayent porté aucun secours dans cette Isle. Mais nous apprenons par les anciens mémoires des Hospitaliers que le Roi de concert avec le Grand-Maître, choisit parmi eux plusieurs Chevaliers ausquels il confia le gouvernement de cet Etat, & qui y passerent avec un corps de troupes, capable de prévenir & d'arrêter les mauvais desseins des mécontens.

Une révolution surprenante arrivée peu après dans l'Empire & à Constantinople, attira encore dans cette Capitale un grand nombre d'Hospitaliers. Pour l'intelligence d'un évenement si singulier, il faut sçavoir que l'esprit des Croisades, malgré tant de mauvais succès dont nous avons parlé, regnoit toujours en France. Par la persuasion & les discours touchans du Curé de Neuilly,

un nombre infini de Princes, de Seigneurs & de
Gentilshommes s'étoient croisez sous la conduite
du Marquis de Montferrat, grand Capitaine, &
frere du Prince du même nom, qui avoit fait une
si belle défense contre Saladin au siége de Tyr.
Il étoit question de faire passer au Levant cette
nouvelle armée de Croisez. L'experience avoit
fait voir que le chemin par terre & au travers des
Etats des Princes Grecs & Mahometans, étoit
également difficile & dangereux. Pour éviter cet
inconvenient, des députez des principaux Seigneurs croisez, eurent recours à Henry Dandol,
Duc ou Doge de Venise, & ils lui proposerent,
moyennant une somme dont on conviendroit, &
qui seroit payée d'avance, de fournir des vaisseaux
pour porter leur armée à saint Jean d'Acre. Il
se fit à ce sujet une négociation suivie d'un traité
solemnel; & moyennant 85000 marcs d'argent,
la République s'engagea de passer dans la Syrie
quatre mille Chevaliers ou Ecuyers, & vingt mille
hommes de pied avec les armes, les vivres & les
munitions necessaires. Les Venitiens remplirent
exactement toutes les conditions de ce traité, &
outre qu'ils fournirent un bien plus grand nombre de vaisseaux & de navires qu'ils ne s'y étoient
obligez, pour ne pas paroître faire ce voyage
comme de simples passagers, & pour avoir part
au mérite de la Croisade, ils armerent à leurs
dépens cinquante galeres chargées de bonnes
troupes de débarquement, & le Doge, quoiqu'âgé de quatre-vingts ans, & qui avoit la vûe
fort affoiblie, devoit monter la Capitane, &

GEOFROY LE RAT.

faire le voyage en qualité de Croisé.

Il ne manquoit plus pour mettre à la voile, que l'argent des Princes & des Seigneurs François; mais souvent, & par des conjonctures qu'on n'a pû prévoir, il n'est pas si aisé d'executer un traité que de le signer. Plusieurs François, pour s'épargner de payer leur part de la contribution dont on étoit convenu, au lieu de se rendre à Venise, s'étoient embarquez à Marseille & en differents Ports d'Italie, en sorte que ce qui se trouva à Venise de Princes & de Seigneurs à la tête de l'armée, après avoir vendu leur vaisselle d'argent, leurs chaînes d'or, & jusqu'à leurs bagues, ne purent fournir que cinquante mille marcs d'argent; & faute des trente-cinq mille restants, le traité & une si sainte entreprise couroit risque d'être rompue : mais le zele du Doge, sa grandeur d'ame, & son habileté suppléa à tout, & on renoua la partie.

Imprimerie Royale, ann. 1657.

Quand on voit dans la relation de Geoffroi de Ville-hardouin la conduite de cet illustre Doge, je ne sçai ce qu'on doit plus estimer, ou sa profonde sagesse dans les Conseils, ou son courage & sa capacité dans la conduite des armées, ou son adresse & son habileté infinie à ménager les esprits. Attentif aux interêts de sa patrie, & encore plus à sa gloire, pour concilier l'un & l'autre, & de concert avec le Grand Conseil de la République, il proposa aux Croisez de les décharger des 35 mille marcs restants, si après s'être embarquez, & avant que de quitter les mers de l'Europe, ils vouloient en passant lui aider à reprendre en Dalmatie la ville de Sara qui étoit de l'ancien domaine de la République, & qui par un esprit de révolte, s'étoit soumise à la domination de Bela Roi de Hongrie. Une partie des Croisez, & sur-tout les Légats du Pape, des Princes & des Moines faisoient un grand scrupule aux soldats d'employer contre des Chrétiens des armes destinées contre les Infideles. Mais comme le passage étoit impossible sans la flotte des Venitiens, que la sédition & la révolte des habitans de Sara étoit même d'un dangereux exemple ; & que d'ailleurs les Princes croisez pourroient même servir à leur obtenir leur grace à des conditions supportables, les propositions du Doge furent acceptées. On mit à la voile; & après une navigation favorable, on débarqua sur les côtes de la Dalmatie, & on fit le siege de Sara. Devant une armée aussi considerable, la Place ne put pas tenir long-tems ; les habitans en ouvrirent les portes à leurs anciens Maîtres; mais cette diversion ayant consommé la saison convenable au passage dans la Palestine, il fallut se résoudre à hyverner dans la Dalmatie.

Les Croisez au retour du printems se disposoient à se rembarquer, lorsqu'il leur arriva des Ambassadeurs de la part du jeune Alexis Comnene, dont Philippe Duc de Suabe, & désigné Empereur d'Allemagne, avoit épousé la sœur appellée Irene. Le Prince Grec avoit envoyé ces Députez pour solliciter les Croisez, à l'exemple de ce qu'ils venoient d'entreprendre en faveur des Venitiens, de vouloir bien employer leurs armes pour rétablir sur le trône de Constantinople l'Empereur

GEOFROY
LE RAT.

1202.

10 de Novembre.

GEOFROY LE RAT.

Isaac Lange son pere, auquel un autre Alexis, frere de cet Empereur, avoit enlevé la Couronne, & qu'il retenoit enfermé dans un cachot, nouvel incident, & qui demande une plus ample explication.

Nous avons dit en plusieurs endroits de cet ouvrage, & on le peut voir dans les Historiens originaux, que l'ambition & la perfidie de la plûpart des Princes Grecs avoient fait du trône de Constantinople le theatre des plus sanglantes tragédies. L'Empereur Manuel Comnene, ce Prince perfide, qui de concert avec les Infideles, avoit fait périr l'armée de l'Empereur Conrard III. étant mort après un assez long regne, laissa l'Empire à son fils, jeune Prince à peine âgé de treize ans, fiancé avec Anne ou Agnès de France, fille de Louis VII. Roi de France. Mais après trois mois de regne, si on peut donner ce nom au gouvernement d'un si jeune Prince, & gouverné lui-même par le Prince Andronic son oncle ou son cousin, le perfide Andronic le fit étrangler, & s'empara de l'Empire.

1195.

Isaac Lange de la même Maison des Comnenes, mais seulement du côté des femmes, sous prétexte de venger la mort du jeune Empereur, surprit le tyran, se rendit maître de sa personne ; & après l'avoir fait mourir dans les plus cruels supplices, se fit reconnoître pour Empereur. Il avoit déja regné pendant près de dix ans, lorsque son frere appellé Alexis, & qu'il avoit racheté des prisons des Infideles, forma contre lui une dangereuse conspiration, le fit arrêter, & lui arracha les yeux

avec

avec la Couronne. Le jeune Alexis, fils d'Isaac ayant échapé à la cruauté de son oncle, s'étoit refugié, comme nous le venons de dire, auprès de l'Empereur Philippe de Suabe. Philippe occupé à résister à Othon de Saxe son competiteur à l'Empire, n'étoit pas en état de fournir au jeune Alexis de puissans secours ; mais ces deux Princes ayant appris avec quelle facilité les Croisez avoient remis les Venitiens en possession de la Ville de Zara, se flatterent qu'il ne seroit peut-être pas impossible de les engager en leur faveur à tourner leurs armes contre l'Usurpateur. Dans cette vûe, & pendant que l'armée Chrétienne étoit encore en Dalmatie, le jeune Alexis leur députa des Ambassadeurs pour implorer le secours de leurs armes contre un Tyran & un perfide qui avoit détrôné son propre frere, & qui le tenoit chargé de chaînes & enseveli dans le fond d'un cachot. A des motifs qui ne pouvoient interesser que la generosité des Princes croisez, ils ajouterent des offres de sommes considerables, & même que le jeune Alexis, après le rétablissement de l'Empereur son pere, prendroit la Croix, & qu'à la tête de dix mille hommes, il se joindroit à l'armée Chrétienne.

Les Seigneurs François & Venitiens qui composoient cette armée ayant fait réflexion que les dernieres Croisades de l'Europe n'avoient échoué que par la perfidie des Princes Grecs, que tant qu'on ne seroit pas assuré de Constantinople & du détroit qui joint en quelque maniere l'Europe avec l'Asie, il seroit presque impossible de passer dans la Palestine & de s'y maintenir, ces Chefs de la

GEOFROY LE RAT.

1202.

Croisades entrerent en négociation avec les Ambassadeurs. Le Doge chargé des interêts communs des deux Nations, la conduisit avec son habileté ordinaire ; & après plusieurs conferences, il convint avec les Ministres du Prince Grec, que si les Croisez pouvoient rétablir l'Empereur Isaac sur son trône, le pere & le fils pour frais de cette guerre payeroient aux Latins 200000 marcs d'argent ; que le jeune Prince Alexis se rendroit dans leur armée, & les accompagneroit ensuite en Orient ; ou que si les interêts de l'Empereur son pere le retenoient à Constantinople, ils fourniroient dix mille hommes de leurs meilleures troupes, & payées pour un an, & que pour conserver les conquêtes qu'on esperoit de faire, soit en Egypte, ou dans la Palestine, ils y entretiendroient à leurs dépens en tout tems, cinq cens cavaliers. Les Croisez par un motif de religion, & pour interesser le Pape même, souverain moteur des Croisades, à souffrir cette diversion, exigerent des Ambassadeurs qu'ils s'obligeassent par ce traité au nom de leurs Princes, que si Dieu benissoit l'entreprise des Croisez, l'Empereur Isaac & le Prince son fils employeroient leur autorité & tous leurs soins pour éteindre le schisme, & pour soumettre l'Eglise Grecque à l'Eglise Romaine. Les Ambassadeurs qui n'avoient point d'autre ressource, signerent tout, retournerent en Allemagne, d'où le Prince Alexis partit aussi-tôt, & se rendit avec une extrême diligence dans la Dalmatie, & à son arrivée, ratifia le traité fait par ses Ambassadeurs avec les Princes croisez.

Ces avanturiers Latins, si on peut donner ce

Geofroy le Rat.

Nangis ad ann. 1203.

nom aux Princes & aux Seigneurs qui compoſoient cette petite armée, trouvant dans ce traité, l'interêt de la Religion, & leur interêt particulier, mirent à la voile, & après une heureuſe navigation, aborderent ſur les terres de l'empire Grec, & ſe rendirent par terre aux pieds des murailles de Conſtantinople. Six mille François & environ huit mille Venitiens dans une terre étrangere, & dans un pays ennemi, ſans vivres & ſans d'autres ſecours que leur courage & leurs armes, ne laiſſerent pas de former le ſiege de la Capitale d'un grand Empire, & où on prétend qu'il n'y avoit pas moins de deux cens mille hommes armez pour ſa défenſe. Les Croiſez firent pluſieurs attaques tant par terre que par mer : tous les Chefs, & ſur-tout l'illuſtre Doge de Veniſe, âgé de plus de quatre-vingts ans, y firent des prodiges de valeur, & quoiqu'il eût la vûe preſque éteinte, il ſe faiſoit conduire à la tête de ſes troupes, d'où par ſon exemple, encore plus que par ſes paroles, il animoit ſes gens, & donnoit les ordres du combat. Les Grecs de leur côté, bordoient les murailles d'archers & de ſoldats, qui, à coups de flêches, de pierres & avec des feux d'artifices, repouſſoient les aſſiégeans, & il n'y avoit pas d'apparence qu'une poignée de Latins pût emporter une place défendue par une foule innombrable de peuple. Mais l'Uſurpateur agité par les remords de ſa conſcience, & encore plus par la crainte d'être livré par des ennemis ſecrets aux Croiſez, s'enfuit de nuit dans une barque avec ſa famille & ſes tréſors, & par ſa fuite fit tomber les armes des mains des gens de guerre & des habitans, qui ouvrirent les portes aux Latins. Le même jour vit un tyran fugitif & déserteur de sa propre armée, le Prince légitime tiré de prison & rétabli sur le Trône, & les Courtisans avec les principaux citoyens, applaudir à un succès auquel la veille ils s'étoient opposez de toutes leurs forces.

Les premiers soins du vieil Empereur furent d'associer à l'Empire le Prince Alexis son fils; cette ceremonie se fit le premier jour d'Aoust de l'année 1203. Les Chefs de la Croisade l'accompagnerent ensuite dans la plûpart des Provinces de l'Empire, où ils firent reconnoître son autorité. Ils en furent mal récompensez: Alexis se voyant tranquille sur le Trône, sous differens prétextes éloignoit le payement des sommes ausquelles il s'étoit engagé par le traité. Ses finesses le perdirent ; les Grecs qui craignoient de se voir soumis à l'Eglise Romaine, le haïssoient, & par son manque de parole, il étoit odieux aux Croisez.

Un Prince de la Famille Ducas appellé Murzulphle, à cause qu'il avoit les sourcis épais, & qui se joignoient, forma le dessein de le détrôner: par de basses complaisances & une adulation continuelle, il s'empara de son esprit : lui seul gouvernoit l'Empire, & en même tems qu'il exhortoit le Prince à rejetter les demandes des Croisez, ses émissaires publioient que l'Empereur ne les retenoit aux portes de Constantinople que pour forcer les habitans à reconnoître l'autorité du Pape. Le peuple s'émeut, prend les armes, & crie qu'il faut détrôner Alexis. L'Empereur Isaac son pere, accablé de vieillesse, mourut alors de douleur de voir renouveller ses malheurs. Alexis étonné, a recours à ses bien-faiteurs, & les conjure de faire entrer dans la Ville quelques troupes pour sa sûreté. Le Marquis de Monferrat, sans faire attention à son ingratitude, promet de venir à son secours, & ils conviennent qu'on lui tiendra la nuit prochaine une des portes de la Ville ouverte. Le perfide Murzulphle en fait avertir secretement les mutins : cette nouvelle augmente la rumeur : toute la ville prend les armes, & on se dispose à élire un autre Empereur. Murzulphle, le Chef muet de la révolte, & qui se défioit de l'inconstance du peuple, pour essayer le péril, fait élire pour Empereur, un jeune homme de grande naissance, mais sans crédit & de peu d'esprit, appellé Nicolas Canabe. Le perfide Alexis voyant que tout le peuple, par aversion pour son neveu, se disposoit à faire couronner son idole, s'assure secretement de la personne de ce phantôme d'Empereur, & la nuit il va au Palais, fait éveiller le Prince, & l'exhorte à se soustraire à la fureur d'une populace mutinée qui le cherchoit, disoit-il, pour le mettre à mort. Le jeune Empereur s'abandonne à ses perfides conseils, le suit, & Murzulphle, sous prétexte de le cacher, le conduit dans un endroit retiré du Palais, où ce malheureux Prince n'est pas plutôt entré qu'il se voit arrêté & chargé de fers. Le Tyran lui arrache les brodequins semez d'aigles & les autres marques de la dignité Imperiale, s'en revêt, & accompagné de ses parens & de ses complices, il se presente au peuple ; l'exhorte à rompre tout commerce avec les Latins, & propose de leur faire la guerre. Ce discours qui flattoit l'animosité de cette multitude effrênée, est reçû avec de grands applaudissemens. On le proclame Empereur sur le champ; & pour ne pas laisser ralentir l'ardeur du peuple, il se fait couronner. L'histoire ne dit point ce qu'il fit du malheureux Canabe qui disparut, & dont on n'entendit plus parler. A l'égard de l'Empereur Alexis dont la vie lui donnoit de l'inquiétude, il fit mêler deux fois de suite du poison dans ses alimens ; mais le poison n'agissant pas assez promptement, ce barbare dans l'impatience de se défaire de ce jeune Prince, descendit dans le cachot où il étoit enfermé, & l'étrangla de ses propres mains.

Quelque juste indignation qu'eussent les Croisez contre ce jeune Prince, ils ne laisserent pas de déplorer une destinée si malheureuse, & ils résolurent de venger sa mort. La guerre fut déclarée au Tyran ; il se prépara à la soutenir, & fit prendre les armes aux habitans. Ce fut un nouveau siege que les Croisez entreprirent pour la seconde fois ; ils y porterent le même courage ; & sans s'arrêter aux formes ordinaires de la guerre, ils tenterent l'escalade ; & après un combat qui dura presque tout le jour, ils s'emparerent de quelques tours où ils se fortifierent pendant la nuit. Ils étoient bien résolus de continuer l'attaque dès le point du jour, mais ils furent agréablement surpris par quelques habitans qui leur apprirent que le Tyran avoit pris la fuite. Dès le matin ils renouvellerent leur attaque, & le peu de résistance qu'ils rencontrerent, & le désordre & la confusion qui regnoient dans cette grande ville, leur fit bien-tôt connoître qu'une nouvelle auſſi ſurprenante étoit veritable. Les François & les Venitiens entrent dans Conſtantinople l'épée à la main, ſe jettent dans le Palais & dans les maiſons des principaux Seigneurs, & commettent tous les deſordres qui ſont les ſuites ordinaires de la fureur & de l'avidité du ſoldat.

Il fut queſtion enſuite de choiſir un Empereur; les Croiſez remirent ce choix à douze Electeurs, ſix François & ſix Venitiens, & on convint que le Patriarche ſeroit pris de la Nation dont l'Empereur n'auroit pas été élû. Si le Doge avoit voulu concourir dans l'Election pour l'Empire, il eſt certain qu'il y auroit eû la meilleure part. Mais ce ſage Prince conſiderant que la dignité Imperiale dans un Venitien ſeroit la ruine d'un gouvernement républicain, il y renonça pour lui & pour ſa nation : ainſi il ne fut plus queſtion que de faire un bon choix entre les François, & les autres Nations qui ſe trouvoient dans l'armée. La plûpart des ſuffrages paroiſſoient déterminez en faveur du Marquis de Montferrat, & ils ſembloit qu'ils ne pouvoient, ſans injuſtice, refuſer cette place à un Prince qu'ils avoient déja choiſi parmi tant d'autres pour leur General particulier, & qui par ſa valeur & ſa conduite, les avoit rendus maîtres de Conſtantinople. Mais l'habile Doge redoutant ces grandes qualitez, & dans la crainte de voir l'Empire réuni aux Etats que ce Prince poſſedoit déja en Italie, détermina la plus grande partie des Electeurs en faveur de Baudouin Comte de Flandres, dont il n'y avoit rien de ſemblable à appréhender. Ce Prince fut couronné solemnellement dans l'Eglise de Sainte Sophie. Thomas Morosini fut élû Patriarche de Constantinople ; le Marquis de Montferrat eut depuis pour son partage le Royaume de Thessalonique, & les Venitiens la plûpart des Isles de l'Archipel.

Baudouin ne pouvoit pas ignorer l'aversion que ses nouveaux sujets avoient pour la domination d'un Prince soumis à l'Eglise Romaine. Pour les faire revenir de cette prévention, & pour les réunir dans une uniformité de créance si necessaire à la tranquillité de l'Etat, il obtint du Pape Innocent, des Ecclesiastiques & des Religieux recommandables par leur science & par leur vertu, qui travaillerent à l'extinction du schisme, & à la réunion des deux Eglises. Il appella en même tems dans ses Etats les Hospitaliers de Saint Jean, ausquels il donna des établissemens considerables dans les provinces qui relevoient de l'Empire, & en même tems il les remit en possession de deux Maisons qu'ils avoient dans Constantinople, dont l'Usurpateur Andronic les avoit chassez. Geofroy de Ville-hardouin, Maréchal de Champagne & de Romanie, nous apprend dans son Histoire que Matthieu de Montmorenci, un des principaux chefs de la Croisade, étant mort dans cette fameuse expedition, fut enterré à Constantinople dans l'Eglise de S. Jean de l'Hôpital de Jerusalem.*

Marginalia:
GEOFROY LE RAT.
1201.

Voyez les Epitres d'Innocent III. Liv. 13, 14, 15 & 16.

---

* Lors lor avint une mult grant mesavanture en l'ost que Mahius de Montmorency que ere un des meillor Chevalier del Royaume de France, & des plus prisiez & des plus amez fû mors, & ce fû grant diels & grant domages, un des greignors qui avint en l'ost, d'un seul home & fû enterrez en une Yglise de Monseignor S. Jehan de l'Hôpital de Jerusalem. *Ville-hardouin.* p. 80.

Il n'y avoit point de Prince Chrétien, soit dans l'Asie, soit dans l'Europe, qui ne voulût avoir des Hospitaliers dans ses Etats. On leur bâtit en ce tems-là des Hôpitaux & des Eglises magnifiques à Florence, à Pise & à Veronne. Outre ces fondations pour des Chevaliers, les Religieuses Hospitalieres du même Ordre, avoient des Maisons considerables dans ces trois villes, où ces pieuses filles faisoient fleurir la pieté, la charité & toutes les vertus chrétiennes. Nous ne pouvons nous dispenser de faire ici mention de la bienheureuse sœur Ubaldine, dont la mémoire est en singuliere vénération à Pise & dans tout l'Ordre. Cette sainte Religieuse étoit née, vers le milieu du douziéme siecle, au château de Calcinaya dans le Comté de Pise. Si-tôt qu'elle fut en âge de faire un choix, elle prit l'habit & fit profession dans la Maison de saint Jean de Pise. La nature l'avoit fait naître genereuse & bien-faisante : la grace la rendit charitable ; c'étoit la mere des pauvres ; les malades trouvoient dans ses soins assidus un secours toujours present ; nulle espece de misere à laquelle elle n'apportât du remede ou de la consolation ; & quand ses devoirs lui laissoient quelques momens libres, elle les passoit aux pieds de la Croix, & dans une méditation continuelle de la passion & de la mort de notre divin Sauveur.

Pour se rendre digne de participer aux fruits de ce grand mystere, elle crucifioit son corps par des austeritez surprenantes. Depuis son entrée en Religion, elle ne quitta jamais le cilice, une planche lui servoit de lit, son jeûne étoit continuel, sa nourriture, du pain & de l'eau avec quelques racines: ingenieuse sur-tout dans ses penitences, elle recherchoit avec avidité toutes les occasions de pratiquer quelques mortifications secrettes; goût, penchant, inclination ou répugnance naturelle, si-tôt qu'elle s'en appercevoit, tout étoit sacrifié: c'étoit, pour ainsi dire, un martyre continuel; & si son sexe & sa profession ne lui permettoient pas de partager avec les Chevaliers ses freres, les tourmens ausquels ils étoient exposez quand ils tomboient entre les mains des Infideles, on peut dire que par de pieuses cruautez dont elle affligeoit son corps, elle s'associoit à leurs souffrances, & la Croix qu'elle portoit à l'exterieur, étoit moins un ornement que la marque & le caractere de celle qu'elle avoit si profondément gravée dans le cœur. Ce fut dans l'exercice continuel de ces vertus, que mourut la bien-heureuse Ubaldine vers l'an 1206. Les Auteurs de sa vie rapportent differens miracles qu'il plût à Dieu d'operer par son intercession; mais le premier & le plus grand fut une foi vive, une charité sans bornes, l'esprit de penitence, & cet assemblage de vertus dont à l'honneur de l'Ordre de S. Jean, on peut dire qu'en ce tems-là il y avoit encore de grands exemples.

On vient de voir que le Grand Maître, à la priere d'Amauri de Lusignan Roi de Chypre, & à la recommandation du Pape, avoit envoyé dans cette Isle un Corps de Chevaliers pour en contenir les sujets dans l'obéïssance qu'ils devoient à leur Souverain. Ce Prince Roi de Chypre & Roi de

Jerusalem du chef de la Reine Isabelle sa femme, étant mort cette année sans en avoir eu d'enfans, & la Reine ne lui ayant survêcu que de quelques jours, les deux Couronnes, qui par leur mariage, avoient été réunies sur leur têtes, se trouverent par leur mort séparées.

Marie fille aînée de la Reine Isabelle & de Conrard de Montferrat, Prince de Tyr son second mari, fut reconnue pour heritiere de la Couronne de Jerusalem; & Hugues de Lusignan né d'un premier mariage d'Amauri succeda au Roi son pere à la Couronne de Chypre. Ce jeune Prince épousa la Princesse Alix sœur uterine de Marie, & fille d'Isabelle & de Henry Comte de Champagne son troisiéme mari. Les Chrétiens de la Palestine se trouvant destituez d'un Souverain aussi nécessaire pour contenir dans leur devoir les Grands de l'Etat, que pour s'opposer aux armes des Infideles, députerent l'Evêque d'Acre, & Aimar Seigneur de Césarée du chef de sa femme, au Roi Philippe Auguste pour lui demander un mari pour la jeune Reine de Jerusalem, & qui fût capable de défendre ses Etats.

Le Roi leur nomma Jean de Brienne, jeune Seigneur plein de valeur, sage, capable de gouverner un Etat, & de commander des armées, & tel qu'éxigeoient les conjonctures si pressantes de la Terre Sainte, & un trône mal affermi. Le jeune Comte, sans considerer le grand nombre d'ennemis dont ce petit Royaume étoit environné, se laissa éblouir par le seul titre de Roi, & qu'il ne devoitqu'à son merite & à sa réputation. Il

GEOFROY LE RAT. reçût avec la reconnoissance qu'il devoit la proposition du Roi; & après avoir pris les mesures qu'il crut necessaires avec les Ambassadeurs de la Palestine, il les fit partir devant lui, & les chargea d'assurer la jeune Reine & tous les Grands de l'Etat, qu'il se rendroit à Acre à la tête d'une armée redoutable, & en état, après l'expiration de la treve, de recommencer la guerre avec succès.

Les Ambassadeurs de retour en Orient publierent que le Comte de Brienne devoit arriver incessamment à la tête d'une puissante Croisade, composée des Nations les plus aguerries de l'Europe, & la plûpart commandées par leurs propres Souverains. On nommoit les Princes qui avoient pris la Croix, le nombre de leurs troupes, & les flottes qui devoient tenir la mer. Le bruit de cet armement qu'on grossissoit tous les jours, comme on fait quand on parle des choses éloignées & qu'on espere, haussa le courage aux Chrétiens, & allarma les Infideles. Safadin proposa au conseil de la Regence, de prolonger la treve, & il offroit pour cela de rendre dix Places ou dix Châteaux à la bienseance des Chrétiens.

Le Grand Maître des Hospitaliers, qui par la connoissance qu'il avoit des affaires de l'Europe, ne prévoyoit pas qu'il en pût sortir un aussi puissant secours que celui que faisoient esperer les Ambassadeurs, étoit d'avis qu'on se prévalût de la peur des Infideles, & qu'on acceptât la treve qu'ils proposoient. Le Maître de l'Ordre Teutonique, & la plûpart des Seigneurs & des Barons du pays étoient du même sentiment; mais le Grand Maî-

tre des Templiers & les Prélats s'y opposerent, quoique, * dit Sanut, l'avis du Grand Maître des Hospitaliers fût bien plus utile. Mais il suffisoit qu'il eût été ouvert par les Hospitaliers pour y trouver les Templiers contraires. Ce Grand Maître des Hospitaliers mourut vers l'an 1206. Les Historiens de ces tems-là ne nous ont point instruit de son origine, mais on trouve dans la Touraine une noble & très ancienne Maison qui porte le nom de Rat, & dont apparemment ce Grand Maître étoit sorti. L'Ordre fit remplir sa place par Frere GUERIN DE MONTAIGU, François de nation, & de la langue d'Auvergne, qui peu de tems après son élection, rendit des services considerables aux Chrétiens grecs de l'Armenie mineure.

Le Pape Innocent III, écrivant aux Evêques de France leur represente dans une de ses Lettres, le malheureux état des Chrétiens latins de l'Orient, suivant les avis qu'il en avoit reçûs. Le souverain Pontife ajoute que pour comble de malheur, Raimond Comte de Tripoli, second fils de Bocmond III. Prince d'Antioche, & Leon Roy d'Armenie, se disputoient la succession de cette Principauté avant même la mort du Souverain ; que les habitans d'Antioche, soutenus des Templiers, s'étoient déclarez pour le Comte, & que les Hospitaliers avoient pris le parti du Roi ; que les Infideles même étoient entrez dans cette querelle pour en profiter ; que le Sultan d'Alep armoit en faveur du Comte de Tripoli ; que Dennequin au-

GEOFROY LE RAT.

PREUVE III.

1206. GUERIN DE MONTAIGU.

Epist. 171. vide epist. 170. ejusdem quæ extat apud Rogerium de Hov. fol. 454. edit. Lond. ann. 1598.

---

* Magistri quoque Hospitalis & Alamannorum, cunctique Barones treugas prolongare vellent ; Magister tamen Templi ac Prælati, licèt esset utilius, minimè assenserunt. *Mar. Sanut. c. 3. p. 206.*

tre Prince Turc conduisoit un secours considerable au Roi d'Armenie; & ce qui est de plus déplorable, continue le souverain Pontife, Safadin Sultan d'Egypte & de Damas, le plus puissant des Infideles, a mis sur pied des armées nombreuses, sans se déclarer encore en faveur d'aucun parti; & apparemment pour se prévaloir des évenemens, & établir son Empire sur la ruine des uns & des autres.

Nous avons dit que du mariage contracté entre le jeune Boëmond fils aîné du Prince d'Antioche, & Alix fille de Rupin de la Montagne, il étoit sorti un fils nommé aussi Rupin, qui après la mort du jeune Boëmond son pere, & conformément au traité de paix fait avec Leon Roi d'Armenie son grand oncle, avoit été reconnu par le vieux Boëmond son ayeul, pour heritier présomptif de ses Etats. Mais Raimond Comte de Tripoli, second fils du vieux Boëmond, prétendoit que la representation ne devoit point avoir lieu, & que le droit de succeder immediatement après la mort du Prince son pere lui appartenoit, au préjudice de son neveu : telles étoient les prétentions des deux partis.

Le Roi d'Armenie, quoiqu'élevé dans le schifme, voyant ses Etats environnez par ceux des Princes Latins, sembloit s'être réuni avec l'Eglise Catholique. Il avoit écrit plusieurs fois au Pape pour déclarer qu'il reconnoissoit son autorité, & il avoit même obligé son Patriarche, que les Armeniens appellent le *Catholique*, de faire de pareilles démarches. Mais, pour dire la verité, ces réunions n'étoient que passageres, & la soumission apparente de ces Armeniens, ne duroit pas plus que le besoin qu'ils avoient de la protection du S. Siege.

Livron dans cette conjoncture renouvella sa protestation, & il fit en même tems de vives instances auprès d'Innocent, pour le prier d'ordonner aux Templiers de ne s'opposer pas davantage aux droits de son neveu, & qu'ils eussent à se conformer à la conduite des Hospitaliers, qui, disoit-il, après avoir reconnu la justice des prétentions du jeune Rupin, s'étoient déclarez en sa faveur. Ce Prince par une autre Lettre, prie le Pape d'interposer son autorité pour terminer à l'amiable cette grande affaire, & de vouloir bien nommer lui-même des Juges sans partialité, parmi lesquels il le supplie de choisir particulierement le Grand Maître des Hospitaliers.

Pendant que ce differend s'agitoit à la Cour de Rome, Soliman de Roveniddin Sultan d'Iconium, de la race des Turcomans Selgeucides, à la sollicitation du Comte de Tripoli, étoit entré dans l'Armenie, où il mettoit tout à feu & à sang. Leon en donna aussi-tôt avis au Pape; & ce Pontife, à sa priere, engagea les Hospitaliers à prendre la défense de ses Etats. Le Grand Maître de Montaigu arma puissamment, le joignit, ils marcherent ensuite contre le Sultan, & après differens combats, & une bataille sanglante qui fut long-tems disputée, le Prince Turcoman fut défait, son armée taillée en pieces; & ce qui échappa à l'épée du victorieux, eut bien de la peine à regagner la Bithinie avec le Sultan qui les commandoit.

Le Prince Armenien, soit par reconnoissance, ou pour engager encore plus étroitement les Hos-

288 HISTOIRE DE L'ORDRE

GUERIN DE MONTAIGU.

pitaliers dans ſes interêts, leur donna en propre la ville de Saleph avec les forterefſes du Châteauneuf & de Camard. Il adreſſa l'acte de cette donation au Pape Innocent III. qui la confirma par ſa Bulle en datte de l'an 13 de ſon Pontificat. Le ſouverain Pontife engagea depuis le Comte de Tripoli à convenir d'une tréve avec le Roy d'Armenie, & il ordonna à deux Legats qu'il tenoit en Orient, d'y contraindre la partie rebelle par toutes les voyes ſpirituelles, & même d'employer le ſecours & les armes des Hoſpitaliers pour maintenir la paix dans cette partie de la Chrétienté. Le Prince Rupin neveu de Livron, deux ans après, eut pareillement recours au Pape Honoré III. pour obtenir le ſecours des armes des Hoſpitaliers, comme on le peut voir dans le Bref de ce Pape. Ce n'étoit pas la premiere fois que les Papes s'étoient ſervis en Orient des armes des Hoſpitaliers contre les Princes qui ne ſe croyoient pas en priſe aux foudres du Vatican.

Ces Pontifes ne les employerent pas moins utilement dans le même tems contre les Maures & les Sarraſins d'Eſpagne, & Mahomet Enacér Miramolin Roi de Maroc étant entré dans la Caſtille à la tête d'une armée formidable, Frere Guttiere d'Ermegilde, Prieur des Hoſpitaliers de Caſtille, ſur les ordres qu'il en reçut de Rome & du Grand Maître, vint ſe preſenter au Roi Alphonſe VIII. à la tête d'un bon nombre de Chevaliers & des vaſſaux de l'Ordre.

Rodéric Archevêque de Tolede, parlant dans ſon Hiſtoire de ces ſoldats de Jeſus-Chriſt: Les

Freres

DE MALTE. LIV. III. 289

Freres Militaires & Hospitaliers, dit ce Prélat, tout brulans de zele, ont pris en ce pays les armes pour maintenir notre sainte Religion, & chasser les Infideles des Espagnes. *

GUERIN DE MONTAIGU

 Un fameux Hospitalier François, appellé Frere Guerin, Ministre de Philippe Auguste, & General de ses armées, dans le même tems ne rendit pas des services moins importans à l'Eglise & à sa Patrie. Il s'étoit élevé dans ce Royaume une heresie dangereuse, qui, sous prétexte d'une spiritualité plus parfaite, sappoit les fondemens de la Religion. Un Clerc du Diocése de Chartres appellé Amaury, subtil Logicien, en étoit l'auteur. Du moins Rigord, Historien contemporain, prétend que les disciples de ce Docteur publioient que, comme les Loix de l'ancien Testament données, disoient-ils, par le Pere Eternel, avoient été abolies par l'Evangile & par la nouvelle Loi de Jesus-Christ; celle-ci devoit être supprimée à son tour par la Loi de charité, qui étoit l'ouvrage du Saint Esprit; que sous cette Loi de pur amour, la pratique des Sacremens étoit aussi peu necessaire que celle des ceremonies légales de l'ancienne Loi. Il ajoutoit que le Paradis & l'Enfer n'existoient que dans l'imagination des hommes; que le plaisir de faire de bonnes œuvres étoit le veritable Paradis, & que le crime & l'ignorance faisoient tout notre Enfer. Il n'exigeoit de ses Sectateurs pour toute pratique de Religion que l'amour seul de Dieu, dont le feu,

* Fratres etiam militiæ Hospitalis, qui fraternitatis caritati insistentes devotè, zelo fidei, & Terræ Sanctæ necessitate accensi defensionis gladium assumpserunt. Hi sub uno priore Guterrrio Etmegildi. Roderic. Toletanus, t. 2. l. 8. c. 3. p. 13. de rebus Hispanicis.

Tome I.   O o

disoit-il, étoit capable de purifier l'adultere même.

Ces erreurs répandues par des gens d'esprit & éloquents, séduisirent un grand nombre de personnes, & sur-tout beaucoup de femmes toujours avides de la nouveauté. Le Frere Guerin de l'Ordre des Hospitaliers de Saint Jean de Jerusalem, & qui sous le regne de Philippe Auguste, & de Louis VIII. son fils, eut beaucoup de part dans le gouvernement, employa ses soins & son autorité pour arrêter les progrès de cette nouvelle secte. C'étoit un des plus sçavans hommes de son siécle, & en même tems le plus grand Capitaine de sa nation, & il n'étoit pas aisé de décider si dans la conduite de l'Etat, sa valeur l'emportoit sur sa pieté & sur sa sagesse. Pendant la vacance de la dignité de Chancelier, le Roy l'avoit nommé pour en faire les fonctions. La Chancellerie vacante, dit l'Historien du tems, ce sage Ministre fit punir les principaux Chefs de ces fanatiques : il y en eut plusieurs qui reconnurent leur erreur, & les plus opiniâtres allerent se joindre aux Albigeois,

Rigordus de Gestis Philippi Augusti Franc. Regis. pag. 208, ann. 1209.

Hault consors aviez ou bon vesque Garin,
Par Deu & par son sens eustes moult d'amis,
Proudom fu, & l'Ajax sçachiés certainement,
Bien le sçeut votre peres qui l'ama durement,
Moult fu de haut conseil, & de tous biens fu plains,
Et ere bien entechiez de loyal cuer certains,
Puis le tens Charlemaine qui fu un Arcevesques,
Qu'en apela Turpin, ne fut si bon Evesques
Volontiers essauçoit l'onor de sainte Eglise,
Sire, & les vos droits gardoit il sans faintise.
Moult l'ama li bons Rois qui Felipes ot non,
Et après votre peres qui Dex face pardon,
Et la bone Roine l'amoit & tenoit chier,
Qu'en votre cort n'avoit nul meilleur Conseiller.

Joinville, p. 165, dans le Sermon de Robert de Sainceriaux.

espece de Manichéens qui admettoient deux principes, un bon & un mauvais, auſquels ils attribuoient toutes les actions des hommes. On les appelloit ALBIGEOIS, de la Ville d'Albi en Languedoc, dont la plûpart des habitans étoient infectez de cette heréſie. Le Pape, pour les extirper plus promptement, fit prêcher contr'eux une nouvelle Croiſade, & y attacha les mêmes Indulgences accordées pour la guerre de la Terre Sainte, ſans exiger des Croiſez qu'un ſervice de quarante jours.

Cette facilité à gagner les Indulgences, attira en Languedoc un nombre infini de Croiſez, & priva de leur ſecours les Chrétiens de la Terre Sainte; ce qui fut cauſe que Jean de Brienne étant prêt à partir pour Jeruſalem, ne put jamais aſſembler que trois cens Chevaliers, au lieu de ces armées formidables qui devoient lui faciliter l'entrée de la Paleſtine. On fut bien ſurpris quand on vit débarquer au port d'Acre une ſi petite troupe, ſuffiſante à la verité pour le cortege d'un Roy, mais mépriſable par rapport à ce qu'on en avoit fait eſperer, & aux beſoins de l'Etat.

Cependant ce Seigneur après avoir épouſé la jeune Reine, ſe mit en campagne pour ſignaler ſon avenement à la Couronne par quelque action digne de ſon courage. Il ravagea d'abord la frontiere du pays ennemi, & emporta quelques Châteaux de peu de conſequence; mais differents corps de Sarraſins s'étant avancez pour l'envelopper, il fut obligé de ſe retirer, & il regarda comme un avantage d'avoir échappé à des ennemis ſi puiſſans.

GUERIN DE MONTAIGU

Il écrivit aussi-tôt au Pape pour lui rendre compte de l'état où il avoit trouvé la Terre Sainte, & il ajoutoit que ce qu'on appelloit le Royaume de Jerusalem, ne consistoit plus que dans deux ou trois Places qu'on ne conserveroit même qu'autant que dureroient les guerres civiles qui étoient entre le frere & les enfans de Saladin, & qu'à moins de faire passer dans la Palestine une nouvelle Croisade, il étoit à la veille de se voir Roy sans Royaume & sans sujets.

Innocent fut sensiblement touché de ces tristes nouvelles. Ce Pontife, comme la plûpart de ses prédecesseurs, outre le zele qui l'attachoit au recouvrement de la Terre Sainte, s'interessoit particulierement dans ces guerres dont les Papes se regardoient comme les chefs, & où leurs Legats prétendoient commander avec une autorité superieure aux Généraux & aux Princes mêmes qui s'engageoient dans ces pieuses expeditions; nouvelle espece de souveraineté inconnue dans les siécles précedens, & qui sous prétexte de s'opposer aux invasions des Infideles, soumettoit aux ordres des Papes des armées nombreuses de Chrétiens, commandées souvent par des Souverains.

Le Pape plein de ces grandes vûes, & dans le dessein de secourir le nouveau Roy de Jerusalem, jugea bien qu'il n'y auroit qu'une nouvelle Croisade, qui pût produire ces nombreuses armées, la terreur des barbares. Pour tirer ces troupes de la plûpart des Etats de la Chrétienté, il résolut, à l'exemple d'Urbain II. le premier auteur des Croisades, de convoquer un Concile general : &

outre les Bulles de convocation, il le fit annoncer par un grand nombre d'Ecclesiastiques & de Religieux qui se répandirent dans toute l'Europe, & qui dans leurs sermons relevoient le mérite de pareils voyages, & exageroient peut-être un peu trop les Indulgences generales qui y étoient attachées. Mais l'execution de ce pieux dessein fut suspendue par une ligue formidable, qui s'étoit formée contre la France, & dans laquelle un grand nombre des Souverains de la Chrétienté étoient entrez. Ces Princes armoient de tous côtez, & dans un si grand mouvement de troupes, le Pape jugea bien qu'il ne convenoit pas d'exiger des Evêques qu'ils se missent en chemin, d'autant plus que quand ils auroient été assemblez, on n'auroit pû tirer dans cette conjoncture aucun secours de la France & de l'Allemagne, la ressource la plus assurée de toutes les Croisades.

Othon IV. Empereur d'Allemagne étoit à la tête de la ligue contre la France dont nous parlons, & on comptoit parmi ses alliez Jean Roy d'Angleterre, les Comtes de Flandres, d'Hollande, de Boulogne, de Salisberi, frere naturel du Roy d'Angleterre, Henry Duc de Brabant, Frederic Duc de Lorraine, Thibault Comte de Luxembourg, & Philippe de Courtenay Marquis de Namur, fils de Pierre de Courtenay Comte d'Auxerre. On sera peut-être surpris de voir parmi les ennemis de la France, le Duc de Brabant qui étoit gendre du Roy, le Comte de Bar son sujet, & dont le fils servoit dans l'armée de France, Ferrand de Portugal vassal de la Couronne, & auquel le

O iij

Roy avoit fait épouser l'heritiere de Flandres, & le Marquis de Namur Prince du Sang Royal; & on ne pourroit gueres excuser ces Princes du crime de félonie & de révolte, si on ne sçavoit que quelques-uns tenoient leurs principaux Etats de l'Empire; qu'ils en étoient feudataires; & que s'ils ne s'étoient pas rendus dans l'armée de l'Empereur, ce Prince qui étoit entré dans les Pays-bas à la tête d'une armée de cent mille hommes, auroit commencé par les dépouiller de leurs grands Fiefs. C'est ainsi que le Comte de Bar, quoique vassal de la Couronne, pour conserver le Comté de Luxembourg, fut obligé contre son inclination à fournir à l'Empereur son contingent de troupes, qu'il amena lui-même au camp Imperial.

Les principaux Chefs de cette ligue étoient si persuadez que le Roy ne leur pourroit résister, qu'ils avoient d'avance partagé entre eux ses Etats, & démembré du corps de la Monarchie les plus belles provinces de ce grand Royaume.

L'Empereur à la verité avoit retenu pour lui la haute Souveraineté, & le suprême Domaine de la Couronne; mais l'Anglois prétendoit avoir pour sa part toutes les provinces voisines de la Loire. Renaud de Dammartin, Comte de Boulogne, l'ennemi secret du Roy, & le promoteur le plus ardent de la ligue, avoit jetté ses vûes sur le Vermandois & sur les provinces voisines qui se trouvoient à sa bienséance, & on avoit promis au Flamand, Paris, l'Isle de France, & cette partie de la Picardie voisine de l'Artois.

C'étoit, pour ainsi dire, vendre la peau de l'Ours

avant que de l'avoir abbatu; ces Princes avoient affaire à un ennemi dont il n'étoit pas aisé de triompher. Philippe II. Roy de France, qui a mérité si justement de la posterité le titre d'Auguste, sans s'étonner du nombre & des forces de ses ennemis, s'avança vers Peronne à la tête de quarante mille hommes, la plûpart troupes d'ordonnances, sans compter trente cinq mille hommes de milices, tirez des Provinces voisines, & qui formoient un grand corps d'infanterie. La plûpart des Princes & des Seigneurs du Royaume se rendirent auprès du Roy: la Noblesse étoit convoquée; tous les Gentilshommes accouroient au secours de la Patrie, & on ne connoissoit point encore d'autres Chevaliers que ceux qui avoient acquis ce glorieux titre par leur valeur, & qui par de hauts faits d'armes s'étoient distinguez dans les batailles.

Le Roy de France à la tête de cette genereuse Noblesse, se croyoit invincible, & quoiqu'il n'eût gueres plus de soixante mille hommes dans son armée, il résolut de porter la guerre dans le pays ennemi; il partit de Peronne le 23 de Juillet; entra dans la Flandre, & fut camper auprès de Tournai. L'Empereur de son côté s'avança jusqu'à Mortagne qui n'en est qu'à trois lieues, & s'y retrancha. Outre qu'il avoit plus de deux cens mille hommes dans son armée, il s'étoit posté trop avantageusement pour pouvoir être forcé dans son camp.

Le Roy, pour le tirer de ce retranchement, tourna du côté du Hainault. L'Empereur qui prit sa marche pour une fuite, & qui craignoit qu'en

GUERIN DE MONTAIGU

1214.

se retirant, il ne ravageât la Province d'un de ses alliez, prit la même route, & arriva dans la plaine de Bouvines, un Dimanche 27 de Juillet. Le Roy l'y avoit précedé seulement de quelques heures, & comme ce Prince ne songeoit qu'à pénetrer dans le Hainault, son avant-garde avoit déja passé sur un pont qu'il avoit fait jetter sur la Marque, lorsqu'il fut averi par ses coureurs, que les alliez s'avançoient en ordre de bataille, c'est-à-dire, les étendarts déployez, les chevaux bardez, & les sergens, espece de dragons, attachez au service des hommes d'armes, qu'on avoit fait mettre pied à terre, & qui marchoient devant eux. Le Roy envoya aussi-tôt l'Hospitalier Guerin, qui faisoit la fonction de Maréchal de bataille, pour reconnoître les ennemis. La longue experience qu'il avoit acquise dans les guerres du Levant, & la gloire dont il s'étoit couvert en plusieurs combats contre les Infideles, faisoit que les plus grands Seigneurs du Royaume le voyoient sans envie, remplir ce poste d'honneur.

L'Histoire ne nous a point conservé ni son surnom, ni celui de sa Maison. Il est bien certain qu'étant Hospitalier de saint Jean, il falloit qu'il fût de noble extraction : c'est tout ce que nous en pouvons dire. Sa pieté & science l'avoient fait élire pour Evêque de Senlis ; mais il n'avoit pas encore été sacré, & nous allons voir dans cette occasion de nouvelles preuves de sa capacité dans le métier de la guerre. Rigord Historien contemporain, & qui étoit à la suite du Roy, parlant de ce Chevalier. C'étoit, dit-il, un très-vaillant Capitaine,

pitaine, d'une conduite admirable, d'un jugement sûr, & qui prévoyoit tous les évenemens qui pouvoient arriver. Le Breton autre Historien aussi contemporain, ajoute qu'il possedoit le cœur & la confiance du Roi son Maître, & qu'il étoit le premier du Royaume après lui. Cependant, dit Rigord, quoique cet illustre Chevalier brillât de tout l'éclat que donne la faveur, il ne voulut jamais dans un si haut degré d'autorité, quitter l'habit de sa Religion qu'il portoit toujours sous ses armes. Tel étoit ce fameux Hospitalier, qui a fait tant d'honneur à sa nation & à son Ordre. Le Roi, qui se reposoit entierement sur lui de la conduite de l'armée, lui ayant ordonné, comme nous le venons de dire, d'aller reconnoître l'ennemi, il prit avec lui Adam Vicomte de Melun, un des plus braves Seigneurs du Royaume ; & après s'être mis à la tête d'un corps de cavalerie, il s'avança sur une hauteur, d'où il découvrit la marche & la disposition de l'armée des alliez, & après avoir laissé le Vicomte dans ce poste, avec ordre d'amuser les ennemis sans rien engager, il revint à toutes jambes trouver le Roi, & lui dit qu'il seroit bien trompé s'il n'étoit pas attaqué incessamment par l'Empereur.

Philippe assembla aussi tôt le Conseil de guerre, on y mit en déliberation si ses troupes continueroient de passer la riviere, ou si pour livrer la bataille à l'ennemi, on feroit revenir l'avant-garde qui étoit déja passée. La plûpart des Officiers Generaux étoient d'avis qu'on évitât ce jour-là d'en venir aux mains ; ils se fondoient sur un ancien usage parmi la Nation, de ne se jamais battre le jour du Dimanche; ils disoient que les François s'étoient toujours fait un scrupule de répandre du sang dans ce saint jour; d'ailleurs que les soldats étoient fatiguez d'une longue marche; que les alliez étant aussi superieurs en troupes, il falloit donner le tems à la Noblesse qui étoit en marche, de pouvoir joindre l'armée, & que pour cela il falloit achever de faire passer les troupes de l'autre côté; que la riviere serviroit de barriere, & que les ennemis ne hazarderoient pas de la passer devant une armée aussi forte que celle du Roi.

Le Chevalier Guerin auquel sa longue experience dans le métier de la guerre avoit fait juger qu'on éviteroit difficilement la bataille; leur dit qu'ils délibéroient d'une chose dont ils n'étoient plus les maîtres; que l'ennemi étoit trop proche, & que si on continuoit à faire passer la riviere à toute l'armée, on s'exposoit à voir au moins tailler en pieces l'arriere-garde & les troupes qui seroient restées les dernieres au passage. Cependant comme il étoit presque le seul de son avis, & même que dans ce moment les troupes de l'Empereur firent un mouvement comme si elles eussent voulu marcher du côté de Tournay; on résolut, à la pluralité des voix, de passer de l'autre côté de la riviere; mais l'armée de l'Empereur par un autre mouvement, étant tombée tout d'un coup sur le corps que commandoit le Vicomte de Melun, justifia la sûreté des vûes du Chevalier Guerin. Le Roi vit bien qu'on ne pouvoit plus éviter d'en venir aux mains; on fit repasser à l'instant l'avant-garde, & le Chevalier, qui faisoit la fonction de Maréchal de bataille, rangea les troupes en ordre de combat, & assigna à chaque corps, la place qu'il devoit occuper. Par sa capacité superieure à celle des Géneraux ennemis, il eut l'adresse de se mettre le soleil à dos, & les ennemis l'ayant dans les yeux, il en tira le même avantage, sur-tout pendant les chaleurs de la canicule, qu'Annibal en avoit autrefois pris contre les Romains à la bataille de Cannes. Le Moine Rigord, Chapelain & Medecin du Roi, & qui dans cette bataille, se tint toujours proche de son maître, rapporte qu'il vit l'Hospitalier Guerin, après avoir rangé l'armée en bataille, entrer dans tous les rangs, passer le long des escadrons & des bataillons, & exhorter tout le monde à combattre courageusement pour la défense du Roi & de la Patrie. Il ajoute que cet illustre Chevalier, après qu'on eût donné le signal de la bataille, par rapport à son élection à l'Evêché de Senlis, ne voulut point se mêler parmi les combattans, & qu'il se contenta de donner ses ordres, & de faire agir les differens corps de l'armée dans le tems qu'on en avoit besoin.

Il ne s'étoit gueres donnée de bataille en France qui eût été si long-tems disputée : tout se mêla : tout combattit avec une fureur égale ; le Roi y fit des prodiges de valeur ; six vingt Gentilshommes François furent tuez à ses côtez, lui-même y pensa périr, il reçût un coup de lance dans la gorge ; son cheval fut tué, & ce Prince foulé aux pieds des chevaux : deux seuls Gentilshommes, Montigni & Tristan, pour sauver leur maître, lui firent un rempart de leurs corps, & soutinrent tout l'effort des ennemis. Le Roi se jette sur le cheval de Tristan ; s'étant mis à la tête d'un corps de Noblesse qui étoit accourue à son secours, il fait une nouvelle charge aux ennemis, un escadron d'Allemands qui lui étoit opposé, est enfoncé ; rien ne résiste à la furie des François, qui sous les yeux de leur Prince, & pour se venger du péril qu'on lui avoit fait courir, tuent tout. On pousse, on pénetre jusqu'à la personne même de l'Empereur, qui se trouva dans le centre de cet escadron. De Trie le frape d'un coup de lance que la cuirasse rend inutile : Mauvoisin saisit la bride de son cheval, & le jeune Comte de Bar, dont le pere, à cause du Comté de Luxembourg, étoit dans l'armée des Alliez, saisit l'Empereur par son hausse-colle : Desbarres Sénechal d'Anjou survient, qui l'embrasse par le milieu du corps pour le tirer de dessus son cheval : tous veulent avoir l'honneur de faire un Empereur prisonnier. Mais les Allemands arrivent en foule à son secours, écartent les François, lui ouvrent les chemins de la retraite, & ce Prince monté sur un nouveau cheval, encore étourdi du péril où il s'étoit trouvé, sans égard pour sa gloire, s'abandonne à la fuite. Le Roi le voyant s'éloigner à toute bride, ne put s'empêcher de dire en souriant, aux Seigneurs qui l'environnoient : *Mes Amis, vous n'en verrez aujourd'hui que le dos.*

1214. L'Empereur par sa fuite entraîna la plûpart des troupes : ceux que leur courage retint encore sur le champ de bataille, & qui voulurent disputer une victoire où ils n'avoient plus de part, furent

taillez en pieces. Les Comtes de Flandres, de Bou- GUERIN
logne, de Salisbery, Eustache de Hainault, Hos- DE
pitalier de saint Jean, Hugues Manges chef du MONTAIGU
Conseil de l'Empereur, & trente Seigneurs Ban-
nerets furent faits prisonniers. Othon méprisé des
Allemands abdiqua depuis sa dignité. Le Roi d'Angleterre odieux à ses sujets, passa le reste de ses
jours dans une guerre civile, & la victoire de Bo-
vines en comblant Philippe de gloire, rétablit la
paix & la tranquillité dans toute l'Europe.

Le Pape, pour profiter de ce calme, & pour
engager les Princes d'Occident dans une ligue génerale contre les Infideles, convoqua un Concile
géneral à Rome & dans l'Eglise de Latran. Ce fut
le douziéme œcumenique, & le quatriéme de 1215.
Latran. Il s'y trouva quatre cens douze Evêques, *Mat. Paris.*
en comptant deux Patriarches, & soixante-onze *ad ann. 1213.*
Primats, ou métropolitains; on y vit des Ambas- *Abb. Usper.*
sadeurs de Frederic II. Roi de Sicile, élû Empereur d'Allemagne, de Henry Empereur de Constantinople, ceux des Rois de France, d'Angleterre, de Hongrie, de Jerusalem, de Chypre & d'Arragon. Le Pape fit l'ouverture du Concile par un
discours trés-touchant sur la perte de la Terre
Sainte, & sur les obligations qu'avoient tous les
Chrétiens de travailler à la délivrer du joug des
Infideles: » Cette Terre, dit-il, arrosée du sang de
» notre divin Sauveur, est prophanée, & l'endroit
» où le fils unique de Dieu étoit adoré est devenu le
» Temple du Demon; quelle honte & quel oppro-
» bre que le fils d'Agar tienne la mere de tous les
» Fideles dans les fers? Il faut les rompre, mes

» très-chers Freres; me voilà tout prêt de me met-
» tre à votre tête : je me livre tout entier à vous,
» je suis prêt, si vous le jugez à propos, d'aller
» en personne chez les Rois, les Princes & les peu-
» ples pour éprouver si par la force de mes cris,
» je pourrai les exciter à prendre les armes, & à
» venger les injures faites au Sauveur des hommes,
» qui est chassé aujourd'hui de cette Terre qu'il a
» acquise par son Sang, & où il a accompli les
» Misteres de notre Redemption.

Son discours tira des larmes de toute l'assemblée; les Princes & les Seigneurs qui s'y trouverent, convinrent unaniment de prendre la Croix, & le Peres du Concile firent un Decret particulier, par lequel ils assignoient le rendez-vous des Croisez au premier Juin de l'année 1217. Alors, dit le Concile, ceux qui voudront prendre le chemin de la mer, s'assembleront à Messine où à Brindes, & les armées de terre se mettront en marche le même jour.

Les Evêques, après s'être separez, prêcherent la Croisade dans leurs Diocèses avec beaucoup de zele & de succès. L'Empereur Frederic, André Roi d'Hongrie, Leopold Duc d'Autriche, Louis Duc de Baviere & un nombre infini de Princes & de Prélats, François, Allemands, Hongrois, Hollandois, Frisons, Novergiens prirent la Croix. Mais chacun en prenant cette marque de son engagement, se réservoit le droit de fixer le tems de son départ & de son sejour à la Terre Sainte, qu'il regloit selon ce qu'éxigeoit l'état de sa santé, ou la conjoncture de ses affaires. C'est ainsi que l'Empereur, qu'on croyoit devoir se mettre à la tête des premiers Croisez, en fut empêché par les troubles d'Italie, outre qu'il n'avoit pas encore pris à Rome la Couronne de l'Empire : cérémonie à laquelle les Papes de ces tems-là avoient assujetti les Princes qui avoient été élûs Empereurs.

Ce fut André Roi de Hongrie qui à la tête d'une armée composée de differentes Nations partit le premier pour le secours de la Terre Sainte; c'étoit un Prince recommandable par des sentimens de pieté, & sur-tout par un zele extraordinaire pour l'administration de la Justice. Il conduisit l'armée par terre jusqu'à Venise où il s'embarqua pour se rendre à Constantinople. Ce Prince avant que de quitter ses Etats, reçut une Lettre du Pape Honoré III. qui depuis deux ans avoit succedé à Innocent III. Ce Pontife l'exhortoit à ne rien entreprendre dans la guerre contre les Infideles sans la participation & les conseils du Grand-Maître des Hospitaliers. Le Roi lui répondit qu'il étoit si persuadé de sa valeur & de sa capacité, qu'il lui avoit déja écrit en conformité des intentions de sa Sainteté, & pour le prier de se rendre vers la Notre-Dame de Septembre dans l'Isle de Chypre, tant pour conferer ensemble sur les operations de la campagne, qu'afin de pouvoir se rendre plus sûrement à la faveur de son Escadre dans le port de saint Jean d'Acre. Nous apprenons ces circonstances du Bref même que ce Pontife adressa au Grand-Maître, & à tout l'Ordre des Hospitaliers, qu'il exhorte dans les termes les plus pressans à donner au Roi de Hongrie, au Duc d'Antioche, & à tous les

Chefs de l'armée, les Conseils & le secours dont ils auront besoin.

Le Roi d'Hongrie avant que de passer le Bosphore, fut obligé de rester quelque tems à Constantinople pour attendre les Italiens croisez, qui devoient arriver de jour en jour. Pendant le séjour qu'il fit dans cette grande ville, il arriva dans ses Etats & dans sa maison un accident bien funeste, & qui fut cause que ce Prince resta moins en Orient, & fut peu utile aux Chrétiens latins de la Palestine. Ce Prince étant prêt de quitter ses Etats en laissa la régence au Palatin du Royaume appellé Bancbannus, & dont depuis long-tems il avoit éprouvé le zele & la fidelité: il lui recommanda en partant d'entretenir la paix avec les Princes voisins, & sur-tout d'administrer une exacte justice à tous ses sujets, sans égard pour la naissance ou la dignité de qui que ce fût. Ce Seigneur pendant l'absence du Roi, n'oublia rien pour répondre dignement à la confiance dont il l'avoit honoré; & pendant qu'il donnoit tous ses soins aux affaires d'Etat, sa femme Dame d'une rare beauté, tâchoit par son assiduité auprès de la Reine, d'adoucir le chagrin que lui causoit l'absence du Roi son mari.

Tel étoit l'état de la Cour de Hongrie, lorsqu'on y vit arriver le Comte de Moravie frere de la Reine, & que cette Princesse aimoit tendrement; ce ne furent d'abord que fêtes, & que plaisirs, mais dans la suite le poison dangereux de l'amour se glissa parmi ces jeux innocens: le Comte de Moravie devint éperdûement amoureux de la femme

femme du Régent, il osa lui déclarer sa passion ; mais cette Dame encore plus vertueuse qu'elle n'étoit belle, ne lui répondit que par la severité de ses regards : la résistance fit son effet ordinaire, les desirs criminels du Comte n'en furent que plus violens. Sa passion qui augmentoit tous les jours, le jetta dans une sombre mélancolie ; il n'étoit plus question de jeux, de spectacles & de tous ces vains amusemens dont les Grands occupent si sérieusement leur oisiveté ; le Comte ne cherchoit plus que la solitude, mais la Reine par une complaisance naturelle aux femmes pour cette espece de malheur, & pour retirer son frere d'un genre de vie si triste, sous differens prétextes retenoit auprès d'elle la femme du Régent, ou l'envoyoit chercher aussi-tôt qu'elle s'éloignoit du Palais. Cette Dame pénétra sans peine les motifs indignes de ces empressemens, & pour éviter l'entretien du Comte, elle feignit quelque tems d'être malade ; mais ayant usé ce prétexte, & sa naissance & le rang que tenoit son mari ne lui permettant pas de s'absenter plus long-tems de la Cour, elle revint au Palais. Le Comte de peur de l'aigrir, dissimula ses sentimens, & des manieres respectueuses succederent en apparence à l'éclat & à l'emportement de sa passion.

GUERIN
DE
MONTAIGU

La femme du Régent rassurée par cette conduite pleine de discretion, continuoit de paroître à la Cour, lorsque la Reine, sous prétexte de l'entretenir en particulier, la conduisit dans un endroit écarté de son appartement, où après l'avoir enfermée, elle l'abandonna aux desirs criminels de son

Bonfin. Dec. 2. p. 179.

frere, qui de concert avec la Reine, étoit caché dans le cabinet. La femme du Régent en sortit avec la honte sur le visage, & la douleur dans le cœur; elle s'ensevelit dans sa maison, où elle pleuroit en secret le crime du Comte, & son propre malheur. Mais le Régent ayant un jour voulu prendre place dans son lit, son secret lui échappa; & emportée par l'excès de sa douleur: Ne m'approchez pas, Seigneur, lui dit-elle en versant un torrent de larmes, & éloignez-vous d'une femme qui n'est plus digne des chastes embrassemens de son époux: un témeraire a violé votre lit, & la Reine sa sœur n'a point eu honte de me livrer à ses emportemens; je me serois déja punie moi-même de leur crime, si la Religion ne m'eût empêché d'attenter à ma vie. Mais cette défense de la loi ne regarde point un mari outragé; je suis trop criminelle, puisque je suis deshonorée, je vous demande ma mort comme une grace & pour m'empêcher de survivre à ma honte & à mon deshonneur.

Le Régent, quoique outré de douleur, lui dit qu'une faute involontaire étoit plûtôt un malheur qu'un crime, & que la violence qu'on avoit faite à son corps, n'alteroit point la pureté de son ame, qu'il la prioit de se consoler, ou du moins de cacher avec soin la cause de sa douleur: Un interêt commun, ajouta-t'il, nous oblige l'un & l'autre de dissimuler un si cruel outrage, jusqu'à ce qu'il nous soit permis d'en tirer une vengeance proportionnée à la grandeur de l'offense.

Son dessein étoit d'en faire ressentir les premiers effets au Comte; mais ayant appris qu'il étoit parti secretement pour retourner dans son pays, le Régent au désespoir que sa victime lui eût échappé, tourna tout son ressentiment contre la Reine même; il se rendit au Palais, & ayant engagé cette Princesse à passer dans son cabinet, sous prétexte de lui communiquer des Lettres qu'il venoit, disoit-il, de recevoir du Roi, il ne se vit pas plutôt seul avec elle, qu'après lui avoir reproché son intelligence criminelle avec le Comte, & la trahison qu'elle avoit faite à sa femme, le fier Palatin lui enfonça un poignard dans le cœur; & sortant tout furieux de ce cabinet, il publia devant toute la Cour sa honte & sa vengeance.

Soit surprise ou respect, personne ne se mit en état de l'arrêter : il monta sans obstacle à cheval; & s'étant fait accompagner de quelques Seigneurs témoins de cette funeste catastrophe, il prit la route de Constantinople, & arriva ensuite dans cette ville d'où le Roi n'étoit pas encore parti. Il se rendit aussi-tôt au Palais que ce Prince occupoit; & se présentant devant lui avec une intrépidité qui a peu d'exemples : » Seigneur, lui dit-il, » en recevant vos derniers ordres, quand vous par- » tites de Hongrie, vous me recommandâtes sur- » tout que sans avoir égard au rang ou à la con- » dition, je rendisse à tous vos sujets une exacte » justice : je me la suis faite à moi-même; j'ai tué » la Reine votre femme qui avoit prostitué la » mienne; & bien loin de chercher mon salut dans » une indigne fuite, je vous apporte ma tête. Dis- » posez à votre gré de mes jours; mais souvenez- » vous que c'est par ma vie ou par ma mort que vos

» peuples jugeront de votre équité, & si je suis in-
» nocent ou coupable.

Le Roi écouta un discours aussi surprenant, sans l'interrompre, & même sans changer de couleur; & quand le Regent eut cessé de parler : » Si les » choses se sont passées comme vous les rappor-» tez, lui dit ce Prince, retournez en Hongrie; » continuez d'administrer la justice à mes sujets » avec autant d'exactitude & de severité, que vous » vous l'êtes rendue à vous-même; je resterai peu » à la Terre Sainte, & à mon retour j'examinerai » sur les lieux si votre action mérite des louanges » ou des supplices.

C'est ainsi que Bonfinius l'Historien de Hongrie rapporte ce fait : mais Duglos qu'on appelle Longinus, prétend que la mort de cette Princesse ne fut causée que par la conjuration de quelques Seigneurs Hongrois irritez de ce que la Reine avoit introduit à la Cour & dans les principales charges du Royaume, des Princes Allemands ses parens. D'autres Auteurs prétendent même que cette Princesse étoit morte avant que le Roi eût quitté ses Etats pour passer à la Terre Sainte.

Quoi qu'il en soit, ce Prince s'embarqua peu après, & arriva sans obstacle dans l'Isle de Chypre. Il y trouva le Grand Maître des Hospitaliers de saint Jean avec les principaux Officiers de son Ordre, & après avoir conferé avec eux sur l'état des affaires de l'Orient, il se remit en mer avec Hugues de Lusignan Roi de cette Isle. Leur voyage fut heureux, & sans que les Infideles eussent traversé leur navigation, toute la flotte Chrétienne entra dans le port de saint Jean d'Acre. Le Roi de Hongrie à son débarquement, ne voulut point loger dans le Palais du Roi de Jerusalem qu'on lui avoit préparé, soit par quelque concurrence sur le cérémonial entre tous les Princes qui se trouvoient alors à saint Jean d'Acre, soit que la mort funeste de la Reine & les circonstances tragiques qui l'avoient accompagnée, fussent vraies, comme le prétend l'Historien de cette Nation, & que le crime dont on l'accusoit, la vengeance qu'un de ses sujets avoit osé en tirer, le doute qui l'agitoit tour à tour du crime de la Reine, & de la fidelité du Regent, tout cela l'eût jetté dans une sombre mélancolie. Il se retira chez les Hospitaliers & auprès du Grand Maître, dont les entretiens pieux & solides étoient plus conformes à la disposition de son esprit. On ne peut exprimer les sentimens de religion dont ce Prince fut touché en voyant la charité qui se pratiquoit dans cette sainte Maison à l'égard des pauvres & des pelerins ; & ce qui augmentoit sa surprise & son admiration, c'étoit de voir ces Chevaliers si fiers & si redoutables en campagne & les armes à la main, devenus comme d'autres hommes dans leur maison, & s'occuper sous le merite de l'obédience dans les offices les plus humilians auprès des pauvres & des malades.

Le Roi de Hongrie voulut visiter en même tems les Places de Margat & de Carac dont ces Hospitaliers étoient encore les maîtres ; il y trouva la même régularité & la même discipline que dans la Maison principale de saint Jean d'Acre, c'est-à-dire, qu'il vit de saints Religieux & de braves Soldats tout brûlans de zele pour la conquête des saints Lieux. On ne pouvoit reprocher à ces Religieux militaires, qu'un peu trop de délicatesse à l'égard des Templiers, sur ce que les gens du monde appellent le point d'honneur.

Ce Prince demanda d'être associé dans l'Ordre en qualité de Confrere, afin de participer aux bonnes œuvres de ces Hospitaliers. Il donna à perpetuité à l'Ordre sept cens marcs d'argent à prendre tous les ans sur les salines de Saloch en Hongrie; & comme les Chevaliers de Carac étoient tous les jours aux mains avec les Infideles, il stipula dans l'acte de sa donation, que de ces sept cens marcs, il y en auroit soixante applicables aux besoins particuliers de Frere Reimond de Pigna, Gouverneur de la Forteresse de Carac, & de ses successeurs au même Gouvernement. Le titre de cette fondation subsiste encore dans les archives du Vatican, & on en trouve l'extrait dans la continuation de Baronius par Rainaldi.

On voit le témoignage que ce Prince y rend au merite & à la vertu de ces Chevaliers : » Etant » logé chez eux, dit-il, j'y ai vû nourir chaque » jour une multitude innombrable de pauvres, les » malades couchez dans de bons lits, & traitez avec » soin; les mourans assistez avec une pieté exem- » plaire, & les morts enterrez avec la décence » convenable. En un mot, continue ce Prince, les » Chevaliers de saint Jean sont occupez, tantôt » comme Marie à la contemplation, & tantôt » comme Marthe à l'action; & cette genereuse

DE MALTE. LIV. III.

GUERIN DE MONTAIGU

»Milice consacre ses jours ou dans des infirme-
»ries, ou dans les combats contre d'infideles Ama-
»lecites, & les ennemis de la Croix. C'est ainsi
»que s'en explique le Roi de Hongrie.*

Ce Prince ayant appris que Coradin Sultan de Damas, & fils de Safadin, s'étoit mis en campagne pour faire le siege de saint Jean d'Acre, sortit aussi-tôt de la ville & s'avança du côté des ennemis avec les Rois de Jerusalem & de Chypre, les deux Grands Maîtres des Hospitaliers, des Templiers, le Maître des Teutoniques, & tout ce qu'il y avoit de troupes dans la Place. Les Infideles surpris d'un armement si prompt, & de la fierté avec laquelle les Chrétiens marchoient à eux, se retrancherent avec soin. On ne laissa pas de tailler en pieces plusieurs de leurs partis qui s'écartoient pour aller au fourage. Coradin ne jugea pas à propos dans cette conjoncture d'en venir à une action décisive, & contre une armée qui avoit trois Rois à sa tête; il se retira sur les terres de son obéissance. Les Chrétiens le poursuivirent quelque tems, ravagerent à leur tour sa frontiere, & comme l'hyver approchoit, ils se séparerent. Le Roi de Chypre prit le chemin de Tripoli où il mourut de maladie peu de tems après qu'il eût quitté l'armée. Celui de Hongrie, avant que d'abandonner la Palestine, se bai-

* Nec immerito cùm illic hospitati videremus innumerum pauperum cætum diurno pastu quotidie sustentari, fessos languidiorum artus lectisterniis, variisque ciborum copiis refici, mortuorum corpora cum debita veneratione sepeliri, ut in genere singulorum referamus quæ per singula generum enarrare non possumus, ut Mariam & Martham, sacratissimum sæpe dictæ domus Hospitalii collegium nunc variis sincerè contemplationibus, nunc contra Dei adversarios & hostes Crucis Christi, adversus etiam Amalec incessabili perfectæ militiæ conflictu de die in diem dimicare. *Rainaldus t.* 13. *n.* 16. *p.* 280.

GUERIN DE MONTAIGU
gna avec toutes ses troupes dans le fleuve du Jourdain, la veille de la saint Martin; ceremonie religieuse que les pelerins pratiquoient par dévotion quand ils n'en étoient pas empêchez par les Turcs & par les Sarrasins. Enfin ce Prince, après avoir passé trois mois dans la Palestine, pour accomplir son vœu, & pressé par le souvenir des malheurs arrivez en son absence dans son Royaume, en reprit le chemin. Toutes les instances que lui fit le Patriarche de Jerusalem, même les foudres de l'excommunication que ce Prélat lança contre lui, ne le purent retenir plus long-tems à la Terre sainte; & après une longue navigation & differens perils qu'il essuya, il arriva heureusement dans ses Etats. Ses premiers soins à son retour, furent de faire instruire en sa presence le procès de Bancbannus: après avoir entendu lui-même les témoins, & examiné les differentes circonstances de cette malheureuse affaire, il fut assez équitable pour déclarer le Regent absous de la mort de la Reine.

Le Roi de Jerusalem, le Duc d'Autriche & les Hospitaliers, après son départ, s'avancerent d'un côté dans le pays ennemi, & rétablirent le Château de Cesarée, pendant que de l'autre côté les Templiers & les Teutoniques bâtirent, ou pour mieux dire, rétablirent sur une hauteur voisine, une forteresse qu'on appelloit le Château des pelerins. Ces deux Places couvroient celle de saint Jean d'Acre, & servoit en même tems à étendre les contributions sur les terres qu'occupoient alors les Infideles.

Après cette expedition, le Roi, le Duc d'Autriche,

triche, les deux Grands Maîtres, & le Maître des Teutoniques retournerent à S. Jean d'Acre, où ils virent arriver presque en même tems une flotte considerable d'Allemands, de Frisons & de Hollandois commandez par Guillaume I. Comte de Hollande, dont le secours remplaçoit heureusement celui qu'on venoit de perdre par le départ précipité du Roi de Hongrie.

Le Roi de Jerusalem se voyant soutenu par ces Croisez, & ayant appris qu'on préparoit encore une nouvelle armée dans la plûpart des ports d'Italie résolut de porter la guerre dans l'Egypte pour obliger les Infideles à abandonner la Palestine; & dans un grand Conseil où se trouva le Roi, le Duc d'Autriche, les Grands Maîtres & les Evêques, on convint de faire le siege de Damiette, la Place de ce Royaume le plus régulierement fortifiée. Cette résolution étant prise on embarqua les troupes vers la fin de Mai; on mit à la voile; l'armée chrétienne en trois jours se trouva en Egypte, & fit sa descente sans opposition dans un endroit situé à l'Occident de Damiette, & qui n'en étoit séparé que par un bras du Nil.

Les Chrétiens ne trouverent d'abord de résistance que dans une grosse tour ou un château revêtu de toutes les fortifications que l'art avoit pû inventer, construit au milieu de ce bras du Nil, & dont la garnison se défendit avec beaucoup de courage. Mon dessein n'est pas d'entrer dans le détail de tout ce qui se passa à l'attaque de cet ouvrage avancé qui couvroit la ville de Damiette : je me contenterai d'observer après Ma-

1218.

GUERIN DE MONTAIGU

thieu Paris que les Chevaliers de S. Jean y soutinrent leur réputation ordinaire. Ces Religieux guerriers, après avoir attaché deux vaisseaux ensemble pour les rendre plus fermes, s'avancent fierement, appuyent leurs échelles d'une main hardie, montent au travers des feux, des dards & des pierres; & sans s'étonner de la chûte de leurs compagnons, ils tâchent de gagner le haut de la muraille. Mais le mât d'un de ces vaisseaux s'étant rompu, brisa les échelles, & la plûpart des Chevaliers tombant dans l'eau, & accablez du poids de leurs armes, furent noyez. * La perte de ces braves soldats ne ralentit point le courage de leurs confreres & des Croisez ; on revint à l'escalade plusieurs fois; mais toujours sans succès. Enfin les Allemands approcherent des murailles une machine d'une nouvelle invention, à la faveur de laquelle ils se rendirent maîtres de cette tour, dont la prise facilitoit l'attaque de la ville.

On prétend que le Sultan qui prévoyoit que la perte de cet ouvrage avancé entraîneroit celle de Damiette, en mourut de chagrin. Les Historiens latins nomment ce Sultan Safadin, & les Arabes Melic-el-adel-Aboubecre fils de Job : il avoit quinze fils, & quelque tems avant sa mort, il avoit partagé ses Etats entre les six premiers. Melic-el-Camel l'aîné de tous eut l'Egypte, & Coradin la Syrie : Haran ville de la Mésopotamie fut le partage d'Achrof; & Bostra en Arabie, celui de Salech-Ismael : les deux suivans eurent aussi quel-

* Hospitalariorum, proh dolor ! scala confracta, simili modo cum malo cecidit, & milites strenuos, & alios armatos in Nilum demersit. *Matt. Paris ad ann.* 1218. *tom.* 2. *p.* 301.

ques Places pour leur appanage. Les neuf autres resterent dans les Etats, & sous la puissance de leurs freres aînez; & pour leur aider à subsister, Safadin en avoit établi deux dans Jerusalem, où ils jouissoient du tribut que les Chrétiens d'Occident payoient à la porte de cette ville. Deux autres faisoient la même fonction à la Mecque, & jouissoient pareillement des revenus que produisoient les offrandes des Pelerins Mahometans, qui y venoient en foule de l'Asie & de l'Afrique. A l'égard des cinq derniers, apparemment qu'on leur avoit assigné quelques pensions conformes à leur naissance, & au rang qu'ils tenoient dans l'Etat.

Cependant les Chevaliers continuoient le siége de Damiette avec beaucoup d'ardeur, & ils reçurent en ce tems-là de nouveaux secours de l'Occident. Une Croisade composée d'Italiens, de François, d'Allemands & d'Anglois arriva en Egypte, & se rendit au camp. Le Pape avoit mis à la tête de cette armée en qualité de Légat du S. Siege, le Cardinal d'Albano, Prélat fier & hautain, plein de présomption, & qui vouloit que son avis l'emportât toujours dans le Conseil de guerre, sur le sentiment même du Roi & de ses Généraux, comme si le Pape avec les Bulles de sa légation avoit pû donner à un Cardinal la capacité d'un Grand Capitaine. Le Sultan d'Egypte appella de son côté à son secours le Sultan de Syrie son frere, Prince qui aimoit la guerre, & qui la faisoit heureusement; mais cruel, sanguinaire, & celui des enfans de Safadin qui lui ressembloit le plus, autant par ses vices que par sa valeur.

GUERIN DE MONTAIGU

Ce jeune Sultan, outre l'armée qu'il commandoit en personne, fit encore de nouvelles levées; & avant que de partir pour l'Egypte, il ruina les fortifications de Jerusalem, en fit abattre les murailles, soit pour grossir son armée de la garnison qu'il en tira, soit pour prévenir les Chrétiens, & dans la crainte, s'ils prenoient la ville de Damiette, qu'ils ne revinssent dans la Palestine, & qu'ils ne se fortifiassent dans la Capitale, qui étoit l'objet principal de leurs entreprises.

Ce Prince passa ensuite en vingt jours le désert qui sépare ce Royaume de l'Egyte, & joignit le Sultan Camel son frere aîné qui s'étoit avancé au-devant de lui: après cette jonction, ils s'approcherent du camp des Chrétiens pour tâcher de faire lever le siege. Les assiegez faisoient tous les jours des sorties avec toutes leurs forces, & il falloit en même tems soutenir les attaques des deux Sultans, qui tentoient toutes sortes de moyens pour jetter du secours dans la Place.

L'Historien Anglois que j'ai déja cité, nous apprend que les trois Ordres * militaires étoient presque les seuls qui fissent face de tous côtez aux ennemis; que c'étoient comme un mur d'airain, dit il, qui couvroit en tout tems les soldats chrétiens; que les Hospitaliers combattoient toujours avec une valeur extraordinaire; que dans la derniere

---

* Rex verò Jerusalem cum Templariis, & Domo Teutonicorum, & Hospitalis sancti Joannis, impetum paganorum sustinuerunt, & pro muro fuerunt fugientibus, quoties illas suas facies ostendebant. *Matt. Paris in Henr.* 3. *ad ann.* 1219.

Templarii triginta tres capti sunt, vel interfecti cum Mareschallo Hospitalis sancti Joannis, & Fratribus quibusdam ejusdem domûs. *Idem ibid. tom,* 2. *p.* 306.

sortie qui préceda la prise de cette Place, le Maréchal de cet Ordre fut tué à la tête de sa compagnie; que plusieurs des Chevaliers eurent le même sort, & que quelques-uns furent faits prisonniers.

Le Sultan voyant avec douleur qu'il ne pouvoit venir à bout de faire lever le siege, pour obtenir la paix, & sauver Damiette la clef de son Royaume, il offrit aux Chrétiens de leur rendre la vraye Croix qui avoit été prise à la bataille de Tiberiade, de remettre aux Croisez la ville de Jerusalem, & de fournir même l'argent necessaire pour en relever les murailles, & rétablir les fortifications. Il offroit encore le château de Thoron & quelques autres Places; mais il prétendoit garder Carac, & Montréal, deux forteresses situées à l'entrée de l'Arabie, dont les garnisons chrétiennes dans leurs courses enlevoient auparavant des caravanes qui alloient par dévotion à la Mecque; & ce Prince religieux selon les principes de sa secte, aimoit mieux s'assujettir à payer un tribut annuel, que de rendre deux Places dont les soldats pouvoient troubler les Mahometans dans l'exercice de cette partie de leur Religion.

Pour peu qu'on soit instruit du caractere & des mœurs de ces Nations differentes, on ne peut regarder de part & d'autre ces guerres qui durerent si long tems, que comme des guerres de Religion; & tant à l'égard des Infideles, que par rapport aux Chrétiens, les uns & les autres avoient chacun pour objet d'une partie de leur culte de visiter au moins une fois en leur vie le tombeau de l'Auteur de leur Religion. Les Papes & les Califes attachoient éga-

GUERIN DE MONTAIGU

lement des récompenses spirituelles à ces pieuses courses. S'il venoit d'Occident une foule de pelerins chrétiens au saint Sépulchre, la Mecque n'attiroit pas moins de Musulmans de l'Asie & de l'Afrique ; & l'erreur se couvroit des mêmes motifs que la verité.

1219.

Tel étoit l'interêt que prenoit le Sultan à conserver les châteaux de Carac & de Montréal ; à cet article près ce Prince souhaittoit avec passion de voir lever le siege de devant Damiette. Le Roi de Jerusalem de son côté étoit d'avis d'accepter des conditions qui remplissoient les vœux de la Croisade ; mais le Légat qui avoit pris une autorité sans bornes dans l'armée, soutint qu'il falloit rejetter les propositions du Sultan, & que le moment étoit venu de conquerir toute l'Egypte, dont le Royaume de Jerusalem suivroit la destinée. Le sentiment de l'imperieux Légat prévalut dans le Conseil de guerre sur celui du Roi de Jerusalem, qui chagrin de ne se pas voir maître de ses propres troupes, sous prétexte de faire venir de nouveaux secours, se retira à S. Jean d'Acre. Cependant le succès sembla d'abord justifier l'avis du Légat; Damiette fut emportée dans une attaque faite de nuit, ou plutôt elle se trouva prise par le défaut de combattans : habitans & soldats tout étoit péri dans les combats, ou par la famine & la disette des vivres : plus de quatre-vingt mille hommes moururent dans la Place pendant le siege. Les chrétiens en entrant dans la ville, ne trouverent partout qu'une affreuse solitude, & le peu d'habitans qu'on rencontra dans quelques maisons, n'y étoient reftez que parcequ'ils étoient fi foibles, qu'ils n'avoient pas eu la force d'en fortir. Le Cardinal Jacques de Vitri qui fe trouva à ce fiege, acheta de fes deniers un grand nombre d'enfans à la mamelle, qu'il referva pour le Baptême, mais dont plus de cinq cens, dit-il, moururent peu après, apparemment de la famine qu'eux ou leurs meres avoient foufferte.

Le Légat fier de cet heureux fuccès, & fe voyant maître abfolu de l'armée, la fit avancer dans le cœur de l'Egypte contre l'avis de tous les Chefs; il l'engagea entre les branches du Nil. Le Sultan en ouvrit les digues; le fleuve inonda l'endroit où les Chrétiens étoient campez; ils fe trouverent enfermez dans une Ifle avec auffi peu de moyen d'y fubfifter que de s'en tirer; la faim fucceda bientôt à ce premier malheur; & l'armée prête à périr, fut obligée de faire une treve de huit ans avec les Infideles. Il fallut pour obtenir du pain, & la liberté de fe retirer, quitter Damiette, & livrer tous les efclaves ou les prifonniers qui étoient à Acre & dans Tyr. Les Sarrafins de leur côté s'engagerent de rendre la vraye Croix, & ce qu'il y avoit de Captifs dans Babilone d'Egypte ou le Caire, & à Damas; de conduire l'armée en fureté, & de la fournir de vivres pendant fa retraite. Tout fut executé de bonne foi de part & d'autre, fi on en excepte la reftitution de la vraye Croix, que les Infideles avoient apparemment perdue. L'armée chrétienne fe diffipa après cet accident, & la préfomption du Legat empêcha le Roi de Jerufalem de recouvrer fon Royaume.

GUERIN DE MONTAIGU

Cependant comme dans les malheurs publics chacun tâche de se disculper aux dépens des autres, les ennemis particuliers des Chevaliers de S. Jean & des Templiers, les accuserent auprès du Pape Honoré III. d'avoir détourné à leur profit les grandes sommes qui étoient passées de l'Europe dans la Palestine pour les frais de cette Croisade, & pour la subsistance de l'armée. Cette calomnie se répandit dans la plûpart des Etats chrétiens; le Pape crut être obligé d'en faire informer, & il en écrivit au Legat, au Patriarche & aux principaux Chefs de l'armée. On fit des informations secretes & publiques, qui n'aboutirent qu'à la confusion des calomniateurs; le Legat, le Patriarche, le Duc d'Autriche & les principaux Officiers de l'armée récrivirent au souverain Pontife qu'ils avoient vû avec douleur l'horrible calomnie dont on avoit tâché de noircir la réputation des Ordres militaires; qu'ils étoient au contraire témoins que ces genereux Chevaliers avoient épuisé les biens des deux Maisons pour fournir à la dépense du siege; que l'Ordre de S. Jean seul avoit donné plus de 8000 byfantins; qu'il avoit perdu un grand nombre de ses Chevaliers, & que suivant l'esprit de leur institut, ils avoient prodigué leurs vies & leurs biens pour la défense des Chrétiens. Le Pape étant instruit de la verité, & pour rendre la justice qu'il devoit à ces Chevaliers, ordonna au Legat de publier lui-même de sa part leur innocence, & ce Pontife écrivit en même tems aux Evêques de France, d'Angleterre & de Sicile qu'ils prissent soin chacun dans leurs Dioceses de détruire une si

noire

noire calomnie: » Nous voulons, ajoute le Pape, GUERIN
» que vous les honoriez, & que vous les aimiez: DE
» & nous vous commandons d'en prendre soin, MONTAIGU
» comme vous le devez faire, à l'égard de ces gé-
» nereux défenseurs de la foi Chrétienne. * PREUVE
V.

On ne pouvoit en ce tems-là donner une preuve plus sure de la pureté de sa foi & de son attachement au saint Siege, qu'en prennant l'habit d'un des Ordres militaires; la plûpart même des Princes & des plus grands Seigneurs vouloient mourir, & être ensevelis avec la Croix : c'est ainsi qu'en usa Raimond Comte de Toulouse, Marquis de Provence. On sçait que ce Prince, un des plus grands & des plus puissans Feudataires de la Couronne de France, soupçonné d'avoir fait perir un Legat du Pape, & de favoriser les Albigeois, avoit été enveloppé dans une excommunication prononcée contre ces heretiques ses sujets, & en consequence privé de la plus grande partie de ses Etats. Il n'y avoit eu rien de si humiliant dans la penitence canonique, à quoi il ne se fût soumis pour s'affranchir de ce funeste lien, mais ceux qui avoient profité de sa dépouille, lui tenoient les portes de l'Eglise fermées, de peur de lui ouvrir celles de ses Etats. Ils l'auroient volontiers reconnu pour catholique, s'il eut pû se résoudre à renoncer au Comté de Toulouse : enfin ce Prince, qui avoit tant d'interêt de conserver au jeune Raimond son fils, les Etats qu'il tenoit de ses ancêtres, crut trouver plus

* Volumus & præcipimus ut eos tanquam veros Christi athletas, & præcipuos Christianæ fidei defensores studeatis honorare, diligere, ac fovere, eorum super hoc declarantes innocentiam, & fidei virtutis constantiam prædicantes. In Arch. vo Vaticano ex registro Honorii III. tom. 2. fol. 30.

Tome I. Ss

d'accès & de facilité auprès du Pape qu'auprès de ses Légats & de ses Ministres, & il entreprit le voyage de Rome. Il n'y fut pas plutôt arrivé, qu'il fit demander une audience au Pape, & l'obtint facilement. Le Pape considerant la naissance, la dignité & l'âge de ce Prince, le reçut en plein Consistoire. Raimond, après avoir parlé de la grandeur de ses ancêtres, de leurs vertus & de la pureté de leur religion, fit ensuite sa confession de foi, & en mettant la main sur la poitrine, pour affirmer la verité de son discours, il protesta par tout ce qu'un Chrétien devoit avoir de plus cher, qu'il ne s'étoit jamais éloigné des principes de la foi & de la soumission qu'il devoit au Vicaire de Jesus-Christ. De là il passa à la pénitence honteuse que les Légats lui avoient imposée, & qu'il avoit essuyée dans la ville de S. Gilles, où à la vûe de ses sujets il avoit été traîné la corde au col, & foueté d'une maniere si ignominieuse. Il dénia hautement le meurtre du Légat qui en avoit été le motif, & il finit en se plaignant de Simon de Monfort Général de la Ligue contre les Albigeois, qui sous le voile de la religion, ne cherchoit qu'à se faire un grand établissement dans le Languedoc.

On prétend que le Pape, au récit des malheurs de ce Prince, ne put retenir ses larmes, & qu'il écrivit même en sa faveur à ses Légats: mais, soit qu'ils fussent persuadez que Raimond dans le fond de son cœur étoit héretique, soit qu'ils ne prétendissent qu'à perpétuer une inquisition dont ils avoient toute l'autorité, ils eurent peu d'égard aux ordres du Pape. Ce Prince, pour détromper au moins le public, quelque tems après son retour d'Italie, déclara par acte public & autentique, qu'il s'engageoit de prendre l'habit & la croix des Hospitaliers, & qu'en cas qu'il fût prévenu par la mort, son intention étoit qu'on l'enterrât dans l'Eglise des Hospitaliers de Toulouse : il n'y avoit pas dans ce siecle de marque plus autentique d'une parfaite catholicité.

GUERIN DE MONTAIGU

Son Historien rapporte que depuis ce tems-là, ce Prince, à l'exemple des Hospitaliers, nourissoit tous les jours un certain nombre de pauvres, & qu'il les faisoit revêtir tous les ans. On le voyoit, dit-il, tous les matins à la porte de l'Eglise de Notre-Dame de la Daurade à genoux & nue tête, faire de longues & ferventes prieres, & enfin pratiquer tous les exercices d'un veritable Hospitalier. Ce fut dans cette disposition qu'il fut surpris d'une attaque d'apoplexie ; il envoya chercher sur le champ Jourdain Abbé de saint Sernin, pour le réconcilier à l'Eglise & lui administrer les Sacremens, & on avertit en même tems les Hospitaliers de Toulouse de l'extrêmité à laquelle ce Prince étoit réduit. Mais quand l'Abbé de saint Sernin arriva, il avoit déja perdu la parole ; cependant il levoit les yeux au Ciel ; ses mains étoient jointes ; il donnoit tous les signes de pénitence qu'on peut exiger d'un bon chrétien, & on lisoit sur son visage les mouvemens de son cœur. Les Chevaliers de saint Jean étant accourus, jetterent sur lui un manteau de l'Ordre qu'on voulut retirer sous prétexte de l'excommunication ; mais le Comte le retint avec les mains, & il baisoit dévotement la croix cousue sur ce manteau: il mourut un moment après, & l'Abbé de saint Sernin, quoique effrayé des foudres du Vatican qu'on avoit lancé contre ce Prince, ne put s'empêcher de dire aux assistans : *Priez Dieu pour lui, je le crois sauvé :* il prétendoit même retenir son corps, parcequ'il étoit mort dans sa Paroisse. Mais le jeune Prince voulut qu'on suivît les intentions de son pere; les Hospitaliers l'emporterent dans leur Maison, où il avoit élû sa sépulture. Cependant à cause de l'excommunication, ils n'oserent l'enterrer dans leur Eglise; mais ils le mirent décemment dans un cercueil où l'on trouva encore son crane entier en 1630.

La France perdit l'année suivante le Roi Philippe II. & l'Ordre des Hospitaliers un genereux bien-faiteur. Ce Prince étant tombé malade, & se sentant affobli, fit son testament, & parmi un grand nombre de legs pieux, il donna cent mille livres au Roi de Jerusalem pour la défense de la Terre Sainte, & pareille somme aux Hospitaliers de saint Jean & aux Templiers. * Frere Guerin ou Garin, premier Ministre, qui avoit inspiré à ce Prince de si saintes dispositions, en fut nommé pour executeur avec Barthelemi de Roye, Chambrier ou Chambellan de France, & Frere Aimar, Trésorier du Temple. La Reine après la mort du Roi son mari, fonda à Corbeil un Prieuré pour treize Chapelains de l'Ordre des Hospitaliers, à

---

* Rex Philippus viam universæ carnis ingreditur, relinquens tria millia libratum Parisiensium in subsidium Terræ Sanctæ, centum millia in manibus Regis Joannis, & centum millia in manibus Magistri Hospitalis, & centum millia in manibus Magistri Templi. *Sanut. l. 3. c. 10. p. 210.*

condition d'y celebrer tous les jours trois messes pour le repos de l'ame de ce grand Prince. La fondation fut agréée par le Grand Maître de Montaigu & par le Conseil de l'Ordre, & confirmée par les Bulles du Pape Honoré III.

Cependant, comme l'affaire de la Terre Sainte étoit alors l'affaire de toute la Chrétienté, il se tint à Ferentino dans la Campanie, une celebre assemblée pour déliberer sur le secours qu'on y feroit passer. Le Pape Honoré III. & l'Empereur Frederic II. s'y rendirent l'un de Rome & l'autre de son Royaume de Sicile, & on y vit arriver d'outre-mer, Jean Roi de Jerusalem, le Patriarche de cette Ville, le Légat Pelage, l'Evêque de Bethléem, Frere Guerin de Montaigu Grand Maître des Hospitaliers, un Commandeur des Templiers, & Hermand de Saltza, quatriéme Maître des Teutoniques, ou des Chevaliers Allemans. Le Pape pressa l'Empereur d'accomplir la promesse qu'il avoit faite en prenant la Croix, de conduire lui-même un puissant secours à la Terre Sainte; & pour l'y engager, l'Imperatrice Constance sa femme étant morte, Hermand de Saltza lui proposa d'épouser la Princesse Yolande fille unique & heritiere du Roi de Jerusalem; le Maître des Teutoniques conduisit cette négociation avec tant d'habileté que ce mariage fut arrêté, & l'Empereur promit avec serment de passer en Palestine, de la saint Jean prochain en deux ans. Il épousa depuis la Princesse; mais contre la parole expresse qu'il avoit donnée au Roi de Jerusalem de le laisser jouir sa vie durant de cet Etat, il l'engagea par une abdication forcée à lui

Guerin de Montaigu

1223.

ceder la Couronne. Le Pape fut médiateur de cette grande affaire : l'interêt de ces Pontifes étoit d'éloigner de l'Europe, & sur-tout de l'Italie, ceux qui en étoient les Souverains. Le voyage & la résidence de l'Empereur en Asie le débarrassoit de la présence d'un Prince puissant, & qui ne vouloit rien relâcher de son autorité souveraine ; ainsi trouvant son interêt dans l'éloignement de Frederic, & pour adoucir aux yeux de Brienne, ce qu'un procedé si dur avoit d'odieux, il lui représenta qu'un Prince aussi puissant que Frederic, défendroit la Terre Sainte avec bien plus de zele & de chaleur, & qu'il feroit de bien plus puissans efforts s'il combattoit pour ses propres interêts, que s'il ne s'agissoit que de défendre une Couronne qu'il verroit sur la tête d'un autre, & dont même il n'envisageroit la succession que dans un grand éloignement. Jean de Brienne consentit à ce qu'il ne pouvoit empêcher.

Le Pape ne manqua pas de faire part ensuite, de cette nouvelle disposition à la plûpart des Souverains de l'Europe pour lui servir comme de témoins de l'engagement que prenoit l'Empereur. L'ancien Roi de Jerusalem & le Grand Maître des Hospitaliers parcoururent ensuite la France, l'Espagne, l'Angleterre & l'Allemagne pour en tirer du secours. La France fournit sur le champ tout l'argent que Philippe Auguste avoit legué par son testament pour une si sainte entreprise. Thibaud Comte de Champagne, & Roi de Navarre, auquel se joignit Pierre de Dreux auparavant Comte de Bretagne, & differens Seigneurs François, Richard Comte de Cornuailles, frere de Henry III. Roi d'Angleterre, & un grand nombre de Gentils-hommes Anglois se croiserent; mais la plûpart ne partirent pour la terre Sainte qu'en differens tems. L'Empereur les avoit fait préceder par ses Lieutenans à la tête de puissans corps de troupes, en attendant, disoit-il, qu'il y pût aller en personne. Mais comme la Palestine étoit alors privée de la présence de son Roi, & sans un Chef assez autorisé, la plûpart de ces secours devenoient inutiles par les differentes vûes des Commandans. Il n'y avoit point de dessein suivi; l'un faisoit une tréve avec les Infideles, & l'autre la rompoit sans égard au tort qu'une pareille conduite faisoit aux affaires & à la réputation des Chrétiens. Les Ordres militaires étoient même toujours divisez; chacun ne tendoit qu'à ses fins; & quand le Grand Maître des Hospitaliers fut de retour à S. Jean d'Acre; il trouva la Palestine presque sans gouvernement, & privée de ce lien si necessaire dans la societé civile, & qui en fait concourir tous les membres au bien commun de l'Etat.

Le Comte de Tripoli Prince feroce & entreprenant, s'étoit prévalu de son absence pour s'emparer de differens châteaux qui appartenoient à l'Ordre, ou dont ils avoient la garde. * Il prit encore une maison qu'ils avoient à Tripoli où il fit écorcher tout vif un de ces Chevaliers, & poignarder un autre qui s'opposoit à ces violences. Le Grand Maître à son retour lui demanda raison de ces

---

* Domum ipsam quam ipsi habent apud Tripolim capiens violenter, rabie concitatus diabolica, unum ex ipsis excoriari, & alium, ut dicitur, occidi fecit, præter id quod quibusdam eorum crudeliter & inhonestè tractatis damna eis gravia & injurias irrogavit. *Rainaldi tom.* 13. 1216. *num.* 55, 56, 57, p. 638 & 639.

cruautez; mais n'en ayant pû obtenir juſtice, il en écrivit au Pape qui employa inutilement auprès du Comte ſes remontrances & ſes offices. Il fallut que le ſouverain Pontife en vînt juſqu'à l'excommunier ſans le pouvoir fléchir. Pour lors le Grand Maître avec la permiſſion du Pape, étant entré dans les Etats du Comte à la tête des Hoſpitaliers, la vûe de ces troupes fit plus d'impreſſion ſur ce Prince cruel & farouche, que tous les foudres du Vatican. Raimond fit une ſatisfaction convenable à l'Ordre pour tant de violences, rendit tout ce qu'il avoit uſurpé. Le Grand Maître, à la priere du Pape jetta une partie de ſes forces dans l'Iſle de Chypre ſous prétexte que les côtes en étoient ſouvent infeſtées par des Corſaires. Mais le veritable motif étoit d'empêcher en même tems que Raimond Prince d'Antioche qui avoit épouſé la Reine Alix veuve du Roi Hugues ne s'emparât de cet Etat au préjudice de Henri qui étoit encore mineur.

Sanut, Liv. 3. c. 10. p. 221.

1225.

L'Empereur étant occupé en Lombardie contre des villes rebelles qui avoient fait une ligue pour ſe ſouſtraire à ſon autorité, demanda au ſouverain Pontife un délai de deux ans pour ſon voyage de la Terre Sainte. Le Pape le lui accorda aux conditions ſuivantes ; Que dans le terme des deux ans finiſſant au mois d'Aouſt, il y paſſeroit en perſonne ; Que pendant les deux années ſuivantes, il y entretiendroit deux mille Chevaliers ; Qu'en trois fois differentes il feroit les frais du paſſage en faveur de deux mille autres Chevaliers avec leurs équipages à trois chevaux par Chevalier; Qu'il tiendroit dans le port de S. Jean d'Acre cinquante

DE MALTE. LIVRE III. 329

quante Galeres bien équipées ; Qu'il déposeroit entre les mains de Jean de Brienne, du Patriarche & du Maître de l'Ordre des Teutoniques cent mille onces d'or pour les frais de cet armement; & que s'il arrivoit que Dieu disposât de lui avant qu'il eût pu passer à la Terre Sainte, ou que son voyage fût differé, on employeroit cette grande somme, suivant l'avis des Grands Maîtres des Hospitaliers & des Templiers : toutes conditions auxquelles l'Empereur se soumit, comme il paroît dans le diplome de ce Prince rapporté par Rainaldi.*

Ce Prince ayant obtenu le délai qu'il avoit demandé, l'employa de bonne foi à faire des préparatifs convenables à une si grande entreprise. On arma par son ordre dans les ports des Royaumes de Naples & de Sicile jusqu'à cent galeres & cinquante vaisseaux, & plusieurs Princes d'Allemagne, & un nombre infini de Croisez se rendirent à Brindes. Enfin dans le terme dont l'Empereur étoit convenu avec le Pape, il s'embarqua à la mi-Août de l'année 1227 avec une flotte qui portoit près de quarante mille hommes. L'Empereur après trois jours de navigation, tomba malade aussi-bien que plusieurs Princes & Seigneurs de la Cour, & entr'autres le Lantgrave de Hesse. La maladie de ce Lantgrave devenant périlleuse, les

GUERIN DE MONTAIGU.

---

* Et si nos, quod Deus avertat, in terra illa vel citrà ante passagium memoratum obire contigerit, vel aliàs quacumque de causa forsitan non transierimus Rex & Patriarcha, & Magister Domûs Teutonicorum ad laudem & consilium Magistrorum Hospitalis & Templi, ac aliorum proborum hominum de terra expendent eamdem pecuniam bonâ fide sicut meliùs viderint expedire utilitati Terræ Sanctæ. *Rain. tom* 13. *ad ann.* 1225. *num.* 4. *page* 347.

Tome I. Tt

Médecins crurent que l'air de la terre seroit plus favorable aux malades que tous les remedes de leur art: on débarqua dans le port de Tarente où le Lantgrave mourut laiſſant veuve ſon épouſe Eliſabeth fille d'André Roi de Hongrie, Princeſſe âgée ſeulement de vingt ans & d'une grande vertu. L'Empereur en fut quitte pour quelques accès de fievre; mais le Pape Grégoire IX. qui venoit de ſucceder à Honoré III. Pontife qui traitoit les Souverains avec hauteur, perſuadé malgré la mort du Lantgrave que la maladie de l'Empereur étoit feinte, l'excommunia ſolemnellement dans la grande Egliſe d'Anagni où il ſe trouvoit alors. Le ſouverain Pontife fit preceder cette funeſte cérémonie par un Sermon où il prit pour texte ces paroles de l'Evangile: *Il eſt néceſſaire qu'il arrive des ſcandales*; & s'étant fort étendu ſur la victoire que S. Michel avoit remportée ſur le dragon, il tomba tout court ſur l'excommunication qu'il alloit fulminer contre l'Empereur. Je rapporte cet échantillon du ſtile de ce Pape, parceque le ſtile fait ſouvent connoître l'eſprit & le caractere de chaque ſiecle. Grégoire écrivit enſuite une lettre circulaire à tous les Evêques pour leur faire part de la ſéverité qu'il avoit crû devoir obſerver à l'égard de ce Prince: il avoit pris, dit-il dans cette lettre, pour dernier terme de ſon départ le mois d'Aouſt de l'année 1227; & à peine a-t'il tenu la mer pendant quelques jours, que ſous prétexte de maladie, il a débarqué, & eſt retourné pour jouir à l'ordinaire d'une vie oiſive. Ce Pontife écrivant en particulier aux Evêques de la Pouille, leur dit:

» Voyant que l'Empereur Frederic négligeoit son
» salut, & differoit d'accomplir le vœu qu'il avoit
» fait de passer à la Terre Sainte, Nous avons tiré
» contre lui le glaive médecinal de Saint Pierre,
» publiant en esprit de douceur la Sentence d'ex-
» communication.

GUERIN
DE
MONTAIGU

L'Empereur surpris & irrité de la conduite du Pape, envoya de son côté une Lettre patente en forme de manifeste à tous les Souverains de la Chrétienté, dans laquelle, après avoir pris Dieu à témoin de la maladie qui l'avoit forcé à débarquer, il se plaint amérement de la précipitation du Pape, & il declaroit qu'il se remettroit en mer si-tôt qu'il auroit récouvré sa santé. Dans la Lettre qu'il écrivoit en particulier au Roi d'Angleterre, & que Mathieu Paris nous a conservé, il se répand en invectives contre la Cour de Rome : » Les Ro-
» mains, dit-il, brûlent d'une telle passion d'amas-
» ser de l'argent de tous les pays de la Chrétienté,
» qu'après avoir épuisé les biens des Eglises par-
» ticulieres, ils n'ont point de honte de dépouiller
» les Princes souverains, & tâchent de rendre les
» Têtes couronnées, tributaires. Vous en avez
» vous-même, dit-il, au Roi d'Angleterre, une
» preuve bien sensible dans la personne du Roi
» Jean votre pere. Vous avez celui du Comte de
» Toulouse, & de tant d'autres Princes dont ils
» ont mis les Etats en interdit, & qu'ils n'ont ja-
» mais voulu lever jusqu'à ce qu'ils ayent pris des
» fers, & se soient soumis à la servitude. Que ne
» peut-on pas dire des exactions inouies qu'ils exer-
» cent sur le Clergé ; & des usures manifestes ou

1228.

Tt ij

» palliées dont ils infectent tout le monde chré-
» tien ? & au travers de ces brigandages, ces sang-
» sues veulent faire passer la Cour de Rome pour
» l'Eglise notre Mere. L'esprit & la conduite de
» l'une & de l'autre nous en apprend la différence; la
» Cour de Rome envoye de tous côtez des Legats
» avec pouvoir de punir, de suspendre & d'excom-
» munier, au lieu que la veritable Eglise remplie
» d'un esprit de charité, n'en envoye que pour ré-
» pandre la parole de Dieu ; l'une ne cherche qu'à
» amasser de l'argent, & à recueillir ce qu'elle n'a
» point semé ; & l'autre a déposé ses trésors dans
» de saints Monasteres pour la nourriture des pau-
» vres & des pelerins; & maintenant ces Romains
» indignes de ce grand nom, sans courage & même
» sans noblesse, enflez seulement d'une vaine scien-
» ce, veulent s'élever au-dessus des Rois & des Em-
» pereurs. Enfin, ajoute ce Prince, l'Eglise a été
» fondée sur la pauvreté & la simplicité, & person-
» ne ne lui peut donner d'autre fondement que
» celui qui y a été mis de la main de Jesus-Christ,
» qui en est en même tems la pierre fondamen-
» tale & l'architecte. *

Quoiqu'on ne puisse pas excuser l'aigreur dont cette Lettre est remplie, il est pourtant certain que les Papes se servirent souvent de ce prétexte des Croisades, pour tenir les Princes & leurs sujets dans la dépendance de la Cour de Rome; il n'est pas moins vrai aussi que la plûpart des Souverains de leur côté n'étoient pas fâchez de voir

---

* Sed aliud fundamentum nemo potest ponere, præter illud quod positum est à Domino Jesu ac stabilitum. *Matt. Paris in Hen. III, ann. 1228. p. 347. & 348.*

les Ducs, les Comtes & les autres grands Vaſſaux de leurs Couronnes, s'éloigner pour ces expeditions lointaines, & leur laiſſer par leur abſence, ſouvent ſuivie de leur mort, une autorité plus abſolue dans leurs Etats: c'eſt ainſi que l'interêt & l'ambition tournoient à leur profit, une inſtitution ſainte, qui dans ſon origine, n'avoit eu pour objet que de délivrer les Egliſes de l'Orient de la tyrannie des Infideles.

Cependant Frere Guerin de Montaigu, Grand Maître des Hoſpitaliers, celui des Templiers, & la plûpart des Prélats de la Paleſtine, écrivirent au Pape qu'ils étoient dans une déſolation extrême de n'avoir point vû arriver l'Empereur au paſſage du mois d'Août. Les Croiſez, diſent-ils, qui étoient venus en Syrie au nombre de près de quarante mille hommes, ſont repaſſez en Occident ſur les mêmes vaiſſeaux qui les avoient amenez: il n'eſt reſté qu'environ huit cens Chevaliers, qui tous demandent leur congé, ou qu'on rompe la tréve. On a tenu Conſeil à ce ſujet, & le Duc de Limbourg, qui commande ici pour l'Empereur, étoit d'avis qu'on recommençât la guerre: mais on lui a repreſenté qu'avec des forces ſi inferieures à celles des Sarraſins, il ſeroit dangereux de l'entreprendre, & encore moins honnête de violer un traité confirmé par des ſermens ſolemnels. Ceux du Conſeil qui étoient de l'avis du Duc, ont repliqué que le Pape ayant géneralement excommunié tous les Croiſez qui ne ſe rendroient pas à la Terre Sainte, quoiqu'il n'ignorât pas que la tréve devoit durer encore deux ans, c'étoit une preuve que le Chef viſible de l'Egliſe ne prétendoit pas qu'on la dût garder. Sur cela, on a résolu de marcher à Jerusalem, & pour en faciliter les approches & la conquête, il a été arrêté qu'on s'assureroit de Cesarée & de Jaffa, dont il faudroit ensuite relever les fortifications.

Cette Lettre finit par des instances très-pressantes pour obtenir de nouveaux secours : le Pape inséra une copie de cette Lettre dans une des siennes qu'il adressoit à toute la Chrétienté, en datte du 23. Decembre 1227 : d'où il n'est pas difficile de conclure que son intention étoit qu'on rompît la tréve faite avec les Infideles.

Cependant il continuoit à fulminer contre l'Empereur avec plus d'animosité que de zele : il l'excommunia même de nouveau le jour du Jeudi Saint. Mais les Barons Romains & tout le peuple scandalisez de la passion de ce Pontife, & qu'il traitât si indignement un Empereur Chrétien & un Roi des Romains, prirent les armes en sa faveur. Le Pape qui vit avec douleur qu'il n'étoit pas le plus fort dans la Capitale du monde chrétien, fut obligé de se retirer à Perouse avec toute sa Cour. L'Empereur ne se contenta pas de l'avoir chassé de Rome. Ce Prince naturellement cruel & vindicatif, maltraita tous ceux qu'il soupçonna d'être attachez au souverain Pontife ; les Hospitaliers & les Templiers dévouez aux interêts du saint Siege, éprouverent dans les Etats que l'Empereur possedoit en Italie, de cruelles persecutions de la part de ses Officiers ; * on chassa ces Cheva-

---

* Tum etiam quia Templarios & Hospitalarios bonis mobilibus & immobilibus quæ habebant in regno, temerè spoliavit. Raın. ad ann. 1228.

DE MALTE. LIVRE III. 335

liers, sous differens prétextes, des terres qu'ils possedoient; on leur enleva jusqu'à leurs esclaves, & l'on pilla leurs maisons. L'Empereur ne s'en tint pas là, & pour faire sentir au Pape combien il s'en tenoit offensé, il envoya des troupes dans ses Etats qui ravagerent la Marche d'Ancone & le Patrimoine de saint Pierre : & comme s'il eût voulu insulter à la puissance des Clefs, il se servit pour cette expedition de soldats Sarrasins ses sujets en Sicile, que leur incredulité mettoit hors d'atteinte de l'excommunication.

C'est ce que nous apprenons d'une Lettre du Pape adressée aux Evêques de la Pouille. » Afin, » dit ce Pontife, de ne point paroître ménager les » hommes au préjudice des interêts de l'Eglise, » nous avons excommunié solemnellement Fre- » deric Empereur pour n'avoir pas passé à la Terre » Sainte, ni fourni les troupes & l'argent qu'il avoit » promis, & pour avoir dépouillé les Hospitaliers » & les Templiers des biens qu'ils possedoient dans » le Royaume de Sicile. Nous avous ajouté à l'ex- » communication, un interdit géneral sur toutes » les Eglises où il se presentera pour assister au ser- » vice divin ; & si malgré nos justes défenses, il y » assiste, nous procederons de nouveau contre lui, » comme contre un heretique declaré. Enfin, s'il » continue de méprifer les foudres de l'Eglise, nous » absoudrons de leur serment, tous ceux qui lui » ont juré fidelité, particulierement ses sujets du » Royaume de Sicile, parceque, suivant le senti- » ment du Pape Urbain II. *On n'est point obligé de* » *garder la foi à ceux qui s'opposent à Dieu & à ses*

GUERIN DE MONTAIGU

Saints, & qui méprisent leurs commandemens : maxime bien opposée à celle de Jesus-Christ qui a dit que son Royaume n'étoit point de ce monde, & qu'il falloit rendre à Cesar, ce qui appartenoit à Cesar.

Cependant, soit que l'Empereur craignît les suites de ses menaces, soit qu'il apprehendât que Jean de Brienne, qui n'avoit renoncé à la Couronne de Jerusalem que par une abdication forcée, ne le prévînt, & ne se rétablît sur le trône de la Palestine, il résolut enfin d'en faire le voyage. Mais avant que de s'embarquer, & pour empêcher le Pape de se prévaloir de son absence, il lui écrivit qu'il avoit laissé un plein pouvoir à Renaud Duc de Spolette, pour terminer à l'amiable tous les differends qu'il avoit avec lui. Le Pape n'eut garde d'approuver un voyage qui sembloit rendre nulle l'excommunication; il lui récrivit qu'il ne prétendoit pas qu'il passât la mer en qualité de Croisé, jusqu'à ce qu'il fût absous des censures de l'Eglise. Mais l'Empereur n'eut pas d'égard à cette défense; il s'embarqua à Brindes, & arriva heureusement au port de saint Jean d'Acre le 8 Septembre de l'année 1228.

Le Patriarche avec son Clergé, les deux Grands Maîtres des Hospitaliers & des Templiers à la tête de leurs Chevaliers, les Magistrats & toute la Noblesse qui se trouva dans la ville d'Acre le furent recevoir à la descente de son vaisseau avec toutes les marques de respect qui étoient dûes à sa dignité. Mais étant venu depuis des ordres du Pape au Patriarche de le dénoncer publiquement pour excommunié,

DE MALTE. LIVRE III.

excommunié avec défense expresse aux Ordres militaires de lui obéir; * Frere Guerin de Montaigu Grand Maître des Hospitaliers, & celui des Templiers qui agissoient de concert, refuserent hautement de se trouver à l'armée si l'Empereur y donnoit l'ordre. Quoique ce Prince n'eût que huit cens chevaux & dix mille hommes d'infanterie, il ne laissa pas de se mettre en chemin, & de prendre la route de Jaffa dont on étoit convenu qu'il falloit relever les fortifications avant que de s'attacher au siege de Jerusalem. L'Empereur outre ces troupes, étoit encore suivi des Chevaliers Teutoniques qui étant ses sujets, ne crurent pas devoir déferer aux ordres du Pape. Cependant les Hospitaliers & les Templiers, quoiqu'ils se fussent séparez du gros de l'armée, ne laissoient pas de la suivre de loin, de peur que les Chrétiens ne tombassent dans quelque embuscade de Sarrasins. L'Empereur qui jugea combien leur secours lui étoit nécessaire, crut dans cette conjoncture qu'il devoit dissimuler. Il consentit qu'on mît l'affaire en négociation; & après qu'on eut proposé differents expediens, on s'arrêta à celui-ci, que sans faire mention de l'Empereur, le Conseil de guerre donneroit l'ordre de la part de Dieu & de la Chrétienté; ** & après cette précaution que les Chevaliers crurent devoir prendre par rapport aux or-

GUERIN
DE
MONTAIGU

Chron. de Nangis ad ann. 1232. ex Spicil. tom. 11. p. 522.

1228.

---

* *Prohibentur quoque Hospitalarii, Templarii & Alemanni illi attendere, vel in aliquo obedire. Idem, Liv. 3. part. 11. c. 12. p. 213.*

** *Magistri Hospitalis sancti Joannis & Templi responderunt quia à summo Pontifice cui obedire volebant, erant prohibiti ei obsequi vel parere, pro utilitate tamen terræ & populi christiani parati erant juxta alios pergere, dummodo præcepta vel banna ex parte sua nullatenus proclamarentur. Sanut. ibid.*

Tome I. V u

dres du Pape, ils joignirent l'armée qui arriva sans obstacle à Jaffa, & qui en rétablit les fortifications.

Après le départ de l'Empereur, Renauld fit demander audience au Pape pour traiter de la paix; mais le Pontife refusa de l'écouter. Ainsi Renauld continua à faire la guerre aux sujets du Pape, il pilla la campagne, il prit des villes, & dans le tumulte des armes & des Places emportées l'épée à la main, on prétend qu'il y eut des Prêtres & des Clercs tuez, d'autres mutilez, & quelques-uns même de pendus.

L'Empereur, dit le Pape dans une de ses Lettres » adressée au Cardinal Romain, se sert des Sar- » rasins ses sujets pour ruiner les maisons des Hos- » pitaliers & des Templiers, qui jusqu'ici ont con- » servé au prix de leur sang les restes de la Terre » Sainte. * Il ajoute que les Templiers dans une occasion ayant recouvré les armes à la main des effets qui leur appartenoient, & que les Sarrasins leur avoient enlevez, un Lieutenant de l'Empereur étoit depuis survenu, qui s'en étoit emparé par violence, & les avoit rendus aux Infideles; » parceque, continue le Pape, ces Chevaliers si » braves & si redoutables aux Sarrasins font pro- » fession, suivant leur institut, de ne tirer jamais » l'épée contre des Chrétiens. ** Ce Lieutenant les » a même chassez de leurs maisons, & il a enlevé cent

* Christianis odium exhibet manifestum ad exterminandas Domus Hospitalis, & fratrum militiæ Templi, per quas reliquiæ Terræ Sanctæ hactenùs sunt observatæ. *Matt. Paris ad ann.* 1228. *p.* 348. & 349.

** Ipsis non audentibus juxtà Ordinis sui instituta manum armatam contra Christianos erigere. *Matt. p. ibid.*

DE MALTE. LIVRE III. 339
» esclaves infideles que les deux Ordres avoient dans
» les Convens de l'une & l'autre Sicile : il semble
» qu'il ait entrepris de détruire ces deux Ordres, ou
» du moins de les réduire à ne dépendre à l'avenir
» que de l'Empereur.

GUERIN
DE
MONTAIGU

Le Pape pour opposer quelque chose de plus redoutable pour l'Empereur que des excommunications & des manifestes, leva de son côté deux armées ; il mit à la tête de la premiere Jean de Brienne que l'Empereur avoit forcé d'abdiquer la Couronne de Jerusalem. Les Comtes de Celano, & Roger d'Aquila sujets rebelles de Frederic, mais que le Pape protegeoit, commandoient la seconde ; & dans cette guerre, les Chefs des deux partis commirent des cruautez inouies ; comme si des soldats du Pape eussent appréhendé d'être surpassez en inhumanité par les Sarrasins qui étoient dans l'armée de l'Empereur.

Thomas Daquin un des Lieutenans de l'Empereur ne manqua pas de lui en donner avis. » Les
» troupes du Pape, lui dit-il dans sa lettre, brûlent
» les villages, enlevent les bestiaux, font prison-
» niers les habitans qu'ils obligent ensuite à force
» de tourmens de se racheter ; il n'y a point de
» cruautez qu'ils n'exercent contre vos sujets, sans
» faire attention qu'ils commettent toutes ces vio-
» lences dans les Etats d'un Empereur chrétien,
» & qui est actuellement armé pour la défense de
» la Terre Sainte. Tout le Clergé de l'Empire de-
» mande en quelle conscience le pere commun
» des Chrétiens peut faire la guerre au premier
» Prince de la Chrétienté, & s'il a oublié que lorsf
» que saint Pierre voulut tirer son épée, notre

1229.
Matt. Paris
ad ann. 1229.
p. 353.

V u ij

" Seigneur lui ordonna de la remettre dans son fou-
" reau, & lui dit que, QUICONQUE FRAPEROIT DU
" GLAIVE, PERIROIT PAR LE GLAIVE. On s'étonne
" encore comment celui qui excommunie tous les
" jours les voleurs & les incendiaires, se sert aujour-
" d'hui des foudres de l'Eglise contre le Roi des
" Romains. Donnez ordre, Seigneur, à la sureté
" de vos peuples, & même de votre personne; car
" Jean de Brienne qui vous refuse le titre au-
" guste d'Empereur, tient des vaisseaux dans la
" plûpart des ports d'Italie pour vous surprendre à
" votre retour.

L'Empereur apprit depuis par d'autres lettres que les Généraux du Pape, après avoir chassé les Imperiaux de la marche d'Ancone, les avoient poussez jusques dans le Royaume de Naples; qu'ils s'étoient emparez de la ville de S. Germain, & de la plûpart des autres Places de ce Royaume jusqu'à Capoue; que les émissaires de ce Pontife avoient fait prendre les armes à differentes * villes de Lombardie qui s'étoient révoltées en sa faveur; que cette nouvelle Ligue faisoit la guerre aux autres Places qui tenoient pour l'Empire, & que le Pape avoit envoyé un Légat dans leur armée qui en dirigeoit toutes les operations; source de ces deux factions si connues dans l'histoire sous le nom de Guelphes & de Gibelins, dont les premiers s'étoient déclarez pour les Papes, & les autres arboroient les enseignes de l'Empire.

Frederic extrêmement irrité de ces nouvelles, & ne regardant plus le Pape que comme son en-

---

* Milan, Verone, Plaisance, Verceil, Lodi, Alexandrie, Trevise, Padoue, Vincence, Turin, Novare, Mantoue, Bresse, Boulogne & Faënce.

nemi mortel, résolut de repasser promptement en Italie pour y défendre ses propres Etats. Mais pour pouvoir quitter la Palestine avec quelque espece d'honneur, il fit répandre des bruits qu'il n'y étoit pas en sureté de sa personne, & que les Hospitaliers & les Templiers, à l'instigation du Pape, avoient tâché de le livrer aux Sarrasins. C'est ce que Mathieu Paris, Historien contemporain rapporte plus en détail, & il dit que les habitans de la Terre Sainte, & particulierement les Templiers & les Hospitaliers poussez par le démon & par le pere de la discorde, & animez de l'esprit vindicatif du Pape, donnerent secretement avis au Sultan d'Egypte que l'Empereur devoit aller par dévotion se baigner dans le fleuve du Jourdain, & que ce Prince feroit ce voyage à pied & en petite compagnie, & qu'ainsi il lui seroit aisé de s'en défaire, ou du moins de l'arrêter ; que le Sultan ayant reçû la lettre dont il connoissoit le sçeau, détesta la perfidie de ces Religieux, & que ce Prince, au-lieu d'en profiter, renvoya généreusement la lettre à l'Empereur qui avoit déja reçû differents avis de cette trahison ; que ce Prince dissimula leur perfidie jusqu'à un tems propre pour s'en venger, & que ce fut la véritable cause de la haine qu'il fit éclater dans la suite contre ces deux Ordres militaires. Il est vrai,* ajoute Mathieu Paris, qu'on chargeoit plus les Templiers de cette perfidie, que les Chevaliers de S. Jean.

Matt. Paris ad ann. 1229. p. 358.

* Verumtamen Hospitalatii minorem notam infamiæ super hoc facto contraxerunt. *Matt. Paris ad ann.* 1229. *p.* 357.

GUERIN DE MONTAIGU

Quoi qu'il en soit, comme l'Empereur ne cherchoit qu'un prétexte pour pouvoir quitter la Terre Sainte sans se deshonorer, il fit négocier secretement une tréve avec le Sultan d'Egypte, qui fut conclue pour dix ans. Il en declara ensuite publiquement les conditions, qui consistoient principalement, à ce qu'il dit, dans la restitution de la Ville de Jerusalem que le Sultan rendroit à l'Empereur avec celles de Bethléem, de Nazareth, de Thoron, de Sidon ; qu'il lui seroit permis de faire relever les fortifications de ces Places, & de rebâtir les murailles de Jerusalem, de laquelle il pourroit disposer comme il lui plairoit, à la reserve du Temple qui demeureroit avec son parvis & son enceinte aux Infideles, qui de leur côté y pourroient faire librement l'exercice de leur religion.

Ce traité fut executé : un grand nombre de familles chrétiennes, sur la parole de l'Empereur, retournerent dans Jerusalem, des Religieux & même des Religieuses, attirez par la sainteté du lieu, rentrerent dans leurs Convents, qu'ils commencerent à rétablir. Mais on ne fut pas longtems sans découvrir l'illusion de ce traité dans lequel il n'y avoit de réel qu'un dessein d'amuser les Chrétiens d'Orient, & d'en imposer à ceux d'Occident. *Car l'Empereur, bien loin de relever les fortifications des Villes qu'il prétendoit qu'on lui avoit cedées pour en assurer la possession aux Chré-

Vide Epist. Geroldi Patriarc. Hier. idem ibid.

---

* Sibi Fratribus Templi & Hospitalis præsentantibus solemniter & instanter, quod si vellet firmare sicut promiserat civitatem, ipsi ei quantum possunt consilium & auxilium ad conficiendum compararent. *Matt. Paris ad ann.* 1229. p. 359.

tiens latins, rejetta avec mépris les offres que lui firent les Hospitaliers & les Templiers, de contribuer à mettre ces Places en état de défense; ainsi elles démeurerent toujours démantelées, & par consequent au pouvoir des Infideles qui tenoient alors la campagne, & dont les forces étoient infiniment superieures à celles des Chrétiens; & l'Empereur après avoir joué, pour ainsi dire, cette comedie en Orient, s'embarqua dans le mois de Mai, & arriva heureusement dans son Royaume de Sicile.

La guerre par sa presence reprit une nouvelle vigueur. Ce Prince qui étoit grand Capitaine, la fit avec plus de succès que les Géneraux du Pape ; il les chaſſa de la plûpart des Places dont ils s'étoient emparez en son absence. Jean de Brienne quitta même le commandement de l'armée du saint Siege, & s'en retourna en France, pour se préparer au voyage de Constantinople : il y étoit appellé depuis la mort de Robert de Courtenay pour prendre soin de l'Empire. Le Pape désesperant de vaincre son ennemi avec des armes temporelles, revint aux spirituelles qu'il manioit bien plus heureusement ; & après avoir réiteré l'excommunication contre l'Empereur ; il y ajouta cette clause : » Et dautant que ce Prince par un » mépris visible de l'excommunication, n'est point » venu se soumettre à nos ordres, nous declarons » absous tous ses sujets du serment de fidelité qu'ils » lui ont prêté : entreprise terrible, & qui autorisoit la révolte de tous les mécontens. Aussi ce Prince en fut si épouvanté qu'il employa le credit de plusieurs Cardinaux & de differens Prélats qu'il fit venir exprès d'Allemagne pour adoucir l'esprit du Pape. La négociation dura près d'un an, & les vaincus y donnerent la loi aux victorieux: l'Empereur n'obtint la paix qu'après avoir fait serment qu'il se soumettroit aux ordres du Pape sans aucune exception. Il fut absous à cette condition, & parmi les autres articles qu'on exigea encore de ce Prince, il fut dit qu'il répareroit dans le tems que l'Eglise lui prescriroit, tous les dommages qu'il avoit causez à l'Ordre des Hospitaliers & à celui des Templiers; qu'il payeroit les frais de la guerre, & qu'il rembourseroit au saint Pere tout l'argent qu'il avoit été obligé de fournir pour la défense du Patrimoine de saint Pierre.

L'Empereur pour faire lever l'excommunication dont il craignoit les suites, avoit souscrit à toutes ces conditions, & les avoit executées, surtout à l'égard des Hospitaliers & des Templiers. Mais ce Prince qui conservoit contre ces deux Ordres un vif ressentiment, n'eut pas plûtôt reçû son absolution, que sous differens prétextes, il recommença à les persecuter. Henri de Moura grand Justicier du Royaume de Sicile, tant en de-çà, qu'au de-là du Phare, mit en sequestre leurs biens; & sur leurs plaintes, le Pape envoya à Frederic un Nonce, pour lui demander justice de ces violences.

» Si vous souhaitez, comme vous y êtes obli-
» gé, lui dit ce Pontife dans son Bref, que les af-
» faires de la Terre Sainte prosperent, bien-loin
» de persecuter les Hospitaliers & les Templiers,
» vous devez honorer de votre protection Impe-
» riale

» riale deux Ordres qui parmi des soins difficiles,   GUERIN
» & des peines continuelles, & au travers de mille DE
» perils auſquels ils s'expoſent tous les jours, ſou- MONTAIGU
» tiennent cet Etat chancelant ; & c'eſt le moyen
» de vous rendre agréable à Dieu & recomman-
» dable parmi les hommes. Ce Pontife finit ſa Lettre par le conjurer dans les termes les plus preſſans, de faire reſtituer aux Hoſpitaliers de S. Jean & aux Templiers les biens dont on les avoit ſi injuſtement dépouillez. Frederic reçut bien le Nonce, & lui promit d'avoir de grands égards à la recommandation du Pape ; mais bien-loin d'y déferer, quoiqu'il ne fût que Prince ſuzerain de cette Iſle, il renouvella ſes perſecutions, & pour ſe venger de ceux de ſes ſujets en Sicile qui, pendant qu'il avoit été excommunié, s'étoient declarez en faveur du Pape le Seigneur dominant, & le premier Souverain de cet Etat, il les obligea de prendre la Croix, & par une eſpece d'exil, qu'il couvroit du manteau de la religion & du prétexte de ſecourir la Terre Sainte, il les y relegua, ſans ſouffrir qu'ils en revinſſent, ni qu'après avoir accompli leur pelerinage, ils retournaſſent dans leur patrie.

   L'Ordre de ſaint Jean toujours perſecuté par ce Prince, perdit cette année Frere Guerin de Montaigu ſon Grand Maître, Seigneur d'une illuſtre   1230. naiſſance dans la Province d'Auvergne, mais qui par ſes vertus avoit encore donné plus d'éclat à ſa Maiſon, qu'il n'en avoit tiré d'elle. Les Chevaliers de ſaint Jean aſſemblez en chapitre, mirent en ſa   BERTRAND place Frere BERTRAND DE TEXIS, qui en   DE TEXIS. ſuivant les traces de ſon prédeceſſeur, n'eut pas moins d'attention aux affaires de l'Etat, qu'au gouvernement de l'Ordre.

La Palestine, depuis l'abdication de Jean de Brienne, privée de la presence de son Souverain, étoit alors comme un vaisseau sans pilote, toujours agité par de nouvelles tempêtes, & qui auroit péri sans le secours continuel des Hospitaliers & des Templiers. Je ne parle point des Chevaliers Teutoniques, parceque dès l'an 1226 la plûpart étoient passez dans la Prusse, dont les habitans encore idolâtres, faisoient une cruelle guerre aux Chrétiens leurs voisins, massacroient les Prêtres jusques aux pieds des Autels, & employoient les vases sacrez à des usages profanes. Conrard Duc de Mazovie appella à son secours les Chevaliers Teutoniques, & leur donna pour commencer leur établissement, tout le territoire de Culme, avec les terres qu'ils pourroient conquerir sur les Infideles. Hermand de Salza leur Maître y envoya un de ses Chevaliers appellé Conrard de Lansberg, qui conclut ce traité, auquel souscrivirent trois Evêques du pays, Gonther de Mazovie, Michel de Cujavie, & Chrétien de Prusse. Les Teutoniques passerent depuis dans ces Provinces du Nord, où par des guerres continuelles, ils acquirent successivement en toute souveraineté la Prusse Royale & Ducale, la Livonie, & les Duchez de Curlande & de Semigal, toutes Provinces d'une vaste étendue, & capables de former un grand Royaume.

On voit par ce que nous venons de dire, que la défense de la Terre Sainte, ne consistoit plus que dans les armes des Hospitaliers & des Templiers. Il est vrai que l'Empereur qui connoissoit bien que ce petit Etat ne pourroit pas se soutenir par lui-même, avoit promis avant son départ aux deux Grands Maîtres & aux principaux Seigneurs du pays, d'y faire passer à son retour un puissant corps de troupes, qu'il devoit entretenir à ses dépens; & il s'étoit même engagé d'y envoyer le Prince Conrard son fils, auquel le Royaume de Jerusalem appartenoit du chef de l'Imperatrice Yolante sa mere, fille de Jean de Brienne & de la Princesse Marie. Mais ce Prince à son retour occupé du dessein de faire reconnoître l'autorité Imperiale par toute l'Italie, réservoit toutes ses forces pour l'execution de ce grand projet, & sembloit avoir oublié les interêts de la Palestine. La Princesse Alix sœur uterine de la Reine Marie, sortie comme elle de la Reine Isabelle de Jerusalem, & alors veuve de Hugues de Lusignan Roi de Chypre, passa en Syrie, voulant se prévaloir de l'absence & de l'éloignement de l'Empereur, & demanda d'être reconnue pour Reine de Jerusalem. Mais quelques mauvais traitemens que les deux Ordres militaires eussent reçû de l'Empereur, les deux Grands Maîtres s'opposerent aux prétentions de cette Princesse, & ils lui firent dire, qu'il n'y avoit que la mort ou l'abdication volontaire du Prince Conrard qui pût faire passer la Couronne sur sa tête. L'Empereur instruit de ces mouvemens, & craignant que la Reine douairiere de Chypre ne mît à la fin, les deux Ordres dans ses interêts, envoya dans la Palestine un corps de troupes Allemandes, & mit à leur tête en qualité de son Lieutenant,

Bertrand de Texis.

Sanut. l. 3. c. 13. p. 214.

X x ij

BERTRAND DE TEXIS.

1232.

Sanut. Liv. 3. part. 11. c. 13. pag. 214.

Richard fils d'Auger, Maréchal de ses armées. Ce Général étant débarqué à S. Jean d'Acre, au lieu d'adoucir les esprits, & de s'appliquer à rendre la domination de son maître & sa propre autorité agréable aux habitans de la ville, & aux Seigneurs du pays, les traita avec une extrême dureté ; mit des impôts jusqu'alors inconnus dans la Palestine, & taxa les plus riches citoyens. Il dépouilloit les uns de leurs biens, maltraitoit les autres, & les traitoit tous comme il auroit fait des Infideles, & dans un pays de conquête. Les habitans & les principaux Seigneurs, après avoir pendant quatre à cinq ans essuyé toutes les avanies que l'avarice soutenue de la souveraine puissance peut exercer, épuisez de biens & de patience, & sans autre ressource que leur courage, prirent les armes, chasserent ces Allemands de la ville, & les obligerent de se réfugier dans Tyr, qui étoit la seule Place qui leur restoit, & où Jean d'Hybelin Seigneur de Barut & de Jaffa chef de la Noblesse se disposoit à les assiéger.

L'Empereur surpris & allarmé de ces nouvelles, eut recours à l'autorité du Pape ; il le pria de l'employer en sa faveur auprès du Grand Maître Texis & des Chevaliers de saint Jean : & pour regagner l'estime & la confiance de cet Ordre qu'il persecutoit depuis si long-tems, il remit les Chevaliers en possession de tous les biens dont il les avoit dépouillez si injustement.

1238.

PREUVE VII.

Le Pape à la priere de ce Prince, envoya l'Archevêque de Ravenne à la Terre Sainte en qualité de Légat du S. Siege, & le chargea de lettres très preſſantes pour le Grand Maître & le Conſeil de l'Ordre, par leſquelles il les exhortoit à employer leur prudence & l'autorité qu'ils avoient dans la Paleſtine pour calmer ces mouvemens. Le Grand Maître après avoir reçu les Brefs du Pape, donna tous ſes ſoins à réunir les eſprits ; il en vint heureuſement à bout par ſon habileté ſoutenue de la puiſſance de ſon Ordre, & il rétablit l'autorité de l'Empereur dans S. Jean d'Acre, & dans les autres Places de la Paleſtine.

Les forces des Chrétiens latins étant conſiderablement diminuées dans la Terre Sainte par une victoire que le Sultan d'Alep remporta en ce temslà ſur les Templiers, le Grand Maître des Hoſpitaliers tira par une citation un grand nombre de Chevaliers d'Occident. On vit, dit Mathieu Paris, ſortir de la Maiſon Hoſpitaliere de Clerkenvelle ſituée dans Londres, un grand nombre d'Hoſpitaliers les armes hautes, précedez de frere Theodoric leur Prieur, Allemand de Nation, qui partirent pour la Terre Sainte à la tête d'un corps conſiderable de troupes à leur ſolde. Ces Chevaliers, dit-il, paſſant ſur le pont de Londres, ſaluoient le capuce bas tous les habitans qui étoient accourus ſur leur paſſage, & ſe recommandoient à leurs prieres. *

Pendant que l'Ordre tiroit de l'Angleterre des ſecours pour la Terre Sainte, il en fourniſſoit de bien plus conſiderables aux Rois chrétiens des Eſpagnes, qui étoient tous les jours aux mains avec

1239.

* Fratres verò inclinatis capitibus hinc & indè caputiis depoſitis ſe omnium precibus commendarunt. *Matt. Paris ad ann.* 1237. p. 444.

BERTRAND DE TEXIS.

les Maures du pays. Dom Jaime premier du nom, Roi d'Arragon, après les avoir heureusement chassez des Isles de Majorque & de Minorque, entreprit la conquête du Royaume de Valence: il mit en mer une puissante flotte, & son armée de terre étoit composée de plus de soixante mille hommes: la puissance des Rois d'Arragon n'avoit point encore paru si redoutable. Tant de forces n'étonnerent point Zaël Roi de Valence, & le plus brave des Princes Maures; mais comme il n'avoit point d'armée capable de tenir la campagne devant celle de Dom Jaime, il s'enferma dans sa Capitale. Il vit bien-tôt les Chrétiens aux pieds de ses murailles: il se défendit avec beaucoup de courage; & quoiqu'assiégé par mer & par terre, le Roi d'Arragon ne put gagner un pied de terrain, qui ne lui coûtât ses plus braves soldats. Les Maures faisoient de fréquentes sorties, où il y avoit toujours beaucoup de sang répandu. Le succès du siege devenoit de jour en jour plus incertain. Dom Jaime voyant diminuer ses troupes, appella à son secours les Hospitaliers de S. Jean; frere Hugues de Forcalquier, Châtelain d'Emposte & Lieutenant du Grand Maître, arriva au camp à la tête d'un grand nombre de Chevaliers Espagnols; & pour rendre ce secours plus utile, il y avoit joint deux mille hommes de pied, qu'il avoit levez parmi les vassaux de l'Ordre, & à ses dépens.

Le Roi ne le vit arriver si bien accompagné, qu'avec beaucoup de joye; le siege prit une nouvelle face; une louable émulation se mit parmi les Chrétiens. Les Chevaliers se distinguerent à leur ordinaire par leur intrépidité ; ils emporterent plusieurs ouvrages avancez l'épée à la main. Zaël resserré par la perte de ces postes, se renferma dans le corps de la Place. Il y tint encore quelque tems ; enfin pressé par le défaut de vivres, & après avoir perdu l'élite de sa garnison, il capitula, & remit la Place au Roi d'Arragon. Le reste du Royaume suivit l'exemple de la Capitale : tout plia sous la puissance du Vainqueur, & la Couronne de Valence fut jointe à celle d'Arragon. Dom Jaime avoua publiquement qu'il devoit une si importante conquête à la valeur des Hospitaliers; il les en récompensa en Prince genereux & liberal, & il donna à l'Ordre en pure proprieté la ville de Cervera avec toutes ses dépendances, Ascola, Alcocever, & la campagne de S. Mathieu.

Mais des récompenses d'un si grand prix, & qui servoient de témoignage à leur valeur, exciterent depuis la haine & l'indignation des Evêques voisins ; car le Châtelain d'Emposte ayant reçu ordre du Grand Maître, dont il étoit Lieutenant en Arragon, & dans la principauté de Catalogne, d'en tirer les domestiques & les vassaux de l'Ordre pour peupler ces villes remplies alors d'habitans infideles ; & cette colonie qui arboroit la Croix, n'ayant point voulu, suivant les anciens privileges des Hospitaliers, se soumettre au droit de dixmes, on fut étrangement surpris d'apprendre que les Evêques, au lieu de concourir à la conversion des Maures qui étoient restez dans ces Places, avoient jetté un interdit général sur tout le pays cedé à l'Ordre par le Roi d'Arragon.

BERTRAND DE TEXIS.

Le Pape n'apprit qu'avec beaucoup d'indignation cette entreprise contre les privileges accordez à cet Ordre militaire par un si grand nombre de ses prédecesseurs. Il leva aussi-tôt cet injuste interdit, attendu que suivant les Bulles des souverains Pontifes, l'Ordre ne relevoit que du saint Siege, & il défendit sous de grieves peines, qu'on eût à inquiéter à l'avenir les sujets d'un Ordre dont les Religieux n'employoient leurs biens & même leurs vies, que pour la défense de la Chrétienté.

Cependant, au préjudice d'une défense si solemnelle, l'Evêque de saint Jean d'Acre recommença en Orient à troubler ces Chevaliers sur le droit de dixme, sous prétexte que depuis la perte de Jerusalem, & l'établissement de l'Ordre dans saint Jean d'Acre, ils avoient acquis dans cette Ville, & dans d'autres Places de son Diocése, differentes sortes de biens qui n'étoient point dans l'Ordre dès les premiers tems de sa fondation. Ce Prélat cacha son dessein & sa marche, & sous un autre prétexte, il se rendit auprès du Pape. Il lui representa que les Hospitaliers, à la faveur de leurs conquêtes ou de leurs acquisitions, absorboient tous les revenus de l'Episcopat. Il renouvella en même tems les plaintes ameres que Foulcher Patriarche de Jerusalem avoit faites au Pape Adrien IV. au sujet des interdits & des enterremens dont nous avons déja parlé, & il conclut en suppliant sa Sainteté de donner des explications aux Bulles de ses prédecesseurs, conformes aux droits de l'Episcopat, & qui missent des bornes aux privileges des Chevaliers.

DE MALTE. LIVRE III. 353

Le Pape renvoya l'examen de ces griefs à Jacques de Pecoraria Cardinal, que ce Pontife avoit chargé des affaires de la Paleſtine. L'Evêque d'Acre porta à ſon tribunal un long memoire de ces griefs, & dans lequel l'Ordre de ſaint Jean étoit peu ménagé. Le Cardinal le fit communiquer à Frere André de Foggia qui réſidoit alors en Cour de Rome, en qualité de Procureur general des Hoſpitaliers. Ce Religieux ſoutint les interêts de ſon Ordre avec le zele qu'il devoit, & fit voir que l'Evêque de ſaint Jean d'Acre, ſous l'apparence de griefs nouveaux, ne faiſoit que renouveller les anciennes prétentions du Clergé de la Paleſtine, rejettées dans l'aſſemblée de Ferentino. Le Pape ſur le rapport de ce Cardinal, renvoya le jugement de cette affaire au Patriarche de Jeruſalem, à l'Archevêque de Tyr & à l'Abbé de ſaint Samuel d'Acre. L'Evêque ne pouvoit pas ſouhaiter des juges moins ſuſpects; cependant ces Prélats, quoi qu'intereſſez dans la même affaire, mais juſtes témoins qu'ils ne ſubſiſtoient eux-mêmes que par le ſecours des Chevaliers, obligerent leur confrere à ſe déſiſter de ſes prétentions.

Je ne ſçai ſi c'eſt à ce Prélat ou à quelqu'autre ennemi de l'Ordre qu'on doit attribuer des avis qu'on donna en ce tems-là au Pape, que les Hoſpitaliers s'abandonnoient aux plus grands deſordres, & qu'un Prince grec & ſchiſmatique, qui étoit actuellement en guerre contre les Latins, en tiroit des ſecours d'armes & des chevaux. Gregoire IX. qui occupoit alors la Chaire de S. Pierre, Pontife plein de feu & d'ardeur, en écrivit auſſi-tôt

BERTRAND
DE TEXIS.

BERTRAND DE TEXIS.

1238.

PREUVE IX.

au Grand Maître & à tout l'Ordre, en des termes remplis d'un zele amer. L'exactitude qu'exige le devoir d'un Historien fidele ne permet pas de passer sous silence son Bref, qui se trouve d'ailleurs tout entier dans l'Annaliste de l'Eglise.

„ Nous avons appris avec douleur, dit ce Pape,
„ que vous retenez dans vos Maisons des femmes
„ d'une vie déreglée, & avec lesquelles vous vivez
„ dans le desordre; que vous n'observez pas plus
„ exactement le vœu de pauvreté, & que des par-
„ ticuliers parmi vous possedent de grands biens
„ en propre; que moyennant une rétribution an-
„ nuelle, vous protégez indifferemment tous ceux
„ qui ont été admis dans votre Confrairie; que
„ sous ce prétexte, vos Maisons servent d'azile à
„ des voleurs, à des meurtriers & à des hereti-
„ ques; que contre les interêts des Princes latins,
„ vous avez fourni des armes & des chevaux à
„ Vatace l'ennemi de Dieu & de l'Eglise; que vous
„ retranchez tous les jours quelque chose de vos
„ aumônes ordinaires; que vous changez les tes-
„ tamens de ceux qui meurent dans votre Hôpi-
„ tal, non sans soupçon de fausseté; que vous ne
„ souffrez point que ceux qui s'y trouvent, se con-
„ fessent à d'autres Prêtres qu'à ceux de votre Or-
„ dre ou à ceux qui sont à vos gages. On dit même,
„ ajoute le souverain Pontife, que plusieurs de vos
„ freres sont suspects d'hérésie.

Le Pape à la fin de ce Bref, exhorte le Grand Maître à corriger de si grands abus : il ne lui donne pour y travailler que l'espace de trois mois, sinon par le même Bref en date du 13 Mars 1238, il ordonne à l'Archevêque de Tyr de se transporter dans la Maison Chef d'Ordre, & de s'appliquer incessamment en vertu de l'autorité apostolique à la réforme de ce grand corps de Religieux militaires, tant dans le chef, que dans les membres.

BERTRAND DE TEXIS.

Il est surprenant, après les témoignages honorables qu'en 1218, André Roi de Hongrie, & témoin oculaire, avoit rendus à la vertu de ces Chevaliers, qu'on trouve dans les Brefs de ce Pontife de si cruels reproches contre cet Ordre. Peut-être étoient-ils l'effet de la haine & de la calomnie de leurs ennemis : peut-être aussi est-il vrai-semblable que le Pape n'auroit pas fait un si grand éclat sans être convaincu de leurs déréglemens. Un si grand changement dans leurs Maisons, s'il étoit vrai, doit faire trembler les Societez les plus saintes & les plus austeres, & leur apprendre qu'en moins de vingt ans, elles peuvent dégenerer de leur premiere régularité, & tomber dans les desordres les plus affreux.

Quoi qu'il en soit de la verité ou de la fausseté de ces accusations, il est certain que dans le même siécle, & sous le même Pontificat, l'esprit de pénitence & de charité étoient encore en honneur parmi les Hospitaliers, & que plusieurs Chevaliers de ces tems-là sont encore aujourd'hui réverez comme des Saints.

Tels sont les bienheureux Hugues, Gérard Mecati de Villemagne, Gerland de Pologne, tous Hospitaliers de l'Ordre de S. Jean, qui vivoient dans ce siecle, qui mériterent d'être canonisez par les vœux & les suffrages anticipez du peuple chrétien.

BERTRAND DE TEXIS.

Le bienheureux Hugues Précepteur ou Commandeur de la Commanderie de Gennes, se dévoua au service des pauvres & des Pélerins dans l'Hôpital dont il avoit la direction. Le procès verbal de sa vie que dressa après sa mort Othon de Fiesque Archevêque de Gennes par ordre exprès du Pape Grégoire IX. rapporte que sa vie étoit une pénitence continuelle, accompagnée de ferventes prieres & d'une charité sans bornes envers les pauvres & envers les Pélerins. Selon la relation de cet Archevêque, il ne mangeoit jamais de viande : son jeûne duroit toute l'année, si on en excepte le saint jour du Dimanche. Il portoit en tout tems un long cilice lié sur la chair avec une chaîne de fer, une table lui servoit de lit, & il l'avoit placée dans une grotte au-dessous de l'Hôpital, & du côté qui regarde la marine. Il passoit les jours entiers ou dans la priere ou dans le service des malades ; & s'il survenoit des Pélerins, il leur lavoit les pieds, & les baisoit avec une profonde humilité. Ce fut dans la pratique continuelle de ces vertus que le bienheureux Hugues consomma son sacrifice.

Le bienheureux Gérard Mécati vivoit à peu près dans le même tems. Il étoit né à Villemagne, Bourgade qui n'est éloignée que de trois ou de quatre milles de la celebre ville de Florence. Il entra de bonne heure dans l'Ordre des Hospitaliers en qualité de Frere servant, & il en remplit le titre & les fonctions avec un zele & une charité ardente envers les pauvres. Après avoir passé une partie de sa vie dans les Hôpitaux de la Religion, le desir

d'une plus grande perfection, l'amour de la re- BERTRAND
traite & de la solitude, lui firent obtenir de ses DE TEXIS.
Superieurs la permission d'achever ses jours dans
un défert. Il s'enferma dans une pauvre cabanne,
n'ayant pour vêtement qu'un long cilice, & pour
nouriture que des herbes & des fruits fauvages.
Paul Mimi dans son Traité de la Noblesse de
Florence, parle du bienheureux Gérard en ces
termes : " Gérard Mécati natif de Villemagne,
" fut Frere fervant dans la très illuftre milice des
" Chevaliers de faint Jean de Jerufalem, & on peut
" avec justice le nommer un second Hilarion. Ce
" fut vers l'an 1242, que ce pieux folitaire acheva de
" vivre, & passa dans la focieté des Saints.

Frere Gerland de Pologne, d'autres difent d'Allemagne, Chevalier de l'Ordre, qui vivoit dans le
même tems, ne se rendit pas moins illustre par fa
pieté que par fa valeur. Il avoit confommé une
partie de fa vie dans les guerres contre les Infideles. Ses Superieurs l'envoyerent depuis à la fuite
de l'Empereur Frederic II. pour y maintenir les
interêts de la Religion : il y devint bien-tôt l'exemple de toute la Cour ; & après s'être acquité
de ses emplois à la fatisfaction du Grand Maître,
il se retira avec fa permission dans la Commanderie de Catalagirone. Il y mena le reste de ses jours
une vie toute angelique. Je ne parle point, ni de
son application à la priere, ni de ses austeritez
continuelles, je m'arrêterai feulement aux vertus
de fon état & d'un véritable Hospitalier. C'étoit
le pere des pauvres, le protecteur des veuves, le
tuteur des orphelins, l'arbitre général, & l'amia-

Y y iij

BERTRAND DE TEXIS.

ble compositeur de tous les differends : tous exemples qui justifient que dans ce tems-là l'esprit de charité, & l'amour de la pénitence n'étoient pas éteints dans l'Ordre, comme un delateur inconnu l'avoit voulu persuader au Pape. A l'égard du reproche que ce Pontife fait aux Hospitaliers d'avoir fourni des armes & des chevaux à un Prince Grec appellé Vatace, outre que je n'y trouve gueres plus de fondement que dans les autres accusations dont on avoit tâché de noircir leur réputation, tout ce que le Pape dit de ce Vatace, qu'il traite dans son Bref d'ennemi de Dieu & de l'Eglise, dépend d'une suite d'évenemens que par rapport à l'histoire que j'écris, il est à propos d'éclaircir.

Pendant la derniere révolution & le tumulte que causoit dans Constantinople la prise de cette Capitale de l'Empire par les Croisez, des Princes Grecs & la plûpart issus de Maisons Imperiales, pour se soustraire à la domination des Latins, se retirerent en differentes provinces de l'Empire, s'y cantonnerent & s'en firent les Souverains. Isaac Comnene, d'autres l'appellent Alexis, alla fonder un nouvel Empire sur les confins de la Cappadoce & de la Colchide, & dont la ville de Trebisonde située sur la mer noire, devint la Capitale. Les Princes Michel & Theodore Comnene s'emparerent de l'Empire & de l'Albanie, & Theodore Lascaris le plus puissant & le plus redoutable de ces Princes, après avoir conquis la plus grande partie de la Bithinie, défait les Turcomans qui l'occupoient, tué de sa main dans une bataille le Sultan d'Iconium, prit les ornemens imperiaux à Nicée, se fit déclarer

Empereur, & laissa depuis ce grand Titre à Jean Ducas son gendre, surnommé Vatace : ce qui pourroit faire soupçonner que ce Prince n'étoit de la Maison Imperiale des Ducas que par les femmes.

BERTRAND DE TEXIS.

Au schisme près, c'étoit un des plus grands Princes de son siécle, sage, laborieux, vigilant, toujours attentif aux évenemens, & ne perdant jamais de vûe la disposition des Etats voisins du sien. Toutes ces provinces lui présentoient également des ennemis. Il en regardoit les possesseurs, soit Chrétiens ou Mahometans comme autant d'usurpateurs ; mais sage dans la distribution de ses desseins, il prenoit si bien ses mesures, qu'il n'avoit jamais en tête qu'un seul ennemi à la fois. Il ne manquoit gueres de prétextes pour faire la guerre ; & s'il ne la faisoit pas heureusement, il manquoit encore moins de ressources pour faire la paix. C'est ainsi que pour empêcher que les Papes ne fissent passer des secours aux Empereurs Latins de Constantinople, il affecta de faire paroître un grand zele pour la réunion de l'Eglise Greque avec l'Eglise Latine, & il poussa la feinte jusqu'à faire tenir à ce sujet des conferences dans son Palais où il assistoit, & où pour concilier les esprits il affectoit le caractere de mediateur desinteressé. Ce fut par une conduite aussi habile, autant que par sa valeur, qu'après avoir chassé les Empereurs Latins de l'Asie mineure, il porta ses armes en Europe, & les fut attaquer jusques dans le centre de l'Empire.

Tel étoit ce fameux Vatace avec lequel on accusoit les Hospitaliers d'entretenir des relations.

BERTRAND DE TEXIS.

Mais si on fait réflexion que ce Prince Grec étoit souvent aux mains avec les mêmes Infideles ausquels les Chevaliers de saint Jean faisoient une guerre continuelle ; doit-on trouver étrange que dans une cause commune, & en qualité d'alliez, ils eussent assisté ce Prince de chevaux & d'armes ? D'ailleurs je ne sçai comment les Hospitaliers ayant des Maisons dans Constantinople, on pouvoit leur faire un crime de garder quelques mesures avec un Prince si puissant, & qui étoit à la veille de se rendre maître de cette Capitale de l'Empire.

Cet Empire conquis si glorieusement par les Croisez dès la premiere année de leur établissement, étoit bien déchû de son ancienne grandeur & de sa puissance. Outre les Isles de l'Archipel dont les Vénitiens & les Génois s'étoient emparez, on vient de voir que le Marquis de Montferrat avoit eu pour sa part des conquêtes, la Thessalie & les Provinces voisines érigées en Royaume, & que des Princes Grecs de leur côté avoient mis en piéces & démembré ce malheureux Empire.

Baudouin le premier Empereur Latin n'eut pas été plutôt reconnu pour Empereur, que dans l'impatience de signaler son avenement à cette grande dignité, il forma le siége d'Andrinople dont les habitans s'étoient soulevez. Joanisse Roi des Bulgares & des Valaques, qui s'étoit soustrait de la domination des Grecs ; Prince vaillant, mais féroce & cruel, & qui craignoit que l'Empereur ne l'attaquât à son tour, vint au secours des assiegez. Il étoit à la tête d'une armée nombreuse, composée des Bulgares & des Valaques ses sujets, & il avoit à

sa

fa folde des Grecs & même des Turcomans. Baudouin à fon approche leva le fiege, s'avança à fa rencontre, & lui donna bataille. Ses troupes enfoncerent tout ce qui fe préfenta devant eux. Baudouin emporté par fon courage & par l'efperance de la victoire, s'abandonna imprudemment à la pourfuite d'un ennemi qui fuyoit avec art, & pour l'attirer dans une embufcade. Le nouvel Empereur de Conftantinople trop éloigné du gros de fon armée, fe vit enveloppé par les Bulgares & par les Valaques, qui après avoir taillé en pieces les troupes qui l'avoient pû fuivre, le firent prifonnier. Joaniffe le tint quelque tems dans le fond d'un cachot chargé de chaînes : il ne l'en tira que pour le faire périr par un cruel fupplice. Après lui avoir fait couper les bras & les jambes, on le jetta dans une valée, où cet infortuné Prince vécut encore trois jours expofé aux bêtes féroces dont il devint la proye, & qui en firent leur pâture.

Le Prince Henri fon frere lui avoit fuccédé, & gouverné l'Empire avec differents fuccès pendant l'efpace de dix ans. On prétend que les Grecs s'en défirent par le poifon. Ce Prince étant décédé comme fon frere aîné fans enfans, laiffa le trône à Pierre de Courtenai fon beau-frere, Prince du Sang Royal de France. Ce nouvel Empereur, à la faveur d'un traité d'alliance fait avec Theodore Comnene, paffant par fes Etats pour fe rendre à Conftantinople, fe vit arrêté dans les montagnes d'Albanie, & le perfide Grec le fit mourir. La Couronne regardoit Philippe Comte de Namur, fils aîné de l'Empereur Pierre ; mais ce jeune Prince préférant apparemment une Principauté tranquile & un Etat folide à un Trône chancelant, & au vain titre d'Empereur, ceda fes droits au Prince Robert fon frere, qui arriva à Conftantinople vers la fin de l'année 1220. Il eut pendant fon regne deux ennemis redoutables à combattre. Jean Ducas & Theodore Comnene le cruel Meurtrier de l'Empereur fon pere, & l'un & l'autre fans agir de concert, lui enleverent chacun de leur côté la plûpart des Places qui couvroient celle de Conftantinople. Un troifiéme ennemi & bien plus dangereux que les deux premiers, mit le comble à fes difgraces. Il y avoit dans Conftantinople une jeune Demoifelle d'une rare beauté, originaire de la province d'Artois & fille de Baudouin de Neuville, Chevalier qui s'étoit trouvé à la conquête de Conftantinople. Cette Demoifelle devoit époufer au premier jour un Seigneur Bourguignon avec lequel elle étoit déja fiancée. Ses parens l'ayant prefentée à l'Empereur pour obtenir fon agrément, ce jeune Prince fut frappé de l'éclat de fa beauté; une paffion violente s'empara de fon ame; & quoiqu'il n'ignorât pas que la jeune Neuville étoit engagée avec un Seigneur de fa Cour, ne trouvant point d'autre voye pour fe fatisfaire, il réfolut de l'époufer. La mere & la fille éblouies à leur tour par l'éclat d'une Couronne, méprifèrent leurs premiers engagemens; la mere conduifit fa fille dans le lit de l'Empereur. Sanut dit formellement qu'il l'avoit époufée. Baudouin d'Avefne au contraire femble vouloir faire entendre qu'il n'en couta pas fi cher à ce Prince pour en jouir. Quoi qu'il en soit, le Bourguignon qui devoit épouser la jeune Neuville, n'apprit sa disgrace que quand il n'étoit plus tems de s'y opposer. Ce Seigneur outragé, assemble ses parens & ses amis, & leur demande du secours contre un Prince qu'il traitoit de tyran. Toute cette Noblesse entre dans son ressentiment, & par une hardiesse surprenante, pénétre la nuit dans le Palais, se saisit de la mere & de la fille. On jette la mere enfermée dans un sac au fond de la mer, & les Conjurez après avoir coupé le nez & les levres à la fille, se retirerent. L'Empereur se flattoit de trouver dans le reste des Seigneurs de sa Cour des vengeurs d'une si cruelle insolence; mais il fut bien surpris d'apprendre que les uns en étoient les auteurs, & que les autres ne dissimuloient pas qu'ils n'en auroient pas moins fait s'ils avoient été l'objet d'une injustice aussi criante. Robert désesperé de se voir méprisé de ses sujets, & de trouver des ennemis domestiques plus cruels même que des barbares & des étrangers, s'embarqua pour l'Italie. Il esperoit d'en tirer de puissans secours, & revenir dans ses Etats à la tête d'une armée qui le fît craindre de ses ennemis & respecter de ses sujets; mais après avoir erré en differentes contrées, il mourut en chemin d'un excès de douleur, & il ne put survivre à la maniere indigne dont on l'avoit traité.

Jamais l'Empire n'avoit été dans un état si déplorable : rempli de divisions au dedans & au dehors ; attaqué de tous côtez par des ennemis puissans, il ne lui restoit pour toute ressource, & pour successeur au Trône Imperial, que le troisiéme fils de Pierre de Courtenay appellé Baudouin II. jeune Prince à peine âgé de neuf à dix ans, & par consequent incapable par son âge, & sur-tout dans des conjonctures si fâcheuses, de gouverner l'Etat.

Dans une si triste situation, les Seigneurs François de Constantinople eurent recours à Jean de Brienne, que nous avons vû Roi de Jerusalem, pour en faire le Regent & le défenseur de l'Empire; & pour l'engager à se charger du gouvernement, on lui défera le titre même d'Empereur, pour en jouir sa vie durant, toutesfois sans préjudice des droits du legitime heritier, suivant un ancien usage pratiqué en France, où les tuteurs ou bailliftres des enfans mineurs nobles, se disoient Seigneurs de leurs biens, & les relevoient en cette qualité des Seigneurs dominans.

Jean de Brienne se rendit à Constantinople, prit en main les rênes du Gouvernement, repoussa & défit l'Empereur Vatace, & Azen Roi de Bulgarie, qui menaçoient Constantinople d'un siege. Mais comme ce Prince étoit alors âgé de plus de quatre-vingts ans, l'Empire n'en put pas tirer tous les avantages qu'il eût pû justement esperer de sa valeur & de sa longue experience dans la conduite des armées, s'il eut été moins âgé. On ne faisoit plus que de fâcheux pronostics de la courte durée de l'Empire des Latins. Le jeune Baudouin fut même obligé, sous la conduite de Jean de Bethune son Gouverneur, de passer en Italie & dans les autres Royaumes de la Chrétienté, pour en implorer le secours. Toute l'Asie avoit

les yeux tournez fur l'Empereur Vatace un des plus puiffans & des plus habiles Princes qui euffent été depuis long-tems fur le Trône du grand Conftantin ; il ne lui en manquoit, pour ainfi dire, que la Capitale, & on ne doutoit pas qu'il ne s'en rendît bien-tôt le maître. Les Chrétiens prévenus de fa haute valeur, le regardoient comme le feul Prince capable de les maintenir dans la Paleftine. Je ne fçai fi ce fut à ce fentiment d'eftime qu'on attribua les égards que les Hofpitaliers avoient fait paroître pour un fi grand Prince. Ce qui eft de certain, c'eft que les reproches qu'ils attirerent au Grand Maître de la part du Pape, lui cauferent un fi vif reffentiment, qu'il ne s'en put confoler ; & le malheureux état où il voyoit la Terre Sainte, fans fecours, fans troupes & fans Souverain pour les commander, acheva de le mettre au tombeau. On fit remplir fa place par Frere GUERIN ou GUARIN, dont on ignore le furnom & la patrie.

On fçait feulement qu'il fut chargé du gouvernement de l'Ordre dans des tems difficiles. La Paleftine fe trouvoit deftituée de la prefence de fon Souverain & fans fubordination pour les Chefs qui le reprefentoient. Les Hofpitaliers & les Templiers dont la Terre Sainte tiroit toute fa force, étoient encore malheureufement divifez au fujet de quelques traitez que les uns & les autres avoient faits avec differens Princes Infideles.

Thibaud V. du nom, Comte de Champagne & Roi de Navarre du chef de Blanche de Navarre fa mere, étoit paffé en ce tems-là dans la Paleftine à la

BERTRAND DU TEXIS.

1240.

GUARIN.

GUARIN. tête d'une Croisade, mais dont les malheureux succès & la perte de la bataille de Gaza l'avoient obligé depuis à conclure une tréve avec Nazér Emir de Carac. Les Templiers négocierent ce traité auquel le Roi de Navarre, dans l'impatience de s'en retourner, souscrivit, & ces Chevaliers firent même une ligue offensive & défensive avec ce Prince Infidele contre le Soudan d'Egypte; mais les Hospitaliers n'y voulurent point prendre de part, soit qu'ils trouvassent ce traité desavantageux, ou parcequ'ils se plaignoient que les Templiers avoient conduit cette negociation à leur insçû. *

Le Roi de Navarre ayant reçû avis que Richard Comte de Cornüailles, frere du Roi d'Angleterre, devoit arriver incessamment, s'embarqua aussi-tôt avec les débris de sa Croisade, pour ne pas rendre le Prince Anglois témoin de sa disgrace. Richard étant arrivé, trouva que l'Emir de Carac qui dépendoit en quelque maniere de celui de Damas, n'étoit pas maître d'entretenir la tréve. Ce Prince à la tête de sa Croisade, s'avança aussi-tôt jusqu'à Jaffa où il reçut un Envoyé du Soudan d'Egypte, qui étoit actuellement en guerre avec celui de Damas, & qui lui offrit de sa part une autre tréve. Richard y consentit de l'avis du Duc de Bourgogne, du Comte Gaultier de Brienne, neveu de Jean de Brienne, Roi de Jerusalem, du Grand Maître des Templiers, & d'une partie des Seigneurs du pays; & on convint par ce traité que ce Prince Infidele feroit sortir de Jerusalem

---

* Prædicta enim treuga procuratione Templariorum firmata est, Hospitalariorum minimé interveniente consensu. *Sanut.* l. 3. p. 216.

tous les Mahometans qui s'y étoient établis; qu'il rendroit Bethléem, Nazareth & plusieurs Villages & differens Châteaux qui assuroient le chemin à la Capitale de Judée; que tous les prisonniers seroient relâchez de part & d'autre, & que les Chrétiens pourroient relever les fortifications de Jerusalem & des autres Places qui leur étoient cedées. Le Prince Anglois, au défaut d'exploits militaires, conclut ce traité qui n'étoit pas moins utile, & qui fut exécuté avant son départ, mais dans lequel les Templiers par jalousie contre les Hospitaliers, ne voulurent point à leur tour être compris; ainsi, au milieu de ces deux tréves, les Templiers & les Hospitaliers restoient en guerre chacun de leur côté, les uns contre le Sultan de Damas, & les autres contre celui d'Egypte, & ces divisions auroient été funestes à l'Etat, si ces Sultans & la plûpart des descendans de Saladin & de Safadin n'avoient pas été divisez en même tems par des guerres civiles. Ce fut à la faveur de ces troubles que les Chrétiens latins se virent enfin maîtres & seuls habitans de Jerusalem. Le Patriarche avec tout son Clergé y revint; on benit de nouveau les Eglises; on y celebra ensuite avec une joye infinie les saints Mysteres, & le Grand Maître des Hospitaliers porta au Patriarche tout l'argent qui étoit dans le trésor de l'Ordre, pour contribuer à relever les murailles de la sainte Cité.

Mais le travail malgré tous les ouvriers qu'on y employoit, avançoit lentement, & à peine avoit-on fait quelques legers retranchemens, que la Palestine se trouva inondée par un déluge de

GUARIN.

Litteræ Comitis Richardi, continentes summam sua peregrinationis. M. Paris, in Henr. III. ad ann. 1241. p. 566. & 567.

PREUVE IX.

Barbares appellez Corasmins. C'étoient des peuples sortis récemment de la Perse, & issus, à ce qu'on prétend, des anciens Parthes : du moins ils en habitoient alors le pays, appellé Yrac Agemy, ou Hircanie Persienne. D'autres les placent dans le Couvarzem proche de la Corosane ; mais je ne sçai si ces Corasmins n'étoient pas plûtôt originaires du Royaume de Carizme, que Ptolomée appelle Chorasmia, d'où ces Barbares la plûpart Pastres, & qui n'avoient gueres de demeures fixes, pouvoient être passez dans quelques-unes des Provinces de la Perse. Quoiqu'il en soit, ils avoient été enveloppez dans cette fameuse révolution qui étoit arrivée vingt ans auparavant dans la haute Asie, dont Genchizcan premier Empereur des anciens Mogols Tartares, s'étoit rendu maître. Octay fils de Genchizcan, successeur de ce conquerant ou le Prince Keiouc son fils, Caan ou Grand Can, d'autres disent, Tuly troisiéme fils de Genchizcan qui avoit eu la Perse dans son partage, irrité contre ces peuples qui avoient tué ceux de ses Officiers qui levoient les tributs, les chassa des pays de sa domination.

Ces peuples payens de religion, cruels, féroces, & barbares entre les plus barbares, roulerent en differentes contrées, sans pouvoir trouver de demeure fixe & assurée, ni aucun Prince qui les voulût souffrir dans ses Etats : odieux aux Mahometans, comme aux Chrétiens par leurs brigandages & leurs cruautez, ils étoient regardez comme ennemis du genre humain. Il n'y eut que le Sultan d'Egypte, qui pour se venger des Templiers

Guarin

Bibliotheque orientale. p. 1001.

DE MALTE. LIVRE III. 369
& de la ligue qu'ils avoient faite avec ſes ennemis les Sultans ou les Emirs de Damas, de Carac & d'Emeſſe, conſeilla à Barbacan Chef & Géneral des Coraſmins de ſe jetter dans la Paleſtine; il lui en repréſenta la conquête facile, les Places démanteleés & ouvertes de tous côtez, peu de troupes dans le pays, de la diviſion parmi les Chefs, à quoi il ajouta des preſens conſiderables, & la promeſſe d'un puiſſant ſecours, & de joindre un corps de troupes à ſon armée.

Il n'en falloit pas tant pour déterminer des peuples ſauvages & barbares, qui à la pointe de l'épée, cherchoient des terres qu'ils puſſent habiter : ils avoient pénetré juſques dans la Meſopotamie. Barbacan en partit auſſitôt à la tête de vingt mille chevaux, & entra dans la Paleſtine avant qu'on en eût eu la moindre nouvelle. Mais les cruautez de cette nation, le feu qu'ils mettoient par tout, les annonça bien-tôt. Jeruſalem étoit encore ouverte de toutes parts; les Grands Maîtres de l'Hôpital & du Temple s'y trouvoient alors, mais preſque ſans troupes. Dans une conjoncture ſi ſurprenante, ils crurent qu'ils n'avoient point d'autre parti à prendre, que de conduire les habitans à Jaffa, Place fortifiée & hors d'inſulte; de tenir enſuite la campagne, & de raſſembler toutes les troupes pour s'oppoſer aux entrepriſes des ennemis. Tout ſortit de Jeruſalem ſous la conduite des Chevaliers, excepté un petit nombre d'habitans qui avoient peine à abandonner leurs maiſons, & qui à la hâte éleverent de foibles retranchemens dans les endroits les plus ouverts. Cepen-

GUERIN
Matt. Paris ad ann. 1244. p. 618.
Joinville vie de S. Louis. p. 98.

1243.

Sanut. p. 217.

Tome I.   A a a

GUARIN dant les Corasmins arrivent, emportent ces retranchemens, entrent dans la Ville l'épée à la main, mettent tout à feu & à sang, sans épargner ni l'âge ni le sexe; & pour tromper les Chrétiens qui s'étoient enfuis, ils planterent sur les tours des étendarts avec la Croix. Ceux qui avoient pris le devant, avertis qu'on voyoit encore les Croix arborées sur les murailles, touchez du regret d'avoir abandonné leurs maisons avec tant de précipitation, & croyant que les barbares avoient tourné leurs armes d'un autre côté, ou qu'ils avoient été repoussez par les Chrétiens qui étoient restez dans la Ville, y retournerent malgré tout ce que purent leur dire les deux Grands Maîtres, & se livrerent eux-mêmes à la fureur de ces barbares, qui en passerent près de sept mille par le fil de l'épée. Une troupe de Religieuses, d'enfans & de vieillards qui s'étoient réfugiez au pied du saint Sepulchre & dans l'Eglise du Calvaire, furent immolez dans le lieu même où le Sauveur des hommes avoit bien voulu mourir pour leur salut, & il n'y eut point de cruautez & de prophanations que ces barbares n'exerçassent dans la sainte Cité.

Cependant les Templiers ayant appris qu'un détachement des troupes du Sultan d'Egypte les avoit joints, appellerent à leurs secours les Sultans de Damas & d'Emesse ses ennemis. Ces Infideles leur envoyerent quatre mille chevaux commandez par Moucha un de leurs Géneraux. Les Seigneurs du pays ayant fait prendre les armes à leurs vassaux & aux milices, se rendirent dans l'armée Chrétienne: il y eut d'abord differentes escarmou-

Epist. Frederici Imperat. Matt. Paris in Henr. III. p. 618.

ches entre les deux partis, dans lesquelles les Co- GUARIN.
rasmins, quoique superieurs en nombre, ne laisserent pas de perdre plus de monde que les Chrétiens. Enfin par la précipitation du Patriarche, & contre l'avis des principaux Officiers, on en vint à une action générale. L'armée chrétienne étoit partagée en trois corps : le Grand Maître des Hospitaliers avec les Chevaliers de son Ordre, & soutenu par Gaultier III. Comte de Jaffa, & neveu du Roi Jean, avoit la pointe gauche ; Moucha à la tête des Turcomans, commandoit la droite, & les Templiers & les Milices du pays étoient dans le centre. Le courage & l'animosité étoient égales; mais le nombre des combatans étoit bien different : les Corasmins avoient dix hommes contre un; & pour surcroit de disgrace, dès qu'on en fut venu aux mains, soit lâcheté ou trahison, la plûpart des soldats de Moucha prirent la fuite.

Joinville, Vie de saint Louis par du Cange. p. 99.

Les Chrétiens résolus de vaincre ou de mourir, n'en parurent point ébranlez ; la bataille dura presque deux jours ; les Chevaliers des deux Ordres y firent des prodiges de valeur ; enfin épuisez de forces, & accablez par la multitude, presque tous furent tuez ou faits prisonniers, & il n'échapa de cette boucherie & d'un massacre si général que vingt-six Hospitaliers ; (quelques relations disent seulement seize,) trente-trois Templiers & trois Chevaliers Teutoniques : les deux Grands Maîtres des Hospitaliers & des Templiers, & un Commandeur des Teutoniques furent tuez à la tête de leurs compagnies. Les Hospitaliers firent peu après remplir la place de leur Grand Maître par Frere

Joinville, Vie de saint Louis. p. 100.

BERTRAND DE COMPS, vieux Chevalier que sa valeur & son experience éleverent à cette dignité, & dont un Seigneur de son nom avoit déja été revêtu.

Cependant une défaite si générale mit le comble aux malheurs de la Terre Sainte. L'Empereur Frederic dans une Lettre adressée au Comte de Cornouailles son beaufrere, déplore cette malheureuse journée, & en rejette la faute sur les Templiers, qui après avoir rompu la tréve qu'il avoit faite, dit-il, par l'avis des Hospitaliers avec le Sultan d'Egypte, se sont fiez avec trop de simplicité au secours & aux promesses des Sultans de Damas & de Carac. *

Frere Guillaume de Château-Neuf, Précepteur de la Maison Hospitaliere de S. Jean de Jerusalem, & depuis Grand Maître de l'Ordre, dans une Lettre qu'il écrit à un Seigneur de Merlaï, attribue pareillement cette cruelle incursion des Corasmins à la Ligue qu'on avoit faite avec le Sultan de Damas contre celui d'Egypte son ennemi ; & selon la Relation de ce Chevalier qui s'étoit trouvé à cette sanglante bataille, le Grand Maître y avoit été tué avec le Grand Maître des Templiers, & il n'en étoit échappé lui-même qu'avec quinze autres Hospitaliers qui regrettoient, dit-il, le sort de ceux qui étoient morts pour la défense des saints Lieux & du peuple chrétien.

* Dum præter idem quod Templariorum superba Religio, & aborigenariorum terræ Baronum deliciis educata superbit, Soldanum Babiloniæ ad evocandum auxilium Choerminorum per bellum improbum & improvisum coegerunt, nostro regio fœdere parvi penso, quod nos unà cum Conventu, & Magistris Domorum sancti Joannis & sanctæ Mariæ Teutonicorum, nomine nostro contraxeramus. *Epist. Fred. Imperat. de depopulatione Terræ Sanctæ. Matt. Paris ad ann.* 1244.

DE MALTE. LIVRE III. 373

Certainement les uns & les autres étoient bien dignes de compaſſion. Cet Ordre auparavant ſi floriſſant ſe trouvoit preſque détruit, & le peuple dont les Templiers & les Hoſpitaliers étoient les défenſeurs, ſe voyoit ſans ſecours, enfermé dans la ville de ſaint Jean d'Acre, en même tems que les Coraſmins campez dans la plaine & à deux milles de la ville, ravageoient la campagne, brûloient les villages & les bourgades, & maſſacroient impitoyablement les habitans, ou les entraînoient dans l'eſclavage.

BERTRAND DE COMPS.

Epiſt. flebilis Prælatorum Terræ Sanctæ in Matt. Paris ad ann. 1244. Liv. 3. p. 631.

Mais Dieu qui dans les tems marquez par ſa miſericorde, venge ſes enfans des miniſtres dont il s'eſt ſervi dans ſa colere, permit que la diviſion ſe mît parmi ces furieux ; ils ſe tuerent la plûpart les uns les autres, & les malheureux reſtes de ces barbares diſperſez dans la campagne furent aſſommez par les payſans : tout périt juſqu'à leur nom, qu'on ne trouve plus dans l'hiſtoire. *

La perte que les Hoſpitaliers avoient faite contre ces barbares ne ralentit point leur zele & leur courage. Nous avons dit que ces Chevaliers faiſoient face de tous côtez & ſe trouvoient en même tems dans tous les endroits où les Chrétiens faiſoient la guerre aux Infideles. L'Eſpagne, la Hongrie & la Principauté d'Antioche éprouverent de nouveau le ſecours de leurs armes. Hugues de Forcalquier, Châtelain d'Empoſte étoit toujours dans les armées de Dom Jaime Roi d'Arragon. Il ſe trouva à la tête de tous les Chevaliers de ce

---

* Et factum eſt ut de ſub cœlo nomen corum penitùs deleretur, adeò quod nec eorum veſtigia apparuerunt. *Matt. Paris ad ann.* 1247.

A a a iij

Royaume au siege de Xatira ; & l'Historien de cette nation remarque qu'un Chevalier de saint Jean appellé Dom Pierre de Villaragut s'y distingua par des actions d'une valeur surprenante.

Les Chevaliers de Hongrie ne rendoient pas moins de services à leur patrie contre les Tartares qui ravageoient alors la Transilvanie, la Hongrie & la Pologne. Le Pape Innocent IV. écrivit à ces Chevaliers en des termes les plus pressans, comme on le peut voir par son Bref du huit des Calendes de Juillet, & de la cinquiéme année de son Pontificat. Ces Guerriers prirent aussi-tôt les armes ; & après s'être joints aux Frangipanes qui étoient alors Seigneurs de la Dalmatie & de la Croatie, ils chasserent ces barbares de la Hongrie, ramenerent le Roi de Bela qui avoit été obligé d'abandonner ses Etats, & le rétablirent sur le Trône.

Des services si importans ne demeurerent pas sans récompense ; & outre de nouveaux privileges, ce Prince qui étoit fils du Roi André, dont nous avons parlé, marchant sur les traces de son pere, donna des Terres & des Seigneuries à l'Ordre, persuadé que c'étoient autant de braves guerriers qu'il acqueroit dans son Etat, & d'illustres défenseurs qu'il procuroit à ses sujets, souvent exposez aux incursions des Infideles. C'est ainsi que s'en explique l'Historien de Hongrie qui par anticipation, donne aux Hospitaliers le nom de Chevaliers de Rhodes, qu'ils ne prirent qu'un siecle après cet évenement.

Pendant que les Chevaliers étoient occupez en

Hongrie contre les Tartares, le Prince d'Antioche se vit tout d'un coup attaqué par les Turcomans Selgeucides, qui depuis un siecle avoient abandonné leurs déserts, s'étoient choisi des Capitaines, & avoient inondé en même tems differentes contrées de l'Asie, comme nous l'avons dit au commencement du premier Livre.

{BERTRAND DE COMPS.}

Le Prince d'Antioche surpris par une attaque imprévûe, eut recours aux Ordres militaires, l'azile ordinaire de tous les Chrétiens Latins. Les deux Grands Maîtres firent monter à cheval ce qui leur restoit de Chevaliers ; & après s'être mis à la tête des troupes qui étoient à leur solde, ils marcherent droit aux Infideles. Le combat fut long & sanglant; le nombre des Turcomans, soldats pleins de courage, balançoit les effets ordinaires de la valeur des Chevaliers. Frere Bertrand de Comps Grand Maître des Hospitaliers indigné d'une résistance qu'il n'avoit pas coutume d'éprouver, se jette au milieu des escadrons ennemis, les enfonce & les tourne en fuite. Mais dans cette derniere charge, il reçut tant de blessures, qu'il en mourut peu après, & l'Ordre lui donna depuis pour successeur Frere PIERRE DE VILLEBRIDE, Religieux recommandable par sa pieté & par sa valeur : l'Ordre ne pouvoit faire un plus digne choix, sur-tout par rapport à une nouvelle Croisade dont S. Louis Roi de France devoit être le Chef, & dont nous allons parler.

{PIERRE DE VILLEBRIDE.}

{1248.}

La nouvelle de la défaite de l'armée chrétienne ayant été portée au Pape Innocent IV. qui étoit alors sur la Chaire de S. Pierre, ce Pontife, pour déterminer les Chrétiens d'Occident à faire passer un nouveau secours à la Terre Sainte, convoqua un Concile général dans la ville de Lyon, dont l'ouverture se fit la veille de la fête des saints Apôtres saint Pierre & saint Paul. Galeran Evêque de Beryte qui avoit apporté les nouvelles de la victoire des Corasmins, presenta aux Peres du Concile une Lettre que le Patriarche de Jerusalem & les Evêques de la Palestine écrivoient à tous les Prélats de France & d'Angleterre, & qui contenoit une relation de ce triste évenement conçûe à peu près en ces termes.

» Les Tartares après avoir détruit la Perse, ont
» tourné leurs armes contre les Corasmins, & les
» ont chassez de leur pays. Ces barbares n'ayant plus
» de retraite fixe, ont prié inutilement plusieurs
» Princes Sarrasins de leur accorder quelque con-
» trée pour habiter : car ils sont d'une telle cruauté,
» que ceux-mêmes qui leur ressemblent le plus
» de ce côté-là, ont refusé de leur donner retraite;
» & il n'y a eu que le Sultan d'Egypte qui les in-
» vitât à passer dans la Palestine, & qui leur pro-
» mît de les y maintenir par le secours de ses ar-
» mes. Ils sont entrez dans le pays avec une grande
» armée presque toute composée de cavalerie, me-
» nant leurs femmes & leurs enfans. Cette incur-
» sion a été si subite, que personne n'a pû la pré-
» voir ni s'y opposer ; & ils ont ravagé sans ré-
» sistance tout le pays depuis le Thoron des Che-
» valiers, jusqu'à Gaze ou Gazer.

» Dans une invasion si surprenante, on n'a point
» eu d'autre parti à prendre que d'opposer barbares

» bares à barbares, & de l'avis des Templiers, des
» Hospitaliers, des Teutoniques & de la Noblesse
» du pays, on a résolu d'appeller à notre secours
» les Sultans de Damas & de la Chamelle nos al-
» liez, & ennemis particuliers des Corasmins. Mais
» comme ce secours étoit éloigné & incertain, le
» péril pressant, & Jerusalem sans murailles &
» sans fortifications, plus de six mille habitans en
» sont sortis pour chercher un azile dans les autres
» Places chrétiennes, & il n'est resté dans la Ca-
» pitale qu'un petit nombre de Chrétiens.

» Ceux qui avoient abandonné Jerusalem, pri-
» rent leur chemin par les montagnes où ils se
» croyoient plus en sureté, dautant plus que les
» Mahometans qui les habitoient, étoient sujets
» du Sultan de Carac avec lequel nous avions tréve.
» Mais ces Montagnars violant la foi du traité,
» sont tombez sur ces fugitifs, en ont tué une par-
» tie, pris & vendu l'autre, même des Religieuses,
» & ceux qui ont descendu dans la plaine ont été
» massacrez par les Corasmins ; en sorte que de
» tout ce peuple à peine en est-il resté trois cens.
» Enfin les Corasmins sont entrez dans la sainte Ci-
» té; & comme ce peu qui y restoit de Chrétiens,
» femmes, enfans & vieillards s'étoient réfugiez
» dans l'Eglise du S. Sepulchre, ces barbares les ont
» tous éventrez dans ce lieu saint ; & en coupant
» la tête aux Prêtres qui célébroient alors les
» saints Mysteres, ils se disoient les uns aux au-
» tres : Répandons ici le sang des Chrétiens dans
» l'endroit même où ils offrent du vin à leur Dieu
» qu'ils disent y avoir été pendu. Ils arracherent

» ensuite tous les ornemens du saint Sepulchre, » prophanerent l'Eglise du Calvaire, fouillerent » dans les tombeaux des Rois de Jerusalem, & » disperserent leurs cendres. Les Eglises du Mont » de Sion, du Temple & de la Vallée de Josaphat, » où se montre le Sepulchre de la Sainte Vierge, » n'ont pas été mieux traitez, & ils commirent » dans l'Eglise de Bethléem des abominations que » l'on n'ose rapporter ; en quoi ils ont poussé l'im- » pieté plus loin que n'ont jamais fait les Sarrasins » qui ont toujours conservé quelque respect pour » les saints Lieux.

» Les Chevaliers militaires & les Seigneurs du » pays, soutenus par le secours des Sultans alliez, » marcherent droit à ces barbares, s'avancerent » en suivant la côte, & les rencontrerent proche » Gazer ou Gaza. On en vint aux mains la veille » de la saint Luc ; les Sarrazins qui étoient dans » notre armée prirent la fuite, en sorte que les » Chrétiens demeurez seuls contre les Corasmins » & contre les Babiloniens, furent accablez par » la multitude de leurs ennemis. Des trois Ordres » militaires, il ne se sauva que trente-trois Tem- » pliers, vingt-six Hospitaliers & trois Chevaliers » Teutoniques : la plûpart de la Noblesse du pays, » ou a péri dans la bataille, ou est restée prison- » niere.

» Dans cette extrémité, nous avons imploré le » secours du Roi de Chypre & du Prince d'An- » tioche ; mais nous ne sçavons ce qu'ils peuvent » faire pour nous, & ce que nous en devons es- » perer ; & quelque grande que soit notre perte,

Matt. Paris ad ann. 1244.

» nous craignons encore plus pour l'avenir. Les
» Hospitaliers sont assiegez par les Sarrasins dans
» le château d'Ascalon : la Terre Sainte se trouve
» destituée de tout secours humain : les Corasmins
» de leur côté sont campez dans la plaine à deux
» milles de la ville d'Acre, d'où ils ravagent tout
» le pays jusqu'à Nazareth; en sorte que si nous
» ne sommes secourus au passage du mois de Mars,
» la Terre Sainte est absolument perdue, & nous
» serons forcez dans quelques Châteaux qui nous
» restent, & que les Hospitaliers & les Templiers
» se sont chargez de défendre.

PIERRE DE VILLE-BRIDE.

La lecture de cette Lettre fit répandre des larmes à toute l'assemblée : les Peres du Concile ordonnerent qu'on prêcheroit la Croisade dans toute la Chrétienté ; que ceux qui avoient déja pris la Croix, & ceux qui la prendroient dans la suite, se rendroient dans un endroit dont on conviendroit pour y recevoir la bénediction du Pape ; qu'il y auroit une tréve de quatre ans entre tous les Princes chrétiens ; que pendant tout ce tems-là, il ne se feroit ni tournois, ni fêtes, ni réjouissances publiques ; que les Fideles seroient exhortez de contribuer de leurs biens pour une si juste entreprise ; que les Ecclesiastiques donneroient le vingtiéme de leurs revenus, & les Cardinaux le dixiéme pendant trois ans consecutifs.

Plusieurs Princes, & un grand nombre de Seigneurs, sur-tout du Royaume de France, prirent la Croix. Mais aucun ne le fit avec tant de zele, de courage & de dévotion que Louis IX. Roi de France, depuis connu sous le nom de S. Louis.

PIERRE DE VILLE-BRIDE.

Le Pape fondoit fur ce Prince fes plus grandes efperances: » Notre Seigneur, dit ce Pontife, en » écrivant à la Nobleſſe du Royaume, femble » avoir choiſi entre les autres Princes du mon-» de, pour la délivrance de la Terre Sainte, » notre très cher fils le Roi de France, qui outre » les vertus qui le diſtinguent fi avantageufe-» ment des autres Souverains, commande en-» core à une Nation puiſſante & guerriere. * Ce Prince, pour fecourir les Chrétiens d'Orient n'avoit pas attendu les prieres & les exhortations du Pape: fi-tôt qu'il eut apris la victoire des Corafmins, il refolut de paſſer en perfonne à la Terre Sainte, & en attendant que les affaires de fon Etat lui permiſſent d'en faire le voyage, il y envoya un puiſſant fecours de troupes & d'argent, dont il confia la conduite aux Hofpitaliers & aux Templiers.

On avoit reçû ordre en Occident de faire paſſer dans la Paleſtine les Chevaliers novices avec un corps de troupes feculieres, & tout l'argent qui fe trouveroit dans la caiſſe des Prieurez: & les deux Grands Maîtres recourant à Dieu pour implorer la bénédiction du Ciel fur leurs armes, prefcrivirent dans leurs Ordres des jeûnes extraordinaires avec des prieres continuelles. **

Ces Chevaliers, outre l'argent du Roi de France

* Ut abftergerentur lacrymæ à maxillis matris noſtræ Eccleſiæ deplorantis filios fuos nuper trucidatos, Dominus Rex Francorum, Hofpitalarii quoque & Templarii Milites neophitos & manum armatam cum thefauro non modico illuc ad confolationem & auxilium ibi commorantium feftinanter tranfmiferunt.

** Statuerunt inter fe orationes & jejunia præter folita fpecialiter pro liberatione Terræ Sanctæ facienda *Matt. Paris.*

& celui de l'Ordre, apporterent encore mille li- vres que Richard * Comte de Cornuailles consa- cra à la défense des saints Lieux. Les deux Grands Maîtres envoyerent ensuite demander au Sultan d'Egypte un sauf-conduit pour deux de leurs Chevaliers chargez d'une negociation particuliere. L'objet de leur voyage étoit de retirer des mains des Sarrasins, les Hospitaliers & les Templiers pris à la derniere bataille, & que les Corasmins leur avoient livrez. Quoiqu'auparavant dans les deux Ordres on regardât comme morts, ceux qui se rendoient prisonniers de guerre; cependant dans une si triste conjoncture, les deux Grands Maîtres ne jugerent pas à propos d'observer une si severe discipline: & pour tirer un nouveau secours de ces prisonniers, on fit partir des Députez chargez d'une grosse somme d'argent pour leur rançon. Ceux-ci ayant reçû le sauf-conduit necessaire pour leur sureté, se rendirent à Babilone d'Egypte ou au grand Caire, Places qui par leur voisinage, sont souvent confondues par les Historiens. Les deux Chevaliers, pour faciliter le succès d'une negociation si extraordinaire, répandirent differentes sommes parmi les Ministres & les Favoris du Sultan: c'étoit Salech, fils de Camel, l'aîné des enfans de Safadin, Prince habile & redoutable à ses voisins. C'est à ce Prince qu'on attribue l'institution de ce corps de troupes qu'on appelloit MAMELUS, du mot arabe qui signifie, esclave vendu, parceque c'étoient des enfans enlevez par

PIERRE DE VILLE-BRIDE.

* Comes Richardus ex innatâ sibi magnificentiâ illuc in succursum mille libras per Hospitalarios transmisit. *Idem ibid.*

PIERRE DE VILLE-BRIDE.

les Tartares dans leurs courses, & de qui Salech les faisoit acheter. Il en fit un corps de milice, d'où il tira depuis ses principaux Officiers, & ils devinrent à la fin si puissans, qu'ils s'attribuerent à eux seuls le droit d'élire leur Souverain. Les Députez des deux Ordres militaires firent proposer au Sultan Salech le sujet de leur voyage, & ils demanderent à entrer en negociation sur la rançon & la liberté de leurs confreres. Mais le Sultan qui avoit une liaison secrete & très étroite avec l'Empereur Frederic, & qui n'ignoroit pas d'ailleurs combien les Chevaliers des deux Ordres lui étoient odieux: » A Dieu ne plaise, répondit-il à ses mi-
» nistres, que je traite avec des perfides, qui au-
» trefois ont voulu livrer leur Empereur, & qui se
» disant entr'eux freres & compagnons d'armes,
» ne laissent pas depuis cinq ans, quand ils se ren-
» contrent, de se charger les uns les autres avec
» encore plus de fureur & d'animosité qu'ils n'en
» font paroître contre les ennemis de leur loi. Ne
» sçait-on pas, ajouta ce Prince, le peu de sureté
» qu'il y a dans la parole des Templiers, & que ce
» furent ces Religieux, qui, en haine des Hospita-
» liers, violerent la tréve que j'avois faite avec le
» frere du Roi d'Angleterre, que les Templiers
» par mépris appelloient, *ce petit Garçon?* Cepen-
» dant dans la derniere bataille, nous avons vû
» ces Templiers, si fiers & si superbes, s'abandon-
» ner à une honteuse fuite; & ce qui n'étoit ja-
» mais arrivé dans leur Ordre, celui qui portoit
» le *Beausean*, ou l'étendard de la Croix, contre
» son devoir & les regles de son Institut, s'enfuir

» le premier. Mais, ce n'est pas en cela seul que
» depuis long-tems les Templiers & les Hospi-
» taliers ne font point scrupule de violer les statuts
» de leur profession. D'où vient, par exemple, que
» ces Chevaliers qui par leurs loix, ne doivent au
» plus abandonner pour leur rançon que leur ca-
» puce ou leur ceinture, nous offrent aujourd'hui
» de si grosses sommes, si ce n'est pour se fortifier
» par leur nombre contre notre puissance ? Mais
» allez leur dire que, puisque la justice de Dieu
» les a livrez entre mes mains, ils n'en sortiront
» jamais tant que je vivrai, & qu'à l'exemple de
» leurs prédecesseurs, je ne sçai point distinguer
» un Chevalier prisonnier, d'un Chevalier mort sur
» le champ de bataille.

PIERRE DE VILLE-BRIDE.

En vain les Ministres du Sultan lui representerent qu'il perdoit par cette conduite des sommes considerables qu'il pouvoit retirer pour la liberté des Chevaliers. Ce Prince Infidele qui n'ignoroit pas les differends que l'Empereur avoit avec le Pape, ni à quel point les Chevaliers étoient dévouez au saint Siege, rejetta avec obstination & avec mépris toutes les offres qu'on lui put faire. Les Députez furent obligez de s'en retourner sans avoir pû rien obtenir ; mais, comme avant de partir, ils se plaignoient aux Ministres de ce Prince de la grande dépense qu'ils avoient faite inutilement en presens dont ils avoient profité, ces Ministres, comme pour les en dédommager, leur dirent en secret, qu'il n'y avoit qu'un seul moyen de retirer leurs prisonniers, c'est que l'Empereur demandât au Sultan leur liberté : d'où il est aisé

Pierre de Ville-bride.

Ex cujus rei tenore colligi potest quanta familiaritas Fredericum cum Sultanis copulavit p. 698.

de conclure, dit Mathieu Paris, l'étroite liaison qui étoit entre Frederic & le Prince Mahometan. Mais comme ces Députez de leur côté n'ignoroient pas que l'Empereur étoit en guerre avec le Pape, & que leurs Superieurs ne pouvoient avoir de relation avec ce Prince qui étoit actuellement excommunié, ils s'en retournerent avec la douleur de laisser leurs freres dans les fers des Infideles.

Le Roi saint Louis depuis qu'il eut pris la résolution de passer en Orient, employa deux années à regler le dedans de son Royaume, & à assurer le dehors par une paix génerale avec ses voisins. Ce Prince, après avoir satisfait à ces premiers devoirs les plus indispensables pour un Souverain, se rendit le 12 de Juin de l'année 1248 à saint Denis: il étoit accompagné de Robert Comte d'Artois & de Charles Comte d'Anjou ses freres, & y reçut d'Eudes de Chateauroux Legat du Pape, l'Oriflame, espece d'étendart en forme de Baniere, avec l'Aumôniere & le Bourdon, suivant ce qui se pratiquoit à l'égard des pelerins. Alphonse Comte de Poitiers troisiéme frere du Roi, quoique croisé, resta encore pour quelque tems en France auprès de la Reine Blanche leur mere, à laquelle le Roi avoit laissé la Regence de l'Etat en son absence. Louis s'embarqua ensuite à Aiguemortes, Port fameux alors, mais qui par la retraite de la mer qui s'est éloignée de quatre lieues de cette côte, se trouve aujourd'hui dans les terres. Le Prince mit à la voile le 28 d'Août: la navigation fut heureuse, & il arriva à la rade de Limisso dans l'Isle de Chypre le 17 Septembre de la même année. Il y fut

fut reçû par Henry de Lufignan Roi de cette Ifle, auquel le Pape, pour fe venger de l'Empereur & du Prince Conrard fils de ce Prince, venoit de conferer le titre de Roi de Jerufalem, en vertu des droits prétendus par la Reine Alix fa mere.

PIERRE DE VILLEBRIDE.

Le Roi de France ne fe fut pas plûtôt rafraîchi quelques jours, que dans l'impatience de fignaler fon zele, il propofa de fe mettre en mer, & de partir pour l'Egypte. Il étoit foutenu dans ce fentiment par plufieurs Seigneurs qui avoient eu part aux dernieres croifades, & qui lui reprefentoient que s'il reftoit plus long-tems dans l'Ifle de Chypre, il alloit expofer fa perfonne & fon armée aux incommoditez d'un pays où les eaux & même l'air étoient également dangereux aux étrangers; au lieu que l'Egypte offroit tout à la fois des conquêtes à faire, & tout ce qu'il y a de plus neceffaire pour la vie. Mais le Roi ne put fuivre fon inclination, parcequ'une partie de fon armée n'étoit point encore arrivée; d'ailleurs le Roi de Chypre offroit de l'accompagner avec toute la Nobleffe de l'Ifle, s'il vouloit bien leur accorder le tems neceffaire pour fe préparer à cette expedition : ainfi le terme du départ fut fixé au printems fuivant.

Sanut. liv. 2. p. 2. c. 3.

Le faint Roi employa utilement fon féjour à affoupir la divifion qu'un efprit de jaloufie entretenoit entre les Templiers & les Hofpitaliers, & il termina en même tems les differends qui étoient entre Hayton Roi de la petite Armenie, & Boëmond V. Prince d'Antioche & de Tripoli. Ce fut pendant le féjour que le Roi fit dans l'Ifle de Chy-

Tome I.   C c c

pre, que le Grand Maître du Temple & le Maréchal de l'Ordre des Hospitaliers, dans l'impatience de retirer leurs Chevaliers des prisons des Infideles, écrivirent à ce Prince pour le pressentir s'il seroit dans la disposition d'entrer dans quelque accommodement avec le Sultan d'Egypte. Le saint Roi, tout brûlant de zele, rejetta avec hauteur ces propositions; il défendit au Grand Maître, sous peine de son indignation, de lui en faire jamais de semblables. Les ennemis du Grand Maître publioient qu'il y avoit une intelligence secrete entre lui & le Prince Infidele, & que pour lier entr'eux une amitié plus étroite, ils s'étoient fait saigner dans la même palette, comme si ce mélange de leur sang, eût dû unir leurs cœurs plus étroitement. Nous n'entrerons point dans la discution de la verité de ce dernier fait, qui n'est gueres vraisemblable, sur-tout après la maniere pleine de dureté dont ce Prince avoit rejetté ses Ambassadeurs. Nous remarquerons seulement, après le Sire de Joinville, qu'en ce tems-là dans les traitez de paix & d'alliance qu'on faisoit avec les Barbares, ils exigeoient cette ceremonie de se faire saigner ensemble, de mêler leur sang avec du vin, & même d'en boire. C'est ce que pratiqua Baudouin II. avec un Roi des Comains, ainsi que le rapporta au Roi saint Louis, un Seigneur de Toucy témoin oculaire. Mais il n'y a pas d'apparence que le Sultan, qui venoit de refuser de traiter de la rançon des Chevaliers, eût aussi-tôt fait une nouvelle alliance avec le Grand Maître du Temple. il est bien plus vrai-semblable de penser que les Ordres militaires, chargez de la défense de l'Etat, eussent bien voulu qu'on n'eût pas rompu la tréve, ni irrité un voisin & un ennemi puissant, sous prétexte d'une nouvelle Croisade, qui, comme la plûpart des autres, après de legers efforts, abandonneroit l'Orient, retourneroit en France, & laisseroit le poids de la guerre à soutenir aux Chevaliers & aux malheureux restes des Chrétiens latins, qui habitoient la Palestine.

Le Roi ne fit pas grande attention aux representations du Grand Maître : ainsi, après huit mois de séjour dans l'Isle de Chypre, ce Prince s'embarqua avec la Reine sa femme, la Comtesse d'Anjou, le Roi de Chypre, les Princes Robert & Charles freres du Roi, le Legat & toutes les personnes de consideration, le jour de la Trinité de l'année 1249; toute la flotte mit à la voile, & le sixiéme jour arriva devant Damiette. Les deux Grands Maîtres s'y rendirent depuis avec l'élite de leurs Chevaliers. Louis trouva le rivage bordé des troupes du Soudan, qui prétendoient s'opposer au débarquement de son armée; mais ce Prince emporté par son zele & par son courage, se jetta le premier l'épée à la main dans l'eau, & suivi de sa Noblesse, chargea les Infideles & les tourna en fuite. Les fuyards porterent la consternation dans la Ville, & quoique cette Place passât pour la plus forte de l'Egypte, la garnison l'abandonna, & ses propres habitans, après s'être chargez de ce qu'ils y avoient de plus précieux, en sortirent la nuit après y avoir mis le feu, & chercherent un azile dans les terres & plus avant dans la haute Egypte. On ne fut pas long-tems sans apprendre cette désertion génerale, & deux esclaves des Infideles dès huit heures du matin, rapporterent que la Ville avoit été abandonnée. Le Roi, après avoir pris les précautions nécessaires pour s'assurer de la verité d'un évenement si surprenant, entra dans la Place à la tête de ses troupes ; le Légat purifia la principale Mosquée où le Te Deum fut ensuite chanté solemnellement. La Reine, le Légat, le Patriarche & les Evêques fixerent leur séjour dans cette Ville, & le Roi qui craignoit les suites du débordement du Nil, & instruit par les malheurs que l'opiniâtreté du Légat Pelage avoit causez à l'armée de Jean de Brienne & aux Croisez, résolut d'y passer le reste de l'été, dont les chaleurs excessives en ce pays-là ne permettoient pas même de tenir la campagne.

Alphonse Comte de Poitiers frere du Roi, que ce Prince avoit laissé en France, s'embarqua le 26 d'Août avec la Princesse Jeanne sa femme, fille unique de Raimond Comte de Toulouse, & ils arriverent deux mois après à Damiette. Le Comte de Poitiers débarqua avec un puissant secours que Joinville appelle l'arriere-ban de France, dont l'arrivée augmenta l'ardeur & la confiance du Roi. Ce Prince se voyoit à la tête d'une puissante armée, soutenu des deux Ordres militaires qui connoissoient le pays & la maniere de faire la guerre aux Infideles ; la mer étoit ouverte ; l'embouchure du Nil libre pour recevoir de nouveaux secours, & la terreur & la consternation sembloient être passées du côté des ennemis.

Il ne fut plus question que de sçavoir si on iroit

les attaquer dans Alexandrie ou dans le Caire même. Pierre de Dreux, ancien Comte de Bretagne étoit d'avis qu'on tournât le premier effort des armes chrétiennes contre Alexandrie dont le port pouvoit être d'une grande commodité pour la flotte & pour les convois. Mais le Comte d'Artois se déclara pour le siege du grand Caire sur le principe que la prise de la Capitale entraîneroit celle des autres Places, au lieu que la conquête d'Alexandrie, disoit-il, n'exempteroit pas l'armée de faire ensuite le siege du grand Caire. On se rendit à cette raison, & peut-être à la hauteur & à l'opiniatreté dont ce jeune Prince soutenoit ordinairement ses avis. Cette Place étoit éloignée de Damiette d'environ cinquante lieues, & l'on rencontroit à moitié chemin la ville de Massoure, où les Infideles s'étoient retranchez sur les bords d'une branche du Nil, appellée le Thanis.

PIERRE DE VILLEBRIDE.

Le Roi à la tête de son armée, partit de Damiette le 20 de Novembre; il apprit en chemin la mort du Sultan, causée par la cangrene qui s'étoit mise à une de ses jambes. Mais le peuple qui ne peut consentir que les Princes meurent comme les autres hommes, & d'une mort ordinaire, publia qu'il avoit été empoisonné par un valet de chambre corrompu par le Sultan de Damas son ennemi. Quoi qu'il en soit, l'armée avançoit toujours sans rencontrer à la verité d'obstacle dans sa marche, mais aussi sans trouver de vivres dans le voisinage. Le pays étoit desert & abandonné; une profonde solitude regnoit de tous côtez, & nulle apparence d'ennemis en campagne. Cette

Joinville. p. 27.

tranquillité ne dura pas long-tems ; à mesure que les Chrétiens approchoient de la Massoure, ils eurent à soutenir jour & nuit des escarmouches ; c'étoient tous les jours de nouveaux combats, & on eut même peine à éviter la trahison de quelques Sarrasins, qui, sous l'apparence de transfuges, pensèrent surprendre les Templiers. Cinq cens Cavaliers Egyptiens, sous je ne sçai quel prétexte, s'étant venus rendre au Roi, ce Prince les reçut, & sans s'en défier, les laissa en corps d'ordonnance : ils marchoient même ordinairement à l'avant-garde, comme connoissant mieux le pays que les Occidentaux. L'armée, après un mois de marche, approchoit de ce canal tiré du Nil, appellé Thanis, lorsque ces traîtres, voyant un escadron des Templiers plus avancé que les autres, tirèrent leurs cimeteres, & le chargerent brusquement. Mais ils avoient à faire à des Guerriers qui ne s'épouventoient jamais du nombre de leurs ennemis : cet escadron fit ferme, les Chevaliers se battirent avec leur valeur ordinaire, & donnerent le tems à leurs camarades d'accourir à leur secours. Les Infideles furent bien-tôt enveloppez de tous côtez ; on tailla en pieces ces traîtres ; tout passa par le fil de l'épée, excepté ceux qui en voulant traverser le Thanis pour rejoindre leur armée, se noyerent dans ce canal.

Le Roi prévoyant que la difficulté du passage pourroit le retenir long-tems dans cet angle que formoient deux bras du Nil, s'y fortifia avec soin. Cette précaution étoit nécessaire contre des ennemis qui le venoient attaquer à toute heure jusques dans ſes retranchemens ; il y eut un grand nombre de combats & d'actions particulieres. Comme il étoit queſtion de paſſer un canal large, profond, & qui n'étoit point guéable, le Roi entreprit d'y faire une digue ou une chauſſée ; mais les Infideles interrompoient continuellement ſes travaux par des feux gregeois qui brûloient ſes machines. Enfin un Arabe, Bedouin, moyennant cinq cens beſans d'or, enſeigna un gué, & le Comte d'Artois demanda au Roi la permiſſion de paſſer le premier ; & pour l'obtenir, il s'engagea, pourvû qu'il eût avec lui les Templiers & les Hoſpitaliers, d'aſſurer le paſſage au reſte de l'armée. Le Roi qui craignoit que le courage de ce jeune Prince ne le portât trop loin, & que par une avidité de gloire il ne s'engageât trop avant parmi les ennemis, le fit jurer ſur les ſaints Evangiles qu'il n'entreprendroit rien que toute l'armée ne fût paſſée, & il voulut pour plus grande précaution que les Templiers & les Hoſpitaliers, quand ils ſeroient paſſez, euſſent l'avant-garde, & ſe miſſent à la tête de toutes les troupes qui devoient marcher ſous les ordres du Comte ſon frere.

Ce Prince dès la pointe du jour, s'achemine au gué à la tête d'environ quatorze cens chevaux compoſez des Templiers & des Hoſpitaliers, & de deux cens Chevaliers Anglois commandez par Guillaume Comte de Saliſberi, qui à leur tête étoit venu au ſecours de la Terre Sainte. Toutes ces troupes ſous la conduite du Bedouin ſe jetterent dans l'eau avec un courage déterminé ; la deſcente ſe trouva aiſée, & même le fond étoit ferme &

PIERRE DE VILLEBRIDE.

Joinville. p. 41.
Matt. Paris p. 789.

solide. Mais il y eut plus de difficulté à la sortie lorsqu'il fallut prendre terre, par la hauteur du bord qui étoit escarpé. Le Comte d'Artois avec sa troupe, prit terre le premier malgré trois cens chevaux des ennemis qui voulurent s'opposer à son passage. Il les chargea à la sortie de l'eau; & comme la partie n'étoit pas égale, ces Sarrasins ne le virent pas plutôt passé, qu'ils se débanderent, & reprirent au galop le chemin de leur camp.

Le Comte sans se souvenir de son serment, & de la parole qu'il avoit donnée au Roi son frere, les poursuivit l'épée à la main, quoique les deux Grands Maîtres lui criassent que cette fuite n'étoit peut-être qu'une ruse assez ordinaire aux Orientaux. Mais Robert qui n'écoutoit que son courage, arriva aussi-tôt que ces fuyards au camp des ennemis, les surprit, força leurs retranchemens, entra dans le camp; & malgré toute la résistance que put faire Facardin Général des Sarrasins qui périt dans cette occasion, ces Infideles persuadez que l'armée entiere des Chrétiens étoit maîtresse de leur camp, s'enfuirent : les uns prirent le chemin du Caire, d'autres se jetterent dans la Massoure; & ne s'y croyant point encore en sûreté, ils pousserent plus loin, & ne se rallierent que quand ils se crurent assez éloignez de l'ennemi pour n'en être plus apperçus.

Matt. Paris ad ann. 1250. 8 Fevrier.

PREUVE XII.

Rien ne manquoit à un succès si heureux & si surprenant, si le Comte eût sçû s'en contenter. Mais la vûe de la Massoure ouverte & abandonnée par les ennemis & par la plûpart même de ses habitans, fut un charme funeste qui l'emporta sur

toutes

DE MALTE. LIV. III. 393
toutes les remontrances que Guillaume de Sonnac Grand Maître des Templiers lui put faire : il voulut abſolument continuer à pourſuivre l'ennemi. En vain ce vieux Guerrier lui repreſenta qu'il ne devoit ſa victoire & la défaite des Infideles qu'à une terreur panique, & à la perſuaſion où ils étoient que toute l'armée chrétienne avoit traverſé le canal, & ſe trouvoit à cette action ; qu'il falloit bien ſe garder de les détromper, parcequ'ils n'auroient pas plutôt reconnu le petit nombre de ſes troupes, qu'ils ſe rallieroient à leur ordinaire, reviendroient à la charge, & l'envelopperoient de tous côtez. Le jeune Prince naturellement hautain, & devenu plus fier par ce commencement de victoire, s'écria en colere : » Il ne faut point chercher d'au- » tres preuves que ce diſcours artificieux, de l'in- » telligence qu'on dit que les Templiers entre- » tiennent avec les Infideles ; je reconnois ici leur » trahiſon, & l'eſprit ſéditieux des Hoſpitaliers. » C'eſt avec bien de la juſtice qu'on publie depuis » ſi long-temps qu'eux ſeuls pour ſe rendre tou- » jours néceſſaires, & pour tirer tout l'argent de » l'Occident, ne veulent point que la guerre finiſſe : » voilà la veritable cauſe de la perte de tant de Prin- » ces & de Seigneurs croiſez qu'ils ont empoiſon- » nez, ou qu'ils ont laiſſé périr dans les batailles, » de peur de ſe voir ſoumis à la domination des » Princes d'Occident : & qui ne ſçait toute la peine » que l'Empereur Frederic a eue pour ſe débaraſſer » de leurs embuches ?

Les deux Grands Maîtres & tous les Chevaliers, outrez de ces reproches : » Hé quoi ! grand Prince,

PIERRE DE VILLE-BRIDE.

Vide Chr. Nangis ad ann. 1249.

Id. ibid. p. 790.

D d d

» lui répondirent-ils, pensez-vous que nous ayons
» abandonné nos biens & notre patrie, que nous
» ayons pris l'habit de Religieux dans une terre
» étrangere, & que nous exposions tous les jours
» nos vies pour trahir l'Eglise chrétienne, & re-
» noncer à notre salut ? Croyez qu'une pensée si
» indigne d'un Chrétien, n'est jamais entrée dans
» l'esprit d'aucun Chevalier. Le Grand Maître de
Sonnac emporté par son ressentiment, cria à celui
qui portoit l'étendart de son Ordre : » Déployez
» votre banniere, il faut que les armes & la mort
» décident aujourd'hui de notre honneur & de
» notre destinée : Nous étions invincibles, ajou-
» ta-t'il, si nous fussions restez unis ; mais l'esprit
» de division va causer la perte des uns & des au-
» tres. *

Le Comte de Salisberi voulut s'entremettre pour adoucir les esprits, & adressant la parole au Prince François : „ Je crois, Sérénissime Comte, lui dit-il, „ que vous ne pouvez faillir en suivant l'avis d'un „ aussi saint homme que le Grand Maître, & aussi „ consommé dans le métier de la guerre ; & de „ jeunes gens ne seront jamais deshonorez en se „ confiant à un homme de cet âge & de ce mé- „ rite. Mais le Seigneur Anglois ne fut pas moins indignement traité que le Grand Maître, & le Comte d'Artois ne répondit à un discours si sage que d'une maniere piquante : Tout ceci, s'écria ce Prince, *sent la queue*, faisant allusion à un bruit qui

---

* Ut quid, Comes generose, habitum suscipetemus Religionis ? Numquid ut Ecclesiam Christi everteremus, & proditionibus intendentes animas nostras perderemus ? Absit, absit hoc à nobis, imò ab omni Christiano. *Matt. Paris. p.* 790.

couroit alors que les Anglois pour punition de l'assassinat de saint Thomas de Cantorberi, avoient une queue attachée au bas des reins. Comte Robert, lui répartit fierement l'Anglois, » j'irai aujourd'hui si avant dans le péril, que vous n'approcherez pas seulement de la queue de mon cheval; & en disant ces paroles, ils partirent tous de la main comme des furieux, & ne prirent plus ni ordre ni conseil que de leur colere & de leur emportement. Ils entrerent tous dans la Massoure qu'ils trouverent ouverte. Les uns s'arrêterent au pillage, d'autres poussèrent plus loin, & tâcherent de joindre les Sarrasins. Mais ces Infideles s'étoient déja ralliez sous un de leurs Chefs appellé Bendocdar, Officier plein de valeur, Soldat & Général, que nous verrons dans la suite s'élever par son courage & son habileté sur le trône de ses Maîtres. Ce Commandant ayant reconnu le petit nombre des François, revint à la charge, les poussa à son tour. Le Comte d'Artois fut obligé de se jetter dans la Massoure, & il y fut aussi-tôt investi; & de peur qu'il n'échapât, Bendocdar, après s'être assuré des portes, jetta un corps considerable de troupes entre la Ville & le Thanis, pour empêcher le Roi de venir au secours de son frere. Ce jeune Prince que son courage avoit précipité dans le péril, se vit attaqué en même tems par des troupes reglées & par les habitans de la Massoure; les uns combattoient les François dans les rues, & les autres faisoient pleuvoir sur eux des pierres, du sable embrazé, de l'eau bouillante, ou les perçoient d'en haut à coup de fléches; en sorte que le

Comte d'Artois, le Comte de Salisberi avec la plûpart des Chevaliers des deux Ordres périrent dans cette malheureuse journée. Il n'en échapa presque que le Grand Maître du Temple, qui, après avoir perdu un œil, & tout couvert de blessures, regagna l'armée Chrétienne. Les Sarrasins firent quelques prisonniers, parmi lesquels se trouva le Grand Maître de Saint Jean. Le sort du Roi ne fut pas plus heureux: après differens combats où il perdit beaucoup de monde, les François réduits à un petit nombre par les maladies & la disette des vivres, & tâchant de regagner Damiette, se virent enveloppez, & comme accablez par la multitude des Barbares. Le Roi de France, Alphonse Comte de Poitiers, & Charles Comte d'Anjou ses freres, avec tout ce qu'il y avoit de Seigneurs, furent faits prisonniers.

Comme ce n'est point l'histoire de ce Prince que j'écris, je n'ai pas cru devoir m'arrêter dans le détail & dans les circonstances de ce triste évenement, où un Roi si puissant, si sage & si plein de valeur se vit en spectacle à tout l'Univers comme le plus malheureux de tous les hommes. Il ne sortit des mains de ces Barbares qu'en rendant Damiette, & en payant huit cens mille besans pour la rançon des prisonniers, dont les Hospitaliers & les Templiers avancerent la meilleure partie. *

Son dessein en sortant de l'Egypte étoit de retourner incessamment en France; mais le Grand Maître des Hospitaliers, & celui des Templiers lui

---

* Postquam pecuniæ prætentatæ quantitatem, quam mutuò receperat à Templariis & Hospitalariis, Janvensibus & Pisanis penitùs reacceptis obsidibus, persolvisset. Matt. Paris. p. 799.

representerent si vivement l'état misérable de la Terre sainte, & le danger où elle étoit de retomber entre les mains des Infideles, qu'il résolut de rester quelque tems dans saint Jean d'Acre, pour faire relever les fortifications des autres Places dont les Chrétiens étoient encore maîtres.

Pendant le séjour qu'il y fit, le Prince des Assassins, que les François appelloient le Vieux, ou plutôt le Seigneur de la Montagne, & dont nous avons déja parlé, lui envoya deux Députez pour lui demander des présens que ce malheureux Chef de bandits exigeoit des Princes par forme de tribut, pour ne les pas faire assassiner. » L'Empereur d'Alle- » magne, lui dit un de ces Envoyez, le Roi de Hon- » grie, le Sultan même d'Egypte, & tous les Prin- » ces n'ont pas manqué de s'acquitter de ce devoir, » sçachant bien qu'ils ne seroient en vie qu'autant » qu'il plairoit à notre Seigneur: il vous avertit donc » de vous soumettre comme eux à cette loi, ou du » moins de le faire décharger du tribut qu'il paye » aux Grands Maîtres du Temple & de l'Hôpital. On leur demanda, dit Joinville, pourquoi ils ne se défaisoient pas de ces deux Grands Maîtres qui » les forçoient de leur payer tribut. Si Monseigneur, » répondirent-ils, faisoit tuer un de ces Grands » Maîtres, tantôt il y en auroit un autre aussi bon, » & pour ce ne veut-il mettre ses gens en péril où » ils ne sçauroient rien gagner. Le Roi, sans daigner répondre à ces Barbares, les renvoya aux deux Grands Maîtres, & Pierre de Villebride qui entendoit leur langue, & qui sçavoit de quelle maniere il falloit traiter avec ces bandits, prenant la parole:

Pierre de Villebride.

1251.

Joinville, p. 85 & 86.

398 Histoire de l'Ordre

PIERRE DE VILLE-BRIDE.

» Votre Maître, leur dit-il, est bien hardi d'oser
» faire de telles propositions à un Roi de France;
» si nous n'avions égard au caractere d'Envoyez
» dont vous êtes revêtus, nous vous ferions jetter
» à l'instant dans la mer : allez, retirez-vous, &
» dites au Seigneur de la Montagne, qu'il ait dans
» quinze jours à envoyer au Roi des Lettres qui
» réparent son insolence : sinon qu'il aura à faire
» aux Chevaliers des deux Ordres.

La crainte de leur ressentiment fit peur à celui qui s'étoit mis en possession de faire trembler la plûpart des Souverains; il renvoya dans la quinzaine ces mêmes Députez qui apporterent au Roi de sa part une chemise pour lui désigner qu'il vouloit lui être attaché comme la chemise l'est au corps humain, & ils lui présenterent en même temps un anneau d'or, où le nom de leur Maître étoit gravé, apparemment comme une sauvegarde qu'il lui envoyoit.

Le Sire de Joinville, dont j'ai tiré ce fait, en rapporte un autre à la verité bien moins considerable, & même assez indifferent, si quelque chose le pouvoit être de ce qui peut servir à faire connoître la discipline de l'Ordre dans ces siecles reculez. Ce Seigneur, dans la vie qu'il nous a laissée de Saint Louis, écrit que dans le temps qu'il étoit à la suite du Roi dans la ville d'Acre, des Gentilshommes & des Chevaliers François qui étoient venus à la terre sainte sous sa Banniere, étant allez proche de la Ville à la chasse des Gazelles, espece de Chevreüils communs en ce pays-là, ils furent rencontrez par des Hospitaliers, & que sur une

dispute qui s'émût entr'eux au sujet de cette chasse, on en vint aux voyes de fait, & que les François furent fort maltraitez. Ce Seigneur en porta aussitôt ses plaintes au Grand Maître; c'étoit GUILLAUME DE CHATEAUNEUF, dont nous avons déja parlé, François de Nation, ancien Religieux, severe observateur de la discipline reguliere, & qui après avoir passé par toutes les Charges de l'Ordre, venoit de succeder à Frere Pierre de Villebride. Ce nouveau Grand Maître ayant pris connoissance de ce differend, condamna ses Religieux à manger dans le réfectoire à terre sur leurs manteaux, selon, dit Joinville, le droit & l'usage de la sainte terre, & il ajoute : » Je me trouvai là pre-
» sent avec les Chevaliers, & requîsmes au Maître
» qu'il fist lever les Freres de dessus leurs manteaux,
» ce qu'il quida refuser; mais en la fin, force lui
» fut qu'ainsi le fist, car nous nous assîmes à terre
» avec les Freres pour manger avec eux, & ils ne
» le voulurent souffrir, & fallut qu'ils se levassent
» d'avec nous pour aller manger avec les autres
» Freres à la table, & nous laisserent leurs man-
» teaux, apparemment par forme de satisfaction
» & dédomagement.

On gardoit un silence exact dans les réfectoires de l'Ordre; des lectures pieuses & édifiantes y tenoient lieu de conversation, & ce ne fut qu'à la priere & sur les remontrances de Frere Rambault, Prieur de Hongrie, que le Pape Innocent IV. qui étoit alors sur la Chaire de S. Pierre, permit depuis aux Hospitaliers de cette Nation de rompre le silence dans le réfectoire, quand ils seroient

GUILLAUME DE CHATEAUNEUF.

1251.

obligez d'y recevoir des Seculiers distinguez par leur haute naissance, ou par leurs dignitez.

Telle étoit alors la discipline réguliere de cet Ordre quand le Roy Saint Louis fut rappellé en France par la mort de la Reine Blanche sa mere, qui en son absence avoit la Regence de ses Etats. Ce Prince après avoir fortifié S. Jean d'Acre, rebâti Saïde, Cesarée, Jaffa, & laissé dans le pays un secours considerable de troupes & d'argent, s'embarqua le 24 d'Avril de l'année 1254, chargé des benedictions & des vœux de tout le peuple; & après avoir été également l'admiration des Sarrasins comme des Chrétiens par sa valeur dans les combats, & par une fermeté invincible dans ses disgraces.

Quelque dépense que ce Saint Roy eût faite, & quelques précautions qu'il eût prises pour mettre en défense le peu de Places qui restoient aux Chrétiens dans la Terre sainte, le Pape justement allarmé de son départ, en recommanda particulierement la conservation aux Hospitaliers; & pour les y engager, non-seulement il confirma tous les privileges que ses prédecesseurs avoient accordez à l'Ordre; mais croyant récompenser des services aussi essentiels que ceux qu'ils rendoient continuellement dans toute la Chrétienté, il leur donna le Monastere du Mont Thabor, bâti sur cette montagne en forme de Forteresse, avec le Château de Béthanie, où la Reine Melisende femme du Roy Foulques d'Anjou, avoit autrefois établi des Religieuses; mais qui depuis la perte de Jerusalem s'étoient retirées en Europe.

Si

DE MALTE. LIVRE III. 401

Si on confidere la fituation des lieux, & le voifinage des Sarrafins, ces donations étoient moins des graces que des engagemens à de nouveaux périls. Le Grand Maître fans examiner la fituation fi dangereufe de ces Places, y établit differens corps de fes Chevaliers; il fortifia depuis le Château de Crac fitué dans le Comté de Tripoli, & qui appartenoit à l'Ordre depuis long-temps; & comme ce Grand Maître ne fongeoit qu'à réprimer les courfes des Infideles, il mit cent Chevaliers avec des troupes à la folde de l'Ordre dans le Château d'Affur, frontiere des terres que les Sarrafins occupoient dans la Paleftine.

GUILLAUME DE CHATEAUNEUF.

On ne pourroit donner que de juftes louanges à des foins fi dignes de fa place & de la valeur de fes Chevaliers, fi ces Religieux & les Templiers oubliant les devoirs de leur profeffion, & les loix du Chriftianifme, n'avoient en ce temps-là tourné leurs armes les uns contre les autres. On vit renaître leurs anciennes animofitez: forts ou foibles ils fe chargeoient par tout où ils fe rencontroient; enfin ces deux Corps fi redoutables aux Infideles, en vinrent, pour ainfi-dire, à une bataille & à un combat général. Le fort des armes ne fut pas favorable aux Templiers; on ne fit point de prifonniers; les Hofpitaliers taillerent en pieces tout ce qui tomba fous leur fabre: à peine, dit l'Hiftorien Eccléfiaftique, refta-t'il un Templier pour porter dans les places de fon Ordre les nouvelles de cette défaite. Ce qui reftoit de Templiers à la Terre fainte ne fe fentant pas affez forts pour en tirer vengeance, appellerent par une citation générale leurs Freres d'Occident;

Concitante enim humani generis hofte, imbutos mutuo odio ex infana æmulatione concepto animos, Hofpitalarii tantam Templariorum ftragem edidere, ut vix acceptæ cladis nuntius fupereffet.
Rain. ad ann. 1159 n. 61.

Tome I.   E e e

& ce qui eſt de plus ſurprenant dans cette eſpece de guerre civile, & où l'animoſité regnoit avec tant de fureur, c'eſt que ſi on en excepte cette ancienne jalouſie qui leur mettoit de temps en temps les armes à la main, on trouvoit encore dans leurs Maiſons le même eſprit de charité pour les pauvres & les pelerins, & le même zele pour la défenſe des Chrétiens de la Paleſtine. Il auroit été bien à ſouhaiter que leur émulation ne ſe fût jamais tournée que de ce côté-là.

Le Grand Maître de Chateauneuf mourut en ce temps-là, & après ſa mort ſa place fut remplie par Frere Hugues de Revel, d'une Maiſon illuſtre de Dauphiné, à laquelle il donna un nouvel éclat par la ſage conduite qu'il tint dans le Gouvernement. Pendant dix-huit ans que dura ſon Magiſtere, l'Ordre par rapport au temporel prit une nouvelle forme : nous avons dit que tous les biens de la Religion étoient adminiſtrez par des Religieux comptables, & qui après avoir pris ce qui étoit neceſſaire pour leur ſubſiſtance, devoient faire paſſer le reſte au Chef d'Ordre & au Treſor de la Religion. Mais comme la dépenſe de ces Adminiſtrateurs abſorboit ſouvent la recette, & d'ailleurs que l'Ordre, pour fournir aux frais immenſes d'une guerre continuelle, avoit beſoin d'un revenu fixe & certain, dans un Chapitre général tenu à Ceſarée, on arrêta un rôle des ſommes que chaque Maiſon enverroit à la Terre Sainte & au Treſor; & parceque dans les obédiences & les commiſſions qui furent depuis données aux Chevaliers chargez de cette adminiſtration, on ſe ſer-

DE MALTE. LIVRE III. 403
vit de cette expression: Nous vous recommandons cesbiens, &c. *Commendamus*, cette administration particuliere de chaque Maison prit le nom de *Commendataria*, d'où est venu le nom de *Commanderie*, & le titre de *Commandeur*.

Cependant ce titre n'étoit pas alors à vie, il étoit amovible, & fut substitué à celui de Précepteur dont on s'étoit servi jusqu'alors.

On réduisit ensuite ces Commanderies sous differens Prieurez. Le Prieur étoit chargé d'en faire la visite, & d'envoyer à la Terre Sainte, en troupes ou en argent, les contributions ordinaires de chaque Commanderie de son Prieuré, appellées *Responsions*, qui pouvoient être augmentées selon les besoins de l'Ordre, & en consequence des Ordonnances & des Decrets du Chapitre géneral.

Ce Chapitre tenu alors à Cesarée, voulant autoriser cet esprit de désapropriation, fondé sur le vœu de pauvreté que faisoient tous les Chevaliers, leur défendit de tester, d'instituer des heritiers, & de faire aucuns legs. Par ce Statut, il ne leur est pas même permis de laisser par testament aucune gratification extraordinaire à leurs domestiques, sans un consentement exprès du Grand Maître. Telle étoit alors la discipline de l'Ordre, necessaire non-seulement par rapport à l'observation du vœu de pauvreté, mais encore eu égard aux guerres que cet Ordre soutenoit continuellement contre les Infideles. Nous allons entrer à present dans des tems encore plus fâcheux, où ces Religieux militaires continuerent à donner de nouvelles marques de leur zele & de leur valeur.

HUGUES DE REVEL.

Pantaleon. *Hist. l. 3. p. 82.*

E ee ij

HUGUES DE REVEL.

Bendocdar, qui avoit eu tant de part à la défaite de Robert Comte d'Artois, regnoit alors en Egypte : c'étoit le quatriéme des Mamelus, qui étoit monté fur le Trône, & il s'en étoit emparé par la mort de Meléch-Elvahét qu'il avoit fait maffacrer fous prétexte que ce Sultan ne vouloit pas rompre une tréve qu'il avoit faite avec les Chrétiens latins de la Paleftine.

1263.

Bendocdar ayant été mis en fa place par les Mamelus, fignala fon avenement à la Couronne par une guerre cruelle & fanglante qu'il fit aux Chrétiens, & fur-tout aux Chevaliers des deux Ordres. Le Sultan de Babilone, dit le Pape Urbain IV. écrivant à faint Louis, eft venu contre la foi des traitez, camper avec une armée formidable entre le Mont Thabor & Naïm, & fes troupes, en haine du nom Chrétien, ont porté le fer & le feu jufqu'aux portes d'Acre : il a même fait rafer l'Eglife de Nazareth & celle du Mont Thabor. Ses foldats tuent indifferemment tout ce qu'ils rencontrent, fans diftinction d'âge ou de fexe. La condition de ceux qui meurent par le fer des Barbares n'eft pas la plus à plaindre; il n'y a point de fupplices qu'ils ne faffent fouffrir à leurs prifonniers, pour les obliger à changer de Religion.

Ra'n, ad ann. 1263. n. 1. 2.

Sanut l. 3. par. 12. c. 8.

Le Sultan ayant refolu de chaffer entierement les Chrétiens de la Paleftine, affiegéa la fortereffe d'Affur qui appartenoit à l'Ordre des Hofpitaliers. C'étoit une des plus fortes Places de la Paleftine; & le Grand Maître, outre la garnifon, y avoit mis 90 Chevaliers : ils fe firent tous tuer l'un après l'autre dans les differens affauts qu'ils foutinrent,

1265.

& le Sultan n'entra dans la Place, qu'en passant sur les corps de ces intrépides Chevaliers, qui sous le merite de l'obédience, alloient avec joye au combat & à la mort.

HUGUES DE REVEL.

Les Templiers l'année suivante ne furent pas mieux traitez, & ne témoignerent pas aussi moins de valeur & de fidelité pour leur Religion. Ils étoient maîtres d'une autre Forteresse appellée Sephet. Bendocdar y mit le siége, & après une longue défense, le Prieur du Temple qui en étoit Gouverneur, voyant tous ses ouvrages ruinez, fut obligé de capituler. On étoit convenu par la capitulation de le faire conduire avec ses Religieux, & le reste de sa garnison, qui étoit encore de six cens hommes jusques dans la Place la plus voisine qui appartînt aux Chrétiens. Mais le Soudan ne se vit pas plûtôt maître de Sephet, qu'il fit desarmer les uns & les autres, & il ne leur donna que la nuit suivante pour se resoudre à mourir ou à se faire Mahometans. Le Prieur du Temple qui étoit un saint Religieux, assisté de deux Franciscains, employa ce peu de tems si heureusement, & il exhorta ses confreres & ses soldats avec tant de zele & de pieté à préferer la Couronne du martyre à une vie perissable & deshonorée par une honteuse apostasie, qu'ils se laisserent tous le lendemain égorger plûtôt que de vouloir changer de Religion. Le Soudan irrité de leur fermeté, & de la constance du Prieur du Temple, après lui avoir inutilement offert des richesses & des dignitez, le fit écorcher tout vif; & comme s'il eût craint encore qu'il n'eût échappé à un supplice si cruel, il

Post hos verò fratrem Jacobum de Podio & fratrem Jeremiam, quia cæteros in fide firmaverant, & Priorem Templariorum excoriari fecerunt, deinde fustigari, postremò ad locum cæterorum deducti capite cæsi sunt. *Sanut. ib.*

E e e iij

commanda qu'on lui coupât la tête. Il fit souffrir les mêmes tourmens à deux Religieux de saint François qui avoient servi d'aumôniers dans la Place. » Par la mort de tant de Chevaliers des » deux Ordres, dit le Pape Clement IV. dans une » de ses Lettres, voilà le noble College des Hos- » pitaliers, & l'illustre Milice du Temple presque » détruits; & sans parler de la perte de ces deux » Places, des armes & des équipages, comment » après une si grande perte, trouver assez de Gen- » tilshommes & de personnes nobles pour rem- » placer ceux qui ont péri dans ces deux occasions?

Quoique les Historiens contemporains dès le douziéme siecle donnassent le titre de GRAND, au Maître des Hospitaliers, comme on l'a pû voir dans cette Histoire; cependant les Papes, soit pour se conformer à l'ancien usage, soit par rapport à leur suprême dignité, ne traitoient le Superieur Général de l'Ordre, que de Maître des Hospitaliers de saint Jean. Ce fut le Pape Clement IV. dont nous venons de parler, qui penetré des services des Hospitaliers, donna à leur Chef la qualité de GRAND MAITRE, comme on le trouve dans un Bref de ce Pontife en datte du 18 Novembre 1267, & ce Pape dans une autre Bulle, ajoute: » Les Freres de l'Hôpital de Saint Jean de Jerusa- » lem, dit-il, doivent être considerez comme les » Macabées du nouveau Testament. Ce sont ces gé- » nereux Chevaliers, qui ayant renoncé aux desirs » du siecle, & abandonné leur patrie & leurs biens, » ont pris la Croix pour se mettre à la suite de » Jesus-Christ. C'est d'eux dont le Sauveur des

DE MALTE. LIVRE III. 407

» hommes se sert tous les jours pour purger son
» Eglise des abominations des Infideles, & qui pour
» la défense des pelerins & des chrétiens, exposent
» si courageusement leurs vies dans les plus grands
» dangers. C'est ainsi qu'en parle ce Pape dans sa
Bulle donnée à Viterbe en datte du 4 des Ka-
lendes de Juin & de l'an premier de son Pontificat.

Mais quelque honorable que fussent ces éloges
& ces titres, la Terre Sainte & les Ordres en
particulier, pressez, & pour ainsi dire, accablez
par la puissance formidable de Bendocdar, avoient
besoin pour leur secours de quelque chose de plus
effectif que de louanges steriles. Le Soudan se prévalant de la consternation où étoient les Chrétiens, leur venoit d'enlever le port de Jaffa; quinze
jours après, il emporta le Château de Beaufort.
Mais la conquête la plus importante qu'il fit, fut
celle de la celebre Ville d'Antioche, qui ne lui
couta pas seulement les frais d'un siege. Il s'en
rendit maître par la trahison du Patriarche, d'autres disent, par la lâcheté des habitans. Ils n'en
furent pas mieux traitez, soit que le cruel Soudan
aimât à répandre du sang, soit qu'il fût bien-aise
de diminuer dans cette grande Ville le nombre
des habitans chrétiens : il en fit passer dix-sept mille
par le fil de l'épée & en amena cent mille en esclavage.

Bendocdar tourna ensuite l'effort de ses armes
contre la forteresse de Crac, qui appartenoit à l'Ordre de saint Jean. Les Chevaliers soutinrent le siege pendant près de deux mois contre toute la puissance de ce Prince, à l'exemple leurs freres, qui

HUGUES
DE REVEL.

1269.

7. Mars
1268.
15. Avril.
19. May.

avoient défendu Assur; & sans vouloir entendre parler de capitulation, ils se firent tous tuer sur la brêche, & le Soudan n'entra dans la Place, qu'après la mort du dernier de ces genereux guerriers.

Tel étoit alors l'état de la Terre Sainte, sans Souverain, sans armée, sans secours, n'ayant pour toute ressource que les Ordres Militaires qui se voyoient accablez par les armées nombreuses des Infideles. Je tirerois volontiers le rideau sur des endroits si tristes, si les loix de l'Histoire ne m'obligeoient de rapporter également les differens évenemens, & les mauvais succès comme les bons.

Parmi ces guerres continuelles, & au milieu du tumulte des armes, le Grand Maître aussi attentif à la conservation de la discipline reguliere, qu'à la défense des Places confiées à la valeur de ses Chevaliers, convoqua & tint jusqu'à cinq Chapitres generaux. Il s'y fit plusieurs Reglemens très utiles, & on confirma en même tems les anciens usages de l'Ordre, entre lesquels on voit que pour y être reçû en qualité de Chevalier, il falloit être issu dans un legitime mariage, tant du côté paternel que maternel, de Maisons nobles, de nom & d'armes. La même condition étoit requise pour les Religieuses de l'Ordre; & dans un de ces Chapitres, il fut permis au Châtelain d'Emposte d'admettre à la profession les Demoiselles qui feroient paroître une veritable vocation, & qui postuleroient pour être reçues, soit dans le Prieuré de Sixene, soit dans les autres Maisons de Filles qui dépendoient de sa Châtellenie & de son Prieuré.

Il fut défendu dans les mêmes Chapitres & fous le Magiftere du Grand Maître de Revel de donner l'habit à aucun Religieux qui auroit fait profeffion dans un autre Ordre. Enfin, par les mêmes reglemens, les Hofpitaliers ne pouvoient point choifir des Confeffeurs étrangers & hors de l'Ordre, fans une permiffion expreffe du Prieur de l'Eglife, Superieur des Chapelains, qui tenoit lieu d'Evêque & d'Ordinaire dans l'Ordre, & qui par la conceffion des Papes, en avoit l'autorité, & même les ornemens quand il officioit.

De ces foins & de ces reglemens religieux, le Grand Maître paffa à de plus importans, qui regardoient la confervation & la défenfe de la Terre Sainte ; & de concert avec le Grand Maître des Templiers, il fit une tréve avec le Soudan d'Egypte, dans la vûe d'en profiter pour tirer du fecours du côté de l'Occident, fans lequel il étoit impoffible aux Chrétiens Latins de fe maintenir plus longtems dans la Paleftine.

L'un & l'autre Grand Maître pafferent depuis en Italie pour le folliciter plus vivement. L'élevation de Théalde ou de Thibaud Archidiacre de Liége fur le trône de S. Pierre, les détermina à entreprendre ce voyage. Les Cardinaux, après avoir laiffé le S. Siege deux ans neuf mois fans fe pouvoir accorder, & fans donner un Chef vifible à l'Eglife, convinrent enfin de la perfonne de Thibaud, Archidiacre de Liege, de la noble Maifon des Vifcomti, & ils lui envoyerent à la Terre Sainte où fa pieté l'avoit conduit alors, le decret de fon élection. Perfonne ne pouvoit être un meilleur témoin de l'extrêmité & des justes besoins des Chrétiens de ce pays-là. Ce saint Pape en étoit pénétré ; & avant que de partir, il promit aux Grands Maîtres d'employer toute l'autorité que Dieu venoit de lui donner dans l'Eglise pour leur procurer du secours. On prétend qu'en montant dans le vaisseau qui le devoit porter en Italie, il employa pour confirmer sa parole cette expression du pseaume 136 : *O Jerusalem, Cité sainte, si je t'oublie jamais, que je sois moi-même oublié parmi les hommes.*

Ce fut à ce S. Pontife appellé Grégoire X. que les deux Grands Maîtres qui le suivirent de près, s'adresserent en arrivant en Italie. Il avoit déja prévenu leurs prieres & leurs remontrances ; & à peine avoit-il débarqué, que fermant l'oreille aux complimens des Cardinaux & des courtisans, il travailla uniquement pendant huit jours à chercher les moyens de secourir la Terre Sainte. Il s'assura d'abord de douze galeres armées, dont Pise, Genes, Marseille & Venise devoient fournir chacune trois. Pour subvenir aux frais de la guerre, il emprunta de Philippe le Hardi Roi de France fils de S. Louis vingt-cinq mille marcs d'argent ; & pour sûreté de cette somme, les Templiers engagerent à ce Prince toutes les Terres qu'ils possedoient dans ses Etats.

Rainaldi ad ann. 1272. n. 7 & 8.

Les deux Grands Maîtres en arrivant en Italie, apprirent avec bien de la joye les mesures que le Pape avoit déja prises en faveur de la Terre Sainte. Cependant après lui avoir baisé les pieds, ils lui representerent que ce secours pouvoit à la verité reculer pour quelque tems la perte du peu de

Places qui reſtoient aux Chrétiens; mais qu'il falloit des forces plus conſiderables, s'il prétendoit chaſſer les Infideles de toute la Paleſtine.

Le Pape entra dans leurs vûes; & après en avoir conferé avec les Cardinaux, il convoqua un Concile général à Lyon, comme le moyen le plus ſûr pour exciter le zele des Fideles, & pour produire une nouvelle Croiſade. C'eſt ce que nous apprenons d'une Lettre de ce Pontife au Roi de France Philippe III. dit le Hardi. » Pendant le ſéjour que » nous avons fait à la Terre Sainte, dit Grégoire » dans ſa Lettre, nous avons conferé avec les Chefs » de l'armée chrétienne, avec les Templiers & les » Hoſpitaliers, & les Grands du pays touchant les » moyens d'en empêcher la ruine totale. Nous en » avons traité depuis avec nos Freres les Cardi- » naux, & nous avons trouvé qu'il y faut envoyer » inceſſamment quelque ſecours ſur les galeres, en » attendant un plus conſiderable que nous eſpe- » rons procurer par l'aſſemblée d'un Concile gé- » néral.

Ce Concile ne ſe tint qu'en 1274: le Pape s'y rendit, & en fit l'ouverture le 2 de Mai. Il voulut que les deux Grands Maîtres s'y trouvaſſent pour repreſenter eux-mêmes l'état déplorable de la Terre Sainte; & ſi on en croit un ancien manuſcrit intitulé *Cérémonial des Cardinaux*, qui ſe trouve dans la Bibliotheque du Vatican ſous le numero 4734, ce Pontife leur aſſigna dans le Concile une place diſtinguée & au-deſſus de tous les Ambaſſadeurs, des Pairs de France, & des autres grands Seigneurs, qui étoient venus à cette celebre aſſemblée.

Fff ij

HUGUES DE REVEL.

Je n'entreprens point de rapporter ce qui s'y passa dans les differentes Sessions : je remarquerai seulement que dans la derniere il fut arrêté qu'on prêcheroit la Croisade dans toute la Chrétienté ; & pour fournir aux frais immenses qu'exigeoit un si grand armement, on imposa sur toutes les Dignitez Ecclesiastiques, & sur tous les Benefices, des sommes considerables par forme de décimes payables en six ans.

Philippe Roi de France avoit déja pris la Croix. Rodolphe qui de simple Comte de Hasbourg, venoit d'être élû Empereur d'Allemagne, la reçut des mains du Pape, & Michel Paleologue, qui dès l'année 1261 avoit surpris Constantinople, pour être reconnu par les Princes d'Occident en qualité d'Empereur, offroit de joindre ses forces à celles des Croisez, & de se croiser lui-même. Mais personne ne prit la Croix avec plus de zele que Charles Duc d'Anjou frere du Roi S. Louis, & Roi des deux Siciles, qui se prétendoit Roi de Jerusalem en vertu d'un transport & d'une cession que lui en avoit fait au Concile même, Marie Princesse d'Antioche, fille de Boëmond IV. & de la Princesse Mélisende, quoique Hugues III. Roi de Chypre soutînt que la Couronne de Jerusalem lui appartenoit comme issu en droite ligne d'Alix de Champagne, fille de Henri Comte de Champagne, & d'Isabeau fille d'Amauri troisiéme Roi de Jerusalem. Ce Prince se fit couronner en cette qualité dans la ville de Tyr, & le Roi de Sicile de son côté, en attendant qu'il pût passer à la Terre Sainte pour prendre possession des débris de ce malheureux

Royaume, y envoya en qualité de son Lieutenant Roger de saint Severin. Les Seigneurs du Royaume se partagerent entre les deux prétendans, & le Grand Maître des Templiers à son retour du Concile, se déclara pour le Roi de Sicile. Mais le Grand Maître de Revel & les Chevaliers de saint Jean resterent neutres conformément à leur regle & aux statuts de l'Ordre, & ils protesterent qu'il ne leur étoit point permis de prendre les armes contre aucun Prince chrétien. Cette conduite, quoique également sage & équitable, leur attira le ressentiment de Charles d'Anjou, qui fit saisir tous les biens que l'Ordre possedoit dans ses Etats.

Bendocdar n'auroit pas manqué de profiter de ces funestes divisions qui partageoient tous les Chrétiens Latins de la Palestine ; mais il mourut en ce tems-là d'une blessure qu'il avoit reçue dans une bataille où il fut défait par les successeurs de Genchizcan.

L'Histoire marque dans l'année suivante la mort du Grand Maître Hugues de Revel, consumé par les soins pénibles du gouvernement, & par les cruelles inquiétudes des suites déplorables qu'il prévoyoit pour l'avenir. Les Chevaliers assemblez en Chapitre dans leur Maison de saint Jean d'Acre, firent remplir sa place par Frere NICOLAS LORGUE, Religieux d'un caractere doux & insinuant, & qui employa tous ses soins pendant son ministere pour éteindre les divisions qui étoient entre les Chevaliers de son Ordre, & ceux du Temple.

Quoique la tréve que les deux Grands Maîtres avoient faite avant leur départ pour l'Occident

1278.

Fff iij

414 HISTOIRE DE L'ORDRE

NICOLAS LORGUE.

avec Bendocdar subsistât encore, un Capitaine de Melec-Saïs son successeur, soit qu'il en eût des ordres secrets de son maître, soit par un esprit de brigandage, la rompit & vint faire des courses, & ravager la campagne jusqu'aux portes de Margat, forteresse appartenante aux Hospitaliers de S. Jean.

1228.

Les Chevaliers, surpris de cette incursion au milieu de la tréve, sortirent de la Place en bonne ordonnance, chargerent ces pillards, & en taillerent en pieces la meilleure partie. Le Sultan voulant avoir sa revanche, envoya aux environs de la Place un plus gros parti composé de cinq mille hommes. Les Chevaliers firent une nouvelle sortie ; mais avant que d'avancer contre ces Infideles, ils laisserent une partie de la garnison proche des portes de la Ville, & dans une embuscade, pour faciliter leur retraite. Ils marcherent ensuite droit aux ennemis ; & après une legere escarmouche, ils se retirerent avec une frayeur apparente, & comme s'ils eussent été épouvantez du nombre superieur des Infideles. Les Sarrasins pleins d'audace & de confiance, les pousserent ; les Chrétiens continuerent à se retirer devant eux jusqu'à ce qu'ils les eussent attirez au de-là de l'embuscade : pour lors ils firent face, & chargerent en tête les ennemis, pendant que les troupes qui étoient dans l'embuscade, en sortirent : poussant alors de grands cris, ils prirent les Infideles en queue. Ceux-ci surpris, & marchant la plûpart sans ordre & sans précaution comme à une victoire certaine, furent bien-tôt enfoncez : ce fut moins dans la suite un combat qu'une déroute.

DE MALTE. LIVRE III. 415

Les Sarrafins chercherent à leur tour leur falut dans la fuite ; il y en eut beaucoup de tuez, & plufieurs furent faits prifonniers avec l'Emir qui commandoit ce détachement.

NICOLAS LORGUE.

Le Sultan piqué de cette derniere déroute, réfolut de s'en venger par la ruine même & la deftruction de cette fortereffe ; mais ayant été retenu par des affaires importantes dans fes Etats, il ne put executer fon deffein que trois ans après qu'il vint luimême affieger la Place à la tête d'une armée formidable. Le Grand Maître y tenoit toujours un gros corps de troupes. Melec-Saïs tenta d'abord d'emporter la Place par efcalade. Ses foldats fe prefenterent avec des échelles au pied des murailles, & tâcherent d'en gagner le haut ; mais ils trouverent par tout le même courage & la même réfiftance. Les Chevaliers ne les laiffoient monter que pour les précipiter de plus haut ; les pierres, les feux d'artifice, l'eau bouillante, tout fut mis en ufage; & le Sultan après avoir perdu beaucoup de monde fut obligé de faire fonner la retraite. Il fallut que ce Prince en revînt aux regles ordinaires: il ouvrit la tranchée, & batit les murailles avec les machines & les pierriers dont on fe fervoit en ce temslà. Mais ils avançoient peu; les Chevaliers faifoient tous les jours des forties, & après avoir nettoyé la tranchée, ils portoient fouvent la terreur jufqu'au milieu du camp des Infideles. Ils brûlerent même plus d'une fois toutes les machines, & ils auroient réduit le Sultan à lever le fiege, s'ils n'euffent pas eu un ennemi caché, qui les furprit, & dont ils ne purent fe défendre.

NICOLAS LORGUE.

Pendant que Melec-Saïs les amusoit, pour ainsi dire, par de fausses attaques, ses troupes travailloient jour & nuit à creuser des mines qu'ils pousserent jusques sous les murailles de la Place, en sorte qu'elles ne posoient plus que sur des appuis de bois: il envoya ensuite sommer le Gouverneur & la garnison de lui ouvrir les portes. Ils reçûrent avec raillerie cette sommation, & ils demanderent à l'Officier si son maître avoit crû leur devoir faire un pareil compliment avant que de lever le siege. Mais il falut changer bien-tôt de langage ; cet Officier leur dit que la forteresse étoit minée par tout ; il leur offrit de les conduire dans la mine, & de leur faire voir qu'il ne tenoit qu'au Sultan de faire mettre le feu aux appuis, & de s'ouvrir par-là un passage dans la Place : le Gouverneur envoya aussi-tôt avec cet Officier deux Chevaliers qui furent convaincus dans ce moment de la verité de sa relation. Il fallut traiter & abandonner la Place, & après que les Chevaliers en furent sortis, le Soudan la fit raser pour leur ôter l'esperance d'y rentrer dans une conjoncture plus favorable.

1285.

Pantaleon. l. 3. p. 85.

Un Historien prétend que des Chevaliers Allemands, qui se trouverent à la défense de cette Place, pour en conserver la memoire, bâtirent depuis dans leur pays une forteresse sur le même plan, qu'ils appellerent Mergatheim, qui après avoir appartenu long-tems à l'Ordre de saint Jean, est tombée depuis entre les mains des Chevaliers Teutoniques.

Le Sultan après la conquête de Margat s'empara

para du Château de Laodicée, & il se disposoit à faire le siege de Tripoli, lorsqu'un des principaux Emirs, appellé Melec, le fit perir, & se plaça sur le Trône sous le nom de Melec-Messor. Ce nouveau Soudan après avoir établi sa puissance dans l'Egypte, reprit les desseins de son prédecesseur de chasser les Chrétiens de la Palestine, & forma le siege de Tripoli qu'il emporta d'assaut, & qu'il fit razer, comme Melec-Saïs avoit fait Margat. Il auroit pu étendre plus loin ses conquêtes ; mais craignant de s'attirer toutes les forces d'Occident par quelque nouvelle Croisade, il fit une tréve avec Henry II. Roi de Chypre fils de Hugues III. qui depuis la malheureuse catastrophe des Vêpres Siciliennes, au préjudice de Charles Duc d'Anjou, Roi de Sicile, s'étoit fait reconnoître & couronner Roi de Jerusalem, & avoit chassé de la Palestine le Lieutenant & les troupes du Prince François. *

Telle étoit la situation des affaires de la Terre Sainte : de tant de Places que Godefroy de Bouillon & ses successeurs avoient conquises, il ne restoit plus que la seule Ville de saint Jean d'Acre. Tous les Chrétiens Grecs & Latins de differentes Nations s'y étoient refugiez, & ce qui eut dû en faire la force, causoit sa foiblesse, par la division qui étoit entre les Chefs de ces differens corps, qui se prétendoient indépendans les uns des autres.

Le Grand Maître des Hospitaliers touché de la perte de Margat, & prévoyant avec douleur la

---

* Apud Acon urbem Syriæ Rex Cypri fecit se coronari in præjudicium regis Siciliæ, in Regem Jerusalem, & quia id Templarii, & fratres Hospitales permiserant, res eorum & bona per Apuliam & terram regni Siciliæ in manu regia capiuntur.

418 HISTOIRE DE L'ORDRE

NICOLAS LORGUE.

ruine entiere du Chriſtianiſme dans la Terre Sainte, paſſa en Occident pendant la tréve, pour en tirer quelque ſecours. Il s'adreſſa au Pape Nicolas IV. qui étoit alors ſur la Chaire de ſaint Pierre, & lui repreſenta dans les termes les plus touchans, l'extrêmité à laquelle les Chrétiens de la Paleſtine étoient réduits, & le beſoin qu'ils avoient d'un puiſſant ſecours de troupes & d'argent. Mais il n'en put obtenir qu'environ quinze cens hommes, la plûpart bandits & gens ramaſſez, ſans courage & ſans diſcipline. Le Pape ſe diſpenſa même de fournir de ſon tréſor l'argent néceſſaire pour les ſoudoyer; ainſi le Grand Maître ne remporta de ſon voyage que des marques d'une compaſſion ſterile, & quelques Lettres de recommandation pour les Princes Chrétiens, mais qui ne furent pas plus utiles, outre que le mauvais ſuccès de tant de croiſades où il étoit péri un nombre infini de Princes, de Seigneurs & de peuples de tout l'Occident, avoit fort ralenti le zele & l'ardeur des Chrétiens. Le Grand Maître ne put donc ramener avec lui que quelques troupes levées à la hâte, & que les Venitiens paſſerent en Orient ſur leurs Galeres.

Ce foible ſecours étant arrivé à Acre, ne fit qu'augmenter le trouble & la diviſion. Le Grand Maître accablé d'années, & encore plus de la douleur de ne voir aucune reſſource pour le ſalut de cet Etat, mourut peu après ſon retour; heureux en ce qu'il quitta la vie avant que ſon Ordre quittât la Paleſtine, & qu'il ne fut point témoin de la perte de la Terre ſainte.

DE MALTE. LIV. III. 419

NICOLAS LORGUE.

Ce Grand Maître, pendant son gouvernement, & de l'avis du Conseil de l'Ordre, fit plusieurs reglemens très utiles. Ce fut lui qui prescrivit la forme du Sceau des Grands Maîtres, & de celui du Tresor ou du Conseil. On lui attribue aussi l'article des Statuts qui défend aux Freres de se trouver en armes dans le Chapitre ou dans l'endroit où se doit faire l'élection du Grand Maître; & on voit au titre 18, une énumeration que ce Grand Maître, avant que de mourir, publia des fautes & des crimes qui emportoient la privation de l'habit.

Le Chapitre après sa mort élut pour Grand Maître, Frere JEAN DE VILLIERS de la Langue de France. Ce fut pendant son Magistere que des soldats Chrétiens de la garnison d'Acre furent cause de la rupture de la tréve. Nous avons dit que ce n'étoient la plûpart que des bandits, & des gens ramassez de differens endroits, que le libertinage & l'oisiveté avoient fait enrôler, mais sans courage & sans discipline; & comme ils ne recevoient point de solde réglée, ils sortoient souvent de la Ville, se répandoient dans la campagne, & voloient indifferemment les Chrétiens & les Infideles : ils venoient au préjudice de la tréve de piller les bourgades des Sarrasins *. Le Soudan envoya demander raison de ces brigandages à ceux qui commandoient dans la Place; mais il n'y avoit point alors de Gouverneur en chef: la Ville étoit remplie de Chy-

JEAN DE VILLIERS.
1289.

* Mille quingenti stipendiarii in Terræ Sanctæ subsidium à Papa Nicolao missi contra voluntatem civium, Templi & Hospitalis militia armati de Acon exeuntes trebas cum Soldano initas irrumpunt, & versus Casalia & Sarracenorum oppida incursantes, absque misericordia Sarracenos utriusque sexûs quos repererunt, occiderunt, qui pacificè sub trebis initis quiescere se credebant. *Nangis*, 1289.

Ggg ij

priots, de Venitiens, de Genois, de Pisans, de Florentins, d'Anglois, de Siciliens, d'Hospitaliers, de Templiers, de Teutoniques, tous indépendans les uns des autres : chaque Nation occupoit un quartier de la Ville où ils étoient cantonnez sans aucune subordination. Le Légat & le Patriarche avec le Clergé s'étoient aussi retranchez dans un endroit particulier; tout cela formoit un corps considerable d'habitans, qui n'étoit que trop capable de défendre la Place, s'ils eussent été unis.

1290.

Mais la jalousie entre tant de Nations differentes, & les interêts particuliers de leurs Chefs, les rendoient suspects & odieux les uns aux autres; & au lieu de concourir au bien commun, c'étoit assez qu'une nation eût ouvert un avis pour qu'une autre s'y opposât. On en venoit même souvent aux voyes de fait ; cette malheureuse Ville renfermoit dans son enceinte ses plus cruels ennemis. Elle les trouvoit sur-tout dans un grand nombre des soldats de la garnison, & même parmi la plûpart de ses habitans, gens noircis des crimes les plus affreux. Le meurtre, l'assassinat & le poison demeuroient impunis; les criminels trouvoient un azile toujours sûr dans les autres quartiers de la Ville où ils n'avoient point commis de crime. La corruption des mœurs étoit générale presque dans toutes les conditions, sans en excepter ceux-mêmes que leur profession engageoit à une continence parfaite. On faisoit gloire du vice, qu'on déguise sous le nom de foiblesse humaine, & il y avoit même des hommes assez effrontez pour ne se pas cacher de ce peché affreux que la nature ne souffre qu'avec horreur; en sorte que de tous les peuples Chrétiens ou Mahometans qui occupoient la Syrie & la Palestine, les habitans de Saint Jean d'Acre passoient pour les plus méchans. Ainsi il ne faut pas s'étonner si cette multitude confuse de scelerats & de bandits refusa de donner satisfaction au Sultan sur les plaintes qu'il faisoit, comme le proposoient les Chefs des trois Ordres militaires. Les Infideles sur ce refus, déclarerent la guerre à des gens qui étoient sans Chef, sans armée, sans forces, & qui ne cherchoient dans la prise des armes que l'impunité de leurs crimes passez, & les occasions d'en pouvoir commettre de nouveaux.

JEAN DE VILLIERS.

Le Soudan bien instruit des divisions qui regnoient parmi les habitans d'Acre, mit sur pied une puissante armée pour former le siege de cette Place, & pour chasser entierement tous les Chrétiens Latins de la Syrie : mais ce Prince mourut en chemin. On prétend qu'il fut empoisonné par un Emir Lieutenant Général de son armée, qui se flattoit par sa mort d'occuper sa place. Le Prince eut encore assez de vie pour le faire arrêter ; il fut écartelé par ses ordres, & le Soudan, avant que d'expirer, conjura le Prince Calil son fils de ne le point faire enterrer, qu'il ne se fût rendu maître de cette Ville.

1291.

Chron. Guill. de Nangis.

L'armée après sa mort reconnut le jeune Prince pour Sultan, sous le nom de Melec-Seraf. Il s'avança aussi-tôt du côté d'Acre qu'il assiegea le 5 d'Avril de l'année 1291. On prétend qu'il avoit dans son armée 160000 hommes de pied, & 60000 chevaux.

PREUVE XIV.

Ggg iij

JEAN DE VILLIERS.

Les attaques furent vives & continuelles, & la nuit comme le jour, les Infideles ne donnoient point de relâche aux assiegez. Ils employoient en même tems la sappe & la mine, battoient continuellement les murailles avec des pierriers, & avec toutes les autres machines de guerre, qui en ce tems-là étoient en usage. Comme la mer étoit libre & que les Chrétiens avoient un grand nombre de vaisseaux dans le port, la plûpart des habitans, & sur-tout les plus riches s'embarquerent avec leurs femmes, leurs enfans & leurs meilleurs effets. Les uns chercherent un azile dans l'Isle de Chypre, & les autres se réfugierent dans des ports de la Grece ou de l'Italie. Il ne resta dans la Place qu'environ 12000 hommes de troupes reglées, & composées la plûpart des Hospitaliers, des Templiers, des Teutoniques, & de quelques soldats séculiers qui combattoient sous les enseignes de ces trois Ordres.

Chenic. Nargis. ad ann. 1290.

Henri II. Roi de l'Isle de Chypre, & qui prenoit toujours le titre de Roi de Jerusalem, débarqua dans le port d'Acre à la tête de deux cens Cavaliers, & de cinq cens hommes de pied. C'étoit un foible secours contre la puissance formidable du Sultan ; d'ailleurs on n'étoit pas prévenu en faveur du courage du Prince chrétien. Ainsi la garnison qui vit bien qu'elle ne pourroit pas se défendre long-tems sans un Commandant qui sçût faire la guerre, élut d'un commun consentement pour Gouverneur de la Place Frere Pierre de Beaujeu Grand Maître des Templiers, Capitaine qui avoit vieilli dans le commandement des armées.

DE MALTE. LIV. III. 423

Le besoin de l'Etat, véritable interprête du mérite, lui fit déferer le commandement, du consentement même du Roi de Chypre, qui, dans une conjoncture si importante & si pleine de périls, voulut bien oublier la qualité qu'il affectoit toujours, de Roi de Jerusalem.

JEAN DE VILLIERS.

Le Sultan fit tenter la fidelité du Grand Maître par des offres de sommes immenses. Mais le Templier n'y répondit que par la juste indignation qu'il eut de ce que le Sultan l'eût crû capable de les écouter. On faisoit tous les jours par son ordre des sorties où un grand nombre d'Infideles perissoient; mais malgré une si vigoureuse résistance, le Sultan qui ne manquoit pas de soldats, avançoit ses travaux : il fit tomber à la fin plusieurs tours, & entr'autres celle qu'on appelloit la tour maudite, qui étoit consideree comme la forteresse de la Ville. Les Infideles monterent aussi-tôt à l'assaut; le Roy de Chypre qui se trouva en cet endroit, fit ferme avec les Chypriots; il en périt un grand nombre dans cette action, & les Infideles auroient emporté la Place, si la nuit qui survint, n'eût fait cesser l'assaut.

Le Roi de Chypre prévoyant qu'il auroit le lendemain à combattre les mêmes ennemis, & en plus grand nombre, pria les Chevaliers Teutoniques de vouloir bien occuper son poste pendant la nuit, sous prétexte que ses troupes avoient besoin de repos après avoir soutenu une si rude attaque, & il leur promit qu'il viendroit le lendemain au point du jour les relever. Mais en quittant la bréche, il se rendit au port, s'em-

Jean de Villiers.

barqua sur ses vaisseaux, & regagna son Isle.

Les Infideles ne manquerent pas le lendemain de revenir à l'assaut ; les Mamelus, soldats déterminez monterent sur la bréche, tuerent tout ce qui leur résista, accablerent par leur grand nombre les Teutoniques, & pénétrerent jusqu'au cœur de la Ville. Ils s'en croyoient les maîtres, mais aux cris & aux bruits que faisoient les victorieux & les vaincus, le Maréchal des Hospitaliers de S. Jean, par ordre du Grand Maître étant accouru à la tête d'une troupe de Chevaliers de son Ordre, les chargea si brusquement, qu'ils furent obligez de reculer : il y en eut un grand nombre de tuez dans cette retraite forcée, & les Hospitaliers en précipiterent plusieurs du haut de la bréche dans les fossez.

Sanut. L. 3. p. 12.

Le Sultan qui comptoit pour rien la perte de quelques bataillons, en renvoya d'autres le second jour pour renouveller l'attaque : jamais combat ne fut plus opiniâtré ; la bréche fut emportée & reprise plusieurs fois ; la nuit seule sépara les combattans. Les Infideles rebutez d'une résistance si courageuse, tournerent tous leurs efforts du côté de la Porte de S. Antoine ; ils trouverent en cet endroit les deux Grands Maîtres dont la présence seule sembloit rendre invincibles leurs Chevaliers. On y combattit long-tems avec une ardeur égale : les Mamelus & les Hospitaliers se prenoient corps à corps, & sembloient d'un combat général avoir fait autant de duels particuliers : personne ne connoissoit le péril ; chaque soldat vouloit vaincre ou mourir. Mais comme les Infideles étoient superieurs

rieurs en nombre aux Chrétiens, il resta à la fin peu de monde pour la défense de ce poste, & le Maréchal des Hospitaliers, Chevalier d'une haute valeur, étant tombé de plusieurs coups qu'il reçut en même tems, le Grand Maître des Templiers adressant la parole à celui des Hospitaliers : » Nous » ne pouvons plus tenir, lui dit-il, & la Ville est » perdue, si en attaquant le camp même des en- » nemis, vous ne trouvez moyen de causer une » diversion qui ralentisse leur ardeur, & qui nous » donne le tems de fortifier le poste que nous » défendons.

Le Grand Maître des Hospitaliers prit avec lui ce qu'il trouva de ses Chevaliers en état de monter à cheval, partit sur le champ, & étant sorti par une porte opposée à l'attaque, il se flatta de surprendre le camp ennemi ; mais on y faisoit trop bonne garde. Le Sultan pendant l'assaut avoit fait monter à cheval toute sa cavalerie ; le Grand Maître qui n'avoit pas cinq cens chevaux, se vit bientôt chargé, & obligé de se retirer ; & comme il rentroit dans la ville, il apprit avec douleur que le Grand Maître des Templiers venoit d'être tué d'une flêche empoisonnée ; que la plûpart de ses Templiers avoient été taillez en pieces, & que l'ennemi maître de la Ville, y mettoit tout à feu & à sang. Comme il ne lui restoit plus d'autre parti que de sauver au moins sa troupe, il tourna du côté du port, quoique toujours poursuivi par les Infideles ; & ayant jetté beaucoup d'arbalêtriers dans des barques, à la faveur des flêches qu'ils tiroient continuellement sur la cavalerie du Soudan, il fit

Tome I. Hhh

embarquer ce qu'il avoit d'Hospitaliers avec lui dans une caraque qui appartenoit à l'Ordre, & gagna l'Isle de Chypre. Trois cens Templiers qui avoient échapé à la fureur des Infideles ayant voulu se rendre sur le port furent coupez. Ces genereux soldats de Jesus-Christ ne pouvant percer cette foule innombrable d'Egyptiens qui remplissoient toutes les rues, se jetterent dans la tour du Temple pour s'y ensevelir, plusieurs femmes & filles de la ville s'y étoient déja refugiées ; les Templiers se baricaderent aussi-tôt, & tinrent plusieurs jours. Le Sultan fit miner cette tour, & les Templiers ayant reconnu qu'elle ne portoit plus que sur des appuis de bois ausquels on pouvoit mettre le feu à tous momens, ils convinrent d'en sortir à condition qu'on leur laisseroit libre le passage du port, qu'on faciliteroit leur embarquement, & qu'on conserveroit l'honneur des femmes & des filles. La capitulation étant signée, ils ouvrirent les portes de la tour ; mais les premiers soldats ennemis n'y furent pas plûtôt entrez qu'ils entreprirent de faire violence aux personnes du sexe. Les Templiers indignez de leur brutalité & de leur manque de parole, mirent l'épée à la main, taillerent en pieces ces insolens, fermerent les portes & quoique leur perte fût inévitable, ils ne voulurent plus entendre parler de capitulation. Les Infideles l'épée d'une main, & une échelle de l'autre, se presenterent pour monter à l'escalade. Les murailles en un instant furent couvertes de soldats qui tâchoient d'en gagner le haut ; mais comme ces murailles étoient minées, ainsi que nous

Jean de Villiers.

Idem Sanut. l. 3.

venons de le dire, les appuis manquerent, la tour croula avec un bruit épouvantable, & enfevelit fous fes ruines l'Infidele comme le Templier. Les femmes & les filles qui s'étoient enfermées dans cette tour eurent le même fort, & elles prefererent une mort honorable au peril qu'elles auroient couru, fi elles étoient tombées fous la puiffance de ces barbares, encore plus odieux par leur brutalité & par leur débauche que par leur cruauté.

JEAN DE VILLIERS.

Un couvent entier de Religieufes de l'Ordre de fainte Claire ne montra pas moins de courage. Ces faintes Vierges fe défigurerent en differentes manieres avec plus de foin que les femmes de ce fiecle n'en prennent à s'embellir par des couleurs étrangeres. Les unes fe couperent le nez, d'autres s'enfoncerent des cifeaux dans les joues, toutes avoient le vifage couvert de fang; & dans un état fi affreux, les Infideles ne voyant que des objets qui faifoient horreur, les maffacrerent impitoyablement, & par leur mort mirent ces chaftes époufes du Sauveur du monde à couvert de leur infolence. Plus de foixante mille perfonnes perirent dans faint Jean d'Acre, ou demeurerent efclaves des Infideles. Le Soudan pour faire perdre aux Chrétiens d'Occident l'efperance de fe rétablir jamais dans cette Ville, la fit razer avec Tyr, Sidon & toutes les Villes le long de la côte dont il fe rendit maître. Ce qui reftoit d'Hofpitaliers, de Templiers & de Teutoniques dans quelques Châteaux qui leur appartenoient, ne pouvant s'y maintenir contre une puiffance fi formidable, les abandonnerent, s'embarquerent pour tâcher de

Idem Sanut. l. 3.

1291.

Hhh ij

gagner l'Isle de Chypre. On prétend que de plus de cinq cens Templiers qui avoient soutenu si courageusement le siege d'Acre, il n'en échapa que dix, qui s'étant jettez dans une barque, aborderent heureusement le long des côtes de l'Isle de Chypre. Les Chevaliers Teutoniques ayant recouvré quelques vaisseaux, & ne voulant plus rester en Orient, retournerent en Europe, & se rendirent en Prusse & dans la Livonie, dont leur Ordre jouissoit à titre de Souveraineté. Mais les Hospitaliers & le peu qui restoit de Templiers, dans l'esperance de pouvoir à la faveur de quelque Croisade, rentrer dans la Terre Sainte, n'en voulurent point abandonner le voisinage; & en attendant quelque nouveau secours de l'Europe & des Religieux de leur Ordre, leurs Députez obtinrent du Roi de Chypre pour retraite la ville de Limisso, où ils se rendirent successivement, & selon qu'ils pouvoient échaper à la cruelle poursuite des Sarrasins.

C'étoit un spectacle bien touchant de voir ces braves Chevaliers tout couverts de blessures, sortir de leurs vaisseaux avec une contenance conforme à leur fortune, & pénetrez de douleur d'avoir survécu à la perte entiere de la Terre Sainte.

Fin du troisiéme Livre.

LIVRE QUATRIÉME.

LES HOSPITALIERS qui s'étoient réfugiez dans l'Isle de Chypre, incertains de leur destinée, sans biens, sans maisons, dépouillez de tout, & la plûpart chargez de blessures, se regardoient dans cette terre étrangere comme dans un exil : tous se reprochoient d'avoir survécu à leurs confreres : l'esperance même, la derniere ressource des malheureux leur manquoit, & la mort qui emportoit tous les jours quelqu'un des plus blessez, venoit trop tard au gré de leurs desirs.

Dans une si grande désolation, le Grand Maître pour éviter l'entiere extinction de son Ordre dans le Levant, par une citation générale, rappella auprès de lui les Hospitaliers qui étoient dispersez dans la plûpart des Provinces de la Chrétienté, & ils avoient ordre de se rendre à Limisso où ce GrandMaître par la même citation avoit convoqué un Chapitre général pour y déliberer dans une si triste conjoncture sur le parti que la Religion devoit prendre au sujet de son établissement.

A peine ses ordres furent-ils arrivez en Europe, qu'on vit tous les Chevaliers en mouvement : tous quittent avec zele leur patrie, leurs Commanderies ou les maisons de leurs parens ; nulle excuse sur le défaut d'argent ou de santé, personne n'eut recours à ces indignes prétextes ; les vieux comme les jeunes accourent le long des côtes de la mer, les ports en sont remplis ; tous cherchent avec un égal empressement les occasions de s'embarquer. Ceux qui partent les premiers, s'estiment les plus heureux ; & malgré l'éloignement des lieux d'où ils partoient, on les vit arriver bien-tôt les uns après les autres dans les ports de Chypre.

L'Isle de Chypre, dont nous aurons lieu de parler encore plusieurs fois dans cet ouvrage, & une des plus considerables des Isles Asiatiques, est située dans la mer Carpathienne vers le fond de la mer Méditerannée devant les côtes de la Pamphilie & de la Cilicie, qu'on nomme à présent la Caramanie : le Golfe Issique, appellé par les Italiens Golfo-di-Lajazzo, la baigne du côté de l'Orient; la mer d'Egypte au Midi, celle de Pamphilie vers l'Occident, & cette Isle si célébre n'est gueres à plus de quarante lieues de la Palestine ou de la Terre Sainte.

Des tyrans particuliers s'en firent les premiers Souverains ; les Rois d'Egypte y établirent leur domination ; ils en furent dépossedez par les Romains, les tyrans de presque tout le monde connu ; les Grecs succederent aux Romains. L'Isle de Chypre faisoit partie de l'Empire de Constantinople : les Arabes Mahometans sous le regne du Calife Otman, & l'Empire d'Heraclius s'en rendirent les maîtres; les Grecs y rétablirent depuis leur autorité. Richard cœur de lion, Roi d'Angleterre, à son passage pour la Terre Sainte, s'en empara, & la prit sur Isaac Comnene, qui de Gouverneur s'étoit érigé en Souverain ; & on peut se souvenir que nous avons rapporté que ce Prince Anglois la vendit d'abord aux Templiers dont l'Ordre étoit alors aussi riche & aussi puissant que beaucoup de Souverains; mais que des differends entre l'Eglise Grecque & l'Eglise Latine ayant excité des séditions continuelles, ils avoient cedé leurs droits à Guy de Lusignan.

On ne peut se dispenser d'ajouter que cette Couronne passa depuis successivement sur la tête d'Amauri son frere, qui la laissa à Hugues I. son fils, pere de Henri I. son successeur; celui-ci fut pere de Hugues II. qui mourut jeune & sans enfans; un autre Hugues son cousin germain, & issu de ces braves Normans qui s'étoient emparez sur les Sarrasins de la Calabre, de la Pouille & de l'Isle de Sicile, & dont le pere avoit épousé la sœur de Henri, fut mis sur le trône; & pour se rendre plus agreable aux Chypriots, prit le sur-nom de Lusignan; Jean son fils fut heritier de la Couronne, & la laissa à Henri II. qui venoit de recevoir les Hospitaliers & les Templiers dans son Isle.

Tel étoit l'état de l'Isle de Chypre, lorsque par les citations du Grand Maître envoyées dans toute la Chrétienté, on y apprit la prise de la ville de S. Jean d'Acre par les Infideles, l'expulsion entiere des Chrétiens de la Palestine, & les pertes presque irréparables que les Hospitaliers & les Templiers avoient faites à la défense de cette Place.

Le Pape Nicolas IV. étoit alors sur la Chaire de S. Pierre; ce Pontife en apprenant de si tristes nouvelles, en parut consterné; il dépêcha des couriers de tous côtez pour en faire part aux Princes Chrétiens. Par son ordre & de leur consentement,

JEAN DE VILLIERS.

L'Hist. des Royaumes de Jerusalem, Chypre & Armenie par le P. Estienne de Lusignan. 1604.

Assises & bons usages du Royaume de Jerusalem par Jean F. Ibelin, Comte de Japha & d'Ascalon.

on tint differens Conciles provinciaux pour délibérer sur les moyens les plus prompts & les plus efficaces de recouvrer la Terre Sainte, & chaque Métropolitain lui envoya ensuite le résultat de leurs assemblées.

On voit dans les relations & les Actes de ces Conciles, que la plûpart des avis se réduisirent à prier le Pape d'interposer ses bons offices auprès des Souverains de la Chrétienté qui étoient en guerre les uns contre les autres pour les engager à terminer leurs differends par une paix solide & durable, ou du moins par une longue tréve qui les mît en état d'unir leurs forces, & de tourner leurs armes de concert contre les Infideles. On marquoit en particulier à ce Pontife qu'il devoit sur-tout exhorter Philippe le Bel qui étoit alors sur le trône de France, & le plus puissant Roi de la Chrétienté, à se rendre le Chef d'une si sainte entreprise; qu'il falloit en même tems renouveller les défenses des Conciles de Latran & de Lyon, de porter des armes aux Infideles. Enfin comme l'experience faisoit craindre que l'antipathie ne se renouvellât entre les Hospitaliers & les Templiers, on proposoit au Pape d'unir ces deux Ordres militaires, de n'en faire qu'un même corps, & sous le même Chef; & que pour éviter les cabales & les brigues si ordinaires dans les élections, ce Grand Maître ne fût plus choisi par les suffrages de ses confreres; mais qu'en cas de vacance, le Pape seul & ses successeurs fussent en droit de nommer eux-mêmes ce Superieur.

Le Souverain Pontife en consequence de ces differens

differens avis, dépêcha auffi-tôt des Légats & des Nonces à la plûpart des Princes d'Occident pour les porter à terminer promptement leurs guerres particulieres, & à lever cet obſtacle qui empêchoit une Croiſade générale. Il fit repreſenter en particulier à Philippe le Bel que les autres Souverains de l'Europe avoient les yeux arrêtez ſur lui pour ſe regler ſur ſa conduite ; & que s'il prenoit la Croix, il devoit être perſuadé que ces Princes, à ſon exemple, ſe croiſeroient, & qu'outre le mérite d'une ſi ſainte entrepriſe, il auroit la gloire de ſe voir comme le Roi des Rois, & à la tête de la plûpart des Souverains de la Chrétienté.

Mais ce Prince d'un eſprit ſolide, & peu en priſe à ces ſortes d'adulations, crut que les ſoins qu'il devoit au gouvernement de ſon Etat étoient ſes premiers devoirs. Le Pape n'en ayant pas reçû de réponſe conforme à ſes eſperances, lui récrivit que ſi les affaires de ſon Royaume le retenoient néceſſairement en Europe, il ne pouvoit au moins ſe diſpenſer, pour fournir aux frais de l'armement, de rendre les ſommes que Philippe III. ſon pere avoit levées ſur le Clergé de ſon Royaume ſous prétexte d'une pareille Croiſade, mais qui n'avoit point eu d'execution. Le ſilence que les Hiſtoriens ont gardé au ſujet de cette ſeconde Lettre, fait aſſez connoître qu'elle n'eut point de ſuccès.

Le Souverain Pontife ne termina pas ſes offices auprès des Princes ſeuls de ſon obedience, & qui étoient dans la Communion de l'Egliſe Romaine. Comme dans ce projet d'une nouvelle Ligue il s'agiſſoit du recouvrement des ſaints Lieux également reverez de tous les Chrétiens Grecs & Latins, & de l'une & l'autre Communion, il en écrivit à Andronic Paleologue Empereur de Constantinople, à Jean Comnene Empereur de Trebisonde, aux Rois d'Armenie, d'Iberie & de Georgie, quoique Schismatiques, & qui suivoient le rit Grec.

Le Pape pour susciter de nouveaux ennemis aux Sarrasins, porta ses vûes jusques dans le fond de la Perse; & ayant appris qu'un Tartare descendu de Genchizcan appellé Argon, quoique payen & idolâtre, n'avoit point d'éloignement pour les Chrétiens, il lui envoya en ambassade deux Freres Mineurs pour travailler à sa conversion, & pour tâcher en même tems de l'engager à porter ses armes dans cette partie de la Syrie voisine de la Perse, pendant que les Chrétiens attaqueroient la Palestine. Mais les deux Franciscains trouverent ce Prince mort dès l'année précedente.

Ce fut à quoi se terminerent alors tous les offices de ce Pape, qui pendant le siege de S. Jean d'Acre, n'avoit jamais voulu contribuer de ses propres fonds au secours des assiegez. Les mesures qu'il prit depuis, & même tant d'ambassades, qui avoient plus d'éclat que de solidité, furent encore déconcertées par sa mort; & la difficulté d'unir tant de Princes de differentes Religions, ou qui avoient des interêts opposez, fit enfin échouer sous son successeur le projet d'une Croisade. Aucun Prince ne prit les armes, & tous les Chrétiens d'Occident demeurerent dans une triste indifference pour le recouvrement de la Terre Sainte.

Jean de Villiers.

Du Cange. Famil. Byzant. p. 192.

Vading. n. 4 & 5.

Haïton Seigneur de Churchi, ch. 45.

DE MALTE. LIV. IV. 435

Il n'y eut que les Hospitaliers, qui, pour déférer aux ordres du Grand Maître, s'étoient déja rendus à Limisso dans l'Isle de Chypre.

Ce Grand Maître tint peu à près un Chapitre général. Depuis la fondation de l'Ordre on n'avoit point encore vû une assemblée composée d'un si grand nombre de Chevaliers de differentes nations : tout l'Ordre étoit passé, pour ainsi dire, dans l'Isle de Chypre. Le Grand Maître parut dans l'assemblée avec une contenance triste, mais qui ne lui faisoit rien perdre de cet air de grandeur que donne la vertu, & que les plus grands malheurs ne peuvent abattre : & adressant particulierement la parole aux Chevaliers qui venoient d'arriver d'Occident : " Votre diligence, leur dit-il,
" à vous rendre à nos ordres, & le courage dont
" vous paroissez animez, me font voir, malgré
" toutes nos pertes, qu'il y a encore au monde de
" véritables Hospitaliers, capables de les réparer.
" Jerusalem, mes chers Freres, est tombée, comme
" vous sçavez, sous la tyrannie des Infideles ; une
" puissance barbare, mais formidable nous a for-
" cez d'abandonner pied à pied la Terre Sainte.

" Depuis plus d'un siecle, il a fallu livrer autant
" de combats que nous avons défendu de Places.
" S. Jean d'Acre vient d'être témoin de nos der-
" niers efforts, & nous avons laissé ensevelis sous
" ses ruines presque tous nos Chevaliers. C'est à
" vous à les remplacer ; c'est de votre valeur que
" nous attendons notre retour dans la Terre Sainte,
" & vous portez dans vos mains la vie, les biens
" & la liberté de vos Freres, & sur-tout de tant

Iii ij

JEAN DE VILLIERS.

» de Chrétiens qui gémissent dans les fers des In-
» fideles.

Les plus anciens Commandeurs, au nom de l'assemblée, ne répondirent à un discours si touchant que par une généreuse protestation de sacrifier leurs vies pour délivrer la Terre Sainte de la tyrannie de ces barbares ; & on voyoit couler des yeux des plus jeunes Chevaliers des larmes de sang, & toutes brûlantes, que l'impatience de se venger des Sarrasins faisoit répandre à cette courageuse jeunesse. Mais comme avant que de recommencer la guerre il falloit donner une forme constante à ce nouvel établissement, on examina d'abord dans quel endroit l'Ordre fixeroit sa résidence.

Nous avons dit que le Roi de Chypre leur avoit assigné pour retraite Limisso, ancienne Ville, décorée d'un titre épiscopal, & située au côté méridional de l'Isle. Mais des Corsaires Arabes & Sarrasins l'avoient ruinée depuis long-tems. Ce n'étoit plus alors qu'un grand Bourg ouvert de tous côtez ; & on voyoit seulement au milieu un Château assez fortifié & assez garni d'artillerie, pour empêcher l'abord & les descentes des Corsaires. Quelques Chevaliers qui s'y trouvoient un peu trop à l'étroit, proposoient qu'on se retirât dans quelque port d'Italie ; mais le Grand Maître & les premiers de l'Ordre rejetterent avec une généreuse indignation cet avis. Ils représenterent que leur devoir & l'esprit de leur Institut ne leur permettoit pas de s'éloigner du voisinage de la Terre Sainte, & qu'ils devoient toujours être à portée de profiter des occasions qui se présenteroient d'y porter de nouveau leurs armes. Ce sentiment fut reçû avec un applaudissement général, & il s'en fit même un Reglement, & comme un Statut perpetuel. Quoique la Religion n'eût pas dans cette Bourgade des logemens suffisans, les premiers soins du Grand Maître furent de pourvoir à celui des pauvres & des pelerins : on reprit peu de tems après toutes les fonctions de l'hospitalité. Et à l'égard des Chevaliers & des Religieux militaires, il fut arrêté qu'on armeroit incessamment les vaisseaux de l'Ordre, qui avoient passé les Chevaliers, soit de la Palestine, ou de l'Europe dans l'Isle de Chypre; qu'ils s'en serviroient pour escorter les pelerins, qui, nonobstant la perte de Jerusalem, ne laissoient pas de visiter les Lieux saints, comme cela se pratiquoit avant la premiere Croisade, & en payant aux Infideles le tribut ordinaire, qu'ils exigeoient à l'entrée de cette Ville.

On ne fut pas long-tems sans voir sortir des differens ports de l'Isle plusieurs petits bâtimens de differentes grandeurs, qui dans les tems de passage, c'est-à-dire, vers la fin des mois de Mars & d'Août s'avançoient le long des côtes de l'Europe pour y recueillir les pelerins, & qui par le même esprit de charité, les ramenoient dans leur patrie. Des Corsaires infideles accoutumez à faire de ces pelerins leur proye ordinaire, tomberent sur ces premiers vaisseaux de la Religion; mais ils y trouverent des défenseurs dont ils n'avoient pas encore éprouvé la valeur & la résistance. Plusieurs de ces armateurs furent enlevez par les Hospitaliers, qui revenoient souvent en Chypre avec des prises considerables. Ils s'attachoient sur-tout aux vaisseaux du Soudan d'Egypte, l'ennemi déclaré des Hospitaliers. Ces prises augmenterent insensiblement les armemens de l'Ordre. On bâtit depuis des galeres; on construisit quelques vaisseaux; bien-tôt il sortit des escadres considerables des ports de Chypre, & le pavillon de saint Jean à la fin se fit respecter dans toutes ces mers.

Tel fut le commencement des armemens maritimes dans l'Ordre de saint Jean de Jerusalem. La perte d'Acre & la retraite forcée des Hospitaliers dans l'Isle de Chypre, pour ne pas laisser languir leur courage, leur fit prendre le parti de la mer: & je ne sçai si les grands succès qu'ils y ont eus depuis quatre cens ans, & si ce nombre infini de Chrétiens qu'ils ont préservez d'un affreux esclavage, ou dont ils ont rompu les chaînes, ne dédommagent pas avantageusement cet Ordre de la perte de tant de Chevaliers qui avoient péri à la défense de saint Jean d'Acre.

Melec-Seraph, ce Soudan d'Egypte qui en avoit fait la conquête, irrité des prises que les Hospitaliers faisoient sur ses sujets, & de voir renaître, pour ainsi dire, un Ordre qu'il croyoit avoir entierement détruit, résolut d'en poursuivre les restes jusques dans l'Isle de Chypre, & de les en chasser. Il arma une puissante flotte chargée de troupes de débarquement; mais des guerres civiles qui survinrent dans ses Etats, l'y retinrent malgré lui, & la mort de ce Prince qui fut tué dans une bataille qu'il perdit contre des rebelles, délivra les Hospitaliers & les Templiers des perils JEAN DE VILLIERS. d'un siege dans une Place ouverte de tous côtez, & qui, si on en excepte le Château, n'avoit point d'autres fortifications que le courage de ces Chevaliers.

Le Grand Maître pour prévenir de pareils desseins de la part de Melec-Nazér successeur de Seraph, demanda au Roi de Chypre la permission de fortifier Limisso, & il l'obtint sans peine d'un Prince à qui rien ne coutoit que l'argent. Les Hospitaliers employerent ce qu'ils en avoient pour élever du côté de la mer quelques bastions de terre. Le Grand Maître travailla depuis au rétablissement de la discipline réguliere, que l'exercice continuel des armes, les combats, les courses, & même le pillage & le butin avoient fort affoiblie.

La plûpart des Chevaliers, enrichis des prises qu'ils faisoient sur les Infideles, au lieu d'en porter le produit dans le trésor de l'Ordre suivant leur devoir, employoient souvent dans le luxe ces biens qu'ils s'aproprioient. Des riches étoffes qu'ils trouvoient dans leurs prises, ils commencerent à s'habiller plus magnifiquement qu'il ne convenoit à des Religieux. La délicatesse de leurs tables étoit égale à la richesse de leurs habits: la dépense qu'ils faisoient en chevaux répondoit à cette profusion, & l'air dangereux d'une Isle que l'aveugle gentilité avoit consacrée à Venus, faisoit de fâcheuses impressions parmi la jeunesse de l'Ordre. On s'apperçut bien-tôt que plusieurs Hospitaliers pour soutenir une dépense si odieuse, s'endettoient: & par un autre abus qui s'étoit introduit dans les

Provinces en deçà de la mer, les Prieurs pendant les dernieres guerres de la Terre Sainte, s'étoient mis comme en possession de donner l'Habit Religieux & la Croix à des Novices, sans en examiner assez exactement la naissance & même la vocation: ce qui auroit bien-tôt avili un Ordre si illustre.

Pour réformer ces abus, on tint deux Chapitres généraux. Dans le premier il fut défendu à tout Hospitalier militaire d'avoir plus de trois chevaux de service pour sa personne, ni d'en monter qui eussent des harnois enrichis d'or ou d'argent; & par une autre Ordonnance, il fut expressément défendu aux Prieurs de recevoir aucun Novice, sans une commission du Grand Maître. Mais on excepta de cette défense les Bailliages des Espagnes, où l'Ordre auroit été bien-tôt détruit, si pour remplacer les pertes qu'on y faisoit tous les jours contre les Maures du Royaume de Grenade, il eût fallu pour recevoir un nouveau Chevalier, attendre un brevet & une permission du Grand Maître, dont la résidence étoit dans une contrée si éloignée, & qui même se pouvoit trouver alors en mer, & engagé dans quelque entreprise contre les Infideles.

Ce fut dans le second Chapitre général qu'on fit un Reglement qui parut fort nécessaire par rapport aux dettes particulieres, que les Chevaliers avoient laissées en mourant. Il fut ordonné qu'elles seroient acquittées de la vente de leurs équipages, & que si cette sorte de biens ne suffisoit pas, le reste du payement se prendroit sur les fonds que chaque

chaque Chevalier auroit consacré au service de la Religion, soit en entrant dans l'Ordre, soit des donations particulieres qu'on lui auroit faites, dont pendant sa vie il auroit joui par usufruit : tous reglemens qui supposent les abus dont nous venons de parler, & ausquels on tâcha de remedier par des loix nouvelles.

JEAN DE VILLIERS.

Ce relâchement dans la discipline réguliere avoit en partie sa source dans l'état où se trouvoit alors l'Eglise universelle; il y avoit plus de deux ans qu'elle étoit privée de son Chef visible. Les souverains Pontifes avoient toujours conservé une inspection particuliere sur la conduite des Hospitaliers. Pendant la vacance du S. Siege, on fut obligé de dissimuler des abus que les richesses introduisoient dans l'Ordre. Enfin les Cardinaux qui pendant vingt-sept mois, par une obstination peu édifiante, n'avoient pû s'accorder sur le choix d'un Pape, se déterminerent enfin en faveur d'un reclus, appellé Pierre de Mourhon, recommandable par son éminente pieté, & depuis fondateur d'une Congregation particuliere de Moines, connus sous le nom de Celestins. Les Cardinaux lui envoyerent le Decret de son élection par Berault de Gout Archevêque de Lyon, qui fut accompagné par quatre autres Députez, ausquels se joignit, de son mouvement particulier, le Cardinal Pierre Colonne. Ces Députez trouverent ce S. Religieux enfermé dans une cellule bâtie sur le haut d'une montagne proche de la ville de Sulmone dans le Royaume de Naples, d'où il ne parloit que par une petite fenêtre grillée à tous ceux

5. Juillet, 1294.

Bolland. tom. 15. p. 426. & 427.

qui, attirez par l'odeur de ses vertus, l'alloient consulter sur la conduite qu'il falloit tenir pour arriver plus surement à la perfection chrétienne. Les Députez du Conclave à travers de cette grille, apperçûrent un venerable vieillard âgé d'environ soixante douze ans, pâle, extenué par des austeritez continuelles, les cheveux hérissez, une longue barbe négligée, & les yeux enflez des larmes qu'il répandoit continuellement dans ses prieres. L'Archevêque de Lyon en lui presentant l'Acte de son élection, lui declara qu'il avoit été choisi tout d'une voix dans le Conclave pour chef de l'Eglise, & le conjura au nom de Dieu, d'acquiescer à sa vocation, & de donner un prompt consentement à un choix si necessaire à la Chrétienté, depuis la longue vacance du saint Siege. Le saint homme se prosterna le front contre terre, & après avoir demeuré un tems considerable en prieres, il se releva; & craignant de résister à la volonté de Dieu, il consentit à son élection, & fut depuis sacré à Aquila ville de l'Abruzze, sous le nom de Celestin V.

Le nouveau Pape ne fut pas plûtôt sur la Chaire de saint Pierre, qu'il donna à l'Ordre de saint Jean des marques de son attention sur leur conduite. Il les exhorta en des termes également vifs & touchans, à se souvenir de la profession religieuse qu'ils avoient embrassée, & des vœux solemnels qu'ils avoient prononcez aux pieds des Autels. Et pour joindre les secours temporels aux spirituels, ce saint Pontife ayant appris que ces Chevaliers avoient perdu en défendant la Terre Sainte

DE MALTE. LIVRE IV. 443
tous les biens que leur Ordre possedoit dans la
Palestine, adressa une Bulle au Grand Maître, par
laquelle, en consideration de ces pertes & de leurs
services, il les dispensoit de payer à l'avenir leur
part de certaines contributions que les Papes, le
College des Cardinaux & les Legats sur-tout exigeoient avec rigueur & d'une maniere purement
arbitraire dans l'étendue de leur legation, souvent
même aux dépens des ornemens, & des vases sacrez
des Eglises.

Ce n'étoit pas le seul abus que le saint Pape eût
bien voulu réformer; mais il y trouva tant d'obstacles, joint au peu de capacité qu'il se sentoit
pour le gouvernement, qu'il écouta volontiers les
suggestions de certains Cardinaux, qui abusant de
la délicatesse de sa conscience, & dans l'esperance
de remplir sa place, lui en exageroient les obligations & les dangers.

On prétend même que le Cardinal Gaëtan qui
y aspiroit, n'épargna ni artifices, ni fourberies,
pour persuader au saint homme qu'il devoit abdiquer sa dignité, & qu'il aposta même un scelerat,
qui, contrefaisant l'ange de lumiere, lui ordonna
de la part de Dieu, & sous peine de damnation,
de retourner dans sa Cellule.

Celestin homme simple, prit la voix d'un fourbe pour celle du ciel; & d'ailleurs, il aima mieux
rentrer dans la condition privée d'un Moine, que
de rester plus long-tems dans une dignité où il
ne lui étoit pas permis de faire le bien qu'il souhaittoit, & d'empêcher le mal qu'il ne pouvoir
souffrir. Enfin, soit inspiration, soit dégoût pour

JEAN DE
VILLIERS.

une Cour où la politique l'emportoit alors sur les maximes de l'Evangile, avec un courage qui n'avoit point encore eu d'exemple, & qui peut-être n'en aura jamais, il proposa lui-même, & il fit son abdication * en plein Consistoire. Le Cardinal Gaëtan qui lui avoit procuré toutes les facilitez possibles pour faire accepter sa démission, en recueillit le fruit dans le prochain Conclave, & se vit, à la faveur de sa brigue, dans cette éminente place & au comble de ses souhaits. Il prit le nom de Boniface VIII. sçavant en l'un & l'autre Droit, habile dans le Gouvernement, & consommé dans les affaires d'Etat ; mais d'une ambition sans bornes ; avare, vindicatif, même cruel, & qui pendant tout son Pontificat, ne fut occupé que du projet chimerique d'unir l'un & l'autre glaive, & à la faveur de l'autorité purement spirituelle, dont il étoit revêtu, de s'emparer, sous differens prétextes, d'une domination temporelle sur les Etats de tous les Princes Chrétiens ; ambition dont son prédecesseur fut la premiere victime.

Celestin par son abdication, redevenu Frere Pierre de Mourhon, se flattoit d'avoir rompu tous ses engagemens & recouvré sa liberté. Le saint homme n'en vouloit faire d'usage que pour le choix d'un désert, où inconnu à toute la terre, il pût achever le reste de ses jours ; mais Boniface craignant

* Ego Cælestinus Papa quintus motus ex legitimis causis, id est, causâ humilitatis, melioris vitæ & conscientiæ illæsæ, debilitate corporis, defectu scientiæ & malignitate populi, & infirmitate personæ ; & ut præteritæ consolationis vitæ possim reparare quietem, sponte ac liberè cedo Papatui, & expressè renuntio loco, & dignitati, oneri & honori, dans plenam & liberam facultatem ex nunc sacro Cœtui Cardinalium eligendi & providendi dumtaxat canonicè vniversali Ecclesiæ de pastore. *Bos. t. 2. l. 1. p. 7. Rainald. num. 23.*

DE MALTE. LIVRE IV. 445
que par un nouveau scrupule, il ne révoquât sa
démission, le fit arrêter; & pour reconnoître les
dispositions les plus secrettes de son prisonnier,
l'obligea de se confesser à lui. Les déclarations les
plus sinceres du pieux Reclus ne le rassurerent
point; on prétend que pour se tirer tout à fait d'inquiétude, il le fit périr à force de mauvais traitemens. Il l'avoit fait enfermer comme un criminel
dans un cachot affreux, & si petit, qu'il n'y avoit
pas assez de place pour y pouvoir mettre un méchant grabat. De barbares geoliers qui le gardoient à vûe, si-tôt qu'il fermoit les yeux pour
prendre un peu de repos, interrompoient son sommeil; & par ce cruel artifice on eut bien-tôt
éteint le peu de vie qui lui restoit. Le Pape par
une conduite si inhumaine devint odieux à tous
les gens de bien. Il courut alors dans le monde
une espece de prophétie, où l'on faisoit dire à Célestin en parlant de son successeur, & des fourberies dont il s'étoit servi pour parvenir à la Papauté:
„ Tu es monté sur le trône de saint Pierre en
„ renard; tu regneras comme un lion, & tu mour-
„ ras comme un chien. Mais il y a bien de l'apparence que cette prédiction, comme beaucoup d'autres, ne fut inventée qu'après les évenemens.

Quoi qu'il en soit, Boniface qui ne se croyoit
pas moins le successeur des Césars que de S. Pierre,
ne fut pas plutôt en sa place, qu'il témoigna une
prédilection particuliere pour les Hospitaliers, &
pour les Chevaliers du Temple. Il n'ignoroit pas
que ces deux Corps étoient composez au moins
pour la plûpart de Gentilshommes & de braves

JEAN DE VILLIERS.

Kkk iij

Guerriers, & il n'oublia, ni protection déclarée, ni graces, ni bienfaits pour les attacher plus étroitement au saint Siege, & à ses propres interêts.

Les Hospitaliers de saint Jean éprouverent les premiers les effets de sa protection. Les Rois d'Angleterre & de Portugal, depuis la perte de la Terre Sainte, ne prétendoient point que les Hospitaliers qui avoient des Commanderies dans leurs Etats, en fissent sortir les revenus, & les envoyassent dans le Levant ; prétentions d'un dangereux exemple, & qui pouvoient avoir des suites fâcheuses de la part des autres Souverains de la Chrétienté.

Les deux Rois dont nous parlons, arrêterent même ces deniers qui furent mis en sequestre ; & pour justifier leur conduite, ils publioient que les Commanderies de l'Ordre n'ayant été fondées dans leurs Etats par les Rois leurs prédécesseurs, ou par leurs sujets, que pour la défense de la Terre Sainte, on ne pouvoit, depuis sa perte & les conquêtes des Infideles, faire un plus digne usage du revenu de ces grands Benefices, qu'en les employant en faveur des pauvres de chaque nation, au lieu de faire passer cet argent dans l'Isle de Chypre, où il ne servoit qu'à entretenir le luxe & les plaisirs des Chevaliers de saint Jean.

Mais ces reproches qui n'étoient peut-être pas sans quelque fondement à l'égard de plusieurs Commandeurs particuliers, ne firent aucune impression sur l'esprit de Boniface. Ce Pontife qui ne connoissoit point d'autre maniere de traiter avec les Têtes couronnées que celle de hauteur, menaça ces deux Princes des foudres de l'Eglise, s'ils ne révoquoient leurs Ordonnances. Il leur fit dire qu'il les Hospitaliers cherchoient moins un azile dans l'Isle de Chypre, que pour être plus à portée, s'ils en trouvoient l'occasion, de recommencer la guerre, & de rentrer dans la Terre Sainte ; qu'ils remplissoient même également les obligations de leur état dans cette Isle comme dans la Palestine ; qu'ils y tenoient un Hôpital ouvert à tous les pauvres, & des vaisseaux dans les ports pour l'escorte & la sûreté des pelerins, & que cet Ordre militaire si utile à l'Eglise, étant sous la protection particuliere des Papes, il ne pourroit pas se dispenser de se servir de l'autorité qu'il ne tenoit que de Dieu seul contre les usurpateurs des biens consacrez à la défense de la Chrétienté. Les menaces de ce Pontife plus efficaces que ses raisons, firent plier les deux Rois ; leurs Ordonnances furent révoquées, & le sequestre levé.

JEAN DE VILLIERS.

Le Pape traita encore avec plus de hauteur Henri de Lusignan Roi de Chypre. Ce Prince, comme on le vient de voir, avoit donné retraite dans son Isle aux Hospitaliers & aux Templiers ; mais dans la crainte qu'ils ne s'y rendissent aussi puissans qu'ils l'avoient été dans la Palestine, il leur avoit défendu par un Edit solemnel d'y acquerir aucuns fonds, & le Pape par complaisance pour ce Monarque, avoit autorisé cet Edit par des Bulles particulieres. Le Roi de Chypre les avoit assujettis à une espece de capitation générale, & dans laquelle le Clergé de son Royaume, & le Corps de la Noblesse étoient compris comme le simple peuple. Le Pape en fut bien-tôt instruit ; il

PREUVE I.

ne falloit à ce Pontife que le moindre prétexte pour étendre son autorité ; ainsi il ne manqua pas d'éclater. Il traita cette imposition de pure entreprise sur les privileges qu'il avoit plû au saint Siege d'accorder aux Ordres militaires, & il en écrivit au Roi de Chypre en Souverain, & dans les termes les plus fiers & les plus absolus.

„ Nous ordonnons, lui dit-il, & nous voulons
„ que cette taille que le vulgaire appelle capita-
„ tion, & dont le nom est horrible & détestable,
„ soit absolument abolie, & que le Roi ne la puisse
„ pas même imposer sur ses sujets particuliers sans
„ la permission du saint Siege ; & à l'égard des au-
„ tres tributs, nous en déclarons pareillement les
„ Freres Hospitaliers de saint Jean de Jerusalem,
„ & les Freres de la milice du Temple absolument
„ affranchis. Le Pape dans ses Lettres ajouta que, quoique le saint Siege eût autorisé par une Bulle l'Edit qui interdisoit toute acquisition aux Religieux militaires, le Roi ne devoit pas cependant interpréter ce consentement du saint Siege à la rigueur, & empêcher ces Chevaliers d'agrandir du moins leurs clôtures, & d'acheter des maisons voisines de leur Maison principale, & nécessaires pour le logement d'un grand Ordre, & qui outre les pelerins & les pauvres, entretenoit en tout tems un corps de milice pour armer ses vaisseaux.

Le Roi de Chypre qui par ces Lettres de l'imperieux Pontife, se trouva blessé par l'endroit le plus sensible aux Princes, & dans son autorité souveraine, n'oublia rien pour en faire sentir tout le poids aux Religieux militaires. Il déclara hautement

ment qu'il ne souffriroit point au milieu de ses Etats des gens qui se prétendoient indépendans de toute autre puissance que de celle des Papes. Ainsi ses Ministres, malgré la défense de ce Pontife, contraignoient les Chevaliers à payer leur capitation; & ce Prince avare assujettit le Clergé du Royaume au même tribut. La Noblesse n'en fut pas exempte, & le peuple qui paye ordinairement plus que les autres Ordres de l'Etat, & qui paye toujours lepremier, se trouva le plus maltraité.

L'avidité de ce Prince excita un mécontentement général. Les Templiers naturellement fiers & hautains, & qui par le besoin que les Rois de Jerusalem avoient eu de leurs secours, avoient acquis une espece d'indépendance, irritez contre Henri, fomentoient le mécontentement de la Nation, qui à la fin dégénera dans une révolte déclarée. Amauri Prince titulaire de Tyr, & frere du Roi, en étoit le chef muet. Ce Prince ambitieux aspiroit à la Couronne; & quand par lui-même & par ses émissaires il se fut assuré des troupes & des habitans de la Capitale, il leva le masque, se mit à la tête des rebelles, fit arrêter le Roi; & pour éloigner ce Prince des yeux du peuple susceptible de compassion, & naturellement inconstant, il l'envoya chez Haiton Roi d'Armenie dont il avoit épousé la sœur, qui confina ce Prince infortuné dans un Château situé dans des montagnes voisines de la Cilicie. Amauri fit ensuite déclarer le Roi son frere inhabile au gouvernement, & il se disposoit à prendre sa Couronne, lorsqu'un valet de chambre du Roi détrôné, appellé Simonet, toujours fi-

JEAN DE VILLIERS.

dele à son premier maître, quoiqu'il eût passé au service de l'usurpateur, se prévalant des entrées qu'il avoit dans son appartement, le poignarda dans son lit : ce qui causa une nouvelle révolution, & dans laquelle le Roi Henri recouvra sa liberté & sa Couronne. Le Grand Maître des Hospitaliers ne prit point de part dans tous ces mouvemens, & il mourut peu de tems après le retour du Roi de Chypre dans ses Etats.

ODON DE PINS.

Libro 1. de la Coronica de la Religion de S. Juan p. 127. Por Fray. Dom Juan Augustin de Funes en Valencia. 1626.

Les Hospitaliers mirent en sa place ODON DE PINS, de la Langue de Provence, originaire d'une Maison illustre, titrée en Catalogne, & dont la Maison de Pins en Languedoc, qui porte les mêmes armes, prétend descendre. Odon de Pins étoit un Chevalier très âgé, rempli de pieté, & reconnu pour exact observateur de la discipline régulière. Tant qu'il ne fut que simple particulier, tous ses confreres le crurent digne de la grande Maîtrise ; mais à peine fut-il parvenu à cette éminente dignité, qu'on s'apperçut qu'il lui manquoit beaucoup des qualitez propres pour le gouvernement, sur-tout dans un Ordre dont les fonctions ne regardoient pas moins l'exercice des armes que la priere & les œuvres de charité ; il croyoit avoir rempli tous ses devoirs quand il avoit passé les journées entieres aux pieds des Autels. Peut-être étoit-il plus dévôt qu'il ne convenoit dans sa place ; & peut-être aussi que ses Religieux ne l'étoient pas autant qu'ils devoient l'être. Quoi qu'il en soit de cet excès d'amour pour la retraite, on vit naître une espece de négligence pour tout ce qui regardoit les entreprises militaires.

Les Chevaliers qui après avoir perdu tous les biens qu'ils possedoient dans la Palestine, ne subsistoient presque plus que des gains qu'ils faisoient par la course, murmurerent hautement de son indifference pour les armemens : la plûpart en porterent leurs plaintes au Pape auquel ils demanderent la permission de le déposer. Boniface le voulut entendre sur les griefs de ses Religieux, & le cita à Rome. Odon qui sçavoit mieux obéir que commander, se mit aussi-tôt en chemin ; mais il mourut avant que d'avoir pû arriver dans cette Capitale du monde chrétien. Les Hospitaliers en ayant reçu la nouvelle, lui donnerent pour successeur Frere GUILLAUME DE VILLARET, de la Langue de Provence, Grand Prieur de saint Gilles, & qui étoit actuellement dans son Prieuré. Ce Seigneur avoit alors un frere aussi Chevalier, & des premiers de l'Ordre, & le Monastere des Hospitalieres de S. Jean de Fieux en Querci, étoit gouverné par Jourdaine de Villaret leur sœur.

Quoique le nouveau Grand Maître eût reçu les nouvelles de son élection, il ne se pressa point de partir pour l'Isle de Chypre ; il voulut visiter par lui-même tous les Prieurez des Langues de Provence, d'Auvergne & de France ; & par de si dignes soins il rétablit la discipline reguliere qu'il affermit encore par un Chapitre qu'il convoqua dans la Commanderie de la Tronquiere, membre dépendant du Grand Prieuré de saint Gilles. Parmi plusieurs reglemens très utiles qu'il y fit, ce fut dans ce Chapitre qu'il soumit les Maisons Hospitalieres de Beaulieu, de Martel & de Fieux, occupées par des

ODON
DE
PINS.

GUILLAUME
DE
VILLARET.
1296.

Cosmog. de Belleforest. t. 2. *p.* 1116.

1298.

Dames Religieuses de l'Ordre, à la visite du Grand Prieur de saint Gilles & de ses successeurs. La Superieure de Beaulieu est élective & perpetuelle, prend le titre de grande Prieure, & porte la grande Croix.

La Maison de Belver ou de Beaulieu dans son origine, n'étoit qu'un Hôpital fondé par les Seigneurs de la Maison de Themines vers l'an 1220, entre Figeac & Rocamadour, en faveur des pauvres & des pelerins qui y passoient pour aller à la Terre Sainte. En 1259, un Seigneur de Themines appellé Guibert & Aigline sa femme, donnerent à l'Ordre de saint Jean de Jerusalem cette Maison avec tous les biens qui y étoient attachez. * Cette donation fut acceptée de la part de l'Ordre par Frere Pierre Gerard, Commandeur des Maisons de Quercy, & Frere Geraud de Baras, Grand Commandeur des Maisons du côté de la mer, ainsi que porte le titre de cette donation : ce qui se doit entendre apparemment de la premiere dignité de l'Ordre après la Grande Maîtrise, & attachée par préférence à la Langue de Provence. Ce fut dans le Chapitre de la Tronquiere que Guillaume de Villaret devenu Grand Maître, donna l'Habit & la Croix de l'Ordre à plusieurs filles de qualité qui s'étoient dévouées dans cet Hôpital au service des pauvres, & il y établit pour Prieure, Aigline de Themines fille des Fondateurs. Ce Grand Maître soumit cette Maison à la visite du Grand Prieur

---

* L'ancienne Maison de Themines après être fondue successivement dans celles de Cardaillac & de Penne, est passée dans celle de Lausiere, d'où est sorti à la fin du seiziéme siecle Pons de Lausiere Themines, Chevalier des Ordres du Roi, Maréchal de France, Sénéchal & Gouverneur de la Province de Quercy.

de saint Gilles, & fit plusieurs autres reglemens aufquels Aigline & quatre autres Dames députées de la Communauté, & qui s'étoient rendues à la Tronquiere, se soumirent: ce qui fut depuis ratifié dans une assemblée particuliere de leur Chapitre.

GUILLAUME DE VILLARET.

On ignore le tems de la fondation de la Maison de Martel située dans la Ville de ce nom, & qui a porté long-tems celui d'Hôpital de la vraye Croix. A l'égard d'une autre Maison de l'Ordre appellée Fieux, Jourdaine de Villaret sœur du Grand Maître, & de Foulques de Villaret Chevalier de l'Ordre, en étoit alors la premiere Prieure, comme on le peut voir dans le catalogue des Superieures de cette Maison. Mais comme elle a été depuis réunie à celle de Beaulieu, nous ne nous y arrêterons pas; il suffit de remarquer que dans ces trois Maisons, aussi-bien que dans celle de Toulouse, qui est d'une fondation moderne, & dans toutes celles de l'Ordre, en quelque contrée qu'elles fussent situées, la naissance des dames Religieuses doit être très-noble, & qu'on éxigeoit à leur égard, les mêmes preuves que pour les Chevaliers.

Leur habillement consistoit dans une robe de drap rouge avec un manteau de drap noir, & sur lequel on attachoit une Croix de toile blanche à huit pointes, usage qui a varié en differentes Provinces & en differens siecles, & dont nous rapporterons les motifs dans la suite de cette Histoire.

Ce fut à la fin de ce même siecle, & pendant le Magistere de Guillaume de Villaret, que le Pape Boniface VIII. considerant la perte que cet Ordre militaire avoit faite de tous ses biens dans la Palestine, pour le mettre en état de continuer ses

In Arch. Vatic. ex regist. Bon. 8. t. 2. fol. 308.

armemens, unit à la manse magistrale la célèbre Abbaye de la sainte Trinité de Venouse dans le Royaume de Naples. Ce Pape par sa Bulle de l'an 3. de son Pontificat, declare qu'il a été porté à supprimer les moines qui occupoient cette Maison à cause du dereglement de leurs mœurs, & que par une raison contraire, il a jugé à propos d'en gratifier les Hospitaliers qui exposoient tous les jours leurs vies pour conserver celles des pelerins, & leur assurer le chemin de la Terre Sainte. Ce fut presque en même tems, & par un pareil motif, que Henry Marquis de Hochberg, de la Maison de Bade, avant que d'entrer dans l'Ordre des Templiers, donna aux Hospitaliers sa Seigneurie de Heïterseïm située proche Fribourg, résidence des Grands Prieurs d'Allemagne. Cette donation fut confirmée vingt ans après par Henry & Rodolphe Marquis de Hochberg, comme on le peut voir dans les Preuves.

Le Grand Maître se rendit à Rome pour remercier le Pape de ses bien-faits; & après avoir reçû sa benediction, il en partit pour l'Isle de Chypre, & arriva heureusement à Limisso, & dans la Maison Chef-d'Ordre, résidence du Couvent. Il y étoit attendu avec impatience, non-seulement par la prévention où l'on étoit de sa sagesse & de sa capacité dans le gouvernement; mais encore dans l'esperance que par sa presence & par ses soins, il donneroit un nouveau degré de chaleur au projet d'une ligue qu'on proposoit pour chasser les Sarrasins de la Terre Sainte.

1300. Gazan, fils d'Argun, dont nous avons parlé, Khan des Tartares-Mogols, Roi de Perse, & un des descendans ou des successeurs de Genchizcan, étoit à la tête de cette ligue. Pachimére Historien grec & contemporain, nous fait un portrait de ce Tartare qui est trop beau, s'il est fidele, pour ne pas trouver ici sa place: » Quand ce Prince, dit » cet Historien, monta sur le Thrône, il jetta les » yeux sur l'histoire de Cyrus & d'Alexandre le » Grand, pour en tirer le modele de sa conduite. Il » admiroit sur-tout les grandes qualitez du vain- » queur de Darius. Dans les expeditions militaires, » il se servoit volontiers des Yberiens, & c'étoit, » dit cet Historien, autant pour la pieté sincere de » cette Nation, & pour son attachement fidele à la » Religion Chrétienne, que pour le courage intré- » pide qu'ils faisoient paroître dans les combats. » Comme il sçavoit que la Croix est le trophée des » Chrétiens, il la mit au haut de ses enseignes, » & ce fut sous la protection de ce signe de notre » salut, qu'il emporta de celebres victoires sur le » Sultan d'Egypte. Il entra dans la Palestine; & » pour gratifier les Yberiens qui étoient dans son » armée, il attaqua même la ville de Jerusalem, » & peu s'en fallut qu'il ne délivrât le tombeau du » Sauveur de la tyrannie des Infideles.

Il n'y a personne qui en lisant ce trait de l'histoire de Pachimere, ne se persuade que Gazan étoit chrétien. Mais tous les autres Ecrivains de sa Nation, Arabes, Persans, Poëtes & Historiens soutiennent que ce Prince étoit né Payen & Idolâtre, comme la plûpart des Tartares de ce tems-là; qu'il se fit depuis Mahometan pour s'accommoder à la religion du plus grand nombre de ses su-

GUILLAUME DE VILLARET.

Pachim. l. 2.

Voyez la Bibliotheque Orientale sur le mot Gazan.

jets qui faisoient profession de cette secte, & qu'à la ceremonie de la circoncision, il prit le nom de Sultan Mahmoud. L'origine de l'erreur des Historiens chrétiens peut venir de ce que ce Tartare avoit épousé une Princesse chrétienne, d'une rare beauté, fille de Livron ou de Leon Roi d'Armenie, & que ce Prince, par complaisance pour la Reine sa femme, lui avoit laissé dans le Palais, l'exercice public de sa Religion : ce qui a pû faire croire aux Missionaires & aux voyageurs, que Gazan lui-même étoit chrétien. Quoi qu'il en soit, il y avoit déja quelque tems, & avant la disgrace arrivée à Henry Roi de Chypre, qu'il s'étoit formé une ligue entre ce Prince Tartare, le Roi d'Armenie, son beau-pere & son voisin, le Roi de Chypre, Amauri de Lusignan son frere, & les Ordres des Hospitaliers & des Templiers qu'on regardoit en Orient comme la principale force & l'unique ressource des Chrétiens.

Chap. 43.

Haïton Seigneur de Curchy, neveu, d'autres disent seulement parent du Roi d'Armenie, témoin oculaire de ces guerres, nous en a laissé une relation assez exacte dans son histoire de Tartarie. C'est de cet Auteur que nous apprenons tous les avantages que les Princes liguez eurent sur les Sarrasins. Ils défirent d'abord Nazér Sultan d'Egypte, & lui enleverent, après cette victoire, la celebre ville de Damas, & ensuite la meilleure partie de la Syrie. Les Hospitaliers, qui, dans cette ligue, n'avoient pour objet que de chasser les Infideles de la Terre Sainte, y rentrerent sans obstacle à la tête d'un corps de cavalerie, que Gazan leur donna

pour

pour les foutenir. Ils trouverent le pays ouvert, les Villes, ou pour mieux dire, de fimples bourgades, fans fortifications; Jerufalem fans murailles & fans habitans chrétiens; perfonne en apparence qui s'opposât à leurs conquêtes : mais ce qui en caufoit la facilité, produifit dans la fuite l'impoffibilité de s'y maintenir. Les Sarrafins, après la prife de faint Jean d'Acre, avoient razé les fortifications de toutes les Places de la Paleftine, en forte que ce Royaume n'étoit plus qu'un grand pays expofé à la domination du plus puiffant & de celui qui pouvoit tenir la campagne.

GUILLAUME DE VILLARET.

Les Hofpitaliers charmez d'avoir pû pénetrer jufques dans la Ville fainte, fongeoient pour s'y maintenir à en relever les murailles. Mais le Khan des Tartares ayant été obligé de repaffer l'Eufrate, de rentrer en Perfe, & de marcher contre des rebelles qui s'étoient prévalus de fon abfence; ce Prince rappella de la Paleftine les troupes qu'il avoit foumifes aux ordres des Hofpitaliers; & après leur retraite, il n'y eut pas moyen, avec les feules forces de la Religion, de tenir la campagne contre les armées des Sarrafins.

En effet leur Soudan, après la retraite des Tartares, rentra dans la Paleftine, & au bruit de fa marche à la tête d'un puiffant corps de troupes, & fur les nouvelles qu'il s'avançoit droit vers Jerufalem, les Hofpitaliers qui y étoient entrez en conquerans, furent obligez d'en fortir prefqu'en pelerins.

Cependant Gazan ayant pacifié affez promptement les troubles qui s'étoient élevez en fon ab-

1300.

GUILLAU-ME DE VIL-LARET.

fence dans la Perse, reprit ses premiers desseins contre le Soudan d'Egypte. L'habile Tartare, en rétablissant les Chrétiens latins dans la Palestine, n'avoit en vûë que de s'en servir dans la suite, comme d'une barriere pour empêcher les Sarrasins d'Egypte d'avoir désormais aucune communication avec la Syrie. Mais ayant reconnu dans la campagne précedente, le peu de forces des Rois de Chypre & d'Armenie, & que les Ordres militaires ne pourroient pas résister seuls à la puissance du Soudan, il jugea bien que pour chasser également les Sarrasins de la Syrie & de la Palestine, & afin que les Chrétiens se pussent maintenir dans ce dernier Royaume, il falloit interesser dans cette guerre les Princes d'Occident, & attirer dans le Levant quelque Croisade semblable à la premiere & à celle de Godefroy de Bouillon, qui les avoit chassez de la Palestine.

Tel fut le motif d'une celebre Ambassade qu'il envoya au Pape Boniface VIII. & qui passa depuis en France. Il est vrai qu'il y a des Historiens qui attribuent cette négociation à Mahomet Gayateddin, appellé autrement Algiaptou, frere & successeur de Gazan. Les Persans, dans leur langue, nommoient ce dernier *Chodabenda*, c'est-à-dire, Serviteur de Dieu: l'Historien Haïton l'appelle *Carbaganda*, il dit qu'il étoit né d'une mere chrétienne, qu'il avoit été baptisé & nommé Nicolas, mais qu'après la mort de sa mere, il se fit Musulman. Quoi qu'il en soit de l'auteur de cette Ambassade, celui qui en étoit chargé, étant arrivé à Rome, pria le Pape de la part du Khan son maître, d'engager les plus puissans Princes de sa Communion, à joindre une partie de leurs forces aux armées qu'il avoit sur pied, pour chasser de concert les Sarrasins de la Syrie & de la Palestine, & il offroit de laisser aux Chrétiens latins la possession entiere de la Terre Sainte.

Cet Ambassadeur, pour faire mieux goûter ses propositions, insinuoit adroitement que le Khan son maître n'étoit pas éloigné d'embrasser la Religion chrétienne : * artifice peut-être nouveau en ce tems-là, & trop usé en celui-ci, mais qui sert au moins de preuve que ce Prince étoit ou payen ou Mahometan.

Malheureusement pour le succès d'une si grande entreprise, le Pape étoit alors dans les plus violens accès de cette haine implacable qu'il portoit à Philippe le Bel, Roi de France, qu'il comparoit injurieusement à l'idole de Bel, ou de Baal, par une allusion ridicule & pleine d'ignorance de ce terme Phénicien. Le sujet de cette haine venoit de ce que Philippe refusoit hautement de reconnoître cet empire absolu & despotique, que Boniface s'attribuoit sur tous les Etats chrétiens. Il convenoit à la verité, que les Souverains dans leurs Etats étoient maîtres du temporel ; mais il prétendoit avoir droit de connoître des differends qui naissoient entr'eux, sous prétexte qu'il s'agissoit, disoit-il, de sçavoir s'ils pouvoient sans peché,

Spicil. t. 11. p. 609.

---

* Parisius ipsa hebdomada Paschæ venerunt ad Regem Franciæ Nuntii Tartarorum dicentes, quòd si Rex & Barones gentes suas in Terræ Sanctæ subsidium destinarent, eorum Dominus Tartarorum Rex Sarracenos totis viribus expugnaret, & tam ipse quàm populus suus efficerentur libenti animo Christiani. *Contin. Chron. de Nangis ad ann. 1303.*

GUILLAU-ME DE VIL-LARET.

faire la guerre en certaines conjonctures. A la faveur de cette distinction captieuse, le nouveau Casuiste vouloit attirer à son tribunal la connoissance & le jugement absolu de tous leurs differends, & il menaçoit ceux qui refuseroient de s'y soumettre, de les excommunier, de mettre leurs Etats en interdit, & d'absoudre leurs sujets du serment de fidelité. C'étoit le chemin le plus court pour parvenir à une Monarchie universelle ; malheureusement pour le succès de pareilles prétentions, ce Pontife se vit en tête, dans la personne de Philippe le Bel, un Prince puissant, naturellement fier & impérieux, infiniment jaloux des droits de sa Couronne, bien instruit de ceux des Papes, & qui en leur rendant ce qui étoit dû au Chef visible de l'Eglise, soutenoit avec une fermeté invincible, que ces Pontifes n'avoient, à l'égard des Souverains de la Chrétienté, qu'une autorité purement spirituelle ; même que cette autorité n'étoit que ministerielle, & qu'ils devoient gouverner l'Eglise de Jesus-Christ suivant les Canons des Conciles généraux.

Boniface irrité de trouver cet obstacle à l'établissement de sa chimere, avoit suscité de tous côtez des ennemis contre la France, & contre la personne même du Roi. C'est à ce Pontife qu'on attribue la révolte des Flamands, & la guerre des Anglois. Ainsi, pendant que ces ennemis declarez attaquoient la frontiere de ce Royaume, le souverain Pontife n'oublioit rien pour exciter des seditions dans l'interieur de l'Etat, & même pour distraire le Clergé seculier & régulier de l'obéissance qu'ils devoient à leur Souverain.

Tel étoit la disposition de Boniface, lorsque l'Ambassadeur du Khan des Tartares arriva à Rome. L'imperieux Pontife saisit avec joye ce prétexte de signaler son prétendu pouvoir sur la personne du Roi & sur ses sujets.

Dans les premieres Croisades, les Papes à l'égard des Souverains, ne s'étoient jamais servis que de la voye de priere & d'exhortation. Dans la suite, & quand ils en trouverent l'occasion, pour se débarasser des Princes qui faisoient ombrage à leur puissance, ils les y engagerent par des motifs de pénitence, & quelquefois sous peine d'excommunication. Par ces menaces des foudres de l'Eglise, ils se firent comme un droit de la Papauté, d'exiler les plus grands Princes en Orient, quoique toujours sous le prétexte de délivrer la Terre Sainte de la domination des Infideles. Ce fut dans ces vûes que Boniface dépêcha l'Evêque de Pamiers au Roi. Ce Prélat animé de l'esprit & de la fierté de son maître, parla moins à ce Prince en ambassadeur & en ange de paix, que comme un Hérault envoyé pour lui déclarer la guerre.

Il lui dit que l'intention du Pape étoit qu'il fît incessamment le voyage d'outre-mer à la tête de toutes les forces de la France, & qu'il joignît ses troupes à celles du Roi de Perse pour chasser les Sarrasins de la Syrie & de la Palestine. Boniface, sous prétexte d'un motif si pieux, ne cherchoit qu'à éloigner le Roi de ses Etats pour pouvoir en son absence y établir sa prétendue puissance temporelle. Mais outre que la fierté & l'insolence de son Nonce, quoique François, n'étoit que

GUILLAU-
ME DE VIL-
LARET.

trop capable de lui faire rejetter les propositions du Pape, ce Pontife avoit à faire à un Prince infiniment jaloux, comme nous le venons de dire, des droits souverains de sa Couronne, très éclairé sur ses véritables interests, naturellement ménager, & même si avide d'argent, qu'on a reproché à sa mémoire qu'il n'avoit pas toujours employé des moyens justes pour en amasser. Ainsi bien loin d'être d'humeur de faire la dépense nécessaire pour une expedition de si long cours, on prétend qu'il manquoit même alors de fonds pour soutenir les guerres que le Pape lui avoit secretement suscitées.

On soupçonnoit même Boniface de vouloir armer contre la France. Il couroit des bruits que les Templiers avoient offert leurs services à ce Pontife, & qu'ils lui avoient même fourni des sommes considerables pour commencer la guerre. Ainsi Philippe bien loin de songer dans une pareille conjoncture à s'éloigner de ses Etats, en fit sortir le Nonce du Pape qui lui avoit parlé avec tant de hauteur & d'insolence ; & par sa retraite, l'Ambassadeur du Khan qui étoit venu exprès en France, vit échouer sa négociation.

Les Hospitaliers n'apprirent qu'avec beaucoup de douleur le mauvais succès de cette ambassade : ils voyoient que l'esperance de rentrer dans la Terre Sainte s'éloignoit de plus en plus. Ils étoient même desagréablement dans l'Isle de Chypre par rapport au Roi, Prince avare & ombrageux, & qui les vouloit assujettir, comme nous l'avons dit, à des tributs, quoiqu'ils n'en eussent jamais payé d'autres sous les Rois de Jerusalem, que celui de leur sang qu'ils répandoient tous les jours si généreusement pour la défense des Chrétiens.

GUILLAU-
ME DE VIL-
LARET.

La mort surprenante de Boniface, qui mourut de chagrin d'être tombé au pouvoir & entre les mains des François, fit esperer aux Hospitaliers qu'on verroit bien-tôt sur le saint Siege un Pontife plus religieux, & qui au lieu d'entretenir la division entre les Princes chrétiens, comme avoit fait Boniface, employeroit au contraire la consideration que lui donneroit sa dignité pour les porter à se réunir, & à former une nouvelle Croisade.

1303.

En effet les Cardinaux, onze jours après le décès de Boniface, mirent en sa place Nicolas Bocassini de l'Ordre des Dominicains, Cardinal & Evêque d'Ostie, Prélat d'une vie sainte, & d'un profond sçavoir. Il prit le nom de Benoist XI. & il ne fut pas plutôt sur le saint Siege, qu'il témoigna un grand empressement de faire passer de puissans secours, & un armement considerable dans l'Orient. Mais de si pieuses dispositions n'eurent point de suite par la mort de ce Pontife, qui ne fut que huit mois sur la Chaire de saint Pierre.

Le Conclave fut assemblé à Perouse où il dura près d'un an, & on avoit lieu de craindre qu'il ne finît pas si-tôt par la mesintelligence des Cardinaux divisez en deux factions, & déterminez à ne consentir jamais à l'élection d'aucun de ceux qui étoient dans le Conclave. Le Cardinal François Gaëtan neveu de Boniface, & qui en avoit herité la haine contre le Roi & contre les Cardinaux Colonnes partifans de la France, étoit à la tête de l'une de ces factions. L'autre parti dévoué au Roi, avoit pour chef le Cardinal Dupré ami intime des deux Cardinaux Colonnes, que Boniface pendant fon pontificat, & en haine de la France, avoit cruellement perfecutez, auffi-bien que toute leur Maifon.

Les Cardinaux qui étoient enfermez dans le Conclave, s'affembloient tous les jours, conferoient tantôt en public & tantôt en particulier, & les plus adroits tâchoient de gagner quelques fuffrages dans la faction contraire.

Le Cardinal Dupré habile dans ce genre d'efcrime, & confommé dans la politique, s'adreffant un jour au Cardinal Gaëtan : « Nous faifons un » grand mal, lui dit-il avec une ingenuité apparen- » te, & nous caufons un grand préjudice à l'Eglife de » la priver fi long-tems de fon Chef. Il ajouta que puifqu'ils ne pouvoient convenir d'aucun Cardinal pour en faire un Pape, il falloit néceffairement choifir hors du Conclave un fujet digne de remplir cette grande place ; & que pour faciliter cette election, il étoit d'avis qu'une des deux factions nommât à fon choix trois Archevêques d'au de-là des Monts, & que l'autre faction feroit en droit dans le terme de quarante jours de choifir pour Pape celui des trois qui lui conviendroit le mieux. Gaëtan lui répondit que la partie n'étoit pas égale, & qu'il n'y avoit perfonne qui ne jugeât que la faction qui nommeroit les trois Candidats, n'eût beaucoup d'avantage ; puifque par fa nomination, elle feroit fûre d'avoir pour Pape une de fes créatures.

Le

Le Cardinal Dupré en convint; mais il lui repartit que pour lui faire voir combien lui & les Cardinaux de son parti souhaitoient sincerement de finir le scandale que leurs divisions causoient dans l'Eglise, ils étoient prêts de ceder cet avantage aux Cardinaux de sa faction; que ceux de son parti consentiroient volontiers qu'ils nommassent les trois sujets papables, & que de leur côté, ils ne se réserveroient que le seul droit de choisir au moins parmi trois de leurs créatures, celui qu'ils croiroient le plus digne, & qui leur seroit moins désagréable.

Le neveu de Boniface communiqua à sa faction ce projet qu'il attribuoit à l'impatience que Dupré & les vieux Cardinaux avoient de sortir du Conclave : & après l'avoir fait approuver par les Cardinaux de son parti, il s'en fit un traité solemnel qui fut signé par tous les Cardinaux, & en consequence, Gaëtan nomma trois Archevêques ultramontains, tous trois créatures de son oncle, & qui pendant le Pontificat de ce Pape, avoient épousé ses interêts contre le Roi. Le premier de ces trois Archevêques étoit celui de Bordeaux, qui s'appelloit *Bertrand de Got*, Prélat d'une grande Maison d'Aquitaine, mais attaché à ses plaisirs, dévoré d'ambition, ami intime de Gaëtan dont il avoit toute la confiance, & sujet du Roi d'Angleterre, qui étoit alors Duc d'Aquitaine. D'ailleurs ce Prélat étoit ennemi de Philippe le Bel, & particulierement de Charles de Valois, frere de ce Prince, qui pendant les guerres entre les François & les Anglois, avoit ravagé les Châteaux

& les Terres de son frere & de ses plus proches parens. Cependant ce fut sur ce Prélat que le Cardinal Dupré jetta les yeux pour en faire un Pape. Il le connoissoit à fond, & il ne douta point qu'un homme de son caractere ne sacrifiât sans peine à son élevation ses anciens amis & ses premiers bienfaiteurs. Il se persuada même qu'il ne seroit peut-être pas difficile, pendant que l'Italie étoit désolée par les factions & par les guerres des Guelphes & des Gibelins, de retenir en France un homme ambitieux, vain, & qui seroit charmé de se montrer à ses parens & à ses compatriotes dans ce haut degré de puissance où la tiare l'alloit élever. Le Cardinal Dupré fit part de ces vûes au Roi Philippe le Bel par un courier qu'il lui dépêcha secretement, & qui arriva de Perouse à Paris en onze jours. Il envoya à ce Prince le traité fait entre les deux factions, & lui marquoit par sa Lettre, qu'il n'étoit question que de prendre bien ses sûretez avec l'Archevêque de Bordeaux, qui pour parvenir au souverain Pontificat, se soumettroit sans peine à toutes les conditions qu'il en voudroit exiger.

Le Roi ayant lû ces dépêches & le traité fait entre les Cardinaux, sentit bien tout l'avantage qu'il en pouvoit tirer. Il écrivit aussi-tôt à l'Archevêque de Bordeaux, qu'il avoit des affaires de consequence qui le regardoient directement, à lui communiquer. Il lui marquoit en même tems qu'il se trouvât un certain jour qu'il lui désigna, dans une Abbaye située au milieu d'une forêt proche saint Jean d'Angeli, où il ne manqueroit pas de fon côté de fe rendre le même jour : mais qu'il exigeoit fur-tout un profond fecret.

L'un & l'autre furent exacts au rendez-vous; l'entrevûe fe fit le matin dans l'Eglife de l'Abbaye. Philippe après avoir entendu la Meffe, exigea de l'Archevêque un ferment, qu'il fit en mettant la main fur l'Autel, de garder inviolablement le fecret qu'il alloit lui confier. Après cette précaution, il lui déclara qu'il étoit maître de le faire Pape, & pour l'en convaincre, il lui communiqua le traité fait à Peroufe entre les Cardinaux, avec l'endroit des Lettres de Dupré, où le Cardinal en fon nom, & au nom des Cardinaux de la faction de France, remettoit au choix du Roi, celui des trois Archevêques qu'il jugeroit digne de la tiare.

L'Archevêque de Bordeaux ayant lû avec étonnement ces actes, fe jetta aux pieds du Roi, & les embraffant avec un tranfport qui fe comprent mieux qu'on ne le peut exprimer, il lui demanda pardon de fa conduite paffée. » Je vois bien, Sire, » lui dit-il, que vous voulez me rendre le bien » pour le mal. Si je fuis affez heureux pour parve-» nir à la Papauté, je vous conjure d'être perfuadé » que vous en partagerez toute l'autorité : & je fuis » prêt de vous en donner toutes les affurances que » vous pourrez exiger pour un fi grand bien-fait.

Le Roi le releva avec bonté, & l'ayant embraffé en figne d'une parfaite réconciliation, il lui dit que quand il feroit fur la Chaire de faint Pierre, il fouhaitoit qu'il lui accordât fix graces, toutes juftes, dit-il, & qui n'alloient qu'au bien de l'Eglife & de fon Etat ; mais qu'il en vouloit être affuré avant que

GUILLAUME DE VILLARET.

de prendre avec lui des engagemens plus particuliers. Les deux premieres conditions que ce Prince lui propofa ne regardoient que les differends qu'il avoit eus avec le Pape Boniface, & dont il prétendoit qu'il caffât tous les actes faits contre lui, contre les Cardinaux Colonnes & fes principaux fujets. Il demanda pour troifiéme condition qu'il lui promît de condamner la mémoire de Boniface, & de faire brûler fes os, comme on en ufoit à l'égard des athées ou des heretiques. Le quatriéme article concernoit les intérêts des Cardinaux Colonnes que Boniface, en haine de leur attachement pour la France, avoit dégradez de leur dignité : le Roi exigeoit qu'ils fuffent rétablis avec une reftitution entiere de tous leurs biens. Philippe pour cinquiéme condition demanda la permiffion de lever des décimes fur le Clergé de France pendant cinq ans confecutifs. La fixiéme condition ne devoit être déclarée qu'après la cérémonie du couronnement du futur Pape. » Mais je veux, dit » le Roi, que pour fureté de vos promeffes, vous » en faffiez des fermens folemnels fur le faint Sa- » crement, & de plus que vous me donniez en » ôtage votre frere & vos deux neveux, que je con- » duirai à Paris fous prétexte de les réconcilier » avec le Comte de Valois mon frere, & je les y » retiendrai jufqu'à l'entiere execution de votre pa- » role. C'eft à préfent à vous, ajouta le Roi, à voir » fi ces conditions vous conviennent.

L'ambitieux Prélat yvre de joye & d'efperance, promit tout, & en fit des fermens folemnels fur le faint Sacrement. Il manda en même tems fon frere & ses neveux qu'il remit au Roi. Ce Prince aussi-tôt dépêcha un courier au Cardinal Dupré, & à ceux de sa faction pour leur donner avis qu'il avoit pris avec l'Archevêque de Bordeaux toutes les sûretez nécessaires pour ses interêts & pour ceux de la Maison Colonne ; qu'il amenoit actuellement à Paris le frere & les deux neveux de l'Archevêque, & qu'ils pouvoient sans differer plus long-tems l'élire pour Pape. Le Roi & ce Prélat se séparerent également contens l'un de l'autre, & le courier de ce Prince arriva à Perouse cinq jours avant l'expiration du terme dont on étoit convenu par le traité. Le Cardinal Dupré instruit des intentions du Roi, les communiqua aux autres Cardinaux partisans de la France, & ils déclarerent ensuite à ceux de la faction contraire qu'ils étoient prêts d'exécuter leur parole, & de choisir pour Pape un des trois Archevêques qui leur avoient été proposez. Il se fit une assemblée solemnelle dans la Chapelle du Conclave : on commença après l'invocation du saint Esprit par ratifier de nouveau le traité fait pour l'élection. Le Cardinal Dupré nomma ensuite pour Vicaire de Jesus-Christ Bertrand de Got Archevêque de Bordeaux : ce qui fut suivi des acclamations de tout le sacré College, & sur-tout de la part du neveu & des créatures de Boniface, qui ignoroient ce qui s'étoit passé entre le Roi & l'Archevêque, & qui se flattoient d'avoir un Pape de leur parti, & ennemi de ce Prince.

Mais ce Prélat n'eut pas plutôt reçu le decret de son élection, que dans les transports de joye

GUILLAUME DE VILLARET.

que lui caufoit un bonheur fi inefperé, il laiffa échaper le fecret de fa réconciliation avec le Roi de France. On n'en douta même plus quand on vit qu'il avoit convoqué à Lion tout le College des Cardinaux pour la cérémonie de fon couronnement, que Philippe honora de fa préfence.

Ce fut à ce qu'on prétend après cette grande cérémonie, que ce Prince déclara au Pape la fixiéme des conditions qu'il avoit exigées de lui dans leur entrevûe, & qu'il s'étoit réfervée de lui expliquer après fon couronnement. Ce Pontife fut bien furpris d'apprendre que cette condition renfermoit l'extinction & l'abolition de l'Ordre entier des Chevaliers du Temple. Le Roi pour autorifer la juftice de fa demande, lui dit qu'ils étoient coupables des crimes les plus affreux, & qu'il en avoit de bonnes preuves. Clément pour fatisfaire à fes engagemens, l'affûra qu'il alloit travailler à faire faire des informations fecretes, & qu'il le prioit de lui faire communiquer de fon côté ce qu'il avoit de preuves contre ces Chevaliers.

Le nouveau Pontife après fon couronnement, déclara que tant que l'Italie feroit déchirée par les factions des Gibelins & des Guelphes, il refteroit en France. Il prit enfuite le chemin de Bordeaux, & paffa par Mâcon, Brives, Bourges & Limoges. Le Continuateur de Nangis rapporte fur l'année 1305, que ce Pontife en traverfant ces Diocefes, pilla, foit par lui-même, foit par fes fatellites tous les biens des Eglifes, & des Beneficiers qui fe trouverent fur fon paffage ; en forte que l'Archevêque de Bourges fe vit réduit, pour vivre chaque jour, à la nécessité d'assister à tous les Offices du Chœur, comme un simple Chanoine, afin d'avoir part aux distributions manuelles. *

Les Cardinaux Italiens ne furent pas long-tems sans se repentir d'avoir élevé au Pontificat un Prélat François, si avide d'argent. Ils jugerent bien que si la tiare restoit long-tems en France, ils n'auroient pas beaucoup de part au gouvernement, & par consequent aux trésors de l'Eglise. Le Cardinal Mattheo-Rosso des Ursins, Italien, & ennemi des François, outré de se voir la duppe du Cardinal Dupré, le rencontrant un jour dans l'anti-chambre du Pape : " Vous êtes venu à bout de " vos desseins, lui dit-il avec un souris amer, & " nous voilà transplantez au de-là des monts; mais " où je connois mal le caractere des Gascons, ou " je serai bien trompé si on revoit de long-tems le " saint Siege à Rome.

Cette capitale du monde chrétien, autrefois la maîtresse & la souveraine des Nations, par l'éloignement de la Cour Romaine perdoit le peu qui lui étoit resté d'éclat de son ancien Empire. Tous les Italiens gémissoient de cette translation que la plûpart, par rapport au tems qu'elle a duré, ont comparée à la *Transmigration* de Babilone. Il y a eu même des Historiens qui n'ont point fait de scrupule d'attribuer cette translation à l'atta-

* Papa Clemens circà Purificationem Beatæ Mariæ à Lugduno recedens Burdegalis per Matisconem, Brivatum, Bituricas.... & Lemovicas iter faciens, tam religiosorum quàm sæcularium Ecclesias & Monasteria tam per se quàm per suos satellites deprædando, multa & gravia intulit eis damna : & frater Ægidius, Bituricensis Archiepiscopus per hujusmodi deprædationes ad tantam devenit inopiam, quòd tanquam unus de suis simplicibus Canonicis, ad percipiendum quotidianas distributiones pro vitæ necessariis Horas ecclesiasticas frequentare coactus sit.

chement que ce Pontife avoit pour la Comtesse de Perigord, fille du Comte de Foix, Princesse d'une rare beauté, & dont apparemment il eut de la peine à se séparer. Les mêmes Auteurs l'accusent, pour satisfaire son avarice, d'un honteux commerce des choses saintes. *

Peut-être que le Lecteur trouvera que nous sommes entrez dans un trop grand détail des intrigues de ce Conclave ; mais on a cru, par rapport aux faits qui suivent, que nous ne pouvions nous dispenser de représenter le caractere de ce Pape, & de rapporter les causes secretes de la complaisance qu'il eut depuis pour la plûpart des desseins de Philippe le Bel, tant à l'égard des Templiers que des Hospitaliers de saint Jean.

Ce nouveau Pontife voulant signaler son zele par quelque entreprise d'éclat, & qui fût du gout de son siecle, proposa de faire passer une Croisade en Orient pour le recouvrement de la Terre Sainte. Dans cette vûe, & pour être instruit des forces des Infideles ; peut-être aussi pour être éclairci des accusations que le Roi de France avoit intentées contre les Templiers, il fit sçavoir aux deux Grands Maîtres qu'ils eussent à se rendre incessamment

GUILLAUME DE VILLARET.

Hist. de M. l'Abbé Fleuri Liv. 92. pag. 239.

---

* Questo Papa fuè huomo molto cupido di moneta è simoniaco che ogni Benefitio per moneta in sua corte si vendea è fuè lusuriosò, si dicea che tenea per amica la Contessa di Paragorgo bellissima dona figliuola del Conte di Foy. *Giovan Villani Liv. 9. ch. 58.*

Papa, ut chronica referunt, fuit nimis cupiditatibus deditus ; propter quod scelus simoniæ maximè à canonibus detestatum & punitum, multùm viguit in curia sua circà Beneficia. Quod autem quidam dicunt in Papam non posse cadere simoniam, beatus Thomas hos reprobat : insuper & minus honestæ vitæ fuit ; & communiter dicebatur cum quadam comitissâ pulcherrima muliere contubernium habere. *Sanctus Antoninus Flor. Archiep. de Concilio Viennensi, tit. 21. §. 3.*

auprés

auprès de lui avec les principaux Chevaliers des deux Ordres.

« Les Rois de Chypre & d'Armenie, dit-il dans sa Lettre au Grand Maître des Hospitaliers, nous sollicitent puissamment de leur procurer quelque secours. C'est pourquoi nous avons résolu d'en déliberer avec vous, & avec le Maître du Temple : vû principalement que par la connoissance que vous avez du pays, vous pourrez mieux que tous les autres nous conseiller sur la maniere de conduire cette entreprise; outre qu'après l'Eglise Romaine personne n'est plus interessé que vous dans le succès. Nous vous ordonnons donc de vous préparer à venir ici le plus secrettement que vous pourrez, & avec le moins de suite ; puisque vous trouverez de-çà la mer un assez grand nombre de vos Chevaliers pour vous accompagner. Mais ayez soin de laisser dans l'Isle de Chypre un bon Lieutenant, & des Chevaliers capables de défendre la Ville de votre résidence ; en sorte que votre absence qui ne sera pas longue, ne porte aucun préjudice aux affaires de votre Ordre. Cependant ne laissez pas d'amener avec vous quelques Chevaliers, que leur sagesse, leur experience & leur zele rendent capables de nous donner conjointement avec vous d'utiles conseils. Cette Lettre est dattée de Bordeaux le six de Juin 1306. »

Le Grand Maître des Hospitaliers étoit en mer quand cette Lettre lui fut envoyée de l'Isle de Chypre, où elle avoit été adressée. Il récrivit aussi-tôt au Pape pour s'excuser s'il ne faisoit pas aussi promptement ce voyage que Sa Sainteté sembloit le souhaitter : & il s'en dispensa sur une entreprise qu'il avoit formée, & à laquelle il étoit actuellement attaché. Les Hospitaliers rebutez des mauvais traitemens qu'ils recevoient du Roi de Chypre, de la dureté de sa domination, & se voyant d'ailleurs comme releguez dans un Bourg, & sans un port si nécessaire à leurs armemens, étoient convenus d'abandonner un séjour si incommode, dans le dessein de se rendre maîtres dans le voisinage de la Terre Sainte de quelque Isle où l'Ordre, sans avoir à répondre qu'à ses Superieurs, pût aller à la mer, & remplir les obligations & les devoirs de son état.

Le Grand Maître, l'esprit rempli d'un aussi grand dessein, & qu'il tenoit fort secret, jetta les yeux sur l'Isle de Rhodes peu éloignée de la Palestine, & qui avoit un port excellent. Cette Isle de la dépendance de l'Empire de Constantinople, s'étoit sentie, comme la plûpart de celles de l'Archipel, de la révolution arrivée dans cette Capitale par la conquête qu'en avoient fait les François & les Venitiens. Les Génois de leur côté s'étoient emparez de la plûpart des Cyclades & des Sporades. Rhodes & les petites Isles qui en dépendent étoient tombées au pouvoir de ces Républicains pendant l'absence d'un Seigneur Grec appellé Jean de Gabales, qui en étoit Gouverneur. Vatace dont nous avons déja parlé, & qui dans le démembrement de l'Empire, s'en étoit érigé un particulier dont Nicée étoit la Capitale ; chagrin de voir que les Princes Latins emportassent tous les jours quelques morceaux de l'Empire Grec, avoit envoyé en l'an 1249, Jean Catacuzéne son grand Echanson avec une puissante flotte pour chasser les Génois de l'Isle de Rhodes. Ce Général Grec aborda dans l'Isle, & y débarqua ses troupes sans obstacle. Heureusement pour les Génois, Guillaume de Villehardouin Seigneur François & Prince de l'Achaye, & Hugues Prince de la Maison de Bourgogne, passant en ce tems-là par Rhodes pour se rendre auprès du Roi saint Louis qui étoit dans l'Isle de Chypre, laisserent aux Génois un corps de troupes qui leur aiderent à chasser les Grecs. Vatace le plus habile Prince de son siecle, profitant depuis de la consternation où ils trouverent les Latins par la prison de saint Louis chef de la Croisade, envoya à Rhodes Theodore Protosebaste qui reconquit cette Isle sur les Génois. Les Grecs y rétablirent leur autorité; mais cet Empire tombant en décadence, des Seigneurs de la Maison de Gualla, Gouverneurs de Rhodes s'érigerent insensiblement en Princes de cette Isle; & pour se fortifier contre leurs Souverains, ils la peuplerent d'un grand nombre de Marchands & d'habitans Turcs & Sarrasins. On prétend même qu'ils admettoient dans leurs ports des Corsaires infideles, qui y trouvoient toujours un azile sûr quand ils étoient poursuivis par les Galeres des Hospitaliers, ou par les vaisseaux des autres Princes chrétiens.

Le Grand Maître après avoir cotoyé l'Isle de Rhodes, reconnu ses ports, ses forteresses, & instruit du nombre de ses habitans, ne se trouva pas de forces suffisantes pour en tenter la conquête.

GUILLAUME DE VILLARET.

Il s'attacha à differentes petites Isles voisines, & qui quoique habitées, ne sont presque que des rochers. Mais n'y ayant point trouvé de Places fortifiées où il pût se maintenir, & dans la crainte que s'il s'attachoit à quelqu'une de ces petites Isles, cette entreprise ne décelât son dessein sur Rhodes, il reprit le chemin de l'Isle de Chypre, & revint à Limisso. Il se disposoit après cette expedition à partir pour aller rendre compte au Pape du projet qu'il méditoit, & pour tâcher d'obtenir de ce Pontife & des Princes d'Occident, les secours nécessaires pour cette entreprise. Mais il fut arrêté par une longue maladie qui se termina par sa mort.

FOULQUES DE VILLARET.
1308.

Tous les Chevaliers furent sensiblement affligez de la perte de ce Grand Maître, sur-tout dans une conjoncture si importante à l'Ordre. Le Chapitre persuadé que Foulques de Villaret son frere n'ignoroit rien de ses desseins les plus secrets, & que par sa valeur, il étoit très capable de les faire réussir, jugea à propos de le nommer pour son successeur. Ce Grand Maître ne se vit pas plutôt revêtu de cette dignité, qu'il s'embarqua sur les Galeres de son Ordre, & passa en France pour y conferer avec le Pape & le Roi touchant l'entreprise de Rhodes, dont le dernier Grand Maître lui avoit confié le dessein. Il y avoit plus d'un an que Jacques de Molay d'une Maison illustre dans le Comté de Bourgogne, & grand Maître de l'Ordre des Templiers, pour satisfaire aux ordres du Pape, s'étoit rendu dans la ville de Poitiers où étoit alors la Cour de Rome. Le Grand Maître dans ce voyage

avoit été accompagné de la plûpart de ses Chevaliers, qui rebutez comme les Hospitaliers des avanies qu'ils avoient à essuyer tous les jours de la part du Roi de Chypre & de ses Ministres, avoient abandonné cette Isle. Ils s'étoient dispersez à leur retour, dans les differents Etats de la Chrétienté où ils avoient un grand nombre de riches Commanderies, & il n'étoit resté dans l'Isle de Chypre que le grand Maréchal de l'Ordre, & un certain nombre de Commandeurs. Le Grand Maître, à ce qu'on prétend, avoit apporté du Levant des trésors immenses qu'il déposa depuis à Paris dans sa Maison du Temple.

Ce Seigneur en arrivant en France, avoit retenu auprès de lui les principaux Chevaliers de son Ordre ; & ce fut en leur compagnie qu'il s'étoit présenté devant le Pape. Ils en furent tous bien reçûs, sans que ce Pontife leur laissât pénétrer le motif secret qui l'avoit déterminé à les appeller en France. Il parut même gouter l'esprit du Grand Maître qu'il entretint plusieurs fois au sujet d'une Croisade qu'il feignoit de vouloir publier incessamment. Il poussa la dissimulation jusqu'à lui délivrer un memoire auquel il lui ordonna, après qu'il seroit reposé, de vouloir bien répondre exactement.

Par ce mémoire, le Pape en supposant toujours le projet d'une Croisade, lui demandoit quel secours les Latins pouvoient esperer du Roi de la petite Armenie ; quels étoient les ports, les rades & les plages de la Palestine où les Croisez pourroient plus facilement aborder ; & si on feroit par-

FOULQUES DE VILLARET.

tir les troupes de l'Europe dans le grand ou le petit paffage, c'eſt-à-dire dans les mois de Mai ou de Septembre : faiſons auſquelles les Caravanes de pelerins partoient ordinairement pour la Terre Sainte : & on appelloit ces embarquemens, grands ou petits paſſages, felon le nombre des vaiſſeaux, & des troupes qu'on envoyoit au Levant.

Le Pape par un mémoire féparé, ajouta que la diſſention qui ne ſe renouvelloit que trop fouvent entre les Templiers & les Hoſpitaliers, n'ayant pas peu contribué à la perte de la Terre Sainte, on lui avoit conſeillé pour le bien commun des deux Ordres, & pour l'édification des Fideles, d'unir pour toujours les Templiers & les Hoſpitaliers fous un même habit, fous une même regle, & fous un feul Grand Maître. Le fouverain Pontife lui ordonnoit de lui en dire fon fentiment avec une fincerité entiere. Peut-être que le Pape par cette union des Templiers avec les Hoſpitaliers dont la réputation étoit entiere, n'auroit pas été fâché de fouſtraire les Templiers aux inſtances que le Roi de France faifoit contre cet Ordre, dont il demandoit l'extinction.

PREUVE IV.

L'Hiſtoire nous a confervé la réponſe que le Grand Maître des Templiers fit à ces deux Mémoires du Pape. Il dit premierement que dans une bataille & une action décifive, il n'y avoit pas grand fond à faire fur les Armeniens plus difpofez à fuir qu'à combattre de pied ferme, & que fi, fans tenter d'autre conquête, on renfermoit le fecours qu'on vouloit faire paſſer en Orient à la feule défenſe de la petite Armenie, Sa Sainteté devoit sçavoir que les Armeniens, schismatiques & ennemis de tous les Chrétiens Latins, ne les admettroient jamais dans leurs Châteaux & dans leurs Places fortes, quoiqu'ils ne fussent passez en Orient que pour les secourir ; & que les Croisez réduits à tenir la campagne, seroient souvent surpris & massacrez par les Turcomans & par les Beduins, qui occupoient les montagnes frontieres de l'Armenie, d'où ils faisoient continuellement des courses dans le plat pays.

<small>FOULQUES DE VILLARET.</small>

Par ces raisons & par beaucoup d'autres, qui sont fort étendues dans ce Mémoire, le Grand Maître fait voir l'inutilité du petit passage, & d'un foible secours qui ne serviroit, dit-il, qu'à faire périr ceux qui le composeroient, & qui rendroit les Chrétiens Latins méprisables. Il conclut que pour pouvoir se flater d'un heureux succès, il ne falloit rien négliger pour rendre ce passage le plus nombreux & le plus puissant qu'on pourroit.

Dans cette vûe, il exhorte le Pape à communiquer son Memoire aux Rois de France, d'Angleterre, d'Allemagne, de Sicile, d'Arragon, de Castille, & à tous les Princes souverains de la chrétienté, dont Dieu, dit-il, par sa grace, puisse toucher les cœurs, & les déterminer à chasser les Infideles d'une Terre teinte du sang adorable de Jesus-Christ.

<small>Philippe le Bel, Edouard II. Henry de Luxembourg, Dom Fadrique d'Arragon, Dom Jaime, Ferdinand IV.</small>

Il propose ensuite d'engager les Genois, & les Venitiens & les autres Puissances qui ont des ports dans la Mediterranée, à fournir les galeres & les vaisseaux necessaires pour le grand passage, & pour le transport des troupes de la Croisade. Il repre-

FOULQUES DE VILLARET.

sente encore que les Chrétiens ne possedant plus un pouce de terre dans le Royaume de Jerusalem, ni dans la Principauté d'Antioche; l'armée chrétienne, si on prétendoit en chasser les Infideles, devoit être composée au moins de quinze mille hommes d'armes, & de cinq mille hommes d'infanterie.

A l'égard du débarquement, il conseille pour rafraîchir l'armée Chrétienne, qu'il se fasse d'abord dans l'Isle de Chypre, d'où elle pourroit passer ensuite facilement dans la Palestine. Mais à l'égard de la plage & de l'endroit de ce Royaume, où il faudroit aborder, il prie le Pape de le dispenser de mettre son avis par écrit, & de souffrir qu'il ne s'en explique que de vive voix, soit à lui, ou au Roi de France; de peur qu'un dessein si important, & d'où dépendoit tout le succès de la Croisade, ne fût pénetré & ensuite traversé par les Infideles.

Il insinue qu'il seroit fort à propos d'envoyer au Printems dix galeres vers l'Isle de Chypre pour tenir la mer, & pour arrêter les navires de quelques marchands chrétiens, qui préferant un gain sordide à l'interêt de la Religion, entretenoient des intelligences criminelles avec le Sarrasins, & leur portoient contre les défenses de l'Eglise, des armes, & même du bois travaillé & tout préparé: en sorte qu'il ne restoit plus pour en composer des galeres qu'à assembler & à joindre ces differentes pieces.

Il ajoute que cependant on ne doit pas donner le commandement de ces dix galeres Chrétiennes, ni aux Templiers, ni aux Hospitaliers; de peur que

que si ces Chevaliers surprenoient en fraude, & arrêtoient quelques vaisseaux qui appartinssent à des marchands Venitiens ou Génois, ils n'attirassent sur ces Ordres militaires, la haine & le ressentiment de ces deux puissantes Républiques.

Le second Mémoire contient une réponse au dessein que le Pape faisoit d'unir sous un même Chef, & sous une même Regle, les Templiers & les Hospitaliers. Le Grand Maître lui represente que sous le pontificat de Gregoire IX. & le regne de saint Louis, on avoit proposé au Concile de Lyon, un pareil projet, & même beaucoup plus étendu, & qui comprenoit l'union de tous les Ordres militaires qui se trouvoient dans l'Eglise. Que le Pape & le Roi qui assisterent à ce Concile, voulurent entendre là-dessus, l'avis de Frere Guillaume de Beaujeu, Grand Maître des Templiers, & de Frere Guillaume de Courcelles un des principaux Chevaliers de l'Ordre de saint Jean, qui se rencontrerent dans le même tems à Lyon. Que le Grand Maître des Templiers remontra que les Rois des Espagnes qui avoient à soutenir une guerre continuelle contre les Maures, & qui tiroient leurs principales forces des Ordres militaires établis dans leurs Etats, ne consentiroient jamais que ces Chevaliers Espagnols qui dépendoient de leurs Souverains, passassent sous l'autorité d'un Chef étranger, ni qu'on les unît avec d'autres Ordres militaires qui avoient differens objets & differens statuts; & que sur ces remontrances du Grand Maître, on se désista de ce dessein.

Il convenoit qu'après la perte de S. Jean d'Acre,

Tome I.   P p p

FOULQUES DE VILLARET.

on avoit encore agité cette queſtion; que le Pape Nicolas IV. pour couvrir la honte de n'avoir pas fourni le moindre ſecours aux aſſiegez, s'étoit déchaîné en pluſieurs Conſiſtoires contre les Templiers & contre les Hoſpitaliers : comme ſi par leurs prétendues diſſenſions, ils euſſent cauſé la perte d'une Ville ſi importante. Que perſonne dans la Chrétienté, & même parmi les Infideles, n'ignoroit que le Grand Maître des Templiers, le Maréchal des Hoſpitaliers, & plus de quatre cens Chevaliers des deux Ordres, avoient péri à la défenſe de cette Place, d'où il n'étoit ſorti que dix Templiers; mais que tous les projets & les diſcours de ce Pontife au ſujet de la neceſſité de l'union, n'avoient point eu de ſuite. Que le Pape Boniface VIII. affectioné particulierement aux Ordres militaires, & qui ne les vouloit unir que pour les rendre plus puiſſans, avoit à ſon tour abandonné ce deſſein; qu'après bien des raiſonnemens, on étoit convenu à la fin de laiſſer ſubſiſter chaque Ordre en ſon particulier, & ſelon ſes regles & ſa forme de gouvernement.

Le Grand Maître, après avoir rapporté ces exemples, entre enſuite dans le fond de l'affaire, & il repréſente au Pape premierement le péril où il expoſe le ſalut des Religieux militaires en les obligeant de quitter leur premiere regle, & en les aſſujettiſſant d'en pratiquer une autre pour laquelle ils n'avoient pas reçu la grace de la vocation.

Secondement il lui remontre que ſuppoſé cette union, ces Chevaliers, quoique originairement de differens Ordres, étant obligez de vivre dans la même Communauté, ne manqueroient jamais d'avoir des disputes sur la préférence de leurs premieres professions, & que ces disputes entre des gens pleins de courage, & armez, pourroient dégénérer dans des combats, au grand scandale de toute la Chrétienté.

Troisiémement, que dans chaque Maison des Templiers, on faisoit trois fois la semaine une aumône générale, & qu'on donnoit tous les jours aux pauvres toute la desserte du Réfectoire; que pareillement les Hospitaliers fondez originairement sur l'exercice continuel de la charité, tournoient principalement leurs aumônes dans les différens secours qu'ils donnoient aux malades & aux pélerins. Et que si de deux Maisons de differens Ordres, on n'en faisoit plus qu'une, il ne s'y feroit, au préjudice des pauvres, qu'une seule aumône : ce qui devoit s'entendre également de l'Office divin & de tous les exercices de pieté, qui se pratiquoient, quoique différemment, dans les Commanderies des deux Ordres.

Quatriémement, dit-il, chaque Ordre a un Chef & un Grand Maître, & plusieurs hauts Officiers, comme sont les Prieurs, les Baillis, le Maréchal, le Grand Commandeur, le Drapier, l'Hospitalier, & le Turcopelier. Que si dans l'union qu'on projette, on conserve ces mêmes Charges, il se trouvera dans chaque Prieuré deux titulaires : si on en supprime un, sur lequel des deux Ordres tombera cette réforme ? Est-il juste sous prétexte de cette union de dépouiller de leurs emplois d'anciens Chevaliers, qui n'y sont parvenus que par leurs services, & en répandant leur sang pour la défense de la Chrétienté ?

Je sçai bien, continue ce Grand Maître, que l'objet de cette union est de faire cesser cette jalousie d'honneur qui ne se rencontre que trop souvent entre des Guerriers qui aspirent tous à la même gloire. Mais je réponds, dit-il, que c'est de cette émulation que les Chevaliers latins ont tiré de plus grands avantages ; que rien n'a plus élevé le courage d'un Ordre que la valeur qu'il remarquoit dans un autre ; & qu'on a toujours observé que si les Hospitaliers faisoient venir de leurs Commanderies, & pour le secours de la Terre Sainte, des vaisseaux, des troupes, des armes & des vivres, les Templiers, à leur exemple, & pour les surpasser, s'ils pouvoient, faisoient encore de plus puissans armemens.

„ Ce n'est pas, très S. Pere, continue le Grand
„ Maître, que je ne convienne que dans un tems
„ comme celui-ci, où tout le monde, Princes,
„ Prélats, Ecclésiastiques & Religieux envient les
„ grands biens des deux Ordres, & tâchent sous
„ differens prétextes de s'en emparer, ce ne fut
„ un grand avantage de nous réunir pour résister
„ plus facilement aux entreprises des usurpateurs.
„ Mais c'est à votre Sainteté à balancer cet avan-
„ tage contre les raisons que je vous ai exposées ;
„ & si vous l'avez agréable, je ferai tenir en votre
„ présence un Chapitre des Prieurs, des Baillis, &
„ des principaux Commandeurs qui se trouveront
„ en de-çà de la mer. Vous pourrez par vous-mê-
„ me, très S. Pere, apprendre ce qu'ils pensent

» de cette union, & dans quelles dispositions tout
» l'Ordre est à ce sujet. Après les avoir entendus,
» Votre Sainteté, suivant ses lumieres & la pléni-
» tude de puissance qu'elle aura reçûe de Dieu,
» décidera souverainement de ce qui lui aura paru
» de plus convenable au bien commun de toute
» la Chrétienté.

L'Histoire ne nous a point instruit de l'usage que le Pape fit de ces deux Mémoires. Ce ne fut même que deux ans après qu'on reprit le projet de la Croisade.

A l'égard de l'union des deux Ordres, apparemment que le Pape en sentit les inconveniens, & qu'il fut touché de la solidité des raisons du Grand Maître, & des sentimens de religion & de pieté, répandus dans son dernier Mémoire. Peut-être même que ce Pontife n'avoit proposé cette union des Templiers avec les Hospitaliers, que comme une espece de réforme à l'égard des premiers, & pour s'épargner la discussion des crimes dont Philippe le Bel lui avoit fait des plaintes secretes, & dont ses Ambassadeurs poursuivoient vivement l'éclaircissement & la punition. Pour ne pas interrompre la narration de ce qui se passa alors au sujet de l'Isle de Rhodes, je differerai à donner le détail de cet évenement si singulier, & de tout le procès des Templiers, jusqu'à ce que je sois parvenu à l'année où il fut terminé.

Le dessein des Hospitaliers, comme nous l'avons dit, étoit d'abandonner l'Isle de Chypre, & de tâcher de se rendre maîtres de celle de Rhodes. Mais un projet de cette importance exigeoit des forces superieures à celles de l'Ordre. Le Grand Maître dans l'esperance de tirer des secours du Pape & du Roi de France, passa dans ce Royaume, & se rendit à Poitiers où l'un & l'autre de concert étoient déja arrivez pour traiter de l'affaire des Templiers. Foulques de Villaret leur fit demander une audience secrete. Il leur représenta d'abord les avanies que les Hospitaliers avoient continuellement à essuyer de la part du Roi de Chypre, & de ses Ministres ; l'humeur défiante & ombrageuse de ce Prince, qui dans la crainte de s'attirer le ressentiment & les armes du Soudan d'Egypte & des autres Princes infideles, traversoit les armemens de l'Ordre, & empêchoit les Chevaliers de sortir de ses ports. Ce Grand Maître après leur avoir fait voir l'impossibilité pour son Ordre, de rester plus long-tems dans les Etats d'un Prince si plein d'une timide politique, leur communiqua le projet de l'entreprise sur l'Isle de Rhodes. Il leur en fit envisager toute l'utilité, & il leur représenta que ce seroit un entrepôt pour toutes les Croisades, & pour les flottes chrétiennes qui passeroient en Orient ; qu'on devoit même regarder la conquête de cette Isle comme un gage assuré de celle de la Terre Sainte, par le grand nombre de vaisseaux que les Chevaliers mettroient en mer, & qui empêcheroient les Corsaires Turcs & Sarrasins de porter du secours aux Infideles qui occupoient la Judée. Mais il ajouta que les forces de son Ordre n'étoient pas suffisantes pour une si haute entreprise, & qu'il ne s'y engageroit pas s'il n'étoit assuré du secours du pere commun des Fideles, & de celui du plus puissant Roi de l'Europe.

Le Pape & le Roi persuadez, comme on l'étoit encore en ce tems-là dans toute la Chrétienté, qu'il n'y avoit point d'action plus méritoire pour parvenir au ciel, que de prendre part, & de contribuer à ces guerres saintes, donnerent de grandes louanges au Grand Maître, & à tous les Chevaliers de l'Ordre de saint Jean : & pour les encourager à suivre un si noble projet, ils leur promirent de puissans secours. Le Pape dans la vûe que la conquête de l'Isle de Rhodes feroit beaucoup d'honneur à son Pontificat, avança de ses propres deniers quatre-vingt dix mille florins à l'Ordre, pour lever des troupes.

Afin de ne pas laisser pénétrer le secret de cette entreprise, on publia une Croisade générale pour le recouvrement de la Terre Sainte. Le Pape y attacha des Indulgences plenieres avec tous les privileges que ses prédécesseurs avoient accordez dans de pareilles expeditions. On comprit même dans le bénéfice de ces graces Apostoliques ceux qui contribueroient aux frais de cet armement. Un grand nombre de personnes de toutes conditions, sur-tout du côté de l'Allemagne, abandonnerent leur pays, & s'enrôlerent pour cette sainte milice. Les femmes mêmes voulurent prendre part à cette Croisade : plusieurs donnerent jusqu'à leurs bagues & à leurs joyaux, & un Historien prétend que les Chevaliers de saint Jean, faute d'en connoître la valeur, les vendirent à vil prix. * De tout cet argent, on acheta des vaisseaux, des armes & des vivres.

FOULQUES
DE
VILLARET.

* Pro passagio congregata fuit pecunia, & armorum ac aliarum rerum copia, offerentibus fidelibus viris ac mulieribus jocalia, & quæ habebant carissima, Hospitalariis ad hoc missis, qui vili pretio distrahebant Ex quintavinaClementis V, Bal.

Charles II. Roi de Sicile, & la République de Genes, quoiqu'ils ignoraſſent le deſſein ſecret de cette entrepriſe, fournirent des Galeres pour le tranſport des Croiſez. Le rendez-vous étoit dans le port de Brindes à l'extrêmité du Royaume de Naples. Il y accourut un ſi grand nombre de Croiſez, que les Chevaliers de ſaint Jean n'ayant pas aſſez de vaiſſeaux de tranſport, & craignant d'être embarraſſez de cette multitude de gens de toutes conditions, ſe contenterent de choiſir les plus nobles & les mieux armez. On prétend qu'il y eut un grand nombre de Gentilshommes des premieres Maiſons de l'Allemagne, qui dans cette occaſion, prirent l'Habit & la Croix de ſaint Jean, & ces illuſtres Chevaliers furent préſentez au Grand Maître par le Frere Heltwig de Randerſack, Grand Prieur d'Allemagne, qui à la tête de cette généreuſe Nobleſſe, acquit beaucoup de gloire dans cette entrepriſe.

Le Grand Maître prit enſuite congé du Pape, qui le combla & tout l'Ordre de graces & de bénédictions. Il leur accorda particulierement, en cas que leur entrepriſe réuſsît, le droit dans le tems de vacance de nommer l'Archevêque de Rhodes. De gros tems ne permirent de mettre à la voile qu'au commencement du printemps. La flotte chrétienne cotoya l'Albanie, paſſa la Morée & l'Iſle de Candie; & laiſſant Rhodes à gauche, & aſſez loin pour ne pas donner de ſoupçon aux Grecs & aux Infideles, on alla débarquer dans l'Iſle de Chypre, & dans le port de Limiſſo.

Le Grand Maître n'y reſta qu'autant de tems qu'il

Foulques de Villaret.

Pantal. Hiſt. Johan. Baſileæ.

1581.

qu'il lui en fallut pour prendre sur ses vaisseaux les Chevaliers qui étoient dans l'Isle avec tous les effets de la Religion : il se rembarqua ensuite. Le Roi de Chypre, les Princes voisins, & même les Chevaliers & les Croisez qui étoient sur la flotte, étoient également persuadez que cet armement regardoit la Palestine & la Terre Sainte. Mais le Grand Maître, après avoir tenu la mer pendant quelques jours, s'arrêta à Macri sur les côtes de la Licie, soit pour y faire de l'eau & se rafraîchir, soit pour y attendre des nouvelles des espions qu'il avoit envoyez pour reconnoître l'Isle & la ville de Rhodes, & prendre sur leurs avis, les dernieres mesures pour le débarquement.

Ce fut apparemment de cet endroit d'où, au rapport de l'Historien Pachimere, il dépêcha des Ambassadeurs au nom de tout l'Ordre, à l'Empereur Andronic pour lui faire part de son entreprise, & pour lui demander l'investiture de Rhodes, qui relevoit à la verité de l'Empire, mais dont des Grecs rebelles, de concert avec des Sarrasins, s'étoient emparez, & qui pour se fortifier dans leur usurpation, y avoient appellé des Corsaires.

Ces Ambassadeurs lui representerent que l'Ordre s'engageoit à en chasser ces pirates, qui infestoient toutes les mers de l'Empire, & qu'en reconnoissance de l'investiture, & à titre de feudataire, il lui fourniroit tous les ans trois cens Chevaliers, la plûpart gens de commandement, & qu'il pourroit mettre à la tête des troupes qu'il entretenoit sur les frontieres de la Perse.

Tome I. Qqq

Mais Andronic, naturellement ennemi des Latins, comme la plûpart des Princes Grecs, rejetta avec hauteur ces propositions. Un Château qu'il possedoit encore dans cette Isle, au rapport de l'Historien grec, & quelque ombre de souveraineté, quoique bien équivoque, que lui laissoient les Gualla, lui faisoient croire qu'il lui seroit plus aisé d'y rétablir entierement son autorité, que si les Hospitaliers, soutenus des Princes d'Occident, en étoient les maîtres. Pendant que cette négociation se passoit à Constantinople, le Grand Maître qui en avoit bien prévû le succès, avoit mis à la voile : & après avoir declaré publiquement son dessein, il avoit abordé à l'Isle de Rhodes, surppris les habitans Grecs & Infideles; & sans trouver d'abord qu'une foible résistance, il avoit débarqué ses troupes, ses vivres & ses machines de guerre. *

Parmi les differens noms qu'on a donnez en differens tems à l'Isle de Rhodes, les Grecs l'avoient nommée *Ophieuse*, ou l'Isle des Serpens, à cause de la multitude des serpens dont elle étoit infectée. D'autres prétendent qu'elle prit le nom de *Rhodes*, d'un bouton de Rose fait d'airain qu'on trouva dans les fondemens de Lindo, une de ses principales Villes, & que les habitans en firent mettre la figure dans leurs monnoyes. Mais un habile Anti-

---

* Anno eodem 1306. Hospitalarii cum exercitu Christianorum oppugnare cœperunt insulam Rhodi cum circumadjacentibus insulis circiter quinque, quæ ab infidelibus Turcis inhabitabantur sub dominio Imperatoris Constantinopolitani: ceperunt autem statim ab initio aliquas Insulas & Castella : steteruntque in pugnâ & conflictu obsidentes pariter & obsessi annis quatuor contra Turcos, & obtinuerunt finaliter Christiani. *Ex quartâ vitâ Clementis quinti, autore Bernardo Guidonis Episcopo Lodovensi,*

quaire a fait voir que ceux qui s'attachent à ce sentiment, ont pris pour une Rose, une fleur de Grenadier, dont les Rhodiens se servoient ordinairement dans leurs teintures, par la même raison que les Tyriens avoient fait mettre anciennement dans leurs monnoyes, la coquille de ce riche petit poisson qu'on appelloit Pourpre. L'opinion la plus commune & la plus vraisemblable attribue l'origine du nom de Rhodes, à la quantité de Roses dont cette Isle étoit remplie pendant presque toute l'année.

L'Isle de Rhodes est située dans cette partie de la Mediterranée qu'on appelle *Carpathienne*. Elle regarde au Levant l'Isle de Chypre, celle de Candie au Couchant, au Midi l'Egypte, & au Septentrion la Carie & la Lycie, qui font partie de l'Asie Mineure, appellée aujourd'hui *Natolie*, dont elle n'est separée que par un Canal qui n'a pas plus de vingt milles de largeur; son circuit est d'environ six-vingt milles. L'air y est pur & temperé: le climat doux, le terroir presque par tout fertile : le pays abonde sur-tout en arbres fruitiers de toute espece. On y trouvoit anciennement des mines de fer & d'airain. Les habitans célebres par la perfection où ils avoient porté tous les arts, faisoient de ces métaux des armes, des instrumens de guerre, & sur-tout des statues. On en comptoit dans l'ancienne ville de Rhodes jusqu'à trois mille de differentes grandeurs, toutes d'excellens ouvriers, & qui representoient des Divinitez, des Princes & des hommes illustres. Cette Ville en étoit pour ainsi dire, peuplée; mais de tous ces simulacres, le plus remarquable & le plus surprenant, étoit un Colosse qu'on avoit consacré au soleil, la divinité tutelaire de l'Isle. On apprend de Pline qu'il avoit soixante-dix coudées de hauteur. C'étoit l'ouvrage de Charés de Lindo, disciple de Lisippe. Un tremblement de terre renversa cette énorme Statue. Il y avoit peu de personnes, ajoute cet Historien, qui pussent embrasser son pouce : ses doigts étoient plus gros que plusieurs statues, & d'amples cavitez s'étant découvertes par sa chûte, on trouva dedans de grosses pierres avec lesquelles l'habile ouvrier sçût contrebalancer si bien la pesanteur du Colosse, qu'il l'affermit sur ses pieds. Je ne parle point des peintures & des tableaux dont les Temples étoient remplis, chefs-d'œuvres de l'art, & les ouvrages des Parrhasius, des Protogenes, des Zeuxis, & des Appelles. L'Isle de Rhodes n'étoit pas moins célebre par ses sçavantes Académies, & par des hommes consommez en tout genre de litterature, qui en sont sortis. On sçait que c'étoit l'école des Romains sur-tout pour l'éloquence, & où ils alloient se perfectionner dans le talent de la parole si necessaire dans cette Republique à tous ceux qui se mêloient du gouvernement.

Ce qui paroîtra de plus surprenant dans un peuple si appliqué aux arts & aux sciences, & qui ne semblent fleurir qu'à l'ombre de la paix, c'est que les Rhodiens n'en étoient pas moins fameux par leurs armes, par leurs conquêtes & par leurs Colonies. Ils excelloient sur-tout dans l'art de la navigation : leurs ports étoient remplis de vaisseaux; on y trouvoit des arsenaux & des magasins capables d'armer des flottes entieres, & ils s'étoient rendus si puissans sur mer, qu'il n'y avoit point dans toute l'Asie de Souverains qui ne recherchassent leur alliance. Mais ils n'employoient jamais plus volontiers leurs forces que contre les pirates. C'étoit par leur capacité dans la conduite de leurs vaisseaux, & par une sage discipline, dit Strabon, qu'ils s'étoient maintenus si long-tems en possession de l'empire de la mer.

Mais tous ces talens qui, du tems des Grecs & des Romains avoient rendu cette Isle si celebre, furent negligez par les Grecs du bas empire. Les révolutions arrivées dans leur gouvernement, & le changement de Souverains de differentes Nations, auxquels ils se trouverent depuis assujettis, ne contribuerent pas moins à la décadence de cet empire maritime; l'ignorance & la mollesse des Sarrasins Rhodiens, qui, à l'exception de quelques Corsaires, alloient rarement en mer, leur fit perdre leur puissance & leur ancienne réputation.

Tel étoit alors l'état de cette Isle, lorsque le Grand Maître y entra à la tête de son armée. Les Infideles qui en faisoient la principale force, réunis avec les Grecs anciens habitans de l'Isle, en vinrent souvent aux mains avec les Hospitaliers & les Croisez, que le Grand Maître avoit amenez de l'Europe. Il se donnoit presque tous les jours des combats, dont il est surprenant que les Historiens anciens ne nous ayent pas conservé le détail. Il paroît que le succès en fut different par la longueur de cette guerre, qui dura près de quatre ans. L'Empereur Grec qui se flattoit, en chassant

FOULQUES DE VILLARET.

les Latins de cette Isle, d'en rester le maître, y fit passer contre eux un puissant corps de troupes. Le Grand Maître de son côté, jugeant bien que le succès de son entreprise dépendoit de la conquête de la ville de Rhodes, malgré ce secours en forma le siege, & ses Chevaliers, à son exemple, se précipitoient dans les plus grands perils pour en avancer la prise. Mais, comme la plûpart des Croisez se retiroient les uns après les autres, & que l'armée se vit à la fin réduite aux seules troupes de la Religion, le siege se tourna en blocus. Les Assiegans se trouverent bien-tôt eux-mêmes assiegez par les Grecs & les Sarrasins, qui leur fermoient les passages pour recouvrer des vivres, ou pour aller au fourrage. Les Hospitaliers manquerent à la fin de troupes, de vivres & d'argent; mais le Grand Maître trouva toutes ces choses dans son habileté & dans son courage; les difficultez ne firent que l'augmenter. Il emprunta des Banquiers de Florence des sommes considerables, & avec ce secours & l'argent qu'il tira des Commanderies d'au-delà de la mer, il leva de nouvelles troupes, paya les anciennes; & après les avoir laissées se rafraîchir pendant quelques jours, déteminé à vaincre ou à mourir, il sortit de ses retranchemens, marcha droit aux ennemis, & leur presenta la bataille.

Le combat fut sanglant, & on se battit de part & d'autre avec cette animosité qui se rencontre entre des troupes étrangeres, qui veulent s'emparer d'un pays, & des habitans qui défendent leurs maisons, leurs terres, leurs femmes & leurs enfans; tous motifs les plus puissans pour animer les peuples mêmes les moins guerriers. Les Historiens se sont contentez de rapporter que de part & d'autre il y eut beaucoup de sang répandu; que le Grand Maître y perdit ses plus braves Chevaliers; mais que les Grecs & les Infideles ne pouvant résister à une valeur si opiniâtre, abandonnerent le champ de bataille; & que plusieurs Sarrasins désesperant de résister aux Latins, gagnerent le bord de la mer, s'embarquerent & porterent les premiers dans les Isles de l'Archipel & le long des Côtes de la Lycie, les nouvelles de leur défaite.

FOULQUES DE VILLARET.

Le Grand Maître ramena ses troupes victorieuses dans ses lignes, & continua le siege avec une nouvelle ardeur. Après qu'il eut gagné les principales fortifications de la Place, les Chevaliers à la tête des troupes, monterent à l'assaut, & malgré une grêle de fleches & de pierres que les assiegez lançoient contre les assaillans, le Grand Maître vit ses étendarts arborez sur le haut de la brêche, & ses Chevaliers maitres de la Place. * On donna la vie & la liberté aux habitans Chrétiens; mais les Infideles furent taillez en pieces : c'est au moins ce qui resulte de la narration abregée des Historiens du tems. La conquête de la Capitale fut suivie de la prise du Château de Lindo, situé au côté Oriental de l'Isle. Proche de ce Château il y a un port & deux bayes au Septentrion, dont l'une se nomme encore aujourd'hui la baye des Serpens.

15. Aoust 1310.

---

* Anno Domini 1310, in Festo Assumptionis Beatæ Mariæ, exercitus Christianorum cum Hospitalariis obtinuerunt civitatem Rhodi quæ est caput & Metropolis totius regionis & insularum vicinarum. *Ex vitâ Clementis V. p.* 72.

FOULQUES DE VILLARET.

Les autres forteresses subirent la même destinée: toute l'Isle en moins de quatre ans se soumit à la domination des Hospitaliers; & pour un monument éternel d'une conquête si utile à la Chrétienté, & si glorieuse à l'Ordre de saint Jean, toutes les Nations de concert donnèrent à ces Hospitaliers le nom de CHEVALIERS DE RHODES. C'est sous ce nom que nous parlerons desormais d'un corps de Noblesse qui continua de se rendre aussi utile aux Princes Chrétiens, que formidable aux Mahometans.

Les premiers soins du Grand Maître furent de rétablir les murailles & les fortifications de la ville de Rhodes, qu'il avoit ruinées pendant le siege: il fit ensuite entrer tous les vaisseaux de la Religion dans le port; on les arma aussi-tôt, & on les chargea de troupes & de munitions de guerre & de bouche: le Grand Maître monta lui-même la flotte & mit à la voile. De toutes les conquêtes que les anciens Rhodiens avoient faites, ou des colonies qu'ils avoient établies en differentes contrées, il ne leur étoit resté jusqu'alors dans leur dépendance & sous leur domination que huit ou neuf petites Isles voisines, ou pour mieux dire, des rochers & des écueils qu'on appelloit en ce tems-là, les Isles des Rhodiens: telles étoient les Isles de Nisara, de Leros, de Calamo, d'Episcopia, de Calchy, de Simia, de Tilo & de Cos ou de Lango. Il n'en couta au Grand Maître, pour y faire reconnoître son autorité, que de se presenter devant ces Isles. Nisara, appellée par les anciens Nisyros, étoit située dans l'Archipel à deux lieues de l'Isle

de

de Cos ou de Lango, & dans la même distance de la Province de Carie. Cette Isle avoit une ville du même nom ; on y trouvoit anciennement un Temple dédié à Neptune, des bains chauds & salutaires, & un bon port. Le Grand Maître, de concert avec le souverain Conseil de l'Ordre, donna en fief cette Isle à Jean & à Bonaville Assatiers, deux freres qui s'étoient signalez à la conquête de Rhodes ; & cette inféodation se fit à condition qu'ils construiroient incessamment une Galere à six-vingt rames, chargée de soldats & de munitions, qu'ils seroient obligez de la monter eux-mêmes, & de se rendre dans les endroits qui leur seroient indiquez par les Ordres du Grand Maître.

Ce Prince passa de-là à l'Isle de Lero qui a environ dix-huit milles d'Italie de circuit. Il en trouva le terroir rempli de carrieres de marbre. Toute l'Isle n'est qu'un rocher ou une montagne, au sommet de laquelle il y avoit un Château qui défendoit l'entrée du port contre les entreprises des Corsaires. Quoique l'Isle de Calamo ait plus d'étendue, & qu'elle contienne au moins quarante milles de circuit, elle n'est ni plus fertile, ni plus riche que Lero; ce ne sont que montagnes & rochers. Le terroir en parut sec & aride au Grand Maître, qui ne laissa pas d'être surpris de voir proche du port les ruines d'une grande Ville dont les habitans ne subsistoient apparemment que par le commerce.

Les Isles d'Episcopia, de Calchi, de Tilo ne présenterent pas aux Chevaliers des conquêtes plus difficiles, ni aussi plus utiles que les précecedentes. Celle de Syme ou de Simie lui parut plus importante par l'excellence de ses vins, & par la quantité de chevres qu'on y nourissoit. On élevoit les enfans dans cette Isle à nager & à plonger dans la mer, pour aller pêcher au fond de l'eau des éponges dont les environs de cette Isle étoient remplis. Il y avoit même une loi parmi ces Insulaires, qui ne permettoit point anciennement aux jeunes hommes de se marier qu'ils ne pussent plonger l'espace de vingt brasses dans l'eau, & même d'y demeurer quelque tems. Cette Isle étoit encore célébre parmi celles de l'Archipel par l'adresse de ses charpentiers, qui construisoient des flutes & de petites fregates si legeres & si vîtes à la voile & à la rame, qu'il n'y avoit point de vaisseau qui les pût atteindre. On prétend que le Grand Maître y fit bâtir sur le sommet d'une montagne une tour fort exhaussée, d'où l'on découvroit fort loin tous les vaisseaux qui étoient en mer, & qu'il ordonna aux habitans, quand ils en verroient paroître, d'en donner avis à Rhodes par des barques legeres, ou de faire les signaux ordinaires en allumant des feux la nuit, & par une épaisse fumée le jour.

De toutes ces Isles, si on leur peut donner ce nom, il n'y a que celle de Cos ou de Lango celebre par la naissance d'Hypocrate & d'Appelles, qui soit plus considerable : elle a près de quarante milles d'Italie de longueur, & environ soixante & dix milles de circuit.

Cette Isle a celle de Rhodes à l'Orient d'hyver. Elle est éloignée de cent milles de l'Asie mineure ou de l'Anatolie à l'Orient équinoctial. Elle à l'Isle de Calamo vers l'Occident & celle de Scarpanto du côté du Midi ; son terroir est fertile, & produit en abondance des fruits de toute espece. Il excelle en vins qui passent pour les plus délicats de ces contrées. Le Grand Maître y trouva une petite ville appellée Lango comme l'Isle, située au bord de la mer au fond d'un grand Golfe, & au pied d'une montagne qui se termine par une plaine. Le port en étoit alors grand & commode ; mais depuis quelque tems la tempête & les houles y ont poussé une si grande quantité de sable à son entrée, qu'il n'y aborde plus que de petits bâtimens. Les grands vaisseaux & les Galeres sont obligez de demeurer à la rade voisine, dont le fond est net, ferme, sabloneux, & propre à l'ancrage.

FOULQUES DE VILLARET.

Le Grand Maître ayant reconnu l'importance de cette Isle, y fit tracer le plan d'un Château fortifié de plusieurs tours quarrées, & qui par ses soins fut achevé en peu de tems : il laissa un Chevalier pour y commander. Ceux qui lui succederent dans cet emploi, firent fleurir le commerce dans toute l'Isle, ornerent la ville de maisons magnifiques où le marbre étoit prodigué dans les colonnes & dans des statues : & cette Isle sous le gouvernement de l'Ordre, & par la suite des tems, devint si puissante, qu'on la regardoit comme une seconde Rhodes, & qu'on en fit dans la suite un Bailliage, & un Siege Episcopal, sous la Métropole de Rhodes.

Le Grand Maître après avoir établi son autorité, & un bon ordre dans toutes ces Isles, revint avec joye à celle de Rhodes. Il esperoit y gouter dans

FOULQUES DE VILLARET.

un doux repos, les premiers fruits de sa victoire, lorsqu'il se vit attaqué par un ennemi redoutable, & qui lui fut suscité par les Corsaires & les autres Mahometans, qui, de concert avec les habitans Grecs de l'Isle de Rhodes, l'avoient défendue contre les Chevaliers. Ces Infidelles après leur défaite, & pour éviter la premiere fureur du soldat victorieux, s'étoient jettez, comme nous l'avons dit, dans des barques ; & à la faveur de la nuit, ils avoient gagné les côtes de Lycie d'où ils se dispersèrent en differens endroits, & une partie se réfugia dans les Etats d'Ottoman, où ils porterent leur plainte & leur misere.

Observations sur l'origine des Turcs. Liv. 3. ch. 8.

Osman ou Ottoman tige des Empereurs Turcs de ce nom, regnoit alors dans une partie de la Bithynie, province de l'Asie mineure ou de la Natolie. Ce Prince, soit par zele pour sa Religion, soit par ambition & pour s'agrandir, soit aussi peut-être pour empêcher qu'il ne s'élevât si près de ses Etats des voisins hardis & entreprenans, prit en main la protection de ces réfugiez, & résolut de chasser les Chevaliers de l'Isle de Rhodes avant qu'ils eussent eu le tems d'y affermir leur domination : c'est ce que nous allons raconter. Mais peut-être que le lecteur ne sera pas fâché qu'on lui fasse connoître un peu plus particulierement l'origine, la fortune, les desseins & les conquêtes d'un Prince & d'une Maison qui des plus foibles commencemens, s'est étendue depuis avec une rapidité surprenante dans les trois parties de notre continent, & qui jetta les fondemens de ce nouvel Empire presque dans le même tems que les Chevaliers de Saint Jean s'emparerent de l'Isle de Rhodes, comme si la Providence les y eut conduits pour arrêter, par leur valeur, le progrès des armes d'Ottoman, & de ses successeurs.

FOULQUES DE VILLARET.

On rapporte differentes opinions de l'origine de cette Maison; les uns la font sortir d'un Pastre Tartare ou Nomade, qui ayant quitté le soin de ses troupeaux pour porter les armes, s'érigea en Duelliste, & ayant vaincu dans un combat singulier un cavalier Grec de l'armée de l'Empereur Jean Comnéne, en obtint d'Aladin Sultan d'Iconium pour récompense la Bourgade d'*Ottomanzich*, qui donna le nom à sa posterité.

Quoique les Turcs en géneral laissent ordinairement à la vanité des Chrétiens l'illusion des généalogies contrefaites; cependant les Princes de cette Maison, depuis qu'ils furent parvenus à cette élevation & à ce haut degré de puissance, qui les rendoit formidables à tous leurs voisins, ne purent se résoudre à reconnoître une si basse origine: & au défaut de la verité, ils eurent recours, comme beaucoup d'autres, à la chimere & au roman. Ils firent du Tartare dont nous venons de parler, un Prince de la Maison illustre des Comnénes, & neveu de l'Empereur Jean Comnéne, qui ayant reçû de mauvais traitemens, & pour s'en venger, se retira auprès d'Aladin, se fit Mahometan, épousa la fille du Sultan, qui lui apporta pour dot la Bourgade d'Ottomanzich, avec plusieurs villages qui en dépendoient, d'où leur posterité avoit emprunté son surnom jusqu'au

Foulques de Villaret.

Histoire de Mahomet II. par la Guilletierre.

Sultan Ottoman, qui s'étant distingué de toute sa race par sa valeur, avoit jetté les fondemens de la nouvelle Monarchie des Turcs, & laissé le nom d'Ottoman aux fameux descendans de ce Comnéne, neveu de l'Empereur.

Voilà le roman; mais pour substituer la verité de l'histoire à une si flateuse imposture, il paroît par tous les Ecrivains de ce tems-là, que sur l'origine de cette Maison, on ne peut point remonter plus haut qu'à un certain Soliman qui vivoit l'an de notre salut 1214, & de l'Hégire 611, & qui étoit Chef d'une de ces tribus de Nomades, qui, sans avoir de patrie particuliere, s'arrêtoient successivement dans tous les endroits où ils étoient soufferts, & où ils trouvoient de bons pâturages pour leurs troupeaux; on prétend que ce Tartare ou ce Turc, chassé de la Perse avec sa tribu, se noya en voulant passer à cheval le fleuve de l'Euphrate.

Orthogul ou Orthogrul un de ses enfans, prit la conduite de la tribu, demanda une retraite à Alaédin troisiéme du nom, de la race des Turcomans Segeucides, & Sultan de Coni. Ce Prince le prit à son service & assigna à sa tribu dans l'Armenie mineure, des terres pour habiter. Ottoman fils d'Orthogul, par son courage & sa valeur, porta plus loin ses esperances & sa fortune. Sa tribu & ses troupes augmenterent considerablement par un grand nombre d'avanturiers qui se joignirent à lui, & qui attirez par l'éclat de sa valeur & par sa liberalité, voulurent combattre sous ses enseignes. Il en fit de braves soldats & d'excellens guerriers;

le succès de ses armes répondit à son courage. Alaédin charmé de sa réputation, lui envoya une veste, un sabre, un étendart & une paire de timbales. On dit que toutes les fois qu'Ottoman entendoit le son de cet instrument de guerre, pour témoigner le respect qu'il portoit au Sultan, il ne manquoit jamais, s'il étoit assis, de se lever, comme pour marquer qu'il étoit toujours prêt de marcher pour son service. Mais, malgré ces témoignages exterieurs de zele & de soumission, le Sultan fort âgé & sans enfans, redoutant son courage & son ambition, l'engagea à faire la guerre aux Grecs, de peur qu'il ne tournât ses armes contre lui-même.

FOULQUES DE VILLARET.

Ottoman enleva des Provinces entieres & des Places considerables aux Empereurs Grecs; ce qui le rendit si puissant, que du consentement même d'Alaédin, il prit la qualité de Sultan. D'autres prétendent qu'il ne se revêtit de ce titre souverain, qu'après la mort de son maître.

1299.
& de l'Hegire 699.

Ce Prince, le dernier des Selgeucides, étant décedé, ses Generaux, comme autrefois les Capitaines du grand Alexandre, partagerent entre eux ses Etats. Une partie de la Bithynie & de la Cappadoce échûrent à Ottoman. Ce Prince sçut conserver cet Empire naissant par de nouvelles conquêtes qu'il fit du côté de la Lycie, & de la Carie, & sur-tout par la sagesse de son gouvernement, & par une bonté singuliere ; vertu rare dans un Prince belliqueux & dans un Conquerant. La réputation de son affabilité est passée par tradition chez les Turcs, & s'y est conservée jusqu'à ce jour. Quand leurs Empereurs montent sur le Trône, au milieu des acclamations publiques & parmi les vertus dignes d'un Souverain, on ne manque jamais de leur souhaiter la bonté d'Ottoman: ce qui fait voir que ce sont des Heros & des Princes vertueux, qui fondent & augmentent les Empires, & des Tyrans & des lâches qui les perdent.

Le Prince, dont nous parlons, sollicité par les Mahometans que les Chevaliers avoient chassez de Rhodes, chargea une flotte de ses troupes, débarqua dans l'Isle, s'avança du côté de la Capitale, & en forma le siege. A peine le Grand Maître avoit-il eu le tems d'en relever les murailles; mais les bastions & les fortifications n'étoient pas encore rétablies. L'experience fit voir en cette occasion, qu'il n'y a point de fortifications plus sûres pour une Place de guerre, que la valeur & le courage de ceux qui la défendent. Les Chevaliers soutinrent plusieurs assauts. Les Turcs dans ces attaques perdirent beaucoup de monde ; & Ottoman si heureux dans toutes ses entreprises, échoua dans celle-ci, & fut obligé d'en lever le siege & de s'embarquer.

Plusieurs Historiens prétendent que les Chevaliers de Rhodes dûrent leur salut & la conservation de leur nouvelle conquête à Amedée V. dit le Grand, Comte de Savoye. Ils rapportent que ce Prince étant venu à leur secours avec une puissante flotte, débarqua ses troupes, marcha aux ennemis, les défit dans une bataille, & qu'Ottoman fut contraint de lever le siege & de se rembarquer. Ces Ecrivains ajoutent qu'Amedée, pour conserver la memoire de ce grand évenement,

&

DE MALTE. LIV. IV.   505

& d'une victoire si celebre, prit alors pour sa devise ces quatre lettres majuscules, & séparées par une ponctuation, F. E. R. T. qu'on a expliquées depuis par ces mots latins, *Fortitudo ejus Rhodum tenuit* : ce qui veut dire que la valeur de ce Prince a conservé la ville de Rhodes. On veut même qu'Amedée, depuis cette bataille, ôta de ses armes l'Aigle de Savoye, & qu'il prit en sa place la Croix de saint Jean.

FOULQUES DE VILLARET.

Quoiqu'un évenement si singulier & si honorable pour la Maison de Savoye ait été rapporté par un nombre infini d'Ecrivains, & qu'il se trouve même dans les Historiens de l'Ordre, cependant l'attachement que nous devons à la verité, nous oblige de dire que nous croyons cette relation fausse, & dans le fond, & dans toutes ses circonstances. Il n'est point vrai qu'Amedée soit entré dans l'Isle de Rhodes, & qu'il y ait porté ses armes en 1310, ni dans les années qui précederent, ou qui suivirent immediatement la conquête qu'en firent les Chevaliers de S. Jean.

Ce Prince en 1309 étoit en Angleterre, & se trouva à la cérémonie du couronnement d'Edouard II. & l'année suivante 1310, au mois de Septembre, il reçut dans Chamberry Henri VII. Comte de Luxembourg, élu Empereur, qu'il accompagna ensuite dans son voyage d'Italie & à Rome, où ce Prince alla prendre la Couronne Imperiale : & on voit par les Historiens contemporains qu'il ne quitta point l'Empereur cette année, ni même la suivante.

Guichenon t. 1. p. 359.

A l'égard de la devise mysterieuse sur laquelle

on fonde cette prétendue expedition dans l'Iſle de Rhodes, Louis de Savoye, Baron de Vaud mort en 1301, la portoit dans ſa monnoye plus de dix ans avant qu'Ottoman eût attaqué les Chevaliers. Et on voit encore aujourd'hui ſur le tombeau de Thomas de Savoye, pere d'Amedée V. dont nous parlons, la repréſentation d'un chien qui eſt à ſes pieds avec un colier, au tour duquel on lit ce mot *fert* ſans ponctuation.

Il n'y a pas plus de fondement dans la preuve qu'on veut tirer de la Croix de l'Ordre de ſaint Jean, qu'on ſuppoſe qu'Amedée prit le premier de ſa Maiſon dans l'écu de ſes armes. Car outre que long-tems auparavant les Princes de Piémont portoient la même Croix, on la trouve dès l'an 1304 dans un ſceau de Thomas de Savoye, attaché à un traité que ce Prince avoit fait la même année avec Etienne de Coligni, Seigneur d'Andelot : ce qui fait voir que tout ce qu'on a inventé pour expliquer ces quatre lettres myſterieuſes, n'eſt qu'une fable, & que les Chevaliers de Rhodes ne dûrent qu'à leurs armes ſeules & à leur propre valeur, la premiere défenſe de Rhodes.

Le Grand Maître ne vit pas plutôt les Turcs rembarquez, que pour mettre à l'avenir la ville de Rhodes hors d'inſulte, il en fit terraſſer les murailles, y ajouta de nouvelles fortifications. Il donna enſuite tous ſes ſoins à y rétablir le commerce, qui avant la guerre, & même de tout tems l'avoit rendue une des plus floriſſantes villes de l'Aſie. Son port fut ouvert à toutes les nations : un grand nombre de Chrétiens, & ſur-tout de Latins qui depuis la perte de la Terre Sainte s'étoient dif- persez en differens endroits de la Grece, accoururent pour s'y établir, & pour y vivre sous l'étendart de saint Jean, dont ils avoient éprouvé tant de fois la protection. De ce mélange des Chevaliers & des habitans tant Grecs que Latins, il se forma un nouvel Etat, qui étoit tout ensemble guerrier & marchand, & qui devint aussi puissant par ses richesses, que redoutable par le courage & la valeur de ses nouveaux Souverains.

FOULQUES
DE
VILLARET.

L'éclat de cette conquête, & la nouvelle de la levée de ce siege passerent bien-tôt en Occident : ce fut le sujet d'une joye universelle dans tous les Etats Chrétiens. Elle fut suivie d'une comparaison qu'on faisoit entre les deux Ordres militaires, qui n'étoit pas à l'avantage des Templiers. On disoit que les Hospitaliers n'avoient jamais voulu abandonner l'esperance de chasser un jour les Infideles de la Terre Sainte ; qu'ils étoient restez pour cela dans l'Orient ; que la conquête qu'ils venoient de faire d'une Isle aussi considerable que celle de Rhodes, assuroit un port commode à toutes les Croisades ; au lieu que les Templiers par leur retraite précipitée en Europe & dans leurs Commanderies, & par la vie molle & délicieuse qu'ils y menoient, sembloient avoir renoncé à leur vocation, & laissé pour toujours les saints Lieux en proye aux Turcs & aux Sarrasins. Ces discours qui n'étoient pas destituez de verité, d'autres encore plus odieux, & qu'on répandoit sourdement, engagerent le Roi de France à poursuivre l'extinction de cet Ordre.

On ne sçait point dans quelle année ce Prince

FOULQUES DE VILLARET.

avoit pris une si terrible résolution contre les Templiers: il paroît seulement par l'Histoire qu'un Bourgeois de Beziers, nommé Squin de Florian, & un Templier apostat de son Ordre, ayant été arrêtez pour des crimes énormes, & mis dans le même cachot, ces deux scelerats désesperant de leur vie, se confesserent l'un l'autre, au défaut du Sacrement de pénitence qu'on n'administroit point en ce tems-là aux criminels, quand ils alloient au supplice. C'étoit aussi l'usage des gens qui voyageoient par mer, si par la tempête ils se trouvoient en danger de périr, & qu'il n'y eût point de Prêtre dans leur vaisseau.

PREUVE V.

Squin ayant entendu la confession du Templier, fit appeller un des Officiers du Roi auquel il dit qu'il étoit prêt de révéler à ce Prince un secret si important, qu'il tireroit plus d'utilité de sa connoissance, que de la conquête d'un Royaume entier; mais qu'il ne s'en ouvriroit jamais qu'au Roi seul. D'autres Historiens attribuent ce fait à un Templier Prieur de Montfaucon, & à un autre Religieux du même Ordre, appellé Noffodei, tous deux condamnez par le Grand Maître, & par le Conseil de son Ordre pour leurs impietez, & pour avoir mené une vie infâme, à finir leurs jours entre quatre murailles.

Quoi qu'il en soit du nom de ces scelerats, Philippe le Bel sur les instances de celui qui demandoit à lui parler, & peut-être dans l'impatience de découvrir ce secret qui devoit lui procurer de si grandes richesses, le fit venir à Paris. Il voulut l'entendre lui-même; & après lui avoir promis une impunité entiere, & même des récompenses, s'il disoit la verité, le criminel qui avoit dressé le plan de son accusation, chargea tout le corps des Templiers, de vol, d'homicide, d'idolatrie & de sodomie. Il ajouta que, quand un Templier étoit reçû dans l'Ordre, on l'obligeoit de renoncer à Jesus-Christ, de cracher sur la Croix en signe de détestation ; que ces Chevaliers devenus en secret Mahometans, par une infame trahison, avoient vendu la Terre Sainte aux Sultans & aux Princes de cette Secte. On peut voir plus en détail dans le recueil de Pierre Dupuy, toutes les abominations & toutes les saletez dont le délateur tâcha de noircir ses confreres, & que la bienséance ne permet pas de rapporter ici.

FOULQUES DE VILLARET.

Le Roi avoit fait part de ces accusations au Pape dans leur entrevûe à Lyon, & il lui en parla encore plus pressamment l'année suivante à Poitiers, où ils s'étoient rendus de concert pour traiter de cette grande affaire. Mais il ne paroît point que le Pape eût encore pris d'autre parti que celui d'une information secrete. Comme les Ambassadeurs que le Roi avoit laissez auprès de ce Pontife, le sollicitoient incessamment de condamner cet Ordre, nous avons une Lettre de Clement au Roi, en datte du neuf Juillet, où il lui déclare nettement que si la corruption dont on accusoit les Templiers étoit aussi génerale qu'il le prétendoit, & qu'il fallût abolir l'Ordre entier, il vouloit que tous ses biens fussent employez pour le recouvrement de la Terre Sainte, & qu'il ne souffriroit point qu'il en fût détourné la moindre partie à d'autres usages : ce qui pourroit faire présumer que le Pape soupçonnoit que dans le procès

PREUVE VI.

Sss iij

qu'on intentoit aux Templiers, on en vouloit autant à leurs grands biens, qu'au déreglement de leurs mœurs.

Il paroît même que ce Pontife, soit par rapport à cette affaire, ou à celle de Boniface, dont le Roi vouloit qu'on condamnât la memoire comme d'un impie & d'un heretique, se trouvant trop obsedé par les ministres de ce Prince, eut bien voulu depuis long-tems être hors de ses terres; qu'il se déguisa même pour sortir de Poitiers, & que dès l'an 1306, il prit avec quelques Cardinaux, le chemin de Bordeaux, sans autre escorte que de quelques mulets qui portoient son or & son argent. Mais ayant été reconnu en chemin par des émissaires du Roi, il crut devoir retourner dans la Ville d'où il étoit parti. *

Philippe, qui étoit vif & impatient, & qui ne s'accommodoit pas des lenteurs du Pape, par un ordre secret, & qui fut executé un Vendredi 13 d'Octobre, fit arrêter en un seul jour, le Grand Maître & tous les Templiers qui se trouverent à Paris, & dans les differentes Provinces de son Royaume : on saisit en même tems tous leurs biens, qui furent mis à la main du Roi. **

Une conduite si extraordinaire causa une surprise

---

* Tunc Papa & Cardinales venerunt Pictavim, ubi longiorem moram ut dicitur, quàm voluissent fecerunt, Rege Francorum & ejus Complicibus & ministris illic eos quasi detinentibus violenter. Nam Papa, ut dicitur, sub alterius fictione personæ aliquando tentavit cum paucis, summariis tamen oneratis argento & auro præcedentibus, versus Burdegalam proficisci; sed à quibusdam qui pro rege erant agnitus, cum rebus quas illuc volebat transferre cumpulsus est Pictavim remeare. *Prima vita Clementis V. ex Baluzio. p. 5.*

** Eodem anno in Octobri capti fuerunt omnes Templarii una die in toto regno Franciæ, accusati de hæresi pessimâ, unde confiscata 1307. sunt omnia bona eorum, quæ nunc tenet Ordo Hospitalariorum, & ipsi in carcere duro detinentur. *Secunda Vita Clementis V. auctore Ptolomæo Lucensi Ordinis Prædicatorum.*

générale dans toute la Chrétienté. Les uns l'attribuoient au ressentiment secret que ce Prince naturellement vindicatif conservoit, disoit-on, contre les Templiers, qui pendant ses differends avec le Pape Boniface VIII. s'étoient déclarez en faveur de ce Pontife. On prétendoit même qu'ils lui avoient fourni des sommes considerables ; & pour aigrir le Roi, on ajoutoit qu'un Templier, Treforier de Philippe, avoit été assez infidele à son maître, pour tirer cet argent des coffres mêmes du Roi, afin d'en aider son ennemi, ainsi qu'on le voit dans le sixiéme article des accusations intentées contre eux, & rapportées dans les grandes Chroniques de saint Denis, sous le regne de Philippe le Bel ; *Qu'eux reconnurent du Tresor du Roi à aucuns avoir donné, qui au Roi avoient fait contrarieté, laquelle chose étoit moult domageable au Royaume :* & en ceci, dit Belleforêt, entendoit-on Boniface VIII. ennemi mortel de ce Roi, & avec lequel il avoit querelle ordinaire.

FOULQUES DE VILLARET.

Cosmog. l. 3. Traité des Templiers. p. 1105.

D'autres Historiens, sans remonter jusqu'au differend de Boniface, ont prétendu que ce Prince, pour soutenir la guerre contre les Flamands, ayant affoibli la monnoye sans en réduire la valeur, les Templiers qui s'y trouvoient interressez, avoient été les auteurs secrets d'une sédition qui s'étoit élevée à ce sujet à Paris, ou du moins qu'ils l'avoient fomentée par des discours trop libres contre la personne du Roi. Le peuple, toujours peuple, c'est-à-dire, toujours mécontent du gouvernement quel qu'il soit, soutenoit qu'il ne falloit point chercher d'autre motif de l'arrêt des Templiers, que l'avarice de ce Prince & de ses ministres, & l'avidité qu'ils avoient d'envahir les biens immenses de cet Ordre. Là-dessus on citoit l'exemple récent des Juifs tolerez dans le Royaume, mais que Philippe l'année précedente avoit fait arrêter en un seul jour, comme il venoit d'en user à l'égard des Templiers; & qu'après les avoir dépouillez de tous leurs biens, on les avoit obligez de sortir du Royaume avec leurs familles, demi-nus, & seulement avec un mediocre viatique pour leur subsistance pendant le chemin.

Des gens passionnez rappelloient encore ce qui s'étoit passé en Italie & à Anagnie, patrie & résidence de Boniface VIII. dont le tresor avoit été pillé par des avanturiers François & Italiens, que le Roi tenoit secretement au-delà des monts sous les ordres de Nogaret & de Colonne. On prétendoit que ce Prince s'étoit approprié la meilleure partie de ce tresor, le plus riche qui fût dans la Chrétienté, soit en or, en argent, ou en diamans & en pierreries.

Il nous est resté de ces tems-là un Memoire anonyme, qui pourroit faire soupçonner que dans les motifs qu'on proposoit à ce Prince pour l'engager à poursuivre la condamnation des Templiers, il y en avoit qui n'étoient pas tout-à-fait desinteressez. Comme depuis que les Templiers avoient été arrêtez, on ne faisoit plus mystere en France du dessein qu'on avoit formé d'abolir entierement leur Ordre, un de ces hommes qui ne fondent leur fortune que sur la ruine de celle des autres, proposa au Roi Philippe le Bel, de créer

&

& de fonder un nouvel Ordre sous le nom *d'Ordre Royal*, d'obtenir du Pape qu'il y attachât les grands biens des Templiers ; qu'on incorporât dans cet Ordre les Chevaliers de Rhodes, & les Chevaliers de tous les autres Ordres militaires de la Chrétienté ; qu'on les obligeât tous de prendre l'habit de ce nouvel Ordre, & de reconnoître l'autorité d'un Grand Maître général, qui seroit à cet effet nommé par le Souverain Pontife. Pour intéresser le Roi dans ce projet, l'auteur du Mémoire prétendoit que ce Prince traitât avec tous les autres Souverains qui se disoient titulaires du Royaume de Jerusalem ; qu'on fît passer ce titre sur la tête du Roi de Chypre, qui n'avoit ni femme ni enfans ; que ce Prince devenu Grand Maître de l'Ordre, en prît l'habit, fît profession, & reconnût pour son successeur à la Grande Maîtrise & à ces deux Couronnes, Philippe, second fils du Roi de France, qui par cette union de deux Couronnes, jointe aux revenus immenses de tous les Ordres militaires, seroit devenu un des plus puissans Princes de l'Orient. L'appas étoit séduisant pour un Prince qui se voyoit trois enfans mâles.

Quoi qu'il en soit des differens motifs qui déterminerent Philippe le Bel à poursuivre la condamnation des Templiers, nous laissons volontiers aux lecteurs à décider s'il n'agit dans cette grande affaire que par un pur zele pour la conservation de la Religion, suivant le témoignage que lui en rendit depuis par ses Bulles le Pape Clément V. ou si ce Prince ne se porta avec tant de chaleur con-

FOULQUES DE VILLARET.

Louis, dit depuis le Hutin ; Philippe le Long ; Charles le Bel.

Tome I. T tt.

tre les Templiers, que par le sentiment d'une vengeance utile, & mêlée d'avarice, ainsi que le publierent des Ecrivains étrangers, prévenus, & peut-être ennemis de la France. Et je ne sçai si ce n'est pas à cette jalousie de nation qu'on doit attribuer les lettres d'Edouard II. Roi d'Angleterre, qui n'eut pas plutôt appris la détention des Templiers en France, qu'il écrivit aussi-tôt au Pape & à la plûpart des Souverains de l'Europe pour les prier de fermer l'oreille aux calomnies qu'on répandoit contre ces Chevaliers, *dont toute l'Angleterre*, dit-il, *révére la pureté de la foi, les bonnes mœurs, & le zele pour la défense de la Religion.*

Mais malgré cette apologie, on ne peut disconvenir que dès le second siecle de l'institution des Templiers, l'esprit du monde, le luxe, & même les plaisirs de la table n'eussent commencé à infecter differens particuliers de cet Ordre. Le proverbe ancien de *boire comme un Templier*, & qui dure encore après tant de tems, fait voir quelle étoit leur réputation sur cet article. Il est vrai que la premiere valeur & le même zele des anciens Templiers contre les Infideles, éclatoit toujours dans le corps de l'Ordre ; mais on ne retrouvoit plus dans la plûpart des particuliers cet esprit de religion, animé d'une foi vive, tant vanté par saint Bernard, ni ce desinteressement, & même cette moderation chrétienne, que leurs prédécesseurs conservoient au milieu même des victoires les plus éclatantes. Depuis cet heureux siecle, l'orgueil qu'inspire une haute naissance, la fierté que leur donnoit leur valeur, & certain esprit de domination que produisent toujours de grandes richesses, les avoit fait passer pour les plus superbes de tous les hommes.

On reprochoit aux Templiers leur ambition, passion funeste qui leur attira depuis la severité, & si j'ose le dire, la dureté de la plûpart des Evêques leurs Juges, avec lesquels ils avoient eu auparavant de grands differends, aussi-bien que les Hospitaliers, au sujet de leur indépendance, & des privileges de leur Ordre.

Ce furent ces Prélats qui à l'instance du Roi, & assistez de Guillaume de Paris Frere Prêcheur, Inquisiteur & Confesseur de ce Prince, firent subir aux prisonniers leur premier interrogatoire : & le fameux Guillaume de Nogaret, si connu par la hardiesse de ses entreprises contre Boniface VIII. conduisoit encore cette terrible affaire.

Le Pape n'apprit la prison du Grand Maître, & de tous les Templiers qu'avec beaucoup du surprise ; & il regarda sur-tout la procedure des Evêques & de l'Inquisiteur, comme une entreprise sur son autorité. Dans la premiere chaleur de son ressentiment, il suspendit les pouvoirs de Guillaume de Paris, & interdit aux Evêques de France la connoissance de cette affaire qu'il se réserva. Il écrivit en même tems au Roi pour se plaindre qu'il eût fait emprisonner des Religieux qui ne relevoient, dit-il, que du S. Siege : & il lui marquoit par une Lettre assez vive, qu'il lui envoyoit les Cardinaux Bérenger de Frédole, & Etienne de Susy ausquels il souhaittoit qu'il remît incessamment, ou à l'Evêque de Preneste son Nonce, les personnes & les biens des Templiers.

Philippe lui répondit qu'il ne les avoit fait arrêter que sur le réquisitoire de l'Inquisiteur, Officier de la Cour de Rome, & député par le Pape même dans son Royaume ; que la suspension des pouvoirs de ce Religieux, & de ceux des Evêques, Juges nez en matiere de doctrine, étoit fort préjudiciable à la Religion ; que les Templiers ne manqueroient pas de s'en prévaloir, & qu'ils pourroient même se flater de trouver de l'appui à sa Cour. Il se plaignoit ensuite de ce que le Pape apportoit trop de lenteur à le seconder dans une si juste poursuite, & il lui représentoit dans des termes qui avoient assez l'air d'un reproche, que Dieu ne détestoit rien tant que les tiedes ; que c'étoit même, lui disoit-il, apporter une espece de consentement aux crimes des accusez, que de ne les pas punir promptement ; que bien loin d'interdire aux Evêques, comme il avoit fait, les fonctions essentielles de leur dignité, il devoit au contraire exciter leur zele pour l'extirpation d'un Ordre si corrompu : qu'après tout ces Prélats étoient appellez avec lui pour partager les soins de l'Eglise de Dieu. Ce Prince jaloux des droits de l'Episcopat, ajoute : » On feroit, très-Saint Pere, une cruelle » injustice à ces Prélats, ce que Dieu ne permette, » si on leur interdisoit l'exercice d'un ministere » qu'ils ont reçû immediatement de Dieu, & si » on les privoit du droit qu'ils ont de défendre la » foi. Ni ils n'ont mérité un si injuste traitement, » ni ils ne le pourroient souffrir, & nous-mêmes » nous ne le pourrions dissimuler, sans violer le

» ferment que nous avons fait à notre Sacre. »Ce feroit même un très-grand peché de mépri- » ser à ce point, ceux que Dieu nous à envoyez. » Car le Seigneur dit: Celui qui vous méprife, me » méprise. Quel est donc, Pere Saint, continue ce » Prince, le sacrilege assez téméraire pour vous » conseiller de méprifer ces Prélats, ou plûtôt Je- » sus-Christ qui les a envoyez? Le Roi finit une Lettre si vive par des maximes & des expressions encore plus dures. Il prétend que le Pape est sujet aux loix de ceux qui l'ont précedé, jusques-là, ajoute-t-il, que quelques-uns ont soutenu que le Pape peut se trouver compris *ipso facto*, dans le Canon d'une Sentence prononcée sur une matiere de Foi.

Cette Lettre tirée du trefor des Chartres par Pierre Dupuy, nous apprend avec quelle impatience le Roi supportoit le moindre retardement dans cette affaire. La conduite qu'il avoit tenue contre le Pape Boniface, faisant apprehender à son successeur d'avoir pour ennemi, un Prince ferme & incapable de se désister de ses entreprises, Clement vit bien qu'il seroit obligé de relâcher en sa faveur quelque chose des formalitez de la justice. L'affaire s'accommoda par les soins des deux Cardinaux, & la bonne intelligence se rétablit entre le Sacerdoce & l'Empire. On convint que le Roi remettroit au Nonce du Pape, la personne & les biens des Templiers: ce qui fut aussi-tôt executé, quoiqu'ils fussent toujours gardez par des sujets du Roi.

Mais, pour sauver les apparences, & appaiser le

FOULQUES DE VILLARET.

Dupuy. ibid.

PREUVE VIII.

518   Histoire de l'Ordre

FOULQUES
DE
VILLARET.

Pape, il fut dit qu'ils étoient gardez en son nom & au nom de l'Eglise. On en usa à peu près de la même maniere à l'égard de leurs biens & des gardiens qu'on y préposa. Tout étoit à la verité administré au nom du Pape; mais parmi ces administrateurs, on compte Guillaume Pisdoue, & René Bourdon, Valets de Chambre du Roi: ce qui fait voir qu'en tout cela, il n'y eut que le stile & la forme du dépôt de changez. Le Roi de son côté, & en retour d'une si legere satisfaction, exigea du Pape qu'il levât la suspension qu'il avoit faite des pouvoirs de son Confesseur, & que ce Religieux pût continuer d'assister au procès des Templiers. *Bien que ce soit contre mon autorité*, dit Clement dans une de ses Bulles, *je promets au Roi, puisqu'il le veut, que l'Inquisiteur pourra proceder avec les Ordinaires; mais à condition*, ajoute le Pape, *que chaque Evêque ne pourra examiner que les Templiers particuliers de son Diocese; que ces Religieux ne seront même jugez que par des Métropolitains, & dans un Concile de chaque Province; qu'aucun de ces Prélats ne prendra connoissance de l'état géneral de tout l'Ordre, & de ce qui concernera la personne du Grand Maître, & des principaux Officiers de l'Ordre, dont il se reserve*, dit-il, *& au Saint Siege, l'examen & le jugement*.

Dupuy p. 15.

Dupuy p. 17.

Le Pape & le Roi étant d'accord, on commença à travailler de concert à l'instruction du procès des Templiers. Les prisons étoient remplies de ces Chevaliers, qui tous, excepté ceux qui volontairement se reconnurent pour criminels, furent exposez à la question la plus rude. On n'entendoit que cris, que gémissemens de ceux qu'on tenailloit, qu'on brisoit & qu'on démembroit dans la torture. Un grand nombre, pour éviter des tourmens si cruels, passerent d'abord toutes les declarations qu'on exigea d'eux; mais il se trouva aussi un grand nombre de ces Templiers, qui, au milieu des plus affreux supplices, soutinrent avec une fermeté ou une opinâtreté invincible, qu'ils étoient innocens. La maniere differente & toute opposée dont plusieurs Auteurs ont rapporté ces faits, a laissé à la posterité la plus impénetrable Histoire que la malice ou la negligence des Historiens ayent jamais obscurcie.

Le Pape voulant prendre connoissance de cette affaire, interrogea lui-même soixante-douze Templiers, qui se reconnurent criminels; & un Chevalier de cet Ordre, qui étoit Officier de ce Pontife, lui avoua, dit-il, ingenuement tout le mal qu'il avoit découvert parmi ses confreres. Le Pape ordonna depuis qu'on lui amenât le Grand Maître, les grands Prieurs, & les principaux Commandeurs de France, d'outre-mer, de Normandie, d'Aquitaine & de Poitou. *Nous avons ordonné*, dit-il dans une de ses Bulles, *qu'on les traduisît à Poitiers, mais quelques-uns d'eux étant demeurez malades à Chinon en Touraine, en sorte qu'ils ne pouvoient aller à cheval, ni être amenez en quelque maniere que ce fût: Nous avons commis pour faire cette information, les Cardinaux Bérenger, Estienne & Landulfe.* Il y a bien de l'apparence que ces Chevaliers, qu'on ne put amener à Poitiers à cheval, ni en aucune autre maniere, étoient de ceux qu'on avoit brisez à la torture.

FOULQUES DE VILLARET.

Le Grand Maître, à ce qu'on prétend, convint à Poitiers de la plûpart des crimes qui étoient imputez à son Ordre. Il y a des Historiens qui rapportent qu'il avoit déja fait le même aveu à Paris, & qu'en consequence il avoit même écrit une Lettre circulaire à tous ses Religieux pour les exhorter à l'imiter dans sa confession & dans sa penitence. Les Commissaires Apostoliques à leur retour de Chinon rapporterent le procès verbal de cette confession au Pape & au Roi. Ce Prince, pour presser la condamnation de tout le corps des Templiers, & obtenir de Clement l'extinction entier de cet Ordre, étoit revenu à Poitiers auprès de ce Pontife.

Mais, dans le tems qu'on prenoit pour cela des mesures fondées principalement sur les confessions d'un grand nombre de Templiers, on fut bien surpris d'apprendre que la plus grande partie de ces Chevaliers avoient révoqué ces confessions; qu'ils soutenoient qu'on les avoit arrachées à force de tourmens; qu'ils détestoient hautement l'amnistie que les Officiers du Roi leur avoient offerte, & qu'ils la regardoient comme le prix de l'infidelité, & la honteuse récompense d'une prévarication, aussi préjudiciable à leur honneur qu'à leur conscience.

Cependant les Rois d'Angleterre, de Castille, d'Arragon, celui de Sicile, le Comte de Provence, & la plûpart des Princes Chrétiens, & même les Archevêques d'Italie, sur les instances que leur faisoit le Pape, avoient fait arrêter tous les Templiers qui se trouverent dans leurs Etats. On avoit

mis-

mis en même tems des garnisons dans leurs Commanderies, saisi tous leurs biens, & on travailloit sans relâche de tous côtez à leur procès.

FOULQUES DE VILLARET.

Les Templiers d'Arragon se réfugierent d'abord dans des forteresses qu'ils avoient fait construire à leurs dépens pour défendre le pays contre les incursions des Maures, d'où ils écrivirent au Pape pour leur justification. Ils lui remontrerent que leur foi étoit pure, & n'avoit jamais été soupçonnée ; qu'ils en avoient souvent scellé la confession par l'effusion de leur sang ; qu'un grand nombre de leurs confreres, dans le tems-même qu'on les persécutoit le plus cruellement, gémissoient actuellement dans une dure servitude, & dans les prisons des Maures, dont on leur offroit tous les jours de leur ouvrir les portes, s'ils vouloient changer de Religion : en sorte, disoient-ils au Souverain Pontife, que les Templiers esclaves des Infideles étoient exposez aux plus cruels supplices comme Chrétiens, & que cependant les Princes Chrétiens les faisoient brûler comme Infideles. Que si quelques-uns de leur Ordre s'étoient déclarez coupables de grands crimes, soit qu'ils eussent commis ces excès, ou seulement pour se délivrer des tourmens de la question, il étoit juste de les punir, ou comme criminéls, ou comme des hommes assez lâches pour avoir trahi leur conscience, l'honneur de leur Religion, & la verité. Mais qu'un grand Ordre, & qui depuis deux siécles avoit si bien merité de l'Eglise, ne devoit pas souffrir des crimes de quelques particuliers, & de la foiblesse ou de la prévarication

Zurita. Liv. 5. ch. 73.

Tome I.   Vuu

FOULQUES DE VILLARET. des autres. Ils ajoutoient que leurs grands biens & leurs richesses étoient la veritable cause de la persécution qu'ils souffroient, & ils demandoient au Pape, ou qu'il leur fût permis de défendre eux-mêmes leur innocence, & de la soutenir les armes à la main, suivant l'usage de ce tems-là, & comme des Chevaliers le devoient faire contre des méchans & des calomniateurs.

On ne sçait point la réponse que fit le Pape à leur Requête : on voit seulement dans l'Histoire que Jacques II. qui regnoit alors dans l'Arragon, les assiegea dans les Châteaux où ils s'étoient retirez ; qu'il se rendit maître de ces Places, qu'il se les appropria, & qu'il envoya ces Templiers en differentes prisons où l'Evêque de Valence eut ordre du Pape de leur faire leur procès.

On se disposoit à Paris à continuer contre eux de semblables procedures. On y traduisit * la plûpart des prisonniers ; mais la révocation qu'ils avoient faite de leur premiere confession qu'ils attribuoient à la rigueur de la torture, ou à la crainte de ces tourmens, embarrassoit les Juges. Il se tint là-dessus un grand conseil ; on y délibera long-tems si on devoit avoir égard à leurs protestations. Enfin par une Jurisprudence assez singuliere, il fut arrêté qu'on traiteroit comme relaps, & comme s'ils avoient renoncé à Jesus-Christ, ceux qui révoqueroient leur premiere confession. En consequence de cette déliberation, on fit com-

---

* Eodem anno Templarii omnes qui erant in Regno Franciæ mittuntur Parisius. Multi eorum revocant quod dixerant. Movetur quæstio contra eos utrum talis revocatio posset dici relapsio, & judicatur contra eos quòd sic. Undè Parisius comburuntur quinquaginta quatuor, stantibus eis in proposito quòd veri Catholici essent. *Ex secunda vita Clementis quinti, pag. 37.*

paroître de nouveau le Grand Maître de Molay devant les Commissaires : ils lui demanderent s'il avoit quelque chose à dire pour la défense de ses Religieux. Il leur répondit qu'il l'entreprendroit volontiers, & qu'il seroit ravi de pouvoir faire connoître à la face de l'univers l'innocence de son Ordre ; mais qu'il étoit Chevalier non lettré, c'est-à-dire, qui ne sçavoit ni lire ni écrire, comme la plûpart de la Noblesse de ce tems-là. Il demanda qu'il lui fût permis de prendre un Conseil : *Quoique on ne m'ait pas laissé*, ajouta-t-il, *quatre deniers pour fournir aux frais d'un si grand procès*.

FOULQUES DE VILLARET.

Les Commissaires lui repartirent qu'en matiere d'hérésie, on n'accordoit aux prévenus ni conseil ni secours d'Avocat ; qu'avant même de s'engager dans une pareille entreprise, il devoit y faire de sérieuses réflexions ; qu'il se souvînt sur-tout de l'aveu qu'il avoit fait lui-même à Chinon de ses propres crimes, & de ceux de son Ordre : & on lui lut sur le champ cette déposition. Jamais étonnement ne fut pareil à celui du Grand Maître. Quand il en entendit la lecture, il fit le Signe de la Croix, & s'écria que si les trois Cardinaux devant lesquels il avoit comparu à Chinon, & qui avoient souscrit à son interrogatoire, étoient d'une autre qualité, il sçauroit bien ce qu'il auroit à dire. Comme les Commissaires le pressoient de s'expliquer plus ouvertement, il ajouta, n'étant pas maître de son ressentiment, qu'ils méritoient le même supplice dont les Sarrasins & les Tartares punissent les menteurs & les faussaires, *ausquels*, dit-il, *ils font fendre le ventre, & trancher la tête*.

Dupuy. p. 42

Vuu ij

FOULQUES DE VILLARET.

Cependant il est constant par les actes du procès, qu'avant l'assemblée de Chinon, & sur l'espérance de l'impunité que le Pape & le Roi lui avoient promise, il avoit confessé en deux occasions une partie des crimes qui lui étoient imposez. Mais apparemment que le Greffier qui avoit rédigé sa confession à Chinon, pour le charger davantage, & le rendre plus criminel, y avoit ajouté des circonstances aggravantes : peut-être même qu'il avoit augmenté sa confession de tous les crimes qu'on imputoit en général à tout l'Ordre ; & que pour lui cacher sa supercherie, il ne lui en avoit point fait de lecture.

Quoi qu'il en soit, le Grand Maître sans s'expliquer plus ouvertement sur sa confession, se contenta de dire que le Pape s'étant réservé la connoissance de ce qui le regardoit, il demandoit de lui être renvoyé. Il ajouta qu'il n'avoit que trois choses à leur représenter en faveur de son Ordre. 1°. *Qu'excepté les Eglises Cathedrales, il n'y en avoit point dans toute la Chrétienté où le Service divin se célébrât avec plus de dévotion, où il se trouvât un plus grand nombre de Reliques & de plus riches ornemens.* 2°. *Qu'en toutes les Commanderies, on faisoit une aumône générale trois fois la semaine.* 3°. *Qu'il n'y avoit aucun Ordre, ni aucune nation où les Chevaliers & les Gentilshommes exposassent plus généreusement leur vie pour la défense de la Religion Chrétienne, que l'avoient fait jusques-là les Templiers.* Les Commissaires lui dirent que tout cela étoit inutile sans la foi. Mais il leur répliqua que les Templiers croyoient fermement tout ce que croyoit l'Eglise

Catholique, & que c'étoit pour maintenir une si sainte croyance, qu'un si grand nombre de ces Chevaliers avoient répandu leur sang contre les Sarrasins, contre les Turcs & contre les Maures.

Frere Pierre de Bologne, Prêtre & Procureur Général de l'Ordre, représenta de son côté aux Commissaires que pour tirer l'aveu des crimes qu'on imputoit à ses confreres, on avoit également employé la promesse de l'impunité, & les menaces des supplices ; qu'on leur avoit dit que leur Ordre étoit tacitement proscrit, & que le Pape le devoit abolir solemnellement dans le Concile. Qu'on avoit montré à plusieurs prisonniers des Lettres Patentes où étoit le sceau du Roi, par lesquelles moyennant leur confession, on leur promettoit la vie, la liberté & une pension viagere; & que pour ceux qu'on n'avoit pû séduire par ces promesses, on les avoit pressez par de violentes tortures. Qu'il étoit bien moins surprenant que des hommes foibles, pour se délivrer des supplices, eussent parlé conformément à l'intention de ceux qui les tourmentoient, que de voir un si grand nombre de Templiers supporter courageusement les plus affreux tourmens, plutôt que de trahir la verité. Que plusieurs de ces Chevaliers étoient morts dans le fond des cachots, des douleurs qu'ils avoient souffertes à la gêne, & qu'il demandoit que leurs boureaux & leurs géoliers fussent interrogez pour sçavoir dans quels sentimens ils étoient morts, & s'il n'étoit pas vrai que dans ces derniers momens où les hommes n'ont plus rien à esperer ni à craindre, ils avoient persisté jusqu'au dernier soupir à soutenir leur innocence, & celle de leur Ordre en général. Il pria enfuite les Commiffaires de faire venir en leur préfence un Templier appellé Frere Adam de Valincourt, que le défir d'une plus grande perfection avoit fait entrer depuis parmi les Chartreux, mais qui n'en ayant pu foutenir les aufteritez, avoit demandé à rentrer dans l'Ordre des Templiers. Il ajouta que les fuperieurs & les confreres de ce Religieux avoient regardé fon premier changement comme une apoftafie; qu'on l'avoit obligé, avant que de le recevoir, de fe préfenter à la porte du Temple en chemife; qu'après avoir repris l'habit de l'Ordre, on l'avoit condamné à manger à terre pendant un an entier, à jeûner au pain & à l'eau les mercredis & les vendredis de chaque femaine, & à recevoir la difcipline tous les Dimanches de la main du Prêtre qui officioit. Ce Procureur demandoit s'il étoit vrai-femblable que ce Templier venu de l'Ordre des Chartreux, fût rentré parmi eux, & qu'il fe fût foumis à une correction & une pénitence fi longue & fi auftere, s'il avoit reconnu parmi fes confreres toutes les abominations dont on les vouloit noircir: & là-deffus il infiftoit à être entendu en plein Concile avec fes Superieurs, & des députez de tout l'Ordre: *Afin*, difoit-il, *de faire connoître leur innocence à la face de toute la Chrétienté*.

Nonobftant toutes ces défenfes, on proceda à leur jugement. Quelques-uns furent abfous purement & fimplement; d'autres condamnez à une pénitence canonique, pour être enfuite mis en liberté. Ce furent ceux qui perféverérent dans la confeffion de leurs fautes, & qui pour marquer l'horreur qu'ils avoient de leur Ordre, en avoient quitté l'habit & fait raſer les longues barbes qu'ils portoient, ſuivant l'uſage des Orientaux. Les Templiers au contraire qui avoient révoqué leur premiere confeſſion, & qui perſiſterent dans les proteſtations qu'ils avoient faites de leur innocence, furent traitez avec toute ſorte de rigueur. Cinquante-neuf, parmi leſquels il y avoit un Aumônier du Roi, furent dégradez comme relaps, par l'Evêque de Paris, & livrez au bras ſéculier. On les conduiſit hors la porte S. Antoine où ils furent brûlez tout vifs & à petit feu. Au milieu des flammes, tous invoquoient le ſaint nom de Dieu; & ce qui eſt de plus ſurprenant, il n'y eut aucun de ces cinquante-neuf, qui, pour ſe délivrer d'un ſi affreux ſupplice, voulût profiter de l'amniſtie que leurs parens & leurs amis leur offroient de la part du Roi, pourvû qu'ils renonçaſſent à leurs proteſtations.

Il y en eut un grand nombre en differens autres endroits de la France, qui au milieu des flammes, firent paroître la même fermeté; on les brûla, mais on ne put jamais leur arracher l'aveu des crimes qu'on leur imputoit. *Choſe étonnante*, dit l'Evêque de Lodéve Hiſtorien contemporain, *que ces infortunez qu'on livroit aux plus cruels ſupplices, ne rendoient point d'autre raiſon de leur rétraction, que la honte & le remors d'avoir par la violence de la queſtion, avoué des crimes dont ils ſe prétendoient très-innocens.* *

---

* Unum autem mirandum fuit quòd omnes & ſinguli eorum confeſſiones ſuas quas priùs jurati fecerant, in judicio retractarunt, dicentes ſe falſa fuiſſe confeſſos, nullam ſuper hoc reddentes cauſam aliam niſi vim aut metum tormentorum quòd de ſe talia faterentur. *Ex ſecunda vita Clementis quinti.*

HISTOIRE DE L'ORDRE

FOULQUES DE VILLARET.

Baluzius in vitis Paparum Avenion.

Pierre Dupuy.

Le Roi qui avoit extrêmement à cœur l'affaire des Templiers, comme s'en explique le Pape & les Historiens du tems, se rendit à Vienne en Daufiné au terme marqué par la Bulle du Pontife, & il y vint accompagné de Louis son fils aîné, Roi de Navarre du chef de sa mere, de Philippe, & de Charles, freres de ce jeune Prince, de Charles de Valois, & de Louis Comte d'Evreux leurs oncles, & freres du Roi. Ce Prince parut dans cette auguste assemblée avec une grosse Cour, d'autres disent avec une nombreuse milice, qui faisoit connoître sa puissance, & qui servoit à la faire respecter. Il s'y trouva plus de trois cens Evêques, sans compter les Abbez, les Prieurs & les plus célébres Docteurs de la Chrétienté.

La premiere session fut tenue le 16 d'Octobre de l'année 1311. Le Pape y proposa les trois causes de la convocation du Concile; 1°. L'affaire des Templiers; 2°. Le recouvrement de la Terre Sainte; 3°. La réformation des mœurs & de la discipline de l'Eglise. Nous ne nous arrêterons qu'à ce qui regardoit particulierement les Templiers, & à la part qu'on donna depuis dans cette grande affaire aux Chevaliers de Rhodes.

Le Pape fit lire d'abord en plein Concile les procès qu'on avoit faits en plusieurs Provinces, contre differens Chevaliers du Temple, & il demanda ensuite à chacun des Peres, & tour à tour, s'ils ne trouvoient pas à propos de supprimer un Ordre où il s'étoit découvert de si grands abus, & des crimes si énormes. Un Prélat Italien s'adressant au Pape, l'exhorta à abolir sur le champ, & sans autre formalité, un Ordre contre lequel, dit-il, on avoit entendu plus de 2000 témoins en differens endroits de la Chrétienté. Mais tous les Evêques & Archevêques du Concile, & les plus celebres Docteurs representerent unanimement au Pape, qu'avant que d'éteindre un Ordre si illustre, & qui depuis son institution avoit rendu des services importans à la Chrétienté, ils étoient d'avis qu'on devoit entendre le GrandMaître & les principaux de cet Ordre en leurs défenses, comme la justice le requéroit, & suivant qu'ils l'avoient demandé eux-mêmes avec tant d'instance par differentes requêtes.

Les Historiens du tems nous apprennent que tous les Evêques d'Italie, hors un seul, furent de ce sentiment, ausquels se conformerent ceux d'Espagne, d'Allemagne, de Dannemarc, d'Angleterre, d'Ecosse, & d'Irlande; que tous les Prélats de France avoient été du même avis, à l'exception des Archevêques de Reims, de Sens & de Rouen: en sorte que dans un Concile géneral, composé de plus de trois cens Prélats, il n'y en eut que quatre qui opinerent différemment; & si on ose le dire, contre les premiers principes de l'équité naturelle. *

L'audience qu'on demandoit hautement en faveur des prévenus, ne laissoit pas d'embarasser le Pape par les suites qu'il en prévoyoit. De quelque

---

* Interim autem vocantur Prælati cum Cardinalibus ad conferendum de Templariis : leguntur acta ipsorum inter Prælatos ; & in hoc conveniunt requisiti à Pontifice sigillatim, ut det Templariis audientiam, sive defensionem. In hac sententia concordant omnes Prælati Italiæ præter unum, Hispaniæ, Theutoniæ, Daniæ, Angliæ, Scotiæ & Hyberniæ; Item Gallici præter tres Metroplitanos ; videlicet, Remensem, Senonensem, & Rotomagensem. Hoc autem actum est sive actitatum in principio Decembris. *Ex secundâ vitâ Clementis V, p. 43. Autore Ptolomao Lucensi.*

FOULQUES DE VILLARET.

autorité dont il fût revêtu, il sentoit bien qu'il seroit difficile de se dispenser de les entendre sur les differentes causes de récusation, ni de refuser aux prévenus la confrontation contre leurs accusateurs & & les témoins; toutes procedures qui emporteroient beaucoup de tems, & laisseroient le succès de ce grand procès incertain.

L'affaire traîna près de six mois, qui furent apparemment employez en conférences, & peut-être en négociations secretes, pour obtenir des Prélats que dans une affaire qui paroissoit aussi éclaircie, on passât par-dessus les formes ordinaires. Du moins Alberic de Rosate, celebre Jurisconsulte, rapporte que sur ce que les Peres du Concile soutenoient qu'on ne pouvoit jamais condamner les accusez sans les avoir entendus, le Pape s'écria que si par le défaut de quelque formalité, on ne pouvoit pas prononcer judiciairement contre les Templiers, la plenitude de la puissance Pontificale suppléeroit à tout, & qu'il les condamneroit par voye d'expedient, plûtôt que de chagriner son cher fils le Roi de France.

En effet ce Pontife, le 22 du mois de Mai de l'année suivante, après s'être assuré auparavant dans un Consistoire secret des Cardinaux & de plusieurs Evêques, que la complaisance ramena à son avis, tint solemnellement la seconde Session du Concile, dans laquelle il cassa & annulla l'Ordre militaire des Templiers. * *Et quoique nous n'ayons pû,* dit-il dans sa Sentence, *prononcer selon les for-*

Les Méditations de Camerarius. 3. v. l. 5. c. 4.

Et si viâ justitiæ Ordo ille destrui non possit, fiat tamen viâ expedientiæ, ne scandalisetur carus filius noster Rex Galliæ.

1312.

PREUVE IX.

* Summus Pontifex multis Prælatis cum Cardinalibus coram se in privato Consistorio convocatis, per provisionem potiusquam condemnationis viam, Ordinem Templariorum cassavit, & penitus annulavit. *Quarta vita Clementis V. p. 85. Autore quodam Veneto coætaneo.*

mes de droit, nous les condamnons par provision, & par l'autorité Apostolique, réservant à Nous & à la sainte Eglise Romaine, la disposition des personnes & des biens des Templiers.

FOULQUES DE VILLARET.

Il ne restoit plus qu'à décider dans le Concile de l'emploi qu'on feroit de ces grands biens. Le Pape qui craignoit que la plûpart des Souverains ne s'emparassent dans leurs Etats de ce qui seroit à leur bienséance, representa que ces biens ayant été consacrez pour la défense des Saints Lieux, & des pelerins qui les visitoient, on ne pourroit en faire un meilleur usage qu'en les remettant aux Chevaliers de Rhodes, dévouez à de si saintes fonctions, & qui venoient de donner de nouvelles preuves de leur zele & de leur courage par la conquête de l'Isle de Rhodes. * Mais les partisans de la France opinoient hautement à la création d'un Ordre nouveau, & même à y réunir tout l'Ordre de saint Jean. Ils disoient que l'augmentation qu'on vouloit faire des biens de ces Chevaliers, ne serviroit qu'à les précipiter dans les mêmes désordres qui venoient d'attirer la condamation des Templiers; que sous prétexte d'en prendre possession, on les verroit incessamment répandus dans l'Europe, & qu'il étoit bien à craindre qu'ils n'y fissent renaître l'orgueil, le faste, le luxe & la molesse des Templiers.

* Priusquam Concilium solveretur, post habitos tractatus varios de bonis Templariorum, quibus vel ad quos usus essent potius applicanda, quibusdam consentientibus quòd nova Religio ad quam applicarentur esset fundanda, aliis alia dicentibus, tandem providit Apostolica Sedes, Regibus, & Prælatis assentientibus, eadem in favorem Terræ Sanctæ integraliter ad fratres Hospitales devolvi, ut ad ejusdem Terræ recuperationem sive subsidium possent effici fortiores ex ipsis: sed ut apparuit processu temporis facti sunt deteriores. *Contin. Guill. de Nangis. p. 646.*

FOULQUES DE VILLARET.

Le Pape, qui par cette création d'un Ordre royal, & par la suppression de tous les autres Ordres, voyoit qu'on alloit souftraire de son autorité ce qu'il y avoit de Religieux militaires dans l'Europe & dans l'Asie, rejetta avec fermeté cette proposition; & pour détruire les raisons de ceux qui la soutenoient, il déclara qu'il s'engageoit à réformer l'Ordre de S. Jean dans son chef & dans ses membres, si on jugeoit que cette réforme fût nécessaire; qu'il ne souffriroit aucun Chevalier en Occident, excepté les vieillards, les infirmes, & ceux qui étoient chargez du soin des Commanderies; qu'il feroit même faire une évaluation exacte des revenus de l'Ordre pour regler le nombre des Chevaliers, & la dépense qu'ils devoient faire pour leur subsistance, & que tout le reste seroit employé au secours des pelerins & à la défense des Etats Chrétiens : tous projets admirables, mais qui n'eurent pas d'execution.

Voyez la Lettre de Philippe le Bel à Clement V. en datte de l'an 1312, le 24. Aoust. Dupuy, condamnation des Templiers. p. 178. & 179.

Les simples promesses de ce Pontife ramenerent à son avis la plûpart des Peres du Concile. Mais il parut que le Roi de France ne se prêta qu'avec répugnance à cette disposition. Ce Prince prévenu contre les Hospitaliers, exigea du Pape qu'on travaillât à cette réforme, qui devoit comprendre le Grand Maître & tous ses Chevaliers, & qu'on les obligeât à se rendre aussi agréables au corps Episcopal, qu'ils lui avoient été jusqu'alors opposez; ce qui pourroit faire présumer que la connoissance de leurs anciens differends avec les Evêques de la Palestine avoit passé jusqu'en France. On ajugea aux Chevaliers de Rhodes tous les biens des Templiers, à l'exception de ceux qui se trouvoient dans les

Espagnes, & qui par une destination particuliere, devoient être appliquez à la défense du pays contre les Maures, qui occupoient encore le Royaume de Grenade.

FOULQUES DE VILLARET

Enfin l'année suivante, & après la dissolution du Concile, il fut question du dernier acte de cette tragedie, & de décider du sort du Grand Maître, & des hauts Officiers de l'Ordre, appellez les grands Précepteurs, ou les grands Commandeurs. Le Pape s'en étoit réservé la connoissance, & en consequence de leur aveu, leur avoit promis une impunité entiere. Mais à son retour du Concile, soit qu'il eût changé de sentiment, ou qu'il ne voulût pas les condamner lui-même, il en remit le jugement à deux Cardinaux, qui par son ordre se transporterent à Paris, & y prirent pour adjoints l'Archevêque de Sens, & quelques autres Prélats de l'Eglise Gallicane. Ces Commissaires apostoliques se firent amener par le Prevôt de Paris, Jacques de Molay Grand Maître des Templiers, dignité, dit Monsieur Dupuy, qui l'égaloit aux Princes, ayant même en cette qualité eû l'honneur de tenir sur les fonds un des enfans du Roi. Le second de ces prisonniers s'appelloit Guy, & étoit frere du Dauphin de Viennois, Prince souverain du Dauphiné. Le troisiéme se nommoit Hugues de Peralde, Grand Prieur ou Visiteur du Prieuré de France; & le quatriéme étoit Grand Prieur d'Aquitaine, qui avant sa détention, avoit la direction des finances du Roi.

1313.

Il ne paroît point par les actes de ce fameux procès, que ces Prélats les eussent de nouveau interrogez, ni qu'on les eût confrontez contre des témoins. Quoique cette procedure fût dans la forme ordinaire de la justice, apparemment que ces Commissaires voulurent se conformer à la conduite qu'avoient tenu le Pape & le Concile. On se contenta de l'aveu qu'ils avoient fait devant le Pape & le Roi, des crimes qu'on leur imputoit : & ce fut sur cet aveu, & suivant les intentions du souverain Pontife, que ces Juges convinrent entr'eux, s'ils persistoient dans leur premiere confession, de ne les condamner qu'à une prison perpetuelle. Mais comme il étoit important de calmer les esprits effrayez de tant de feux qu'on avoit allumez en differentes Provinces du Royaume, & qu'il falloit sur-tout convaincre le peuple de Paris, que c'étoit avec justice qu'on avoit fait brûler tout vifs un si grand nombre de Templiers, on exigea de ces quatre derniers qui en étoient les chefs, que s'ils vouloient qu'on leur sauvât la vie, & qu'on leur tînt la parole que le Pape & le Roi leur avoient donnée, ils fissent en public une déclaration sincere des abus & des crimes qui se commettoient dans leur Ordre. Pour cet effet, on dressa dans le Parvis de l'Église Cathedrale un échafaut, sur lequel des archers & des soldats amenerent les accusez. Un des Legats monta en chaire, & ouvrit cette triste ceremonie par un discours, où il exposa fort au long toutes les impietez & les abominations dont les Templiers, disoit-il, avoient été convaincus par leur propre aveu. Et pour n'en laisser aucun doute à l'assemblée, il somma le Grand Maître & ses compagnons de renouveller devant le peuple, la confession

DE MALTE. LIV. IV. 535
qu'ils avoient faite devant le Pape, de leurs crimes & de leurs erreurs.

Ce fut apparemment pour les déterminer à faire
cette déclaration, que d'un côté il les assura d'une
pleine amnistie, & que de l'autre, pour les intimider, des boureaux dressoient un bucher, comme si
on eut dû sur le champ les y brûler en cas qu'ils
révoquassent leur premiere confession.

Les Prieurs de France & d'Aquitaine y persiste-
rent, soit de bonne foi, soit par frayeur, à l'aspect
d'un si rigoureux supplice. Mais, quand ce fut le
tour du Grand Maître de s'expliquer, on fut bien
surpris lorsque ce prisonnier secouant les chaînes
dont il étoit chargé, d'une contenance assurée,
s'avança jusqu'au bord de l'échafaut ; puis élevant
sa voix pour être mieux entendu : *Il est bien juste,*
s'écria-t'il, *que dans un si terrible jour, & dans les der-*
niers momens de ma vie, je découvre toute l'iniquité
du mensonge, & que je fasse triompher la verité. Je
déclare donc à la face du ciel & de la terre, & j'avoue,
quoiqu'à ma honte éternelle, que j'ai commis le plus
grand de tous les crimes ; mais ce n'a été qu'en con-
venant de ceux qu'on impute avec tant de noirceur
à un Ordre que la verité m'oblige de reconnoître au-
jourd'hui pour innocent. Je n'ai même passé la décla-
ration qu'on exigeoit de moi, que pour suspendre les
douleurs excessives de la torture, & pour fléchir ceux
qui me les faisoient souffrir. Je sçai les supplices qu'on
a fait subir à tous ceux qui ont eu le courage de révo-
quer une pareille confession ; mais l'affreux spectacle
qu'on me présente, n'est pas capable de me faire con-
firmer un premier mensonge par un second. A une con-

FOULQUES
DE
VILLARET.

Villani l. 8. c.
92.
Pap. Mass.
in Philp. pulc.
Sabell.
Æncad. 9. l.
7.

FOULQUES DE VILLARET.

dition si infame je renonce de bon cœur à la vie, qui ne m'est déja que trop odieuse. Et que me serviroit de prolonger de tristes jours, que je ne devrois qu'à la calomnie ? *

Ce Seigneur en eût dit davantage, mais on l'obligea de se taire. Le frere du Prince Dauphin, qui vint après, tint à peu près le même langage, & protesta hautement de l'innocence de son Ordre. Le Legat ne fut pas celui qui dans cette scene remporta l'applaudissement du peuple : mais il eut bien-tôt sa revanche. On fit descendre le Grand Maître & ses compagnons de dessus l'échafaut, & le Prevôt de Paris les remena en prison. Le Roi, naturellement vindicatif, & qui regardoit la destruction des Templiers comme son ouvrage, irrité de la rétractation des Chefs de cet Ordre, le même jour les fit brûler tout vifs & à petit feu dans une petite Isle de la Seine, qui étoit entre le jardin de ce Prince, & le Couvent des Augustins. Le Grand Maître, au milieu de ce cruel supplice, y montra la même fermeté, qu'il avoit fait

* Sunt auctores non obscuri Jacobum Burgundionem Ordinis principem, cùm productus ad supplicium, circumfusâ ingenti multitudine, dum pyra extruitur, staret, propositâ vitæ spe ac impunitate, si quæ in custodiâ fassus de se suisque esset, nunc quoque confessus, veniam publicè peteret, hujusmodi verba fecisse:» Ego nunc supremis rebus meis, cùm lo-
»cum mendacio dari nefas sit, ex animo veréque fateor me ingens in
»me, meosque scelus conscisse, ultimaque supplicia cum summo cruciatu
»promeritum, qui in gratiam quorum minimè decuit, dulcedine que vitæ,
»flagitia impia, sceleraque, ad tormenta ementitus sum in Ordinem
»meum, de religione christianâ optimè meritum. Nec mihi nunc vitâ
»opus est precariâ, & novo super vetus mendacio retenta. *Paul. Emil. in Philip. pulch.*

Exin rogo impositum ac admoto paulatim primoribus pedibus ad exprimendam scelerum confessionem, ne tunc quidem cùm reliquo corpore depasto vitalia fœdo nidore torrerentur, ab hujus orationis constantiâ descivisse, aut mutatæ mentis ullam significationem præbuisse, neque ipsum, neque duos cum ipso supplicio affectos nobilissimos ejus Ordinis viros, quorum alter esset Delphini Allobrogis frater. *Paul. Emil.*

paroître

paroître dans le Parvis de la Cathedrale, & y tint à peu près les mêmes discours. Il protesta de nouveau de l'innocence de son Ordre; mais que pour lui il meritoit la mort, pour être convenu du contraire en presence du Pape & du Roi. Mezerai prétend avoir lû une Relation dans laquelle on rapporte que ce Grand Maître n'ayant plus que la langue de libre, & presque étouffé de fumée, s'écria à haute voix: *Clement, juge inique, & cruel boureau, je t'ajourne à comparoître dans quarante jours devant le tribunal du souverain Juge.* Quelques-uns écrivent qu'il ajourna pareillement le Roi à y comparoître dans un an. Peut-être que la mort de ce Prince, & celle du Pape, qui arriverent précisément dans les mêmes termes, ont donné lieu depuis à l'histoire de cet ajournement. Les deux Grands Prieurs de France & d'Aquitaine finirent leurs jours en prison. Mais selon Paul Emile, l'un des deux fut brûlé avec le Grand Maître & le frere du Dauphin de Viennois: apparemment pour s'être rétracté à leur exemple.

Tout le peuple donna des larmes à un si tragique spectacle de saints Religieux, & plusieurs personnes dévotes, au rapport de Papire Masson, recueillirent leurs cendres qu'ils conserverent comme de précieuses Reliques. A l'égard des deux scelerats, auteurs d'une si funeste catastrophe, ils périrent peu après malheureusement. L'un fut pendu pour de nouveaux crimes, & l'autre fut assassiné par ses ennemis.

Nous ne prétendons point tirer aucune induction de ces faits. Il y a trop de varieté dans les anciens Historiens, & trop de partialité entre les

FOULQUES
DE
VILLARET.

Liv. 3. p. 393.

modernes, pour pouvoir prendre aucun parti avec sureté. Parmi ces derniers, les uns se plaignent qu'on a accusé les Templiers, & qu'on leur a fait leur procès sur des intelligences criminelles avec Saladin, & ils opposent à cette accusation, qu'après la perte de la bataille de Tyberiade, ce Prince victorieux fit couper la tête à tous les Templiers ses prisonniers de guerre, comme on l'a pu voir dans cette Histoire ; ce qui ne s'accorde gueres avec cette prétendue intelligence.

On ne trouve pas plus de vrai-semblance dans l'accusation qu'on leur intenta d'avoir vendu la ville de S. Jean d'Acre à un des successeurs de Saladin ; puisqu'il est constant par tous les Ecrivains contemporains, que trois cens Templiers périrent à la défense de cette Place ; que leur Grand Maître de Beaujeu fut tué sur la bréche, & qu'il n'échapa de ce massacre que dix de ses Chevaliers qui se jetterent dans une barque, & gagnerent l'Isle de Chypre.

A l'égard des crimes contre la chasteté, & de ceux que la nature même ne souffre qu'avec horreur, ces Ecrivains prétendent qu'on ne doit point se prévaloir de leur confession ; qu'on leur présentoit d'un côté une amnistie avec la promesse de la vie, de la liberté, & d'une bonne pension ; & que de l'autre ils voyoient les feux allumez pour les brûler. Qu'il n'est pas surprenant que des hommes foibles se soient laissé intimider par la crainte d'un si affreux supplice.

Rainaldi ad ann. 1313. n. 39.

D'autres Historiens d'un sentiment opposé, soutiennent au contraire qu'on ne peut réfléchir sur la suite des procédures, sur le nombre infini de témoins, tant Templiers qu'autres, sur la qualité des Juges, sur la conformité des accusations faites contre ces Chevaliers dans tous les Royaumes de la Chrétienté, sur la qualité même des coupables, sur le témoignage de plusieurs Ecrivains étrangers, sur le peu de penchant que le Pape avoit d'abord à les condamner, & sur ce qui se passa au Concile de Vienne, qu'on ne peut, disent-t'ils, réfléchir sur la nature & l'amas de ces differentes circonstances, sans être persuadé de la justice de leur condamnation. Il y a bien de l'apparence, dit Mariana Jésuite, qu'ils n'étoient pas tous innocens, ni aussi tous coupables. C'est le sentiment de cet Ecrivain sage & judicieux, qui dit que ces supplices parurent cruels à beaucoup de monde, & qu'il n'étoit gueres vrai-semblable que ces desordres eussent infecté tous les particuliers d'un si grand Corps, répandu dans toutes les provinces de la Chrétienté: mais que l'extinction d'un Ordre si célèbre doit servir de leçon à leurs semblables ; & que pour éviter de tomber dans de pareils malheurs, ils doivent moins fonder leur conservation sur leurs richesses, que sur la pratique des vertus conformes à leur état.

Quoique les Chevaliers de Rhodes n'eussent aucune part dans une si surprenante révolution, le Grand Maître ne crut pas devoir rejetter la disposition que l'Eglise universelle assemblée au Concile de Vienne, venoit de faire en faveur de son Ordre, de tous les biens des Templiers. Il assembla donc le Conseil ; on y délibera de la maniere la plus convenable dont on devoit user pour s'en

FOULQUES
DE
VILLARET.

Mariana,
Liv. 15, c. 10.

FOULQUES DE VILLARET.

mettre en possession; & il fut résolu d'envoyer aux principaux Commandeurs qui étoient dans l'Occident, & dont on connoissoit l'habileté & la prudence, d'amples pouvoirs pour traiter avec differens Souverains de l'Europe d'une affaire de cette importance, & qui peut-être dans l'execution se trouveroit sujette à de grandes difficultez. A cet effet, le Grand Maître & le Conseil dresserent un acte solemnel en forme de procuration, dans laquelle ils déclaroient qu'ayant appris la disposition que le Pape & le saint Concile avoient faite en faveur de l'Ordre de saint Jean de tous les biens des Templiers, & que l'intention de l'Eglise étoit que ces biens fussent employez, soit à la conduite & à la défense des pelerins, soit au recouvrement de la Terre Sainte, ils avoient d'un mutuel avis choisi pour Procureur Général, & pour Lieutenant du Magistere en Europe la personne de Frere Albert Lallemand de Château-Noir, Grand Précepteur ou Grand Commandeur, & dont l'Ordre depuis long-tems avoit éprouvé la sagesse & la capacité; que le Conseil avoit jugé à propos de lui donner pour Adjoints Frere Richard de Ravelink, Drapier; Frere Philippe de Grangana, Prieur de Rome; Frere Leonard de Tibertis Prieur de Venise & Procureur Général en Cour de Rome; Frere Henri de Mainieres, Frere Arnaud de Soliers, Frere Artaud de Chavaneuf, tous deux compagnons ou assistans du Grand Maître; Frere Durand de la Prevôté, Précepteur de Montchalix, & Frere Sauveur d'Aurillac; & que le Grand Commandeur pourroit se servir de tous ces Chevaliers conjointement ou séparément pour aller prendre possession des biens cedez à l'Ordre, les recevoir des mains des Administrateurs, & leur en donner bonne & valable décharge.

Il étoit porté expressément par le même acte que les revenus de l'Ordre de saint Jean étant considerablement diminuez, & les Commanderies tombées la plûpart en décadence par la négligence des Précepteurs & des œconomes ; ce qui exigeoit une prompte visite & une exacte réforme, tant dans les Maisons Prieurales que dans leurs dépendances, le Conseil établissoit le même Frere Lallemand Visiteur, Inquisiteur, Correcteur, Réformateur, Administrateur & Oeconome Général de toutes les Maisons situées en de-çà de la mer, tant des anciennes Commanderies de l'Ordre de saint Jean, que de celles des Templiers, qu'on devoit leur remettre. Que ce Commandeur se feroit rendre un compte exact des revenus de l'Ordre & de leur emploi par les Précepteurs qui en avoient été chargez ; qu'il pourroit faire le procès à tous les sujets compris dans sa commission, de quelque dignité qu'ils fussent revêtus, priver les coupables de leurs Commanderies, substituer en leurs places des Chevaliers plus dignes de les remplir, transferer les Chevaliers & les Freres servans d'une Maison à une autre, même les envoyer à Rhodes, s'il le jugeoit à propos. Il étoit encore autorisé par la même commission de recevoir dans l'Ordre des personnes nobles & même les roturiers, c'est-à-dire les Chevaliers & les Freres servans ; de les revêtir de l'habit de la Religion, &

FOULQUES DE VILLARET. de donner en particulier aux Chevaliers la ceinture militaire ; ce qui établit nettement la distinction qui avoit toujours été entre les differens membres de ce Corps ; & il feroit à fouhaiter qu'on ne confondît jamais cette juste différence en permettant aux Freres fervans de porter la Croix d'or ; ce qui ne peut fervir qu'à avilir la plus noble portion d'un Ordre si illustre.

Cet acte est daté de Rhodes de l'an 1312 le 17 d'Octobre, & on voit à la tête la signature du Grand Maître, qui prend la qualité de *Frere Foulques de Villaret, par la grace de Dieu & du S. Siege Apostolique, humble Maître de la sainte Maison & Hôpital de saint Jean de Jerusalem, & Gardien des pauvres de Jesus-Christ* : & au-dessous de sa signature, on trouve celles des Freres Thierri le Lorgne, Maréchal; Frere Pierre de Clermont, representant l'Hospitalier ; Frere Richard de Ravelinck, Drapier; Frere René de Dieu, Tréforier ; Frere Philippe de Grangana, Prieur de Rome; Frere Martin-Pierre de Ros, Prieur de Messine, & Pierre de saint Jean, Précepteur d'Achaye.

Le Grand Commandeur & les autres Commissaires, en vertu de ces pouvoirs, se transporterent en France pour se mettre en possession des biens des Templiers. Mais ils trouverent de grandes difficultez, dit Rainaldi, pour arracher ces biens des mains avides de quelques courtifans, qui s'en étoient déja emparez. Le Pape informé des differens obstacles qu'on apportoit à l'execution des decrets du Concile, en écrivit à Philippe le Bel dans les termes les plus pressans. Ce Prince lui

DE MALTE. LIV. IV. 543

répondit féchement, qu'il n'avoit confenti à cette cession des biens des Templiers en faveur des Hofpitaliers, que fur la parole que Sa Sainteté avoit donnée de travailler à une réforme nécessaire de cet Ordre, tant dans le chef que dans les membres ; d'ailleurs qu'il étoit jufte qu'on prît au préalable fur ces biens les frais qu'il avoit fallu faire à la pourfuite d'une fi grande affaire, & qu'il faifoit monter à la fomme de deux cens mille livres : fomme immenfe pour ces tems-là. *

FOULQUES DE VILLARET.

Ce ne fut qu'avec bien du tems & des peines infinies que les Commiffaires de l'Ordre vinrent à bout de faire lâcher prife aux Adminiftrateurs féculiers, qui n'oublioient rien pour tourner en propriété le dépôt qu'on leur avoit confié. Il fallut pour retirer les Commanderies des mains de ces fang-fues, leur donner de groffes fommes d'argent ; ce qui épuifa le tréfor de l'Ordre, dit S. Antonin. **

Le Roi Philippe le Bel étant venu à mourir après avoir donné aux Chevaliers de Rhodes l'inveftiture des biens des Templiers, Louis le Hutin fon fils aîné & fon fucceffeur, demanda foixante mille livres plus que n'avoit fait fon prédéceffeur ; & pour acquitter cette fomme, Frere Leonard de Tibertis, un des Commiffaires qui traita avec lui, confentit

Traité entre les Gens du Roi & les Hofpitaliers. Dupuy, pag. 184.

* Cùm ad hujufmodi confenfum impartiendum unà cum Prælatis in Concilio congregatis fuerimus per vos inducti, quia Sanctitas veftra difpofuerat & ordinaverat quòd per Sedem Apoftolicam fic dictorum Hofpitalariorum Ordo regularetur & reformaretur, tam in capite, quàm in membris. *Dupuy, p. 179.*

** Quia jam fuerat occupata à diverfis Dominis laïcis, oportuit quòd illi de Hofpitali magnum thefaurum exponerent in dando Regi & aliis qui occupaverant dicta bona ; undè depauperata eft manfio Hofpitalis, quæ fe exiftimabat indè opulentam fieri. *Ant. 3. p. t. 21. ch. 3.*

qu'il retînt par ses mains les deux tiers de l'argent des Templiers, les ornemens de leurs Eglises, les meubles des Maisons, tous les fruits & revenus des terres, en un mot tous les effets mobiliers jusqu'au jour que les Hospitaliers en avoient pris possession. Mais ni ce Prince ni le Roi son pere ne profiterent pas seuls d'une si riche dépouille : & il y a des Historiens qui rapportent que le Pape en eut sa bonne part.

Charles II. Roi de Naples & de Sicile, & Comte de Provence & de Forcalquier en usa à peu près de la même maniere dans les Etats qu'il avoit en France. On y brûla un grand nombre de Templiers qui ne voulurent pas convenir des crimes qu'on leur imputoit. A l'égard de leurs biens, M. Dupuy nous apprend qu'on laissa les immeubles aux Hospitaliers; mais que pour l'argent & les effets mobiliers, ils furent confisquez & partagez entre le Pape & ce Prince. Mais il paroît que le Roi de Naples differa pendant sa vie à mettre les Hospitaliers en possession des Châteaux qui se trouvoient dans les Royaumes de Naples & de Sicile. Car l'Histoire nous a conservé une Lettre de Clément qui exhorte le Roi Robert son successeur à imiter la conduite de Philippe le Bel, & à se défaisir promptement des biens en fond des Templiers : d'où on doit conclure que Philippe les avoit remis avant sa mort aux Commissaires. Mais le different au sujet des frais ne fut terminé que sous le regne de son successeur, comme nous le venons de rapporter.

Quoique le Pape, à l'instance des Rois d'Arragon,

M. Dupuy, pag. 59.

Nostradamus Histoire de Provence, ann. 1307.

DE MALTE. LIV. IV. 545
de Castille, de Portugal & de Majorque eût par sa Bulle excepté du transport & de la cession que le Concile avoit faite de tous les biens des Templiers aux Hospitaliers, ceux qui se trouvoient dans les Etats de ces Princes ; cependant comme il craignoit que sous differens prétextes ces Souverains ne s'emparassent de ces biens, il excommunia par une nouvelle Bulle tous ceux du Royaume de Majorque, qui dans l'espace d'un mois ne remettroient pas aux Chevaliers de Rhodes les Commanderies des Templiers. En consequence de cette Bulle, pour ne pas s'attirer les foudres de l'Eglise, Sanche Jacques, souverain des Isles Baleares, mit les Hospitaliers en possession de tous les biens des Templiers. Mais soit que cette Bulle ne regardât que ce Prince auquel vraisemblablement le Pape l'avoit adressée, comme au plus foible, ou que les autres Souverains ne parussent pas disposez à y déferer, le Roi d'Arragon n'y fit aucune attention, & il chargea ses Ambassadeurs de dire au Pape qu'il le prioit de ne pas étendre jusques dans ses Etats, cette union des biens des Templiers à l'Ordre des Hospitaliers, & qu'il étoit obligé, pour la défense, & pour le salut de ses sujets, infestez tous les jours par les Maures, de s'emparer de dix-sept Commanderies des Templiers, qui étoient autant de Places fortes ; d'y mettre des troupes pour leur défense, & de se rendre maître en même tems des revenus, qui y étoient affectez pour fournir à la subsistance & à la solde de ces garnisons.

Ce n'est pas que les Chevaliers de Rhodes ne fussent aussi capables de se maintenir dans ces places & de défendre la frontiere, que l'avoient été

FOULQUES DE VILLARET.

Tome I. Zzz

les Templiers. Mais il paroît par toute la conduite que tinrent dans cette grande affaire les Souverains des Espagnes, que leur vûe secrete étoit de profiter de la dépouille des Templiers au préjudice des Hospitaliers, & de ne point souffrir surtout que leurs grands biens passassent à un Ordre qui avoit un Chef & un Grand Maître étranger, & qui prétendoit même ne relever que du saint Siege.

Quoi qu'il en soit, après beaucoup de négociations & de conferences qui durerent près de 5 ans, par l'intervention du Pape Jean XXII. successeur de Clement V. il se fit un traité entre Frere Leonard de Tibertis, Procureur général de l'Ordre, & Vital de Villeneuve, Ministre du Roi d'Arragon, par lequel les Chevaliers de Rhodes, non-seulement se désisterent de leurs prétentions sur les biens des Templiers situez dans le Royaume de Valence, dépendans du Roi d'Arragon ; mais ils remirent encore au Pape toutes les Commanderies particulieres de leur Ordre, qui se trouvoient situées dans ce Royaume, à l'exception de la seule Commanderie qui étoit dans la ville de Valence, & le Château appellé le Torrent, que l'Ordre de saint Jean se réserva. Toutes les autres Commanderies, tant celles des Hospitaliers que des Templiers, & tous les biens de ces deux Ordres situez dans le Royaume de Valence, à la priere & sur les instances du Roi d'Arragon, furent ensuite donnez par le Pape à l'Ordre, & aux Chevaliers de Calatrave, qui établirent leur chef-lieu à Monteze ; & en échange, il fut dit par ce traité, que les Chevaliers de Rhodes, à l'exception des dix-sept forteresses que les

Templiers possedoient sur la frontiere, & dont le Roi s'étoit emparé, seroient mis en possession des autres Commanderies, & de tous les biens qui avoient appartenu aux Templiers, tant dans l'Arragon, que dans la Catalogne. Ce qui rendit les Chevaliers de Rhodes si puissans dans ce Royaume & dans la Catalogne, que le Châtelain d'Emposte ne suffisant pas pour en avoir la direction, le Grand Maître & le Conseil furent obligez de créer un grand Prieur pour cette Principauté. Si on veut se souvenir de ce que nous avons dit au commencement de cet Ouvrage, des droits & des justes prétentions que les Hospitaliers & les Templiers avoient sur la Couronne d'Arragon en cas qu'elle vînt à vaquer par le défaut d'heritiers legitimes, on ne peut trop admirer l'habileté de Frere Leonard de Tibertis, qui par ce traité, & en réunissant les droits des deux Ordres dans l'Ordre seul de S. Jean, sçut encore y joindre des forces capables de les faire valoir, si l'occasion s'en presentoit.

Comme la disposition que le Pape vouloit faire des biens des Templiers, en faveur des Hospitaliers, ne convenoit point aux vûes secretes de Denys Roi de Portugal ; ce Prince se servit d'un prétexte honnête pour prévenir ce Pontife. Il institua un Ordre militaire qu'il appela *l'Ordre de Christ*, & il y annexa les biens que les Templiers possedoient dans ses Etats. Après cet établissement, il envoya des Ambassadeurs à Rome pour demander au Pape Jean XXII. la confirmation de ce nouvel Ordre de Chevalerie : ce que le Pape lui accorda.

Ferdinand IV. Roi de Castille ne prit point tant de précaution : & quoique dans un Concile tenu à Salamanque, les Templiers du pays eussent été déclarez innocens, ce Prince ne se fit point scrupule de s'emparer de leurs biens, & appliqua à son domaine des Villes considerables, qui leur avoient appartenu, & que le Pape avoit données aux Chevaliers de Rhodes.

La conduite que les Rois de Castille, d'Arragon & de Portugal tinrent depuis à l'égard de tous ces nouveaux Ordres militaires, la plûpart fondez des débris de celui des Templiers, fit voir que les pressentimens des Papes Clement V. & Jean XXII. n'avoient pas été sans fondement. Car les successeurs de ces Princes trouverent ensuite moïen d'annexer à leurs personnes, sous le titre d'administrateurs perpetuels, les quatre grandes Maîtrises des Ordres de saint Jacques, de Calatrave, d'Alcantara & de Christ : ce qui leur produisit des revenus immenses. Pour dédommager en quelque maniere les Religieux Chevaliers de ces Ordres d'Espagne, ils obtinrent en leur faveur de la Cour de Rome, la permission de se marier, & de substituer à l'habit régulier qu'ils devoient porter, une simple Croix d'or avec des émaux, conformes à l'ancienne couleur de leurs habits religieux.

Edouard II. Roi d'Angleterre en usa d'une maniere plus noble & plus désintéressée à l'égard de l'Ordre de S. Jean. Les Templiers, outre une Commanderie considerable qu'ils avoient dans Londres, possedoient encore des biens immenses dans toutes les contrées de ce Royaume, & le Prieur de Londres avoit entrée dans le Parlement en qualité de premier Baron d'Angleterre. Edouard ayant appris que le Pape & le Concile avoient substitué les Chevaliers de Rhodes aux Templiers, ordonna à ses Officiers par ses Lettres, dont l'original se conserve encore aujourd'hui à la Tour de Londres, de mettre en possession de tous ces biens Frere Albert de Château-noir, ou l'Allemand, grand Commandeur, & chef de la Commission que le Grand Maître & le Conseil avoient établie pour les recevoir, conjointement avec Frere Leonard de Tibertis, Prieur de Venise, & Procureur général de l'Ordre en Cour de Rome. Ce Prince par d'autres Lettres qui se conservent au même endroit, & & dont on trouvera la copie à la fin de ce Livre, ordonne à tous les Vicomtes de presser l'execution de ses ordres, d'employer toute l'autorité de leur ministere pour proteger les Procureurs de saint Jean, & pour leur faire remettre non-seulement les fonds de terre, mais encore les fruits & le bled qui en seroient provenus: ce qui fait voir que ce Prince n'y voulut prendre aucune part au préjudice des Chevaliers de Rhodes.

A l'égard de l'Allemagne, les Historiens de cette Nation rapportent que le Pape Clement V. ayant envoyé à l'Archevêque de Mayence, la Bulle qui proscrivoit l'Ordre des Templiers, pour la publier, ce Prélat convoqua tout son Clergé pour faire cette publication plus solemnellement, & qu'on fut bien surpris de voir paroître dans cette assemblée, le Waltgraff, ou Comte Sauvage, un des premiers de cet Ordre, accompagné de vingt autres

FOULQUES
DE
VILLARET.

Walsing. in in Edouard II. p. 99.

FOULQUES DE VILLARET.

Templiers armez sous leurs habits réguliers, & que l'Archevêque, soit par esprit de charité, ou par un sentiment naturel de crainte, les reçut avec des manieres honnêtes. Ils ajoutent que le Prélat invita même le Comte à prendre séance dans l'assemblée; que le Comte de son côté lui déclara qu'il n'étoit point venu pour faire violence à qui que ce fût; mais qu'ayant appris qu'il étoit chargé de publier une Bulle du Pape contre leur Ordre, il requeroit qu'on eût à recevoir, lire & publier l'appel qu'ils faisoient de cette Ordonnance au futur Concile, & au successeur de Clement. L'Archevêque, pour éluder sa demande, répondit qu'il y aviseroit; mais les Templiers le presserent si vivement, que ce Prélat ne jugeant pas à propos de refuser des gens qu'il voyoit armez & en colere, fit lire publiquement leur appel. Il l'envoya ensuite au Pape, qui lui manda de le faire examiner dans un Concile de sa Métropole. Ce Synode fut assemblé, & après differentes formalitez qui s'y observerent, les Templiers de cette Province furent déclarez innocens des crimes qu'on leur imputoit.

Mutius in chron. l. 22. p. 211.

Cependant, comme tout ce grand Ordre fut éteint dans la suite, on n'est point instruit de ce que devinrent ses biens en Allemagne. Il paroît seulement par des Historiens de cette Nation, que les Chevaliers de Rhodes & les Chevaliers Teutoniques les partagerent. Il est assez vraisemblable que ces deux Ordres militaires firent depuis entr'eux des échanges de quelques-unes de leurs anciennes Commanderies, apparemment à titre de compensation; car les Teutoniques sont ac-

Serrarius in chron. Mogunt. l. 3. p. 850.

DE MALTE. LIV. IV. 551

tuellement en possession de la Commanderie de Marga, que les Allemands appellent Mergentheim, & les François, Mariendal, quoiqu'il soit constant par l'Histoire que les Hospitaliers en étoient les fondateurs; qu'après la perte de l'ancienne Margat située dans la Palestine, des Hospitaliers Allemands l'avoient fait construire sur le même modele, & qu'ils lui donnerent ce nom de Margat ou de Mergentheim, qui veut dire, *Maison de Marie*, pour conserver la memoire d'une Place qui depuis la perte de Jerusalem étoit devenue le Chef-lieu de tout l'Ordre.

FOULQUES
DE
VILLARET

Pantaleon hist. Joan.

Fin du quatriéme Livre.

DISCOURS SUR L'ALCORAN,

Prononcé dans l'Academie des belles Lettres le Mardi 14 Novembre 1724, à l'ouverture de l'Academie, par Monsieur l'Abbé DE VERTOT.

DE toutes les sciences qui occupent le loisir des hommes, il n'y en a point de plus agréable, ni de plus utile que la connoissance de l'histoire. Quelle satisfaction pour un lecteur de voir passer sous ses yeux, & comme sur un grand théâtre, la suite de tous les siecles, les revolutions des plus grands Empires, des Legislateurs, des Conquerans, les auteurs mêmes de differentes Religions, autre espece de Conquerans ; enfin tous ces hommes fameux, qui par leur valeur, ou par leur science & leurs talens, sembloient avoir entrepris de changer la face entiere de l'Univers ?

Malgré tous leurs manifestes, & de quelques couleurs dont ces hommes vains & ambitieux, ou leurs partisans ayent masqué leurs projets, le temps en a fait tomber le fard, la verité enfin se decouvre ; l'histoire degagée des préjugez de parti penetre dans les motifs les plus cachez. On y voit que le desir d'une injuste domination dans les uns, l'amour dereglé des richesses ou des plaisirs dans les autres, quelquefois dans les Sçavans un sentiment de vanité & l'esperance de se faire un grand nom, ont presque toujours été les ressorts secrets qui les ont remuez : & c'est de la plûpart de ces grands exemples, & qui tiennent lieu d'une experience anticipée, qu'on peut apprendre que les entreprises injustes, même les plus heureuses, & que les opinions nouvelles & erronées attirent à la fin le mépris des siecles suivans, & que la verité seule merite d'être célébrée dans tous les climats & par tous les Historiens.

Cependant avant que d'abandonner entierement notre créance sur la foi de ces Ecrivains, il est bien juste d'examiner leurs ouvrages par les regles d'une sage critique, espece de flambeau qui nous conduit surement dans les routes obscures de l'antiquité, & qui nous sert à distinguer le vrai du faux, & la noble simplicité de l'histoire, du merveilleux de la fable, & de ces vains ornemens dont on pare le mensonge & l'erreur.

Pour s'assurer de la verité des faits que rapportent les Historiens, & sur-tout les plus anciens, il faut examiner avec soin le texte de leurs ouvrages, s'il n'a point été interpolé, les differentes leçons des manuscrits, l'uniformité, ou la difference du stile, de quel pays l'Auteur étoit originaire, le siecle auquel il a vécû, l'ordre qu'il a observé dans la chronologie. On sçait qu'il ne faut qu'une date anticipée ou reculée, pour changer de nature les mêmes faits, ou du moins les conséquences qu'on en peut tirer : enfin on doit s'instruire du nom, de la Religion & des mœurs d'un Ecrivain. Et quand il seroit anonyme, ou pseudonyme, la plûpart de ces Auteurs se decelent eux-mêmes dans leurs ouvrages; ils s'y sont peints sans s'en appercevoir, & il échappe à leur plume des traits qui les decouvrent, & qui représentent leur caractere plus fidelement que toutes les Critiques ou les Apologies que l'on a composées contre leurs ouvrages, ou en leur faveur.

C'est par le secours de ces differentes regles de la critique, que j'entreprens d'examiner quel est le veritable Auteur de l'Alcoran, les motifs qui ont pû le determiner à le publier; si c'est l'effet d'une inspiration, ou l'ouvrage d'un homme seul aidé du secours de plusieurs Sçavans; enfin les differentes fortunes de ce livre, & s'il n'a pas essuyé par la suite des temps differentes variations, & changé plus d'une fois de principes & de maximes.

Il y a trois opinions differentes au sujet de l'Auteur de l'Alcoran. Mahomet & ses Sectateurs l'attribuent à Dieu seul: quelques Ecrivains Chrétiens en font auteur le prince des ténébres, transformé en Ange de lumiere, & qui prit le nom de

Gabriel ; d'autres prétendent que ce livre composé de differens passages de l'ancien & du nouveau Testament, a été compilé par Mahomet, qui dans l'execution de son projet fut aidé par un Rabin, & par plusieurs Chrétiens de differentes Sectes : c'est ce qu'il faut examiner.

La premiere syllabe du mot *Alcoran*, n'est qu'un article, & on pourroit aussi bien dire LE Coran, terme Arabe, qui signifie lecture ou écriture. Il n'y a personne qui ne sçache que c'est un livre dans lequel la Religion des Musulmans est comprise, & qui est reveré parmi eux, comme l'Ecriture sainte l'est parmi les Chrétiens. Les Turcs appellent aussi ce livre *el forcan*, c'est-à-dire, qui distingue le bien d'avec le mal ; c'est une prétendue conférence de Mahomet avec Dieu & les Anges, dont il dit qu'il a reçû sa loi. *Ali* cousin germain & gendre de Mahomet, pour relever le merite de ce livre divin, publioit que les Fidéles y trouvoient l'histoire des siecles précedens, des loix pour la conduite de la vie presente, & des predictions sûres pour l'avenir. Leurs Prédicateurs le portent en chaire avec eux ; ils le tiennent ouvert & en lisent de temps en temps quelque verset pour leur servir de texte. Leur Theologie positive & la scholastique ne sont appuyées que sur des passages de l'Alcoran, qui leur sert encore de prieres, & dont leurs prêtres recitent chaque jour un chapitre dans la Mosquée.

Ce livre si merveilleux ne parut que vers le commencement du septiéme siecle. Mais ceux qui en ont embrassé la doctrine, fondez sur le chapitre 97 du même ouvrage, soutiennent qu'il est de la même date que la creation du monde ; que l'original de ce livre fut détaché du grand livre des decrets éternels ; qu'il fut mis en dépôt dans le ciel de la lune, & que c'est de cette planette & de ce ciel, que dans des temps marquez par la Providence, il fut apporté par l'Ange Gabriel à Mahomet, qui ne sçavoit ni lire ni écrire.

On croiroit volontiers qu'on n'a pas pû pousser la fable plus loin. Cependant des Theologiens *Sonnites*, & qui parmi ces Infidéles se regardent comme les seuls orthodoxes, ont par de nouvelles visions rencheri sur cette origi-

Voyez Maracci, p. 33.

Laus Deo, ait Mahmud filius Omar, qui demisit è cœlo Alcoranum. Maracci, pag. 34.

gine fabuleuse, & ils enseignoient hautement que l'Alcoran étoit incréé, éternel, & qu'il faisoit partie de l'essence divine: *Si quis dixerit Alcoranum esse creatum, est infidelis*, ainsi que le rapporte le Traducteur latin de l'arabe *Algazel*; opinion qui fut combattue depuis & sous le regne des Califes *Abbassides* par d'autres Theologiens Musulmans, appellez *Mortazales*, qui opposoient à cette espece d'anathême, un semblable conçu presque dans les mêmes termes: *Infidelis est qui dicit Alcoranum esse æternum seu increatum*. Cette dispute produisit un grand schisme & des guerres civiles qui couterent la vie à plusieurs partisans des deux opinions.

La seule chose en quoi ils convenoient, c'est que ce livre, soit créé, soit éternel, mais toujours émané du trône de Dieu, & plein de son esprit, meritoit le respect & la vénération de tous les hommes. Et on lit encore aujourd'hui à la tête de la plûpart des exemplaires, ces mots en forme d'avertissement: Qu'il n'y ait que les purs qui osent toucher à ce livre: car c'est un present descendu du Ciel & envoyé de la part du Roy des siecles: *ne attingant eum nisi purificati*.

Voilà donc les hommes, au sentiment des Mahometans, bien nettement exclus de la qualité d'auteurs de cette loi nouvelle. Mahomet fondé sur l'excellence de cet ouvrage, avoit publié que ni les démons, ni les hommes, quand même ils joindroient leurs talens, n'étoient pas capables de faire rien qui approchât de la perfection de l'Alcoran: *Si simul congregarentur homines & dæmones ut facerent aliquid simile huic Alcorano, nunquam id efficere possint, etiamsi mutuò se se ad hoc adjuvarent*. Sura 17.

La plûpart des Ecrivains Chrétiens prétendent au contraire que le diable est le vrai auteur du Mahometisme, & qu'il ne s'est servi de Mahomet que comme d'un instrument pour fonder une fausse Religion sur les ruines du Christianisme. Ce fut, à les en croire, le démon qui se presenta à Mahomet sous le nom & sous la figure de l'Ange Gabriel, ou si l'on veut sous la figure d'un pigeon, que Mahomet avoit dressé à lui venir becqueter l'oreille: preuve que ce faux Prophéte étoit un imposteur, qui ne se ser-

Algazel in professione fidei Mahumetica profitetur Alcoranum esse æternum, subsistentem essentiâ Dei.
V. Maracci, pag. 44.

voit de la Religion que comme d'un expedient pour s'agrandir. Son deſſein étoit de réunir toutes les Religions qui avoient cours dans l'Arabie en un ſeul corps, & de ſe faire de ſes Sectateurs, des ſujets qui ſe ſoumiſſent à ſa domination. Il y avoit de ſon temps dans l'Arabie trois ſortes de Religions, des Idolâtres, des Juifs & des Chrétiens; & parmi ces derniers les uns étoient Catholiques, & les autres Schiſmatiques. Dès le temps de l'Empereur Juſtin le Chriſtianiſme étoit établi dans l'*Hyemen*, & cette Egliſe dependoit de la juriſdiction du Patriarche d'Alexandrie, auſſi-bien que celle des Abiſſins.

L'Arabie Petrée depuis la Paleſtine juſqu'au Golphe d'Ayala, & tout le reſte de la côte juſqu'aux confins de l'Egypte, étoit ſoumiſe à la domination des Romains. L'Arabie deſerte reconnoiſſoit le même Empire, du moins pour la partie qui avoiſinoit la Syrie & la Paleſtine, & dont *Boſtra* étoit alors la capitale. On prétend que l'Empereur Philippe en étoit né. Ce n'étoit anciennement qu'un Château bâti par quelque Prince Arabe: l'Empereur Severe en fit une Ville où il mit une Colonie: il ſe tint à *Boſtra* un Concile au ſujet de Bercellus ſon Evêque, qui étoit tombé dans l'hereſie de ceux qui nioient l'Incarnation du Verbe: ce fut vers l'an 249.

La plûpart des habitans des trois Arabies étoient Idolâtres, & ſe diſoient tous iſſus d'Abraham par Cedar fils d'Iſmaël. Le docte Levinus Warnerus dans un ouvrage qu'il avoit compoſé ſur les mœurs des Arabes avant le Mahometiſme, a prétendu que les *Coriſiens* ou *Corriſchites* la plus noble Tribu de cette grande preſqu'Iſle, s'étoient preſervez de l'Idolâtrie; que depuis Iſmaël ils avoient obſervé conſtamment la circonciſion; qu'ils faiſoient de frequentes prieres, d'abondantes aumônes, & que les plus devots ne buvoient point de vin. La Ville de la Mecque par rapport à la Religion étoit conſiderée comme la Metropole des Arabes Payens. Un ancien Temple appellé le *Caaba*, que la tradition faiſoit croire bâti par Abraham, y attiroit de toutes les Provinces une foule de Pelerins. Ils faiſoient ces pieuſes courſes en memoire des voyages de ce Patriarche, & ſacrifioient ſur les montagnes voiſines de la Mecque le premier né d'un chameau. C'étoit peut-être la partie la plus essentielle de leur culte, & il ne leur étoit guéres resté qu'une idée confuse du Dieu d'Abraham. On trouve dans la muraille du *Caaba* une pierre noire que l'Ange Gabriel, disent les Mahometans, apporta du Ciel toute blanche au commencement du monde, mais que les péchez des hommes ont noircie. Les Turcs dans leurs pelerinages réverent avec beaucoup de superstition cette pierre mysterieuse. Mais il ne faut pas croire que Mahomet ait inventé ces ceremonies : elles étoient avant lui si anciennes parmi les Arabes, qu'il n'y auroit pas eu moyen de les guérir de cette superstition, quand même l'imposteur en eut formé le dessein.

Les Arabes Idolâtres reconnoissoient à la verité un premier Etre, unique & souverain createur de toutes choses ; mais ils en faisoient pour ainsi dire une divinité oisive sans providence : & dans leurs besoins ils s'adressoient à des genies subalternes & à des especes de déesses : telles étoient parmi ces Ismaelites modernes *Allath*, *Menach* & *Aluzza*, qu'ils reveroient comme les filles du grand Dieu.

Pocockii specim. Arab. pag. 53.

Quelques Arabes sujets des Perses en suivoient la Religion & adoroient le feu. Il y avoit encore d'autres especes d'Idolâtres appellez *Sabiens*, qu'il faut distinguer des anciens *Sabéens*, & qui reveroient certains genies qu'ils plaçoient dans les planettes & dans les étoiles. D'autres bornoient leur culte aux astres mêmes qu'ils adoroient ; & quelques-uns plus grossiers, sans s'élever si haut, s'attachoient à des simulacres qui representoient les differens attributs de ces astres : & le *Caaba* ou le grand Temple se trouva insensiblement rempli de cette foule d'Idoles, dont Mahomet par la suite des temps le purgea.

A l'égard des Juifs, depuis que les Empereurs Tite & Adrien les eurent chassez de Jerusalem, un grand nombre de cette malheureuse nation s'étoient réfugiez dans l'Arabie, contrée voisine de la Palestine. Ils s'y étoient multipliez considerablement : mais la plûpart étoient moins attachez à la Loi de Moyse & au texte sacré de la Bible, qu'aux reveries de leurs Rabins & des Talmudistes.

Les Arabes Chrétiens suivoient le rit grec. Il y en avoit peu de Catholiques : la plûpart étoient devenus Eutichiens ou Jacobites. On trouvoit encore parmi eux d'anciens Sectaires de la doctrine *d'Ebion* & de *Cerinthe*, Heréfiarques qui vivoient dans le premier fiecle de l'Eglife, & du temps de l'Apôtre faint Jean.

Il y avoit aussi des Arriens, des Neftoriens & des Cophtes, efpece d'Eutichiens : mais independamment du culte exterieur de ces differentes Religions, une corruption prefque générale, & une égale ignorance regnoient parmi tous ces Arabes ; & le Juif & le Chrétien n'étoient guéres diftinguez que par la circoncifion ou par le baptême.

Si on examine le gouvernement civil, on trouvera qu'outre certaines contrées qui relevoient foit de l'Empire des Grecs, foit de la domination des Rois de Perfe, l'Arabie avoit eu autrefois fes Souverains particuliers. *Pokoke* dans fes notes fur *Abul-farage* Auteur Arabe, & Jacobite de Religion, nous a confervé les noms de ces Princes, mais fans avoir marqué ni les lieux où ils commandoient, ni la durée de leur regne. Et dans le feptiéme fiecle, & du temps de Mahomet, on ne trouve dans l'Arabie Petrée pour Souverains, & foit à la Mecque, foit à Medine, les deux principales Villes de cette Province, que les Chefs de chaque Tribu, qui étoient en même temps les Capitaines & les Magiftrats de ces petites Republiques.

Cette pluralité de Chefs independans les uns des autres, & la diverfité de culte & de Religion, parurent à Mahomet des conjonctures favorables pour l'établissement & le fuccès de fes deffeins. On a pû voir au commencement de cet Ouvrage le portrait qu'Elmacin nous a laiffé de Mahomet. Sa conduite le peint encore mieux. C'étoit un homme avide de la domination & des plaifirs, d'un genie fuperieur, & qui foit par fon éducation, ou par la force de fon raifonnement, connut tout le ridicule de cette foule de Divinitez que le peuple avoit confacrées : & s'il n'avoit pas eu la vanité de faire croire qu'il entretenoit un commerce étroit avec Dieu par le miniftere de l'Ange Gabriel, il n'auroit pas été chaffé de la Mecque par le Magiftrat. Mais comme il vouloit jouer un rôle extraordinaire, & qu'il n'avoit ni miffion ni miracles pour s'autorifer, il fut obligé à la fin de joindre à la force du raifonnement celle des armes, &

pag. 6. & 9.

d'établir son système l'épée à la main, & sur des revelations dont il se faisoit lui-même le ministre & le heraut.

Pour y parvenir il associa d'abord à son dessein un sçavant Juif, Rabin dans sa secte, appellé par Elmacin, *Salman*, Persan de nation. Mais celui dont il tira plus de secours, fut un Moine Nestorien appellé par les Historiens d'Occident *Sergius*, & par les Orientaux *Bahira*, Apostat de sa Religion, & qui avoit été chassé de son Monastere pour sa mauvaise conduite. Tels furent les Architectes que Mahomet employa pour fabriquer le nouveau système qu'il minutoit. Le Juif lui fournissoit differentes histoires de l'ancien Testament mêlées avec les chimères & les réveries du *Talmud*, & ausquelles Mahomet, pour en rehausser le merveilleux, ajouta encore de son invention des circonstances toutes fabuleuses, & telles qu'on les peut voir dans l'Alcoran. Il tira en même temps du Moine Nestorien la connoissance du nouveau Testament, & de la discipline de l'Eglise: tout cela alteré & corrompu par des fables qu'on trouvoit dans des Evangiles supposez, & dans des Livres apocriphes; & il paroît par l'Alcoran que l'histoire de l'enfance de JESUS & de la race de Marie, ne lui avoit pas été inconnuë.

Abdias Ben-Salon. Cantat. Orat. 1. contra Mahometem. Tract. Fr. Ric. c. 6. & 13. Theoph. Zonaras Fortalitium fidei. l. 4.

Quoiqu'il en soit du nom des Juifs & des Chrétiens qui ont travaillé conjointement avec Mahomet à forger l'Alcoran, il est certain que ce livre contient tant de particularitez de l'ancien & du nouveau Testament, qu'il faut nécessairement que Mahomet né Payen, qui avoit vêcu dans l'Idolâtrie jusqu'à l'âge de quarante ans, d'ailleurs homme sans aucune litterature, & qui ne sçavoit ni lire ni écrire, ait été conduit dans la composition de l'Alcoran par quelque Juif, & par un Chrétien, l'un & l'autre sçavans dans leur Religion, & qui sur le plan qu'il s'étoit formé, lui ayent fourni ce nombre infini de faits historiques & de passages, dont son livre est rempli.

Bien-tôt soutenu par quelques disciples, il ne fit plus mystere de sa doctrine. Il s'érigea publiquement en prédicateur; il presentoit au peuple l'Alcoran comme un livre divin, & qui lui étoit venu du Ciel: & quoique sans aucune litterature, comme nous l'avons dit, il se faisoit suivre par la pureté de son langage, par le tour & la noblesse de ses expressions,

expreſſions, & par le ſoin qu'il affectoit d'imiter dans l'Alcoran, tantôt le ſublime qui ſe trouve au commencement de la Geneſe, & tantôt le pathetique des Prophétes de l'ancien Teſtament.

Si Moyſe rapporte que Dieu dit : *Que la lumiere ſe faſſe, & la lumiere ſe fit ; que la terre ſe faſſe, & la terre fut faite ;* paroles qu'un Philoſophe Payen appellé Longin, a propoſées comme un modele du ſublime, & qui marquent ſi bien la puiſſance du Createur & l'obéiſſance de la creature, Mahomet à l'exemple du Legiſlateur des Juifs, parlant dans le Chapitre *Houd* de la ceſſation du déluge, fait dire à Dieu : *Terre engloutis les eaux, Ciel reprens celles que tu as verſées.* L'eau s'écoula auſſi-tôt, continue le faux Prophéte ; le commandement de Dieu fut accompli ; l'arche s'arrêta ſur la montagne, & on entendit une voix qui crioit du haut des Cieux : *Malheur aux méchans.* Ceux qui entendent la Langue Arabe, conviennent que Mahomet ne s'eſt pas beaucoup éloigné dans ſon expreſſion de la beauté de l'original qu'il tâchoit d'imiter, & que ſes termes ſur-tout ſont bien choiſis & heureuſement placez. Prideaux Auteur Anglois avoue qu'à l'égard du ſtile & de la pureté du langage, l'Alcoran eſt le modele le plus parfait que nous ayons de l'élegance dans la langue des Arabes. Le faux Prophéte excelloit dans des penſées brillantes, & ſur-tout dans des peintures & des deſcriptions très-vives qu'il fait des récompenſes & des peines de l'autre vie. De tous les motifs qui peuvent remuer les hommes, il n'employoit guéres que l'eſperance & la crainte.

S'il s'agiſſoit du paradis, comme il parloit à des peuples brûlez de l'ardeur du ſoleil, & qui habitoient ſous la Zone torride, il leur repréſente ce lieu de félicité comme un jardin où couloient des fontaines & des liqueurs rafraîchiſſantes, planté d'arbres toujours verds, & qui porteroient en tous temps des fruits délicieux. Et pour la ſatisfaction des hommes ſenſuels & voluptueux, dans un pays où au rapport d'Ammien Marcellin, il n'eſt pas croyable avec quel emportement les hommes & les femmes s'abandonnoient à l'impudicité, *Incredibile eſt quo ardore apud eos in venerem uterque ſolvitur ſexus* ; Mahomet pour les ſéduire promet

Alc. c. 3. 4. 36. 37. 43. 47. 78.

L. 14. c. 4.

aux hommes que les pepins des fruits qu'ils mangeront dans le paradis, se changeront en autant de jeunes filles d'une beauté divine, créées exprès pour leur félicité, si douces & si complaisantes, que si une goute de leur salive tomboit dans la mer, elle seroit capable d'en enlever toute l'amertume; & quoique dans un usage frequent du mariage toujours vierges & jamais meres.

<small>Hotting. Hist. Orient. l. 2. c. 4.</small>

Si cette doctrine flatoit des hommes sensuels, des femmes âgées au contraire, & qui par-là se croyoient exclues de ce lieu de délices, en furent allarmées. Une d'entre-elles, à ce qu'en dit *Lamay* dans son *Lathaif*, en porta des plaintes au Prophéte, qui pour les rassurer lui dit, qu'elles ressusciteroient toutes à l'âge de quinze ans, & avec une beauté parfaite ; ce qui consola & réjouit les vieilles & les laides.

<small>Alc. c. 7. 37. 43. 44. 47. 50. 74. 77. 78. 90.</small>

Par opposition au paradis, Mahomet représente l'enfer comme une fournaise ardente, couverte & environnée en tout temps de nuages épais, & d'une fumée chaude & salée. Pour rafraîchissement il fait avaler aux damnez une liqueur noirâtre toujours brûlante semblable à de la poix fondue, qui circulera dans leurs veines : & il ne laisse à ces malheureux pour ombrage qu'un certain arbre qu'il appelle *Zacoum*, dont les fruits, dit-il, représentent des têtes de diables.

Il est aisé de voir au travers de toutes ces fables, que ces fontaines du paradis de Mahomet, sont empruntées de ces paroles de l'Ecriture, qui dit: Que les élûs seront abreuvez d'un torrent de délices, *de torrente voluptatis potabis eos :* & à l'égard de ces jeunes personnes destinées à leurs plaisirs, tout cela a été formé sur le plan du paradis terrestre de *Cerinthe*, qui assuroit qu'après la résurrection générale, il y auroit à Jerusalem & dans la Palestine un regne temporel de Jesus-Christ ; que les hommes alors jouiroient pleinement des mêmes plaisirs dont ils se seroient privez pendant leur vie, & que le jour de leurs nôces dureroit pendant mille ans entiers.

A ne consulter simplement que le texte de l'Alcoran, & à le prendre à la lettre, rien n'est plus grossier que ces promesses, qui n'ont pour objet que la satisfaction des sens.

Aussi Mahomet voyant bien que cette sorte de béatitude ne satisferoit pas les esprits éclairez, pour contenter les uns & les autres, il ajoute dans le chapitre intitulé Jonas; Que dans ces jardins de délices les bienheureux reperteront sans cesse ces paroles : *Vous êtes Saint, Seigneur, notre Dieu, & louange éternelle au Maître de toutes les créatures.* Et le *Schéikh Alalem* s'écrie : *Le paradis, Seigneur, n'est souhaitable que parcequ'on vous y voit ; car sans l'éclat de votre beauté il nous seroit ennuyeux* ; ce qui peut faire croire que ces differentes peintures des plaisirs sensuels & des peines corporelles de l'autre vie n'étoient que des allegories dont Mahomet envelopoit ses discours ; figure familiere aux Orientaux, & qu'il ne faut pas toujours prendre à la lettre selon certains docteurs de cette Secte. Ce qui a fait dire à un Musulman spirituel & devot : *O vous qui me conviez à jouir des délices du paradis, ce n'est pas le paradis que je cherche, mais seulement la face de celui qui a fait le paradis.*

Quelque soin que prît Mahomet d'ajuster le plan de son paradis aux goûts differens des hommes, entreprise qui n'étoit pas aisée, & comme d'ailleurs il n'ignoroit pas qu'en matiere de Religion, tout ce qui porte le caractere de nouveauté est justement suspect, il déclare dans l'Alcoran qu'il prétend moins annoncer une nouvelle loi, que de faire revivre celle que Dieu avoit donnée à Adam & aux premiers hommes, & qui par Noé & ses descendans étoit passée à Abraham & à Ismaël leurs ancêtres : Loi, dit-il, plus ancienne que ni celle des Juifs, ni celle des Chrétiens. Il ajoute que cette loi quoique divine avoit été alterée & corrompue par les successeurs des Patriarches, qui avoient substitué au culte du vrai Dieu des Simulacres & des Idoles, dont ils avoient fait l'objet de leur Religion ; que Dieu pour ramener les hommes de leurs égaremens leur avoit envoyé d'abord un grand Prophéte appellé Moyse, qui leur avoit donné de sa part une nouvelle loi, & que ce Prophéte avoit autorisé sa mission par des miracles éclatans ; mais que le peuple d'Israël auquel il étoit envoyé, avoit dans la suite des temps préferé à une loi si sainte des traditions humaines, & que plusieurs fois cette nation étoit retombée dans l'Idolâtrie.

Que le Souverain Createur des hommes dans des temps marquez par ses décrets éternels avoit suscité un second Prophéte plus grand que Moyse, appellé Jesus, fils de Marie, conçû, dit-il, par un soufle divin, sans pere comme Adam, & d'une mere toujours vierge : mais que quoique ce nouveau Prophéte n'eût publié qu'une loi remplie de douceur & de charité, & que pour la faire recevoir il eût fait à la face de toute la Judée des miracles surprenans, cependant que sa mission malgré tous ces miracles n'avoit pas eu un succès plus heureux que celle de Moyse ; que les Prêtres & les Pharisiens l'avoient voulu fait mourir ; mais que dans le moment de son supplice & de sa passion Dieu l'avoit enlevé au Ciel & dérobé à la fureur de ses ennemis : autre fable encore empruntée en partie de la doctrine de Cerinthe. Mahomet ajoute que les Chrétiens depuis son Ascension avoient alteré sa loi, qui s'étoit perdue par de fausses interpretations, & qu'elle n'étoit plus canonique. Qu'enfin Dieu l'avoit envoyé comme son dernier Prophéte, & plus grand que Moyse & que Jesus, pour purifier la Religion des fables que les hommes sous le nom de traditions & de mysteres y avoient introduites, & pour les réduire tous dans l'unité de creance & dans l'observance de la même loi, dont il n'étoit que le ministre & le porteur des ordres du Ciel.

C'est de ces differens principes que l'habile imposteur avoit bâti son syftême. Le Juif lui avoit fourni celui de l'existence d'un seul Dieu, mais sans multiplication de personnes : il défend expressément dans l'Alcoran qu'on attribue à Dieu ni fils ni filles ; & par cette défense il donne l'exclusion aux trois prétendues Déesses des Arabes Idolâtres, & il ruine en même temps le mystere de la Trinité & le merite de la passion de Jesus-Christ.

Il paroît qu'il avoit tiré ce premier axiome de l'unité de Dieu, des paroles du Deuteronome où il est dit : *Ecoute, Israël, notre Dieu est un* ; ce qu'il a parodié par ces paroles arabes *la illach, illalach*, il n'y a point d'autre Dieu que Dieu ; & pour recommander en même temps sa mission, il ajoute dans la même langue, *ou Mahammed resoul*, & Mahomet est l'envoyé de Dieu : autres paroles

Ne considererez - vous jamais que Dieu est seul & sans posterité . . . Loué soit Dieu il n'a ni fils ni filles autres que les gens de bien qui l'adorent, & qui observent les Commandemens. Alc. c. 37. vers la fin.

visiblement copiées d'après celles qu'on lit dans l'Evangile de saint Jean : C'est-là la vie éternelle, qu'ils vous reconnoissent seul vrai Dieu & JESUS-CHRIST que vous avez envoyé, *& quem misisti filium.* Mahomet pour se concilier les Juifs & les Chrétiens, empruntoit également des faits & des passages de l'ancien & du nouveau Testament.

Ce fut par complaisance pour ses compatriotes, & surtout pour les Juifs Arabes, qu'il retint l'usage de la circoncision, quoique dans l'Alcoran il n'en soit fait aucune mention ; mais depuis plusieurs siecles cette pratique étoit déja établie indifferemment parmi la plûpart des Arabes. Origéne qui n'étoit pas éloigné de l'Arabie, rapporte que tous les Ismaelites qui habitent, dit ce sçavant homme, cette région, se font circoncire dès qu'ils sont parvenus à leur treiziéme année. Saint Jerôme confirme la même chose dans son Commentaire sur Jeremie : La plus grande partie de ces peuples, dit-il, qui environnent la Palestine, observent la circoncision ; mais principalement les Egyptiens, les Iduméens, les Ammonites, les Moabites, & tout le pays des Sarrazins qui habitent dans les solitudes, c'est-à-dire dans les deserts de l'Arabie. Ce qui pourroit faire présumer que la Religion seule n'étoit pas le motif de l'établissement de cet usage.

Dans ses Philocalies ch. 23. *Hist. Eccl. p.* 103.

Chap. 10.

Cependant il est assez vraisemblable que Mahomet n'a recommandé la circoncision, l'abstinence de la chair de pourceau & des viandes suffoquées, que par complaisance pour les Juifs qu'il vouloit attirer dans sa Secte ; mais quelques docteurs de la même Religion ont depuis enseigné qu'il n'a adopté la circoncision que pour mieux observer le précepte de la propreté, par lequel il est défendu de laisser tomber de l'urine sur la partie de la peau qu'on retranche exprès.

A l'égard de l'usage du vin, apparemment que Mahomet ne l'interdit que pour relever la perfection de sa nouvelle loi, & peut-être qu'il voulut que ses disciples eussent cela de commun avec les Recabites & les Nazaréens qui ne bûvoient aucune liqueur qui pût enyvrer. D'autres prétendent qu'il ne défendoit l'usage du vin que pour éviter

De l'Ancienne Loi Jerm. c. 35.

les querelles qui naissent souvent au milieu des plaisirs de la table : outre que dans un pays aussi brûlant que l'Arabie, l'eau & les liqueurs rafraîchissantes étoient peut-être plus agreables que le vin. Mais je doute que cet article de sa loi eût fait fortune, si Mahomet eût commencé sa mission par les peuples du Nord. » Abstenez-vous, dit ce Legislateur » à ses disciples, du vin, de jouer aux jeux de hazard & » aux échecs : ce sont des inventions du démon pour répan- » dre la haine & la division parmi les hommes, pour les » éloigner de la priere, & pour les empêcher d'invoquer le » nom de Dieu.

Ce fut des Chrétiens que Mahomet emprunta l'usage frequent de la priere qu'il fixa à cinq fois par jour, la pratique du jeûne du Carême, & le payement de la dixme de ses biens ; mais qu'il détermina en faveur des pauvres.

Quoiqu'il eût condamné sévérement tout culte qui ne s'adressoit pas directement à un seul Dieu, cependant pour ne pas aliéner tout-à-fait l'esprit des Mecquois, & afin de les prendre par leur interêt, il fit un précepte particulier pour ceux qui en auroient la force & le moyen, du pellerinage au grand Temple de la Mecque, après, dit-il, qu'il seroit purgé d'Idoles ; & il fit cette ordonnnance, parceque l'affluence des Pellerins produisoit beaucoup d'argent dans un pays d'ailleurs sterile. Il admit depuis en faveur des Payens certaine espece de prédestination mal entendue & peu differente de ce que les Anciens appelloient le Destin ; & il enseignoit que si le moment fatal de la mort d'un homme n'étoit pas arrivé, il seroit aussi en sûreté au milieu de mille épées nues tournées contre lui, que s'il étoit seul dans sa maison & dans son lit : principe dont ses Successeurs dans leurs guerres ont tiré depuis de grands avantages ; & on a vû plusieurs fois malgré l'impression que fait naturellement le péril, des soldats Mahometans se précipiter gayement dans les armes de leurs ennemis, persuadez qu'ils n'avoient rien à craindre dans cette occasion, s'ils n'étoient pas prédestinez à y mourir. *Il n'est pas possible*, dit Mahomet dans le Chapitre *Amram*, *qu'une personne meure sinon dans le temps prescrit & déterminé par le decret immuable de Dieu.*

Ce mêlange adroit de differentes Religions, & où chacun croyoit entrevoir des traces de sa premiere créance, séduisit plusieurs personnes, & l'habile imposteur pour établir ses erreurs, emprunta des Juifs & des Chrétiens de grandes veritez, & quelquefois même la pratique de grandes vertus.

Si notre divin Sauveur nous a recommandé en termes exprès de faire du bien à ceux mêmes qui nous persecutent: Mahomet à son imitation à la fin du chapitre *Aaraf* s'exprime ainsi; *Faites du bien à tous*: & l'Auteur du *Keschef* un de ses Commentateurs, rapporte que Mahomet ayant reçû de l'Ange Gabriel ce Verset, & lui en ayant demandé l'explication, l'Ange y fit ce Commentaire: *Recherchez celui qui vous chasse; donnez à celui qui vous a ôté; pardonnez à celui qui vous offense; car Dieu veut que vous jettiez dans vos ames les semences des plus grandes vertus.*

La poligamie & la pluralité des femmes fut l'article où il s'éloigna le plus de la pureté du Christianisme; mais il avoit trouvé les Juifs & les Arabes Idolâtres en possession de cet usage. Ainsi il permit à ses disciples de pouvoir épouser en même temps jusqu'à quatre femmes legitimes; & comme le Legislateur ne se croyoit pas obligé de plier sous la loi qui étoit son ouvrage, il prit au moins quinze femmes; d'autres disent vingt & une. C'étoit sa passion favorite, il en fait lui-même l'aveu, & il déclare que de tous les plaisirs il n'étoit touché que des odeurs agréables & du commerce des belles femmes. *Deus posuit delectationem meam in suavibus odoribus & in mulieribus*; ainsi que le le rapporte le sçavant Maraccy Confesseur du Pape Innocent XI. le dernier & le plus fidéle Traducteur que nous ayons de l'Alcoran.

Alc. ch. 4.

Pag. 31.

Cependant malgré sa complaisance pour sa propre inclination & pour celle de ses Concitoyens, Mahomet éprouva une grande résistance de la part du Magistrat de la Mecque & des principaux de sa Tribu. On voit dans le chapitre vingt-cinq de l'Alcoran, qu'on le traitoit publiquement d'imposteur, & que la plûpart des Corisiens disoient hautement que son Livre n'étoit qu'un tissu de fables, soit de son invention, ou forgé par le secours d'autres imposteurs; &

Alc. ch. 15. 37. 81.

dans le chapitre 16, il désigne particulierement celui qui étoit soupçonné d'en être l'Auteur. " Je sçai, dit-il en par-
" lant de lui-même, qu'on dira qu'un homme m'a enseigné
" l'Alcoran ; mais, ajoute-t'il, celui qu'ils prétendent en être
" l'Auteur secret, est Persan de naissance, & parle le langage
" de la Perse, au lieu que l'Alcoran est écrit en Arabe & rem-
" pli d'instruction & d'éloquence. L'habile imposteur pour ne
" pas perdre le merite de son ouvrage, ne se servit dans la composition que de deux étrangers, l'un Grec & l'autre Persan, qui à peine entendoient l'Arabe ; & encore pour se défaire d'un témoin incommode, on prétend qu'il fit depuis périr le premier, qui y avoit eu le plus de part.

Theophanes. Zonaras Richardi Confutatio Mahom. c. 13. Cantacuzenis Orat. 1. contra Mahometem.

Ce qui l'embarassoit le plus, c'est que les habitans les plus sensez de la Mecque lui demandoient pour caution de sa nouvelle doctrine, qu'il l'autorisât par des miracles : les lettres de créance les plus certaines pour un Prophéte. Moyse, Jesus & les autres Prophétes, lui disoient-ils, de ton propre aveu, pour prouver leur mission ont fait des miracles éclatans ; pourquoi si tu es Prophéte & plus grand qu'eux ne fais-tu pas de semblables merveilles ?

Alc. c. 6.

Pour se débarasser d'une objection si pressante, il se tournoit de tous côtez. Tantôt il leur disoit que les miracles venant de la main Toute-puissante de Dieu, les hommes ne pouvoient pas sçavoir le temps qu'il avoit déterminé pour les faire paroître ; tantôt il leur reprochoit que quand ils verroient des miracles, ils ne se convertiroient pas : d'ailleurs que sa mission n'étoit que pour leur annoncer la parole de Dieu telle qu'il l'avoit reçûe de l'Ange Gabriel,

Pocock. Spec. Hist. Arab. p. 191. 192. Alc. c. 2. 10. & 17. Alc. c. 7.

& il ajoutoit que le plus grand de tous les miracles étoit l'Alcoran même, si parfait dans toutes ses parties, qu'il ne pouvoit être l'ouvrage des hommes les plus sçavans, ni même des démons, & encore moins d'un simple particulier comme lui, qui n'avoit jamais sçû lire ni écrire.

Elmacin. l. 1. c. 1.

Mais le Magistrat de la Mecque ne s'étant point payé de si foibles raisons, & où l'imposteur apportoit pour preuve ce qui étoit en question ; & d'ailleurs le soupçonnant de plus hauts desseins, & de se vouloir faire le Tiran de son pays, le proscrivit comme un séditieux, & l'obligea de sortir de la Mecque.

Mahomet

DISCOURS SUR L'ALCORAN. 569

Mahomet vit bien que par la voye seule de la persuasion il ne viendroit pas à bout de ses projets ambitieux; ainsi il résolut d'avoir recours aux armes; & pour autoriser cette démarche il ne manqua pas à son ordinaire d'appeller le ciel à son secours. Et aussi-tôt il publia parmi ses disciples *Alc. c. 4.* que l'Ange Gabriel lui avoit apporté une épée de la part de Dieu, avec ordre de soumettre par la force des armes ceux qui refuseroient d'embrasser sa doctrine.

Il commença cette guerre de religion par piller des caravanes : le butin qui a tant de charmes pour les Arabes, en attira un grand nombre sous ses enseignes : avec leur secours il ravageat la campagne, surprit des Châteaux, emporta même des Villes; & en faisant d'abord le metier de brigand, il apprit insensiblement celui de conquérant.

Il ne faut point chercher ailleurs la cause des progrès étonnans que cette secte fit en peu de temps dans l'Arabie, & apparemment que si Mahomet l'eût pû prévoir, il se seroit épargné la peine de forger tant de révélations, & de rajuster ensemble plusieurs pieces détachées du Judaïsme & du Christianisme. On sçait qu'en moins d'onze ans il se rendit maître de la plus grande partie des trois Arabies; le succès de ses armes passa ses premiers projets; la fortune le mena plus loin qu'il n'avoit osé esperer. Mais comme ses guerres, ses conquêtes & celles de ses Successeurs ne sont point de mon sujet, je me contenterai de dire qu'il unit le Sacerdoce avec l'empire; que ses disciples furent ses premiers sujets; qu'il força les autres à se soumettre à sa domination; que ses armes furent les fondemens de sa nouvelle Religion, & qu'il ne les prit en apparence que pour l'établir plus promptement. C'est sous ce même prétexte que ses Successeurs se sont emparez de l'Asie, de l'Afrique & d'une partie de l'Europe; & jusqu'où n'auroient-ils point étendu leurs conquêtes, si Dieu n'avoit opposé à leurs armes le courage intrepide des Chevaliers de saint Jean de Jerusalem, qui depuis plusieurs siecles servent de boulevard à toute la Chrétienté ? Les Arabes furent les premiers peuples de l'Asie qui embrasserent la Religion de Mahomet, les uns par la crainte de sa puissance, d'autres entraînez par la contagion de l'exemple, quelques-uns séduits par l'appas des voluptez; & il y en eut qui se laisserent toucher à son éloquence, & à cer-

Tome I. Cccc

taines expreſſions pathetiques répandues ſoit dans ſes Sermons, ſoit en differens endroits de l'Alcoran.

On y trouve à la verité de grands lieux communs ſur la majeſté de Dieu, ſur ſa puiſſance, ſur ſa bonté & ſur l'ingratitude des hommes ; mais les diſcours qu'il en fait ſont ſans preuves, ſans liaiſon, ſans ordre & ſans ſuite, & on n'a pas de peine à s'appercevoir que ce qu'on appelle l'Alcoran ou le Livre par excellence, comme parlent les Arabes, n'eſt que l'ouvrage d'un ſophiſte, & d'un déclamateur.

On ne peut pas même dire que cet Ouvrage ſoit un contexte ſuivi & fait en même temps ; on y trouve des variations & des changemens ſelon que l'Auteur étoit agité par de nouvelles paſſions, ou entraîné par de nouveaux interêts. Dans le chapitre quatre, il eſt expreſſément défendu qu'aucun homme épouſe la femme d'un autre homme vivant ; malheureuſement il jetta les yeux ſur Zaïnab femme de Zaïb ſon Affranchi ; elle lui plût, & pour l'épouſer il obligea ſon domeſtique par des bienfaits extraordinaires de la répudier, & il l'épouſa auſſi-tôt. Ce marché & ce commerce indigne entre le maître & ſon domeſtique ſcandaliſa la plûpart de ſes Sectateurs : pour calmer leurs murmures, & au préjudice de la loi qu'il avoit lui-même annoncée, il paroît une addition au 33. chapitre de l'Alcoran, où Dieu déclare qu'il a marié Zaïnab avec Mahomet ; & cette femme fiere de cette révélation inſultoit aux autres femmes du Prophéte, & prétendoit la préference ſur ce qu'elle avoit été, diſoit-elle, mariée par un ordre exprès du ciel, au lieu que ce n'étoient que des hommes qui avoient fait le mariage de ſes rivales.

Outre toutes ces femmes qui compoſoient le Serrail du Prophéte, il avoit dans ſa maiſon une jeune Eſclave d'une rare beauté, appellée Marie, âgée de quinze ans, Egyptienne de naiſſance, & Chrétienne de Religion : on prétend que le Gouverneur d'Egypte en avoit fait preſent à Mahomet. Le faux Prophéte en devint amoureux, & il fut ſurpris par deux de ſes femmes dans un commerce criminel ; elles firent beaucoup de bruit ; cet éclat pouvoit nuire à la reputation du Prophéte ; le ciel vient auſſi-tôt à ſon ſecours, & par une nouvelle révélation qu'on trouve au chapitre 66. Dieu permet à Mahomet & à tous les Muſulmans d'habiter avec leurs Esclaves malgré leurs femmes. *O Prophéte!* fait dire Mahomet à Dieu, *pourquoi, de peur de déplaire à tes femmes, te prives-tu du plaisir que Dieu t'a accordé?* Le scelerat commença par commettre le crime : & il en fit venir depuis la dispense du ciel.

Alc. c. 66. De la Prohibition.

Je n'ai rapporté ces deux exemples parmi un grand nombre d'autres, que pour faire voir qu'il se trouve dans l'Alcoran & dans ce Livre émané du Trône de Dieu, à ce que disent les Mahometans, des articles opposez & contradictoires, & on en compte près de cent cinquante. Les Mahometans tâchent d'échaper à cette objection, en disant que Dieu ayant jugé à propos d'abroger certains articles, y en avoit depuis substitué d'autres ; mais on peut remarquer dans le texte, que non-seulement l'un & l'autre articles y sont conservez, mais encore que le substitué est souvent placé devant celui même qui doit être abrogé ; ce qui cause une étrange confusion, à moins que pour sauver cette transposition, on ne veuille dire que cela est arrivé par la maniere dont l'Alcoran avoit été écrit sur des feuilles separées, & qu'on se contentoit anciennement de rouler les unes sur les autres sans les coudre ensemble & de suite : ce qui a pû causer le dérangement de differens chapitres.

Après la mort de Mahomet, Abubekre son beau-pere & son successeur, ramassa ces differentes feuilles separées, les rétablit dans l'ordre qu'il crut y convenir, & suivant l'avis de ceux des disciples de Mahomet qui avoient été les plus assidus à ses discours, il en fit un recueil, & en confia le dépôt à Haphsa fille d'Omar, & une des femmes veuves du Prophéte.

Cela n'empêcha pas qu'il ne se répandît dans les Provinces des Exemplaires de ce Livre, très-differens les uns des autres. Les peuples de l'Hyerak-Arasy, qui est l'ancienne Chaldée, & les Syriens, soutenoient que leurs Exemplaires quoique opposez en plusieurs articles, étoient les seuls autentiques. Ces disputes obligerent le Calife Otman troisiéme successeur de Mahomet, de consulter l'original d'Abubekre, si on peut donner le nom d'original à un Livre qu'il avoit compilé lui-même, auquel il avoit ajouté, ou dont il avoit retranché ce qu'il jugeoit à propos, & suivant l'avis de ceux qui se vantoient d'avoir retenu des discours de Mahomet, par le secours de leur memoire, la plûpart des passages de l'Alcoran. Otman ne laissa pas d'en faire faire plusieurs copies qu'il distribua dans les Provinces Mahometanes, & il fit brûler comme apocrifes les autres Exemplaires qui lui tomberent entre les mains.

Cependant malgré cette révision de l'Alcoran, & quoiqu'il eût passé par tant de mains appliquées à le corriger, il y eut encore des nations entieres qui ne purent se résoudre à admettre comme canoniques quelques surats ou chapitres qu'ils soupçonnoient d'être interpolez par les reviseurs. Les Persans, les Indiens, & ceux de la côte de Coromandel, & les autres Sectateurs d'Aly rejettent comme apocrifes plusieurs Versets que les Turcs admettent dans leur canon ; ce qui leur a fait donner le nom de *Schittes*; au lieu que les Turcs, les Mogolois, les Arabes & les Africains qui suivent la doctrine ou le commentaire d'Abubekre, & qui se regardent comme les seuls Orthodoxes, prennent le nom de *Sonnites*. Mais à cela près les uns & les autres ont pour ce Livre un respect si profond, qu'il approche de l'idolâtrie ; il y en a qui en portent toujours sur eux des Versets, & même des chapitres entiers comme de surs preservatifs contre tous les accidens de la vie ; les Princes & les Grands enrichissent la couverture de leur Alcoran de perles & de diamans.

Tavernier dans la Relation de ses Voyages, rapporte *Tome 6.* que le Grand Mogol de son temps en envoya un Exemplaire à la Mecque, dont la couverture étoit estimée douze cens mille livres, & qu'au milieu il y avoit un diamant qui pesoit seul cent trois Karats. Telle est la vénération que les Infidéles ont pour ce Livre, quoique rempli de fables : tant il est vrai que le faux merveilleux a de grands attraits pour l'esprit humain, pendant qu'on néglige la lecture de nos Livres saints, le dépôt sacré des veritez révelées, & dans lesquels bien plus surement que dans l'Alcoran, on trouve l'histoire certaine des premiers siecles du monde, de sages maximes pour la conduite de la vie presente, & des promesses infaillibles & des gages assurez pour l'éternité.

Fin du Discours sur l'Alcoran.

PREUVES DU I. LIVRE
DE
L'HISTOIRE DES CHEVALIERS HOSPITALIERS
DE S. JEAN DE JERUSALEM.

PREMIERE PREUVE,
Qui répond à la page 15. de l'Histoire.

REGNO Hierosolymorum cum universa Syria & Ægypto, cum adjacentibus Provinciis, peccatis nostris exigentibus, in manus hostium nominis & fidei Christianæ, secundùm quod antiquæ tradunt historiæ, devolutis: quo tempore domini *Eraclii* Romanorum Imperatoris, invalescentibus contra eum Arabiæ populis, certum est accidisse : non defuerunt de Occidentalibus multi, qui loca sancta, licèt in hostium potestate redacta, aut devotionis, aut commerciorum, aut utriusque gratiâ, visitarent aliquoties. Inter eos autem qui negotiationis obtentu, de Occidentalibus per illa secula, loca prædicta adire tentaverunt, fuerunt viri de Italia, qui ab urbe quam incolunt, dicuntur *Amalfitani*. Est autem *Amalfia* civitas inter mare & montes eminentissimos constituta, ab Oriente habens urbem nobilissimam *Salernum*, vix septem miliaribus marino ab ea distantem itinere ; ab Occidente verò *Surrentum*, & *Neapolim* Vergilianam ; ab Austro verò *Siciliam*, ducentis miliaribus, plus minusve modico, remotam, Tyrrheno mari interjacente. Hujus regionis habitatores, ut prædiximus, primi merces peregrinas, & quas Oriens prius non noverat, ad supra nominatas partes lucri faciendi gratiâ inferre tentaverunt : unde & optimas conditiones apud illarum partium præsides, pro rebus necessariis quas inferebant, & sine difficultate accessum, & populi nihilominus gratiam merebantur. Possidebat illis diebus *princeps Ægyptius* universas maritimas regiones, à Gabulo civitate, sita in littore maris juxta Laodiciam Syriæ, usque in Alexandriam, quæ est novissima civitas Ægypti. Et per præsides singulis civitatibus deputatos, imperium suum latè reddebat formidabile. Prædicti verò Amalfitani tam Regis quàm principum suorum plenam habentes gratiam, loca universa, quasi negotiatores & tractatores utilium, tanquam merces circumferendo, confidenter poterant circumire : unde & traditionum paternarum non immemores & fidei Christianæ, loca sancta, quoties opportunitas dabatur, visitabant : non habentes autem in eadem urbe familiare domicilium, ubi moram possent facere aliquantulam, sicut

C ccc iij

in urbibus habebant maritimis : congregatis de suo populo, quotquot ad opus conceptum poterant convocare, Calypham Ægyptium adeunt, & obtentâ familiarium ejus gratiâ, petitionem suam scripto porrigunt, & votis consonè recipiunt impetratum.

Scribitur ergo Hierosolymorum præsidi, ut viris Amalfitanis, amicis, & utilium introductoribus, locus Hierosolymis juxta eorum desiderium, in ea parte quam Christiani habitant, ad construendum ibi domicilium, quale voluerint, designetur amplissimus. Erat autem civitas, sicut & hodie est, in quatuor partes penè divisa æqualiter, ex quibus sola quarta, in qua *Sepulchrum Dominicum* situm est, fidelibus concessa erat ad habitandum ; reliquas autem cum *Templo Domini*, soli infideles habebant domesticas. Designatur ergo eis de mandato Principis, qui sufficiens videbatur ad construenda necessaria, locus, sumptâque à negotiatoribus quasi per symbolum pecuniâ, ante januam Ecclesiæ *Dominicæ Resurrectionis*, quantum vix lapidis jactus est, monasterium erigunt in honore sanctæ & gloriosæ Dei genitricis, perpetuæque Virginis Mariæ, simul cum & iis officinis, quæ ad usus monachorum & suæ gentis hospitum susceptionem, poterant aliquam præstare commoditatem. Quo facto de partibus suis, tam Monachos quàm Abbatem transferentes, locum regulariter instituunt, & Domino conversatione sanctâ reddunt placabilem. Et quoniam viri Latini erant, & qui locum fundaverant, & qui in religione conservabant, idcirco ab ea die usque in præsens, locus ille *monasterium de Latina* dicitur. Accedebant etiam per illa nihilominus tempora, ut loca deoscularentur venerabilia, sanctæ viduæ & continentes, quæ timoris oblitæ fœminei, & periculorum quæ multiplicia occurrebant, non habentes formidinem : quibus advenientibus, cùm non esset intra septa monasterii ubi colligerentur honestè, congruâ satis provisione procuratum est ab eisdem sanctis viris, qui locum fundaverunt, ut advenientibus devotis fœminis, non deesset seorsum oratorium, domus familiaris & locus in diversorio. Tandemque divinâ favente clementiâ, ordinatum est ibi monasteriolum in honore piæ peccatricis, Mariæ videlicet Magdalenæ ; & sorores sub certo numero ad obsequium adventantium mulierum constitutæ. Confluebant etiam per illa periculosa tempora nonnulli ex aliis gentibus, tam nobiles quàm secundæ classis homines, quibus quoniam ad sanctam civitatem non nisi per terras hostium erat accessus, de suis viaticulis cùm ad urbem pervenissent, omnino non fiebat residuum : sed miseros & inopes ante civitatis portam, tam diu cum summo labore, fame, siti & nuditate expectare oportebat, quousque dato aureo numismate urbem eis licebat introire. Ingressis autem, & locis sanctis ex ordine peragratis, non erat eis vel ad unum diem refectionis spes ulla, nisi quantum eis de prædicto monasterio fraternè ministrabatur : nam omnes alii civitatis habitatores Sarraceni erant & Infideles, excepto domino Patriarchâ, & clero & popello misero Surianorum ; qui diebus singulis tot angariis, parangariis, & sordidorum numerum præstationibus vexabantur, ut vix sibi, in suprema paupertate constitutis, in continuo timore mortis liceret respirare. Nostris ergo miseris, & ad supremum afflictis & egentibus, cùm non esset qui tectum præberet, procuratum est à beatissimis viris, qui monasterium Latinorum incolebant, ut misericorditer victui & tegumento detrahentes, ad opus talium, intra ambitum sibi designatum, Xenodochium erigerent, ubi tales sanos vel ægrotantes colligerent, ne de nocte per vias reperti jugularentur; & in eodem loco congregatis, de reliquiis fragmentorum utriusque monasterii, tam virorum quàm mulierum, ad quotidianam sustentationem qualemqualem, aliquid ministraretur. Erexerunt etiam in eodem loco altare in honore beati *Joannis Eleymon*. Hic vir Deo placens, & per omnia commendabilis, natione fuit Cyprius: tandem suffragantibus meritis, factus est Alexandrinus Patriarcha, vir in operibus pietatis singulariter excellens, cujus pia studia & liberales eleemosynas in perpetuum enarrabit omnis ecclesia sanctorum. Unde & à sanctis Patribus vocatus est *Eleymon*, quod interpretatur *misericors*. Huic autem loco venerabili, quòd ita caritativè se porrigebat ad homines, neque reditus erant, neque possessiones; sed prædicti *Amalfitani* annis singulis, tam qui domi erant, quàm qui negotiationes sequebantur, collecta inter se quasi per symbolum pecuniâ, per eos qui Hierosolymam proficiscebantur, Abbati qui pro tempore ibi erat, offerebant, ut inde fratribus & sororibus ad victum & tegumen provideretur, & de residuo fieret advenientibus Christicolis in Xenodochio aliqua misericordia. Ita ergo per multorum annorum curricula, quousque placuit summo rerum Opifici, civitatem illam, quam proprio cruore mundaverat, à superstitionibus gentilium purgare, sub iis conditionibus mansit locus ille. Adveniente namque Christiano populo & Principibus à Deo protectis, quibus regnum illud Salvator tradi voluit, in monasterio foeminarum inventa est Abbatissæ fungens officio quædam Deo devota & sancta mulier, *Agnes* nomine, nobilis secundùm carnem, natione Romana: quæ etiam postquam civitas restituta est fidei Christianæ, per aliquot vixit annos. Et in Xenodochio similiter repertus est quidam *Geraldus*, vir probatæ conversationis, qui pauperibus in eodem loco tempore hostilitatis, de mandato Abbatis & monachorum, multo tempore devotè servierat: cui postea successit *Raimundus*. Ex libro decimo octavo historiæ *Willelmi Tyriensis Archiepiscopi*. Cap. 4. Page 933.

DEUXIE'ME PREUVE. *Hist. p. 39.*

ROBERTUS Wischardi de Normania exiens, vir pauper, miles tamen, ingenio & probitate suâ Apuliam, Calabriam suæ ditioni submisit, & Insulam Siciliam de manu Ismaelitarum liberavit, Rotgeriumque fratrem suum ejusdem Insulæ Comitem appellavit. Demum mare transiens, Durachium urbem nobilem cepit, Dalmatiamque & Bulgariam super Alexium Imperatorem acquisivit: insuper eum ter bello fugavit, & Romanum Henricum semel ab urbe fugere compulit,

Pontificemque Romanum, quem ceperat, ab eo liberavit. Qui cùm innumerabilia penè feciffet probitatis indicia, hoc de illo conftans habetur, quòd nifi morte præoccupatus fuiffet, filium fuum Boamundum Imperatorem faceret, fe verò Regem Perfarum, ut fæpè dicebat, conftitueret, viamque Hierofolymorum deftructâ paganitate Francis aperiret. Nunquam victus eft, quanquam fæpè pugnaverit. Venetos, qui contra eum omni virtute fuâ convènerant cum ftolo fuo ita profligavit, ut nec fuga, nec pelagus illis effet auxilio. Nec fuit terrarum locus ita remotus, in quo rumor, fama, timor Wifchardi per omnium ferè ora non volitaret. Et ut verius de eo dici poteft, nulli Regum aut Imperatorum Wifchardus fecundus extitit.

Reliquit Robertus Wifchardi moriens filios duos: Boamundum, quem adhuc privatus de privata uxore genuerat, & Robertum ducem Apuliæ, quem de filia Principis Salerni fufceperat: quibus terram fibi acquifitam dimifit. Robertus autem dux filium Willelmum genuit, & ducem poft fe Apuliæ reliquit qui fine herede mortuus eft. Boamundus verò, dum poft mortem patris fui Francorum Proceres Hierofolymam tenderent, eis, relictis omnibus ut dictum eft, fefe fociavit, & confortem laboris fe fe fieri rogavit. Qui poftea captâ à Francis Antiochiâ Princeps ejufdem urbis factus magnum ob fuæ probitatis meritum dedit pofteris documentum. *Mélanges Curieux du Pere l'Abbé, tome 2.*

TROISIE'ME PREUVE. *Hift. p.* 40.

LOcuti funt igitur ad invicem Chriftianorum duces, & fponte fuâ Boamundo fubintulerunt: Vides quo in articulo res noftra pofita fit. Si civitatem ergo iftam vel prece vel pretio, nobis etiam juvantibus poteris obtinere, nos eam tibi unanimiter concedimus: falvo in omnibus quod Imperatori, te collaudante, fecimus facramento. Si ergo Imperator nobis adjutor advenerit, juratafque pactiones cuftodierit, perjuri vivere nolumus: fed quod pace tuâ dictum fit, nos illi eam concedimus: fin autem, tuæ femper fit fubdita poteftati. *Ex hiftoriâ hierofolymitanâ Baldrici, Epifcopi Dolenfis.*

QUATRIE'ME PREUVE. *Hift. p.* 42.

POftquam autem divinæ placuit pietati, ut civitatem redemptionis noftræ per ducem *Godefridum* & alios Chrifti fideles ab impiorum dominio liberaret, & eam cultui reftitueret Chriftiano, vir quidam fanctæ vitæ, & probatæ Religionis nomine *Gerardus*, qui longo tempore de mandato Abbatis in prædicto hofpitali pauperibus devotè miniftraverat, adjunctis fibi quibufdam honeftis & religiofis viris habitum regularem fufcepit, & veftibus fuis albam crucem exterius affigens in pectore, regulæ falutari & honeftis inftitutionibus factâ folemniter profeffione, feipfum obligavit. Cui etiam mulier quædam *Agnes* nomine, Romana natione, nobilis carne, fed nobilior fanctitate, quæ

in

in monasterio mulierum vicem gesserat Abbatissæ, in ministerio pauperum adjuncta eandem regulam & humilitatis habitum votivè suscepit. Prædicti igitur fratres humiliter & devotè Domino servientes, & infirmis pauperibus de paupertate suâ diligenter ministrantes, in agro, qui dicitur *Acheldemach*, mortuos suos sepeliebant. Hic est ager ille figuli, qui emptus est à Judæis in sepulturam peregrinorum ex triginta argenteis, quos Judas in Templo projecit. Abbati autem sanctæ Mariæ de Latina, qui prædicti Hospitalis principium extiterat, & tam ipsos quàm infirmos eorum de propriâ mensâ diu sustentaverat, obedientiam & reverentiam quandiu pauperes fuerunt, non negaverunt : primum paupertatis suæ patronum & coadjutorem eorum, & loci apud Dominum protectorem beatum Joannem Eleemona devotissimè venerantes, & ipsum dominum & advocatum suum confitentes ; domino etiam Patriarchæ Hierosolymitano devotè obedientes, de bonis suis decimas secundùm sacros Canones & utriusque Testamenti præcepta absque contradictione reddebant. Orationi autem vacantes, vigiliis & jejuniis se-ipsos affligentes, operibus misericordiæ affluentes, parci sibi & austeri, pauperibus autem & infirmis, quos dominos suos appellabant, largi & misericordes existebant. Panem de purâ similâ largiebantur infirmis, residuum verò cum furfure, ad usus proprios reservabant. Si quis autem inter ipsos in aliquo delinquebat, nullo modo relinquebatur impunitum, ne facilitas veniæ præberet incentivum delinquendi. Secundùm enim quod culpæ reatus exigebat, quidam signo Crucis à vestimentis avulso tanquam membra putrida prorsus ejiciebantur ; alios vinculis & carceri mancipabant ; alios ad pedes fratrum in terra cibum parcissimum usque ad condignam satisfactionem sumere decernebant. Et quoniam Deus erat cum eis, ab omnibus amabantur. Unde factum est quòd in omnem terram Christianorum exivit sonus eorum, & in fines orbis terræ forma sanctitatis eorum. Et quoniam ex omni natione, tribu & linguâ post Terræ sanctæ liberationem Christi fideles Sepulchrum Domini visitaturi Hierosolymis confluebant, largitione Principum, & eleemosynis fidelium modico tempore adeò ditati sunt, quòd ab universis Occidentalibus Provinciis redditus copiosos colligentes, casalia sibi & oppida tanquam *terrâ Principes* comparantes, ditioni suæ subjecerunt. *Ex Historiâ Hierosolymitanâ Jacobi Vitriaci.* Chap. 74.

CINQUIE'ME PREUVE *Hist. p. 45.*

HAc miserandâ strage Sarracenorum completâ, in proximo die dominico fideles & primores Christianorum inito consilio, dominium urbis & custodiam Dominici Sepulchri comiti Reymundo dare decreverunt. Quo renuente, & cæteris universis Capitaneis ad id officium electis, *Godefridus* dux tandem, licet invitus, ad tuendum urbis principatum promovetur. *Ex Alberto Aquens. pag.* 283.

Postquam regnum obtinuit, paucis diebus interpositis, sicut vir religiosus erat, in his quæ ad decorem domus Dei habebant respectum, follicitudinis fuæ Domino cœpit offerre primitias. Nam protinus in Ecclesiâ Dominici Sepulchri, & Templi Domini, *Canonicos* inftituit, eifque ampla beneficia, quæ *Præbendas* vocant, fimulque & honefta domicilia circa prædictas Deo amabiles Ecclefias affignavit : ordinem & inftitutionem fervans, quas magnæ & ampliffimæ à piis Principibus fundatæ ultra montes fervant Ecclefiæ : plura etiam, nifi mors eum prævenifſet, collaturus. Adduxerat etiam prædictus vir Deo amabilis peregrinationem ingreſſurus, de clauftris bene difciplinatis monachos, viros religiofos, & fanctâ converfatione infignes, qui toto itinere, horis diurnis & nocturnis, ecclefiaftico more, divina illi miniftrabant officia. Quos, poftquam Regnum adeptus eft, juxta eorum poftulationem, in *valle Jofaphat* locavit, ampliffimumque loco, eorum gratiâ, contulit patrimonium. Quæ autem & quanta fint, quæ Ecclefiis Dei piâ liberalitate conceffit, longum effet enumerare : ex tenore tamen privilegiorum Ecclefiis indultorum, colligere eft, quot & quanta funt, quæ vir Deo plenus, pro animæ fuæ remedio locis venerabilibus erogavit. Promotus autem, humilitatis caufâ, coronâ aureâ, regum more, in fanctâ civitate noluit infigniri : eâ contentus, & illi reverentiam exhibens, quam humani generis Reparator in eodem loco ufque ad Crucis patibulum pro noftrâ falute fpineam deportavit. *Ex Guillelmo Tyrienfi, pag.* 767.

SIXIE'ME PREUVE. *Hift. p.* 48.

PAſcHALIs Epifcopus fervus fervorum Dei, venerabili filio Geraldo inftitutori ac præpofito Hierofolimitani Xenodochii, ejufque legitimis Succeſſoribus in perpetuum. Piæ poftulatio voluntatis, effectu debet profequenti compleri. Poftulavit fiquidem Dilectio tua Xenodochium, quod in civitate Hierufalem, juxta beati Joannis Baptiftæ Ecclefiam inftituifti, Apoftolicæ Sedis auctoritate muniri, & beati Petri Apoftoli patrocinio confoveri. Nos itaque piis hofpitalitatis tuæ ftudiis delectati, petitionem tuam paternâ benignitate fufcipimus, & illam Dei domum, illud Xenodochium, fub Apoftolicæ Sedis tutelâ femper, & fub beati Petri protectione perfiftere, Decreti præfentis auctoritate fancimus. Omnia ergo quæ ad fuftentandas peregrinorum & pauperum neceffitates, vel in Hierofolymitanæ Ecclefiæ, vel aliarum Ecclefiarum parochiis, & civitatum territoriis, per tuæ follicitudinis inftantiam eidem Xenodochio acquifita, vel à quibuflibet fidelibus nunc oblata funt, aut in futurum largiente Deo offerri, vel aliis juftis modis acquiri contigerit ; quæque à venerabilibus Fratribus Hierofolymitanæ Sedis Epifcopis conceſſa, tam tibi, quàm Succeſſoribus tuis & Fratribus, peregrinorum illic curam gerentibus, quieta femper & integra fervari præcipimus. Sanè fructuum veftrorum decimas quos ubilibet veftris fumptibus laboribufque colligitis, præter Epifcopi, & Epifcopalium Miniftrorum contradictionem, Xenodochio veftro habendas poffidendafque fancimus.

Donationes etiam quas religiofi Principes de tributis, feu vectigalibus fuis, eidem Xenodochio deliberaverint, ratas haberi decernimus. Obeunte autem te, ut ejus loci Provifor atque Præpofitus, nullus quâlibet fubreptionis aftutiâ, feu violentiâ præponatur, nifi quem Fratres ibidem profeffi, fecundùm Deum providerint eligendum. Præterea honores omnes, five poffeffiones quas idem Xenodochium ultra, feu citra mare, in Afiâ videlicet, vel in Europâ, aut in præfenti habet, aut in futurum, largiente domino poterit adipifci, tam tibi, quàm Succefforibus tuis, hofpitalitati pio ftudio incumbentibus, & per vos eidem Xenodochio in perpetuum confirmamus. Ad hæc adjicientes decernimus, ut nulli omninò hominum liceat idem Xenodochium temerè perturbare, aut ejus poffeffiones auferre, vel ablatas retinere, minuere, vel temerariis vexationibus fatigare. Sed omnia integra conferventur, eorum, pro quorum fuftentatione & gubernatione conceffa funt, ufibus omninò profutura. Sanè Xenodochia, five Ptochia in Occidentis partibus, penes Burgum fancti Ægidii, Aften, Lifan, Barum, Hifpalum, Tarentum & Meffanam, Hierofolymitani nominis titulo celebrata, in tuâ & Succefforum tuorum fubjectione ac difpofitione, ficut hodie funt, in perpetuum manere ftatuimus. Si qua igitur in futurum Eccléfiaftica, fecularifve perfona, hanc noftræ conftitutionis paginam fciens, contra eam venire tentaverit, fecundò tertiòve commonita, fi non fatisfactione congrua emendaverit, poteftatis honorifque fui dignitate careat, eaque fe Divino judicio obnoxiam exiftere de perpetrata iniquitate cognofcat, & à Sacratiffimo Corpore & Sanguine Dei, & Domini Redemptoris noftri Jefu Chrifti aliena fiat, atque in extremo examine diftrictæ ultioni fubjaceat. Cunctis autem eidem loco jufta fervantibus, fit pax Domini noftri Jefu Chrifti, quatenus & hic fructum bonæ actionis percipiant, & apud diftrictum Judicem, præmia æternæ pacis inveniant. Amen, Amen.

Ego Pafchalis Catholicæ Eccléfiæ Epifcopus.

Ego Calixtus Catholicæ Eccléfiæ Epifcopus.

Ego Richardus Albanenfis Epifcopus, fubfcripfi.

Ego Landulphus Benevent. Epifc. legi, & fubfcripfi, &c.

Datum Beneventi per manum Joannis Romanæ Ecclefiæ Cardinalis ac Bibliothecarii, xv. calendas Martii, indictione vj. Incarnationis Dominicæ anno M.C.XIII. Pontificatûs autem Domini Pafchalis Papæ fecundi, anno xiiij. *Regiftrata in Cancellario hujus Ordinis. Ex Bofio, l. 2. p. 47.*

SEPTIE'ME PREUVE. *Hift. p.* 54.

BONIFACIUS Epifcopus fervus fervorum Dei, dilectis filiis Magiftro & Fratribus Hofpitalis fancti Joannis Hierofolymitani, falutem & Apoftolicam benedictionem. Culminis Apoftolici folio, fupernâ difponente clementiâ præfidentes, dum folerter attendimus, quod vos mundanis contemptis illecebris, quæ cùm blandiuntur, illudunt, divinis obsequiis falubriter adhæfiftis, vos & veftra totaliter pro illis exponere non verentes : Dum etiam confideramus attentius quod vos fummæ devotionis affectum, magnæque reverentiæ zelum erga nos & Romanam Ecclefiam Matrem veftram geffiftis hactenus, & gerere non ceffatis, dignum duximus & rationi confonum arbitramur, ut vos & Hofpitale veftrum favoribus profequentes uberibus, petitiones veftras, quantum cum Deo poffumus, ad exauditionis gratiam admittamus. Exhibita fiquidem nobis veftra petitio continebat, quòd olim in captione civitatis Acconenfis, Apoftolicas litteras Regulæ veftræ feriem continentes, cum aliis rebus non modicis amififtis : quare fuppliciter petebatis à nobis, ut cùm vos nullas litteras quondam Fratris Raimundi tunc ejufdem Hofpitalis Cuftodis, qui prædictam regulam condidit, ejus plumbeo figillo fignatas, in quibus Regula ipfa continetur expreffè, prout afferitis, habeatis, vobis præfatam regulam ad majoris cautelæ præfidium, fub Bullâ noftrâ concedere dignaremur.

Nos igitur ad veftrum & ejufdem Hofpitalis ftatum profperum, & tranquillum paternis ftudiis intendentes, veftris devotis fupplicationibus inclinati, prædictam regulam, prout in ejufdem Fratris Raimundi litteris contineri confpicitur, quibufdam verbis, de mandato noftro amotis & correctis in eâ, præfentibus fecimus annotari. Eamque nihilominus ex certâ fcientiâ confirmamus & innovamus de gratiâ fpeciali, Tenor autem litterarum ipfarum talis eft.

In nomine Domini, Amen. Ego Raimundus fervus pauperum Chrifti, & Cuftos Hofpitalis Hierufalem, de concilio totius Capituli, & Clericorum, & Laicorum Fratrum, ftatui hæc Præcepta & Statuta in Domo Hofpitalis Hierufalem. In primis jubeo quòd omnes Fratres ad fervitium venientes pauperum, tria quæ promittunt Deo, teneant cum Dei auxilio ; fcilicet, caftitatem & obedientiam, hoc eft, quodcunque præcipitur eis à Magiftris fuis ; & fine proprio vivere, quia hæc tria requiret Deus ab eis in ultimo examine. Et non quærant amplius ex debito, nifi panem & aquam, atque veftitum, quæ eis promittuntur: & veftitus fit humilis, quia Domini noftri pauperes, quorum fervos nos effe fatemur, nudi & fordidi incedunt; & turpe eft fervo ut fit fuperbus, & Dominus ejus humilis.

Conftitutum eft etiam ut in Ecclefiâ honeftus fit eorum inceffus, & converfatio idonea ; fcilicet, ut Clerici ad altare cum albis veftibus deferviant : Presbytero Diaconus vel Subdiaconus ; & fi neceffitas fuerit, alius Clericus hoc idem exerceat officium : & lumen die noctuque in Ecclefiâ femper fit. Et ad infirmorum vifitationem Presbyter cum albis veftibus incedat, religiosè portans Corpus Domini, & Diaconus præcedat, vel Subdiaconus, vel faltem Acolytus, ferens lanternam cum candelâ accensâ, & fpongiam cum aquâ benedictâ. Iterum cùm ierint Fratres per civitates & caftella, non eant foli, fed duo vel tres, nec cum quibus voluerint, fed cum quibus Magifter jufferit, ire debebunt. Sed cùm venerint quò voluerint, fimul ftent. In inceffu, in habitu, in omnibus motibus eorum nihil fiat quod cujufquam offendat afpectum, fed quod fuam deceat fanctitatem. Quando etiam fuerint in domo, vel in Ecclefiâ, aut ubicunque fuerint foeminæ, invicem fuam pudicitiam cuftodiant. Nec foeminæ capita eorum lavent, nec pedes, vel eorum lectum faciant : Deus enim qui habitat in fanctis, ifto modo cuftodiat eos. Amen.

Et fanctorum pauperum quærendo eleemofinas, religiofæ perfonæ Fratrum de Clericis & de Laicis incedant. Et cùm hofpitium quæfierint, ad Ecclefiam vel aliquam honeftam perfonam veniant, & ex caritate ab eâ victum petant, & nihil aliud emant. Si verò non invenerint qui tribuant eis, menfuratè emant unum folum cibum, unde vivere poffint. Et ex inquifitione eleemofinarum, nec terram, nec pignus recipiant ; fed fuo Magiftro per fcriptum reddant, ac etiam Magifter cum fuo fcripto pauperibus ad Hofpitale tranfmittat. Et de omnibus Obedientiis, tertiam partem de pane & vino, & de omni nutrimento Magifter fufcipiat ; & fi fuperaverit, hoc quod amplius fuerit, ad eleemofinam conjungat, & Jerofolymam cum fcripto fuo, pauperibus mittat.

Et non eant de ullis obedientiis ad collectas, nifi folum illi, quos Capitulum, & Magifter Ecclefiæ miferit ; & ipfi Fratres, qui exierint ad collectas colligendas, in quamcunque obedientiam venerint, recipiantur ; & accipiant talem victum, qualem Fratres inter fe difpenfaverint ; & aliam vexationem ibi non faciant. Lumen fecum portent ; & in quacunque domo hofpitati fuerint, ante fe lumen ardere faciant. Deinde pannos Religioni noftræ non congruos, & pelles filveftres omnino prohibemus, ne ammodo induant Fratres : & non comedant nifi bis in die. Et quarta feria, & die Sabbati, & à Septuagefima ufque in Pafcha, carnem non comedant, præter eos qui funt infirmi, & imbecilles ; & numquam nudi incedant, fed veftiti camifeis laneis, vel lineis, aut aliis quibuflibet veftimentis. At fi aliquis Fratrum, quod utinam numquam eveniat, peccatis exigentibus, ceciderit in lapfum carnis, fi occultè peccaverit, occultè poeniteat ; & injungatur fibi poenitentia congrua : fi autem publicatus, & comprehenfus pro certo fuerit ; in eadem Villa, in qua facinus perpetraverit, Dominica die poft Miffas, quando Populus ab Ecclefia egreffus fuerit, videntibus cunctis exuatur, & à Magiftro fuo, vel ab aliis Fratribus, quibus Magifter præceperit, corrigiis, vel virgis duriffimè flagelletur, & verberetur ; ac de omni Societate noftra expellatur.

Poftea verò, fi Deus cor illius illuftraverit, & ad domum pauperum reverfus fuerit, atque fe reum, & peccatorem, atque legis Dei tranfgrefforem profeffus fuerit ; & emendationem promiferit, recipiatur ; & poenitentia fibi digna imponatur ; & per annum integrum, in loco Extranei teneatur ; & in hoc fpatio, videant Fratres fatisfactionem fuam ; poftea faciant quod melius fibi videbitur. Aut fi Frater altercatus fuerit cum aliquo Fratre, & clamorem Procurator Domus habuerit, talis fit poenitentia : feptem diebus jejunet, quarta, & fexta feria in pane, &

aqua, comedens in terra, sine mensa, & manutergio : & si percusserit, quadraginta : & si recesserit à Domo, vel à Magistro, cui commissus fuerit, propria voluntate, sine voluntate ejus, & postea reversus fuerit ; quadraginta diebus manducet in terra, jejunans quarta, & sexta feria in pane, & aqua ; & per tantum tempus permaneat in loco Extranei, quantum foris extiterit ; nisi tam prolixum fuerit tempus, ut Capitulo conveniat temperari. Ad mensam etiam, sicut Apostolus dicit : unusquisque panem suum cum silentio manducet ; & post Completorium non bibat ; & in lectis Fratres silentium teneant.

At si aliquis Fratrum non bene se habens, à Magistro suo, vel ab aliis Fratribus, bis, atque ter correctus & admonitus fuerit ; & Diabolo instigante, se emendare, & obedire noluerit ; nobis mittatur pedestris, & cum charta continente suum delictum ; tamen procuratio rata ei donetur ; ut ad nos pervenire possit, eumque corrigemus. Et nullus Servientes sibi commissos, pro aliquo facinore percutiat : sed Magister Domus, & Fratrum, coram omnibus vindictam accipiat ; tamen justitia Domus omnino teneatur. Et si aliquis Fratrum demissus in morte sua proprietatem habuerit ; & Magistro suo celaverit, ac postea super eum inventa fuerit ; ipsa pecunia ad collum ejus ligetur ; & ab aliquo Fratre durissimè aliis Fratribus Domus præsentibus verberetur ; & quadraginta diebus pœniteat, jejunans quarta, & sexta feria in pane, & aqua.

Quando etiam valde necessarium est omnibus vobis fieri Statutum ; præcipiens, & præcipiendo mandamus, ut de omnibus Fratribus viam universæ carnis ingredientibus, in omnibus obedientiis quibuscunque obierit, triginta Missæ pro ejus anima cantentur. In prima Missa unusquisque Fratrum qui aderit, candelam cum nummo offerat ; qui videlicet nummi, quoticumque fuerint, pauperibus erogentur. Et Presbyter qui Missas cantaverit, si non est de Domo, procurationem in Obedientia his diebus habeat ; & peracto officio, Magister, sibi charitatem faciat ; & omnia indumenta Fratris defuncti pauperibus dentur. Fratres verò Sacerdotes, qui Missas cantaverint, pro ejus anima orationem fundant ad Dominum Jesum Christum ; & Clericorum unusquisque cantet Psalterium ; Laicorum autem, 150 Pater noster.

Et de omnibus aliis peccatis, & rebus, & clamoribus, in Capitulo judicent, & discernant judicium rectum. Et hæc omnia, ex parte Dei Omnipotentis, & Beatæ Mariæ, & beati Joannis, & pauperum præcipimus, & ex imperio imponimus ; ut cum summo studio, ita per omnia teneantur. Et in obedientia, ubi Magister, & Capitulum Hospitalis concesserint ; cùm venerit ibi Infirmus, ita recipiatur : primum peccata sua Presbytero confessus, communicetur ; & postea ad lectum deportetur ; & ibi tamquam Dominus, secundum posse Domus, omni die antequam Fratres eant pransum, charitativè reficiatur. Et in cunctis Dominicis diebus, Epistola, & Evangelium in ea Domo cantetur, & cum processione, aqua benedicta aspergatur. Item si qui Fratrum, qui obedientias per diversas Terras tenent, ad quamlibet Secularem Personam venientes, rebellando, pecunias pauperum dederint, ut eos per fuam vim, contra Magiftrum fuum regnare faciat; ab univerfa Societate Fratrum projiciantur. Et fi duo, vel plures Fratres infimul fuerint; & unus eorum nequiter malè vivendo fe habuerit; alter Fratrum non eum diffamare debet, neque Populo, neque Priori; fed primum per fe ipfum caftiget eum; & fi fe noluerit caftigare; adhibeat fecum duos Fratres, vel tres ad eum caftigandum. Et fi emendaverit, inde gaudere debet; fi autem emendare noluerit, tunc culpam fuam fcribens, mittat Magiftro; & fecundum quod Magifter, & Capitulum jufferit, de eo fiat; atque nullus Frater alium Fratrem fuum accufet, nifi benè poffit probare; fi autem fecerit, ipfe Frater non eft.

Item omnes Fratres omnium Obedientiarum, qui nunc, vel in antea offerunt fe Deo, & Sancto Hofpitali Hierufalem; Cruces ad honorem Dei, & ejufdem Sanctæ Crucis, in cappis & mantellis fecum deferant ante pectus; ut Deus per ipfum Vexillum, fidem, operationem, & obedientiam, nos cuftodiat, & à Diaboli poteftate in hoc, & in futuro feculo defendat, in anima, & in corpore, fimul cum omnibus Benefactoribus noftris Chriftianis, Amen. Nulli ergo omnino hominum liceat hanc paginam noftræ annotationis, confirmationis, & innovationis infringere, vel ei aufu temerario contraire. Si quis autem hoc attentare præfumpferit, indignationem omnipotentis Dei, & beatorum Apoftolorum Petri & Pauli ejus, fe noverit incurfurum. Datum Laterani, feptimo Idus Aprilis Pontificatus noftri anno fexto. *Collationata & correcta fuit cum ipfo codice Vaticano, die jovis 4. Maii, anno Domini 1617. Ex Bofio, l.2. p.68.*

HUITIEME PREUVE. *Hift. p. 59.*

ALEXANDER Papa quartus, dilectis Filiis, Magiftro & Fratribus Hofpitalis fancti Joannis Hierofolymitani, falutem & apoftolicam benedictionem. Cùm Ordinem veftrum omnipotens Dominus in Ecclefia fua velut columnam immobilem fuper obedientiæ bafim erexerit, ad fulcimentum Terræ fanctæ, cujus eftis Athletæ inclyti, robufti, pugiles & propugnatores electi; & pro cujus defenfione ad præliandum præli a Domini, contra fui blafphemos nominis; falvificæ Crucis vos armis infignibus accinxiftis; cùm etiam vos fitis populus Dei egregius, gens magnifica & ftrenua multitudo Juftorum; confilium & congregatio fortium Regis Regum; in quorum re vera manibus gladii funt ancipites & ardentes lucernæ, ad faciendam vindictam in nationibus & fervandam Domini civitatem : dignè ipfum Ordinem & vos tanquam Chrifti milites, in quibus fufcitavit Dominus in illis partibus fortium Machabæorum fpiritum & aliorum veterum earumdem partium bellatorum; congruis intendimus roborare favoribus, & condignis gratiis adaugere; illaque vobis concedere quæ ad incrementum veftræ Religionis, dictæque Terræ fanctæ fubfidium redundare nofcuntur.

Sanè quia intelleximus, quod inter Fratres veftri Ordinis milites & alios, nulla eft diftinctio per aliquam indumentorum diverfitatem, ficut in plerifque aliis confimilibus eft Religionibus obfervatum ; propter quod contingit quòd multorum nobilium, qui mundi relictis illecebris, fub ejufdem veftræ Religionis habitu, elegerant infiftere prædictæ Terræ fanctæ præfidio ; erga præfatum Ordinem Charitas refrigefcit. Nos cupientes ut idem Ordo continuis, autore Domino, amplificetur commodis, & votivis crefcat augmentis ; præfentium vobis autoritate concedimus, ut unanimiter ftatuere, ac deinceps inviolabiliter obfervare poffitis, quòd Fratres milites ejufdem Ordinis Chlamides nigras deferant, ut ab aliis ejufdem Ordinis Fratribus difcernantur : in bellis autem, five in præliis, utantur Jupellis, & aliis fuper infignibus militaribus, quæ fint coloris rubri, & in quibus etiam crux albi coloris fit, in veftri vexilli modum affuta ; ut in hujufmodi uniformitate fignorum, animorum identitas evidenter appareat ; & ex hoc per confequens, falus proveniat perfonarum. *Nulli ergo omnino hominum liceat hanc noftræ conceffionis paginam infringere. Si quis autem id attentare præfumpferit, indignationem Omnipotentis Dei, ac beatorum Petri & Pauli Apoftolorum ejus, fe noverit incurfurum. Datum Anagniæ, tertio idus Augufti, Pontificatûs noftri anno quinto.* Ex Bofio, liv. 20. pag. 671.

Extrait des Statuts de l'Ordre de faint Jean de Jérufalem. Titre fecond de la Réception des Freres. Article de la Divifion de leurs Grades ou Qualitez.

Il y a trois Grades ou Qualitez de nos Freres ; car les uns font Chevaliers, les autres Prêtres, & les autres Freres fervans. De plus l'Ordre des Prêtres & des Servans fe divife en deux : à fçavoir celui des Prêtres en Conventuels, & d'obedience : & celui de Servans, en Servans d'armes, c'eft-à-dire qui font reçûs au Couvent, & en ces autres qu'on appelle Servans d'Office. Or quiconque fe connoiffant enclin & propre à notre Ordre, demande d'être reçû à la Profeffion *en qualité de Chevalier,* fuivant la forme portée par nos Réglemens & par nos Coutumes, il faut néceffairement qu'avant que prendre l'Habit & faire Profeffion, *il foit honoré du Cordon de l'Ordre ou de la Milice ;* c'eft pourquoi, s'il n'a reçû l'Ordre de Chevalier de quelque Prince Catholique, ou d'un autre Grand qui ait pouvoir de le donner, il faut qu'en tel cas il en reçoive les Ornemens de la main de celui des Freres Chevaliers de notre Ordre, devant qui il fera profeffion, ou bien de quelque autre qui foit Chevalier du même Ordre, fuivant la coutume qu'on obferve à faire des Chevaliers, & qu'enfin il faffe Profeffion avec l'Ordre fufdit. *Mais quant aux Chapelains & aux Servans d'Armes & d'Office, il n'eft point à propos qu'ils portent pour ornement cette marque de Chevalier ;* joint que cela n'eft ni en ufage ni ainfi ordonné, & que c'eft l'ordinaire de les recevoir à la Profeffion, felon leur Grade tant feulement. *Baudoin & Naberat,* page 8 *des Statuts.*

DE L'HISTOIRE DE MALTE. 585

Extrait des Ordonnances du Chapitre général tenu en 1603.
Titre dix-septiéme des défenses & peines. Article 23.

Item, D'autant que par quelques rôles & cayers des Langues, il a été demandé qu'on eût à mettre *quelque difference entre les Freres Chevaliers & les Servans d'Armes,* Messieurs les Révérends seize ont pour cet effet enjoint & ordonné *qu'aucun de nos Freres Servans d'Armes ne puisse porter à l'avenir sur son habit la Croix de notre Ordre, faite de toile de lin, plus grande que la moitié d'un demi pied de Canne de Sicile, & que celle de nos Freres d'Office ne soit plus grande que le quart d'un pied, sans que pas un d'eux se doive licentier de porter la Croix d'or, ou dorée.* Qui fera le contraire, *qu'à chaque fois qu'il en sera convaincu,* s'il est Commandeur, *il perde tout le revenu d'un an de sa Commanderie,* applicable au commun trésor. Si c'est un Frere conventuel, *qu'il perde un an d'ancienneté,* & si un Frere d'office ou d'état, *qu'il en soit privé de même:* l'autorité toujours réservée au Grand-Maître d'en dispenser qui bon lui semblera. Enjoignant & commandant ausdits Freres Servans d'Armes & d'Office, que toutes les fois qu'il sera question de faire stipuler quelque Acte ou Contrat pour eux, *ils soient obligez d'y faire specifier leur qualité.* Que si quelque Frere de notre Ordre en peut découvrir ou surprendre quelques-uns contrevenans à ce Réglement; qu'en tel cas il lui soit permis d'en lever l'information de sa propre autorité, & d'avertir le Grand-Maître & le Conseil de ladite contravention, afin d'en ordonner la punition comme bon leur semblera. *Baudoin ou Naberat, page 269 des Statuts & Ordonnances.*

Extrait des Ordonnances du Chapitre général tenu en 1631.
Titres des prohibitions & peines.

Item, Sur la Requête qui a été présentée dans quelques cayers & rôles des Langues, *de rendre remarquable la difference qu'il y a entre les Freres Chevaliers & les Servans d'Armes,* les R. S. seize ont enjoint & ordonné, que nul Servant d'Armes n'ait à porter desormais *l'Habit ou la Croix de lin de notre Ordre, plus grande que la moitié d'un pan ou palme d'une Canne de Sicile, ni même la Croix d'or, ou dorée.* Que si quelqu'un y contrevient, *s'il est* Commandeur, *autant de fois qu'il en sera convaincu, il perdra deux ans du revenu de sa Commanderie,* applicables au commun trésor. Que s'il est Frere Conventuel, *il perdra deux ans d'ancienneté* en faveur de ses Fiarnaulds: Enjoignant & commandant aux susdits, que toutes les fois qu'ils feront, passeront, ou stipuleront quelque Acte, Contrat, ou Instrument, *ils y mettent expressément la qualité:* & qu'il soit permis à tout Frere de notre Ordre, qui trouvera lesdits Contrevenans, d'informer contre eux de sa propre autorité, & de donner avis de ladite contravention à Monseigneur l'Eminentissime Grand-Maître & à son Conseil, afin d'en faire la punition comme

Tome I. Eeee

il leur plaira. Ajoûtant que le Grand-Maître (vû le consentement qu'en a donné son Eminence) ne pourra jusqu'au prochain Chapitre général, donner permission aux Freres Servans de porter la Croix d'or. *Baudoin ou Naberat , page* 327 *des Statuts & Ordonnances.*

NEUVIEME PREUVE. *Hist. pag.* 61.

INNOCENTIUS Episcopus, Servus Servorum Dei : Venerabilibus Fratribus Archiepiscopis, Episcopis, ac dilectis Filiis Abbatibus & Prioribus & universis Ecclesiarum Prælatis, ad quos Litteræ istæ pervenerint, salutem & Apostolicam benedictionem. Quàm amabilis Deo, & quàm venerandus hominibus locus existat, quàm etiam commodum & utile receptaculum peregrinis & pauperibus præbeat Hierosolymitanum Xenodochium, hi qui per diversa maris & terræ pericula, piæ devotionis intuitu, Sanctam Civitatem Hierusalem & Sepulchrum Domini visitant, assiduè recognoscunt. Ibi enim indigentes & pauperes reficiuntur, infirmis multimoda humanitatis obsequia exhibentur ; & diversis laboribus, atque periculis fatigati, resumptis viribus recreantur. Atque ut ipsi ad Sacrosancta Loca Domini nostri Jesu Christi corporali præsentia dicata valeant proficisci ; *Fratres ejusdem Domus, non formidantes pro Fratribus suis animas ponere; cum servientibus & equitaturis ad hoc officium specialiter deputatis & propriis sumptibus retentis, tam in eundo, quàm redeundo, ab incursibus Paganorum defensant.*

Illi sunt, per quos Deus Orientalem Ecclesiam à Paganorum spurcitia liberat, & Christiani nominis inimicos expugnat. Et quoniam ad tam sanctum & pium opus explendum, eis propriæ non suppetunt facultates; charitatem vestram per Apostolica scripta exhortamur in Domino, quatenus de vestra abundantia eorum inopiam suppleatis, & populum vobis commissum, ipsorum Fraternitatem assumere ; & ad pauperum & peregrinorum sustentationem collectas facere in remissionem peccatorum suorum, frequentibus exhortationibus moneatis. Hoc scientes, quod eamdem Hospitalitatis Domum, cum omnibus ad ipsam pertinentibus, sub Beati Petri & nostra protectione suscepimus, & scripti nostri pagina communivimus. Et quicumque de facultatibus sibi à Deo collatis, eis subvenerit, & in tam sancta Fraternitate, se collegam statuerit, eisque persolverit beneficia annuatim ; septimam injunctæ pœnitentiæ, confisi de beatorum Petri & Pauli Apostolorum meritis, indulgemus. Ob reverentiam quoque ipsius venerabilis Domus, auctoritate Apostolica constituimus, ut hi qui eorum fraternitatem assumpserint, si forte Ecclesiæ ad quos pertinent, à divinis officiis fuerint interdictæ, eosque mori contigerit, eisdem sepultura ecclesiastica non denegetur : nisi forte excommunicati, vel nominatim fuerint interdicti.

Volumus autem, ut liceat eis confratres suos, quos Ecclesiarum Prælati, apud Ecclesias suas non permiserint sepeliri, nisi forte excommunicati, vel nominatim fuerint interdicti, ad Ecclesias Hospitalis tumulandos deferre, & oblationes tam pro eis, quàm pro aliis, qui in suis Cœmeteriis requiescunt exhibitas, sine alieni juris præjudicio, retinere. Hoc etiam addito, ut receptatores ejusdem fraternitatis, sive collectæ, salvo jure Dominorum suorum, sub beati Petri & nostra protectione consistant. Adjicientes insuper, ut si qui eorundem Fratrum, qui ad easdem Fraternitates, vel collectas missi fuerint, in quamlibet civitatem, castellum vel vicum advenerint, si forte locus ipse à divinis Officiis fuerit interdictus, in eorum jucundo adventu, semel in anno aperiantur Ecclesiæ, & excommunicatis ejectis, Divina Officia celebrentur. Ad majorem quoque eorum & vestræ mercedis cumulum nihilominus, vobis mandando præcipimus, quatenus hanc nostram Constitutionem per Parochos vestros nunciari propriis litteris faciatis: mandamus etiam, ut si qui de Clericis Ecclesiarum vestrarum, præfati Hospitalis Fratribus, cum licentia Prælati sui, sponte, ac gratis per annum, vel biennium servire decreverint; nequaquam impediantur, & interim, sua Beneficia, vel Ecclesiasticos redditus non amittant.

Ego Innocentius Catholicæ Ecclesiæ Episcopus, subscripsi.
Ego Joannes Episcopus Cardinalis Ostiensis, subscripsi.
Ego Chunradus Episcopus Cardinalis Sabinen. subscripsi.
Ego Guillelmus Episcopus Cardinalis Prænestin. subscripsi.
Ego Frater Matthæus Episcopus Cardinalis Albanen. subscripsi.
Ego Joannes Presbyter Cardinalis Tit. Sancti Crisogoni, subscripsi.
Ego Petrus Presbyter Card. Tit. Sti. Martini in Montibus, subscripsi.
Ego Gerardus Presbyter Card Tit. Stæ Crucis in Hierusalem, subscr.
Ego Petrus Presbyter Cardinalis Tit. Sanctæ Anastasiæ, subscripsi.
Ego Josephus Presbyter Cardinalis Tit. Sanctæ Cæciliæ, subscripsi.
Ego Anselmus Presbyter Card. Tit. Sti Laurentii in Lucina, subscripsi.
Ego Romanus Diaconus Card. Sanctæ Mariæ in Porticu, subscripsi.
Ego Gregorius Diaconus Cardinalis SS. Sergii & Bacchi, subscripsi.
Ego Guido Diaconus Cardinalis Sanctæ Mariæ in via Lata, subscripsi.
Ego Albertus Diaconus Cardinalis Sancti Theodori, subscripsi.

Datum Laterani, per manus Haymerici, Sanctæ Mariæ novæ, Sanctæ Romanæ Ecclesiæ Diaconi Cardinalis Cancellarii, decimo Calendas Martii, Indictione octava, Pontificatus vero Domini Innocentii Papæ Secundi, anno primo. *Ex Bosio* Tom. 1. L. 3. pag. 108.

DIXIE'ME PREUVE. *Hist. pag.* 69.

IN nomine sanctæ & individuæ Trinitatis, Patris & Filii & Spiritûs Sancti. Tempore quo *Calixtus* Papa secundus, & quartus Henricus Romanorum Imperator Augustus, pace eodem anno inter Regnum & Sacerdotium super annuli & baculi controversia, celebrato Romæ Concilio, Deo auxiliante, peractâ, alter Romanam Ecclesiam, alterque Regnum regebat, *Dominicus Michaelis* Venetiæ Dux, Dalmatiæ atque Croatiæ Regni Princeps, innumerâ classium militiæque multitudine, prius tamen ante importuosas Ascalonis ripas, Paganorum classium Regis Babyloniæ gravissimâ strage factâ, demum in Hierusalem partes, ad necessarium Christianorum patrocinium victoriosus advenit. Rex quippe *Balduinus* Hierusalem secundus, tunc temporis, peccatis nostris exigentibus, sub *Balac* Principe Parthorum, Paganorum laqueo cum pluribus aliis captivus tenebatur. Propterea nos quidem *Gormundus*, Dei gratiâ sanctæ civitatis Hierusalem Patriarcha, cum nostræ Ecclesiæ Fratribus suffraganeis, Domino *Wilelmo de Buris* Constabulario, & *Pagano* Cancellario, nobis cum totius regni Hierosolymitani sociâ Baronum militiâ conjunctâ, Achone, in Ecclesia sanctæ Crucis convenientes: ejusdem Regis Balduini promissiones, secundùm literarum suarum & nunciorum prolocutiones, quas eidem Veneticorum Duci suos per nuncios, usque Venetiam, Rex ipse mandaverat, propriâ manu, & Episcoporum sive Cancellarii manu pacisque osculo, prout Ordo noster exigit, datis: Omnes verò Barones, quorum nomina subscripta sunt, super sancta Evangelia subscriptas depactionum conventiones, sanctissimo Evangelistæ Marco, prædicto Duci suisque successoribus, atque genti Veneticorum simul statuentes affirmavimus, quatenus sine aliqua contradictione, quæ dicta. & quemadmodum inferiùs subscripta sunt, ita & rata, & in futurum illibata, sibi suæque genti in perpetuum permaneant. *Amen*. In omnibus scilicet supradicti Regis, ejusque successorum sub dominio, atque omnium suorum Baronum civitatibus, ipsi Venetici Ecclesiam & integram rugam, unamque plateam sive balneum, nec non & furnum habeant, jure hereditario in perpetuum possidenda, ab omni exactione libera, sicut sunt Regis propria. Verùm in platea Hierusalem tantum ad proprium habeant, quantum Rex habere solitus est. Quòd si apud Accon, furnum, molendinum, balneum, stateram, modios & buzas ad vinum, oleum, vel mel mensurandum in vico suo Veneti facere voluerint, omnibus inibi habitantibus absque contradictione quicumque voluerit coquere, molere, balneare, sicut ad propria Regis liberè liceat. Sed modiorum, stateræ atque buzæ mensuris, hoc modo uti liceat. Nam quando Venetici inter se negotiantur, cum propriis, id est, Veneticorum mensuris mensurare debent: cùm verò Venetici res suas aliis gentibus vendunt, cum suis, id est, Veneticorum mensuris propriis vendere debent. Quando autem Venetici ab aliquibus gentibus extraneis quàm Veneticis, commercio aliquid accipientes comparant, cum Regiis mensuris datoque pretio accipere licet. Ad hæc Venetici nullam dationem, vel secundùm usum, vel secundùm ullam rationem, nullo modo, intrando, stando, vendendo, comparando vel morando, aut exeundo, de nulla penitùs causa aliquam dationem persolvere debent, nisi solum quando veniunt, aut exeunt cum suis navibus peregrinos portantes: tunc quippe secundùm Regis consuetudinem, tertiam partem ipsi Regi dare debent. Unde ipse Rex Hierusalem, & nos omnes, Duci Veneticorum de fundo

Tyri, ex parte Regis, festo Apostolorum Petri & Pauli, trecentos in unoquoque anno bizantios Sarracenatos, ex debiti conditione persolvere debemus. Vobis quoque, Duci Venetiæ, & vestræ genti promittimus, quòd nihil plus accipiemus ab illis gentibus, quæ vobiscum negociantur, nisi quantum soliti sunt dare, & quanta accipimus ab illis qui cum aliis negotiantur gentibus. Præterea illam ejusdem plateæ, rugæque Achon partem unum caput in mansione *Petri Zanni*, aliud verò in sancti *Dimitri* Monasterio firmantem ; & ejusdem rugæ aliam partem, unam materiariam & duas lapideas mansiones habentes, quæ quondam casulæ de cannis esse solebant, quam Rex *Balduinus* Hierusalem primitùs beato Marco, dominoque Duci *Ordolafo*, suisque successoribus in Sydonis acquisitione dedit ; ipsas inquam partes, beato Marco, vobisque *Dominico Michaëli*, Venetiæ Duci, vestris quoque successoribus per præsentem paginam confirmamus : vobisque potestatem concedimus, tenendi, possidendi, & quicquid vobis inde placuerit, in perpetuum faciendi. Super ejusdem autem rugæ alia parte, à domo *Bernardi* de novo Castello, quæ quondam *Johannis* fuerat *Juliani*, usque ad domum *Guiberti* de Joppen generis Laudæ, recto tramite procedente, vobis eandem quam Rex habuerit potestatem penitùs damus. Quin etiam nullus Veneticorum in totius terræ Regis, suorumque Baronum dominio, aliquam dotionem in ingrediendo, vel ibi morando, aut exeundo per ullum ingenium dare debeat : sed sic liber sicut in ipsa Venetia sit. Si verò aliquod placitum, vel alicujus negotii litigationem, Veneticus erga Veneticum habuerit, in curia Veneticorum diffiniatur. Vel si aliquis adversus Veneticum querelam aut litigationem se habere crediderit, in eadem curia Veneticorum determinetur. Verùm si Veneticus super quemlibet alium hominem, quàm Veneticum, clamorem fecerit, in curia Regis emendetur. Insuper ubi Veneticus ordinatus vel inordinatus, quod nos *sine lingua* dicimus, obierit, res suæ in potestatem Veneticorum reducantur. Si verò aliquis Veneticorum naufragium passus fuerit, nullum de suis rebus patiatur damnum. Si naufragio mortuus fuerit, suis heredibus aut aliis Veneticis res suæ remanentes reddantur. Præterea super cujus gentis Burgenses in vico & domibus Veneticorum habitantes, eandem justitiam & consuetudines quas Rex super suos, Venetici habeant. Denique duarum civitatum *Tyri* & *Ascalonis* tertiam partem, cum suis pertinentiis, & tertiam partem terrarum omnium sibi pertinentium, à die sancti Petri, Sarracenis tantùm servientium, quæ non sunt in Francorum manibus, alteram quarum, vel si, Deo auxiliante, utramque per eorum auxilium, aut aliquod ingenium in Christianorum potestatem Spiritus Sanctus tradere voluerit : illam, inquam, tertiam partem, sicut dictum est, liberè & regaliter, sicut Rex duas, Venetici habituri in perpetuum, sine alicujus contradictionis impeditione, jure hereditario possideant. Universaliter igitur supradictas conventiones ipsum Regem, Deo auxiliante, si aliquando egressurus de captivitate est, nos *Gormundus* Hierusalem Patriarcha, confirmare per Evangelium faciemus. Si verò alter ad Hierofolymitanum regnum, in Regem promovendus advenerit, aut fuperiùs ordinatas promiffiones antequam promoveatur, ficut antè dictum eft, ipfum confirmare faciemus ; alioquin ipfum nullo modo ad regnum provehi affentiemus. Similiter eafdem & eodem modo confirmationes, Baronum fucceffones, & novi futuri Barones facient. De cauffa verò Antiochena, quam vobis Regem *Balduinum* fecundum, fub eadem conftitutionis depactione promififfe benè fcimus, in Antiocheno Principatu fe vobis Veneticis daturum : videlicet fic in Antiochia, ficut in cæteris Regis civitatibus, fi quidem Antiocheni Regalia promiffionum fœdera vobis attendere voluerint : nos idem *Gormundus* Hierufalem Patriarcha, cum noftris Epifcopis, Clero, Baronibus, populoque Hierufalem, confilium & auxilium vobis dantes, quod nobis Dominus Papa inde fcripferit, bonâ fide totum adimplere, & hæc omnia fuperiora, ad honorem Veneticorum promittimus.

Ego Gormundus Dei gratiâ Hierofolymorum Patriarcha, propriâ noftrâ manu fupradicta confirmo.
Ego Ebremarus Cæfarienfis Archiepif. hæc eadem fimiliter confirmo.
Ego Bernardus Nazarenus Epifcopus fimiliter confirmo.
Ego Afquitinus Bethleemita Epifcopus fimiliter confirmo.
Ego Rogerius Liddenfis fancti Georgii Epifcopus fimiliter confirmo.
Ego Gildoinus Abbas fanctæ Mariæ vallis Jofaphat fimiliter confirmo.
Ego Gerardus Prior fancti Sepulchri fimiliter confirmo.
Ego Ricardus Prior Templi Domini fimiliter affirmo.
Ego Arnaldus Prior montis Sion fimiliter affirmo.
Ego Wilelmus de Buris, Regis Conftabularius, fimiliter affirmo.

Data apud *Achon*, per manus *Pagani*, Regis Hierufalem Cancellarii, anno *millefimo centefimo vigefimo-tertio, indictione fecundâ*.
Ex *Guillelmo Tyr.* lib. 12. pag. 830.

ONZIE'ME PREUVE. *Hift. pag.* 71.

EOdem anno, quidam nobiles viri de equeftri ordine, Deo devoti, religiofi & timentes Deum, in manu domini Patriarchæ, Chrifti fervitio fe mancipantes, more Canonicorum regularium, *in caftitate, & obedientia, & fine proprio* velle perpetuò vivere profeffi funt. Inter quos primi & præcipui fuerunt, viri venerabiles, *Hugo de Paganis*, & *Garfuedus de fancto Aldemaro*. Quibus, quoniam neque Ecclefia erat, neque certum habebant domicilium, Rex in palatio quod fecus templum Domini, ad auftralem habet partem, eis ad tempus conceffit habitaculum. *Canonici* verò *Templi* Domini, plateam quam circa prædictum habebant palatium, ad opus officinarum, certis quibufdam conditionibus conceflerunt. Dominus autem Rex cum fuis proceribus, dominus quoque Patriarcha cum Prælatis Ecclefiarum, de propriis dominicalibus certa eis pro victu & amictu beneficia, quædam ad

DE L'HISTOIRE DE MALTE

tempus, quædam in perpetuum contulerunt. Prima autem eorum professio, quodque eis à domino Patriacha, & reliquis Episcopis, in remissionem peccatorum injunctum est; *ut vias & itinera, ad salutem Peregrinorum, contra latronum & incursantium insidias, pro viribus conservarent.* Novem autem annis post eorum institutionem in habitu fuerunt seculari, talibus utentes vestimentis, quales pro remediis animarum suarum populus largiebatur. Tandem nono anno, Concilio in Francia apud *Trecas* habito, cui interfuerunt Dominus *Remensis*, & Dominus *Senonensis* Archiepiscopi, cum Suffraganeis suis; *Albanensis* quoque Episcopus, Apostolicæ Sedis Legatus ; Abbates quoque *Cisterciensis*, & *Clarevallensis*, & *Pontiniacensis*, cum aliis pluribus, instituta est eis regula, & habitus assignatus, albus videlicet, de mandato domini *Honorii* Papæ, & Domini *Stephani* Hierosolymitani Patriarchæ. Cumque jam annis novem in eodem fuissent proposito, non nisi novem erant: ex tunc cœpit eorum numerus augeri, & possessiones multiplicabantur. Postmodum verò, tempore D. *Eugenii* Papæ, ut dicitur, cruces de panno rubeo, ut inter cæteros essent notabiliores, mantellis suis cœperunt assuere, tam equites quàm eorum fratres inferiores, qui dicuntur *Servientes.* Quorum res adeò crevit in immensum, ut hodie trecentos plus minusve in conventu habeant Equites, albis chlamydibus indutos : exceptis fratribus, quorum penè infinitus est numerus. Possessiones autem tam ultra, quàm citra mare adeò dicuntur immensas habere, ut jam non sit in orbe Christiano Provincia, quæ prædictis Fratribus bonorum suorum portionem non contulerit ; & regiis opulentiis pares hodie dicantur habere copias. Qui, quoniam juxta Templum Domini, ut prædiximus, in palatio Regio mansionem habent, *Fratres militiæ Templi* dicuntur. Qui cùm in honesto se conservassent proposito, professioni suæ satis prudenter satisfacientes, neglectâ *humilitate (quæ omnium virtutum custos esse dinoscitur ; & in imo sponte sedens, non habet unde casum patiatur)* D. Patriarchæ Hierosolymitano, à quo & Ordinis institutionem, & prima beneficia susceperant, se substraxerunt, obedientiam ei, quam eorum prædecessores eidem exhibuerant, denegantes : sed & Ecclesiis Dei, eis decimas & primitias subtrahentes, & eorum indebitè turbando possessiones, facti sunt valde molesti. *Ex Guillelmo Tyr. lib.* 12. *pag.* 814. *c.* 7. *lib.* 1. *p.* 50.

DOUZIE'ME PREUVE. *Hist. pag.* 86.

AD septimum Idus Septembris, anno millesimo centesimo trigesimo-quarto insignis ea clades ad Sarinienam Oppidum accepta est. Magnus Imperator, animi vigore præstanti, atque eo seculo Christiani nominis decus & gloria, cum hoste novies & vicies signa contulit, ut vetustus auctor affirmat, plerumque victor, regnavit annis triginta. Reliquit testamentum ante tres annos nuncupatum in ipsa obsidione Baionæ urbis, quam in extrema ora Galliæ expugnasse, etiam nostrates Scriptores suspicantur. Petrus Lara Comes, ab Alfonso Jordano

Tolofate, ex provocatione in fingulari certamine, in ea obfidione peremptus eſt. In eo teſtamento Templis & Monaſteriis tota Hiſpania, multa oppida & arces legata: & cum prôle careret, Templarii & Hoſpitalarii milites, præterea cuſtodes Sepulcri Hieroſolimitani ex aſſe omnes, finguli ex triente ordines, regni hæredes ſcripti: exemplo liberalitatis, quod admirarentur poſteri, improbarent æquales. Sed tanti erat religionem chriſtianam bello amplificare, partumque in Syria imperium armis tueri, ut certatim viri, fæminæ, Principes & privati prædia, arces, oppida in ſumptus bellicos ſuppeditarent.

Milites Hieroſolymitani, qui regni jura ex Alfonſi Aragonii Regis non ita pridem defuncti teſtamento repetebant, aliqua ratione conciliandi erant: Veneratque ea de cauſa Raymundus militiæ Divi Joannis Magiſter, quo agente convenit tandem, ut Cæſarauguſtæ, Calatayubæ, Oſcæ, Barbaſtri & Darocæ aliiſque oppidis, quæcunque Mauris eriperentur, Hieroſolymitani milites ex fingulis regionibus Chriſtianis, Mauris, Judæis fingulis familias ſubjectas haberent: eæque ipſorum auſpiciis juſſuque militarent, alii præterea reditus, opimaque prædia tota ditione data, unde magno quamvis numero milites vitam militiamque ſuſtentarent. Jaccæ aliiſque locis domiciliis conſtituendis deſcriptæ defignatæque areæ. Illud in primis eſt cautum, ut Raymundo ipſo fine prole defuncto, regnum rediret ad Milites, iis conditionibus paſciſcendis, retractandiſque, aliquot anni elapſi: quas Guillelmus Patriarcha Hieroſolymitanus cæterique Milites divi Joannis ſuo diplomate ratas Hieroſolymæ habuerunt, ad quartum Kalend. Septembris ſalutis anno milleſimo centeſimo quadrageſimo-primo. Acceſſit Fulconis Hieroſolymitani Regis conſenſus, ac Hadriani tandem quarti, qui poſt aliquot annos Romanam Eccleſiam regendam ſuſcepit, approbatio. Eo fœdere Templarii etiam Milites comprehenſi; quibus quod æquior eſſet Raymundus; cum recenti memoria Raymundus Berengarius ejus pater eam militiam eſſet profeſſus, plura attributa ſunt. Montio aliaque oppida & arces magno numero donata: decima Regiorum vectigalium: quinta eorum quæ bello Maurorum quæſita eſſent: immunitate Milites omnes donati: neque niſi eorum conſenſu, pacem genti cum Mauris fore conceptis verbis promiſſum juratumque. Hæc gerundæ pacta conventaque, Guidone Cardinale Pontificis Romani Legato præſente, diſceptanteque vigeſimo-ſeptimo Novembris die, anno milleſimo centeſimo quadrageſimo-tertio, *Mariana lib. 10. capite 15.*

TREIZIE'ME PREUVE. *Hiſt. pag.* 113.

ANASTASIUS Epiſcopus ſervus ſervorum Dei, dilecto fiilio Raymundo Magiſtro Xenodochii civitatis Hieroſolymitanæ, &c.

Decernimus ut receptores veſtrarum fraternitatum, ſive collectarum, ſalvo jure Dominorum ſuorum, in B. Petri & noſtra protectione conſiſtant, & per terras in quibus fuerint pacem habeant.

Quia

Quia verò omnia vestra sustentationibus peregrinorum, & pauperum debent cedere, ac per hoc nullatenus aliis usibus ea convenit applicari, constituimus, ut de laboribus, quos vestris sumptibus colitis, nullus omnino Clericus, vel laïcus decimas à vobis exigere præsumat.

Statuimus ut nulli Episcopo, in Ecclesiis à vobis subditis, interdicti, suspensionis, vel excommunicationis sententiam liceat promulgare. Verumtamen si generale interdictum fuerit in locis illis prolatum, exclusis excommunicatis, & nominatim interdictis, clausis januis, absque campanarum pulsatione, planè divina Officia celebrentur.

Fratribus vestris semel ...... in sacro vestro Collegio receptis, post factam Professionem, & habitum Religionis assumptum, revertendi ad sæculum interdicimus facultatem. Nec alicui eorum fas sit, post factam Professionem, semel assumptam Crucem Dominicam, & Habitum vestræ Professionis abjicere, vel ad alium locum, seu etiam Monasterium, majoris seu minoris Religionis obtentu, invitis sive inconsultis Fratribus, aut eo qui Magister exiterit, licentia transmigrare, nullique ecclesiasticæ secularique personæ ipsos suscipiendi aut retinendi licentia pateat.

Præterea honores omnes, sive possessiones, quas idem Xenodochium ultra seu citra mare, in Asia, vel in Europa, aut in præsenti justè habet, vel in futurum rationabilibus modis Deo propitio poterit adipisci, vobis pro hospitalitatis studio enitentibus, & per vos jam dicto Xenodochio confirmamus. Nulli ergo, &c.

Dat. Lateran. per manum Rolandi S. R. E. Presbyteri Cardinalis & Cancellarii 12. Kalend. Novembris, indictione quarta, incarnationis Dominicæ 1154. Pontificatus Domini Anastasii quarti anno secundo. *Ex magno Bullario t. 1.*

IN nomine Domini Dei æterni, ac Salvatoris nostri Jesu-Christi, anno incarnationis ejusdem millesimo centesimo trigesimo-septimo, indictione undecima, Rogerius divina favente clementia, Rex Siciliæ, Ducatus Apuliæ, & Principatus Capuæ. Quoniam in multis offendimus omnes; non tam meritis nostris, quàm sanctorum Religiosorum Virorum precibus, Christi misericordiam assequi confidimus. Scriptum namque est: Multum valet deprecatio justi assidua; ideo pium est & rationabile, omnium Creatori quatenus de bonis, quæ nobis omnipotentis Dei misericordia habere concessit, pauperum Christi, & servientium Deo usui, dum in præsenti versamur naufragio, manu adjutrice subveniamus, qui pro nobis orationibus assiduis interpellant Regem Cœlorum, & ut nobis janua Paradisi aperiatur, pulsare assiduis precibus non desistunt. Hac igitur ducti compunctione laudabili, considerantes, *Magistri Raymundi de Podio*, & Fratrum Hospitalis sancti Joannis Hierosolymitani honestam vitam, & eleemosynarum largitionem pio nomine approbatam, quam facit sanctum Xenodochium de Hierusalem, in receptione & recreatione pauperum & infirmorum undique confluentium, pro honore & reverentia Jesu-Christi, qui se in paupere recipi profitetur. Nos igitur quem Deus in Regni Siciliæ primo solio voluit præsidere, pro salute animæ Patris nostri gloriosæ memoriæ Rogerii Comitis, matrisque nostræ Adelartæ Reginæ, & mei, nostrorumque exinde parentum; Magistrum & Fratres Hospitalis Hierusalem, omnesque Domos Hospitalis, quæ in Regno nostro sunt, cum Confratribus, hominibus, possessionibus, ac omnibus justitiis, & rationibus suis sub speciali protectione & defensione nostra, nostrorumque hæredum recipimus & habemus. Et quicquid per totum Regnum ubique, aut intra civitates, sive extra, à dicto Hospitali, præsenti nostro tempore est obtentum, & in futurum concessione Pontificum, liberalitate Principum, oblatione Fidelium Hospitali fuerit attributum, concedimus & robore perpetuo confirmamus.

Volumus insuper, ut hospitale præfatum habeat libertatem herbarum, aquarum pro animalibus suis, & usum siccorum lignorum, ac viridum pro Domibus reparandis, & aliis necessitatibus suis quæ ab omnibus Domibus Hospitalis præfati, & hominibus suis per Regnum nostrum, tàm in terra, quàm in mari, penitus indulgemus; & ut liberè vendere, & emere possint ubicumque, sive extrahere undecumque voluerint, pro utilitate Hospitalis ejusdem. Concedimus etiam, quod Dominus nos, & nostros hæredes manu teneat & conservet, ut Rectores & Fratres ipsius Hospitalis ubicumque facere voluerint Hospitale vel Receptaculum infirmorum, liberè inde habeant potestatem. Et quicquid in eleemosynam à Christi Fidelibus, sive indigenis, aut alienigenis, de universis Provinciis venientibus fuerit elargitum; sine contradictione nostra, nostrorumque Fidelium, pro infirmis confortandis, pauperibus sustentandis, recipiat absolutè sicut fuerit legatum. Nec aliquis magnus, vel minor, nobilis, vel ignobilis, Fidelium aut Baillirorum nostrorum; Fratribus vel Domibus Hospitalis prædicti, aliquam violentiam inferat, vel jacturam; nec de aliquibus rebus, vel possessionibus, quas dictum Hospitale Hierusalem in Regno nostro possidet, sine juris ordine, distrahere præsumat. Si quis autem, quod absit, hujus nostræ donationis, vel concessionis paginam temerario ausu, in aliquo interrumpere, vel violare præsumpserit, indignationem omnipotentis Dei, & nostri culminis sciat se incursurum. Ad hujus autem nostræ donationis & concessionis indicium, per manum videlicet nostri Notarii, Scribæ, nostrique Tiparii, Bulla plumbea insigniri præcepimus. Datum Panormi, per manus Guarini Cancellarii, sexto idus Octobris, anno verò Regni Rogerii gloriosissimi Regis Siciliæ, Ducatus Apuliæ & Principatus Capuæ, undecimo feliciter. Amen.
Ex Archiv. Vaticano in Registro Innocentii quarti. t. 3. Ep. 255.

QUATORZIE'ME PREUVE. *Hift. p.* 118.

POST hæc autem, antequam cætera profequatur autor, digreditur ad profectionem Patriarchæ Hierofolymitani in Italiam, ad conveniendum Hadrianum Pontificem, dum in his bellicis occupationibus occupatus detineretur. Caufam autem ejus profectionis fuiffe narrat controverfiam inter ipfum & milites hofpitalarios ratione decimarum obortam, cujus caufa fuit ipfi cum fuis fummus Pontifex conveniendus, eò quòd (ut præmifit) iidem Hofpitalarii privilegio Pontificio exempti effent à juribus Patriarchæ, & fubjecti tantummodo Romano Pontifici, qui de ipfis & in ipfos jus diceret: poftquam ergo (pergit Tyrius) fæpe ac fæpius tàm D. Patriarcha, quàm reliqui Ecclefiarum Prælati apud eofdem Fratres fua jura repofcendo non proficiebant (ut præmifimus) ad Romani Pontificis hinc inde proceffum eft auditorium. Affumens ergo D. Patriarcha fibi, licèt longævus effet & ferè centenarius, de Ecclefiarum Prælatis D. Tyrienfem Archiepifcopum, & de Suffraganeis ejus D. Fridericum Acconenfem Epifcopum, Almaricum Sidonienfem Epifcopum, D. Balduinum Cæfarienfem Epifcopum, Dominum Renerum Sebaftenum Epifcopum, D. Hebertum Tiberiaclenfem Epifcopum, vernalis temporis gratia refpirante, cùm primum mare flatibus exagitatum hybernis, fpirante Favonio, cœpit fe reddere placabilius, iter aggreffi, autore Domino, Hydruntum Apuliæ urbem maritimam profpero curfu attigerunt.

Interea dum Pontifices Orientis una cum D. Patriarcha fines attigiffent Apuliæ (ut præmifimus) Conftantinopolitanus Imperator verbum Domini Papæ profecutus, immiffis de Principibus fuis cum infinita pecunia, confentientibus eis illarum partium proceribus, regionem violenter invaferant, ita ut poftquam D. Patriarcha cum fuis ab Hydrunte ufque Brundufium perveniffet, D. Imperatoris familia urbem prædictam, tradentibus eam civibus, jam recepiffet in fuam, folo præfidio civitatis, in quo pauci erant, in fidelitate D. Regis perfeverante. Comes quoque Robertus de quo fuperiùs fecimus mentionem, cum iis qui partes fuas tam Regis odio, quàm ejus gratià fequebantur, Tarentum, Barum, egregias Metropoles, & omnem maritimam regionem ufque ad Regni terminos violenter occupaverat. Prædicti verò magni & incliti viri, Robertus, Princeps Capuanus, & Comes Andræas univerfam Campaniam, quæ vulgari appellatione dicitur, Terra laboris, ufque ad Salernum, & ufque Neapolim, & ufque fanctum Germanum fibi vendicaverant: eratque tota regio in tanto motu, ut nufquam quies, nufquam fecuritas effet tranfire volentibus. Romanorum etiam Imperator D. Fridericus circa partes Anconitanas cum exercitibus fuis moram faciens, tam in legionibus, quas in Italiam introduxerat, cladem patiebatur, ut deficientibus majoribus & nobilioribus Imperii Principibus, vix decimus quifque fu-

F fff ij

pereffet. Unde eos qui fupererant, ad propria redire volentes, cohibere non valens, ipfe quoque ad reditum, licèt invitus accingebatur. Multa enim fupererant negotia, & maximè contra eundem Siculum Regem, quæ ejus exigebant præfentiam.) Hoc ipfum erat tempus quo Willelmus deprecabatur quam inftantiffimè pacem, nec audiebatur, ut dictum eft fuperiùs. Preffus enim tot tantifque undique hoftibus iifdem potentibus, refpirandi fibi neque dabatur locus. Quæ autem poft hæc fequuta fint, fuo loco fequenti anno dicentur.

Modo autem una cum Willelmo Tyrio profequamur res geftas à Patriarcha Hierofolymitano, cum pluribus Epifcopis ab Hierofolymis ad Hadrianum Pontificem properante : D. porro Patriarcha (inquit Tyrius) cum fuis confortibus itineris anxie deliberabat, quâ viâ ad D. Papam in tanto tumultu poffet accedere : undique enim prælia, undique feditiones omnem videbantur aditum præclufiffe. Anfquetinus quoque quidam Regis Siciliæ Cancellarius urbem obfedit Beneventanam, nuntiifque D. Patriarchæ qui ad hæc miffi fuerant, ut ei à prædicto Cancellario ducatum implorarent, omnino negavit per partes illas tranfitum, quæ tamen via multo cæteris erat compendiofior. Tandemque habito quorumdam prudentum confilio, viam maritimam fecutus, cum omni comitatu fuo Anconam pervenit: miffis inde ex latere fuo quibufdam Epifcopis, qui D. Imperatorem Romanorum, jam, ut diximus, ad propria redeuntem, verbis ejus falutarent, & pro negotiis ejus ad D. Papam litteras obtinerent imperiales. Quod & factum eft, licèt ipfe Imperator urbem Senogalliam, & Pifaurum jam pertanfiiffet pro redeundo follicitus.

At verò D. Patriarcha cum fuo comitatu Romam verfus iter dirigens, D. Papam à civitate Narnienfi egreffum, quafi fugientem profequebatur. Tandem Romam veniens, ibique per dies aliquot facta mora ; cùm ei nuntiatum effet, apud urbem Ferentinum D. Papam greffum fixiffe, illuc incunctanter properat, ut de negotio pro re qua venerat, experiri tentaret. Dicebant quidam (nempe Papæ adverfarii, à quorum ipfe ore pendebat) D. Papam, ut eum tædio afficeret, & gravaret fumptibus, eum ftudio fe declinare : nam muneribus infinitis corruptus, in partem Hofpitalariorum dicebatur fe dediffe proclivem, qui jam ad eum multo ante prævenerant. Alii dicebant urbis Beneventanæ gratiâ, quæ obfidione claudebatur, ut diximus, eum tamen maturato adveniffe itinere. Illud tamen erat evidens, favorem fuum & familiarium fuorum Hofpitalariis nimis indulfiffe ; D. verò Patriarcham cum fuis quafi adulterinos filios faftu quondam & indignatione à fe repellere quafi indignos. Poftquam igitur Patriarcha ad prædictam urbem pervenit, obtulit fe de more Apoftolicis afpectibus : ubi & male receptus, & pejus habitus, invitis ex plurima parte Cardinalibus, certum de D. Papæ mentis conceptu, & habitatione reportant argumentum. Ille tamen quorumdam prudentum amicorum fuorum fretus confilio, totum hoc diffimulans, ficut homo feverus erat, D. Papam frequentabat, diebus feftis affiduus erat in Confistorio, Episcoporum suorum cœtu venerabiliter circumseptus: cui etiam Stolvocatorum turba, quoties opus erat, jugis assistebat, officium adimplere parata.

Data igitur utrisque partibus audientia, cum jam per multos dies utrimque inutiliter esset decertatum ; videns D. Patriarcha, & per quosdam familiares amicos suos intelligens, quod non proficeret : sumpta licentia, conditionem referens deteriorem, confusione indutus & reverentia, aggressus est ad propria redire. De tanta autem Cardinalium turba vix reperti sunt duo vel tres, D. videlicet Octavianus, D. Joannes de sancto Martino, qui ejusdem D. Patriarchæ, dum esset Tyrensis Archiepiscopus, Archidiaconus fuerat, qui Christum sequentes, ejus ministrum in causa sua pie vellent fovere. Alii omnes abeuntes post munera secuti sunt vias Balaam filii Bosor.

En vides Lector, quàm fuerit Patriarcha deceptus, qui nefarios homines, factiosos, Pontifici adversarios prædicat sanctos, reliquos verò magni nominis Cardinales ex vitæ sinceritate & litteris undique conspicuos ita infamiæ nota reliquerit scriptis inustos. Sed qui boni, qui verò mali fuerint, adeo suis ipsorum factis universo Christiano orbi declaratum est, ut illi non indigeant commendatione, istis inutilis sit prorsus omnis defensio. Pergit verò Tyrius : D. verò Papa, urgentibus eum curis domesticis, transcursa Campania, Beneventum pervenit. *Bar. t. 12. an. 1155. p. 252.*

QUINZIE'ME PREUVE. *Hist. p. 122.*

CUm præcipua Philosophia Christianorum sit cogitatio mortis ; prudentium est, diem mortis prævenire ; & sic super bonis suis disponere, ut possint de immortalitate sperare. Idcirco, ego in Dei nomine, Guio Furcarqueriensis Comes, temporalibus æterna, transitoriis permanentia cupiens comparare ; pro salute animæ meæ, & Parentum meorum, dono Deo, & Hospitali Hierosolymitano, & Pauperibus, in perpetuum, Manoascam, Burgum, & Castellum, & totas auras, cum toto territorio, & omnibus ad Manoascam pertinentibus ; hoc est, usque ad territorium montis Furonis, & usque ad territorium sancti Martini, & usque ad territorium Dalfini, & usque ad territorium de Vols, & usque ad flumen, quod vocatur Durencia : Et me ipsum eidem Hospitali, & Pauperibus in perpetuum ad serviendum contrado. Reliqua bona mea ubicumque sint, filiis fratris mei relinquo : Et eos per fidem suam rogo, ut hanc donationem, hoc salubre relictum, quod pro redemptione animæ meæ in Pauperes confero ; firmum, illibatumque confirment. Quod si violare vel perturbare præsumpserint ; eis omnia quæ reliqui aufero ; & Guinanno, & Bertranno Raimbaldi omnia bona mea relinquo ; ut quod reliqui Hospitali & Pauperibus, firmum manere faciant, & tam ipsi, quàm hæredes eorum, perpetuò defendant. Sciendum tamen est, quòd in his omnibus, quæ filiis fratris mei relinquo, matrem meam, dum vixerit, ufum fructuum habere volo. Præterea matri meæ, jure proprietatis relinquo id totum, quod ejus induftria, Caftro quod vocatur Pertus accrevit. Facta eft hæc difpofitio anno ab Incarnatione Domini, millefimo centefimo quadragefimo-nono, tertio kalendas Junii, luna vicefima-prima, regnante Imperatore Conrado, in præfentia D. Petri Siftercienfis Epifcopi, autoritate cujus, & teftimonio eft confirmata. Præterea, ifti omnes teftes exiftunt : Garfendis Comitiffa mater ipfius Guionis Comitis, Bertrannus Raimbaldi, Hugo Bofo, Aicardus de Segnone, Ifnardus de Mota, Feraldus de Feirol, Wilelmus Raimundi de Bellomonte, Wilelmus Raimundi de Caderachia, Wilelmus Cornutus, & Wilelmus Cornutus filius ejus; Bermundus Leotaudus, & Wilelmus Bermundi filius ejus; Raimundus de Bona Villa, Bertrannus Nigrellus, Wilelmus Nigrellus, Petrus Adam, Hugo de Aufonigas, Wilelmus de Climans, Wilelmus Rainoardus, Aicardus de Manoafcha, Raimundus de fancto Martino, Raimundus Roftagnus, Aicardus de Roca fancti Petri Siftercienfis Epifcopi. *Bofio Lib. 5. p. 177. ad ann. 1149.*

PREUVES DU II. LIVRE
DE
L'HISTOIRE DES CHEVALIERS HOSPITALIERS
DE S. JEAN DE JERUSALEM.

PREMIERE PREUVE,
Qui répond à la page 147. de l'Hiftoire.

SALAHADINUS primitus quidem leno gentilis apud Damafcum, poft ab Eufrido de Turone illuftri Palestinæ Principe Chriftiano miles factus, cùm apud Ægyptum militaret, Molanum Regem Ægypti proditiosè perimens totius Ægypti obtinuit Principatum. Unde fi rerum pretia judicio non opinione metimur, quantalibet terrenæ felicitatis potentia vilis eft æftimanda, quam peffimi & indigni fœpius nancifcuntur ; nam leno ille cujus vita in proftibulis, militia in tabernis, ftudium in aleis & aliis, fubitò fublimatus fedet cum Principibus, immo major Principibus folium gloriæ Ægypti tenens toti ferè Orienti poftea imperavit. *Ex Chronico Guillelmi de Nangis, five Nangiaci monachi Sancti Dionifii in Francia ordinis Sancti Benedicti.* Tome 11. Page 444.

DEUXIE'ME PREUVE. *Hist. p.* 153.

ILLUSTRISSIMO atque excellentiſſimo domino Ludovico, Dei gratiâ Regi Francorum benigniſſimo, Gilbertus eâdem gratiâ ſancti Hoſpitalis Hieruſalem cuſtos, licèt indignus, cum omni fratrum conventu, ſalutem, & ſacrarum orationum Hieruſalem æternam participationem. Inter cætera caritatis opera quibus ad Regna fit aſcenſus cœleſtia, eleemoſyna præcipuè ſummum locum obtinet, omni tam veteris quàm novi Teſtamenti pagina verum ſuper hoc perhibente teſtimonium. Hujus itaque devotionis intuitu, regalis veſtræ Majeſtatis magnificentia Spiritu Sancto divinitùs illuſtrata, ſanctiſſimam domum pauperum Hoſpitalis Hieruſalem, placentem Deo & per omnia acceptabilem, devotè diligere, manu tenere, veſtrarumque beneficiis eleemoſynarum largâ manu ditare ac recreare ſemper conſuevit. Super quo non eſt dubium quin propter ſincerum veſtræ benignitatis affectum, quem ſpecialiter pro regno cœlorum adipiſcendo erga Deum, & erga omnia quæ ſibi pertinent, in toto regno veſtro conſiſtentia, caritativè exhibetis. Tot barbaræ gentes, tantæque diverſorum populorum nationes, veſtræ de die in diem ſubjunguntur ditioni. Dignum enim & juſtum eſſe judicamus, ut qui Deum diligit, ejuſque mandatis puro corde obtemperare nititur, in bonis & de bonis Domini gaudeat, teneat, atque victoriosè poſſideat. Si enim protoplaſtus Adam, quia inobediens fuit voci dominicæ, mundum cum omnibus in eo creaturis adverſarium atque contrarium ſibi habere promeruit : ita ſi aliquis fidelis voluntati Domini bene obediens aliquando invenitur, quod rarò contingit, tam mundum quàm omnia mundana beneplacito ſuo debet habere ſubjecta, & ſine omni obſtaculo invenire parata. Ut igitur divinæ bonitatis clementia, ſine cujus nutu nihil boni fieri poteſt, hæc prædicta, Rex illuſtriſſime, juxta veſtri affectum animi, concedere dignetur, Deum ſemper præ oculis habete, & ea quæ Dei ſunt, in regno veſtro ſalva & ſecura cuſtodite : & præcipuè & ſpecialiter prædictam domum ſanctorum pauperum Hoſpitalis Hieruſalem, in qua verè Chriſtus in membris ſuis ſuſcipitur, ſicut veſtris aſpexiſtis oculis, diverſisque modis ſervitur, ſolitæ veſtræ pietatis more diligite, manutenete, & ab omni hoſtili manu, tanquam bonus patronus, protegendo deffendite, ut beatorum precibus & interceſſione pauperum, quibus regnum cœlorum à Chriſto traditum eſt, in præſenti proſperitatem mentis & corporis, pacem in regno veſtro & tranquillitatem, de hoſtibus triumphum ; & poſt hujus vitæ tranſitum, ſtolam immortalitatis cum eiſdem pauperibus in regno cœlorum feliciter adipiſci mereamini. Amen. *Ex geſtis Dei per Francos.* Pag. 1177.

TROISIE'ME PREUVE. *Hist. p. 160.*

CAussam porro & incentivum hujus mali, ut aiunt, ministrabat Gerbertus cognomento Assalit, Magister Domûs Hospitalis quæ est Hierosolymis, vir magnanimus & quadam liberalitate donandi profusus, tamen instabilis & mente vagus. Hic omnes ejusdem Domûs thesauros exponens, insuper & infinitæ quantitatis pecuniam mutuam sumens, omnia militibus erogavit, quoscumque invenire potuit sibi alliciens, unde prædictam domum tanta æris alieni mole gravavit quod non erat spes solutum iri. Ipse etiam post modum desperans, officium suum deserens & administrationi renuncians, in centum millibus aureorum dimisit domum obligatam; ea tamen consideratione tot & tantas misisse dicitur expensas, quod capta & subjugata Ægypto, Belbeis quæ olim dicta est Pelusium cum universo territorio suo juri ejusdem domûs ex pacto priùs eum Rege inito cederet in perpetuum. *Ex Guillelmo Tyriensi p. 978.*

QUATRIE'ME PREUVE. *Hist. p. 160.*

EOdem anno Gilbertus dictus Assailly *summus Magister* Hospitalis Hierusalem venit in Normaniam ad Henricum Regem à quo honorificè susceptus est, & accepta à Domino Rege licentia transfretandi in Angliam, venit usque ad Depé, & ante festum sancti Michaëlis navem quamdam quæ jam ferè per annum in arena maris fracta & desiccata consederat, & jam aliquantulum dealbata & refecta & in altum deducta fuerat, cum multis tam clericis quàm laicis, qui jam longa expectatione fatigati fuerant intravit, sed mox navis illa extra portum in altum ducta velut lapis in profundum descendit compagibus dissolutis, & ipse Gilbertus & cæteri universi qui in ea erant præter octo tantum qui beneficio naviculæ evaserunt, submersi sunt decimo-tertio kalendas Octobris. *Roger de Hoveden sub ann.* 1183. *in Henrico secundo fol.* 622.

CINQUIE'ME PREUVE. *Hist. p. 182.*

ALexander Episcopus, servus servorum Dei, dilectis filiis, Magistro & Fratribus militiæ Templi salutem & apostolicam benedictionem.

Quanto religio vestra & Fratrum Hierosolymitanorum Hospitalis Deo & hominibus creditur magis grata existere, & terræ Orientali amplius necessaria & opportuna probatur, tanto de vestra & ipsorum unitate majus debemus gaudium lætitiamque concipere, & , ut semper inter vos vinculum dilectionis servetur, toto studio laborare; hac itaque ratione inducti, pacem & concordiam, quam cum dilectis filiis nostris, Magistro & Fratribus Hospitalis de omnibus querelis,

relis, quæ inter domum vestram & ipsorum à longo tempore fuerant agitatæ, tam de terris & possessionibus, quàm etiam de pecuniis, vel quibuslibet aliis rebus, de illorum assensu fecistis, non solum gratam, verùm etiam ratam habentes, autoritate Apostolica confirmamus, & perpetuis temporibus firmam illibatamque manere censemus; quam utique de verbo ad verbum his litteris duximus annotandam.

In nomine Patris, & Filii, & Spiritûs Sancti, Amen. Notum sit omnibus, tam futuris, quàm præsentibus, quòd per voluntatem omnipotentis Dei, & per D. Papæ Alexandri, cui soli, post Dominum, obedire tenemur, præceptum & ammonitionem, ego Frater Odo sancti Amandi, humilis Magister militiæ Templi, & ego Rogerius de Mulinis Magister Domûs Hospitalis Jer, consilio & voluntate Capitulorum nostrorum, firmam pacem & gratam concordiam fecimus de omnibus querelis, quæ inter domum Templi & domum Hospitalis fuerant usque ad hanc diem ventilatæ, tam de terris & possessionibus, quàm etiam de pecuniis, vel quibuslibet aliis rebus; sopitis ita cunctis querelis, tam citra, quàm ultra, quod nulla deinceps suscitari possit vel repeti.

Hanc autem pacem & concordiam, universarum querelarum terminationem, nec non & ad invicem fraternam dilectionem, universis Fratribus Templi & Hospitalis tenere, conservare & fovere statuimus & præcipimus, salvis abhinc in perpetuum, quietèque ac pacificè remansuris utrique domui rebus & possessionibus, quas hodie domus utraque, tam ultra mare, quàm citra, noscitur tenere.

Si qua vero querela deinceps inter nos, vel successores nostros, seu etiam inter Fratres nostros, citra mare, vel ultra surrexerit, per utriusque partis Fratres, sicut in mandatis à D. Papa præcepimus, eam statuimus terminari; taliter videlicet, quod præceptores illarum domorum vel provinciarum, inter quas erum fuerit quæstio, assumptis quisque discretioribus Fratribus, querelam illam dissolvere, & pacem inter se studeant conservare, sine fraude & sine gravamine alterutrius partis, quantum poterunt, cavere.

Si vero per se nequiverint Fratres illi querelæ finem imponere, ascifcant sibi de suis amicis communiter, quorum consilio & mediatione quæstio valeat terminari; sic scilicet, quod, in quo major pars Fratrum illorum convenerit vel amicorum, in ea finis querelæ imponatur, & inter fratres pax semper integra & dilectio firma consistat.

Si autem nec ad id pacis adhuc poterint pervenire, querelam ad nos scriptam transmittant, & nos illam, Deo volente, terminabimus; ipsi verò Fratres nihilominus pacem & benevolentiam inter se teneant.

Si quis verò Fratrum, quod absit, ab hac pace pacique ac dilectionis conservatione diffluerit, se contra Magistri sui præceptum & Capituli Hierosolymitani constitutionem sciat egisse; reatumque suum hujus modi nullatenus poterit expiare, quousque Magistri sui & Capituli Hierosolymitani conspectui se præsentet.

His autem duximus adnectendum, quod Fratres utriusque Domûs

se ubique diligant & honorent, & alter commodum alterius mutuâ caritate, & unanimitate fraterna perquirant & observent; ut, duarum domorum existentes per professionem, unius esse paetant per dilectionem.

Decernimus ergo ut nulli omnino hominum liceat hanc paginam nostræ confirmationis infringere, vel ei ausu temerario contraire. Si quis autem hoc attentare præsumserit, iudignationem omnipotentis Dei, & beatorum Petri & Pauli Apostolorum ejus se noverit incursurum. Dat. Sign. IV. Non. August. *Rymer* Tom. 1. pag. 61. *ad ann.* 1182. lib. 2. p. 149.

SIXIÈME PREUVE. *Hist.* p. 194.

Lucius Episcopus servus servorum Dei Henrico illustri Anglorum Regi Salutem & Apostolicam Benedictionem.

Cùm cuncti Prædecessores tui præ cœteris terræ Principibus armorum gloria, & animi nobilitate longè retrò claruerint, eosque fidelium populus habere in sua didicerit adversitate patronos, meritò ad te non tantum regni, sed paternarum virtutum hœredem, quadam securitate pæsumpta, recurritur, ubi populo christiano imminere periculum, immò exterminium formidatur, ut per brachium regiæ magnitudinis, membris ejus impendatur præsidium, qui te, ut ad tantæ gloriæ, & prælationis apicem perveniret, sua pietate concessit, & te contra sui nominis impugnatores nefarios murum inexpugnabilem ordinavit. Primum noverit serenitas tua jam crebris, & molestis super hæc pulsatæ querelis, qualiter terra Jerosolymitana, specialis hæreditas Crucifixi; in qua nostræ saluti sunt prænunciata mysteria, & ipsius rei exhibitione completa, quam ille, qui cuncta condidit in suam sortem peculiari privilegio deputavit: perfidæ & spurcissimæ gentis attrita, & convallata pressuris, nisi ei celeri remedio succurratur, prona fit ad ruinam; & inde, quod absit, sustineat irreparabilem Religio Christiana jacturam. Ille enim Saladinus sancti & tremendi nominis immanissimus persecutor, ita spiritu furoris incanduit, & totius nequitiæ suæ vires ad internecionem populi fidelis exercet, ut nisi immanitatis ejus vehemens impetus, quasi objectis obicibus reprimatur, certam spem, fiduciamque suscipiat, quod Jordanis influat in os ejus, & terra aspersione vivifici sanguinis consecrata spurcissimæ superstitionis ipsius contagio polluatur, & quam gloriosi, & nobiles Prædecessores tui à dominio gentis incredulæ multis laboribus, & periculis exemerunt, rursus nefando tyranni nequissimi dominio subjugetur. Ob hanc itaque necessitatis, & imminentis doloris instantiam, magnificentiam tuam Apostolicis Litteris duximus exorandam, imò dilatatis præcordiis summa acclamatione pulsandam, quatenus ad honorem ipsius respiciens, qui te constituit in sublimi, & juxta nomen magnorum, qui sunt in terris, nomen tibi contulit gloriosum, ad desolationem præfatæ terræ pietatis studio te convertas, & ut ejus confusio in hac parte tollatur, qui pro te in ipsa terra voluit haberi ludibrio, operam adhibeas efficacem; quatenus Prædecessorum tuorum vestigia subsecutus, quam ipsi de principis tenebrarum faucibus eripuerunt, in cultu magni Dei per tuam diligentiam, auxiliante Domino, conservetur. Eo autem curiosius celsitudinem tuam in tanta oppressionis angustia convenit laborare, quod terram ipsam Regis intelligis præsidio destitutam, & totam spem defensionis suæ ipsius proceres in tuæ magnitudinis duxerunt patrocinio collocandam. Quod inde clarius tua serenitas potest agnoscere, quod summos terræ illius, & magnificos Defensores venerabilem fratrem nostrum Eraclium Patriarcham, & dilectum filium nostrum Magistrum Hospitalis ad tuam excellentiam destinarunt, ut ex ipsorum præsentia considerata dignitate perpenderes, quanta fuerit necessitatis angustia, pro qua eorum sustinent tam diu carere præsidio, ut per ipsos facilius ad vota sua tuam devotionem inclinent. Viros igitur præfatos, tanquam ab ipso Domino tibi destinatos benigne suscipias, & debita charitate pertractes, eorumque postulationibus tanto facilius acquiescas, quanto gravitatis, & honestatis intuitu favor est eis & gratia exhibenda. Sane recolat prudentia tua, & sollicita secum meditatione revolvat promissionem illam, qua de impendendo sæpe dictæ terræ præsidio tuam celsitudinem obligasti ; & ita in hac parte te cautum, & studiosum exhibeas, ut te in tremendo judicio tua conscientia non accuset, & ejus, qui non fallitur, districti judicii interrogatio non condemnet. *Roger de Hoveden* page 628.

HUITIE'ME PREUVE. *Hist. p.* 214.

Epistola Terrici Præceptoris Templi de captione Terræ Jerosolymitanæ.

FRATER Terricus pauperrimæ domus Templi dictus magnus Præceptor, omnisque fratrum pauperrimus, & fere omnino adnihilatus conventus universis præceptoribus, & fratribus Templi, ad quos litteræ istæ pervenerint, Salutem, & in illum suspirare, in quo Sol & luna mirantur. Quot quantisque calamitatibus ira Dei, nostris peccatis exigentibus, nos in præsenti flagellare permiserit, nec litteris, nec flebili voce, proh dolor, explicare valemus. Turci enim immensam suarum gentium multitudinem congregantes, Christianorum nostrorum fines acriter invadere cœperunt; contra quos nos nostrarum gentium phalanges coadunantes, infra octavas beatorum Apostolorum Petri & Pauli in eos congredi, & versus Tyberiadem (quam violenter, castro solo relicto, ceperant) iter arripere præsumpsimus. Cum nos in scopulis pessimis impulissent, nos ita acriter impugnaverunt (quod Sancta Cruce & Rege nostro captis, & omni multitudine nostra interfecta, & fratrum nostrorum (ut in veritate credimus) eodem die ducentis, & tricenis decollatis, exceptis illis fexagenis qui prima die Maii interempti funt) vix Dominus Comes Tripolis, & Dominus Reginaldus Sidonis, Dominufque Ballovius, & nos de illo miferabili campo vix evadere potuimus. Deinde Pagani Chriftianorum noftrorum fanguine debacchati, verfus civitatem Accon, cum omni fua multitudine venire non diftulerunt; quam violenter capientes, totam terram fere invaferunt; Jerufalem, & Afcalon, & Tiro, & Beriton nobis, & Chriftianitati folis adhuc relictis. Iftas etiam civitates omnibus earum fere civibus interfectis, nifi divinum & veftrum præfto fit auxilium, nullo modo retinere poterimus. Civitatem etiam Tyrum in præfentiarum acriter obfidentes, violenter die, noctuque expugnare non ceffant, & tanta eft eorum copia, quod totam terræ faciem à Tyro ufque ad Jerufalem, & ufque ad Gazam velut formicæ cooperuerunt. Nobis ergo, & Chriftianitati Orientis, ad præfens omnino deperditæ quantocius fuccurrere dignemini, ut per Deum, & veftræ fraternitatis eminentiam, refiduas civitates veftro fulti adminiculo falvare poffumus. Valete. In eodem prælio quo captus fuit Rex Guido Hierufalem, captus fuit Rogerus de Mulbrai, quem in anno fequenti Fratres Hofpitalis & Templi redemerunt de manu Paganorum, qui paulo poft obiit, & in eodem prælio Hugo de bello campo interfectus eft. *R. Hoveden* 1187. lib. 2. pag. 637.

NEUVIE'ME PREUVE. *Hift. p. 219.*

Epiftola Terrici Præceptoris Templi ad Henricum Regem Angliæ.

CHARISSIMO Domino *Henrico* Dei gratiâ illuftri Anglorum Regi, Duci Normaniæ, & Aquitaniæ, & Comiti Andegaviæ, Frater *Terricus*, quondam magnus Præceptor domûs Templi Hierufalem, Salutem in eo qui dat falutem Regibus.

Sciatis quod Hierufalem cum arce *David* reddita eft *Saladino*. Syrii autem habent cuftodiam fepulcri ufque ad quartum diem poft feftum fancti *Michaelis*: & ipfe *Saladinus* in domo Hofpitalis permifit remanere decem de Fratribus Hofpitalis ad cuftodiendum infirmos ufque in unum annum. Fratres verò Hofpitalis de Bellivero optimè refiftunt Sarracenis adhuc, & duas jam carvanas Sarracenorum expugnaverunt, in quorum alterius captione, omnia arma & utenfilia, & victuaria quæ erant in caftro Fabæ, quod Sarraceni deftruxerant, viriliter lucrati funt; adhuc etiam refiftunt *Saladino* Gracchus montis regalis, & mons regalis, & Saphet Templi, & Gracchus Hofpitalis, & Margatum, & Caftellum Blancum, & terra Tripolis, & terra Antiochiæ. Capta autem Hierofolyma, *Saladinus* Crucem de Templo Domini deponi fecit, & eam per duos dies per civitatem in oftentum fuftigando portari fecit: Deinde fecit Templum Domini aqua rofata intus & exterius furfum, & deorfum lavari, & legem fuam defuper illud per quatuor partes miro tumultu acclamari.

A festo verò sancti *Marini* usque ad Circumcisionem Domini obsedit Tyrum, tredecim perrariis die noctuque lapides in eam incessanter jactantibus in vigilia sancti *Silvestri* D. *Conradus* Marchio milites, & pedites per murum civitatis disposuit, & armatis septendecim galeis, & decem aliis naviculis, cum auxilio Domûs Hospitalis, & Fratrum Templi, adversùs galeas *Saladini* dimicavit, easque expugnans undecim ex eis retinuit, & magnum Alexandriæ Amiraldum cum octo aliis Amiraldis cepit, Sarracenorum multitudine interfecta. Reliquæ verò galeæ *Saladini* Christianorum manus evadentes ad *Saladini* exercitum confugerunt ; quibus præcepto illius ad terram extractis, ipse *Saladinus* igne apposito in cinerem & favillam fecit redigi : nimioque dolore commotus, equi sui auriculas, & caudam amputans, equum illum per totum exercitum videntibus omnibus, equitavit. Valete. *Ex Rog. Hoveden, ann.* 1187. *Lib.* 2. *pag.* 645.

DIXIE'ME PREUVE. *Hist. p.* 224.

Cantuariensi Archiepiscopo *Cunradus* filius *Marchionis de Monte ferrario, Salutem.*

TURBANTUR elementa, & catholicæ fidei derogatur, cum *Hierosolymitana* Sedes Apostolicæ Sedi subtrahitur. Nam sicut ex quatuor mundi machina creditur elementis constare, sic à quatuor sedibus Apostolica fulgente Orthodoxorum fides ferebatur gubernari. Sed cecidit *Alexandria*, & flos ejus penitus desiccatur. Periit *Hierosolyma* & Christianorum inertia à *Sarracenis* vilissimè pertractatur, quia loca sacra facta sunt prophana. Foedatur namque Dominicum sepulcrum, destruunt Calvariæ locum, nativitatem contemnunt, & Virginis *Mariæ* sepulchrum de valle *Josaphat* eradicarunt. *Antiochena* quidem Sedes in extremis laborare dinoscitur. *Constantinopolitana* quippe *Romanæ* Sedi nullam exhibet reverentiam : maximam quippe capitis diminutionem Sedes patitur Apostolica, cum civitates & libertates amittit, & suo jure privatur. Amisit quippe ramos, quomodo fructus portabit ? Hæc autem omnia Christianorum desidia noscuntur evenisse. Sed eminentia mala Christianorum cordium debent penetrare arcana.

Lugenda & lamentanda est *Hierusalem* civitas sancta quæ suis est expoliata cultoribus. Habitatores ejus peccatis exigentibus sub tributo *Saladini* reducti censu capitis soluto longe à regno sunt ejecti. Muri *Hierusalem* viduati sunt de heremitis habitatoribus suis. Deus quasi malorum nostrorum pullulatione secessit, & *Machumet* successit, & ubi Christus per constitutas diei & noctis horas deprecabatur, nunc *Machumet* excelsa voce laudatur. Quæ autem & quanta pro Christianorum salute in *Tyro* sustinuerim, satis clementiæ vestræ credo propalatum. Et quia *Tyrum* conservavi & conservo *Guidoni* de *Lisigniaco* quondam Regi & Magistro Templi, & cismarinis magnatibus molestum est & inportabile, & meo invident & derogant nomini, & per se, & suos juvamina omnia subtrahere, & quod gravius est, elemosinam Regis Angliæ Templi Magister subtraxit; unde & Deo & vobis conqueri cum lacrimis non desisto. De Hospitalariis vero Deo & vobis gratias uberes expono, qui bene incipientes in eadem perseverant, & ultra elemosinam Regis *Angliæ* de propriis plusquam octo milia *Brab.* in obsequio *Tyri* expendidere. Vestræ igitur non desisto supplicare paternitati quatenus calamitatum *Hierusalem* misereri dignemini, ut Reges confortetis, populos commoneatis, ut patrimonium *Jesu-Christi* vendicetur, expulsi & exhæreditati in integrum restituantur, captivorum vincula solvantur, & terra sacratissima Salvatoris pedibus calcata, vestra potentia vestroque pio eloquio de Paganorum potestate liberetur. Præsentium quidem latores Magistrum *Bandanum* nomine providum Cancellarium meum & Secretarium ac fidelem, & *Johannem* probum militem, ac mihi familiarem ad vos transmitto, quos speciales meos legatos cognoscatis, quibus in his quæ pro me vobis dixerint tanquam præsens loquerer credere non dubitetis. Exoro etiam, ut auxilia & consilia vestra pietatis intuitu, & mei contemplatione eis tribuere dignemini. Data *Tyro* XII. kal. Octobris. *Radulf. de Dicet.* Lib. 2. pag. 642.

ONZIE'ME PREUVE. *Hist. p.* 223.

CELESTINUS Episcopus servus servorum Dei. Dilectis in Christo Filiabus, Priorissæ & Sororibus de Sixena, tam præsentibus, quàm futuris, regularem vitam professantibus, I. N. P. P. M. prudentibus Virginibus, quæ sub habitu religionis, accensis lampadibus, jugiter se præparant ire obviam Sponso, Apostolica Sedes suum debet patrocinium impertiri, ne forte cujuslibet temeritatis incursus, aut eas à proposito revocet, aut robur (quod absit) sacræ religionis infringat. Ea propter, dilectæ nobis in Christo Filiæ, vestris justis postulationibus clementer annuimus; & Monasterium vestrum, in quo estis Divino obsequio mancipatæ, sub beati Petri, & nostra protectione suscipimus, & præsenti scripto privilegio communimus. Imprimis siquidem statuentes, ut ordo canonicus, qui secundum Deum & Beati Augustini Regulam, in eodem loco noscitur institutus, perpetuis ibi temporibus, inviolabiliter observetur. Præterea, quascunque possessiones, quæcunque bona, idem Monasterium justè & canonicè possidet, aut in futurum, concessione Pontificum, largitione Regum, vel Principum, oblatione Fidelium, seu aliis justis modis, Deo propitio, poterit adipisci, firma vobis, vestrisque Successoribus illibata permaneant: In quibus hæc propriis duximus exprimenda vocabulis: Villam novam, Presinenam, Senam..... Novalium, vestrisque propriis manibus, vel sumptibus, colitis; sive de nutrimentis animalium vestrorum, nullus à vobis Decimam exigere, vel extorquere præsumat. Liceat quoque vobis Personas liberas & absolutas, è seculo fugientes, ad conversationem vestram recipere, & eas absque contradictione aliqua retinere. Prohibemus insuper, ut nulli Sororum vestrarum, post factam in vestro Monasterio professionem, fas sit, absque Priorissæ licentia, nisi arctioris Religionis obtentu, de eo discedere; discedentem vero, absque communium litterarum cautione, nullus audeat retinere. Cùm autem generale interdictum Terræ fuerit, liceat vobis, clausis januis, exclusis Excommunicatis, & Interdictis, non pulsatis campanis, suppressa voce divina Officia celebrare. Ad hæc auctoritate Apostolica prohibemus, ut nulli liceat in vos, vel Monasterium, sine manifesta & rationabili causa excommunicationis, vel interdicti sententiam promulgare. Præterea Institutiones à venerabili Fratre nostro Oscen. Episcopo, & dilecto Filio Magistro Hospitalis Empostæ & aliis Viris religiosis, de assensu charissimæ Filiæ nostræ Sanciæ Illustris Reginæ Aragonum, in ipso Monasterio rationabiliter factas; auctoritate Apostolica confirmamus. Obeunte vero te nunc ejusdem loci Priorissa, vel earum aliqua, quæ tibi successerit, nulla ibi qualibet subreptionis astutia, seu violentia præponatur, nisi quam Sorores communi consensu, vel Sororum major pars consilii sanioris, secundum Dei timorem & Beati Augustini Regulam, providerint eligendam.

Decernimus ergo, ut nulli omnino hominum liceat præfatum Monasterium temerè perturbare, aut ejus possessiones auferre, oblata retinere, minuere, seu quibuslibet vexationibus perturbare. Sed omnia integra conserventur, eorum pro quorum sustentatione concessa sunt, usibus omnino profutura; salva Sedis Apostolicæ auctoritate & Magistri Hospitalis Empostæ debita reverentia. Si qua igitur in futurum Ecclesiastica, secularisve Persona, hanc nostræ constitutionis paginam sciens, contra eam temerè venire tentaverit; secundo, tertiove commonita; talis, nisi reatum suum digna satisfactione correxerit, potestate, honoribusque, ac sui careat dignitate; reumque se divino judicio assistere, de perpetrata iniquitate cognoscat, & à sacratissimo corpore, ac sanguine Dei & Domini Redemptoris nostri Jesu Christi aliena fiat, atque in extremo agmine, districtæ ultioni subjaceat. Cunctis autem, suo loco jura servantibus, sit pax Domini nostri Jesu Christi, quatenus & hic fructum bonæ actionis percipiat, & apud districtum Judicem præmia æternæ pacis inveniat. Amen.

Datum Laterani, per manus Egidii Sancti Nicolai in Carcere Tulliano Diaconi Cardinalis, iij Nonas Junii, Indictione xj, Incarnationis Dominicæ anno MCXCIII, Pontificatus vero Domini Celestini Papæ Tertii, anno tertio.

PREUVES DU III. LIVRE
DE
L'HISTOIRE DES CHEVALIERS HOSPITALIERS
DE S. JEAN DE JERUSALEM.

PREMIERE PREUVE, *Hift. p. 261.*

Magifter Hofpitalis Hierufalem Priori Angliæ falutem.

PERCUSSIT Deus virga potentiæ fuæ Babylonicas regiones, in flumine illo Paradifi, quod aggeres hoftium irrigabat, ne flueret, nec anno præterito fluctus emifit. Propter quod, in fame pereunt, & eorum animalia perdiderunt ; nec plures eorum veriti funt patres filium vendere, dives pauperem, potens debilem ; ut fic vitam fuam à fame confervent. Quam ficcitatem fluminis, fi nutu Dei, præfenti anno non fluxerit, arva non irrigaverit, in magno difcrimine vitæ fuæ erunt. Quorum jam infinita multitudo, neceffitate compulfa, & famis aufteritate ; terram noftram, ficut locuftarum agmina replevit, pro fuftinendis corporibus fuis ; ubi quidam terras Ecclefiæ moliuntur ; quidam more beftiarum, fylveftribus herbis vefcuntur : quidam fame necati, per loca fylveftria mirativè reperiuntur, vermibus & avibus comedendi.

Nos igitur in Domino ponentes fpem noftram, qui quando vult, præliis finem ponit, fperamus quod populo Chriftiano dat initium miferendi, cùm ipforum conterit inimicos. Datur etiam gentibus materies admirandi, quod quidam Sarracenus, ætate juvenis, origine vilis, inter paftores à pueritia fimpliciter nutritus ; qui novus fic omnibus penitus apparet, ut omnes fapientiam ejus admirentur ; & nomen Jefu Chrifti publicè prædicet. Ita quod ipfi jam duo millia Paganorum, & eo amplius concredentes ; ejus exhortationibus, fidem noftram fufceperunt, & fonte facri Baptifmatis funt renati ; & Circumcifionis fuæ condolent fuftinuiffe dolorem. Immenfo tamen inimici noftri exultant gaudio, quia nos paucos fciunt, & pecunia pauperes, & armatorum copia fentiunt derelictos.

Quapropter ad vos voce lamentabili clamamus, & mifericorditer exoramus ; quatenus nobis tam apud majores, quàm minores, confilio & auxilio veftro fubvenire dignemini ; & Dominum Regem Angliæ, & quofcunque poteritis, ad fubventionem noftram efficaciter inducere, & diligenter monere procuretis. Nos enim infinitas trementes divitias, cùm fibi propter opes multorum fubveniant mer-
cimonia

cimonia Mercatorum, non minus solito more conterimur universi; & cùm de uno tantùm Regno Babylonis, aut Damasci, universus terræ promissionis populus vix bene se tueri solebat; nunc duo Regna uni Domino conjugata, nobis tantilli residui numeri, terrorem pariunt, & minantur. Hic est certè verus status Terræ promissionis, & inimicorum Christi: quo taliter permanente, si bonum Christianorum haberemus auxilium, gratia propitiante cœlesti; & Christi injurias, & dedecus Christianorum crederemus vindicare.

Propterea, bone Frater, quia pauca dicere sufficit; satis novistis quæ & quanta nobis incumbunt necessaria. Et nunc audite quid ultra modum nos affligit. Terra Regni Siciliæ, jugiter destruitur à Teutonicis, & Longobardis: Domus nostra Baruli relicta fuit: Fratres intus in civitate manent; domus extrinsecæ, à quibus auxilium nostrum procedebat, ad nihilum deductæ sunt; nullus in civitate persistit. Postquam autem à Terra recessistis, nihil de Regno Siciliæ nobis subvenit; ad præsens jam, & per annum, frumentum, vinum & hordeum, carnes & caseum, & quæque necessaria emimus, pro universis Domibus & Castris nostris; in quibus omnibus, sine numero necessaria est expensa. Pecuniam nisi ab ultramarinis domibus receperimus; aliundè aliter habere nequimus, & jam diu est, quod nihil ferè recepimus ad comparationem expensæ. Noveritis quod in debitis plurimis subjacemus; expectantes auxilium vestrum, & aliorum bonorum Fratrum nostrorum. Amore divino, & nostro vos monemus, ut quantumcunque poteritis, in primo Martii passagio subveniatis, Valete. *Ex Roger. de Hoveden Annalibus, part. post. de Joanne Rege, pag. 827.*

DEUXIEM^e PREUVE. *Hist. pag.* 266.

INNOCENTIUS PAPA TERTIUS.

MAGISTRO & Fratribus Hierosolymitani Hospitalis salutem & apostolicam benedictionem.

In totius Christianitatis dispendium, Apostolicæ Sedis opprobrium, & animarum vestrarum periculum controversia quæ inter vos & dilectos filios nostros Fratres militiæ Templi, super quibusdam possessionibus constitutis in tenimento Margati & Valeniæ, vertebatur, nocendi magnitudine ferè universas hujus temporis controversias excedebat: ut pote quæ toti erat Christianitati damnosa, injuriosa nobis, mortifera partibus, utilis inimicis fidei Christianæ, quibus & nocendi audaciam & detrahendi materiam ministrabat. Armaverat in se invicem Christianos, Religiosos (si Religiosi tamen dici debeant qui nimis injuriosè proprias injurias persequuntur) in gravem Religiosorum perniciem excitarat, & manus contulerat in seipsas, quæ in Christianorum defensionem acies consueverant sarracenicas expugnare. Non enim sufficiebat partibus disceptare judicio, sed sibi in propria

Tome I. H hhh

caufa jus dicentes, violentiam fibi mutuò irrogare & vim vi repellere, non folùm non fervato moderamine inculpatæ tutelæ, fed etiam tranfgreffæ ultionis exceffu, temerè contendebant; & qui confueverant in hoftes fidei Chriftianæ communes copias communiter congregare, terga vertentes hoftibus, non folùm verbis, fed & factis, & fcriptis, fe invicem graviter offendebant. Cùm autem propter controverfiam ipfam dilecti filii Digifius Prior Baroli & Og. Præceptor Italiæ Fratres veftri, & ex parte adverfa Petrus de Villaplana & Terricus Fratres militiæ Templi, ad noftram præfentiam acceffiffent, præfentato nobis arbitrio quod inter partes protulerant peregrini cum ultra marinæ terræ Prælatis; licèt plenè nobis de jure liqueret, maluimus tamen etiam perfonaliter ad pacem intendere, ac caufam ipfam amicabili compofitione fopire, quàm judicio terminare. Fratres igitur tam eorum quàm veftros convocantes in unum, ac de compofitione tractantes, de voluntate ipforum, præfente ac confentiente Seguino milite, dictas poffeffiones cum fructibus inde perceptis plenè reftitui de Fratrum noftrorum confilio Fratribus militiæ Templi mandavimus: ita tamen ut poftquam ipfi per mentem pacificam poffeffionem habuerint, eidem militi, qui proponit ad fe poffeffiones illas de jure fpectare, vel filiis ejus poft citationem veftram teneantur in veftra curia refpondere; fic fcilicet quòd vos de Principatu Antiocheno, & de Comitatu Tripolitano viros idoneos ad judicium convocetis, qui Fratribus militiæ Templi effe non debeant de ratione fufpecti. Quòd fi forfitan eorum aliquos de jure fufpectos habuerint, ipfos eis liceat fine malitia recufare, ut judicium penitùs fine fufpicione procedat; præfertim cùm ipfis fub obtentu gratiæ noftræ dederimus in mandatis ut nullum fine certa ratione recufent. Quòd fi, prout diximus, citati venire contempferint, ex tunc militem ipfum vel filios ejus in poffeffionem caufa rei fervandæ mittatis. Viri autem vocati juramento firmabunt quòd odio, gratiâ, & timore poftpofitis, fine aliqua perfonarum acceptione, caufam audient, & fecundùm approbatam terræ confuetudinem terminabunt. Quòd fi forte noluerint, venerabilibus Fratribus noftris Patriarchæ Antiocheno, Archiepifcopo Nazareno, Valenienfi Epifcopo dedimus in mandatis ut eos ad præftandum hujufmodi juramentum per cenfuram Ecclefiafticam appellatione remota compellant, nec liceat partibus ab eis ante fententiam appellare. Si verò poft fententiam alterutra partium duxerit appellandum, cùm appellationem fuerit interpofitam profecuta, nos, ut per eos caufa eadem meliùs terminetur, quibus meliùs poterunt ejus merita ex locorum vicinitate liquere, ipfam aliquibus de provincia, appellatione poftpofita, committemus; qui, penfata confuetudine, caufam ipfam juftitia mediante decident. Quorum fententiam faciemus auctore Domino inviolabiliter obfervari. Per hoc autem quod pro bono pacis hac vice mandavimus, nullum alterutri partium volumus præjudicium generari. Ceteræ verò quas habetis vel habituri eftis ad invicem quæftiones, fecundùm compofitionem inter vos & eos antiquitus initam,

& à bonæ memoriæ Alexandro Papa prædecessore nostro & à nobis post modum confirmatam, tractentur, concordia vel judicio terminandæ. Ideóque discretioni vestræ per apostolica scripta mandamus, & sub obtentu gratiæ nostræ excommunicationis interminatione, in virtute Spiritûs Sancti, & sub obtestatione divini judicii districtè præcipimus quatenus vos ad invicem diligentes, tam causam ipsam quàm alias honestè, sicut condecet, pertractetis, non per violentiam, vel injuriam, contendentes; sed quæ pro utraque parte videntur facere, in judicium rationabiliter deducentes. Scituri quòd si qua partium contra tam expressam inhibitionem venire præsumpserit, nos super eam durissimè manus nostras curabimus aggravare. Datum ut suprà. *Ex Epistolâ 567. Innocentii tertii.* Lib. 1. pag. 324.

Pour la troisième Preuve qui a rapport à la page 285 de l'Histoire, voyez la citation qui est à la marge de la même page.

QUATRIE'ME PREUVE. *Hist. pag.* 287.

REVERENDISSIMO in Christo Patri & Domino Innocentio Dei gratia, Sanctæ & universalis Ecclesiæ summo Pontifici : Livonus per eandem & Romani Imperii gratiam, Rex Armeniæ, Sanctitatis suæ servus, Sanctæque Romanæ Ecclesiæ nova devota & obediens Planta, cum omnimoda reverentia, grata servitia & pedum oscula ; reverendæ, ac recolendæ dominationi vestræ cupimus innotescat, venerabiles Magistrum & Conventum Sanctæ Domus Hospitalis, præterita æstate, mense videlicet Augusto, Sanctæ Sedis Apostolicæ amore atque reverentia, non solum nobis, verum etiam universæ Christianitati, magnum & necessarium contulisse succursum, contra infinitam Paganorum barbariem, supra nos & Regnum nostrum aggregatam, quàm Deus disperdat. Pro quo, à Beatitudine vestra, tanquam viri strenui, vicem Machabæorum gerentes, promeruerunt dignius commendari. Ea propter, Reverende Pater & Domine celeberrime, pro tam fortunato ac necessario succursu, nobis & Christianitati ab eisdem collato ; Deo, à quo bona cuncta procedunt, Sanctæ Romanæ Ecclesiæ & vobis, ipsius vices digne gerenti, copias exolvimus gratiarum actiones, & à Beatitudine vestra illos petimus inde regratiari.

Unde quia dignus est operarius mercede, ex regalis largitatis nostræ munificentia, pro salute animæ nostræ, nostrorumque omnium Progenitorum, habentes præ oculis cordis, quia sicut aqua extinguit ignem, ita eleemosyna extinguit peccatum ; donamus & concedimus Sanctæ Domui Hospitalis, à modo in perpetuum, respectu & reverentia Sanctæ Sedis Apostolicæ atque bonorum meritorum suorum exigentia ; Civitatem Saleph, Castellum novum & Camard, cum omnibus pertinentiis ipsorum & divisionibus signatis, & cum omni jure per terram & per mare sibi pertinente ; secundum con-

tinentiam scripti inde privilegii sigillo nostro regali muniti & corroborati. Insuper, de Sanctitate, ac Religione eorum plenam habentes spem & fiduciam, venerabilibus Fratribus Guarino de Monte acuto Magistro & Conventui Sanctæ Domus Hospitalis, specialiter Personam nostram & Personam Nepotis nostri Raimundi Ruppini legitimi hæredis nostri, & totam terram nostram quam modo habemus & quam Domino dante acquisituri sumus; post Deum & Dominum vestrum, in vita nostra & post decessum nostrum attentius recommendamus. Cujus donationis & concessionis nostræ beneficium & recommendationem factam venerabilibus prædictis Fratribus, à circumspecta Dominatione vestra flagitamus, per Apostolica Privilegia confirmari & corrobari, ut ne quis deinceps, cognito hujus nostræ conationis & recommendationis tenore, Apostolica auctoritate confirmato, in aliquo ausu temerario contraire præsumat. Datum Tharsi Ciliciæ, medio mensis Aprilis. Nulli ergo omnino hominum liceat hanc paginam nostræ confirmationis infringere, vel ei ausu temerario contraire. Si quis autem hoc attemptare præsumpserit, indignationis Omnipotentis Dei & Beatorum Petri & Pauli Apostolorum ejus, se noverit incursurum. Datum Laterani, tertio Nonas Augusti, Pontificatus nostri, Anno decimo tertio.
Ex Registro Innocentii tertii tom. 4. fol. vers. 28.

Pour la cinquiéme Preuve, qui a raport à la page 321. voyez la citation qui est au bas de la même page.

SIXIE'ME PREUVE. *Hist. pag.* 344.

GREGORIUS Papa Nonus, Dilecto Filio nostro Friderico Romanorum Imperatori semper Augusto; salutem, & Apostolicam benedictionem. Si verè desideras, sicut decet, ut Terræ Sanctæ negotium non turbetur, sed potius dirigatur; expedit ut Hospitalarios, & Templarios, per quos terra illa est inter multas angustias hactenus gubernata, & sine quibus nequaquam posse creditur gubernari; nulla molestatione fatiges; sed potius beneficentiæ gratia prosequaris; Sic agens proprium interesse, ut apud Deum imcomparabile tibi meritum compares, & apud homines nomen bonum. Sanè ut taceamus quod nobis mordaciter exprobatur, quod quasi momentanea videtur fuisse possessio de illis quæ per nos sibi restituta fuerunt; nunc illorum gravamen, & amaritudine plenam, non possumus obaudire querelam; lamentantium quod nuper sunt & aliis spoliati; cùm nec vellent, nec valerent juris ordinem declinare. Quare non est dubium, quin exinde gravia possint Terræ Sanctæ dispendia imminere; cùm indigentia laborantes, non habeant unde Terram ipsam valeant more solito defensare. Ut igitur conscientiæ propriæ, nec non famæ tam nostræ, quàm tuæ providè consulas; Imperialem Celsitudinem rogamus, monemus, & hortamur in Domino; quatenus eligens potius vinci misericordiæ pietate, cui cæteræ virtutes cedere minimè dedignantur; quàm justitia exasperata notari; dictis Hospitalariis, & Templariis, ablata restitui facias universa; Ita quod divinam evites offensam, & nos mansuetudinem tuam possimus meritò commendare: cùm alias patientiam nostram variis detractionibus exponere videreris. Ut autem super hoc plenius tibi nostrum insinuemus affectum, in ore Dilecti Filii Abbatis Casemarii posuimus verba nostra; quibus te credere volumus incunctanter. Datum Laterani, quarto kalendas Martii Pontificatus nostri, anno quarto. *Ex Registro Gregorii noni* t. 2 fol. 51.

SEPTIE'ME PREUVE. *Hist. pag.* 348.

GREGORIUS Papa Nonus, Dilectis Filiis Magistro, & Fratribus Hospitalis Sancti Joannis Hierosolymitani, salutem, & Apostolicam benedictionem. Rogamus Universitatem vestram, & hortamur attentè, per Apostolica vobis scripta, in virtute sanctæ obedientiæ præcipiendo mandantes; quatenus provida meditatione pensantes, quod charissimo in Christo Filio nostro Friderico Romanorum Imperatori, &c. Ex eo favoribus debeamus & præmii, quod in obsequiis Matris Ecclesiæ, sicut suam Excellentiam decuit, promptus, & efficax studuit inveniri, Bajulo, & Legato suo in prædictis partibus constituto, omne quod poteritis, in Imperialium conservatione jurium; consilium, & auxilium, sublato difficultatis obstaculo, præbeatis. Studium, & curam habituri; ut si fortè nobilis Vir Joannes de Hibelino, ac Populus Acconensis, ejusdem suggestionibus instigatus, ad obsidendum Civitatem Tyri, vel aliquam Terrarum ad dominium Imperiale spectantium, procedere ullatenus attentaverit; efficacem opem, & operam apponatis; ut ipsi à suo conatu corruant, & adversus Imperatorem eundem se ulterius erigere non præsumant. *Ex Registro Gregorii noni* t. 5. fol. 58.

HUITIE'ME PREUVE *Hist. pag.* 352.

INNOCENTIUS Episcopus, Servus servorum Dei venerabilibus Fratribus Archiepiscopis, Episcopis & Dilectis Filiis Archidiaconis ad quos litteræ istæ pervenerint, Salutem & Apostolicam benedictionem.

Cum Dilecti Filii Fratres hospitalis Jerosolymitani, nullum habeant Episcopum vel Prælatum, præter Romanum Pontificem, & speciali prerogativa gaudeant libertatis, non decet vos in eos, vel Clericos aut Ecclesias eorum, in quibus potestatem Ecclesiasticam non habetis, absque mandato nostro, excomunicationis vel interdicti Sententiam promulgare. Sed si quando, vos, vel Subditos vestros injustè gravaverint, per vos aut nuntios vestros id Romano Pontifici significare debetis, ac per ipsum de memoratis Fratribus justitiam obtinere. Inde est quod universitati vestræ per Apostolica scripta præcipiendo mandamus, quatenus in prædictos Fratres five Clericos aut Eccesias eorum in quibus auctoritatem nequaquam habetis, excomunicationis vel interdicti Sententiam promulgare nullatenus præfumatis : nec eos, aliàs, indebita vexatione gravetis : Sed erga ipsos vos taliter habeatis, quod non habeant adversus vos materiam querelandi. Scituri quod fi Mandatum noftrum neglexeritis in hac parte, dimittere non poterimus cum iifdem Fratribus in fua juftitia. Si apud nos querelam iterum depofuerint, efficaciter providere curemus. Datum Lugduni Septimo idus Decembris Pontificatus noftri anno feptimo. *Ex Raynald. ad ann.* 1240.

NEUVIE'ME PREUVE. *Hift. p.* 354.

Gregorius nonus Magiftro & Fratribus Hofpitalis Sancti Joannis, &c.

DOLEMUS & turbati referimus quòd, ficut intelleximus, vos meretrices in veftris cafalibus fub certis appactionibus retinentes incontinenter vivitis, & proprium præfumentes improprie poffidere eorum, qui confratariam veftram affumunt, datis in anno quatuor aut pluribus denariis defenfores vos facitis, ac latrones & interfectores peregrinorum, & hæreticos in veftris domibus & cafalibus receptatis. Vatacio Dei & Ecclefiæ inimico in equis & armis, terris propter hoc & cafalibus ab ipfo receptis, præbere contra Latinos auxilium non veremini; confuetas pauperum eleemofynas diminuitis, teftamenta & alias ultimas voluntates in Hofpitali veftro decedentium non fine falfitatis vitio immutatis, ac infirmantes ibidem aliis Sacerdotibus quam Fratribus veftris & Capellanis conducticiis, quos habetis, non permittitis fine veftra fpeciali licentia confiteri, alia plura committentes enormia, per quæ Deus offenditur, & fcandalum in populo generatur. Cæterum plures ex Fratribus veftris de hærefi probabili haberi dicuntur ratione fufpecti : propter quod quia ex modico fermento multa maffa corrumpitur, ne peftis hæc latius ferpat in alios, non immerito formidatur. Ideoque mandamus quatenus infra tres menfes à receptione præfentium vitam veftram in melius reformantes præmiffa & alia quæ in eodem Hofpitali fuerunt corrigenda, fecundùm Deum & veftri Ordinis inftituta corrigere penitus, & emendare curetis. Alioquin venerabili Fratri noftro Archiepifcopo Tyrenfi noftris damus literis in mandatis, ut ex tunc, nifi ei de hujufmodi correctione legitimè conftiterit, perfonaliter accedens ad locum, & habens præ oculis folum Deum, inquifita fuper præmiffis & aliis plenius veritate, corrigat & reformet ibidem tam in capite quam in membris, quæ correctionis & reformationis officio noverit indigere. Dat. Later. III. idus Mart. Pontif. noftri ann. XI.

Cùm eorundem Hofpitalariorum tum etiam Templariorum, ac Theutonicorum Equitum domus, quæ ecclefiaftica immunitate potiebantur, sceleratis hominibus impunè patrandorum scelerum occasionem darent, hæc decrevit Pontifex missis Patriarchæ Hierosolymitano, ac suffraganeis literis: Mandamus quatenus ne confugientes ad loca Religiosorum Regni Hierosolymitani, nisi sint conventualia, vel Ecclesiæ, ullam immunitatem debeant reportare, nec ad illam confugientes recipiantur in ipsis, si dolo vel insidiis homicidia perpetrantur, auctoritate apostolica singuli in propriis diœcesibus publicè interdicere procuretis. Datum Later. VII. idus Martii ann. XI. Imposuit eidem Patriarchæ provinciam, ut Canonicos Sepulchri Hierosolymitani, qui avaritia perciti, ad corradendas simplicioribus pecunias, miracula, ac nonnulla aliâ aspersa religioni graviori labe confingebant, coerceret: Intelleximus, inquit, quod Canonici Sepulchri Hierosolymitani ignem in idem Sepulchrum de cœlo in vigilia Paschæ descendere, & Redemptorem nostrum Dominum Jesum-Christum inibi incarceratum fuisse dicentes, locum conficti carceris sub certo pretio non sine ignominia divini nominis venalem exponunt. Verum quia Dominus, ut pro ipso loquamur, mendacio nostro non indiget, mandamus quatenus præsumptiones hujusmodi de cætero ibidem auctoritate nostra prohibeas attentari, &c. Dat. Lateran. VII. idus Martii ann. XI. Præterea tum ipsi tum Antiocheno Patriarchæ præcepit, ut cruce signatos qui abjurata hæresi in Ecclesiæ gratiam admissi fuerant, atque in pœnam criminis arma in Sarracenos ad illud eluendum ferre jussi erant, signum quo ab aliis cruce signatis discernerentur, circumferre juberent; præterea curarent ut Sarraceni in vinculis tenti ab audiendis concionibus, amplectendisque sacris Christianis non arcerentur. *Ex Raynaldo*, Tom. 13 ad ann. 1238. pag. 514.

DIXIE'ME PREUVE. *Hist. pag.* 376.

EGRESSA de finibus Orientis crudelitas bestialis, in *Hierosolymitanam* provinciam est conversa. Quæ etsi diversis temporibus à circumstantibus *Saracenis* multipliciter vexaretur, his tamen diebus, sopitis vicinis hostibus, in statu pacifico respirabat utcunque. Excitaverunt autem in ejus excidium peccata populi *Christiani* gentem incognitam, & ultorem gladium à longinquo desævientem. Si quidem rabies *Tartarorum* totam Orientalem plagam flagello multiplici & terrore concussit. Qui dum persequentes æqualiter universos, nullam differentiam facerent inter incredulos & fideles, prædam ab extremis finibus fugaverunt, *Christianum* populum prædaturam. Ipsi etenim *Tartari* universalem *Persidem* destruentes, in nequiores se spiritus prælium converterunt, venantes crudelissimos hominum *Chorosminos*, quos quasi dracones de cavernis eductos, de propriis partibus expulerunt. Qui cùm certum habitaculum non habentes, non possent propter eorum nequitias ab aliquibus *Saracenis* receptaculum adipisci, solus *Soldanus Babyloniæ*, *Christi* fidei persecutor, eisdem *Chorosminis* hospitium in terra propria denegans, obtulit alienum, eosdem incredulos ad inhospitandam vel inhabitandam terram promissionis advocans & invitans, quam in se credentibus Altissimus promiserat & donavit. Illi verò, de *Soldani* præsidio confidentes, in hæreditatem Domini, quam dictus *Soldanus*, prout dicitur, illis contulerat, advenerunt cum uxoribus, & familiis, & multis millibus Equitum armatorum: quorum sic exstitit adventus repentinus, quòd nec à nobis, nec à vicinis partibus potuit prævideri, ut præcognita jacula vitarentur, usque dum Hierosolymitanam provinciam per partes *Saphet* & *Tiberiadis* intraverunt. Et cùm sollicitudinem multipliciter apposuerimus & laborem, qualiter *Terra sancta* pax & tranquillitas pristina redderetur, novis hostibus perturbata, nec ad eorum expulsionem *Christianorum* vires sufficerent, præfati *Chôrosmini* totam terram à *Turone* militum, quod est prope *Hierusalem* usque *Gazaram* occuparunt. Ex communi itaque consilio, & unanimi voluntate, una cum Magistris Religiosorum Domorum, scilicet militiæ *Templi*, *Hospitalis* sancti *Johannis*, & præceptoris sanctæ *Mariæ Theusonicorum*, & Nobilium Regni, Soldanos *Damasci* & *Chamelæ*, qui erant cum *Christianis* pacis fœdere colligati, & contra *Chorosminos* habent inimicitias speciales, reputantes se etiam per illorum adventum fore confusos, & terram quam habebant *Christiani*, juxta formam treuguarum, tenebantur defendere contra omnes alios *Saracenos*, ad *Christianorum* subsidium duximus advocandos. Qui etsi firmiter promiserint & juraverint se nobis auxilium præstaturos, illorum tamen succursu valdè dilato & Christianis, in respectu paucissimis, solis contra illos perfidos dubitantibus dimicare, dicti *Chorosmini* civitatem Hierusalem propugnaculis penitus immunitam sæpius invadebant. At *Christiani* qui erant in illa, prædictorum sævitiam metuentes, ad veniendum in terram *Christianorum* ultra sex millia hominum congregati, paucis in civitate relictis, confisi de treugis, quas cum *Soldano* de *Graco* & rusticis *Saracenis* de montanis habebant, iter cum omnibus familiis & rebus suis per ipsa montana ceperunt. Egressi verò rustici, partim illos gladio crudeliter occiderunt, partim miserabiliter captivarunt, exponentes venales *Christianos* utriusque sexus & etiam Moniales, aliis *Saracenis*. Ex quibus cùm aliqui evadentes, in Ramensem planitiem descendissent, *Chorosmini* irruentes in illos, trucidarunt eosdem, ita quod ex tanto populo, vix evaserunt trecenti semivivi relicti. Tandem prænominati perfidissimi *Israelitanam* civitatem intrantes quasi populo destitutam, *Christianos* qui ibi remanserant, seque infra Ecclesiam Sepulchri Dominici receptarunt, ante ipsum Sepulchrum eviscerarunt universos. Et decapitantes Sacerdotes qui in altaribus celebrabant, dicebant ad invicem: Hic effundamus sanguinem populi *Christiani*, ubi vinum libaverunt ad honorem Dei sui, quem hîc dicunt fuisse suspensum. Insuper cum dolore dicimus & cum suspiriis intimamus, quod in Sepulchrum resurrectionis Dominicæ manus sacrilegas extendentes, illud multipliciter deturparunt. Tabulatum marmoreum, quod circumcirca erat positum, funditus evertentes, & montem *Calvariæ*, ubi Christus extitit

tit crucifixus & totam Ecclefiam, ultra quam dici valeat, in omni turpitudine, quantum in fe fuerat, foedaverunt. Columnas verò fculptas, quæ ante Sepulcrum Domini erant ad decorem pofitæ, fuftulerunt : illas in *Chriftianorum* contumeliam ad fepulcrum fceleratiffimi *Machometi*, in fignum victoriæ, tranfmittentes. Et violatis fepulchris foelicium Regum in eadem Ecclefia collocatis, eorum offa in *Chriftianorum* injuriam difperferunt. Montemque *Syon* reverendiffimum fine reverentia prophanantes, Templum Domini, Ecclefiam vallis *Jofaphat* ubi Virgini eft fepulcrum, Ecclefiam Bethleem & locum Nativitatis Domini, indignis relatu enormitatibus polluerunt, omnium *Saracenorum* nequitiam excedentes, qui licet terram *Chriftianorum* fæpius occupaffent, loca fancta utcunque veneranter confervabant. Verùm cùm his omnibus non contenti, ad captionem & deftructionem totius terræ fæpe fati *Chorofmini* multipliciter afpirarent, nec poffent tanta mala ulteriùs tolerati quæ cujuflibet catholicæ fidei zelatoris animum meritò poterant in mærorem & amaritudinem irritaffe, tot injuriis & enormitatibus laceffiti, populus *Chriftianus* ad refiftendum eifdem, prædictorum *Soldanorum* potentiam, una cum *Chriftianorum* viribus, de communi confilio duximus congregandam. Cum quibus omnibus contra illos die quarto menfis Octobris exercitus *Chriftianus* de maritima *Acon* movere incepit, per *Cæfaream* & alia loca maritima cedendo. Ipfi verò *Chorofmini*, noftrum præfentientes adventum & per diverfa loca retrocedentes, demùm ante *Gazaram* caftra fixerunt, expectantes ibidem fuccurfum, quem *Soldanus Babyloniæ* caput facrilegii, erat tranfmiffurus eifdem. Recepta verò ab eodem *Soldano* maxima multitudine armatorum & *Chriftianorum* & præfatorum *Soldanorum* exercitibus appropinquantibus contra illos, eos in vigilia fancti *Lucæ* ante *Gazaram* invenimus cum multitudine infinita, habentes acies ordinatas ad prælium : noftris per duces exercitus acies difponentibus, qualiter progrederentur ad bellum. Nobis etiam Patriarcha & aliis Prælatis auctoritate omnipotentis Dei & fedis Apoftolicæ remiffionem indulgentibus, de pœnitentibus fumma contritio & effufio lacrymarum fingulis cælitus eft effufa, ut mortem corporis pro nihilo reputantes, & fperantes præmium fempiternum, mori pro *Chrifto*, vivere reputarent. Unde etfi forte corporalis calamitas, peccatis noftris exigentibus, fupervenit, credendum eft Altiffimum, qui eft fcrutator cordium & cognitor fecretorum, animarum lucrum potiùs quàm corporum acceptaffe. Poft hæc autem concurrentibus noftris unà cum illis, *Saraceni* qui nobifcum aderant, ab hoftibus fuperati, fe univerfaliter converterunt in fugam, captis pluribus & interfectis ex illis. Et fic *Chriftiani* foli in prælio remanferunt. Cùmque in eos *Chorofmini* cum *Babylonicis* infimul irruiffent, eis invicem dimicantibus, *Chriftiani* tanquam Athletæ Domini & fidei catholicæ defenfores, quos eadem fides & paffio vere fecit germanos, fortiffimè reftiterunt. Et cùm effent refpectu inimicorum pauciffimi, proh dolor, fuccubuerunt in bello, hoftibus præliorum adversitate cedentes. Ita quod de Conventibus domus militiæ Templi, Hospitalis *S. Joannis* & sanctæ *Mariæ Theutonicorum*, tantummodò triginta tres *Templarii*, viginti sex *Hospitalarii* & tres fratres *Theutonici* evaserunt, aliis peremptis & captis. Optimates etiam terræ & milites, pro majori parte capti & interfecti fuerunt, præter stragem balistariorum & peditum infinitam. De Archiepiscopo verò *Tyrensi*, Episcopo *S. Georgii*, Abbate sanctæ *Mariæ* de Josaphat, Magistro *Templi* & Præceptore sanctæ *Mariæ Theutonicorum*, & quam pluribus aliis religiosis & clericis, cùm non apparuerint, plurimum dubitatur utrum adhuc in bello obierint, vel sint in captivitate detenti: nec de ipsis scire adhuc potuimus veritatem. Magister verò *Hospitalis* & Comes *Gualterus* de *Bresna*, cum multis aliis, capti in *Babyloniam* sunt deducti. Nos verò Patriarcha, in quos, nostris peccatis exigentibus, omnis calamitas supervenit, indigni à Domino martyrio deputati, evasimus semivivi, apud *Ascalonam* cum Nobilibus viris, Constabulario *Aconensi*, *Philippo* de *Monte forti*, militibus & peditibus, qui evaserunt de bello, receptaculum capientes. Et licèt nobis, qui cuncta perdidimus in bello prædicto, nulla sit consolatio in tot adversitatibus & ærumnis, illud tamen quod ad præsens potuimus facientes, illustribus Regi *Cypri* & Principi *Antiocheno* nostras literas & nuncios misimus speciales: eos cum omni devotione rogando & exhortando, ut in tantæ necessitatis articulo, ad *Terræ Sanctæ* defensionem mittere debeant milites & armatos. Sed quid super hoc sint facturi nescimus. Demum apud *Acon* civitatem reversi, & morantes in illa, ipsam civitatem cum tota ultramarina provincia invenimus plenam doloribus, ululatibus, miseriis & variis afflictionibus ac infinitis: nec erat domus vel anima quæ mortuum proprium non deploraret. Et quamvis sit dolor magnus & gravis de præteritis, timor tamen imminet adhuc præcipuus de futuris. Cùm enim tota terra *Christianitatis* gladiis acquisita, sit privata & destituta omni humano aut terreno præsidio ac suffragio, & defensorum propugnatorumque sufficientia in nihilum planè redacta extinctaque, superstites verò non tantum pauci, sed etiam ad exanimationem deducti, nihil aliud restare præterea aut superesse videtur, quàm ut crucis hostibus reliqua omnia ad votum desiderata succedant, qui in maximam audaciam & intolerabilem insolentiam prodeuntes, castra sua posuerunt in planitie *Acon* prope civitatem per miliaria duo. Et per totam terram usque ad partes *Nazareth* & *Saphet* liberè, nullo resistente, aut obicem ponente, longè latèque discurrunt, occupantes eandem & inter se quasi propriam dividentes, per villas & cazalia *Christianorum* Legatos & Bajulos præficiunt atque constituunt, suscipientes à rusticis & aliis incolis redditus & tributa, quæ antè à *Christianis* præstare & exsolvere solebant. Qui jam rustici incolæque *Christianis* hostes effecti & rebelles, dictis Chorosminis universaliter adhæserunt. Ita quod omnes Hierosolymitanæ Ecclesiæ simul ac provinciæ Christianæ, aliam terram non habeant ad præsens, nisi munitiones quasdam, quas etiam cum maxima difficultate & labore defendunt. Dicitur etiam, quòd *Babylonici* apud *Gazaram* exiftentes, in multitudine infinita venturi funt ad partes *Acon*, ut fimul cum *Chorofminis* obfideant civitatem. Recepimus etiam nuncios & literas vicefimo fecundo die menfis Novembris, à Caftellano & fratribus *Hofpitalis*, qui funt in caftro *Scalone*, quod exercitus *Saracenorum* de Babylonia jam obfederant caftrum ipfum & tenebant obfeffum, implorantibus à nobis & Chriftianitate fubfidium & auxilium feftinatum. Ut autem Charitatem veftram moveat pietas, in compaffionis affectum fuper excidio *Terræ Sanctæ*, eò quod communibus humeris hoc onus incumbat, caufam *Chrifti* vobis duximus intimandam, fuppliciter deprecantes quatenus apud Altiffimum precibus & devotis orationibus pro *Terra* eadem mifericordiam imploretis: ut ipfe qui *Terram Sanctam* in redemptionem omnium proprio fanguine confecravit, in ejus fubfidium miferatus intendat, ipfam profpiciens & defendens. Vofque, patres chariffimi, fuper hoc falutare confilium & auxilium quod poteritis, apponetis, ut vobis exinde cœlefte præmium comparetis. Scituri pro certo, nifi per manum Altiffimi & fidelium fubfidium ultramarinæ in hoc proximo paffagio Martii fuccurratur, ejus pro certo perditio imminet & ruina. Et quia cæteras neceffitates & univerfalem ftatum *Terræ*, longum effet vobis per litteras explicare, mittimus ad præfentiam veftram venerabilem patrem Biritenfem Epifcopum & Religiofum virum *Arnulphum* ordinis Prædicatorum, qui feriem veritatis fideliter & plenariè referent fraternitati veftræ; Univerfitatem veftram humiliter implorantes, ut veftræ benignitati placeat prædictos nuncios qui fe pro Ecclefia Dei magnis expofuerunt periculis, navigando tempore hiemali, recipere liberaliter & audire. Datum apud *Acon* vicefimo quinto die menfis Novembris, anno Domini milleſimo ducentefimo quadragefimo quarto. *Matt. Paris pag. 631. Ann. 1244.*

ONZIEME PREUVE. *Hift. p. 386.*

ODONIS Epifcopi Tufculani ad Innocentium IV. Papam.

Magifter Militum Templi & Marefcallus Hofpitalis fcripferunt Regi, quod Soldanus Babyloniæ cum magno exercitu ad partes Gazæ venerat ad conciliandum fibi Soldanos Halapiæ & Damafci, & timebant ne forte Joppen vel Cæfaream intenderet obfidere. Poftea etiam fcripfit Regi idem Magifter, quod quidam Admiraldus Soldani Babyloniæ ad ipfum venerat, nec tamen ex parte Soldani veniebat, ut dicebat, nec litteras ejus habebat, fed venerat ad inquirendum voluntatem Regis Franciæ, quia dominus fuus libenter cum eo pacem haberet : & ut dicitur à quibufdam, ad requifitionem dicti Magiftri Soldanus ad ipfum miferat dictum Admiraldum, quod factum valde Regi difplicuit & omnibus Baronibus : & incontinenti Rex per litteras fuas inhibuit dicto Magiftro, ne de cetero tales nuncios recipiat, vel cunctis colloquium habere præfumat sine mandato speciali ipsius. *Ex Spic.* Tome 7. page 214.

DOUXIE'ME PREUVE. *Hist. p.* 392.

DIE sancti *Kenelmi*, videlicet Calendas Augusti, Comite *Richardo* existente *Londini* & ad scaccarium sedente, venit ad ipsum nuncius quidam festinus & tristis, rumorum & litterarum bajulus teterrimarum, hujus sententiæ tenorem continentium. Rex *Francorum Christianissimus*, inito consilio universali, animatus rumoribus cujusdam tribuni custodis *Nayri*, de quo prædictum est, castra movit de *Damiata* versùs *Kairum*, & quosdam in via potenter adversantes, fortiter trucidavit. Et cùm prosperè favisset ei Mars per omnia, & facta quadam impetuosa congressione, *Christiani* de *Saracenis*, post longum hinc inde durissimum & dirissimum conflictum, gloriosè triumpharunt. Transito igitur quodam magno flumine, ex alveo *Nili* prodeunte, nomine *Tafnem*, circa clausum Pascha per scaphas planas colligatas & per occultum vadum, quod ei manifestaverat quidam conversus quondam *Saracenus*, multi transierunt. *Robertus* autem frater Regis, Comes videlicet *Atrebatensis*, assumptis secum multis nobilibus, quorum unus erat *Wilielmus longa spata*, nesciente Rege fratre suo, ad ulteriora litoris se contulit. Cujus erat intentio, pro omnibus solus triumphare & titulos asportare, ut ei soli victoria ascriberetur. Erat namque superbus nimis & arrogans, atque vanæ gloriæ appetivus. Et invenientes quosdam *Saracenos*, ipsos in ore gladii trucidarunt. *Robertus* igitur audacter progrediens, sed inconsultè, quoddam casale, quod ante ipsos erat, nomine *Mansor*, proposuit violenter occupare, & trucidatis omnibus quos in eodem inveniret, illud subruere: & intrans violenter, ferè lapidibus obrutus, confusus exivit, multis tamen ipsius habitatoribus interfectis. Et cùm conglomerati tractatum haberent quid agendum, Comes *Robertus* sperans ultima primis feliciter respondere, omnes ad progrediendum persuasit & animavit, & dixit magistro militiæ *Templi*, qui tunc cum ipso fuerat, præsente *Wilielmo longa spata*: Insequamur hostes qui propè sunt, ut dicitur, fugitivos, dum res in manibus nostris prosperatur, dum vidimus nostros ferventes & hostium cruorem sitientes & inimicos fidei de salute propria desperantes, ut omnes conterendo bellum nostrum fine beato citiùs concludamus. Confidenter agamus, quia sequitur nos tertia pars exercitus *Gallicani*: & si aliquid nobis sinistri, quod absit contingat, subveniet nobis ad nutum mandati, fratris ac domini mei Regis exercitus insuperabilis. Cui magister militiæ *Templi*, vir quidem discretus & circumspectus, in negotiis quoque bellicis, peritus & expertus, respondit: O domine Comes magnifice, vestram satis strenuitatem, & innatam magnanimitatem & audaciam commendamus, voluntariam ad honorem Domini & Ecclesiæ suæ universalis, quam novimus & sæpè sumus experti. Veruntamen, optamus & salubriter confuimus supplicantes, quatenus fræno modestiæ ac discretionis hunc fervorem velitis cohibere, ut post hunc, quem nobis Dominus contulit, triumphum & honorem aliquantulum respiremus. Post hos enim bellorum æstus & labores fatigamur, sauciamur, esurimus & sitimus, & si nos honor & gloria obtentæ victoriæ consoletur, nullus tamen equos nostros jam deficientes & vulneratos honos vel gaudium refocillat. Revertamur igitur consultius, ut exercitui domini Regis nostri uniti, tam consilio quàm auxilio ipsius roboremur, & tam equi nostri, quàm nos, aliqua quiete recreemur. Quod cùm viderint hostes nostri, modestam, prudentiam nostram plus laudabunt, & amplius formidabunt. Communicato enim cum nostratibus ampliori consilio, ad incœpta cùm omnes congregabimur, fortiores resurgemus, & collatis viribus confidentius roborabimur. Jam enim ascendit clamor fugitivorum, qui velocissimis equis rapti ipsum *Soldannm* & alios inimicos nostros, de viribus suis & numerositate confidentes, excitabunt, & de nostra paucitate & totius exercitus, quam semper desideraverunt, præmunient, & confortabunt divisione, & nos, super his certificati, protervius & confidentius aggredientur, vires suas nunc effundentes in nostram perniciem & confusionem. Norunt enim quòd si nunc conterantur, exhæredati penitus cum uxoribus & liberis, irrestaurabiliter ad *Nilum* redigentur.

Hæc autem cùm Comes audisset *Atrebatensis*, indignatus vehementer, iràque & superbiâ turgidus & inflatus, respondit: O antiqua *Templi* proditio! O vetus *Hospitalariorum* seditio! O fraus diu occultata, quàm manifestè nunc prorupit in medium! Hoc est quod diu vero præcinimus augurio, & veraciter est prædictum, hæc tota terra Orientalis jam diu fuisset adquisita, nisi *Templi* & *Hospitalis*, & aliorum, qui se proclamant religiosos, fraudibus nos sæculares impedirent. Ecce patet ad manum captio *Soldani* & totius confusio *Paganismi*, & legis perpetua exaltatio *Christianæ*, quam suis fictis & fallacibus sermocinationibus præsens *Templarius* conatur impedire. Timent enim *Templarii*, & formidant Hospitalarii, & eorum complices, quòd si terra viribus subdatur *Christianis*, ipsorum exspirabit, qui amplis redditibus saginantur, dominatio. Hinc est quod fideles huc adventantes, & ad negotium crucis accinctos, variis inficiunt potionibus, & *Saracenis* confœderati, diversis interficiunt perditionibus. Nonne super his *Fredericus* eorum expertus muscipulas, testis est certissimus?

His igitur verbis satyricis & mordacibus, magister militiæ memoratus cum Fratribus, & Magister *Hospitalis* cum suis similiter confratribus, usque ad spiritus amaritudinem contristati, unanimiter responderunt: Ut quid, Comes generose, habitum susciperemus religionis? nunquid ut ecclesiam *Christi* everteremus, & proditionibus intendentes animas nostras perderemus? Absit, absit hoc à nobis, imò ab omni *Christiano*. Et iratus magister *Templi* vehementer, alta voce exclamavit, dicens signifero: Explica & eleva signum nostrum, & procedamus bellaturi, ut hodie tam mortis quàm Martis ambigua fata coex-

I iii iij

periamur: infuperabiles eſſemus, fi infeparabiles permaneremus. Sed infeliciter dividimur, fimiles harenæ fine calce, unde inepti ædificio fpirituali, & cæmento charitatis expertes, materiæ depulfæ confimiles erimus profecto ruinofi.

Talia igitur audiens *Willielmus longa fpata*, fchifma in exercitu jam fufcitatum vehementer formidans, impetuofum motum animi Comitis *Atrebatenfis* fedare cupiens, & magiftri *Templi* iram mitigare, refpondit dicens: Talem fciſſuram & divifionem fecundum verbum Dominicum fequitur defolatio. Credamus igitur huic viro fancto & autentico, ô Comes Sereniſſime. Incola hujus terræ exiftit diuturnus, novitque vires & verfutias *Saracenorum*, experimento edoctus multiplici. Nos novi, juvenes & advenæ, quid mirum fi Orientalium fimus nefcii periculorum? Quantum diftat Oriens ab Occidente, tantum difcrepant Occidentales ab his Orientalibus. Et verfa facie ad magiftrum *Templi*, cum ferenitate & verbis blandis ipfum allocutus, conabatur motum animi ejus mitigare, cùm ecce Comes *Atrebatenfis* rapiens verbum ab ore ejus, more *Gallico* reboans & indecenter jurans, audientibus multis os in hæc convitia refolvit, dicens: O timidorum caudatorum formidolofitas, quàm beatus, quàm mundus præfens foret exercitus, fi à caudis purgaretur & caudatis! Quod audiens W. verecundatus, & de verbi offendiculo laceſſitus & commotus refpondit: O Comes *Roberte*, certè procedam imperterritus ad quæque imminentia mortis pericula. Erimus, credo, hodie, ubi non audebis caudam equi mei attingere, & apponentes galeas & explicatis fignis progreſſum contra hoftes, qui fpaciofam planiciem, montes & valles undique cooperuerunt, continuabant. Sic igitur volens Comes *Robertus* omnia fibi, fi *Chriftianos* contingeret triumphare, afcribere, dedignabatur fratri fuo dominio Francorum Regi, hæc præfumpta pericula nunciare. *Matth. Paris, ann.* 1250. p. 789.

PREUVES DU IV. LIVRE
DE
L'HISTOIRE DES CHEVALIERS HOSPITALIERS
DE S. JEAN DE JERUSALEM.

PREMIERE PREUVE, *Hift.* p. 447.

IN Cypro graves ardebant difcordiæ inter Henricum Regem & Templarios, qui Syria à Saracenis ejecti, ad tutandum id regnum fe receperant: ac ne ob ea diffidia Chriftiana res in periculum conjiceretur, folicitus Bonifacius, tum Jacobum de Molai Templariorum equitum fupremum magiftrum, ut cum Rege pacem iniret; tum Henricum, ut debita benevolentia equites complecteretur, ne deftituta eorum ope infula barbaricis irruptionibus pateret, eft adhortatus : Fili chariffime., *Henricum Regem alloquitur*, tuam volumus confiderare prudentiam, quanta olim ipfis Magiftris & Fratribus, *nempe Templariis*, in dicta Terra Sancta pericula contigerunt, quantis eos afflixere pericula ipfa languoribus, quanto eos fiducia duxerit ad confugiendum ad tui regni præfidia, & quibus ipfi, fic mihi fiducialiter refpirantes, fint alliciendi favoribus & manfuetudinibus confovendi. Nec minus advertendum infpicimus, quod mora eorum in dicto regno fecuritatem maximam contra hoftes fidei tibi & ipfi regno producit, & fi, quob abfit, five per eorum five tuæ gentis injuriam receffus ipforum inde contingeret, magnam fumerent ex hoc dicti hoftes audaciam, & grandia tibi ac regno præfato, ac irreparabilia, forfitan propterea poffent pericula provenire, quorum Sancta Mater Ecclefia & univerfus Fidelium Chriftianorum populus non redderentur expertes, fed hujufmodi vitanda procella percelleret univerfos, &c. Dat. Romæ xiv. kal. Aprilis anno IV. Exafperarat inter cætera Templarios vectigalia fuis familiaribus & mancipiis duorum byfantiorum in fingula capita pendi, ac privilegia quibus hactenus erant potiti, labefactari: ad quæ temperanda latam à Bonifacio conftitutionem inferius vifuri fumus. *Ex Tomo 14. Raynaldi ad ann. 1298. paragh. 21.*

Bonifacius, &c. ad futuram rei memoriam.

ORDINAMUS, providemus & volumus quod quædam taillia feu collecta, quæ vulgariter teftagium nuncupatur, & nonnullis annis præteritis proxime fuerat in regno ipfo (nempe Cypri) recepta per regem, quantumcumque pro defenfione regni pofita diceretur, cujus etiam ipfum nomen aliquibus abominabile ac horrendum, ceffet, nec amplius exigatur à perfonis non folum ecclefiafticis, religiofis & fecularibus, & nihilominus vel advenis dicti regni ; fed nec in pofterum etiam perfonis ipfi Regi fubjectis fine Apoftolicæ fedis licentia imponatur : difpendium namque inde fecutum non expedit, quod habeat recidivum. Et nihilominus ad amputandum omnis dubietatis fcrupulum declaramus, quod tailliæ, exactiones, tributa, indicta, quocumque nomine cenfeantur, imponenda per Regem, ad Prælatos, Magiftros Hofpitalis Sancti Joannis Hierofolymitani & domus militiæ Templi & religiofas & alias ecclefiafticas perfonas, cujufcumque fuerint Ordinis, conditionis aut ftatus, & eorum bona, fervos, fclavos, homines de corpore, feu Angarios eorundem, nullatenus extendantur : fed prælatis & perfonis ipfis libertates & immunitates, privilegia competentia eis de jure vel de confuetudine rationabili & præfcripta in regno eodem, & præfertim privilegia fedis ejufdem ipfis ferventur illæfa.

Quin potius volumus quod dictus Rex qui nunc regnat in Cypro, & alii, qui in eodem in posterum regnabunt, consideratis prælationum dignitatibus & conditionibus personarum ecclesiasticarum regni ejusdem ipsas prout regiæ dignitati congruit, honorare studeant & benignè tractare : ex hoc enim non solum à Deo primum & ab hominibus bonam famam conquirent, sed & regnum ipsum corroborabitur atque firmabitur contra fidei inimicos, in pacis dulcedine requiescet, & robustior exinde Terræ Sanctæ poterit provenire succursus, &c. Rex & Templarii jurare jussi se invicem non læsuros. Dat. Anagniæ 111. Id. Januarii. *Idem ad ann. 1299. paragh. 37.*

CUm porro antea lege vetitum esset Hospitalariis & Templariis, quorum potentiam ne in regno nimis assurgeret, verebatur, Rex immobilia bona sine Regis & sedis Apostolicæ consensu adipisci, monuit Cyprium Regem Bonifacius, ne legem severè adeo interpretaretur, ut non aliquas iis domos, quo habitarent commodius, extruere liceret : tum hortatus est, ut benevolentiam erga eos explicaret, quorum in bello peritiam magno sibi emolumento esse cognosceret. *Idem ad ann. 1299. parag. 38.*

Henrico Regi Cypri illustri.

PRo bono & pacifico statu regni tui & pro majori & efficaciori defensione ipsius, & impugnatione hostium & depressione falsorum Christianorum, qui arma, ferrum & alia prohibita deferunt Saracenis, nuper in te venerabiles fratres nostros Archiepiscopum Nicosiensem & Suffraganeos ejus, & dilectos Magistros Conventus & Fratres Domorum Hospitalis Sancti Joannis Hierosolymitani & militiæ Templi in Regno ipso morantes, provisionem & ordinationem quandam duximus faciendam. Quare serenitatem regiam rogamus & hortamur attentè, per Apostolica tibi scripta mandantes, quatenus pro divina & Apostolicæ sedis ac nostra reverentia, tuisque honore, decentia & statu prospero nostris in hac parte beneplacitis acquiescens, provisionem & ordinationem eandem, velut tibi & regno prædicto & per consequens Terræ Sanctæ necessariam & perutilem æquanimiter feras, & inviolabiliter studeas observare.

Verum licèt acquisitio bonorum stabilium regno prædicto sit per provisionem hujusmodi eisdem Magistris, Conventibus & Fratribus interdicta absque Apostolicæ sedis consensu vel tuo ; non tamen sic strictè sumat regia liberalitatis circumspecta, quin gratiosè & benignè permittat, quod eosdem Magistros, Conventus & Fratres aliquas modicas, seu minutas acquisitiones & ædificia non ad æmulationem facere, ut possint in regno ipso morari commodiùs, prædicti Magistri, Conventus & Fratres alias quoque ipsos quorum mora in regno prædicto potest esse valde perutilis, sicut nosti, sic favorabiliter & benignè, sic placabiliter, gratiosè ac mansuetè pertractes,

tractes, quod ipsi de hujusmodi eorum mora in affabilitate regia & regii vultus serenitate lætentur, & efficiantur non immerito promptiores in tuis & regni tui honoribus & profectibus prosequendis, nosque magnificentiam regiam amplioribus propterea in Domino laudibus attollamus. Dat. Anagniæ 1v. Id. Junii anno v. *Idem ad ann.* 1299. *parag.* 138.

SECONDE PREUVE. *Hist. p.* 454.

IN nomine Domini. Amen.

Noverint universi, præsentes litteras inspecturi, Quod nos Henricus & Rodulphus Marchiones de Hochberg, recognoscimus & præsentibus profitemur, Reverendum Dominum & Patrem nostrum Henricum quondam Marchionem de Hochberg, cùm adhuc esset sui juris, haberetque jurium & rerum suarum plenam & liberam administrationem, ob amorem Dei, & pro remedio animæ suæ, favoreque Religionis, & perpetuo concessisse, donasse, cessisse & tradidisse Religiosis Viris Commendatori & Fratribus Domus Hospitalis Sancti Joannis Hierosolymitani in Friiburg, omne Bannum, Advocatiam, seu Jurisdictionem, sive constiterit in mero imperio, vel mixto, in causis criminalibus, vel civilibus, quæ sibi competant, vel competere poterant, ex quacunque causa, jure, seu titulo qualicunque, in villa dicta Haiterseum, ejusque Banno, seu districtu, super hominibus, Advenis, seu Indigenis ibidem cum servitutibus, angariis, seu perangariis quibuscunque, sibi in dicta villa debitis. In quorum si quidem Banni, Advocatiæ, Jurisdictionis & servitutum libera, & quieta possessione, vel quasi, dicti Commendator & fratres, præsente supradicto Patre nostro in Provincia, eoque sciente, & volente, fuerunt per xx. annos, & ultra; nobisque supradictis H. & R. scientibus, & consentientibus, à tempore quo dictus Pater noster hæreditatem suam reliquit, ac Religionem intravit.

Quam Concessionem, Donationem, Cessionem & Traditionem, nos prædicti H. & R. Marchiones, ratificamus præsentibus, & approbamus. Et si fortè prædicta Concessio, Donatio, Cessio & Traditio ex aliqua causa, vel occasione esset imperfecta, invalida, seu nulla; nos prædicti H. & R. Marchiones, omne jus, & beneficium, quod nobis competit, vel competere potuit, vel poterit in futurum, in Banno, Advocatia, jurisdictione, meri, vel micti imperii, criminalium causarum & civilium, servitutibus, angariis, vel perangariis super homines, vel in hominibus Advenis, seu Indigenis prænominatæ villæ, & ejus Banno seu districtu, de novo, & ex certa scientia, Paternam voluntatem imitari volentes, & quieti dictorum fratrum providere cupientes; recuperando & satisfaciendo de damnis Commendatori & Fratribus per nostros satellites datis, seu illatis; concedimus, donamus, cedimus, & perpetualiter tradimus, prout melius valere potest, dictis Commendatori & Fratribus; sive competerit nobis ex utili dominio, vel directo, vel quacunque ex causa, seu titulo ad nos pertineret. Promittentes eisdem, nomine eorum, & eorumdem successorum, per solemnem stipulationem, pro nobis nostrisque successoribus, & hæredibus, nos numquam eisdem super juribus prænominatis, in partem, vel in totum, per nos, vel aliquem nomine nostro, quæstionem movere, vel moventi consentire. Renunciantes etiam omni juri scripto, vel non scripto ; beneficio restitutionis in integrum, & omni alio auxilio, vel beneficio, quibus contra aliquam dictarum Concessionum, Donationum, Cessionum, Traditionum venire possemus, vel aliquo modo jurari.

Insuper, si quæ acta sunt superius non valerent, vel jure stare non possent; nos prædicti Marchiones, omnia jura suprascripta, in speciale beneficium, & feudum concedimus, & concessimus voluntariè, & ex certa scientia Commendatori, & Fratribus prædictis; investiendo eos, & quemlibet ipsorum, de juribus, & jurisdictione suprascriptis. Et remittimus eis perpetualiter juramenta homagii. Et pro universis ratione feudi debitis, volumus esse contenti rationibus dictorum Fratrum. Actum, & datum in Castro nostro Susembert, anno Domini millesimo ducentesimo nonagesimo septimo, indictione decima; proxima sexta feria post festum Beati Matthiæ Apostoli, præsentibus testibus infra scriptis, videlicet, Fratre Henrico de Hochberg Patre nostro prædicto, nunc de Ordine Fratrum de Domo Theutonica, & Fratre Gotbaldo de Blumenberg de Ordine Hospitali supradicti, Domino Jacobo dicto Sernizer, Domino Joanne Scultett, Domino Joanne de Endigen Militibus Civibus in Nevenburg, & aliis pluribus fide dignis testibus, ad hoc vocatis & rogatis. In cujus rei testimonium, & perpetuam firmitatem, nos H. & R. Marchiones prædicti, sigilla nostra præsentibus duximus apponenda. *B.... lib. 5. p. 17. ad ann.* 1297.

TROISIE'ME PREUVE. *Hist. p.* 473.

NOs igitur movent non modicum ad prædicta, quam citius commodè poterimus, exequenda, illustrissimorum Regum Armeniæ atque Cypri, quibus compatimur toto corde, præsidia postulata : propter quod considerare compellimur aliquas certas vias ad ipsum negotium promovendum, super quibus tecum & cum dilecto filio magistro domus militiæ Templi ; de quorum circumspecta probitate, & probata circumspectione, ac vulgata fidelitate fiduciam obtinemus; deliberandum de Fratrum nostrorum consilio decrevimus & tractandum : præsertim quod tu & ipse de præmissis viis, negotiis, atque factis, & cunctis circumstantiis eorumdem propter locorum vicinitatem, longam experientiam, & meditationem diutinam melius quàm cæteri consulere poteritis quid agendum : & quia negotium ipsum principaliter quàm cæteros post nos & Romanam Ecclesiam vos contingit. *Et infra:* Mandamus quòd ad veniendum te pares quantò secretius poteris bono modo, & quòd quantò pauciores poteris tecum adducas, de iis, qui ad pugnandum & refiftendum inimicis, terramque illam funt habiles gubernandi, cùm citra mare poteris tui Ordinis focios invenire, atque fic providos, fic probatos & probos, pro te & terræ defenfione, ac gubernatione vicarium, militefque tui Ordinis, & alios utiles & neceffarios pro te in terra illa dimittas, quod terræ illi ex abfentia tua, quæ non longa erit, Domino concedente, nullum poffit periculum imminere. Aliquos tamen tecum adducas, qui experientia, difcretione, ac fidelitate pollentes tecum nos dirigere valeant in agendis. Dat. Burdegalæ id. Junii. . . .

Conjunxiffe adverfus Infideles arma nonnullos Templarios ex Pontificiis literis encyclicis ad Reges, præfulefque datis, idibus Aprilis, colligitur, quibus fignificavit Clemens Hymbertum Blanco equitum Templariorum in Arvernia præceptorem, ac Petrum de Leugres Maffilienfem patritium, zelo defendendi Chriftiani nominis incitatos, gerendi in Saracenos belli provinciam ab Sede Apoftolica accepiffe; quos propterea, ut ftudiis fuis complecterentur, hortatus eft: quibus etiam conceptum animo reftituendæ Chrifti cultui Paleftinæ ardorem his verbis aperuit: Terram fanctam, quam unigenitus Dei filius Dominus Jefus Chriftus, patrimonium filii & hereditatem elegit, confpicientes feritate infidelium immaniter lacerari, & coinquinatorum pedibus conculcari, acerbas fentimus in corde puncturas, quafi noftris vifceribus laceffitis: ideoque vias & modos folerter exquirimus, quibus eidem terræ noftro cooperante minifterio, poffint opportuna fubfidia, donec tempora feliciora fucceffierint, provenire. Confirmavit aliis literis Hymbertum Blanco Templariorum præceptorem ac Petrum de Leugres prænobilem Maffilienfem in fufcepto confilio, quos fortiter adverfus Saracenos bellum aggredi follicitavit. *Ex Rayn. tom. 15. anno 1306.*

QUATRIE'ME PREUVE. *Hift. p.* 478.

IN nomine Domini. Amen. Pater fancte, Quæritis quid mihi videtur melius faciendum, five grande paffagium, five parvum. Ad quod refpondeo quòd parvum paffagium fecundùm ftatum in quo terra confiftit ad præfens non effet proficuum, fed damnofum & vituperofum chriftianitati, & effet perditio illorum omnium qui tranfirent in parvo paffagio: quia chriftiani hodie non tenent in terra illa, hoc eft, in regno Hierofolymitano, comitatu Tripolitano, & principatu Antiocheno, civitatem, caftrum, vel fortalitiam aliquam, in qua fe recolligere poffent vel guarentire, fi opus effet. Et fi paffagium reperiretur in aliquo loco dictarum partium, nec effet ita forte quod poffet præliari cum exercitu Soldani, totaliter perderetur.

Item fi aliquis vellet dicere quòd parvum paffagium effet utile ad eundum in Armeniam ad cuftodiam illius terræ, & pro faciendo guerram Sarracenis per partes illas, refpondeo quòd hoc effet pe-

riculum & perditio omnium quæ reperirentur ibidem, fi dictum paſ-
fagium in focietate Armenorum non effet tam forte quod poffet
præliari contra exercitum de Sceam, hoc eſt de Hierufalem & omnibus finibus ejus, qui poteſt effe numero XII. vel XV. millia equitum aut circa, & de XL. vel. L. millia fervientum archariorum :
& poſito quòd poſſint refiſtere fupradictis, quod non credo pluribus rationibus quæ poffent dici, reſtat adhuc exercitus Soldani Babyloniæ, qui facilè poſſet illuc venire quandocunque placeret.

Item fi parvum paſſagium iret in Armeniam, licèt Sarraceni non
facerent fibi damnum vel guerram, cum terra à fe ipfa ita infirma eſt
& mala quod fi quatuor millia equitum tranfirent illuc, quantumcunque fortes & fani, mirabile effet fi in fine anni reperirentur
quingenti.

Item eſt aliud periculum, quòd fi Franci fe reperirent in bello
cum equitibus vel militibus Armeniæ, ex quibus pauci reperiuntur
qui non fint femper parati ad fugam dum vident inimicos ad pu-
gnam contra fe venire, quòd non relinquerent eos ; & hoc effet maxima
confufio probis viris fe in tali focietate fentire dum effent in exerci-
cio armorum, quia illi qui noverunt & nofcunt eos libenter, evitant
in talibus locis effe cum eis.

Item fi Franci effent in Armenia, & indigerent refugio, Armeni
non receptarent eos in aliquo caſtro vel fortalitia fua, quia femper
dubitaverunt & dubitant ne Franci offerant eis terram. Et hoc divi-
nant Armeni continuè, fcilicet quòd Franci debent eis regnum auferre.

Item in marchia Armeniæ funt tot gentes de Beria, Turchimanni,
Cordommi, Beduini, quòd etfi aliæ gentes Sarracenorum non intro-
mitterent fe, fortiter fe defenderent, & tenerent marchiam illam cum
illis qui effent in Armenia, quia montana funt magna, & paffus
fortiffimi. Quare prædictis rationibus & aliis multis quæ poffent dici,
nullo modo confulo parvum paſſagium fieri debere, imo contradico
quantum poffum, ac reprobo omnino pro evitando vituperio & damno
chriftianitatis.

In nomine Domini. Amen. De magno paffagio generali faciendo
omnino concordo pro deſtructione inimicorum fidei chriſtianæ & pro
reſtauratione terræ fanctæ Chriſti fanguine refperfæ. Et fi placeret
fanctitati veſtræ & Dominis Cardinalibus quòd ex nunc quàm citiùs
poffetis bono modo, de hujufmodi paſſagio tractaretis, cum Dominis
Regibus Franciæ, Angliæ, Alamanniæ, Siciliæ, Aragoniæ, Hifpa-
niæ, & aliis terrarum Dominis majoribus & minoribus, quorum corda
Deus illuminet ad negocium iſtud tam pium & laudabile ; valde bonum
& utile crederem.

Item quòd ordinaretur ex nunc Januæ, Venetiis, & in aliis terris
maritimis quòd fierent naves & alia magna vafa ad portandum equos
& victualia, & quàm citiùs fieri poſſet inciperet quilibet providere fibi
de rebus neceffariis ad dictum paſſagium,

DE L'HISTOIRE DE MALTE. 629

Item non laudo galeas in facto paſſagii, ſed naves & alia magna vaſa; & hoc ideo quia naves ſunt magis proficuæ & laudabiliores quàm galeæ. Nam una navis portabit plus quàm quatuor galeæ, & una galea conſtabit plus quàm tres naves. Et non oportebit paſſagium præliari in mari, quia inimici non poſſent in mari reſiſtere, cùm habeant modicum armamenti.

Item ſi placet audire conſilium de quantitate gentium, reſpondeo quòd Bochendar olim Soldanus Babyloniæ, qui fuit potentior & ſapientior in factis armorum quàm unquam fuiſſet aliquis in ſecta ſua & magis famoſus, multoties dixit quòd cum exercitu ſuo obviaret xxx. millibus Tartarorum; ſed ſi plures venirent, relinqueret eis campum.

Item dixit quòd ſi in terra ſua venirent xv. millia equitum Francorum, obviaret eis & præliaretur cum eis, ſed ſi plures venirent, recederet & dimitteret eis campum. Propter quod reducens ad memoriam dicta ipſius & alia plurima quæ audivi, ſimiliter audiendo ab eis qui fuerunt in Damiata cum Sancto Ludovico de quantitate militum & equitum ac peditum quam habuit ſecum, auderem & audeo dicere, niſi meliùs audirem. Quòd ſi generale paſſagium habet à xii. uſque ad xv. millia equitum armatorum, & v. millia peditum; cum auxilio Dei, in cujus ſervitio ſe diſponent, ſpero in Domino quòd tot gentes volentes bono conſilio credere totam terram ſanctam acquirent & recuperabunt omnino. Sed de prædictis equitibus conſulo quòd eſſent duo millia baliſtariorum.

De loco ubi paſſagium recolligatur nihil dico, quia hoc eſt in voluntate Dominorum Regum. Sed de applicando portu in partibus illis, modis omnibus conſulo pro meliori quòd primò applicetur in regno Cypri, & ibi refrigeret & recreet ſe paſſagium totum. Sed diſcedendo à regno Cypri, & eundo versùs terram ſanctam, nullus debet palam conſulere de loco ſeu de patria in qua ſit portus accipiendus vel paſſagium deſcendere debeat, quia ex hoc oriretur prævisio Sarracenis. Sed ſi placet vobis & Domino Regi Franciæ, dicam ſecretò tot bonas & utiles cauſas quòd credo verè quòd acquieſcetis conſilio meo, quia clarè monſtrabo quæ ſunt loca bona ad hoc, ita quòd veſtra diſcretio ſancta bene agnoſcet.

Item, Pater ſancte, ad hoc ut nullus poſſit dicere quòd non conſulam libenter fieri bona, ſi vobis placet mittere in Regnum Cypri aliquem ſuccurſum equitum vel peditum, poteſtis facere, & hoc eſſet conſolatio in Regno Cypri, pluribus rationibus quæ poſſent dici.

Item conſulo & laudo pro meliori modis omnibus quòd ordinetis quàm citiùs poteritis decem galeas & quæ præparentur hac hyeme, ita quòd in primo vere poſſint tranſire ad defenſionem Regni Cypri & ad cuſtodiendum mare, ne per malos chriſtianos portentur vetita Sarracenis. Et quòd dictæ galeæ teneantur continuè uſque ad paſſagium generale, & de pecunia percipiunda pro dictis galeis tenendis, ſi placebit, ſecundùm quod mihi videbitur ſecretò conſulam. Tamen conſilium iſtud non ſcribo, quia non eſt ponendum in ſcriptis. Sed ſpero

Kkkk iij

in Domino quòd taliter lucrabuntur dictæ galeæ quòd satis facilè poterunt teneri.

Et consulo quòd ponatur in dictis galeis talis capitaneus qui non dubitet perdere temporalia bona per potentiam civitatum maritimarum. Credo quòd Rogeronus filius quondam Domini Rogerii de Loria esset bonus capitaneus dictarum galearum, si vobis placeret. Non consulo quòd ponatis hominem religiosum, præcipuè Templarium vel Hospitalarium; quia si dictæ galeæ damnificarent Januenses vel Venetos, ipsi recurrerent ad naves vel bona eorum, & sic religiones possent incurrere magnum damnum.

Item consulo, Pater sancte, pro bono & honore vestro & totius christianitatis quòd placeret vobis mandare Januensibus, Venetis, & Pisanis, & aliis portum habentibus supra mare & expressè præcipere quòd non portent vel mittant bona aliqua Sarracenis, quia Sarraceni nimis ditantur ex hoc. Nam secundùm quod audivi, de omnibus quæ contrahuntur cum eis sive dando, sive recipiendo, tertiam partem largo modo recipiunt à christianis pro dacio seu theloneo, ita quòd de tribus navibus sive de onere trium navium bene recipiunt seu tollunt unam, & multa damna recipiunt ex hoc christiani propter lanceas & alia arma quæ mali christiani deferunt & portaverunt eis. Unde credo quòd esset bonum si poneretis ad hoc fortissimam prohibitionem & strictam sententiam, & quòd ita facilè non absolverentur à dicta sententia in eorum reversione sicut aliquando fieri consuev't. Nam quandoque deferunt eis galeas ita paratas quòd nihil restat nisi componere & clavare ipsas. Unde super hoc faciet vestra sanctitas quod videbitur esse bonum.

Noscat igitur vestra sanctitas, Pater sancte, quòd vobis meliùs & clariùs ore proprio exponerem prædicta quàm per aliqua scripta. Rogo itaque Deum omnipotentem ut vobis donet gratiam ordinandi super iis quod fuerit melius & potentiam recuperandi tempore vestro loca sancta in quibus Dominus noster Jesus Christus nasci & mori dignatus est pro generis humani salute.

Super unione ordinum, videlicet Templariorum & Hospitalariorum.

PATER sanctissime, Quæstioni quam facitis super facto unionis religionum Templi & Hospitalis, ego magister Templi respondeo sic. Certè recolo quòd Papa Gregorius, dum esset in Concilio Lugdunensi, & sanctus Ludovicus cum eo, & alii multi ecclesiastici & seculares, fuit etiam ibi frater Guillelmus de Bellojoco tunc magister Templi, & multi alii antiqui Fratres nostri Ordinis cum eo. Fuit etiam de Ordine Hospitalis S. Joannis Frater Guillelmus de Corcellis cum pluribus aliis Fratribus & discretis ejusdem Ordinis. Et dictus Papa Gregorius & S. Ludovicus voluerunt habere consilium super facto unionis prædictæ, & eorum intentio erat de omnibus religionibus armorum facere unam. Sed fuit responsum quòd Reges Hispaniæ nullatenus consentirent propter tres religiones armorum quæ sunt in patria sua stabilitæ. Quare deliberatum fuit pro meliori quòd unaquæque religio desideret in statu suo. Item tempore Nicolai Papæ IV. propter perditionem terræ sanctæ quæ tunc fuit, quia Romani clamabant fortiter & alii populi eò, quòd succursus sufficiens ad defensionem ipsius terræ non fuerat missus per eum, ad excusationem quodam modo sui, & ut appareret se velle remedium apponere circa negocia terræ sanctæ, refricavit seu reassumpsit verba unionis prædictæ, & tandem nihil fecit. Deinde Bonifacius Papa super hoc fecit plurima verba, & tamen omnibus consideratis, omnino pro meliori cessavit, prout scire poteritis per aliquos Cardinalium qui fuerunt tempore suo.

Item, Pater sancte, in facto unionis animadvertenda sunt commoda & damna, honores & scandala quæ possunt ex hujusmodi negocio provenire.

Primò quidem videtur mihi quòd non esset honor tam antiquas religiones, & quæ tanta bona fecerunt tam in terra sancta quàm alibi, nunc unire: quia timendum est ne contrarium accidat eorum quæ huc usque fecerunt, quia numquam vel raro fit novitas quæ non pariat pericula magna.

Item super omnia timenda sunt animarum pericula. Et hoc dico quia diversissimum est & gravissimum hominem qui sponte Deo se vovit in habitu & professione unius religionis compellere vitam & mores mutare vel aliam religionem assumere nisi velit.

Item & aliud grave periculum esset, si unio fieret, propter divisionem hominum, ne instigante diabolo concertarent ad invicem dicentes: Nos melius valebamus, & plura faciebamus bona. Et per talem concertationem possent multa pericula provenire, quia Templarii & Hospitalarii habent arma. Et sic facilè, si rumor insurgeret inter ipsos, posset grave scandalum suscitari.

Item si unio fieret, multùm oporteret quòd Templarii largarentur, vel Hospitalarii restringerentur in pluribus, & ex hoc possent animarum pericula provenire: quia pauci sunt, prout credo, qui vellent vitam & mores assuetos mutare.

Item si unio fieret, maxima diminutio esset eleemosynarum & bonorum quæ fiunt in qualibet religionum. Nam religio Hospitalariorum super hospitalitate fundata est, & ultra hoc exercent militias, & multas faciunt eleemosynas. Templarii verò super militia propriè sunt fundati & in omnibus eorum Baliviis ter in septimana faciunt omnibus recipere volentibus eleemosynam generalem, & donant continuè pauperibus decimam totius panis.

Item donant in conventu inter duos fratres tantum de carnibus quòd de residuo possent duo pauperes satiari. Unde si religiones essent unitæ, non facerent simul nisi quantum una facit ad præsens. Et hoc idem dicere possum de servitio Dei & divinis officiis.

Item in civitatibus & aliis locis ubi dictæ religiones habent plures domos, si unio fieret, una vastaretur, & alia remaneret in statu, & quilibet vellet quòd sua statum haberet. Unde sæpe discordia posset oriri. Et ubi duæ religiones habent plures præceptores, oporteret quòd unus effet præceptor & alii subeffent. Unde quia malè contentarentur, facilè poffet incurri difcordia.

Item conventus Hofpitalis habet Marifcalcum, Commendatorem, Draparium, & alios plures officiales. Et hoc idem eft in conventu Templi. Unde ex hoc poffet briga maxima & difcordia inter ipfos oriri, quia quilibet vellet tenere fuos officiales in ftatu.

Item fi aliquis vellet objicere quòd pro extinguenda invidia quæ inter Templarios & Hofpitalarios effe dicitur effet unio facienda, refpondeo quòd maximum damnum effet terræ fanctæ tollere talem invidiam, & ex hoc proveniret magnum commodum Sarracenis. Nam talis invidia femper attulit & honorem & commodum chriftianis, & contrarium Sarracenis : quia fi Hofpitalarii faciebant aliquod bonum exercitium armorum contra Sarracenos, Templarii numquam ceffabant nifi feciffent tantundem vel plus, & è converfo.

Item fi Templarii faciebant magnum paffagium fratrum, equorum, & aliarum beftiarum, Hofpitalarii non ceffabant donec fimilem feciffent vel plus. Et ifta talis invidia, quæ femper viguit & viget inter eos, omni tempore fuit & eft honorabilis & proficua chriftianis, Sarracenis verò damnofa.

Item fi una religio habuit bonos milites & famofos marinis & aliis bonis operibus, alia femper ftuduit toto poffe meliores habere. Et per talem invidiam utraque religio tales fecit expenfas continuè quòd femper gravatæ fuerunt maximis oneribus debitorum. Unde fi duæ religiones fuiffent in unum, non credo quòd fuper prædictis tantum conati fuiffent.

Item quòd per invidiam vel controverfiam quæ inter ipfos aliquo tempore fuiffet, numquam ceffavit fieri cavalcata contra Sarracenos vel aliquod armorum officium, quin imò propter prædictam invidiam majora & meliora fiebant. Præterea numquam auditum fuit quòd ex aliqua caufa ullus ipforum apponeret manum violentam in alium.

Item apparet exemplum inter fratres Prædicatores & Minores, qui multos habent meliores clericos & magis famofos quàm fi ambæ religiones effent in unum : quia quælibet religio ftudet excellentiores viros habere, & magis exercitat fuos tam ad divinum officium quàm etiam ad fermocinationem & prædicationem verbi Dei, quod totum redundat in honorem & commodum populi chriftiani.

Item quando Reges, Duces, Comites, ac etiam alii Barones populares peregrini, quicunque vadunt ad terram fanctam, & equitant manu armata contra Sarracenos, femper confuevit hoc fieri inter ipfos quòd una religio præcedit & facit cuftodiam quæ dicitur avangarda, reliqua verò facit cuftodiam quæ dicitur rereguarda, & fic extraneos inter ipfos cooperiunt & involvunt ficut mater infantem. Et bene oportet hoc fieri, quia agnofcunt modum Sarracenorum, & Sarraceni cognofcunt eos, & quandocunque aliqui fecerunt cavalcatam fine ipfis, malè fucceffit eis, fecundùm quòd fanctitati veftræ referam cùm audire placuerit.

cuerit. Et si duæ religiones essent in unum, oporteret quòd alii quàm ipsi facerent sive avangardiam, sive reregardiam.

Item quicumque peregrini majores Domini vel minores venerunt ad terram sanctam, semper invenerunt refrigerium, recreationem, auxilium, & succursum sive ab una, sive ab altera religionum. Et si non fuisset nisi sola religio, forsitan non invenissent ita largum remedium & succursum tam liberum. Et hoc idem dico de minimis servientibus, qui semper vel in una vel in altera religionum habuerunt bonum refugium.

Commoda verò vel profectus quæ de unione cognosco sunt hæc. Notorium est quòd omnes gentes consueverunt habere multam devotionem ad religiosos. Quod totum videtur esse conversum; quia plurimi reperiuntur velle auferre religiosis quàm dare, & quasi omnes libentiùs accipiunt quàm donent eisdem, & multa gravamina continuè eis inferuntur per mundum tam à Prælatis quàm ab aliis viris potentibus & minoribus, sive clericis, sive laicis. Sed si talis unio fiat, religio erit tam fortis & potens quòd bene defendet & poterit defendere jura sua à quibuscunque personis.

Item alium profectum cognosco, quia facerent minores expensas. Nam ubi modò tenentur duo hospitia, nonnisi unum teneretur; & ubi sunt duo præceptores, vel duo Ballivi, non esset nisi unus, sive in conventu ultramarino, sive in provinciis & domibus cismarinis; & hæc esset maxima alleviato expensarum. Unde, Pater sancte, in prædictis omnibus continentur profectus & damna, honores & inhonores, vel pericula, quæ in facto unionis sentio & cognosco.

De consilio verò nostri conventus ac veterum proborum virorum ordinis nostri existentium citra mare & provincias & ballivias, quandocunque vestræ sanctitate placuerit audire, faciam ipsos ad invicem congregari etiam, si volueritis, coram vobis. Et tunc audire poteritis consilium & voluntatem dicti nostri conventus Fratrum prædictorum, & postmodum facere circa prædicta prout sanctitati vestræ melius & utilius apparebit.

Insuper, sancte Pater, audivi vobis esse narratum quòd religiosi qui subsunt obedientiæ essent magis apti & proficui ad recuperationem & custodiam terræ sanctæ quàm aliæ gentes. Quod quidem verum est, quia faciunt minores expensas, & in domibus, campis, & factis armorum sunt magis obedientes. Sed si intenditis redditus assignare taxatos, annuos & continuos, ad sustinendum tot equites & armigeros quot viderentur posse teneri, melius reputarem quòd tales redditus assignarentur utrique religioni divisim, scilicet Templi & Hospitalis, quàm ipsos unire, quia quilibet conantur etiam ultra posse suum debitum exercere. *Bal. Pap. Aven.* Tom. 2. p. 176.

CINQUIE'ME PREUVE. *Hist. p. 508.*

ITEM quod tempore hujus Clementis Papæ contigit, ut fertur, quod in quodam castro regio diœcesis Tolosanæ per officiales dicti Regis Franciæ quidam nomine Squinus de Floriano, civis Biterrensis cum quodam fratre militiæ Templi apostata pro suis maleficiis capti fuerunt & in forti carcere ambo insimul positi extiterunt. Cùmque dictus Squinus & ejus socius Templarius propter maleficia quæ perpetraverant de die in diem de sua vita more navigantium se desperarent, adinvicem peccata sua confessi fuerunt. Qui quidem Templarius sibi extitit confessus multos errores contra Deum, & periculum animæ suæ atque unitatem fidei catholicæ, quod in ingressu sui ordinis & postea pluribus vicibus se communicasset; quorum maleficiorum speciem per ordinem enarravit. Quibus auditis, à cancellaria sequenti die majorem officialem alterius castri regii ad se fecit convocari & ad eum adduci; qui quidem obtulit unum magnum factum Regi Franciæ revelare, de quo plures utilitates ipse Rex habere poterat quàm si de novo acquireret unum regnum. Et ideo me bene captum & vinculatum ad eum perduci faciatis, ut dixit, quia nulli de mundo nisi dicto regi revelaret, esto quòd ipse mortem subiret temporalem.

Item quod cum ipse officialis regius vidisset ut cum blandimentis, promissionibus, oblationibus & demum quod ipse cum comminationibus præfatum Squinum inducere non poterat quod prædictum factum sibi revelaret, ideo omnia præmissa per ordinem dicto Philippo Regi Franciæ scripsit & significavit. Qui quidem statim sibi rescripsit & injunxit ut ipsum Squinum sub fideli custodia ad eum Parisius mitteret.

Item quod cum postea ipsis Squinus juxta mandatum Regis eidem Regi Parisius fuisset præsentatus, statim ipsum traxit ad partem ob scire veritatem de præmissis, promittens sibi securitatem corporis & commodum, si illa quæ dicebat veritatem continerent. Cùmque Squinus confessionem dicti Templarii apostatæ per ordinem sibi explicasset, confestim ipse Rex aliquos Templarios capi fecit, & super hoc cum eis informationem fieri fecit. Qua facta, & super præmissis veritate reperta, ipse Rex Franciæ scripsit multùm cautè & secretè omnibus officialibus suis in toto regno suo institutis & cuilibet ipsorum ut certa die ipsi cum bona societate bene armati essent parati, & deinde in sequenti nocte quasdam litteras suas secretas quilibet ipsorum officialium aperire deberet, & non ante sub pœna capitis, quas cum aliis prædictis Rex prædictus miserat eisdem.

Item quod cum dicti officiales Regis litteras suas recepissent, statim illa die omnes bene armati & associati fuerunt, videlicet 111, Idus Octobris, qui fuit dies Veneris. Et tunc in sequenti nocte apertis litteris regiis fupradictis, ftatim quilibet ipforum officialium per omnia loca eis commiffa accefferunt & omnes Templarios qui inveniri potuerunt ceperunt, & eos fub fideli cuftodia in fortalitiis fuis pofuerunt. Et deinde quilibet officialis captiones ipforum Templariorum dicto Regi Franciæ fignificaverunt, prout ab ipfo hoc habuerunt in mandatis. De quorum captione totus mundus fuit admiratus.

Item quod cum poftea magifter militiæ Templariorum cum multis militibus & viris magnis fui ordinis captus apud Parifius coram Rege productus fuiffet, tunc quidam ipforum propter verecundiam veritatem de præmiffis denegaverunt, & quidam alii ultra ipfam fibi confeffi fuerunt. Sed poftea illi qui denegabant, cum tormentis ipfam tunc libenter confitebantur, & aliqui ipforum in tormentis fine confeffione moriebantur vel comburebantur. Et tunc de confitentibus ultra veritatem ipfe mitiùs fe habebat.

Item quod cum poftmodum dictus Rex Franciæ de præmiffis legitimè informatus fuiffet, ftatim omnia bona tam mobilia [quàm immobilia] dictorum Templariorum quæ in fuo regno reperta fuerunt confifcari fecit, & ipfa tanquam rite confifcata fibi applicari pronuntiavit. Et deinde copiam omnium proceffuum quos fecerat contra ordinem Templariorum & perfonas ipforum & confifcationes eorum fub figillo fuo ad ipfum Clementem Papam, qui apud civitatem Pictavenfem tunc cum fua curia refidebat, per folemnes nuncios tranfmifit. De quibus fuit valde gavifus. Nam antea ipfe & cardinales & plures alii & univerfi fuper hoc dubitabant, cùm ille ordo fuiffet tam à fede apoftolica quàm ab omnibus Principibus mundi fummè privilegiatus & pluribus & diverfis fpiritualibus & temporalibus effet ditatus.

Item quod cum deinde dictus Clemens cum fuis Cardinalibus dictos proceffus Regis Franciæ bene examinaffet, & nihilominus Templarios quofdam & eorum confeffiones audiviffet, videlicet quod omnes dicti ordinis Templariorum in eorum ingreffu Dei filium abnegabant & fuper crucem in vituperium ipfius fpuebant, & poftea homagium diabolo faciebant ut majorem fortunam & bonorum temporalium multiplicationem ipfi haberent, & fi aliquis de ingredientibus ordinem eorum prædicta facere recufaret, poftea ab ipfis interficiebatur, & deinde pro diffimulando nephandam & deftabilem vitam atque converfationem ipforum magnas eleemofynas Chrifti pauperibus erogabant, & in eorum Ecclefiis valde devotè perfiftebant, & multa facrificia ibi celebrari faciebant, & infra & extra valde honeftè incedebant. Et ulterius contra ipfos extitit repertum quòd ipfi magnum confilium, auxilium, & favorem, communionem & confœderationem cum perfidis Sarracenis ultra mare contra Chriftianos habebant, & quod ipfi, ut fertur, fuerunt caufa perditionis civitatis Achon & totius terræ fibi conjunctæ, quam antea Chriftiani crucefignati pro Chrifti fide & cum eorum magna fanguinis effufione acquifiverant & eam longo tempore poffederant pacificè & quietè. Cùmque idem Clemens de præmiffis bene fuiffet informatus, statim ipse scripsit per universum mundum omnibus Patriarchis, Archiepiscopis & Episcopis, & sub Bulla eis mandavit atque commisit ut omnes Templarios quos in eorum civitatibus & dioecesibus invenire possent, ipsos caperent & contra ipsos juxta articulos per ipsum Papam eis transmissos inquirere & procedere deberent cum magno consilio & deliberatione, ut ipse in proximo suo Concilio generali providere posset, & iste ordo Templariorum reformari vel potiùs annullari deberet......

Item anno quo supra quinto Idus Maii Archiepiscopus Senonensis cum suis suffraganeis & eorum Prælatis Concilium Provinciale apud Parisius solemniter celebravit. In quo quidem Concilio inter alia cum magna deliberatione quinquaginta & quatuor Templarii ex propriis eorum confessionibus voluntariis, sed postea ab ipsis denegatis, sententiati & canonicè judicati fuerunt, & postea juxta juris formam seculari curiæ ipsi traditi extiterunt; & deinde per ipsam secularem potestatem igne combusti extiterunt. Et deinde post paucos dies alii quatuor Templarii eodem modo condemnati extiterunt & combusti. Et postea alii novem Templarii in Concilio Remensi infra mensem per Archiepiscopum Remensem & suos suffraganeos cum suis Prælatis in Silvanecto solemniter celebrato eodem modo & causa condemnati fuerunt & seculari curiæ traditi. Et deinde per ipsam curiam extiterunt combusti.

Item quod anno quo supra, tertia die mensis Aprilis, præfatus Clemens Papa in consistorio publico, præsente Philippo Rege Franciæ cum tribus filiis suis, videlicet Ludovico, Philippo, Carolo, ac etiam alio Carolo fratre dicti Regis, cum magna militia, quibus hujusmodi negotium erat summè cordiale, & præsente gentium multitudine copiosa, cassationem ordinis dictorum Templariorum solemniter publicavit. Qui quidem ordo jam duraverat per centum & octuaginta annos vel circa. Qui licet ipsi vixerint cum multis bonis temporalibus & Sedis Apostolicæ & Principum secularium, tamen ipsi cum bonis suis universis una die perierunt.

Item quod in dicto Concilio generali super statu personarum & temporalium bonorum sic salubriter fuit ordinatum ut omnia bona dictorum Templariorum pro defensione fidei catholicæ & infidelium persecutione essent & esse deberent cum suis privilegiis & libertatibus diversis temporibus militiæ Hospitalis sancti Joannis Hierusalem, cum certis tamen pactis & conditionibus super hoc solemniter impositis & à dicta militia gratis receptis & approbatis.

Item quod aliquæ personæ notabiles & majores dictorum Templariorum sub ordinatione & reservatione Romani Pontificis reservatæ fuerunt, & quòd de cæteris aliis Templariis per Metropolitanos & suos suffraganeos in Conciliis eorum Provincialibus, prout de ipsis ad quemlibet eorum pertinebit, disponere debeant & possint atque ordinare, & quod etiam de illis Templariis qui ultra errores suos confessi fuerunt corde contriti ponentur in aliis religionibus à Sede Apostolica approbatis juxta ipsorum electionem ut ibi Deo serviant & de bonis olim

Templariorum sua victualia habere debeant; de illis Templariis qui fugerunt & legitimè non comparuerunt, juxta Concilia Provincialia contra ipsos canonicè procederent. Super autem statu Ecclesiæ & libertate ipsius in dicto Concilio plura statuta salubria statuta & facta fuerunt, quæ hodie Clementinæ nuncupantur. Sed ipse Clemens in multis aliis negotiis arduis impeditus, & postea morte præventus, istas constitutiones publicare nequivit.

Item quod postea anno quo suprà, in vigilia beati Gregorii Papæ, magister militiæ Templariorum cum uno alio magno de suo ordine Parisius publicè de mandato Regis Franciæ extitit combustus, qui tamen cum consilio Prælatorum & peritorum ad aliam pœnitentiam peragendam priùs fuerant condemnati. Nam Philippus Rex Franciæ cum consilio suo noluit pati quod propter revocationem confessionis suæ, quam priùs fecerat dictus magister militiæ Templi & multi alii sui ordinis, evaderent mortem temporalem; nullo tamen super hoc judicio ecclesiastico convocato, neque ipso expectato, quamvis tunc apud Parisius duo Cardinales Apostolicæ Sedis Legati essent præsentes. *Bal. Pap. Aven.* Tom. 1. pag. 99.

PAPÆ PRO TEMPLARIIS.

Papæ Rex, devota pedum oscula beatorum.

GRAVISSIMUS, hiis diebus, apud nos de Magistro & Fratribus Ordinis militiæ Templi rumor ebulivit infamiæ, rumor quippe amaritudine plenus, cogitatu terribilis, horribilis auditu, & scelere detestabilis, cujus qualitate, si veritate niteretur, pensata eò graviori pœnâ forent plectendi, quò profundior reatûs immensitas est à cunctis Christi fidelibus reputanda.

Et quia prædicti Magister & Fratres, in Fidei Catholicæ puritate constantes, à nobis, & ab omnibus de Regno nostra tam vitâ, quàm moribus habentur multipliciter commendati, non possumus hujusmodi suspectis relatibus dare fidem, donec super hiis nobis plenior innotuerit certitudo.

Nos itaque, prædictorum Magistri & Fratrum afflictionibus & jacturis, quas occasione hujusmodi infamiæ patiuntur, compatientes ex animo, sanctitati vestræ affectuosissimè supplicamus quatenus eorumdem, Magistri & Fratrum bonæ famæ oportunis, si placet, favoribus consulentes, sinistris detractionibus, & calumniis, ac criminibus, per aliquos æmulos & reprobæ voluntatis, qui illorum merita ad perversitatis opera, cultui divino opposita, reducere moliuntur, ipsis impositis, dignemini clementiùs obviare, quo usque hujusmodi crimina, ut prædicitur, eis imposita, si quæ fuerint, in forma juris coram vobis, seu vices nostras gerentibus in hac parte, clariùs sint detecta.

Conservet, &c.

Dat. apud West. 10. die Decembri, anno Regni nostri primo. *Idem pag.* 37. *ad ann.* 1307.

Ad Reges Portugaliæ, Castellæ, Siciliæ, & Arragonæ, de non credendo suggestionibus contra Templarios.

MAGNIFICO Principi, Domino Dionisio, Dei gratiâ, Regi Portugalliæ illustri, amico suo Carissimo, Edwardus, eadem gratiâ, Rex Angliæ, &c. Salutem & felices ad vota successus.

Illos, quos, pro defensione Fidei Catholicæ, ac impugnatione hostium Crucis Christi, actus strenui laborisque prolixitas recommendant, decet & convenit, prout ad honorem Dei & exaltationem Fidei congruerit, prosequi cum favore.

Sanè nuper, ad nostram accedens præsentiam, quidam Clericus, qui ad subvertendum Ordinem Fratrum militiæ Templi Hierosolimitani apposuit, ut videbatur, omni structio, quo potuit, vires suas.

Nonnullæ horrenda, & detestabilia, ac Fidei Catholicæ repugnantia coram nobis, in Consilio nostro, in diffamationem Fratrum Prædicatorum, proponere tunc præsumpsit; cupiens nos inducere, tùm per ea quæ sic proposuit, tùm etiam per litteras quorumdam, quas nobis dirigi procuraverat ex hac causâ, ut Fratres ordinis prædicti, infra nostrum Dominium commorantes, occasione præmissorum, sine debita causæ cognitione, carcerali custodiæ traderemus.

Considerantes autem quod ordo prædictus, qui religione & honestate præclarus, & ab olim à Catholicis Patribus extitit, ut didicimus, institutus, devotionem debitam exhibet, &, à tempore suæ fundationis, exhibuet Deo & Ecclesiæ suæ sanctæ: necnon magnum huc usque, pro salvatione fidei Catholicæ, in ultra marinis partibus, subsidium præstitit & tutelam;

Hujusmodi suggestioni, de Fratribus ordinis prædicti propositæ, & hactenus inauditæ, fidem credulam adhibendam fuisse nobis minimè videbatur,

Vestram igitur Regiam majestatem affectuose requirimus & rogamus, quatenus, præmissis cum diligentiâ debitâ ponderatis, aures vestras à perversorum detractionibus, qui, ut credimus, non zelo rectitudinis, sed cupiditatis & invidiæ spiritibus excitantur, advertere velitis;

Nullam indeliberate Fratribus ordinis prædicti, in Regno vestro commorantibus, ad cujusquam suggestionem, si placet, in personis, aut rebus eorum molestiam inferendo, seu ab aliis inferri permittendo, quo usque eos super sibi impetitis legaliter convinci, seu aliud contra eos ordinari contigerit in hac parte. Dat. apud Redyng 4. die Decembris. Consimiles litteræ diriguntur subscriptis; videlicet, Domino Ferando, Regi Castellæ & Ligionis, consanguineo Regis. Domino Carolo, Regi Siciliæ, consanguineo Regis. Jacobo Regi Arragoniæ, amico Regis. *Rymer tom. 3. ad anno. 1307.*

SIXIE'ME PREUVE. *Hist. p.* 502.

Littera Papæ directa Regi Franciæ propter factum Templariorum.

CLEMENS Episcopus servus servorum Dei carissimo in Christo filio Philippo Regi Franciæ illustri, Salutem & apostolicam benedictionem. Propter fervens desiderium quod ad recuperationem terræ sanctæ & ejus defensionem novimus te habere, ad gaudium tuum & exultationem tibi tenore præsentium intimamus quòd si oporteat ordinem Templariorum suis exigentibus demeritis dissolvi, cassari, vel tolli, omnia bona & jura, redditus & proventus, in quibuscunque juribus vel rebus consistant, quæ habet in præsenti vel habere reperietur in futurum, terræ sanctæ subsidio volumus deputari, nec ad aliquem alium usum converti, nec nos vel successores nostri ab illis qui prædicta bona custodient vel tenebunt in aliquo alio casu vel ad aliquem usum repetemus. Datum Pictavis 9. die Julii, Pontificatus nostri anno tertio.

SEPTIE'ME PREUVE. *Hist. p.* 512.

Opinio ejusdem suadentis Regi Philippo ut regnum Hierosolymitanum & Cypri acquireret pro altero filiorum suorum. Ac de invasione regni Ægypti, & de dispositione bonorum ordinis Templariorum.

QUONIAM, ut ait Apostolus, omnis Christi actio nostra debet esse instructio, & omnia quæcunque scripta sunt ad nostram doctrinam scripta sunt, considerato quod in primo libro Regum legimus quod cum populus Israeliticus præ ceteris Deo carus Regem ab ipso sibi dari postulasset, ipse Deus dedit eis Regem Saulem, qui ab humeris & supra toti populo supereminebat, quem sciebat Dominus futurum esse non obedientem sibi, & idcirco regimen ejus durare non posse, motus figuraliter, ut videtur, ad ipsum eligendum ut exemplum sic faciendi nobis daret, videlicet quod nos futuros hominum eventus ignorantes, bonitatem eminentem considerantes, & latentes bonitates piè præsumentes, ubi Rex est eligendus, similem ad magnum Babylonis & Ægypti, quod Assyriorum dicitur, regnum eligamus & nominemus, residuum dispositioni creatoris, qui ab æterno novit omnia, relinquentes, videlicet Dominum Philippum secundogenitum illustrissimi Principis Domini Regis Francorum, quoniam durum esset ad aliquem de majoribus mundi hujus honoribus non vocari. Sed quoniam ut in canone scriptum est, *Nemo sibi honorem assumat, sed qui vocatur à Domino sicut Aaron*, præmissa & alia plurima mundi hujus expendenda honesta, perquàm utilia, naturaliter ac verisimiliter possibilia considerans amator salutis totius reipublicæ christicolarum, eamque propriæ saluti & utilitati præponens, ut ex multis suis operibus potest verisimiliter apparere, intra se conserendo & ratiocinando, per hanc scripturam breviter voluit explicare, ob prædicti Domini Regis follicitudines, prout potest, prolixitatem vitando, breviter ad præsens scribere voluit & probare contra renitentes de probando plenissimè, protestando videlicet quòd Dominus Rex de facili potest suum nobilissimum filium secundogenitum honorare & præ omnibus viventibus ditare sine cujusquam injuria, declinando, prout oportet in monibus agendis facere, quodcunque mortale peccatum...

Rex Cypri inducatur ad dandum ordini se cum omnibus bonis suis, & maxime jus, si quod habet, in regno Hierusalem, & subrogetur loco dictorum ordinum militiæ *regalis ordo*, cui præferatur Rex Cypri, ut in dicta epistola cavetur, & succedant alii catholici religiosi Reges Hierusalem post ipsum, qui Rex ordinis Reges Babylonis, Acon & alios catholicos pro suis viribus juxta dispositionem Papæ Regisque Francorum contra singulos infideles & schismaticos juvare pro totis suis viribus teneatur & de singulis thesauris residuis rationem pro quolibet anno reddere, videlicet quatenus supererit ultra impensas ordinis regalis, ut fratres ordinis ad instar Judæ furis loculos habentes non possint ordinem prægravare nec in præjudicium reipublicæ christicolarum Regumque prædictorum bona sumere saluti reipublicæ dedicata.

De bonis verò quæ Templariorum fuisse dicuntur, videlicet de mobilibus extantibus, & de fructibus ac leveiis futuri temporis usque ad quinque vel sex annos, expediret juvare dictum ordinem ut centum galeas seu plures habens, cum pugnatoribus idoneis mare custodiendo Soldanum gravare, & terram mari proximam, quæ dicitur durare per xxx. dietas, gravaret ac depauperaret in tantum quod Soldanus & sui generali passagio veniente non possent resistere, imò interim subsidio maris & bonorum quæ per ipsum consueverunt habere carentes, dante Domino possent de facili superari & devinci, prout hoc fore possibile testantur prudentes & experti milites de partibus illis nati, qui Babylonem & Ægyptum cum eorum habitatoribus profitentur se vidisse & ob hunc finem diligenter considerasse.....

Apparere liquidò potest cuilibet futuros eventus rerum probabiles intuenti quod dicta ordinatio bonorum, quæ data fuit Templariis ob causam quæ non fuit subsecuta, & ob hoc est revocanda donatio, non ut ad profanos usus revertatur, sed ut convertatur in finem debitum, quacunque dubitatione cessante proderit Prælatis & toti populo in recompensationem impensarum quas fecerunt negotium demolitionis ordinis & punitionis personarum prosequendo. Nam subsidium terræ sanctæ, cessante decimarum exactione, eleemosynarum & crucesignationis solita petitione, munitionem habebit pro stipendiis seu gagiis pugnatorum qui necessarii erunt persolvendis, nec oportebit Principes catholicos de locis remotis illuc ire, terrarum suarum regimina dimittendo, vitas suas abbreviando, sicut historiæ multotiens contigisse testantur. Ex talibus itineribus, quæ parum profuerunt, quoniam non durarunt partiales conquestus, liquet præsertim regno Franciæ plurima dispendia contigisse. Proderunt etiam aliquando thesauri fauri pro Terra Sancta sic congregati Principibus locorum; quia si subitò veniente guerra tanta egeant pecunia, poterunt eam paratam petere & habere, de reddendo cùm petetur caventes, & per missiones pugnatorum exonerabuntur regiones de juvenibus sine custu suorum proximorum, qui non haberent unde honestè viverent in locis suarum nationum. Per viam prædictam totus populus Ægyptiacus ad fidem catholicam de facili convertetur, ut de servitute in libertatem erigatur. Pharao per providentiam & promissionem Joseph, qui septem annis fertilibus granum collegit, in sequentibus septem sterilibus annis mediante grano reposito patres & filios comparavit & ex tunc in servitutem redegit. Propter quod populus de omnibus fructibus terræ, quæ multùm fertilis est, solùm percipit pauperem victum & vestitum. Et idcirco dicunt qui illuc fuerunt, quòd Soldanus anno quolibet percipit à populo plus quàm sexies centum millia bisantiorum auri, quolibet valente sex florenos. Et sic, cùm terra promissionis à catholicis possessa & sufficienter gubernata erit, cùm hostes aliunde nullo modo possent Ægyptum intrare nisi per mare prope Babylonem, videlicet propter fortissimas clausuras deserti, liquet quòd absente Domino terra posset per paucos & cum sumptibus modicis custodiri, & prout in dicta epistola cavetur, pace firmata inter Principes catholicos, promississque sub bonis cautionibus ab eisdem sibi invicem subsidiis & succursibus opportunis, non esset qui contra quemquam eorum guerram movere auderet; & si moveret, qui non confunderetur per tot & tantos circumdatus brevi manu. Sic Rex Ægypti cum auxilio Ordinis regalis & aliorum Principum ac multitudinis fortium pugnatorum ad eum confluentium propter lucra captanda, quoniam in terris nationum suarum ociosi, cessantibus ibi guerris, honestè sine penuria vivere non possent, posset cum Dei adjutorio omnes populos Orientales & etiam Occidentales ultra mare Mediterraneum habitantes sibi subjugare, & ad fidem attrahere christianam, plurimùm adjuvante provisione scholarium facta in epistola supradicta. Quoniam disponente & causante cælestis harmoniæ benevolentia, generati, nati, & nutriti in regno Francorum, præsertim propè Parisius, in moribus, constantia, fortitudine, & pulchritudine natos in aliis regionibus naturaliter plurimùm præcellunt, sicut naturaliter probavit experientia, quæ est summa rerum magistra, expediret quòd prædictus filius naturaliter præ omnibus summè dispositus tantum in Francia remaneret, quòd ibi antequam recederet plures filios dimitteret ibidem nutriendos & erudiendos, & antequàm recederent similiter facturos; ut omnes Reges Ægypti, Acon, & Imperatores Constantinopolitani, si heredes Imperatoris, ut expediret, sic facerent in Francia generati, nati, nutriti & eruditi, bonitatem domus Domini Regis Franciæ, pulchritudinem & fortitudinem incolarum loci perpetuò sortirentur, regnum ejus, summum Principem, ac ejus liberos, totumque genus, Barones & populum perpetuò diligerent, & toti regno de pretiosis rebus Orientalibus facerent & curarent, prout esset possibile, provideri. Sic filius supradictus ad Dominum patrem suum cessante quolibet periculo redire posset, cùm ejus filius militans ad ipsum accederet. Sic populus Orientalis Dominum suum semper videret in flore juventutis & pulchritudinis naturalis, & ipsum videre super omnia desideraret, ipsumque timeret, cùm juvenem fulgentem ut virum fortiter obstagiare videret.

Si aliquis dicit: Fortè Rex Cypri præmissa facerere cusabit, responderi potest quòd non est verisimile; quoniam ipse uxorem & liberos non habens, in domibus suis jamdiu est religiosè, ac in comtemplatione vivere consuevit, & frater suus ab intestato sibi successurus abstulit ab eo & rapuit thesauros per ipsum Regem ob recuperationem Terræ sanctæ congregatos, & ipsum regnum injustè visus est & nititur invadere & auferre, feloniam committendo, ab ejus successione se indignum faciendo, in mortem ipsius Regis pluries machinando, & ad ipsum occidendum mittendo. Super quo expediret ipsum Regem Cypri ex parte Domini Papæ & secretè & citò interpellari per aliquem sapientem, cum procuratore quem habet idem Rex in curia Romana, videlicet Bomundo dicto Bonin Milite. Et ut omnia de consensu fierent, post ingressum religionis & factam donationem, ut brigua totaliter tolleretur, expediret fratri dicti Regis in terra promissionis vel alibi dare bonum comitatum ut taceret. Et si Rex Cypri hoc recusaret, Dominus Rex Siciliæ jure suo uti vel ipsum in alium transferre posset. Et Comes de Brienne prosequi posset jus quod habere dicitur in regno Cypri, si adhuc extat, ut fore creditur, hominum memoria de tempore quo idem Comes regnum Cypri habuisset, si illuc accedere potuisset. Regi verò Siciliæ ultra precium pro regno Hierusalem solutum promitti posset regnum Tunicii, Siciliæ tam proximum quòd de una terrarum alia videtur, videlicet post conquæstum regni Hierusalem cum ipsius Regis Siciliæ auxilio per Regem Hierusalem & alios catholicos favente Domino conquæstandum. * * *

Et quia Papa se proponit à Domino Rege elongare, placeat eidem Domino Regi præmissa citò videre, ut si expediens videat, cum ipso Papa super eis tam secretum quàm publicum habeat colloquium & tractatum, juxta verbum Domini Jesu, qui ait: *Ambulate dum lucem habetis. Bal. Pap. Aven. tom. II. pag. 186.*

HUITIE'ME PREUVE, *Hist. pag.* 517.

LE Roy se plaignoit en premier lieu de ce que le Pape étoit froid à le seconder en cette juste poursuite, la chose étant sans difficulté, que Dieu ne déteste rien tant que les tiedes: que c'étoit apporter du consentement aux crimes des accusez, & leur donner assurance de ne reconnoître leurs fautes: qu'il faudroit plûtôt que le Pape excitât les Prelats ordinaires des lieux d'y faire leur devoir pour l'extirpation de cet Ordre, étant appellez avec lui *in partem solicitudinis*; qui peuvent beaucoup mieux faire & instruire une telle affaire dans leurs dioceses, que ceux qui n'y ont point d'habitude; il ajoute: *Gravis, quod abſit, feret injuria, ſi ſine juſta cauſa miniſterium à Deo ſibi traditum, & defenſionis fidei meritum auferretur Epiſcopis; nec Prælati talem injuriam meruerunt, nec hanc ferre poſſent, nec (ſcilicet Rex) ſalvo ſuo juramento poſſet hoc tolerare, eſſetque peccatum graviſſimum ſpernere eos quos Deus miſit: qui vos enim ſpernit, me ſpernit, ait Dominus. Quis ergo ſacrilegus vobis, Pater, præſumet conſulere quòd vos eos ſpernitis, imò potius Jeſum Chriſtum eos mittentem?* Que le Pape eſt ſujet aux loix de ſes prédéceſſeurs, juſques-là que quelques-uns ont dit que le Pape *in canonem latæ ſententiæ poteſt incidere, maximè in cauſa fidei ipſo facto.* Que la ſuſpenſion qu'avoit fait le Pape du pouvoir des Inquiſiteurs étoit fort préjudiciable à cette affaire, donnant eſperance aux Templiers de trouver de la faveur près de lui, où l'affaire ne prendra jamais fin; que depuis cela quelques-uns ont varié en leurs dépoſitions. Sur la fin ayant exageré les méchancetez des Templiers, il remarque, que jamais Roy, ni Prince, ni aucun autre particulier, ſinon ceux de l'Ordre, ont pû voir la reception d'un des Freres de l'Ordre, & qu'elles ſont toutes clandeſtines: Que le Roy de France, *Rex Catholicus, non ut accuſator, non ut denuntiator, vel partialis promotor hoc ſuſcepit, ſed ut Dei miniſter, pugil fidei Catholicæ, legis divinæ Zelator, ad defenſionem Eccleſiæ juxta traditiones SS. Patrum, de qua tenetur Deo reddere rationem.* Condamnation des Templiers, Tréſor des Chartes Layette 1. n. 34. pag. 11. ann. 1307.

EN l'an de l'Incarnation 1309. les Templiers tant à Paris comme vers le moulin de S. Antoine près du chemin de Senlis, après les Conciles prononcez ſur les choſes illec celebrées, furent arz, & la chair & les os ramenez en poudre, deſquels Templiers deſſuſdits l'un le Mardi après la fête S. Nicolas en Mai vers celui moulin fut ars, ainſi comme deſſus eſt dit. Mais ils eurent moult à ſouffrir de peine & de douleur, & ne voulurent onc rien recognoitre en leur deſtruction, pour laquelle choſe ils eſtimoient que leurs ames en peurent avoir perpetuel damnement; car ils mirent le menu peuple en grand erreur; & pour ce après ce en ſuivant la veille de l'Aſcenſion Nôtre Seigneur, les autres Templiers furent ars, & la chair & les os ramenez en poudre, deſquels l'un étoit Aumônier du Roy qui tant d'honneur avoit eu en ce monde: mais oncques de ſes meſfaits n'eut aucune cognoiſſance.

NEUVIE'ME PREUVE. *Hiſt. p. 530.*

CLEMENS Epiſcopus Servus Servorum Dei ad perpetuam rei memoriam:

Ad providam Chriſti Vicarii præſidentis in ſpecula, Apoſtolicæ dignitatis circumſpectionem pertinet, vices penſare temporum, emergentium negotiorum cauſas diſcutere, ac perſonarum attendere qualitates, ut ad ſingula debitum dirigens neceſſariæ conſiderationis intuitum & opportunæ manum operationis apponens, de agro Domini ſic vitiorum tribulos eruat, & virtutes amplificet, ſic prævaricantium spinas tollat, & evellendo plus plantet, quàm destruat, & in loca vacua per eradicationem nocentium tribulorum, devotâ Deo plantaria transferendo, potiorem præbeat, de provisa & utili eorumdem locorum unione & translatione lætitiam quam vera justitia, quæ compassionem habet, dolorem intulerit demerentium personarum locorum hujusmodi per ruinam: sic enim sufferendo quod officit, & subrogando quod proficit, virtutum profectus amplificat, sublata & de medio meliori subrogatione restaurat: dudum si quidam ordinem domus militiæ Templi Hierosolymitani propter Magistrum & Fratres, cæterasque personas dicti Ordinis in quibuslibet mundi partibus consistentes variis & diversis, non tam nefandis quàm infandis, proh dolor! errorum & scelerum obcænitatibus, pravitatibus, maculis, & labe repersos, quæ propter tristem & spurcidam eorum memoriam, nostris litteris subticemus, ejusdemque Ordinis statum habitum, atque nomen non sine cordis amaritudine & dolore, sacro approbante Consilio *non per modum definitivæ sententiæ*; cùm eam super hoc secundum inquisitiones, & processus super iis habitos, non *possemus ferre de jure*, sed *per viam provisionis, seu Ordinationis Apostolicæ*, irrefragabili & perpetuò valitura substulimus sanctione, ipsum prohibitioni perpetuæ supponentes, districtiùs inhibendo ne quis dictum Ordinem de cætero intrare, vel ejus habitum suscipere, vel portare, aut pro Templario gerere se præsumeret. Quod si quis contra faceret, excommunicationis incurreret sententiam ipso facto. Universa etiam bona Ordinis prælibati Apostolicæ sedis ordinationi & dispositioni authoritate Apostolica duximus reservanda: inhibentes districtiùs ne quis cujuscumque conditionis, vel status existeret, se de personis, vel bonis hujusmodi aliquatenus intromitteret, vel circa ea in præjudicium ordinationis, seu dispositionis Apostolicæ per sedem eandem, ut præmittitur, faciendæ, aliquid faceret, innovaret vel etiam attemptaret, decernentes ex tunc irritum & inane si secus à quoquam scienter vel ignoranter contingeret attemptari, ac postmodum ne dicta bona quæ dudum ad subsidium Terræ Sanctæ, & impugnationem inimicorum fidei christianæ à Christi cultoribus data, legata, concessa & acquisita fuerint, debita gubernatione carentia tanquam vacantia deperirent, vel converterentur in usus alios, quàm in illos ad quos fuerant pia devotione fidelium deputata, vel propter tarditatem ordinationis, & dispositionis hujusmodi eorum destructio, vel dilapidatio sequeretur, cum fratribus nostris, Sanctæ Romanæ Ecclesiæ Cardinalibus, nec non Patriarchis, Archiepiscopis, Episcopis & Prælatis, ac etiam cum non nullis excellentibus & illustribus personis, cum reliquorum quoque absentium Prælatorum, ac etiam Capitulorum & conventuum Ecclesiarum, & Monasteriorum Procuratoribus, in dicto consilio constitutis, habuimus ardua morosa & diversa consilia, & tractatus, ut per hujusmodi consiliorum, & tractatuum deliberationem præhabitam diligentem, dictorum bonorum ordinatio & dispositio ad honorem Dei, augmentum fidei, exaltationem Ecclesiæ, dictæ Terræ subsidium, salutem quoque fidelium & quietem, salubris & utilis proveniret. Post utique longa præmeditata provisa & matura consilia, suadentibus plurimis justis causis, nostra & dictorum Fratrum necnon Patriarcharum, Archiepiscoporum, Episcoporum & aliorum Prælatorum, ac excellentium & illustrium personarum prædictorum, in dicto Concilio tunc præsentium deliberationes & consilia in hoc finaliter reciderunt, ut prædicta bona Ordini Hospitalis sancti Joannis Hierosolymitani & ipsi Hospitali ac dilectis Filiis Magistro & Fratribus Hospitalis ejusdem, nomine Hospitalis & Ordinis eorumdem, qui tanquam athletæ Domini pro defensione fidei, se periculis mortis jugiter exponentes, onerosa nimis & periculosa dispendia continuè perferunt in partibus transmarinis, in perpetuum unirentur. Nos igitur inter cætera mundi loca, in quibus vigere dignoscitur observantia regularis, dictum Ordinem Hospitalis, & ipsum Hospitale sinceræ charitatis plenitudine prosequentes, ac attendentes quòd sicut evidentia facti docet, in eo divinis obsequiis ferventer insistitur, pietatis & misericordiæ opera vigilantibus studiis exercentur, Fratres Hospitalis ipsius mundanis spretis illecebris devotum impendentes Altissimo famulatum, ac pro recuperatione Terræ prædictæ tanquam intrepidi Christi pugiles ferventibus studiis & desideriis intendentes, quælibet ducunt humana pericula in contemptum; considerantes quoque quòd ex hoc tantò eorumdem Magistri & Fratrum dictorum ordine & Hospitalis crescet strenuitas, animorum fervor augebitur, & ipsorum roborabitur fortitudo ad propulsandas nostri Redemptoris injurias & hostes ejusdem fidei conterendos, quantò ipsorum potentia in opulentioribus facultatibus augmentata onera quæ prosecutionis tanti negotii necessitas exigit, levius & facilius poterunt supportare, ac propterea non indiget vigiles reddere, studiisque sollicitis, excitare, ut ad sui status augmentum opem & operam impendamus, eodem sacro approbante Concilio, ipsam Domum militiæ Templi cæterasque domos, Ecclesias, Cappellas, Oratoria, Civitates, Castra, Villas, Terras, Grangias & loca, possessiones, jurisdictiones, redditus atque jura, omniaque alia bona immobilia & mobilia vel se moventia cum omnibus membris juribus & pertinentiis suis ultra & citra mare ac in universis & quibuslibet mundi partibus consistentia, quæ ipse Ordo & dicti Magister & Fratres ipsius Ordinis militiæ Templi, tempore quo ipse Magister & nonnulli ex eisdem Fratribus militiæ Templi in regno Franciæ communiter capti fuerunt, videlicet anno Domini millesimo trecentesimo octavo, mense Octobris, per se vel quoscumque alios habebant, tenebant & possidebant: vel ad eosdem domum & ordinem militiæ Templi, & dictos Magistrum & Fratres ipsius Ordinis militiæ Templi quomodo libet pertinebant, necnon nomina, actiones & jura quæ prædicto tempore captionis ipsorum eisdem Domui, Ordini vel personis ipsius Ordinis militiæ Templi, quocumque modo competebant, vel competere poterant, contra quoscumque, cujuscumque dignitatis, status, vel conditionis extiterant, cum omnibus privilegiis, indulgentiis, immunitatibus & libertatibus quibus præfati Magister & Fratres dictorum Domus & Ordinis militiæ Templi & ipsa Domus & Ordo, per sedem Apostolicam, vel per Catholicos Imperatores, Reges, & Principes, & fideles alios, vel quocunque alio modo erant legitimè communiti, eidem Ordini Hospitalis sancti Joannis Hierosolymitani, & ipsi Hospitali donamus, concedimus, univimus, incorporavimus, applicamus & annectimus in perpetuum de Apostolicæ plenitudine potestatis. Exceptis bonis quondam dicti Ordinis militiæ Templi consistentibus in regnis & terris charissimorum in Christo filiorum nostrorum, Castellæ, Aragoniæ, Portugaliæ & Majoricationum Regum illustrium extra regnum Franciæ, quæ à donatione, concessione, unione, applicatione, incorporatione & annectione prædictis, specialiter excipienda duximus ac etiam excludenda; ea nihilominus dispositioni & ordinationi sedis Apostolicæ reservantes, inhibitionem dudum per alios processus nostros factam, ne quis videlicet cujuscunque conditionis vel status existeret se de personis & bonis hujusmodi aliquatenus intromitteret, vel circa ea in præjudicium ordinationis, seu dispositionis sedis ejusdem faciendæ de illis, nec non decreti nostri interpositionem quoad personas, & bona in dictis regnis & terris eorumdem regum proximè expressorum consistentia omnino manere volentes in pleno robore firmitatis, quousque de personis & rebus prædictis in eisdem regnis & terris consistentibus per dispositionem sedis ejusdem fuerit aliter ordinatum. Occupatores quoque dictorum bonorum, aut illicitos detemptores, cujuscumque status, conditionis, excellentiæ vel dignitatis extiterint, etiamsi pontificali, imperiali, vel regali præfulgeant dignitate, nisi intra unius mensis spatium, postquam super hoc per dictos Magistrum & Fratres ipsius Hospitalis vel ipsorum quemlibet aut procuratorem, seu procuratores eorum fuerint requisiti dicta bona diviserint, illaque plenè & licitè restituerint Ordini ipsius Hospitalis & eidem Hospitali, aut Magistro, seu Prioribus vel Præceptoribus, aut Fratribus Hospitalis ejusdem in quibuscumque partibus & provinciis constitutis, eorumque singulis, vel procuratori, seu procuratoribus eorumdem ejusdem Ordinis ipsius Hospitalis nomine, etiamsi dicti Priores, Præceptores & Fratres ipsius Hospitalis, & Procuratores ipsorum & eorum quilibet, à dicto Magistro ipsius Hospitalis, mandatum super hoc specialiter non haberent, dummodo Procuratores prædicti, à dictis Prioribus & Præceptoribus, vel aliorum singulis in Provinciis & partibus in quibus hujusmodi Priores, Præceptores extiterint deputati, mandatum super hoc habuerint, vel ostenderint speciale. Qui omnes & singuli videlicet Priores & Præceptores & Fratres dicto Magistro, Procuratores verò prædicti eisdem Prioribus & Præceptoribus eorumque singulis, à quibus super hæc fuerint deputati, plenum super omnibus gestis, actis receptis & procuratis per eos quomodolibet in hac parte computum & rationem ponere & reddere teneantur

tur : necnon omnes qui scienter occupatoribus & detemptoribus prælibatis in occupatione, vel detemptione hujusmodi dederint consilium, auxilium, vel favorem publicè, vel occultè, excommunicamus ; capitula vero, collegia seu conventus Ecclesiarum & Monasteriorum, nec non universitates, civitatum, castrorum, villarum & aliorum locorum, ipsas civitates, castra, villas & loca quæ in eis culpabilia extiterint, ac etiam civitates, castra & loca in quibus detemptores & occupatores hujusmodi dominium obtinuerint temporale, si hujusmodi Domini temporales in dimittendo bona prædicta & restituendo illa Magistro & Fratribus Ordinis & Hospitalis ejusdem, nomine Hospitalis ipsius, obstaculum adhibebunt, & intra dictum mensem ab hujusmodi præmissis non destiterint, postquam super hoc, ut præmittitur, fuerint requisiti, ipso facto interdicti sententiis decrevimus subjacere, à quibus absolvi non possint donec super iis plenam & debitam satisfactionem curaverint adhibere; & nihilominus occupatores & detemptores hujusmodi, vel præstantes eisdem, ut præmittitur, auxilium, consilium vel favorem, sive singulares personæ, sive Capitula, Collegia seu Conventus Ecclesiarum & Monasteriorum, aut universitates civitatum, castrorum, terrarum, vel aliorum locorum extiterint, præter pœnas perscriptas omnibus quæ ad Romanam vel aliis Ecclesiis quibuscunque tenent interdum ipso facto decernimus fore privatos, sive privata, ita quod ad Ecclesias, ad quas spectant illa liberè sine contradictione aliqua revertantur, earumque Ecclesiarum Prælati, sive rectores de ipsis pro sua voluntate disponant, sicut utilitati Ecclesiarum ipsarum viderint expedire. Nulli ergo hominum liceat hanc paginam nostrarum donationis, concessionis, unionis, incorporationis, applicationis, annexionis, reservationis, inhibitionis, voluntatis, constitutionum infringere, vel ei ausu temerario contraire ; si quis autem hoc attemptare præsumpserit, indignationem omnipotentis Dei & beatorum Petri & Pauli Apostolorum ejus se noverit incursurum. Datum Viennæ, sexto Nonas Maii, Pontificatus nostri anno septimo, & in Bulla plumbea sanctus Paulus, sanctus Petrus, Clemens Papa quintus.

Consentement prêté par le Roy Philippe le Bel (comme ayant la garde & droit de Patronage) à la translation des biens des Templiers en l'Ordre de l'Hôpital S. Jean , à la charge qu'il soit réglé & réformé tant au chef qu'en ses membres , pour servir au secours de la Terre Sainte. Hist. p, 532.

SANCTISSIMO Patri in Domino C. divina providentia sacrosanctæ Romanæ ac universalis Ecclesiæ summo Pontifici, Philippus eadem gratia Francorum Rex pedum oscula beatorum. Pater sanctissime, cùm nuper in Concilio generali Viennensi propter hæreses, enormitates, & scelera reperta in Fratribus tunc Ordinis militiæ Templi, tanquam infructuosum, odiosum & abominabilem, per ordinationem seu dispositionem Apostolicam, vestra sanctitas Ordinem eundem, statum & nomen ipsius tollere curaverit ab Ecclesia sancta Dei; nosque Beatitudini vestræ assensum præbuerimus, quòd de bonis quondam Templi in regno nostro consistentibus eadem transferendo in novum Ordinem, vel antiquum militarem, ordinaretis prout secundùm Deum, pro subsidio Terræ Sanctæ videret vestra sanctitas expedire; sanctitatisque vestræ finalis deliberatio nobis assentientibus in hoc resedit, quòd bona Ordinis præfati cum suis honoribus, & oneribus in Fratres, & Ordinem Hospitalis sancti Joannis Hierosolymitani per ordinationem Apostolicam transferrentur pro Terræ Sanctæ servitio, cui priùs fuerant deputata, sicut & bona Ordinis Hospitalis ejusdem : Nos itaque quorum interest, cùm bona prædicta quatenus in regno nostro sunt, sub nostra gardia speciali & protectione consistant, & eis ad nos jus Patronatus mediatè vel immediatè plenariè pertinere noscatur, ad hujusmodi consensum impertiendum una cum Prælatis in Concilio congregatis fuerimus per vos inducti, *quia sanctitas vestra disposuerat & ordinaverat quòd per Sedem Apostolicam sic dictorum Hospitalariorum Ordo regularetur & reformaretur tam in capite quàm in membris, quòd Deo, Ecclesiasticis personis & secularibus esset acceptabilis, non autem infestus, sed subsidio Terræ Sanctæ quàm plurimùm fructuosus; sic etiam provideretur, & disponeretur de bonis præfatis omnibus, quòd revocatis bonis omnibus alienatis utriusque Ordinis, fructus, proventus, & redditus eorumdem bonorum utriusque Ordinis, deductis expensis necessariis pro custodia & administratione bonorum ipsorum, fideliter ac integre converterentur in servitium, & subsidium supradictum* : sicque vestra sanctitas sacro approbante Concilio ordinavit, & ordinationem hujusmodi in dicto Concilio solemniter publicavit. Nos igitur dispositionem, ordinationem, & translationem hujusmodi acceptamus, & ei nostrum præbemus assensum, juribus omnibus nobis, & Prælatis, Baronibus, Nobilibus, & aliis quibuscunque regni nostri ante prædicta competentibus in bonis prædictis, Salvis perpetuò nobis & eis. In quorum testimonium, & munimen sigillum nostrum præsentibus litteris duximus apponendum. Datum Parisius die 24. Augusti, anno Domini millesimo trecentesimo duodecimo. Et sont lesdites Lettres scellées sur double queue de parchemin d'un grand sceau de cire jaune. *Idem p. 178. anno* 1312.

Mise en possession du bien des Templiers pour les Hospitaliers, 1312.

Extrait d'un Registre *olim* des Arrêts depuis l'an 1299. jusques en 1318. *Hist.* p. 543.

Arresta per Curiam data in Parlam. Octavar. hyem. festi B. Martini anno 1312. *fol.* 140. *vers.*

CUm propter abominationes, & errores Templariorum contra fidem Catholicam in eis repertos, eorum Ordo, nomen & habitus fuerint in perpetuum nuper in generali Concilio Viennæ per Apostolicam

stolicam Sedem omnino sublati, & domino Rege præsente, instante ac requirente, bona dictorum Templariorum, seu eorum Ordinis, quæ pia devotione fidelium pro Terræ sanctæ obsequio destinata fuere, per eandem Sedem Apostolicam Magistro & Fratribus Hospital. S. Joannis Hierosolymitani, ac eorum Ordini pro prædictæ Terræ Sanctæ subsidio concessa fuerint in perpetuum, & in eos translata, per eos habenda, tenenda, & perpetuò possidenda eo statu, & jure, quibus prædicti Templarii ea possederant, cum omnibus honoribus, & oneribus, juribus ac pertinentiis bonorum ipsorum, salvis ipsi domino Regi, Prælatis, Baronibus, Nobilibus, & personis aliis regni Franciæ, juribus quibuscunque, quæ in bonis prædictis quomodo libet ipsi, & eorum quilibet habebant, tempore quo ipsa bona præfati Templarii possidebant.

Dictus insuper dominus Rex Francorum Leonardum de Thibertis, Fratrem Ordinis dicti Hospitalis, Procuratorem Generalem Magistri, Fratrum, & Ordinis ejusdem, ac ad nanciscendum possessionem dictorum bonorum Templariorum quondam specialiter constitutum, petentem & supplicantem investivit de bonis eisdem in regno Franciæ existentibus, & eum in possessionem misit eorumdem nomine Ordinis Hospitalis prædicti, cum omnibus honoribus, & omnibus juribus & pertinentiis bonorum ipsorum, & salvis ipsi D. Regi, Prælatis, Baronibus, nobilibus, & personis aliis regni Franc. juribus quibuscumque, quæ ipsi D. Regi, Prælatis, Baronibus, Nobilibus, & personis aliis regni Franc. tempore quo dicti Templarii ea possederunt, quomodolibet pertinebant: ut bona ipsa Magister, Fratres & Ordo prædicti habeant, teneant & possideant, & eis fruantur eo statu & jure quantum ad se & alios attinet, quibus dicti Templarii habuerant, & possederant bona ipsa, tempore quo propter errores prædictos in regno Franciæ capti fuerunt, & per Ecclesiam cæptum fuit contra eos procedi. Investituram verò, missionem in possessionem, traditionemque bonorum prædictas modo & forma prædictis dictus D. Rex fecit, per eum expresso Procur. prædicto, quòd de bonis prædictis, fiant & ministrentur expensæ Templariorum, qui ratione dictorum errorum per dispositionem Ecclesiæ capti tenentur, seu tenebuntur, ac similiter expensæ quæ fient ratione processuum dicti negotii fidei contra personas singulares Templariorum auctoritate Apostolica faciendorum. Et quòd mobilia, fructus, obventiones, & redditus bonorum prædictorum deductis suis oneribus, & etiam expensis quas oportebit fieri pro eisdem regendis, administrandis, colligendis & custodiendis ad obsequium Terræ Sanctæ negotii fideliter committantur. Forma igitur, & modo suprà scriptis, & prout dom. Rex suprà expressit, Procurator prædictus, præmissa acceptans nomine Magistri, Fratrum & Ordinis prædictorum, investituram, missionem in possessionem, traditionem & deliberationem bonorum prædictorum à domino Rege recepit. Quare dictus dominus Rex præcepit, quòd bona prædicta & eorum possessionem realem Seneschalli, Baillivi, cæterique Justitiarii ipsius dom. Regis, quibuslibet prout in suis districtibus seu reſſortis exiſtunt bona ipſa plenariè tradant, deliberent, tradi & deliberari faciant dictis Magiſtro, Fratribus, ſeu Prioribus, Provincialibus, Adminiſtratoribus, ſeu procuratoribus eorundem, & eos bonis prædictis & eorum poſſeſſione quantum ad eos pertinet gaudere faciant plenariè, eo ſtatu, modo & jure, quantum ad ſe & alios, quibus, ut dictum eſt, olim Templarii prædicti tempore prædicto eiſdem bonis gaudebant. Quibuſſibet injuſtis occupatoribus ſeu detentatoribus bonorum ipſorum de plano dotatis partibus, & auditis inde prout ratio ſuadebit amotis : dando Prælatis, Baronibus, Nobilibus & perſonis quibuſlibet regni Franciæ per litteras quæ dictis juſtitiariis ſuper hoc dirigentur, in mandatis, ut ipſi in præmiſſis, & ea tangentibus eiſdem juſtitiariis domini Regis pareant efficaciter, & intendant. Mercur. poſt Annunciationem Dominicam. *Dupui p.* 180.

Traité entre les Gens du Roi & les Hoſpitaliers touchant le bien des Templiers.

LE Roi Philippes le Long dit que le Roi ſon pere ayant traité avec les Hoſpitaliers, auroit été trouvé qu'il lui étoit deu deux cens mille livres tournois ſur les biens des Templiers ; & depuis du tems de Louis Hutin, il auroit été arreſté qu'il lui étoit deu ſoixante mille livres pour la même cauſe : Surquoi ſeroit intervenu accord entre ledit Roi Louis, & ceux de Jeruſalem, par lequel le Roi devoit avoir les deux parts de tous les biens-meubles, & des joyaux & des ornemens des maiſons & chapelles : & depuis par Arrêt de la Cour donné contre les Freres dudit Hôpital, avoit été dit, que les deux parts de tous les biens, les fruits des terres & des vignes de toutes les maiſons qui avoient été baillées pleines, comme de terres ſemées, vignes, labourage baillé aux Curateurs, furent adjugez au Roi. Enfin pour ce qui pouvoit reſter, il eſt accordé que ceux de l'Hôpital quittent au Roi tout ce qu'ils pourroient prétendre deſdits Curateurs juſques à leur entrée en poſſeſſion du bien deſdits Templiers ; quittent au Roi toutes les dettes, deubs par lettres ; ce qui a été receu de part & d'autre, demeurera. Fait à Paris le 6. Mars 1317. Regiſtre du Treſor, Lettre 142. *Dupui p.* 184. *ad ann.* 1317.

DIXIE'ME PREUVE. *Hiſt. pag.* 548.

De Terris quondam Templariorum Hoſpitalariis liberandis.

REx Cuſtodi quarumdam Terrarum & Tenementorum, quæ quondam fuerunt Templariorum in Civitate noſtrâ Londoniarum, & ſuburbio ejuſdem Civitatis, Salutem.

Cùm Dominus Clemens, divina providentiâ, Papa quintus, nuper in generali Concilio, *Vienn. Congregato*, Ordinem quondam Domûs militiæ Templi, *propter varias cauſas*, ſuſtulerit, & perpetuò ſuppoſuerit interdicto, & eandem Domum, cæteraſque Domos, Eccleſias, Capellas, Oratoria, Civitates, Caſtra, Villas, Grangias, Loca, Poſſeſſiones, Juriſdictiones, redditus, atque jura, omniaque alia bona, immobilia & mobilia, ac ſe moventia, cum omnibus juribus, membris, & pertinentiis ſuis, in univerſis & quibuſlibet mundi partibus conſiſtentia, quæ olim fuerunt Magiſtri & Fratrum Ordinis (hujuſmodi bonis, in Regnis & Terris Regum, Caſtellæ, Aragoniæ, Portugaliæ, & Majoricarum exiſtentibus, ex certis cauſis, exceptis, & prædicti Domini Papæ, ac Apoſtolicæ Sedis ordinationi reſervatis) Ordini Hoſpitalis ſancti Johannis Hieroſolimitani duxerit concedenda, applicanda, & unienda, memoratóque Ordini Hoſpitalis prædicti, vel ipſius Procuratoribus, ejus nomine, infra certum tempus reſtituenda,

Contra detentores dictorum bonorum, & reſtitutionem eorumdem impedientes, graves cenſuras Eccleſiaſticas ſtatuendo;

Et per litteras ſuas bullatas, nobis inde directas, nos rogaverit exhortando, quod bona hujuſmodi, infra Regnum & Dominium noſtrum, præfato Ordini Hoſpitalis prædicti, vel ipſius Procuratoribus, ejus nomine, reſtitui facere curaremus:

Nos, conſiderantes diverſa damna & pericula quæ, per detentionem bonorum prædictorum, in Regno & Dominio noſtris, ſi fieret, nobis, & eidem Regno, ac ſubditis noſtris poſſent multipliciter evenire; quæ, propter brevitatem temporis, infra quod hujuſmodi reſtitutio fieri petebatur, non poſſent ea vice aliàs præcaveri, volenteſque damna & pericula hujuſmodi evitare, Domos, Eccleſias, Villas, Maneria, Terras, Redditus, Loca, & alias poſſeſſiones quaſcumque, cùm omnibus ſuis juribus, & pertinentiis, quæ olim fuerunt dictorum Magiſtri & Fratrum prædictæ militiæ Templi, in prædictis Regno & Dominio noſtris (factâ priùs per nos quadam Proteſtatione, pro conſervatione juris noſtri & ſubditorum noſtrorum, in hac parte) Fratribus, Alberto de Nigro Caſtro, Magno Præceptori Domûs Hoſpitalis ſancti Johannis Hieroſolimitani prædicti, & locum tenenti, citra Mare Mediterraneum, Magni Magiſtri Hoſpitalis ejuſdem, & Leonardo de Tibercis Priori Venetiarum, Procuratori generali Hoſpitalis prædicti, nomine Hoſpitalis ejuſdem, duximus liberanda, ſalvo jure noſtro, & ſubditorum noſtrorum quorumcumque, juxta vim & effectum Proteſtationis noſtræ ſupradictæ.

Et ideo vobis mandamus quòd præfatis Alberto & Leonardo, vel illi, aut illis, quem, vel quos, ipſi ad hoc per ſuas patentes litteras deputaverint loco ſui, Domos, Eccleſias, Maneria, Terras, Redditus, Loca, & alias poſſeſſiones quaſcumque, cum ſuis juribus & pertinentiis univerſis, quæ fuerunt dictorum Magiſtri & Fratrum militiæ prædictæ, in Civitate & Suburbio prædictis, & quæ in cuſtodiâ veſtrâ ex commiſſione noſtra exiſtunt, una cum bladis in terris ſeminatis, & ornamentis Eccleſiarum illarum, ſine dilatione aliquâ liberetis, ſalvo jure noſtro & ſubditorum noſtrorum quorumcumque juxta vim & effectum Proteſtationis noſtræ prædictæ, ſicut prædictum eſt: Volumus enim vos inde ex nunc erga nos exonerari.

Teste Rege apud Westm. 28. die Novembris

Per ipsum Regem.

Consimiles litteræ diriguntur Custodibus subscriptis, de Domibus, Ecclesiis, Villis, Maneriis, Terris, Redditibus, Locis, possessionibus quibuscunque, cum suis juribus, & pertinentiis universis, quæ fuerunt dictorum Magistri & Fratrum militiæ prædictæ, in Comitatibus subscriptis, præfatis Alberto & Leonardo, in formâ prædictâ liberandis; videlicet,

Custodi quarumdam Terrarum & Tenementorum quondam Templariorum, in Comitatu Essexiæ;

Custodi quarumdam Terrarum & Tenementorum quondam Templariorum, in Comitatu Surriæ;

Custodi quarumdam Terrarum & Tenementorum quondam Templariorum, in Comitatu Leycestriæ;

Custodi quarumdam Terrarum & Tenementorum quondam Templariorum, in Comitatu Derbiæ;

Custodi quarumdam Terrarum & Tenementorum quondam Templariorum, in Comitatu Dorsettiæ;

Custodi quarumdam Terrarum & Tenementorum quondam Templariorum, in Comitatu Salopiæ;

Custodi quarumdam Terrarum & Tenementorum quondam Templariorum, in Comitatu Oxoniæ;

Custodi quarumdam Terrarum & Tenementorum quondam Templariorum, in Comitatu Bedfordiæ;

Custodi quarumdam Terrarum & Tenementorum quondam Templariorum, in Comitatu Lancastriæ;

Custodi quorumdam Terrarum & Tenementorum quondam Templariorum, in Comitatu Somersettiæ;

Custodi quarumdam Terrarum & Tenementorum quondam Templariorum, in Comitatu Rotelandiæ;

Custodi quarumdam Terrarum & Tenementorum quondam Templariorum, in Comitatu Suffolciæ;

Custodi quarumdam Terrarum & Tenementorum quondam Templariorum, in Comitatu Wiltes.

Custodi quarumdam Terrarum & Tenementorum quondam Templariorum, in Comitatu Norfolciæ;

Custodi quorumdam Terrarum & Tenementorum quondam Templariorum, in Comitatu Lincolniæ;

Custodi quarumdam Terrarum & Tenementorum quondam Templariorum, in Comitatu Cumbriæ;

Custodi quarumdam Terrarum & Tenementorum quondam Templariorum, in Comitatu Herefordiæ;

Custodi quarumdam Terrarum & Tenementorum quondam Templariorum, in Comitatu Cantebrigiæ;

Custodi quarumdam Terrarum & Tenementorum quondam Templariorum, in Comitatu Gloucestriæ;

Cuſtodi quarumdam Terrarum & Tenementorum quondam Templariorum, in Comitatu Nottinghamiæ;

Cuſtodi quarumdam Terrarum & Tenementorum quondam Templariorum, in Comitatu Staffordiæ;

Cuſtodi quarumdam Terrarum & Tenementorum quondam Templariorum, in Comitatu Warwick;

Cuſtodi quarumdam Terrarum & Tenementorum quondam Templariorum, in Comitatu Weſtmerlandiæ;

Cuſtodi quarumdam Terrarum & Tenementorum quondam Templariorum, in Comitatu Wygorniæ;

Cuſtodi quarumdam Terrarum & Tenementorum quondam Templariorum, in Comitatu Northumbriæ;

Cuſtodi quarumdam Terrarum & Tenementorum quondam Templariorum, in Comitatu Cornubiæ;

Cuſtodi quorumdam Terrarum & Tenementorum quondam Templariorum, in Comitatu Bucks;

Cuſtodi quarumdam Terrarum & Tenementorum quondam Templariorum, in Comitatu Middleſexiæ;

Cuſtodi quarumdam Terrarum & Tenementorum quondam Templariorum, in Comitatu Devoniæ;

Cuſtodi quarumdam Terrarum & Tenementorum quondam Templariorum, in Comitatu Huntingdoniæ;

Cuſtodi quarumdam Terrarum & Tenementorum quondam Templariorum, in Comitatu Rerks;

Cuſtodi quarumdam Terrarum & Tenementorum quondam Templariorum, in Comitatu Kanciæ;

Cuſtodi quarumdam Terrarum & Tenementorum quondam Templariorum, in Comitatu Hertfordiæ;

Cuſtodi quarumdam Terrarum & Tenementorum quondam Templariorum, in Comitatu Suſſexiæ;

Alexandro de Cave & Roberto de Amcotes, Cuſtodi quarumdam Terrarum & Tenementorum quondam Templariorum, in Civitate Eborum;

Cuſtodi quorumdam Terrarum & Tenementorum quondam Templariorum, in Comitatu Northamptoniæ;

Cuſtodi Terrarum & Tenementorum, &c. in Crauford;

Cuſtodi Terrarum & Tenementorum, &c. in Lilleſton;

Cuſtodi Terrarum & Tenementorum, &c. in Hendon;

Johanni de Grey, Cuſtodi quarumdam Terrarum & Tenementorum quondam Templariorum, in Comitatu Bedfordiæ;

Johanni de la Haye, Cuſtodi quarumdam Terrarum & Tenementorum quondam Templariorum, in Comitatu Herefordiæ;

Johanni de Wylburnham, Cuſtodi quarumdam Terrarum & Tenementorum quondam Templariorum, in Comitatu Cantebrigiæ;

Johanni de Butecourte, Cuſtodi quarumdam Terrarum & Tenementorum quondam Templariorum, in Comitatibus Cantebrigiæ & Middleſexiæ;

Thomæ de Grey, Custodi quarumdam Terrarum & Tenementorum quondam Templariorum, in Comitatu Northumbriæ;

Alexandro de Campton, Custodi quarumdam Terrarum & Tenementorum quondam Templariorum, in Comitatu Leycestriæ & Warric;

Johanni de Argaill, Custodi quarumdam Terrarum & Tenementorum quondam Templariorum, in Comitatu Eborum;

Johanni de Bloxham, Custodi quarumdam Terrarum & Tenementorum quondam Templariorum, in Comitatu Oxon, & aliis Com. Regni Regis;

Roberto filio Pagani, Custodi quarumdam Terrarum & Tenementorum quondam Templariorum, in Comitatu Southamptoniæ;

Hawys, quæ fuit Uxor Johannis de Ferar, Custodi quarumdam Terrarum & Tenementorum quondam Templariorum, in Comitatu Glouceftriæ, & alibi;

Willielmo de Spanneby, Custodi quarumdam Terrarum & Tenementorum & Ecclesiarum quondam Templariorum, in Comitatu Lincolniæ;

Edmundo Hakelut, Custodi quarumdam Terrarum & Tenementorum quondam Templariorum, in Comitatu Herefordiæ;

Henrico de Cobeham Juniori, de Domibus, Ecclesiis, &c. in Comitatu Kanciæ, liberandis ut supra;

Ebuloni de Montibus, de Domibus, Ecclesiis, &c. in Comitatu Lincolniæ, liberandis ut supra;

Eodem modo mandatum est Alexandro de Abernithi, de Manerio de Wylughton, cum pertinentiis, &c. unà cum bladis in terris seminatis, sine dilatione aliqua liberandis, ut supra.

Eodem modo mandatum est Willielmo de Ferar, de Manerio de Rotheleie, cum pertinentiis, liberandis in forma prædicta.

Eodem modo mandatum est Willielmo Marmyon, de Manerio de Aslakby in Comitatu Linc. liberandis in forma prædicta.

Eodem modo mandatum est Johanni de Comyn, de Manerio de Faxflete, in Comitatu Eborum, liberandis in forma prædicta.

Eodem modo mandatum est Custodi Manerii de Ribblestayn.

Eodem modo mandatum est Johanni de Sandale de Ecclesia de Reynham, &c.

Eodem modo mandatum est Gilberto de Stapelton, Custodi Ecclesiæ de Kelington de eadem Ecclesia, &c.

Eodem modo mandatum est Adomaro de Valencia Comiti Pembrochiæ, de novo Templo London. ac omnibus Terris & Tenementis, cum pertinentiis, quæ fuerunt Templariorum prædictorum in Civitate London. & Suburbio ejusdem, nec non in Comitatu Middlesexiæ, & quæ tenet, &c. *Rymer page* 454. *ad ann.* 1313.

Rex Venerabili in Christo Patri R. eadem gratiâ, Episcopo Dunelmensi, Salutem.

Cùm Dominus Clemens, &c. Et ideo vobis mandamus quòd præfatis Alberto & Leonardo, &c. Domos, Ecclesias, Villas, &c.

quæ fuerunt dictorum Magistri & Fratrum militiæ prædictæ, infra libertatem Episcopatûs vestri, & quæ in Custodiâ vestrâ existunt, sine dilatione aliquâ liberari faciatis salvo jure nostro, &c. *& tunc ista clausula*, &, ut liberationem prædictam consultiùs facere valeatis, transcriptum brevium nostrorum, inde in Regno nostro directorum, vobis mittimus præsentibus interclusum. Teste ut supra.

Eodem modo mandatum est Edwardo, Comiti Cestriæ filio Regis Karissimo, vel Justiciario suo ibidem.

Eodem modo mandatum est Justiciario, Cancellario, & Thesaurario Regis Hiberniæ, vel eorum loca tenentibus.

Eodem modo mandatum est Cancellario & Camerario Scotiæ vel eorum loca tenentibus.

Eodem modo mandatum est Rogerio de Mortuo Mari, Justiciario Walliæ. *Idem page* 457. *ad ann.* 1313.

Mandatum Vicecomitibus de protegendo Hospitalarios in assecutione præmissorum.

Rex Vicecomiti Huntingdoniæ, Salutem.

Cum Dominus Clemens, &c. *usque protestationis nostræ supradictæ*: Mandaverimusque Custodibus Terrarum, Ecclesiarum, & Tenementorum prædictorum in Comitatu tuo, quod præfatis Alberto & Leonardo, &c. Domos, Ecclesias, &c. quæ fuerunt dictorum, Magistri & Fratrum militiæ prædictæ, in Comitatu prædicto, & quæ in Custodiâ suâ ex commissione nostrâ existunt, unà cum bladis.

Nos, volentes mandata nostra in hac parte effectui debito mancipari, tibi præcipimus quòd, si prædicti Custodes in præmissis se reddiderint tepidos aut remissos, tunc præfati Fratribus, Alberto & Leonardo, vel hujusmodi Attornatis suis, prædictas Domos, Ecclesias, Villas, Maneria, Terras, Redditus, Loca, & alias possessiones quascumque cum suis juribus, & pertinentiis universis, in Ballivâ tuâ, in formâ prædictâ habenda, liberes indilatè:

Et ipsa ab injuriis & violentiis indebitis, super assecutione præmissorum, in formâ prædictâ, quantum in te est, protegas & defendas. Teste ut supra.

Eodem modo mandatum est subscriptis; videlicet,

Vicecomiti Cornubriæ,	Vicecomiti Lincolniæ,	Salopiæ,
Vicecomiti Eborum,	Vicecomiti Kanciæ,	Lancastriæ,
Vicecomiti Suffolciæ,	Vicecomiti Devoniæ,	Bucks,
Vicecomiti Suththamptoniæ,	Vicecomiti Hertfordiæ,	Westmerlandiæ,
Vicecomiti Somersettiæ,	Vicecomiti Staffordiæ,	Derbiæ,
Vicecomiti Essexiæ,	Vicecomiti Dorsettiæ.	Glouucestriæ,
Vicecomiti Nottinghamiæ,		Cantebrigiæ,
Vicecomiti Herefordiæ,	Middlesexiæ,	Leycestriæ,
Vicecomiti Oxoniæ,	Warrick,	Surriæ,
Vicecomiti Northumbriæ,	Wiltes,	Wygorniæ,
Vicecomiti Rotelandiæ,	Berks,	Bedfordiæ,
Vicecomiti Cumbriæ,	Sussexiæ,	Norffolciæ.

Eodem modo mandatum est Vicecomit. London. de Domibus, Ecclesiis, Maneriis, Terris, Redditibus, Locis, & aliis possessionibus quibuscumque, cum suis juribus & pertinentiis universis, in eisdem Civitate & Suburbio, liberandis, ut supra. *Idem page 457. ad ann. 1313.*

Vicecomiti Northamptoniæ.

Litteræ Procuratoriæ & plenæ potentiæ Magistri & Conventus Ultramarini Ordinis Domus Sancti Johannis Jerusalem, Alberto de Castro Nigro concessæ.

NOverint universi, præsentes litteras inspecturi, quòd nos Frater Fulco de Vilareto, Dei & Sedis Apostolicæ gratiâ, Sanctæ Domûs Hospitalis Sancti Johannis Jerusalem Magister humilis & pauperum Christi Custos,

Frater Tertitius le Lorgne Marescallus,

Frater Petrus de Claromonte, tenens locum Hospitalarii,

Frater Richardus de Ravelino Draperius,

Frater Ren. de Deo Thesaurarius,

Frater Philippus de Gragnana, Urbis,

Frater Martinus Petri de Ros, Messanæ, Priores,

Frater Petrus de Sancto Johanne, Præceptor Achayæ;

Cæterique omnes & singuli Fratres & Conventus Domûs ejusdem, ad sonum Campanæ Rhodi, ut moris est, in loco solito congregati, internâ meditatione pensantes beneficiorum largitionem immemorabilium, per sanctissimum in Christo Patrem, Dominum nostrum, Clementem quintum, Divinâ providente clementia, Sacræ Sanctæ Romanæ ac universalis Ecclesiæ summum Pontificem, sacrum ejus Dominorum Cardinalium Collegium, & totum generale Concilium, Viennæ proximè celebratum, nobis & Domui, liberalitate maxima, largitorum:

Viasque & modos, cum summâ diligentiâ exquirentes, per quos possint in nostris manibus reparari, emendari, augmentari, ac providè gubernari dicta immensa beneficia, & fructus uberes, cum Dei benedictione, ex ipsis, & aliis bonis nostris, & Domûs prædictæ haberi, percipi, & colligi: quibus Terra Sancta de Mahometicolarum infidelium manibus possit, Deo faciente, celeriter liberari:

Attendentesque etiam Domos nostras, partium transmarinarum, improvidâ administratione Præsidentium, attritas multipliciter & afflictas, visitatione, correctione, ac reformatione celeri, tàm in capite, quàm in membris, valde admodum indigere:

Ac, de discretione, probitate, legalitate, bonâ administratione, diligentiâ & industriâ Religiosi in Christo, nobis carissimi, Fratris Alberti Alamani, ejusdem Domûs Magni Præceptoris, in partibus cismarinis (quas in magnis & arduis, quæ nos & Domus hactenùs sibi commisimus,

simus, fructuosas & utiles invenimus) plenam in Domino gerentes fiduciam, eundem Fratrem Albertum communi omnium tractatu, concordiâ, concilio, voluntate, ac consensu expresso, ad Romanam Curiam, & Curias illustrium Regum, & aliorum Principum Orthodoxorum, & ad universas & singulas partes transmarinas, cum Religiosis in Christo, nobis carissimis, dilectis (Fratre Richardo de Ravelino Draperio, Fratre Philippo de Gragnana Priore Urbis, Fratre Leonardo de Tibercis Priore Venetiarum, & Procuratore in Romanâ Curiâ generali, Fratre Henrico de Mayneriis, Fratre Arnaldo de Solerio, Fratre Artando de Chavanono, nostri Magistri Sociis, & Fratre Duranto de Præpositura, Præceptore Montis Chalini & Salvitatis de Auriliaco (quos ei donamus & assignamus in Socios, consiliarios & coadjutores) disponimus destinandum :

Ipsumque in omnibus & singulis Prioratibus, Præceptoriis, Castellaniis, Bajuliis, Domibus, Civitatibus, Castris, Villis, Locis, & quibuscumque aliis bonis, Juribus, & Rationibus nostris, & Domûs nostræ antiquis, ac nobis & Domui noviter quoquomodo concessis, & imposterum concedendis, in dictis transmarinis partibus existentibus, quæcumque sint, ubicumque, & in quibuscumque consistant, & quocumque censeantur nomine, Visitatorem, Inquisitorem, Correctorem, Reformatorem, Administratorem cum libera, locum nostrum tenentem, verum, certum & indubitatum Procuratorem, Syndicum, Yconomum, Actorem, & ad prædictas Curias, nostrum, & Domûs specialem nuncium facimus, constituimus, auctoritate præsentium, & creamus :

Dantes & concedentes eidem Visitatori, Inquisitori, Correctori, Reformatori, Administratori cum libera, locum nostrum tenenti, Procuratori, Syndico, Yconomo, Actori, & Nuncio nostro, & Domûs, in transmarinis partibus, & curiis ante dictis, plenam & liberam facultatem, autoritatem & licentiam, ac etiam speciale mandatum, se ad ipsas partes transmarinas & Curias, & ipsarum quamlibet personaliter transferendi :

Ac in eis, & in universis, & singulis Prioratibus, Præceptoriis, Castellaniis, Bajuliis, Domibus, Civitatibus, Castris, Villis, & aliis quibuscumque locis, & Bonis, Juribus, & Rationibus nostris, & Domûs nostræ antiquis, noviterque nobis & Domui, in præfato Sacro generali Concilio, de bonis Domûs Militiæ Templi, quondam, vel aliundè, quomodo libet elargitis, & deinde largiendis, de consilio, voluntate, ac expresso assensu prædictorum Sociorum suorum, vel majoris partis eorum, sibi tunc assistentium, per se, vel alium, seu alios, visitandi, inquirendi, corrigendi, reformandi, administrandi, procurandi, nunciandi, reparandi, emendandi, excusandi, supplicandi in dictis curiis, & aliis quibuscumque, nomine nostro, & Domûs, & Litteras gratiæ atque justitiæ impetrandi :

De largitione dictorum bonorum, & aliorum quam plurium beneficiorum, dicto Domino nostro summo Pontifici, ejus Sacro Collegio,

Illustrissimis Regibus, & aliis Principibus Orthodoxis, grates devotissimas referendi : Visitatoris, Inquisitoris, Correctoris, Reformatoris, Administratoris cum libera, Nunciatoris, Procuratoris, & locum nostrum tenentis, in Capite ac in Membris, & in quafcumque personas Domûs nostræ, cujufcumque statûs, gradûs, dignitatis, autoritatis, & conditionis, & quocumque exemptionis, generalis vel specialis, munitas privilegio, vel litteris, sub quacumque formâ verborum, eis concessis;

Officium seu officia conjunctim vel separatim, plenè & liberè exercendi ; contra ipsas personas & ipsarum quamlibet, per modum inquisitionis, denunciationis & accusationis (pro ut discretioni suæ visum fuerit) procedendi :

Eas & quamlibet earum ad sui præsentiam, quando & quotiens voluerit evocandi :

Plantam seu plantas Fratrum, Esgardium seu Esgardia faciendi, & tenendi de eis ; & easdem de suis excessibus, juxta Domûs nostræ statuta ac bonas consuetudines, puniendi :

Removendi eas à suis Bajuliis, Domibus, Officiis, & Administrationibus, &, si necesse fuerit, carceribus mancipandi ; vel nobis, citra mare, judicandas, puniendas, corrigendas, aut in carceres recludendas, cum plenâ informatione suorum excessum, transmittendi :

De eis, & earum qualibet postulanti cuilibet, complementum justitiæ faciendi, & sibi fieri de ipsis, coram quibuscumque Judicibus, Ecclesiasticis, vel Secularibus, nostro & Domus nostræ nomine, postulandi :

Domos, Bajulias, Officia, & Administrationes, sic eis ablatas, personis aliis sufficientibus tenendas & regendas libere committendi :

Universas & singulas Domus, Ecclesias, Capellas, Oratoria, Civitates, Castra, Villas, Terras, Grangias, & loca, Possessiones, Jurisdictiones, Redditus atque Jura, omniaque alia bona, mobilia & immobilia, vel se moventia, cum omnibus membris, Juribus, & pertinentiis suis, in dictis partibus transmarinis consistentia, Domûs & Ordinis militiæ Templi, quondam nobis, ac Domui in dicto sancto Concilio collata, & in posterum conferenda ubilibet ; immo nomina, actiones & jura, quæ tempore captionis Magistri, & quorumdam Fratrum ipsius Ordinis Templi in Regno Franciæ, communiter factæ, eidem Domui & Ordini, vel personis ipsius Ordinis Militiæ Templi, quocumque modo competebant, vel competere poterant, contra quoscumque petendi, requirendi, exigendi, recipiendi à quibuscumque personis, Ecclesiasticis vel Secularibus, & ea ad nos, & proprietatem Domus nostræ, ac nostri Ordinis adducendi :

Corporaliter possessionem, vel quasi eorumdem, nostro & Domûs nostræ nomine, per se, vel alium, seu alios, adipiscendi :

Ipsamque regnandi, gubernandi, & administrandi, de voluntate & beneplacito Sedis Apostolicæ :

DE L'HISTOIRE DE MALTE.

Eadem bona etiam antiqua, fructus & proventus eorum, taxandi, vel taxari faciendi : & ea per Domos, seu Bajulias determinatas & limitatas, ut utilius sibi, & astantibus ei visum fuerit, dividendi :

Bajuliis, seu Domibus, per eum, vel alium, seu alios, limitatis taliter, responsiones certas & pingues, ad utilitatem Terræ sanctæ negotii, imponendi :

Ipsas Bajulias & Domos, regendas & administrandas ad vitam, vel aliis ipsis, quibus expedire noverit, committendi & conferendi; & eos ab eisdem removendi, quum & quotiens sibi expedire videbitur.

Nobiles homines & innobiles, Clericos & Seculares, pro servitio & regimine dictarum Bajuliarum & Domorum, ad Domûs nostræ consortium, si necesse fuerit, admittendi ; & ipsis admissis nostræ religionis habitum, & Nobilibus Militiæ cingulum tribuendi :

Fratres & Donatos, de unâ Domo in aliam, & de uno Prioratu in alium transferendi : & citra mare etiam Fratres, Donatos, homines, Vassallos, & subditos quoscumque Domûs nostræ, cujusvis status, gradûs, dignitatis, auctoritatis, & conditionis, pro Terræ sanctæ servitio, vel quacumque aliâ ratione, seu causâ transmittendi : aut, si maluerint, secum ducendi : &, ut citra mare veniant, eis & singulis eorum effectualiter injungendi, eosque si non venerint, tanquam rebelles & inobedientes, & quoscumque mandatis nostris rebelles & inobedientes, invenerint per justitiam Domus nostræ ducendi : vel ipsos aliter puniendi : ac vocatos per nos ad partes transmarinas, in transmarinis partibus retinendi : & eis ipsorum passagium, seu passagia relaxandi & remittendi ; numerum Fratrum suorum, Donatorum, & aliorum servitorum, in dictis Bajuliis, seu Domibus nostris quibuscumque sistentium, diminuendi, &, si sibi expediens videbitur, augmentandi :

Pro universis & singulis dictis bonis nostris, & Domûs antiquis, ac noviter concessis, & in futurum concedendis, in dictis transmarinis partibus constitutis & positis, in judicio, vel extra, coram quibuscumque Judicibus, Ecclesiasticis Secularibusve, & in quacumque Curiâ, Ecclesiasticâ vel mundanâ, agendi, defendendi, petendi, proponendi, excipiendi, libellum vel libellos offerendi, oblato vel oblatis respondendi, litem contestandi, jurandi de calumnia, & de veritate dicendi in animas nostras, & scribendi cujuslibet alterius generis juramentum :

Testes, & instrumenta, & alia quæcumque documenta legitima producendi, & productis objiciendi, concludendi & renunciandi :

In causis de jure & de facto, sententiam, & sententias diffinitivas, & interlocutoria vacuandi & audiendi, & ab ipsis, atque gravaminibus, illatis & inferendis, semel vel pluries appellandi, Apostolos petendi, appellationem & appellationes prosequendi :

Ad exequendum processus, & quascumque sententias, super recuperatione dictorum bonorum, nobis & Domui de novo datorum, juxta mandatum Apostolicum, Prælatos, Executores, Commissarios,

& quoscunque alios, ad executionem deputatos hujusmodi, requirendi :

Computa & rationes ab his, quæ dicta bona, vel aliqua de prædictis, aut etiam de nostris antiquis, dudum quoquomodo tenuerint, & habuerint, & tenuerunt, & receperunt, & administrarunt ;

Et à Procuratoribus nostris, loca nostra tenentibus, Præceptoribus Camerarum nostrarum, Prioribus, Præceptoribus & Ballivis, vel eorum loca tenentibus, & quibuscumque aliis Fratribus nostris & subditis, ad quorum manus responsiones, talliæ, subventiones, promissiones, bona defunctorum, pecuniæ, jocalia, arnesia, procassia nostra, indulgentiarum, legatorum, & relictorum pecuniæ, vel aliqua ex prædictis quomodolibet pervenerint, aut pervenient, ipso in partibus transmarinis agente, ac potestate sibi durante hujusmodi, petendi, audiendi, exigendi, & recipiendi de his, qui recipient ab eis, vel à quibuscumque aliis, & pro quibuscumque causis & rationibus, cum effectu quittandi, absolvendi, definiendi, & pactum de ulterius non petendi, dandi, & faciendi :

Pro necessitatibus nostris & Domûs, mutuum seu mutua, à quibus voluerit, & invenerit, accipienda, & contrahendi pro pecuniis, mutuo susceptis, aut suscipiendis, & aliis quibuslibet causis & rationibus, nos, Domum nostram, & bona omnia nostra & Domus, præsentia & futura, generaliter vel specialiter, effectualiter obligandi, atque ypothecandi :

Bona ipsa, vel quæ voluerit ex prædictis in perpetuum, ad vitam, vel aliud tempus, purè, conditionaliter, aut in emphiteosim, sub certo annuo censu, vel precarii, commodati, depositi, donationis, venditionis, permutationis, infeudationis, pignationis, & cujuslibet alterius contractûs titulo, personis, quibus voluerit, donandi, concedendi, trahendi & assignandi :

Et hos, cum quibus contrahent, vel procuratores eorum, in possessionem corporalem, vel quasi dictorum bonorum inducendi, & inductos defendendi :

Et possessionem corporalem, vel quasi, horum, quæ contrahendo, vel quocumque alio modo, sibi, vel aliis, ejus nomine, atque Domûs, donata & concessa fuerint, per se, vel per alium, seu alios apprehendendi & adipiscendi.

Er de his, & aliis bonis nostris, & Domûs, prout nobis & domui expedire noverit, ordinandi :

Priores, Præceptores, Ballivos, nostri Magistri, vel eorum loca tenentium, Fratres, donatos, & quoscumque alios subditos nostros, & domûs in sæpe dictis partibus transmarinis constitutos, cujuscumque statûs, auctoritatis, dignitatis, aut conditionis existant, ad congregationes, & capitula provincialia, per eum, de concilio dictorum sociorum suorum, & aliorum Fratrum & procerum domûs, ei assistentium, vel majoris partis eorum, ordinandas, & demandandas, quum & quotiens discretioni suæ faciendum noverit, personaliter evocandi

& dictas congregationes, atque Capitula celebrandi, & in eis dicendi, ordinandi, concedendi, ftatuendi, deftituendi, & quæque alia faciendi, quæ refpicere cognoverit honorem & commodum domûs noftræ:

Compromittendi, opponendi, pacifcendi, tranfigendi, conveniendi, fubftituendi procuratores, unum vel plures, ante litem conteftatum vel poft, & eofdem revocandi, quando & quotiens fibi videbitur expedire;

Et demùm univerfa alia & fingula dicendi, faciendi, tractandi & ordinandi in præmiffis, & præmifforum quolibet, quæ nos in generali Capitulo, vel extra, in noftris congregationibus dicere, facere, tractare, ac ordinare poffemus, fi præfentes effemus, & quæ talium contractuum & negotiorum merita defiderant & requirunt etiam fi mandatum exigant fpeciale:

Ratum, gratum, firmum, & ftabile habituri perpetuò quicquid per eundem Vifitatorem, Inquifitorem, Correctorem, Reformatorem, Adminiftratorem cum libera, locum noftrum tenentem, Procuratorem, Syndicum, Yconomum, Actorem, & noftrum, ac Domûs noftræ Nuncium fpecialem, vel fubftituendum, aut fubftituendo ab eo in prædictis, & prædicta quoquo modo tangentibus, de confilio cum voluntate ac confenfu dictorum fociorum, vel majorum partis eorum, tunc ei affiftentium, actum, dictum, vifitatum, inquifitum, correctum, reformatum, adminiftratum, donatum, conceffum, petitum, exactum, receptum, folutum, quittatum, procuratum, tractatumque fuerit, vel aliter ordinatum;

Promittentes rem ratam haberi, & judicatum folvi, cum omnibus fuis claufulis, fub ypotheca & obligatione bonorum omnium Domûs noftræ, præfentium ac etiam futurorum; nofque fidejuffores conftituentes pro eodem procuratore noftro, syndico, yconomo, & actore, & fubftituendo ac fubftituendis ab eo: ipfos & ipforum quemlibet relevare volentes ab omni onere fatisdandi.

Et, ne forfan, aliquo cafu interveniente, quod abfit, poffet executio poteftatis atque auctoritatis hujufmodi, per nos eidem Fratri Alberto attributarum præfentibus, in detrimentum noftrum & Domûs, annullari, aut in aliquo retardari;

Volumus & concedimus, tenore præfentium, dicto Fratri Philippo de Gragnana, Priori Urbis, quòd, in defectu dicti Fratris Alberti, aliquo cafu interveniente, poteftatem & auctoritatem noftras præmiffas perficere nequiuntis, poffit, de confilio, voluntate, ac expreffo affenfu dictorum aliorum fociorum fuorum, vel majoris partis, tunc fibi affiftentium, prædicta omnia & fingula fibi affumere, ipfaque facere, dicere, procurare, exequi, tractare, ordinare, incipere, mediare, complere, ac incepta per eundem Fratrem Albertum in omnibus & per omnia effectui mancipare;

Eundem Priorem Urbis, in cafu prædicto, vel fimili loco dicti Fratris Alberti exnunc, ut extunc, fuper univerfis & fingulis, fuperiùs expressatis, & ea tangentibus, per præsentes, cum omni potestatis plenitudine subrogantes, & sibi vices nostras totaliter committentes.

Quo circa, districtè præcipiendo, mandamus, in virtute sanctæ Obedientiæ, nichilominus injungentes, Religiosis, in Christo nobis carissimis, universis & singulis Prioribus, Viceprioribus, Præceptoribus, & Baylivis, & eorum, aut nostri Magistri loca tenenti, Fratribus, Sororibus, Donatis, Hominibus, Vassalis, & subditis quibuscumque nostris, & Domûs ac Ordinis, & Domus quondam Militiæ Templi, in prædictis transmarinis partibus constitutis, quatenus prædictum Fratrem Albertum, visitatorem & locum nostrum tenentem, vel, in defectu ejusdem, ut præmittitur, dictum Fratrem Philippum Priorem Urbis, benignè admittant, caritativéque tractent, & sibi, ac familiis suis, in omnibus suis necessariis, eundo, stando, & redeundo, liberaliter provideant, ac ei, tanquam nobis, in omnibus, spiritualitatem & temporalitatem quoquo modo tangentibus, intendant & pareant reverenter; sibi impertire studentes in his, quæ ad curam, & regimen, & administrationem dictorum bonorum, ac expeditionem felicem & celerem negotiorum nostrorum, & Domûs, suum fideliter consilium, auxilium, & favorem; sic tanquam filii obedientiæ, se habentes in prædictis, quòd devotionis eorum promptitudinem condignis in Domino laudibus attollere valeamus.

In quorum omnium testimonium & certitudinem, Bulla nostra communis plumbea, præsentibus est appensa.

Data Rodi, die septimâ decimâ mensis Octobris, Anno Domini millesimo trecentesimo duodecimo. *Reymer pag.* 459.

Fin du premier Volume.

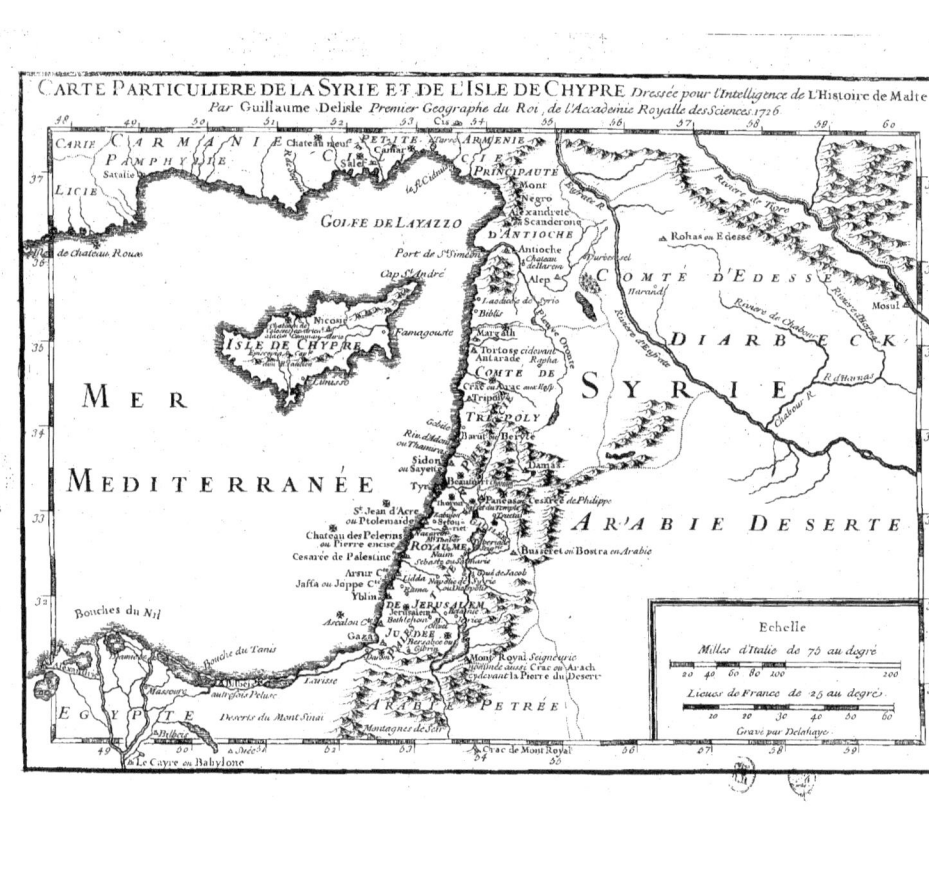

TABLE

Des Matieres contenues dans ce premier Volume.

A

Aron Rafched (le Calife) puiffant Prince d'Orient, permet aux François, à la confideration de Charlemagne, d'avoir un Hôpital pour leurs Pelerins, 13. Il lui envoye les clefs du S. Sépulchre & de l'Eglife du Calvaire avec un étendart, 14. Pourquoi fes fucceffeurs n'ont pas la même confideration pour les François en Paleftine, *ibid.*

Abbaffides. (les Califes) Leur origine, 141. Ils s'établiffent à Bagdat, 142 : font reconnus par tous les Mahometans d'Afie, & principalement par les Turcomans Selgeucides, pour les fucceffeurs légitimes de Mahomet, *ibid.* Leur fchifme avec les Califes Fathimites, *ibid.* font auffi reconnus en Egypte par l'extinction des Fatimites, 162 : & Saladin, qui s'étoit emparé de toute l'autorité dans le Gouvernement, en reçoit l'inveftiture, 163.

Abubekre, beau-pere de Mahomet, le feconde dans fes guerres, 10. Il eft élû pour lui fucceder, au préjudice d'Aly gendre du faux Prophete, & défigné par lui pour fon fucceffeur, 11. Suites de cette élection, *ibid* & 141.

Acre, ou Ptolemaïde, Ville & Port fameux, dont Baudouin I. fe rend maître, 53. Saladin de concert avec Raimond III. Comte de Tripoli, vient pour en former le fiege, 204. Les Grands-Maîtres des Hofpitaliers & des Templiers, à qui le Roi en avoit confié la défenfe, viennent à fa rencontre, lui préfentent la bataille où il y a beaucoup de fang répandu de part & d'autre, & l'obligent à fe retirer, *ibid. & feq.* La Place fe rend à Saladin après la bataille de Tiberiade, 215. Guy de Lufignan affifté des Hofpitaliers, des Templiers & de quelques Croifades particulieres, y met le fiege, 235. Saladin vient en vain au fecours des affiegez, 236. Le Duc de Suabe fils de l'Empereur Frederic I. amene par terre des troupes aux affiegeans, mais bien affoiblies, 239. Philippe II. Roi de France, y arrive auffi avec une flotte confiderable, 243. Il differe l'affaut jufqu'à l'arrivée de Richard I. Roi d'Angleterre, *ibid.* Celui-ci s'y rend, 246. Differentes caufes retardent encore la prife de la Ville, 247. qui capitule enfin, 248. Les Chrétiens en font leur Place d'armes, & les Hofpitaliers leur principale réfidence, 249. Tous les Chrétiens s'y refugient après la perte des autres Places de la Terre fainte, 417. C'eft ce qui caufe fa ruine, *ibid.* Quels étoient fes habitans, 419. *& feq.* Ils rejettent la propofition faite par les trois Grands-Maîtres de donner fatisfaction au Sultan d'Egypte fur les plaintes qu'il fai-

TABLE DES MATIERES.

soit de la rupture de la tréve, 421. Melec-Seraf fils & successeur de ce Sultan l'assiege avec une armée prodigieuse, *ibid*. La plûpart des Habitans s'embarquent avec leurs meilleurs effets, 422. Henri II. Roi de Chypre vient à son sécours, & consent que le Grand-Maître des Templiers Pierre de Beaujeu en soit fait Gouverneur, *ibid. & seq*. Le Sultan tente inutilement la fidelité de ce Grand-Maître, 423. Le Roi de Chypre défend son poste avec courage, & profite de la nuit pour se retirer dans son Isle, *ibid & seq*. Les Infidéles par le moyen d'une bréche penetrent jusqu'au cœur de la Ville, & sont contraints par les Hospitaliers de reculer après une grande perte, 424. Le Grand-Maître des Hospitaliers fait diversion, & va attaquer le camp des ennemis, 425. Obligé de se retirer, & averti de la mort de Beaujeu Grand-Maître des Templiers, il tourne du côté du Port, fait embarquer ce qu'il avoit d'Hospitaliers, & gagne l'isle de Chypre, 425. *& seq*. Une tour où s'étoient retirez le reste des Templiers avec les femmes & les filles pour conserver leur honneur, croule & les ensevelit sous ses ruines avec les Infidéles qui les y attaquoient, 426. *& seq*. Un Couvent entier de Religieuses se défigure affreusement pour la même raison, & est massacré, *ibid*. Plus de soixante mille personnes périssent dans ce siege, ou demeurent esclaves des Infidéles, *ibid*. Le Soudan fait razer la Place, *ibid*.

Adrien IV. approuve le traité conclu entre Raimond Berenger & les Templiers, au sujet de l'execution du testament d'Alphonse I. 91. Il refuse de révoquer les privileges des Hospitaliers, 118. *& seq*. Son désinteressement, 120.

Albano. (le Cardinal d') Son caractere, 315. Le Pape Innocent III. le fait son Legat & chef de la Croisade, *ibid*. Il empêche dans le Conseil de guerre d'accepter les propositions avantageuses des Infidéles, 317. *& seq.* Le succès semble d'abord justifier son avis, 318. Il expose par sa témerité l'armée à une perte certaine, & oblige d'avoir recours à une tréve desavantageuse, 319.

Albigeois, Héretiques. Leurs erreurs, 291. Croisade publiée contre eux, *ibid*.

Alcantara. (l'Ordre d') Son institution, 126. La Grande Maîtrise est annexée à la personne des Rois d'Espagne, 548. Il est permis à ces Chevaliers de se marier, *ibid*.

Alcoran, comment composé par Mahomet, 8. Ses differentes interprétations font naître differentes Sectes, 141. Motifs des Princes qui inventoient ces explications, 142.

Alexandre III. envoye un Legat dans la Terre Sainte pour être reconnu par l'Eglise Latine de l'Orient, 134. Il s'assemble à ce sujet un Concle ai Nazaret, où plusieurs se déclarent d'abord pour l'Antipape Victor III. *ibid*. Le Roi Baudouin III. propose une suspension, 135. Son élection est enfin approuvée, & l'Antipape excommunié. Les Hospitaliers y ont grande part, 136. *& seq*. Il convoque un Concile à Rome, & y apelle les Prélats de Palestine, 177. Il reconcilie les Hospitaliers avec les Templiers, 182.

Alexandre IV. établit une distinction entre les Freres Hospitaliers Servans, & les Chevaliers, 59.

Alexandrie en Egypte prise par Amaury Roi de Jerusalem, 147.

Alexis Comnene. *Voyez*, Comnene.

Alexis Lange. *Voyez*, Lange.

Alix

TABLE DES MATIERES.

Alix, seconde fille de Baudouin II. épouse Boemond III. Prince d'Antioche, 72. Elle y cause de grands troubles après la mort de son mari, 76. Baudouin son pere lui assigne Laodicée pour douaire & pour retraite, 77. Elle y revient encore après la mort de Baudouin, & y trouve des partisans, 79. Le mariage de sa fille Constance encore fort jeune, avec Raimond, rompt toutes ses intrigues, 81.

Alix, seconde fille d'Isabelle & du Comte de Champagne son troisiéme mari, 383, épouse Hugues de Lusignan Roi de Chypre, *ibid*. Prétend à la Couronne de Jérusalem, 347. Ses descendans font valoir ses droits prétendus, 385. 412. 413.

Alix, fille unique de Rupin Roi d'Armenie, épouse Boemond IV. fils aîné de Boemond III. Prince d'Antioche, 259. Ce qui cause de grands démêlez, 260. 286.

Almoumenins, titre que prennent les successeurs de Mahomet: ce qu'il signifie, 11.

Alphonse I. Roi de Navarre & d'Arragon fait les Hospitaliers & les Templiers ses héritiers, 86. Il périt dans un combat contre les Infideles. Troubles au sujet de l'execution de son testament, *ibid. & seq*.

Alphonse Comte de Poitiers, Frere de Saint Louis, lui amene à Damiette un puissant secours, 388.

Aly, Apôtre de Mahomet, 10. épouse sa fille Fatime, & est désigné par lui son successeur, 11. Est chef des Califes d'Egypte ou Fatimites, 38. 141.

Amalphy (des Marchands d') jettent les premiers fondemens de l'Ordre des Hospitaliers & des Hospitalieres, 15. 16.

Amaury succede au Royaume de Jerusalem après Baudouin III. Son caractere 138, *& seq*. Auger de Balben, Grand Maître des Hospitaliers, ne contribue pas peu à le faire reconnoître, 139. Il marche contre le Soudan d'Egypte, 141, 144. Fait avec lui un traité avantageux, 145, 146. Remporte de grands avantages sur l'armée de Noradin Sultan d'Alep, 147. Prend Alexandrie, *ibid*. Sa passion dominante, 149. Fait un traité avec Manuel Comnene pour la conquête de l'Egypte, *ibid. &* 150. Et fait approuver son projet à Gilbert d'Assalit, Grand Maître des Hospitaliers, ausquels il cede la ville de Belbeïs, si l'entreprise réussit, *ibid. & seq*. Il part avec une armée nombreuse, 154. Prend Belbeïs qu'il remet aux Hospitaliers, 159. Fait prisonniers le fils & le neveux du Soudan, & marche droit au Caire, *ibid*. Il accepte deux millions d'or pour la rançon de ses prisonniers, & accorde une suspension, 157, 158. Il est forcé de regagner la Palestine, & de retirer la garnison de Belbeïs, 159. Il sollicite une Croisade contre Saladin, 165. Il va lui-même demander du secours à Manuel Comnene son oncle, & laisse la Régence aux deux Grands Maîtres, *ibid*. Il en reçoit plus d'honneurs que de secours, 168. Il meurt & laisse deux filles & un garçon de deux mariages, 173. Celui-ci lui succede sous le nom de Baudouin IV. 174.

Amaury de Lusignan, *voyez* Lusignan.

Amaury, hérétique. Ses erreurs, 289. Sa secte est détruite par les soins du Frere Guerin Hospitalier, 290. Les restes se joignent aux Albigeois, 291.

Amedée V. dit le Grand, Comte de Savoye. Il n'est pas vrai qu'il ait fait lever le siege de Rhodes à Ottoman, 450.

TABLE DES MATIERES.

Anaſtaſe IV. confirme & augmente les privileges des Hoſpitaliers, 113. & *ſeq.*

Anjou (Charles Comte d') Frere de S. Louis, s'embarque avec lui pour la Croiſade, 384. Il prend encore la Croix, 412. Ses prétentions ſur le Royaume de Jeruſalem, *ibid.* Il envoye un Lieutenant dans la Terre ſainte, *ibid.* Il fait ſaiſir les biens des Hoſpitaliers qui s'étoient excuſez de prendre parti dans ce démêlé, 413. Les Vêpres Siciliennes terminent ſes pourſuites, 417.

Andronic Comnene, *Voyez* Comnene.

Andron.c, Empereur de Conſtantinople, refuſe l'inveſtiture de l'Iſle de Rhodes au Grand Maître des Hoſpitaliers, 489. Il envoye contre les Latins une puiſſante armée, qui eſt défaite, 493.

André, Roi de Hongrie, chef de la Croiſade. Ses bonnes qualitez, 303. Sa confiance en la valeur & en la capacité du Grand Maître des Hoſpitaliers, Guerin de Montaigu, *ibid.* Il ſéjourne à Conſtantinople, où il aprend le triſte accident arrivé dans ſa maiſon pendant ſon abſence, 304. Il arrive dans l'Iſle de Chypre, y confere avec le Grand Maître des Hoſpitaliers, 308. En part avec le Roi de cette Iſle, Hugues de Luſignan, & aborde à Acre, *ibid.* Il eſt édifié & étonné de la conduite charitable des Hoſpitaliers, 309. & *ſeq.* Il viſite quelques Places, *ibid.* Il demande d'être aſſocié dans l'Ordre de S. Jean, & lui donne à perpetuité ſept cens marcs d'argent, 310. Il met en fuite Coradin Sultan de Damas, 311. Il ſe baigne dans le Jourdain, & retourne en Hongrie malgré l'excommunication du Patriarche de Jeruſalem, 312. Il abſout le Régent de la mort de la Reine ſa femme dont il étoit l'auteur, *ibid.* Son fils eſt rétabli ſur le thrône par les Hoſpitaliers auſquels il donne differentes terres, 374.

Antioche, ville de Syrie, priſe par les Croiſez, à la faveur d'une intelligence pratiquée par Boëmond I. 40. Ce Prince en conſerve la Principauté, *ibid.* Son fils Boëmond II. lui ſuccede ſous la tutelle de Tancrede & enſuite de Roger, 63. Les Turcomans en ravagent les environs, & défont Roger, 64. Le Roi Baudouin II. y rétablit le bon ordre, 65. Il s'y excite de grands troubles après la mort de Boëmond II. par les intrigues de la Princeſſe Douairiere fille de Baudouin II. 76. & *ſeq.* Ils ſont appaiſez par Baudouin, *ibid.* Ils ſe renouvellent à la mort de ce Prince, 79. Foulques Roi de Jeruſalem y met fin en faiſant épouſer à Raimond, Conſtance heritiere de cette Principauté, 80. & *ſeq.* Noradin Sultan d'Alep en ravage les environs, & défait Raimond, 102. Baudouin III. vient au ſecours, 103. La paſſion de Boëmond III. penſe y exciter une guerre civile, 184. 185. Il conſent que la Principauté de cette Ville releve dans la ſuite de celle d'Armenie, 259. Bendocdar Sultan d'Egypte s'en rend Maître par trahiſon, & y exerce de grandes cruautez, 407.

Antioche (le Patriarche d') eſt regardé comme le premier Prélat d'Orient: étendue de ſa Juriſdiction, 184. Il excommunie le Prince Boëmond III. & jette un interdit ſur ſes Etats, *ibid.* Suite de ce démêlé, 185.

Arabie. Etat de la Religion en ce pays, lorſque Mahomet s'y érigea en Prophête, 5.

Armeniens, Chrétiens de Religion mais Schiſmatiques : leurs erreurs, 166.

Révolutions dans le gouvernement civil, 167, 258. Ils reconnoissent en apparence l'autorité du Pape, 286. Ils sont secourus par les Hospitaliers contre Soliman Sultan de Cogni qui mettoit tout à feu & à sang, 287.

Artois (Robert Comte d') s'embarque avec le Roi S. Louis son frere pour la Croisade, 384. Il se déclare pour le siege du grand Caire : son avis l'emporte, 389. Il obtient la permission de passer le premier le Thanis, accompagné des Templiers & des Hospitaliers, 391. Il promet avec serment de ne rien entreprendre que toute l'armée ne soit passée, *ibid.* Il oublie sa parole après être sorti de l'eau, & force les retranchemens des Sarrasins, 392. Il n'écoute point les remontrances des deux Grands Maîtres, ausquels il fait des reproches sanglans, 393. ni celles du Comte de Salisberi qu'il maltraite aussi de paroles, 394. Il est enveloppé par les ennemis, se jette dans la Massoure, & y périt, 395.

Ascalon (la garnison d') fait des courses sur les terres des Chrétiens, 71. Les Hospitaliers les arrêtent, 84. & les Templiers, 102. Description de cette Place qui est assiegée par Baudouin III. 105, 106. Le succès paroît d'abord fort incertain, 107. L'avarice du Grand Maître des Templiers en retarde la prise, 109. Elle se rend enfin par capitulation 112. Joye que cette nouvelle cause en Europe, 113. Victoire de Baudouin IV. auprès de cette Ville sur Saladin, 175 : elle est cedée à Saladin pour la liberté de Guy de Lusignan, 221 : elle est reprise par Richard Roi d'Angleterre, 250.

Asie. Etat où elle se trouvoit lors de l'institution des Hospitaliers, 2. & seq.

Assassins, espece de bandits dans les montagnes de Phénicie : leurs mœurs 169. Pourquoi ainsi appellez, 170. Titre que prend leur Commandant, *ibid.* Marque singuliere de leur dévouement à ses ordres, 171. Ils payent un tribut aux Templiers, 172. Leur constance dans les supplices, 248. Pourquoi ils n'attentent point à la vie des Grands Maîtres des Hospitaliers & des Templiers, 172, 397.

Assassin, meurtrier : d'où nous vient ce mot, 170.

Assalit (Gilbert d') quatriéme Grand Maître des Hospitaliers ; son caractere, 150, 151. Il fait approuver à son Conseil l'entreprise d'Amaury sur l'Egypte, *ibid. & seq.* Il fait de gros emprunts aux banques de Florence & de Genes pour lever des troupes & les frais de la guerre, 153, a honte du mauvais succès que l'on rejette sur lui, lui fait abdiquer le Magistere, 159. Il s'embarque à Jaffa, & repasse en France, 160. Il périt en passant en Angleterre, 161.

Assises de Jerusalem, recueil des Loix établies par Godefroy, 51.

Assur, Forteresse appartenante aux Hospitaliers, est prise par Bendocdar, 404.

Avoué, qualité que prend Godefroy après son élection, 46.

B

Bagdat est pris par Togrulbeg Prince Turcoman, 18. C'est la résidence ordinaire des Califes Abbassides, 142.

Balac, un des plus puissans Emirs des Turcomans, fait prisonniers Josselin de Courtenay, & Baudouin II. 66. Il est tué de la main du premier qui s'étoit sauvé de sa prison, 77. Sa veuve met Baudouin en liberté, moyennant une rançon, *ibid.*

Bancbannus, Palatin de Hongrie, est fait Régent de ce Royaume, par le Roi André, partant pour la Croisade, 304. Vengeance cruelle qu'il tire de l'adultere de sa femme avec le frere de la Reine, en poignardant celle-ci, 306. Il va en porter la nouvelle à Constantinople au Roi, qui le renvoye en Hongrie, 307. Il est absous, 312.

Baudouin I. frere de Godefroi de Bouillon, prend la Croix, 28. Il se rend maître du Comté d'Edesse, 40. s'y retire après la prise de Jerusalem, 49. succede à Godefroi, & prend le titre de Roi; son caractere, 52, 53. Il assiege & prend Acre & toutes les Places le long de la côte de Phenicie, à l'exception de Tyr, *ibid.* Il meurt de dissenterie, *ibid.* Baudouin du Bourg son cousin à qui il avoit remis la Seigneurie d'Edesse, lui succede, *ibid.*

Baudouin II. cousin & successeur de Baudouin I. au Comté d'Edesse, & ensuite au Royaume de Jerusalem, 53. Il défait deux Princes Turcomans réunis avec les Arabes, 64. Il met une forte garnison dans Antioche, 65. Il marche contre Balac, Prince Turcoman, qui venoit de faire prisonnier Josselin de Courtenay, 65. Il est enveloppé, & fait lui-même prisonnier, 66. Il est délivré, 70. Il défait encore les deux Princes Turcomans, & reprime les courses de la garnison d'Ascalon, 71. Autre victoire sur Doldekuvin, suivie de la prise de Rapha, 71. Il promet sa fille aînée & sa Couronne à Foulques, Comte d'Anjou, 72. Il pourvoit à la conservation de la Principauté d'Antioche, 76. *& seq.* Il meurt fort regretté, 77. Foulques, Comte d'Anjou son gendre, lui succede, *ibid.*

Baudouin III. succede à Foulques Roi de Jerusalem son pere, 91. Il sollicite une seconde Croisade, 94. releve les murs de Gaza, 102. va au secours d'Antioche, 103. prend Ascalon après un siege opiniâtre, 105. *& seq.* secourt Paneas, & donne peu après témerairement dans une embuscade de Noradin, 129. Il fait lever le siege de devant Suete, 130. *& seq.* Il reconnoît après quelques difficultez Alexandre III. dans un Concile tenu à Nazaret, 135 *& seq.* Il est empoisonné, 138. Troubles au sujet de son successeur, *ibid.* Amauri son frere est reconnu par l'entremise du Grand Maître des Hospitaliers, 140.

Baudouin IV. fils d'Amauri, encore mineur, lui succede, 173. Son temperament infirme, 174. Il défait Saladin auprès d'Ascalon, 175. Il est enveloppé dans une embuscade, 176. Son infirmité degenere en lepre, 177. Il donne sa sœur en mariage à Guy de Lusignan, & se l'associe, 187. Il est obligé de changer cette disposition, 190. *& seq.* Il désigne pour son successeur son neveu Baudouin V. sous la Régence du Comte de Tripoly; il meurt, 199.

Baudouin V. fils de la Princesse Sybille, & du Marquis de Montferrat, est associé par Baudouin IV. son oncle, 19. Il meurt sept mois après lui; suites de cette mort attribuée au poison, 199.

Baudouin I. Comte de Flandres, est élû par les Croisez Empereur de Constantinople, 279. Il établit les Hospitaliers dans ses Etats, 280. Il assiege Andrinople, 360. Il est fait prisonnier par Joanisse, Roi des Bulgares, qui le fait mourir cruellement, 361.

TABLE DES MATIERES.

Baudouin II. troisiéme fils de Pierre de Courtenay, Empereur de Constantinople, *voyez* Courtenay.

Balben (Auger de) second Grand Maître des Hospitaliers, 133. Il assiste au Concile de Nazaret, & contribue beaucoup à faire reconnoître Alexandre III. pour légitime Pape, 124. *& seq.* Et Amaury pour Roi, 138. *& seq.* Il meurt fort vieux, 140.

Beaulieu, ou Belver, Maison de Dames Hospitalieres soumise à la visite du Grand Prieur de S. Giles, 451. Son origine, 452. La Superieure prend la qualité de Grande Prieure, *ibid.*

Boc (Manteau à) sorte de vêtement pour les Hospitaliers, 59.

Bela fils & successeur d'André Roi de Hongrie, est rétabli sur le thrône par les Hospitaliers, à qui il donne differentes Seigneuries, 374.

Belbeis, autrefois *Peluse,* est pris par Siracon General de Noradin sur Sannar Sultan d'Egypte, 146. La souveraineté en est promise aux Hospitaliers par Amaury, 151. La Ville est assiegée, 154. emportée & saccagée, 156. Le Roi la remet aux Hospitaliers, *ibid.* Ils en sont rappellez, 159.

Bendocdar, Officier Sarrasin défait le Comte d'Artois auprès de la Massoure, 395. Il devient Sultan d'Egypte, & fait une cruelle guerre aux Chrétiens, 404. Il prend sur les Hospitaliers la forteresse d'Assur, & celle de Sephet sur les Templiers par capitulation, *ibid.* Sa perfidie barbare à l'égard de ces derniers & de deux Religieux Franciscains, 405. Il entre dans Antioche par trahison, & y exerce de grandes cruautez, 407. Il se rend maître de la forteresse de Crac, 408. Il fait une treve avec les deux Grands Maîtres, 409. Il meurt, 413.

Bernard (Saint) prescrit une regle & une forme d'habit régulier aux Templiers, 74. Il prêche par ordre du Pape Eugene III. en France & en Allemagne une Croisade, 95. Il refuse le commandement general des troupes, qui lui est déferé au Concile de Chartres, 96. Succès de ses exhortations sur les femmes même, 97. Il est obligé de se justifier des mauvais succès de cette Croisade, qu'on lui imputoit, 100. Il décrit la conduite édifiante des Hospitaliers, 123.

Bersabée, La Reine Melisende fait réparer cette Place pour arrêter les courses de la garnison d'Ascalon, 84.

Blois (Pierre de) prétend que le Clergé séculier ne doit pas être assujetti à la dîme Saladine, 228.

Boemond I. fils de Robert Guiscard, Duc de la Calabre, ravage avec lui les terres de l'Empereur Alexis, 22. Il prend la croix & va joindre l'armée des croisez à Constantinople, 30. Il entre dans Antioche à la faveur d'une intelligence qu'il y avoit pratiquée, & en obtient la souveraineté: son portrait, 40. Il défait Querbourca, General de Bereatuc Sultan de Perse, 41. Après la prise de Jerusalem par les Chrétiens, il se retire à Antioche, & y fixe son séjour, 49.

Boemond II. succede à son pere Boëmond I. à la Principauté d'Antioche sous la tutelle de Tancrede, & ensuite de Roger, 63. Il épouse Alix seconde fille de Baudouin II. 72. Il est tué dans un combat contre les Infideles, 76. Troubles dans Antioche après sa mort, *ibid. & seq.* Ils finissent par le mariage de sa fille

Pppp iij

Conſtance avec Raimond frere de Guillaume dernier Comte de Poitiers, 81.

Boemond III. fils de Raimond de Poitiers & de Conſtance héritiere de la Principauté d'Antioche, ſe joint aux Hoſpitaliers contre l'Apoſtat Melier, 168. Il eſt excommunié par le Patriarche pour avoir abandonné ſon épouſe légitime : il uſe de repreſailles, 184. L'affaire s'accommode par la médiation des deux Grands Maîtres, 185. Il veut ſurprendre le Prince d'Armenie, 258. Il eſt ſurpris lui-même & obligé de faire un traité déſavantageux, 259. 260. Il avantage le Prince Raimond ſon ſecond fils ; ce qui cauſe de grands démêlez, 260, 286.

Boemond V. Prince d'Antioche & de Tripoli : Saint Louis termine ſes differends avec Hagton Roi de la petite Armenie, 385.

Boniface VIII. La part qu'il a à l'abdication de Celeſtin V. 443. Son caractere, 444. Sa conduite inhumaine à l'égard de ſon prédeceſſeur, 445. Il s'attache les Hoſpitaliers & les Templiers par differens bienfaits, 446. Il unit à la Manſe Magiſtrale des Hoſpitaliers l'Abbaye de la Sainte Trinité de Venouſe, 453. Origine de ſes démêlez avec Philippe le Bel, auquel il ſuſcite des ennemis au dedans & au dehors de ſon Royaume, 459. & ſeq. Il reçoit une ambaſſade du Khan des Tartares au ſujet d'une Croiſade, 461. Il entreprend inutilement d'obliger Philippe le Bel à quitter la France, *ibid.* Il meurt de chagrin d'être tombé entre les mains des François, 163.

Botoniate (Nicephore) détrône l'Empereur Michel Ducas, & eſt lui-même détrôné par Alexis Comnene, 22.

Brienne (Jean de) Son caractere, 283. Philipe Auguſte prié par les Chrétiens de la Paleſtine de leur donner un Roi lui fait épouſer Marie Reine de Jeruſalem, *ibid.* Il arrive à Acre avec trois cens Chevaliers, 291. Il ravage la frontiere du Pays, & eſt obligé de ſe retirer, *ibid.* Il demande du ſecours au Pape Innocent III. 292. Il empêche le ſiege d'Acre, accompagné des Rois de Hongrie & de Chypre, 311. Il rétablit le Château de Ceſarée, 312. Soutenu des Croiſez, il va mettre le ſiege devant Damiette, 313. Il ſe ſépare des aſſiegeans, piqué contre le Legat, 318. Il aſſiſte à l'Aſſemblée de Ferentino, 325. Il donne en mariage Yolante ſa fille unique à l'Empereur Frederic II. & abdique en ſa faveur ; les auteurs de la négociation, 325. 326. Il parcourt l'Europe pour animer à la Croiſade, *ibid.* Il commande l'armée du Pape Honoré III. contre Frederic ſon gendre, 339. Il eſt appellé à Conſtantinople pour prendre la régence ſous la minorité de Baudouin de Courtenay : ſes beaux exploits malgré ſon grand âge, 364.

C

CAlatrave (l'Ordre de) Son origine, 125. Differentes Commanderies des Hoſpitaliers & des Templiers dans le Royaume de Valence, lui ſont unies : ſon Chef-lieu, 546. La Grande Maîtriſe eſt annexée à la perſonne des Rois d'Eſpagne, 548. Ils obtiennent la permiſſion de ſe marier, *ibid.*

Calfes, nom des ſucceſſeurs de Mahomet, 11. Leurs conquêtes ſurpre-

TABLE DES MATIERES. 671

nantes, *ibid & seq.* La division se met entre eux : ils tombent dans la mollesse, 12. 141. *& seq.*

Camel (Melic-&-) Sultan d'Egypte, appelle à son secours le Sultan de Damas son Frere, 314. Propose des conditions avantageuses aux Chrétiens, 317. Inonde leur armée par l'ouverture des digues du Nil, 319. fait avec eux une treve de huit ans, *ibid.* Sa generosité à l'égard de Frederic II. avec qui il fait une treve de dix ans, 341. 342.

Captivité de Babilone, nom donné par quelques Italiens à la translation de la Cour Romaine en deçà des monts, 471.

Carac, forteresse située à l'entrée de l'Arabie, 317. Pourquoi les Sultans d'Egypte refusent de la rendre aux Chrétiens, *ibid.*

Cardinaux. Ils promettent des merveilles touchant la Croisade, & ne tiennent rien, 226.

Catalogne. Etablissement d'un Grand Prieur en cette Principauté, 547.

Catholique, surnom que les Armeniens donnent à leur Patriarche, 166.

Celestin III. approuve l'Ordre des Chevaliers Teutoniques, 241. Publie une nouvelle Croisade malgré la treve, 251. Ses suites, 252.

Celestin IV. donne au Superieur Géneral des Hospitaliers la qualité de Grand Maître, 406. Autre Bulle du même Pape, honorable à tout l'Ordre, *ibid.*

Celestin V. passe d'une cellule sur la Chaire de Saint Pierre, 441. Son attention sur l'Ordre des Hospitaliers, 442. Les suggestions & les artifices de quelques Cardinaux le portent à abdiquer, 443. Il perit miserablement par l'inhumanité de Boniface VIII. son successeur, 444.

Charlemagne. Marques de consideration du Calife Aaron pour ce Prince, 13.

Chateauneuf (Guillaume de) dix-huitiéme Grand Maître des Hospitaliers, 399. Fait fortifier quelques Châteaux & y met des garnisons, 401. Sa mort, 402.

Chatillon (Renaud de) fameux partisan, épouse la Princesse d'Antioche, 188. Est fait prisonnier à la bataille de Tiberiade, 210. Meurt pour la foi dans les tourmens, 212.

Chanoines Latins (Chapitre de) fondé par Godefroi de Bouillon dans les Eglises du Saint Sépulchre & du Temple, 46. 86.

Christ (l'Ordre de) établi en Portugal par le Roi Denis, & enrichi des dépouilles des Templiers, 547. Est confirmé par Jean XXII. *ibid.*

Chypre. Richard I. Roi d'Angleterre en fait la conquête, 244. Les Templiers l'achetent, 245. Et en remettent la souveraineté au Roi d'Angleterre, qui la donne à Guy de Lusignan, 220. Situation de cette Isle, & ses differens Souverains, 430. *& seq.*

Chevaliers de Saint Jean de Jerusalem. *Voyez* Hospitaliers. Ils sont distinguez des Freres Servans, 59. 542.

Chevaliers, ou Chanoines du Saint Sépulchre, *Voyez*, Sépulchre.

Chevaliers du Temple, *V.* Templiers.

Chevaliers Espagnols, *Voyez*, Calatrave, Jacques de l'Epée & Alcantara.

Chevaliers Teutoniques, *Voyez*, Teutoniques.

Chevaliers Portugais, *Voyez*, Christ.

Clement V. est élû Pape par les intrigues des Cardinaux de la faction Françoise, 463. Son caractere, 465. Ses conventions avec Philippe le Bel, 466. *& seq.* Son couronnement à Lyon. Défauts qui lui sont reprochez, *ibid*. Il forme le projet d'une Croisade, & mande auprès de sa personne les deux Grands-Maîtres, 472. Communique deux Mémoires importans au Grand Maître des Templiers, 476. Publie une Croisade pour la conquête de l'isle de Rhodes, mais sous un autre prétexte, 487. accorde plusieurs faveurs au Grand-Maître des Hospitaliers, 488. Se plaint à Philippe le Bel de l'emprisonnement des Templiers, & les fait remettre à ses Officiers, 515. Temperament qu'il prend avec ce Prince pour leur jugement; il en interroge lui-même quelques-uns, 518, 519. Il engage les autres Princes de la Chrétienté à les faire arrêter, 520. Il convoque le Concile de Vienne, où après quelques difficultez, il prononce l'extinction de l'Ordre, 528. *& seq*. Il en fait adjuger les biens aux Chevaliers de Rhodes, qu'il se charge de réformer, 532. Il remet le Jugement du Grand-Maître & des hauts Officiers à deux Cardinaux, 533. Il use de differens moyens pour l'execution du decret du Concile, au sujet de leurs biens, 542. *& seq*. Meurt quarante jours après le supplice des Templiers, 537. Le Clergé Séculier est assujetti à la dîme Saladine, 229.

Cogni ou *Iconium* (Le Sultan de) défend la ville de Nicée contre les Croisez, 37. traite avec Alexis Comnene qui lui renvoye sa femme & ses enfans, qui avoient été faits prisonniers à la prise de cette Place, *ibid*. taille en piéces l'armée des Chrétiens, & implore le secours des Sultans voisins, 38. ravage le Comté d'Edesse, & fait prisonnier le jeune Courtenay, 102, 103. est battu par les Hospitaliers, 287. est tué dans une bataille de la main de Theodore Lascaris, 358. donne les premiers commencemens à Ottoman, tige des Empereurs Turcs de ce nom, 502.

Commanderie. Origine des premieres, 50. Elles étoient d'abord communes à tous les Chevaliers, 58. D'où vient ce nom, 403.

Commandeurs. Leur origine & leurs fonctions, 402.

Comnene (Alexis) s'empare de l'Empire d'Orient, après avoir détrôné Botoniate, 22. est attaqué par le Duc de la Calabre, & pourquoi, *ibid*. implore le secours des Latins contre les Turcomans, 26. trahit les Croisez, & fait un traité avec Soliman, 35. *& seq*.

Comnene (Emanuel ou Manuel) beaufrere de l'Empereur Conrard, fait périr son armée de concert avec les Infideles, 98, 272. fait un traité avec Amauri Roi de Jerusalem pour la conquête de l'Egypte, 150. fournit de l'argent pour le même sujet, 155. Sa flotte périt, 159. Son affection pour les Latins cause de grands troubles, 186.

Comnene (Alexis II.) fils de Manuel, est étranglé par Andronic son oncle, 272.

Comnene (Andronic) frere de Manuel, fait étrangler son neveu Alexis II. & s'empare de l'Empire, 272. Isaac Lange le fait mourir cruellement, *ibid*.

Comnene (Theodore) s'empare de l'Epire & de l'Albanie, 358. arrête Pierre de Courtenay, & le fait mourir, 361. enleve plusieurs Places à Robert son fils, 362.

Comps (Arnaud de) Gentilhomme de Dauphiné, est élû troisiéme Grand Maître des Hospitaliers, 140. Sa mort glorieuse, 371.

Comps (Bertrand de) seiziéme Grand Maître des Hospitaliers, 372. meurt

TABLE DES MATIERES.

des blessures qu'il reçoit dans un combat contre les Turcomans, 375.

Concile de Plaisance, au sujet de la Croisade, 26.

Concile de Clermont en Auvergne où la premiere Croisade est résolue, 26.

Concile de Latran (Troisiéme) convoqué par Alexandre III. pour la défense de la Terre Sainte, 177. Les Prélats de Palestine y assistent, & y renouvellent leurs plaintes contre les privileges des Hospitaliers & des Templiers, *ibid. & seq.* Réglement à ce sujet, 179. Constitution en faveur des Lepreux, 180.

Concile de Nazaret, où Alexandre III. est reconnu, & l'Antipape Victor excommunié, 134.

Concile de Latran (Quatriéme) convoqué par Innocent III. où l'on convient unanimement de prendre la Croix, 301, 302.

Concile de Lion convoqué par Innocent IV. pour la délivrance de la Terre Sainte, 376. Grégoire X. y en convoque un second pour le même sujet, 411.

Concile de Vienne en Dauphiné convoqué par Clement V. où l'Ordre des Templiers est éteint, 528. *& seq.*

Confession. Usage de se confesser l'un l'autre en cas de nécessité, 508.

Constance, fille de Boëmond II. Prince d'Antioche & d'Alix, épouse Raimond frere du Comte de Poitiers, 81.

Conrard III. Empereur d'Occident, prend la Croix, 96. arrive à Constantinople, 98. L'Empereur Emmanuel Comnene son beau frere fait périr son armée, *ibid.* Conrard joint le Roi de France à Jerusalem, forme avec lui le siege de Damas, & repasse en Europe, 100.

Conrard, fils du Marquis de Montferrat, défend la ville de Tyr, & s'en fait reconnoître Seigneur, 221. en refuse les portes à Guy de Lusignan, 223, se joint à lui pour former le siege d'Acre, 236. épouse Isabelle, & se porte pour Roi de Jerusalem, 237. est soutenu par le Roi de France & les Templiers, 247. est poignardé par deux Assassins, 248. Marie sa fille épouse depuis Jean de Brienne, 283.

Conrard, fils de l'Empereur Frederic II. & d'Yolante fille unique de Jean de Brienne, est maintenu dans la succession au Royaume de Jerusalem, malgré les prétentions d'Alix, 347, 348. dont le fils Henri I. de Lusignan, reçoit du Pape Honoré III. le titre de Roi à son préjudice, 385.

Constantinople. Sédition en cette Ville contre les Latins, 186. Les Croisez s'en rendent maîtres, & y rétablissent Isaac Lange détrôné par Alexis son frere, 273. *& seq.* Ils s'en emparent une seconde fois sur le traitre Mursulphe, & le même Alexis, 276. *& seq.* & en font Empereur Baudouin Comte de Flandres, 279.

Corasmins. Leur origine, 368. Leurs mœurs, *ibid.* Ils inondent la Palestine, 369. exercent de grandes cruautez dans Jerusalem, 370. remportent une grande victoire sur les Chrétiens, 371. se tuent les uns les autres, 373. Relation de leurs cruautez, 376.

Coradin, Sultan de Damas, n'ose attaquer les Chrétiens, 311. Son caractere, 315. Il ruine les fortifications de Jerusalem, 316. marche au secours du Sultan d'Egypte son frere, *ibid.*

Corbeil, Prieuré de 13 Chapelains Hospitaliers, fondé en cette Ville, 324.

Cos ou *Lango*, petite Isle voisine de celle de Rhodes; quelques particularitez qui la concernent, 498. Elle

TABLE DES MATIERES.

est fortifiée par les Hospitaliers, & devient considerable dans la suite, 499.

Courtenay (Josselin I. de) succede à Baudouin II. son parent, au Comté d'Edesse, 53. est fait prisonnier par Balac, Prince Turcoman, 65. se sauve de sa prison, & remporte une victoire complete sur Balac qu'il tue de sa main, 70. Eloge de sa valeur, 92.

Courtenay (Josselin II. de) fils de Josselin I. perd par sa molesse une partie de ses Etats, 93. est fait prisonnier par le Sultan de Cogny, & meurt en prison, 103.

Courtenay (Pierre de) Prince du Sang Royal de France, parvient à l'Empire de Constantinople, 361. est arrêté perfidement par Theodore Comnene qui le fait mourir, ibid. Robert son second fils lui succede au refus de son aîné, 362.

Courtenay (Robert de) succede à Pierre son pere, au refus de Philippe son aîné, 360. Les ennemis qu'il a à combattre, ibid. Sa passion pour une jeune Demoiselle est cause de sa perte, 361, 362.

Courtenay (Baudouin de) succede à l'âge de dix ans à Robert son frere, sous la régence de Jean de Brienne, 364. parcourt les differens Royaumes de la Chrétienté pour en implorer le secours, ibid.

Croisade (Premiere) projettée par Pierre l'Hermite, 21. & résolue aux Conciles de Plaisance & de Clermont en Auvergne, 26. Differens motifs dont les Croisez étoient animez, 27. Noms des principaux, 28. Ce qui empêche plusieurs Princes de se joindre à eux, 29. Leur rendez-vous général, 30. Revûë de toutes les troupes dans les plaines de Constantinople, 35. Ils assiegent & prennent Nicée,

37. sont trahis par Alexis Comnene, 38. se liguent avec le Calife d'Egypte, ibid. soumettent la Natolie & la Cilicie, 40. prennent Antioche à la faveur d'une intelligence pratiquée par Boëmond, ibid. arrivent en assez petit nombre à Jerusalem, & en forment le siege, 41. & seq. emportent la Place, & y font un grand carnage, 44. témoignent bien-tôt des sentimens plus Chrétiens, ibid. remettent la souveraineté de cette conquête à Godefroi, qui refuse le titre de Roi, 45, 46. repassent la plûpart en Europe, 49.

Croisade (Seconde) sollicitée par Baudouin III. 94. Louis VII. en demande la publication à Eugene III. 95. S. Bernard la prêche par ordre du Pape; succès de ses exhortations accompagnées de miracles, 96. & seq. Ce qui l'a fait échouer, 98. Il y périt plus de deux cens mille hommes, 100.

Croisade (Autre) sollicitée par Amauri, 165. & ensuite par Baudouin IV. 192. La conduite bisarre & emportée du Patriarche Héraclius chargé de la négocier, en empêche le succès, ibid. & seq.

Croisade (Autre) sollicitée contre Saladin après la bataille de Tiberiade, 226. Philippe II. Roi de France, & Henri II. Roi d'Angleterre prennent la Croix, 227. & l'Empereur Frederic I. 231. Ce qui empêche l'Espagne d'imiter ces Princes, ibid. Des Croisades particulieres prennent les devants, & assiegent Acre, 235. La famine & la contagion affligent l'armée des assiegeans, 237. Frederic arrive glorieusement en Cilicie où il meurt, 239. Son fils conduit son armée bien affoiblie devant Acre, ibid. Le Roi de France y arrive aussi, & attend Richard fils

TABLE DES MATIERES.

de Henri, Roi d'Angleterre pour donner l'assaut, 243. Celui-ci s'y rend après la conquête de l'Isle de Chypre, 244. La jalousie se met entre les François & les Anglois, 247. La Place capitule après un siege de trois ans, 249. Richard prend Jaffa & Ascalon, fait une tréve avec les Infideles, & repasse en Europe où le Roi de France étoit revenu bien auparavant, 250.

Croisade (Autre) publiée par Celestin III. malgré la tréve conclue par Richard Roi d'Angleterre, 251. Elle n'est presque composée que d'Allemans ; ses suites, 252.

Croisade (Autre), formée par les discours de Foulques, Curé de Neuilly, 268. Les Croisez sont transportez par les Vénitiens en Dalmatie, 269. & seq. prennent Zara, suivant la convention faite avec eux, 271. rétablissent Isaac Lange par la prise de Constantinople, 275. s'en emparent une seconde fois sur le traitre Mursulphe, 276. & en choisissent pour Empereur Baudouin, Comte de Flandres, 279. & seq.

Croisade (Autre) sollicitée par Jean de Brienne à son avenement à la Couronne, 292. & résolue au quatriéme Concile de Latran sous Innocent III. 301. Les principaux Croisez, 302. qui de concert avec le Roi de Jerusalem, assiegent Damiette, 313. Un nouveau renfort arrive d'Italie, ayant à sa tête le Cardinal d'Albano Legat du Pape, 315. Les Infideles proposent des conditions avantageuses que le Légat fait rejetter, 317. Le Roi de Jerusalem se sépare des Croisez, 318. Prise de Damiette, *ibid.* L'armée s'avance dans le cœur de l'Egypte ; est inondée par l'ouverture des digues du Nil, & fait une tréve desavantageuse, 319. Elle se dissipe, *ibid.*

Croisade (Autre) résolue au premier Concile de Lion convoqué par Innocent IV. 375. Louis IX. en est le chef, *voyez* Louis (Saint)

Croisade (Autre) résolue au second Concile de Lion, 411. Les principaux Croisez, 412.

Croisade (Autre) publiée par Clément V. pour la conquête de l'Isle de Rhodes, 487. Rendez-vous général à Brindes, 488. Les Croisez débarquent dans le port de Limisso, *ibid.* Ils abordent à l'Isle de Rhodes, 490. Ils se dissipent pendant les quatre ans que dura la conquête de Rhodes, 493. & seq.

Croisade contre les Albigeois publiée par Innocent III. préjudicie à celle de la Terre Sainte, 291.

Croix (La vraye) étoit portée dans les combats, 210. est prise à la bataille de Tiberiade, *ibid.* n'est point rendue par Melic el Camel Sultan d'Egypte, suivant le traité, 319.

Croix rouge sur l'épaule droite, ordonnée par le Concile de Clermont, pour distinguer les Croisez, 27.

Croix rouge à l'endroit du cœur, ajouté par Eugene III. à l'habit des Templiers, 74.

Croix de toile blanche à 8 pointes, attachée sur l'habit régulier des Hospitaliers, du côté du cœur, 48.

Damas assiegé inutilement par l'Empereur Conrard & Louis VII. 100.

Damiette assiegée par les Croisez, 313. Et prise après un long siege, 318. Est remise aux Infideles, 319. S. Louis s'en rend maître, 387. Elle est encore remise aux Infideles. 396.

Dandol (Henry) Doge de Venise ; ses belles qualitez, 269. & seq. Négocie le transport des Croisez en Dalmatie, 270. Reprend Zara, 271. Son habileté dans la prise de Constantinople, 275. Le rétablissement d'Isaac Lange, 276. Et l'élection de Baudouin Comte de Flandres pour Empereur, 279.

Daps (Ermengard) neuviéme Grand-Maître, dans des circonftances bien triftes, 212. Sa mort, 249.

Dartal (Dom Pedro) donne aux Hofpitaliers la Cité de Borgia, 122. Echange qui s'en fait dans la fuite, *ibid.*

Décrétales (les fauffes) leur Auteur, 264. Innocent III. prévenu en leur faveur, *ibid.*

Desmoulins (Roger) feptiéme Grand-Maître, 181. Paffe en Europe pour folliciter une Croifade, 193. Meurt glorieufement au fiege d'Acre, 205.

Denis Roi de Portugal établit l'Ordre de Chrift, & le fait confirmer par Jean XXII. 547.

Dettes particulieres que les Hofpitaliers laiffent en mourant, comment acquittées, 440.

Dimanche. Les François ne combattent point ce jour-là, 197.

Dime Saladine, Impofition génerale en France pour fubvenir aux frais de la guerre contre Saladin, 228. Ordres qui en font exempts, *ibid.*

Ducas (Michel) Empereur de Conftantinople détrôné par Nicephore Botoniate, 22.

Ducas (Jean) *Voyez*, Vatace.

Duiffon (Godefroi de) dixiéme Grand-Maître, 249. Sollicite les Croifez de marcher droit à Jerufalem après la prife d'Acre, *ibid.* Négocie le mariage d'Yfabelle Reine de Jerufalem avec Amaury de Lufignan Roi de Chypre, 252. Sa mort, 253. Pourquoi l'on connoît peu de chofe de fon gouvernement, *ibid.*

Dupuy (Raimond) Gentilhomme de Daufiné, premier Grand-Maître des Hofpitaliers, 54. Dreffe des Statuts particuliers pour fon Ordre: il le rend en même-tems militaire, *ibid. & feq.* Le partage en trois claffes, 57. & en fept Langues, 58. Offre fes fervices au Roi de Jerufalem, 61. & fignale fon courage, 65. Eft député en Efpagne pour y négocier l'execution du teftament du Grand Alphonfe, 89. *& feq.* Accompagne Baudouin III. au fiege d'Afcalon & s'y diftingue, 105. *& feq.* Meurt dans un grand âge: fon éloge, 132. Eft reveré comme un Bien-heureux, *ibid.*

E

E Deffe (le Comté d') conquis par Baudouin, 40. La Ville tombe fous la puiffance de Zerghy Prince Turcoman, 93. Le Sultan de Cogny ravage tout le Pays, 103.

Edouard II. Roi d'Angleterre fait remettre aux Chevaliers de Rhodes les biens immenfes des Templiers dans fon Royaume, 548.

Egypte (le Calife d') fouffre que les Chrétiens s'établiffent dans Jerufalem, & leur y affigne un quartier, 15. Se ligue avec les Croifez contre les Turcomans, 38. Eft chef de la fecte d'Aly ou des Fatimites, *ibid. &* 142. Reprend Jerufalem fur les Turcomans, & fe prépare à en foutenir le fiege contre les Croifez, 41. *& feq.* Affiege Jaffa, 66. Molleffe de fes fuccefseurs, 143. L'un d'eux refufe de donner fa main nue à un Ambaffadeur Chrétien, 147. Saladin en éteint la fecte, 162.

Eleonore, femme de Louis VII. Princeffe d'une rare beauté, mais d'une vertu équivoque, fuit le Roi à la Croifade, 97. Le follicite en faveur de Raimond Prince d'Antioche fon oncle paternel, 99. Oblige le Roi par fa conduite à fortir brufquement de cette Ville, *ibid.*

Emirs ou Soudans. Leur autorité & l'abus qu'ils en font, 12. 143. Togrulbeg s'en déclare le Chef ou Sultan, 18.

Empire Romain. Il commence à décheoir de sa puissance après la mort du Grand Theodose, & pourquoi, 3. Les Musulmans lui portent les derniers coups, 4.

Empire Grec. Triste état où il étoit réduit à la fin de l'onziéme siecle, 21, 22. Grande révolution en cette Monarchie, 272 *& seq.* Elle est démembrée par les Croisez, 280. Et par quelques Princes Grecs, 358.

Emposte, Châtellenie & Grand Prieuré de la Langue d'Arragon 232. Le Châtelain admet à la possession les postulantes dans les maisons qui en dépendent, 408.

Espagne reconquise sur les Maures, 124. Origine de ses differens Royaumes, *ibid.* L'execution du decret du Concile de Vienne, touchant le transport des biens des Templiers aux Chevaliers de Rhodes, y souffre beaucoup de difficultez, 545.

Eugene. III. fait prêcher par Saint Bernard la seconde Croisade, 95.

F

Fatimites (les Califes) ou d'Egypte, leur origine, 38. 141. Leur schisme avec les Califes Abbassides, 142. Ils tombent dans la mollesse, & sont gouvernez par les Soudans, 143. sont éteints par Saladin, 162.

Ferentino Ville de la Campanie, où se tient une Assemblée celebre pour la délivrance de la Terre Sainte, 325.

Fieux en Quercy, maison de Dames Hospitalieres, réunie depuis à celle de Beaulieu, 453.

Fitero dans la Navarre (l'Abbé de)
accompagné d'un de ses Moines, fait lever aux Maures le siege de Calatrave, 126.

Forcalquier (Guy Comte de) apporte de grands biens dans l'Ordre des Hospitaliers, 122.

Foulques Comte d'Anjou passe à la Terre Sainte, & s'y distingue, 71. Baudouin lui promet sa fille Melisende en mariage & sa Couronne, 72. Il succede à son beau-pere, 76. En reçoit les complimens du Pape Innocent II. 78. Remedie sagement aux troubles d'Antioche, en mariant Constance héritiere de cette Principauté avec Raimond, 80. *& seq.* Approuve le traité conclu entre Raimond Berenger Roi d'Arragon, & les Députez des Hospitaliers & des Templiers, 91. Tombe de cheval à la chasse, & meurt de sa blessure : *ibid.* Baudouin III. son fils lui succede, *ibid.*

Foulques, Curé de Neuilly en Normandie reprend avec liberté Richard I. Roi d'Angleterre, 230. Prêche encore une Croisade, 268.

Frederic I. Empereur d'Occident; ses démêlez avec le Pape Luce III. l'empêchent de secourir les Chrétiens d'Orient, 194. Il prend la Croix dans un grand âge, 231. Après quelques exploits assez heureux il meurt en Cilicie, 239. Le Duc de Suabe son fils conduit son armée bien affoiblie devant Acre, *ibid.*

Frederic II. Empereur d'Allemagne & Roi de Sicile assiste à l'Assemblée de Ferentino, 325. Epouse Yolante fille unique de Jean de Brienne, qu'il force d'abdiquer en sa faveur, *ibid.* Ses démêlez avec Honoré III. qui l'excommunie par deux fois, 328. *& seq.* Il s'embarque enfin & arrive à Acre, 336. Conduite des Hospitaliers & des Templiers à son égard, 337. Renaud Duc de Spolette Regent de l'Empire continue ses represailles contre le Pape qui se défend, 338. & seq. Frederic se dispose à repasser en Italie sous quelques prétextes, 340. Fait une tréve de dix ans avec le Sultan d'Egypte, 342. Est excommunié de nouveau & se soumet enfin sans réserve, 343. Persecute les Hospitaliers & les Templiers, 344. Dont il reçoit de grands services dans la Palestine, 347.

G

Galilée conquise presque entierement par Godefroy, 52. Tancrede en est fait Gouverneur, ibid.
Garnier, huitiéme Grand Maître, 206. se signale à la bataille de Tiberiade, & meurt de ses blessures, 210.
Garnier (Etienne) Seigneur de Sydon & de Cesarée, & Connétable de la Palestine, fait lever le siege de Jaffa, 66. Charge la garnison d'Ascalon dispersée pour piller 67.
Gastus, cinquiéme Grand-Maître, 160.
Gaza réparée par les Templiers, à qui le gouvernement en est donné en proprieté, 102.
Gazan Khan des Tartares & Roi de Perse: beau portrait de ce Prince, 455. Ce qu'il en faut penser, ibid. Il entre dans le projet d'une ligue contre Nazer Sultan d'Egypte, 456. Suites heureuses de cette ligue dans la Palestine, ibid. & seq. Quelques soulevemens le rappellent en Perse, 457. Il reprend ses premiers desseins contre le Sultan d'Egypte, & y interesse les Princes Chrétiens en envoyant une ambassade au Pape, 458. Il paroît n'être pas éloigné d'embrasser le Christianisme, 459. Ce qui empêche le succès de ces projets, ibid.

Gerland de Pologne, Frere Hospitalier, illustre par sa pieté & par sa valeur, 557.
Gerard Fondateur de l'Ordre des Freres Hospitaliers, se dévoue au service des Pelerins dans l'Hôpital de S. Jean, 42. Est arrêté par ordre du Calife d'Egypte, ibid. Est estimé généralement dans Jerusalem, 43. fonde l'Institut des Freres Hospitaliers & le fait approuver par le Pape Pascal II. 48. Meurt dans une grande vieillesse, 54.
Gilles (la Maison de Saint) en Provence, un des premiers Hôpitaux ou Commanderies de l'Ordre de S. Jean, 51.
Godefroi de Bouillon Duc de la basse Lorraine, prend la Croix, 28. Entre le premier dans Jerusalem, 44. En est élû Roi, mais en refuse le titre, 45. Y fonde deux Chapitres de Chanoines, 46. Visite l'Hôpital de Saint Jean, ibid. & l'enrichit, 47. Assemble les Etats & établit des Loix, 51. Se rend maître de Tiberiade & de la plus grande partie de la Galilée, 52. Meurt d'une maladie contagieuse, ibid. Baudouin son frere lui succede, 52.
Grand-Maître, nom donné au Superieur des Hospitaliers par le Pape Clement IV. 406. Il étoit en usage dès le douziéme siecle, ibid. Le Grand-Maître est à vie & électif, 48. La forme de son Sceau, 419. Projet sans suite d'en accorder la nomination au Pape, 432. Il peut être déposé avec la permission du Pape, 451.
Gregoire IX. se plaint au Grand-Maître des Hospitaliers des désordres dont son Ordre étoit accusé & lui donne trois mois pour y remedier, 553.
Gregoire X. prend des mesures pour secourir la Terre Sainte, 410. Con-

voque le second Concile de Lyon pour le même sujet, 411.

Guerin, quinziéme Grand-Maître, 365. Est tué dans une bataille contre les Corasmins, 371.

Guerin (le Frere) Ministre de Philipe Auguste & de Louis VIII. Son éloge, 290. Arrête les progrès de la Secte d'Amaury, *ibid*. Est élû Evêque de Senlis, 296. A beaucoup de part à la victoire de Bouvines, *ibid*. & *seq*.

Guillaume de Tyr Historien, remplit differentes places, 150. Est envoyé par Amaury Ambassadeur à Constantinople, *ibid*. Passe en Europe pour solliciter une Croisade, 226. Est fait Legat du S. Siege, 227.

Guiscard (Robert) Prince Normand, Duc de la Calabre ravage l'Empire Grec, & pourquoi, 22. D'où lui vient ce surnom, 34.

H

H Argan (d') usurpe en Egypte la dignité de Soudan, & est défait par Amauri Roi de Jerusalem, 144. a recours à l'ouverture des digues du Nil pour s'en débarasser, *ibid*. traite avec ce Prince, pour se mettre en état de résister aux Turcomans par lesquels il est défait, 145.

Hegire; signification & usage de ce mot chez les Mahometans, 9.

Heiterseim, Seigneurie proche Fribourg, donnée aux Hospitaliers par le Marquis de Hochberg, 454. C'est la résidence des grands Prieurs d'Allemagne, *ibid*.

Henri II. Roi d'Angleterre promet de prendre la Croix, pour expier le meurtre de S. Thomas de Cantorberi, 192. s'en défend ensuite sous differens prétextes, 196. Marques de sa moderation, 197. Il confere avec Philippe II. Roi de France après la bataille de Tiberiade, & prend la Croix, 227. & *seq*.

Henry, Comte de Champagne, épouse en troisiémes nôces Isabelle, Reine de Jerusalem, 250. tombe d'une fenêtre & se tue, 252.

Henry, frere de Baudouin, Empereur de Constantinople, lui succede: sa mort, 371.

Henry de Lusignan, Roi de Chypre, voyez Lusignan.

Heraclius, Patriarche de Jerusalem, passe en Europe pour solliciter une Croisade, 192. Sa conduite bisarre, & emportée, empêche le succès de sa négociation, 197. Reproches qui lui sont faits, 199.

Herésies, origine des principales dans l'Orient, 3.

Honoré III. écrit à André Roi de Hongrie, & au Grand-Maître des Hospitaliers touchant la Croisade, 303. fait le Cardinal d'Albano chef de l'armée envoyée en Palestine, 315. Suites fâcheuses de ce choix, 318. & *seq*. informe de la conduite des Hospitaliers, & rend publique leur justification, 320. assiste à l'assemblée de Ferentino, 325. détermine Jean de Brienne à abdiquer en faveur de Frederic II. son gendre, 326. Par quels motifs, *ibid*. excommunie le Comte de Tripoly, & permet au Grand-Maître des Hospitaliers de se faire justice, 327. Ses procedez violens contre Frederic, qu'il excommunie plusieurs fois, 328. & *seq*. est obligé de sortir de Rome, & de se retirer à Perouse, 334. & *seq*. défend aux Chevaliers des trois Ordres de communiquer avec Frederic en Palestine, 336. refuse de traiter de la paix, & se défend, 338. & *seq*. excommunie de nouveau Frederic à son retour de Palestine, &

le foumet fans réferve, 343. écrit en fa faveur aux Hofpitaliers dans la Terre Sainte, 348.

Hofpices établis à Jerufalem par des Marchands Italiens, 15. Berceau de l'Ordre des Hofpitaliers, 16.

Hofpitaliers (les Freres) leur origine, 15. On bâtit dans leur hofpice une Chapelle de S. Jean l'Aumônier, 16. Comment les pélerins & les malades y étoient traitez, *ibid.* 50. & les Infideles même, 43. Ils reçoivent la vifite de Godefroi, 46. Plufieurs Croifez en prennent l'habit, 47. Donations qui leur font faites, 48. Ils prennent l'habit régulier, & font les trois vœux de Religion, *ibid.* Pafchal II. approuve leur inftitut, & leur accorde plufieurs privileges, *ibid.* Ils bâtiffent à Jerufalem l'Eglife de S. Jean Baptifte, & en Europe plufieurs Hôpitaux, 50. *& feq.* Statuts particuliers de cet Ordre, qui devient en même tems militaire, 54. *& feq.* & eft partagé en trois claffes, 57. & en fept Langues, 58. L'habit régulier, *ibid.* Diftinction entre les Chevaliers & les Freres Servans, 59. Leurs armes, *ibid.* Punition des Chevaliers qui prennent la fuite, *ibid.* Forme du gouvernement, *ibid.* Adminiftration des biens, 60. Ils rendent de grands fervices au Roi de Jerufalem, 62. *& feq.* Premiere victoire à laquelle ils ont part, 64. Ils contribuent à faire lever le fiege de Jaffa, 66. & à la prife de Tyr, 69. fuivent Baudouin II. dans toutes fes expeditions, 71. Bulle du Pape Innocent II. honorable à cet Ordre, 78. La part qu'ils ont à l'établiffement de l'Ordre des Templiers, 73, 182. La défenfe de Berfabée leur eft confiée, 84. Ils envoient des députez en Efpagne touchant l'exécution du teftament d'Alphonfe, 88. *& feq.* défendent Jerufalem pendant l'abfence de Baudouin III. 104. fe diftinguent au fiege d'Afcalon, 105. *& feq.* Anaftafe IV. confirme & augmente leurs privileges, 113. *& feq.* Les Evêques de Paleftine en murmurent, 115. *& feq.* & en demandent inutilement la révocation au Pape Adrien IV. 118. *& feq.* Differens Seigneurs leur apportent de gros biens, 121. Tableau de leur conduite d'après S. Bernard, 123. Il s'établit differens Ordres en Efpagne à leur exemple, 125. Le relâchement s'y introduit, 127. Ils échouent à Paneas, 128. contribuent à faire reconnoître en Paleftine Alexandre III. 137. accompagnent Amauri à l'expedition d'Egypte, contre l'avis des plus fages, 151. font mis en poffeffion de Belbers, fuivant la convention, 156. en font rappellez, 159. rendent de grands fervices à Amauri contre Saladin, 165. *& feq.* perdent beaucoup de l'eftime qu'on avoit pour eux, 169. fe fignalent dans une bataille contre Saladin, 176. Reglement touchant leurs privileges, fait au Concile de Latran, 178. La divifion fe met entre eux & les Templiers, & pourquoi, 181, 182. Le Pape Alexandre III. y remedie, *ibid.* Ils font maltraitez à Conftantinople, 186. fe diftinguent au fiege d'Acre, 204, 240, 246. font prefque tous maffacrez à la bataille de Tiberiade ou après, 209. reftent encore un an à Jerufalem après fa prife, 218; empêchent la perte de Tyr, 224. Beaucoup de Croifez embraffent leur Ordre par préference à celui des Templiers, 247. Ils transferent leur principale réfidence à Acre, 249. Leurs grands biens, 262. Leurs divifions visions avec les Templiers se renouvellent, 263. Ils font faits Gouverneurs de l'Isle de Chypre, 268. sont établis dans l'Empire Grec par Baudouin, & en Italie, 280, 281. Leurs grands services en Armenie, où ils sont bien récompensez, 287. en Espagne, 288. en France, 289. Leur conduite édifie André Roi de Hongrie, qui demande d'être associé dans leur Ordre, & leur fait une donation considerable, 309. & seq. Leur valeur au siege de Damiette, 314, 316. Ils sont accusez de détourner les deniers destinez à la Croisade : leur justification, 320. Le Comte de Toulouse meurt avec l'habit de cet Ordre en signe de sa catholicité, 323. Philippe II. Roi de France leur fait un legs, & la Reine après sa mort fonde à Corbeil un Prieuré de 13 Chapelains de leur Ordre, 324. Ils se font justice, avec la permission du Pape, des cruautez du Comte de Tripoly, 327. & seq. sont maltraitez par l'Empereur Frederic II. avec lequel ils refusent de communiquer, 337. sont accusez de perfidie à son égard, 341. en sont persecutez de nouveau, 344. & rendent de grands services en Palestine, 347. & à Dom Jaime en Espagne, dont ils sont bien récompensez, 350. Les Evêques d'Espagne & de Palestine renouvellent leurs plaintes contre leurs privileges, 352. & seq. Ils sont accusez de grands desordres auprès du Pape Grégoire IX. 353. Exemples d'une Sainteté eminente en ce même tems parmi eux, 355. & seq. Motifs des mesures qu'ils gardent avec Vatace Empereur Grec, 358. Ils refusent d'être compris dans la tréve avec l'Emir de Carac, 366. périssent presque tous dans un combat contre les Corasmins, 371. Leur

réunion avec les Templiers, ménagée par S. Louis, 385. Ils accompagnent le Comte d'Artois au passage du Thanis, & sont défaits à la Massoure par sa témerité, 392. & seq. Quelques particularitez de la discipline qui s'observoit dans leurs repas, 399. Innocent I. leur donne le Monastere du Mont-Thabor avec le Château de Bethanie, 400. Leur animosité contre les Templiers recommence : ses suites, 401. Nouveaux réglemens touchant l'administration des biens : ils ne peuvent tester, 402, 403. Ils défendent jusqu'à l'extremité la forteresse d'Assur, 404. & celle de Crac, 407. Qualitez pour être reçû Chevalier, 408. Ceux qui auroient fait profession dans un autre, en sont exclus, 409. Ils demeurent neutres dans la contestation entre Charles Comte d'Anjou, & Hugues III. Roi de Chypre, 412. Le premier fait saisir leurs biens dans ses Etats, 413. Ils rendent par capitulation la Forteresse de Margat, 414. soutiennent jusqu'à l'extremité le siege d'Acre, & se retirent à Limisso, 424. & seq. tiennent en respect les Armateurs des Infideles, 437. Commencement de leurs armemens maritimes, 438. Ils fortifient Limisso, 439. Réforme des abus introduits par les guerres, ibid. & seq. Réglement touchant la réception des Novices, & les dettes particulieres, 440. Celestin V. & Boniface VIII. se les attachent par differens services, 442. & seq. Ils ne prennent point de part à la révolte des Chipriots contre Henri de Lusignan, 450. demandent permission au Pape de déposer Odon de Pins leur Grand-Maître, 451. Boniface VIII. unit à leur Manse Magistrale l'Abbaye de la

TABLE DES MATIERES.

Sainte Trinité de Venouse, 453. Ils forment une ligue contre les Sarrasins, & rentrent dans la Terre Sainte, 456. & seq. sont obligez de l'abandonner, 457. Leurs hauts Officiers, 483. Ils font la conquête de Rhodes, 493. & seq. D'où ils sont appellez Chevaliers de Rhodes, 496. soumettent les Isles voisines & en fortifient quelques-unes, ibid. font lever à Ottoman le siege de Rhodes, 504. sont préferez aux Templiers, 507. dont les biens leur sont ajugez, 532. Mesures sages qu'ils prennent pour s'en mettre en possession, & conserver ceux de leur Ordre, 539. Difficultez qu'ils rencontrent à ce sujet en France, 543. en Italie, 544. en Espagne & en Portugal, 544. & seq. En Angleterre, Edouard II. en use plus noblement, 548. En Allemagne, ils les partagent avec les Chevaliers Teutoniques, 549.

Hospitalieres (les Sœurs) leur origine, 15, 16. Elles prennent l'habit regulier, & font les trois vœux de Religion, 48, se retirent en Europe après la prise de Jerusalem par Saladin, 218. où on leur bâtit differentes Maisons, 231. & seq. 281, 451. Qualitez requises pour les Novices, 453. Leur habillement, ibid.

Hugues III. Roi de Chypre, *voyez* Lusignan.

Hugues Frere Hospitalier, Commandeur de Gennes: abregé de sa vie, 355, 356.

I

Iacques de l'Epée (Ordre de Saint) Son institution, 126. La Grande Maîtrise en est annexée à la personne des Rois d'Espagne, 548. Il est permis à ces Chevaliers de se marier, ibid.

Jaffa. Le Calife d'Egypte est obligé d'en lever le siege, 66. Saladin s'en rend maître, 215.

Jaime (Dom) Roi d'Arragon chasse les Maures du Royaume de Valence par le secours des Hospitaliers, 350. auxquels il donne de grands biens, 351.

Iconium, *voyez* Cogni.

Jean de Brienne, *voyez* Brienne.

Jean-Baptiste, (l'Eglise de Saint) à Jerusalem, bâtie par les Hospitaliers, 50.

Jean de Jerusalem (Ordre de Saint) *voyez* Hospitaliers.

Jerusalem prise par les Musulmans, 12. Les Soudans d'Egypte permettent aux Chrétiens Grecs d'y avoir un quartier, 13. Le Calife Aaron y accorde une maison particuliere aux pélerins François, ibid. Des Marchands d'Amalphy en Italie y jettent les premiers fondemens de l'Ordre des Hospitaliers, 15, 16. Les Turcomans s'en rendent maîtres, & y exercent de grandes cruautez, 19. Ils en sont chassez par le Calife d'Egypte, 41. qui se prepare à en soutenir le siege contre les Croisez, 42. Differentes revolutions de cette Ville, 43. Les Croisez l'emportent au bout de cinq semaines, & y font un grand carnage, 44. Cette fureur est suivie de sentimens plus chrétiens, 45. Godefroi en est élu Roi, mais en refuse le titre, ibid. La Place court un grand danger sous Baudouin III. 104. elle est prise par capitulation, 215. Tristes circonstances de cet évenement, 219. & seq. Elle est remise aux Chrétiens, à l'exception du Temple, 342. Tous les Mahometans en sortent, 366. On en rebâtit les fortifications, 367. Les Corasmins la desolent, 368. Les Hospitaliers y entrent & en sortent peu de tems après, 456. & seq.

Jerusalem (l'Eglise Patriarchale de) la

principale Mosquée des Infideles, est changée en Eglise avec un Chapitre par Godefroi, 46. avoit été bâtie par le Calife Omar sur les ruines du Temple de Salomon, 218. Saladin en fait une Mosquée avec de grandes cérémonies, *ibid.* est, exceptée par le traité de Frederic II. avec le Sultan d'Egypte, 342.

Innocent II. (Bulle d') honororable aux Hospitaliers, 61, 78.

Innocent III. Ses bonnes qualitez, 264. Ses préventions en faveur des fausses décretales, *ibid.* Il termine les differends des Hospitaliers & des Templiers, 265. *& seq.* écrit en faveur d'Amauri Roi de Chypre, 267. & aux Evêques de France touchant les malheurs des Chrétiens d'Orient, 285. interesse les Hospitaliers pour Leon Prince d'Armenie contre le Comte de Tripoly, 287. fait consentir les deux Parties à une trêve, 288. ordonne de prêcher une Croisade contre les Albigeois, 291. convoque le quatrième Concile de Latran où la Croisade est résolue, 301.

Innocent IV. fait prendre les armes aux Chevaliers de Hongrie contre les Tartares, 374. Convoque le premier Concile de Lyon pour la délivrance de la Terre Sainte de l'oppression des Corasmins, 375. *& seq.* Ecrit pour le même sujet aux Evêques de France, 380. Donne aux Hospitaliers le Monastere du Mont Thabor avec le Château de Bethanie, 400.

Joachim (l'Abbé) prétendu Prophète, d'une réputation fort équivoque, 238. Est consulté par Richard I. Roi d'Angleterre sur le succès de la Croisade : sa réponse, *ibid.*

Joubert Frere Hospitalier, confident de Foulques Roi de Jerusalem, l'accompagne à Antioche, 80. Négocie avec sagesse le mariage de Constance avec Raimond, 82. Est élû sixiéme Grand Maître, & fait Regent de Royaume, 165. Est percé de coups dans un combat contre Saladin, où il est fait prisonnier, 176. Ne veut point être racheté, *ibid.* Défend courageusement une Place assiegée par Saladin : son éloge, 180. Est pris & meurt de faim dans un cachot, 181.

Jourdain, neveu de Raimond de Saint Gilles, prend Tripoly, 53.

Italie (la basse) conquise par les Normands, & à quelle occasion, 31. *& seq.*

L

L'Ange (Isaac) se fait reconnoître pour Empereur après la mort cruelle de l'usurpateur Andronic Comnene, 271. Est lui-même détrôné par son Frere Alexis, qui lui arrache les yeux. *ibid.* Est rétabli par les Croisez, 275. S'associe son fils Alexis, 276.

Lange (Alexis) fils d'Isaac, implore le secours du Duc de Suabe & des Croisez, contre l'usurpateur Alexis son oncle, 273. *& seq.* Rétablit par leur moyen son pere qui l'associe, 276. Est trahi par Mursulphe, & périt miserablement par la trahison & la cruauté d'Alexis son oncle, *ibid. & seq.*

Lange (Alexis) frere d'Isaac, lui arrache les yeux avec la Couronne, 272. S'enfuit de peur d'être livré aux Croisez, 275. Profite d'une émeute contre son neveu Alexis, pour rentrer dans Constantinople, 277. Trahit ce jeune Prince & l'étrangle, *ibid. & seq.* Abandonne encore la Ville & la Couronne qui est donnée par les Croisez à Baudouin Comte de Flandres, 278. 279.

Langues. Sorte de division dans l'Ordre des Hospitaliers, 58. Les dignitez n'y étoient point encore attachées en 1187, 206.

Lascaris (Theodore) monte par son courage sur le trône Imperial qu'il laisse à son gendre Vatace, 358.

Latran (Conciles de) *Voyez* Concile.

Leon ou *Livron* Frere de Rupin Roi d'Armenie surprend Boëmond III. Prince d'Antioche, 258. 259. Et l'oblige à souscrire à un traité desavantageux, 260. Ce qui cause de grands démêlez, 285. *& seq.* Leon a recours au Pape, dont il reconnoît l'autorité, 286. Est secouru par les Hospitaliers contre le Comte de Tripoly, assisté du Sultan de Cogny, 287. Donne aux Hospitaliers la ville de Saleph & quelques forteresses, 288. Innocent III. ménage une tréve entre les deux Parties, *ibid.*

Lepreux. Constitution du troisiéme Concile de Latran à leur sujet, 179.

L'Hermite (Pierre) entreprend de délivrer la Terre Sainte de l'oppression des Turcomans, 21. S'en ouvre au Patriarche de Jerusalem qui propose pour cela une Croisade des Princes Latins, *ibid. & seq.* En reçoit des lettres pour le Pape Urbain II. 23. 24. Parcourt suivant les exhortations du Pape toute l'Europe, 25. Succès de sa mission, *ibid. & seq.*

Limisso (la ville de) dans l'Isle de Chypre sert de retraite aux Hospitaliers après la prise d'Acre, 428. état où elle étoit pour lors, 436. Pourquoi elle est choisie pour leur résidence, *ibid. & seq.*

Lyon (Conciles de) *Voyez* Concile.

Lorgue (Nicolas) vingtiéme Grand-Maître, 413. Travaille à éteindre les divisions de son Ordre avec les Templiers, *ibid.* Passe en Occident pour en tirer quelque secours, 417. Meurt peu de tems après être de retour de son voyage, qui n'avoit pas réussi, 418. Réglemens faits pendant son Magistere, 419.

Louis VII. Son caractere, 94. Il demande au Pape Eugene III. la publication d'une seconde Croisade, 95. Prend la Croix & est suivi de la Reine Eleonore, 97. Défait les Infideles au passage du fleuve Meandre, 99. Arrive à Antioche, d'où la conduite de la Reine le fait partir brusquement, *ibid.* Joint l'Empereur Conrard à Jerusalem, 100. Ils assiegent inutilement Damas, & repassent en Europe, *ibid.*

Louis IX. (Saint) prend la Croix, 379. Envoie d'abord en Palestine des secours de troupes & d'argent. Part deux ans après & laisse la Regence à la Reine Blanche, 384. Est reçû dans l'Isle de Chypre par le Roi Henry de Lusignan, *ibid.* Il emploie son séjour à assoupir quelques divisions, 385. Refuse d'entrer dans aucun accommodement avec le Sultan d'Egypte, 386. Met à la voile & aborde glorieusement à Damiette qu'il trouve abandonnée, 387. Alphonse son frere lui amene un gros renfort de troupes, 388. Il se résout à aller assieger le Caire, 389. Arrive après quelques escarmouches à la Massoure, & se fortifie auprès de Thunis, 390. Consent après de sages précautions que le Comte d'Artois son Frere en tente le passage, 391. La défaite de celui-ci le fait tomber entre les mains des Sarrasins, 396. ausquels il rend Damiette avec une grosse rançon pour sa délivrance, *ibid.* Il séjourne à Acre, où il reçoit des presens du vieux de la Montagne, 397. 398. Est rappellé en France par la mort de la Reine Blanche, & s'embarque après avoir pourvû à ce qui étoit nécessaire, 400.

Lusignan (Guy de) est associé par Baudouin IV. dont il épouse la sœur, 187. Cette disposition est changée pour des raisons peu honorables à Lusignan, 190. Il est cependant couronné par la politique de sa femme Sybille, 199. & seq. Le Comte de Tripoly le trahit, 202. & seq. Il perd la bataille de Tiberiade où il est fait prisonnier, 208. Tristes suites de cette défaite, 210. Il est mis en liberté & renonce au titre de Roi, 221. Tyr refuse de le reconnoître, 223. Il assiege Acre avec le secours des Croisez, 235. Conrard lui dispute la Couronne après la mort de sa femme, 237. Il est soutenu par Richard I. Roi d'Angleterre & les Hospitaliers, 247. Il fait un traité avec son concurrent, 248. Epouse la Princesse de Chypre, & en est fait Roi par Richard, 250. Sa mort, 252. Amaury son Frere lui succede à la Couronne de Chypre, *ibid*. Et à celle de Jerusalem en épousant Ysabelle sœur de Sybille, 253.

Lusignan (Amaury de) Frere de Guy, lui succede au Royaume de Chypre, 252. Epouse Ysabelle Reine de Jerusalem, 253. Ecrit au Pape Innocent III. au sujet de son Royaume de Chypre, 267. Dont il confie le Gouvernement aux Hospitaliers, 268. Meurt sans avoir eu d'enfans d'Ysabelle, 283. La Couronne de Chypre passe à Hugues son fils d'un premier mariage, *ibid*. Et celle de Jerusalem à Marie fille d'Ysabelle d'un autre lit, *ibid*. Marie épouse Jean de Brienne, *ibid*.

Lusignan (Hugues I. de) fils d'Amaury & son successeur au Royaume de Chypre, 283. Epouse Alix sœur uterine de Marie héritiere de la Couronne de Jerusalem, *ibid*. S'embarque avec André Roi de Hongrie & aborde à Acre, 308. Dont ils empêchent le siege, 311. Sa mort à Tripoly, *ibid*. Henry I. son fils lui succede, *ibid*.

Lusignan (Henry I. de) fils & successeur de Hugues I. reçoit Saint Louis dans son Isle, 385. Le Pape Honoré III. lui confere le titre de Roi de Jerusalem, *ibid*. Il s'embarque avec Saint Louis, 387.

Lusignan (Hugues II. de) fils & successeur de Henry I. 431.

Lusignan (Hugues III. de) cousin germain & successeur de Hugues II. 431. Dispute la Couronne de Jerusalem à Charles Roi de Sicile, & à quel titre, 412. Est délivré des poursuites de son Concurrent par la catastrophe des Vêpres Siciliennes, 417.

Lusignan (Henry II. de) fils & successeur de Hugues III. fait une treve avec Melec-Messor, 417. Qui est violée, 419. Secourt Acre, 422. Consent à l'élection du Grand Maître des Templiers pour Commandant de la Place, 422. S'en retire secrettement, 423. Donne Limisso aux Hospitaliers pour leur servir de retraite, 428. Permet de la fortifier, 439. Après de grandes précautions, 447. Ses démêlez avec Boniface VIII. Est détrôné par Amaury son Frere dans une émeute, & relegué en Armenie, 449. Recouvre la Couronne par le meurtre d'Amaury, 450.

M

Mahomet, le plus habile & le plus dangereux imposteur qui ait paru dans l'Asie, 4. Sa naissance & son éducation, *ibid*. Il aspire à la souveraineté de son pays, 5. Entreprend pour cela d'établir une nouvelle Religion, *ibid*. Comment il s'y prend, *ib. & seq.* Son caractere, 6. Il se donne pour le dernier Prophête & plus grand que Moyse & Jesus fils de Marie, 7. Dont il loue la doctrine & prétend seulement l'épurer, *ibid.* Se fait instruire par un Moine & un Juif renégats, 8. Points principaux de sa doctrine, *ibid.* Il est chassé de la Meque & prend la fuite, 9. A recours aux armes & fait de grandes conquêtes dans l'Arabie : Ses Apôtres & ses Capitaines, *ibid.* 10. Réunit en sa personne le Sacerdoce avec l'Empire, *ibid.* Désigne pour son successeur Aly son gendre, 11. Abubekre son beau-pere lui est préferé par le crédit d'Omar, *ibid.* D'où naissent les deux Sectes, des Abbassides ou d'Omar à Bagdat : & des Fatimites ou d'Aly en Égypte, *ibid.* 141. Nom de ses successeurs, 11.

Mahometans, *Voyez*, Musulmans.

Mamelus, corps de troupes institué par Salech Sultan d'Égypte 381. Ce que signifie ce mot, *ibid.* Il fournit plusieurs Sultans, 404.

Margat, Château sur les confins de la Judée donné aux Hospitaliers qui le fortifient, 180. Est assiégé par Melec-Sais Sultan d'Égypte, 414. est rendu par capitulation après une vigoureuse résistance, & rasé, 415. 416.

Marie Reine de Jerusalem, fille d'Ysabelle & de Conrard de Montferrat, épouse Jean de Brienne, 283.

Marie Princesse d'Antioche, fille de Boëmond IV. cede ses droits à la Couronne de Jerusalem à Charles Comte d'Anjou, 412.

Martel (maison de) aux Dames Hospitalieres, 453.

Massoure, Place située à moitié chemin de Damiette au Grand Caire, 389. Le Comte d'Artois s'en rend maître & y périt ensuite, 394.

Meandre. Victoire de Louis VII. sur les Infideles au passage de ce fleuve, 99.

Mécah (le bienheureux Gerard) Frere Hospitalier ; ses vertus, 356. Il se retire dans un désert, 357.

Mélier, Templier Apostat, s'empare de la petite Armenie sur son neveu Thomas, 167. Exerce de grandes cruautez, sur tout contre les Hospitaliers & les Templiers, *ibid.* Ligue contre lui, 168. Il est tué, 186. Suites de sa mort, 258.

Melisende fille de Baudouin II. & femme de Foulques son successeur, 72. 77. Gouverne pendant son absence & arrête les courses des Infideles, 84. Ses prétentions après la mort de son mari, 92.

Meque (la) Ville de l'Arabie Petrée, & patrie de Mahomet, 4. Ignorance générale de ses habitans tous Idolâtres, 5.

Messor (Melec-el-) Sultan d'Égypte, emporte & fait razer Tripoly, 417. fait une treve avec Henry II. Roi de Chypre, *ibid.* Se dispose à assieger Acre & meurt, 421.

Mishieli (Henry) Doge de Venise remporte de grands avantages sur les Infideles, & en profite, 67. *& seq.*

Molay (Jacques de) Grand-Maître des Templiers, confere avec le Pape à Poitiers, 476. Répond au premier mémoire qui lui avoit été donné, touchant une Croisade, 478. *& seq.* & à un second, touchant l'union de son Ordre à celui des Hospitaliers, 481. *& seq.* Est arrêté par ordre de Philippe le Bel, 510. Aveu prétendu qu'il fait des crimes imputez à son Ordre, 520. Il comparoît devant les Commissaires, & demande permission de prendre un

TABLE DES MATIERES.

Conseil, ne sçaohant ni lire ni écrire, 523. Défavoue avec étonnement & menaces la confession qu'on lui attribuoit, 523. Demande d'être renvoyé au Pape, 524. Paroît devant les Commissaires Apostoliques, 533. Persiste avec fermeté, à l'aspect du bucher, dans le desaveu de sa premiere confession, 535. 536. & au milieu des flâmes même, *ibid.* 537.

Montagne (Vieux ou Seigneur de la) titre du chef des Assassins, 170. Marque singuliere du dévouement de ses sujets à ses ordres, 171. La plûpart des Souverains lui envoyent des présens, & pourquoi, *ibid.* 397. Il paye un tribut aux Templiers, 171. Il offre à Amauri de se faire baptiser, *ibid.* Son Envoyé est tué en s'en retournant, par un Templier, *ibid.* Il envoye des présens à S. Louis, au lieu de ceux qu'il lui avoit demandés, 397, 398.

Montaigu (Guerin de) treiziéme Grand Maître, 285. secourt Leon Prince d'Armenie par ordre du Pape Innocent III. 287. reçoit un bref d'Honoré III. au sujet de la Croisade, 303. confere avec André, Roi de Hongrie dans l'Isle de Chypre, 308. assiste à l'assemblée de Ferentino, 325. parcourt l'Europe pour en animer les Princes à la Croisade, 326. refuse en Palestine de communiquer avec Frederic II. excommunié par le Pape, 337. Sa mort, 345.

Montferrat (Conrard de) *voyez* Conrard.

Montferrat (le Marquis de) chef de la Croisade formée par les discours de Foulques Curé de Neuilly, 269. obtient en partage le Royaume de Thessalonique, 280.

Montreal, Forteresse située à l'entrée de l'Arabie, importante pour les Infideles, 317.

Moravie (le Comte de) frere de la Reine de Hongrie, deshonore la femme de Bancbannus Régent du Royaume; suites de cette insulte, 304. *& seq.*

Mursulphe, Prince de la famille Ducas, séduit Alexis Lange, 276. fait élire en sa place Nicolas Canabe, 277.

Musulmans, ce que signifie ce nom, 10. Leurs premières conquêtes 11. *& seq.* Ils se rendent maîtres des Saints Lieux, & imposent un tribut sur tous les pélerins étrangers, 12, 13. font dépouillez d'une grande partie de leurs Provinces par les Turcomans, 18. *& seq.* se joignent à eux contre les Chrétiens, 63.

N

Nicée assiegée & prise par les Croisez qui la remettent à l'Empereur Alexis, 37.

Nicolas IV. accorde un foible secours au Grand-Maître des Hospitaliers, 418. se donne de grands mouvemens après la prise d'Acre auprès des Princes Chrétiens, Grecs, & même Infideles, 431. *& seq.* Toutes ses mesures échouent, 434.

Noradin, Sultan d'Alep; son caractere, 93. Il défait Raimond Prince d'Antioche, 102. prend & reprend Paneas, 128, 129. assiege inutilement Suete, 130. 131. ne veut point se prévaloir de la mort de Baudouin pour attaquer les Chrétiens, 138. échoue après quelques succès dans une entreprise contre l'Egypte, 145. secourt à propos le Soudan d'Egypte contre Amauri, 158. confirme Saladin dans la qualité de Soudan qu'il avoit prise à l'exemple de Siracon, 162. éteint la secte des Califes Fatimites, *ibid.* Politique de Saladin envers lui & envers son fils, qu'il dépouille enfin d'une bonne partie de ses Etats, 163, 164.

Normans (quelques Gentilshommes) conquerent la basse Italie, & à quelle occasion, 31. & *seq.*

Novices dans l'Ordre des Hospitaliers, réglement touchant leur réception, 440.

O

Omar, cousin, apôtre & capitaine de Mahomet, 10. fait élire Abubekre pour lui succeder, au préjudice d'Aly designé par le faux Prophete pour remplir sa place, 11.

Othon de Saxe, quatriéme competiteur de Philippe Duc de Suabe, 273. forme une ligue formidable contre Philippe Auguste, 293. est défait honteusement à la bataille de Bouvines, 296. abdique l'Empire, 301.

Ottoman, tige des Empereurs Turcs de ce nom ; son origine, 500. son caractere, *ibid.* Il assiege Rhodes inutilement, 504.

P

Paneas, Ville de Phénicie, prise & reprise par Noradin, 128, 129.

Papes, leurs prétentions sur le temporel des Rois, odieuses, 24. Leurs démélez avec les Empereurs d'Allemagne au sujet des investitures, 29. Leurs motifs dans la concession des privileges des Hospitaliers, 123. Leurs maximes touchant les conquêtes sur les Infideles, 137. Ils sont appellez Seigneurs spirituels & temporels de la terre Sainte, en présence même du Roi, *ibid.* Ils se regardent comme les chefs souverains dans les Croisades, 292. Ils se servent du prétexte des Croisades pour leurs interêts particuliers, 326, 332, 461.

Paschal II. approuve l'institut des Hospitaliers, & leur accorde plusieurs privileges, 48.

Payens (Hugues de) Instituteur des Templiers, 72. fait approuver son institut au Concile de Troyes, & ensuite au Pape, 73. & *seq.* repasse dans la Terre Sainte, 74. Son avarice retarde la prise d'Ascalon, 109. Il répare sa faute, 111.

Pélage commence à délivrer l'Espagne de la domination des Maures, 124.

Pélerinages : le plus célébre de tous, 13. Le succès de la premiere Croisade les rend plus fréquents, 49. C'étoit l'objet d'une partie du culte des Chrétiens, comme des Infideles à l'égard de la Mecque, 317.

Philippe II. Roi de France reçoit une espece d'investiture des Lieux saints, 195. prend la Croix, 227. hyverne à Messine avec Richard I. Roi d'Angleterre, 238. en part brusquement, & arrive à Acre dont il differe l'assaut jusqu'à l'arrivée de Richard, 243 ; se déclare pour Conrard contre Guy de Lusignan, 247. tombe malade, & repasse en France, 249, 250. nomme Jean de Brienne pour mari de l'heritiere de la Couronne de Jerusalem, 283. gagne la bataille de Bouvines contre Othon IV. & y fait des prodiges de valeur : sa confiance dans le Frere Guerin, 293. & *seq.* legue cent mille livres aux Hospitaliers ; dont la Reine sa veuve fonde un Prieuré de 13 Chapelains à Corbeil, 324, 325.

Philippe le Bel. Origine de ses démélez avec Boniface VIII. 459. Son caractere, 460, 462. Le Pape lui suscite des ennemis au dedans & au dehors de son Royaume, parmi lesquels on mettoit les Templiers, *ibid.* Il refuse de prendre la Croix, suivant les intentions du Pape & du

TABLE DES MATIERES.

Khan des Tartares, 461. & seq. Politique avec laquelle il conduit l'élection de Clement V. avec lequel il prend toutes ses suretez, 466. & seq. Il honore de sa présence la cérémonie de son couronnement à Lion, 470. lui propose l'extinction entiere de l'Ordre des Templiers, *ibid.* renouvelle ses poursuites, & les fait tous arrêter, 509, 510. paroît très jaloux des droits de l'Episcopat, 516. permet pour la forme, que les Templiers soient remis aux Officiers du Pape, 517. se rend au Concile de Vienne avec une Cour nombreuse, 528. consent avec peine à l'union des biens des Templiers à ceux des Chevaliers de Rhodes, 532. fait brûler vif le Grand-Maître & quelques Officiers, 536. meurt dans l'an, 537.

Pins (Odon de) vingt-deuxiéme Grand Maître: son caractere, 450. Plaintes portées à Boniface VIII. de son indifference pour les armemens, 451. Il est cité à Rome, & meurt en chemin, *ibid.*

Portugal (Alphonse de) onziéme Grand Maître ; ses bonnes & mauvaises qualitez, 255. Il entreprend de réformer son Ordre, en commençant par lui-même, *ibid. & seq.* ne réussit pas & abdique, 258. périt dans une guerre civile en Portugal, *ibid.*

Précepteur ; commission dans l'Ordre des Hospitaliers, 60. Les Commandeurs leur sont substituez, 403.

Prieurs ; leur origine & leurs fonctions, 403. Ils représentent l'Evêque, & en ont les ornemens en officiant, 409.

Ptolemaide ou Acre, *voyez* Acre.

R

*R*Aimond Dupuy, *voyez* Dupuy.
Raimond de S. Gilles, Comte de
Tome I.

Toulouse, prend la Croix, 28.

Raimond II. issu de mâle en mâle du précedent, épouse la fille de Baudouin II. veuve de Tancrede, 174.

Raimond III. fils de Raimond II. Comte de Tripoly, & Régent du Royaume sous Baudouin IV, 174. assiege Damas, *ibid.* reçoit de l'argent pour se retirer, 175. s'oppose à l'association de Guy de Lusignan, & est encore fait Régent, 188. est soupçonné de la mort de Baudouin V. 199. traite avec Saladin contre Guy de Lusignan & les Templiers, 202. Suites de son apostasie & de ses trahisons, 203. & *seq.* somme Saladin en exécution du traité dont celui-ci se mocque, 225. meurt Mahometan dans une espece de frenésie, *ibid.*

Raimond Berenger, Comte de Barcelone & de Provence, prend l'habit de Templier, 85.

Raimond Berenger II. épouse l'héritiere d'Arragon, & en gouverne les Etats, 88. entre en composition touchant l'exécution du testament d'Alphonse I. 90.

Raimond, frere de Guillaume, Comte de Poitiers, épouse Constance héritiere de la Principauté d'Antioche, 81. & *seq.* y fait une réception convenable à Louis VII. & à la Reine sa niéce, 99. qui demande pour lui du secours au Roi son mari, *ibid.* Il périt dans un combat contre Noradin Sultan d'Alep. 101.

Raimond, Comte de Tripoly est avantagé par Boemond III. son pere, au préjudice de son aîné, 260. attaque Leon Roi d'Armenie, 285. est défait avec ses alliez par les Hospitaliers, 287. Tréve entre les deux Partis, menagée par le Pape, 288. Ses violences à l'égard des Hospitaliers, ausquels il est obligé de faire satisfaction, 327, 328.

Ramire, frere d'Alphonse I. de Moine, Abbé & Evêque, devient Roi d'Arragon, 87. épouse Agnès sœur des Comtes de Poitiers & d'Antioche, 88. marie Pétronille sa fille à Raimond Berenger, & retourne à son Couvent, *ibid.*

Rat (Geofroi le) douziéme Grand-Maître ; son caractere, 258. Il se plaint au Prieur d'Angleterre du triste état des affaires de l'Ordre, 261. confie de concert avec Amauri Roi de Chypre le gouvernement de cette Isle à des Chevaliers de son Ordre, 268. est d'avis de prolonger la tréve avec Saladin, 284. Sa mort, 285.

Responsions, contributions ordinaires de chaque Commanderie, 403.

Revel (Hugues de) dix-neuviéme Grand-Maître, 402. établit une nouvelle forme dans l'administration des biens, & les dispositions en cas de mort, 402, 403. tient encore plusieurs Chapitres généraux où il fait divers réglemens, 408, 409. conclud une tréve avec le Soudan d'Egypte, & passe en Italie, *ibid.* assiste au second Concile de Lion dans une place distinguée, 411. Conduite sage qu'il tient dans la contestation du Comte d'Anjou avec Hugues de Lusignan Roi de Chypre.

Rhodes ; ses differentes révolutions, 474. Guillaume de Villaret, Grand-Maître des Hospitaliers, forme le dessein de la conquerir, *ibid. & seq.* Clément V. fait publier une Croisade à ce sujet, mais sous un autre prétexte, 487. Le Grand-Maître en demande l'investiture à l'Empereur Andronic qui la lui refuse, 489. Les Croisez y abordent, 490. Quelques particularitez touchant cette Isle, 491. *& seq.* La conquête en dure quatre ans, 493. elle est assiegée inutilement par Ottoman, 504. S'il est vrai qu'Amedée V. en ait fait lever le siege, *ibid. & seq.* Elle est fortifiée & devient florissante, 506.

Richard I. Roi d'Angleterre prend la Croix, 230. est repris par Foulques Curé de Neuilly, 230. & consulte l'Abbé Joachim, 238. hyverne en Sicile avec Philippe II. 238. s'empare de l'Isle de Chypre qu'il vend aux Templiers en arrivant à Acre, 244. se distingue à la prise de cette Place, 246. prend aussi Jaffa & Ascalon, & fait une tréve avec les Infideles, 250. fait épouser la Princesse de Chypre à Guy de Lusignan, & lui en donne la souveraineté, *ibid.* repasse en Europe, *ibid.*

Richard, Comte de Cornuailles, & frere du Roi d'Angleterre, conclut une tréve assez avantageuse avec le Soudan d'Egypte, 366. Quelques Places sont restituées aux Chrétiens, & Jerusalem réparée, 367.

Roger, parent de Boëmond, est fait Régent de la Principauté d'Antioche, 63. est battu par les Turcomans réunis avec les Arabes, *ibid.*

Rupin, Roi de la petite Armenie, après l'Apostat Melier dont il s'étoit défait, 186. est trahi par Boëmond III. Prince d'Antioche, 259. Alix sa fille unique épouse l'aîné de Boëmond : ce qui cause de grands démêlez, 260, 286.

S

Safadin, frere de Saladin s'empare de ses Etats après sa mort, 251. assiege Jaffa après la rupture du traité par les Chrétiens, 252. renouvelle la tréve pour six ans, *ibid.* offre encore de faire des conditions avantageuses aux Chrétiens, rejettées par les Templiers, 284. partage ses Etats entre ses quinze enfans, 314.

TABLE DES MATIERES.

Sais (Melec) Sultan d'Egypte rompt la tréve faite par Bendocdar son prédécesseur, 414. est battu par les Hospitaliers, *ibid.* assiege & rase Margat, 415. s'empare du Château de Laodicée, & est tué à la veille de plus grandes conquêtes, 417.

Saladin, jeune avanturier : ses premiers commencemens, 147. Il défend vigoureusement Alexandrie, & est fait Chevalier par Onfri de Thoron, 148. est fait Soudan d'Egypte après la mort de Siracon son oncle, 161. Sa politique à l'égard de Noradin dont il n'étoit que Général. *ibid. & seq.* Il éteint la secte des Califes Fatimites, 162. s'arroge toute l'autorité, soit pour le spirituel, soit pour le temporel, 163. Son caractere, *ibid.* dépouille le fils de Noradin dont il avoit épousé la veuve, de la meilleure partie de ses Etats, 164. ravage la Palestine, *ibid.* est battu par Baudouin IV. 175. le surprend dans une embuscade, 176. arrête les courses de Renaud de Châtillon, 188. *& seq.* attaque les Chrétiens de concert avec le Comte de Tripoly, 202. gagne la bataille de Tiberiade, où Guy de Lusignan est fait prisonnier, 208. pousse sa victoire, 215. prend Jerusalem par capitulation, 216. Marques de sa clémence, 217. Il met en liberté Guy de Lusignan qui renonce au titre de Roi, 221. assiege Tyr, dont Conrard fait lever le siege, *ibid. & seq.* ravage la Principauté d'Antioche, & se mocque du traité fait avec le Comte de Tripoly, 225. perd la ville d'Acre après un siege de trois ans, 249. meurt à Damas, 250. Particularitez & suites de sa mort, 251. Safadin son frere s'empare de presque tous ses Etats, au préjudice de ses enfans, *ibid.*

Salech, Sultan d'Egypte ne veut entendre à aucunes propositions touchant le rachat de plusieurs Chevaliers, 381. Beaux prétextes dont il se sert, 282, 383.

Saleph, Ville d'Armenie donnée par le Prince Leon aux Hospitaliers avec quelques Châteaux, 288.

Salguez, Turcoman dont la mémoire étoit en singuliere vénération parmi les Barbares de ce nom, 18. C'est le chef des Princes Selgeucides, 19.

Salisbery (le Comte de) Seigneur Anglois, s'oppose inutilement à la témérité du Comte d'Artois, 394. périt avec lui, 396.

Sanche III. Roi de Castille confie le gouvernement de Calatrave aux Templiers, 125. en offre la proprieté à qui en fera lever le siege : suites de cette offre, 125 *& seq.*

Sanche, Reine d'Arragon fonde le fameux Monastere de Sixene, 231. s'y retire, 234.

Sannar, Soudan d'Egypte est dépouillé de sa dignité par d'Hargan, 144. est rétabli par Siracon Général de Noradin, 145, 146. est secouru par Amauri contre celui-ci, 147. *& seq.*

Sanson (l'Hôpital de S.) à Constantinople, donné aux Hospitaliers par Manuel Comnene, 186.

Seigneur; étimologie de ce nom, 170. Le chef des Assassins prend cette qualité, *ibid.*

Sephet, forteresse des Templiers prise par Bendocdar, par capitulation, 405. La garnison se laisse égorger plutôt que d'apostasier, *ibid.* Le Prieur & deux Religieux de Saint François sont écorchez vifs, *ibid.*

Sépulchre (le Saint) tribut imposé par les Mahometans sur les pélerins que la dévotion y conduit, 13. Le Calife

TABLE DES MATIERES.

Aaron en envoye les clefs à Charlemagne, 14. pourquoi épargné par les Turcomans, 19. Les Croisez vont s'y prosterner après le sac de Jerusalem, 45. Godefroi y est couronné, 46. Ce Prince y fonde un Chapitre de Chanoines Latins, *ibid.* & y dépose les Assises, 51. Les clefs en sont présentées à Philippe II. Roi de France, 195. Tout le monde y accourt la veille de la prise de Jerusalem, 216. Les Chrétiens Syriens en conservent la garde pour quelque tems, 219. La dévotion à ce S. lieu, cause des guerres avec les Infideles, 317. Les Corasmins y exercent des cruautez abominables, 370. Les Sarrasins l'avoient toujours respecté, 378.

Sépulchre (les Chevaliers du S.) établis par Godefroi IV. sont faits héritiers d'Alphonse, 86.

Seruf (Melec-) fils & successeur de Melec-Messor, assiege Acre avec une armée prodigieuse, 421. prend la Place après une vigoureuse résistance, & la fait raser aussi-bien que les autres de Palestine, 427.

Servans (Freres) troisiéme classe des Hospitaliers, 58. sont distinguez des Chevaliers, 59, 542.

Siracon confident & Général de Noradin, secourt & rétablit le Soudan d'Egypte, 145, 146. se venge de son ingratitude par la prise de Belbeïs, *ibid.* est battu par Amauri, 147. secourt encore le Soudan d'Egypte, 159. le fait poignarder, & prend la qualité de Soudan, 161. meurt peu après ; Saladin son neveu lui succede, *ibid.*

Sixene, Monastere magnifique d'Hospitalieres, fondé par Sanche Reine d'Arragon, 231. *& seq.* Quelques particularitez qui le concernent, *ibid.* La Reine Sanche s'y retire, 234. Le Châtelain d'Emposte reçoit la permission d'y admettre les Postulantes, 408.

Soliman, Sultan de Cogni, *voyez* Cogni.

Soudans, *voyez* Emirs.

Suéte (le Château de) est assiegé par Noradin, 130. Baudouin III. en fait lever le siege, *ibid.*

Sultan, ou Chef des Emirs ; titre pris par Togrulbeg, 18.

Sybille, fille d'Amauri épouse Guillaume, Marquis de Montferrat, 173. & en secondes nôces Guy de Lusignan, 187. est soupçonnée de la mort de Baudouin V. son fils du premier lit, 199. réussit à faire reconnoître son mari pour Roi, 200. *& seq.* Sort de Jerusalem prise par Saladin, qui lui donne des marques de clémence, 216. abandonne Ascalon pour la liberté du Roi, 221. meurt de contagion ; suites de sa mort, 237. *& seq.*

T

*T*Ancrede, neveu de Boëmond l'accompagne à la Croisade, 31. Ses enfans, 33. Son attachement à Godefroi, 49. Il est fait Gouverneur de la Galilée, 52. Et Régent de la Principauté d'Antioche, 63.

Temple (l'Eglise du) *voyez* Jerusalem (l'Eglise Patriarchale de)

Templiers; leur origine, 71. Leur institut est aprouvé au Concile de Troyes, 73. & confirmé par le Pape Honoré II. 74. avec leur régle dressée par S. Bernard, *ibid.* Leur habit, *ibid.* Leur Ordre devient nombreux & riche; il est préféré à celui des Hospitaliers, 75. Raimond Berenger Comte de Barcelone en prend l'habit, 85. Alphonse Roi de Navarre & d'Arragon les fait ses héritiers : suites de cette disposition, 86. *& seq.* Ils relevent les murs de Gaza dont ils sont faits

Gouverneurs, 102. défendent Jerusalem pendant l'absence de Baudouin III. 104. se distinguent au siege d'Ascalon dont ils avoient retardé la prise, 105. & seq. Leur Grand Maître est fait prisonnier par Noradin, 129. Ils ne prennent point de part à la tentative d'Amaury sur l'Egypte, 153. Leur Grand Maître est fait Régent du Royaume, 165. est pris dans une bataille, & refuse d'être échangé, 176. La division se met entre eux & les Hospitaliers, 181. Le Pape y remedie, 182. Ils contribuent à l'affermissement de Guy de Lusignan sur le thrône, 200. se distinguent contre Saladin, 204, 205. sont presque tous tuez dans la bataille de Tiberiade ou après, 209. & seq. achetent l'Isle de Chypre, 245. se signalent au siege d'Acre, 246. remettent l'Isle de Chypre au Roi d'Angleterre, 250. Leurs differends avec les Hospitaliers se renouvellent, 263. Ils soutiennent le Comte de Tripoly contre Leon, Prince d'Armenie, 285. sont accusez de perfidie envers l'Empereur Frederic, 341. refusent d'être compris dans un traité avec le Soudan d'Egypte, 367. périssent presque tous dans une bataille contre les Corasmins, 371. S. Louis les réunit avec les Hospitaliers, 385. Leur Grand Maître est accusé d'intelligence avec les Infideles, 386. Ils sont défaits à la Massoure par la témérité du Comte d'Artois, 390. & seq. Les Hospitaliers en taillent en piéces un grand nombre, 401. La Forteresse de Sephet leur est enlevée par Bendocdar qui fait écorcher vif le Prieur & quelques Religieux de S. François, 405. Leur Grand Maître fait une tréve avec le Soudan d'Egypte, & passe en Italie, 409.

Ils engagent leurs terres à Philippe le Hardi, 410. Leur Grand-Maître assiste au Concile de Lion dans une place distinguée, 411. & est élu Commandant d'Acre pendant le siege, 422. Marque de sa fidelité, 423. Il est tué, & le peu de Chevaliers qui échapent, se retire dans l'Isle de Chypre, 425. & seq. Ils y fomentent la révolte contre Henri de Lusignan, 449. sont accusez d'avoir offert à Boniface VIII. de l'argent contre Philippe le Bel, 462. qui oblige Clément V. de prendre des mesures pour leur extinction, 470. Ils sont chargez de crimes énormes, 508. & seq. & arrêtez par ordre du Roi : par quels motifs, 510. & seq. Le Pape en fait grand bruit d'abord, 515. Leur procès s'instruit par toute l'Europe, 518. & seq. Leur jugement & leur supplice, 526. L'Ordre est éteint au Concile de Vienne, & leurs biens adjugez aux Chevaliers de Rhodes, 528. & seq. Jugement & supplice du Grand Maître & des hauts Officiers, 533. & seq. Difficulté de tirer aucune induction de ces faits, 537. Plusieurs Princes profitent de leurs dépouilles, 544. & seq.

Terre Sainte (la) conquise par les Mahometans, 12. & seq. Ensuite par les Turcomans, 17. Les Croisez s'y établissent, 40. Pourquoi les affaires commencent à décliner, 97. Le Pape en est appellé Seigneur temporel en presence du Roi, 137. Philippe II. en reçoit une espece d'investiture, 195. & lui donne un Roi, 283. Elle retombe en grande partie sous la puissance des Infideles, 225. Est entierement perdue, 428. Les Chrétiens y rentrent, & en resortent peu de tems après, 456.

Teutoniques (les Chevaliers) leur origine, 240. Leur Inſtitut eſt approuvé par Celeſtin III. 241. Qualitez pour y être reçû : leur habit, 242. Leur Grand-Maître aſſiſte à l'Aſſemblée de Ferentino, 325. Ils communiquent avec Frederic II. en Paleſtine, 337. Paſſent pour la plûpart en Pruſſe où ils font de grands établiſſemens, 346. Le reſte les y ſuit après l'expulſion des Chrétiens de la Terre Sainte, 428.

Texis (Bertrand de) quatorziéme Grand-Maître, 345.

Thanis, Canal tiré du Nil, auprès duquel Saint Louis ſe fortifie, 390. Le Comte d'Artois le paſſe le premier, 391.

Thibaud Comte de Champagne & Roi de Navarre paſſe en Paleſtine, & perd la bataille de Gaza, 365. Conclut une treve avec l'Emir de Carac & repaſſe en Europe, 366.

Thomas eſt privé de la ſucceſſion au Royaume d'Armenie par l'apoſtat Melier ſon oncle, 167.

Thoron (Onfroy de) Connétable du Royaume de Jeruſalem, fait Chevalier le jeune Saladin, 148. Fait lever le ſiege de Carac, 169. Son petit fils du même nom épouſe Yſabelle ſeconde fille d'Amaury, 174. Ce mariage eſt caſſé, 337.

Tiberiade priſe par Godefroi, 52. Et par Saladin, 207. Qui remporte auprès de cette Ville une grande victoire ſur Guy de Luſignan, 208. &
ſeq.

Togrulbeg, Prince Turcoman ; ſon caractere, 18. ſe rend maître de Bagdat, ſous le titre de Sultan, *ibid.*

Toulouſe (le Comte de) Crimes dont il eſt ſoupçonné, 321. Il va à Rome pour ſe juſtifier & ſe plaindre des Legats, 322. S'engage de prendre l'habit & la Croix des Hoſpitaliers, 323, avec leſquels il meurt, *ibid.*

Traitez. Cérémonie dont uſoient les Barbares dans les traitez de paix & d'alliance, 286.

Treve concluë par Joſſelin de Courtenay avec la veuve de Balac, 70. Par Richard I. Roi d'Angleterre, avec les Infideles, 250. Par Henry Comte de Champagne avec Saladin, 252. Par Raimond Comte de Tripoly avec Leon Prince d'Armenie, 288. Par Frederic II. avec le Sultan d'Egypte, 242. Par les Croiſez avec le Sultan d'Egypte, 319. Par Thibaud Comte de Champagne avec l'Emir de Carac, 366. Par Richard Comte de Cornuailles avec le Soudan d'Egypte, 367. Par les Grands-Maîtres des Hoſpitaliers & des Templiers avec le Soudan d'Egypte, 409. Par Henry II. Roi de Chypre avec Melec-Meſſor, 417.

Trebiſonde, Capitale de l'Empire de ce nom, fondé par Iſaac Comnene, après la priſe de Conſtantinople par les Croiſez, 358.

Tripoly pris par les Chrétiens après un ſiege de quatre ans, 53. Emporté & raſé par Melec-Meſſor, 417.

Tronquiere (la Commanderie de) dépendante du Grand-Prieuré de S. Gilles ; il s'y tient un Chapitre géneral, 451.

Turcomans, Leur origine & leur Religion, 17. Ils ſe partagent en trois corps d'armées, 18. Leurs conquêtes ſur les Muſulmans, *ibid. & ſeq.* Ils épargnent le Saint Sépulchre par avarice, 19. Ils ſe réuniſſent contre les Croiſez, 38. Le Calife d'Egypte leur enleve Jeruſalem, 41. Ils défont Roger Regent de la Principauté d'Antioche, 63. Sont battus par Baudouin II. 64. Font priſonniers le Comte d'Edeſſe & Baudouin II. 65. *& ſeq.* Le premier ſauvé de ſa priſon tuë leur Chef dans une bataille: Baudouin se rachette, 70. Ils prennent Edesse, 93. Reconnoissent les Califes Abbassides pour les successeurs légitimes de Mahomet, 142. Sont défaits par les Hospitaliers, 375.

Turcopoles, origine de ce mot, 206. Ce qu'il désigne parmi les Hospitaliers, *ibid*.

Turcopolier, titre d'une dignité militaire dans l'Ordre des Hospitaliers, 206.

Tyr résiste seul de toute la côte de Phenicie, aux armes de Baudouin I. 53. Assiegé & pris, 69. Saladin y met le siege & est obligé de le lever 221. *& seq*.

V

V Atace, surnom de Jean Ducas, gendre de Theodore Lascaris; son caractere, 359. Il empêche les Papes de secourir les Empereurs Latins de Constantinople, *ibid*. combien il étoit estimé, sur-tout des Hospitaliers, 360. 365.

Ubaldine, Hospitaliere venerée à Pise & dans tout son Ordre; abregé de sa vie, 281.

Velasquez (Diego) Moine de Fitero, secourt Calatrave, 126.

Venitiens. Leur flotte transporte une partie des Croisez dans la Grece, 30. Défait celle du Calife d'Egypte, 67. Contribue à la prise de Tyr après un Traité avantageux, 68. *& seq*. Transporte encore une autre Croisade, qui lui aide à reprendre Zara, 269. *& seq*. A grande part au rétablissement d'Isaac & d'Alexis Lange, 272. *& seq*. Et à l'établissement de Baudouin Comte de Flandres sur le Trône de Constantinople, 279. Acquiert la plûpart des Isles de l'Archipel, 280.

Venouse (l'Abbaye de la Sainte Trinité de) unie par Boniface VIII. à la Manse magistrale des Hospitaliers, 453.

Vieux de la Montagne, *V.* Montagne.

Villaret (Guillaume de) vingt-troisiéme Grand-Maître, 451. Tient un Chapitre général à la Tronquiere, où il fait divers Réglemens, *ibid.* Remercie Boniface VIII. de ses bienfaits, & passe à Limisso, 454. s'excuse de ne se rendre point aux ordres de Clément V. sur le projet qu'il avoit formé de conquerir l'Isle de Rhodes, & des Isles Rhodiennes, que Foulques de Villaret son frere & son successeur exécute: Meurt dans le projet de la conquête de Rhodes, 475. 476.

Villaret (Foulques de) vingt-quatriéme Grand-Maître, 476. Se rend en France auprès du Pape pour la conquête de Rhodes, *ibid.* obtient une croisade pour cela, mais sous le prétexte du recouvrement de la Terre sainte, 487. Le Pape lui donne des secours temporels & spirituels, *ibid. & seq*. Il demande l'investiture de Rhodes à l'Empereur Andronic qui la lui refuse, 489. *& seq*. Aborde en cette Isle dont il fait la conquête au bout de quatre ans, 493. *& seq*. Soumet les Isles voisines & fortifie celle de Cos, 496. Fait lever à Ottoman le siege de Rhodes, 504. La rend florissante, 506. accepte l'adjudication des biens des Templiers en faveur de son Ordre, 539. Prend des mesures sages pour s'en mettre en possession, 340. *& seq*.

Villebride (Pierre de) dix-septiéme Grand-Maître, 375. Fait venir d'Occident des troupes & de l'argent, 380. Fait traiter inutilement avec le Sultan d'Egypte, de la liberté de plusieurs Chevaliers, 381. Se rend devant Damiette auprès de Saint

Louis, 387. Accompagne le Comte d'Artois au passage d'une branche du Nil, 391. Fait à ce Prince des remontrances, qui lui attirent des reproches sanglans, 392. Est fait prisonnier avec S. Louis, 396. Répond fierement de sa part aux Envoyez du Vieux de la Montagne, 397. Sa mort, 399.

Villiers (Jean de) vingt-uniéme Grand Maître, 419. Se distingue au siege d'Acre, 425. D'où il se retire à la derniere extrêmité à Limisso, 426. Y assemble un Chapitre géneral où il fait divers Réglemens, 437. Fortifie Limisso & reforme son Ordre, 439. Ne prend point de part dans la révolte des Chypriots contre leur Roi; sa mort, 450.

Urbain II, approuve le projet d'une Croisade des Princes Latins, proposé par Pierre l'Hermitte, 24. qu'il exhorte à parcourir les principales Provinces de la Chrétienté à ce sujet, 25. Il convoque les Conciles de Plaisance & de Clermont, où la Croisade est résoluë, 26. Ecrit à l'Empereur Alexis pour l'engager à pourvoir à la subsistance des Croisez, 35.

Y

Yolante fille unique de Jean de Brienne apporte à Frederic II. qu'elle épouse, la Couronne de Jerusalem, 325.

Ysabelle, sœur de Baudouin IV. épouse en premieres nôces Onfroi de Thoron, 173. Ce mariage est cassé, & elle est mariée à Conrard, 237. Dont elle a Marie, mariée depuis à Jean de Brienne, 283. Elle épouse en troisiémes nôces Henry Comte de Champagne, 250, dont elle a une fille nommée Alix, mariée depuis à Hugues de Lusignan, 283. Et enfin elle épouse Amaury de Lusignan Roi de Chypre, 252.

Z

Zara Ville de Dalmatie, est remise par les Croisez sous l'obéissance des Vénitiens, 271.

www.ingramcontent.com/pod-product-compliance
Lightning Source LLC
Chambersburg PA
CBHW070603020526
44112CB00049B/1253